U0165507

五南圖書出版公司 印行

警察勤務與智慧警政

鄭善印、許福生／主編

章光明、張淵菘、林耿徽、劉嘉發、鄭善印、溫翎佑、黃翠紋、陳信良、翁萃芳、陳明傳
李謀旺、朱金池、許福生、蕭惠珠、洪文玲、王俊元、莊明雄、廖有祿、廖訓誠、林書立／著

謝誌

　　中華警政研究學會自前警政署副署長林德華先生擔任理事長後，即積極進行「警察法學與警政管理」之研究，並曾舉辦多次海內外警務參訪與學術交流等活動，其中尤以十數次憑其深厚學養，親自帶隊研修之《警察法修正草案建議書》最具代表性。

　　其後，學會也與警察大學行政警察學系許福生主任密切合作，並在舉辦多次研討會後，邀集學者專家撰文出版警察法學書籍，例如《警察法學與案例研究》、《警察情境實務執法案例研析》、《警察職權行使法施行20週年之回顧與展望》等。最近兩年，由於警察大學校長楊源明先生高瞻遠矚，積極爭取國家經費大力發展「智慧警政」及「科技偵查」，學會乃配合趨勢敦請專家學者研究，而有本次《警察勤務與智慧警政》一書的出版。

　　眾所周知，所有活動均須經費支持，尤以學術活動為然。本書的緣起及內容，由許福生主任另行撰文。但本學會近七年來的各類活動，均由以下各基金會、集團、公司，給予熱情贊助，特此向他們的熱情及愛心致謝！

　　旺旺集團蔡衍明先生、台新社會公益信託基金吳東亮先生、智邦科技黃安捷先生、薇閣文教公益基金會李傳洪先生、Tutor ABC楊正大先生、國富文教基金會葉國一先生、正信國際法律事務所楊文慶先生、世紀風電與世紀鋼構賴文祥先生、光隆實業詹賀博先生、全鎂實業黃文智先生、竹風建設徐榮聰先生、納諾科技呂鴻圖先生、啓翔鋁業陳百欽先生、華岡海運洪清潭先生、藍摩半導體蔡百井先生、藍摩半導體楊名衡先生、訊凱國際林仁政先生、旺矽科技葛長林先生。

中華警政研究學會理事長鄭善印敬上

2025.02

許序

　　我國警察法第2條規定：「警察任務爲依法維持公共秩序，保護社會安全，防止一切危害，促進人民福利。」此四項任務即爲警察工作之目的所在；警察業務則是由警察任務所衍生出之具體警察工作事項；警察勤務則是推行警察業務，達成警察任務所採取的方法（手段），所以警察勤務也可說是完成警察業務所採取的行動或作爲。

　　然而，就警察組織存在的本質而論，不但要思考警察勤務條例所說人事時地物等要素的綜合運用與適當配置，同時最重要的目的在追求警察勤務的效率與效能，爲有效追求警察勤務的效能，便須找到「做該做的事」（to do the right thing）的策略，特別是我們現身處在一個資通訊快速發展的科技時代，公私領域紛紛朝智慧化發展，智慧警政是必然的趨勢。

　　我國自2022年推動「數位警政智慧策略──S.M.A.R.T.」：S（Security）：強化資訊安全管理；M（Mobility）：警政行動服務升級；A（AI）：利用AI來進行情報整合及分析；R（Resilience）：擴增科技偵查韌性；T（Training）：厚植數位警政訓練。至於在警察學術體系的開拓上，中央警察大學行政警察學系、內政部警政署與中華警政研究學會，爲使警察勤業務之推動與運作能更智慧化與制度化，迅速找到有效策略及符合正當法律程序，特於警大舉辦「警察勤務與智慧警政」學術研討，邀請此方面學者專家，就理論面與實務面深入分析檢討，俾使我國警察勤業務推動與運作能更與時俱進，因應智慧科技發展有效偵防犯罪，以符合社會大眾期待。

　　行政警察學系為共饗讀者，特將研討之論文集加以綜合整理彙集成書，名為《警察勤務與智慧警政》，並承五南圖書概然付梓出版。本書共分為二十章，分別為第一章警察勤務導論，由章光明教授及張淵菘副教授撰寫；第二章警察勤務理論，由章光明教授及張淵菘副教授撰寫；第三章警察勤務規劃，由林耿徽助理教授撰寫；第四章警察勤務機構，由劉嘉發副教授撰寫；第五章警察勤務方式，由鄭善印教授撰寫；第六章警察勤務時間，由溫翎佑助理教授撰寫；第七章警察勤務教育與訓練，由黃翠紋教授與溫翎佑助理教授撰寫；第八章警察勤務指揮與控管，由陳信良講師撰寫；第九章警察勤務督導，由翁萃芳教官撰寫；第十章警察勤務裝備與運用，由陳明傳教授撰寫；第十一章警察組織整併與勤務革新，由李謀旺總隊長撰寫；第十二章警察勤務發展趨勢，由朱金池教授撰寫；第十三章警察執行盤查案例研析，由許福生教授與蕭惠珠分局長撰寫；第十四章警察執勤追緝車輛案例研析，由許福生教授與蕭惠珠分局長撰寫；第十五章警察執勤使用警械案例研析，由洪文玲教授撰寫；第十六章智慧警政與警察勤務策略，由王俊元教授撰寫；第十七章AI警政之發展與運用，由莊明雄秘書撰寫；第十八章智慧科技在警政工作之運用，由廖有祿教授撰寫；第十九章警政資料庫查詢與情資整合系統，由廖訓誠局長撰寫；第二十章電信網路詐欺與警政治理，由林書立科長撰寫。內容大致聚焦在勤務理論、架構、運作方式、案例研析、發展趨勢及智慧科技之運用，以期達到理論與實務並重。

　　本書的完成與出版，要感謝的人很多，特別是中央警察大學楊源明校長，楊校長自接任後，便積極爭取總預算2億6,000餘萬元的「因應新型態犯罪提升教學量能」三年中程計畫，擴充建置學校智慧警政與科技偵查教學研究設備，同時規劃成立「智慧科技執法研究中心」及「智慧執法導論」、「科技與網路犯罪偵查」課程設計與教材編寫，帶領學校教師擴大與實務交流，才有本書之出版。再者也要感謝內政部警政署黃明昭前署長、中華警政研究學會林德華榮譽理事長與鄭善印理事長的大

力支持。書中所述，或有不周，或有謬誤，尚請各界先進及讀者不吝指正，作者今後也將爲本書之完善持續努力，希望本書的出版，能象徵著警察勤務與智慧警政之里程碑，也期望本書能承先啓後，爲「智慧科技執法」研究激發更多發想與創新。

中央警察大學行政警察學系教授兼系主任

許福生　　謹誌

2025.02.01於警大

目　錄

第一篇　警察勤務

第一篇

警察勤務

|第一章|
警察勤務導論

章光明、張淵菘

壹、前言

　　警察勤務（police operation）係指警察人員在轄區為民眾提供安全維護與服務的各項活動，包括巡邏、交通執法、犯罪偵查及受理報案服務處理（Hess et al., 2014）。其目的在達成警察任務、執行警察行政及業務之各項實際活動（陳立中，1985；楊清江，1990；丁維新，1990），換言之，警察勤務執行係警察組織，透過組織成員與資源的有效配置，體現警察策略，達成民眾對於警察功能角色[1]的期待。從組織層級與規劃的角度來看，警察任務是策略性規劃層次，即目標的掌握與方向的訂定；警察業務是功能性規劃層次，係根據目標，決定工作內涵，並加以分工；警察勤務是操作性層次，重在實際的執行活動，三者之間形成緊密的關聯，缺一不可。

　　根據我國憲法第108條第1項第17款的規定，警察制度由中央立法並執行，或交由省縣執行之；而我國警察法第3條第1項規定，警察勤務制度由中央立法並執行，或交由直轄市、縣（市）執行之。爰內政部警政署訂定警察勤務條例及警察職權行使法，據為各警察機關執行勤務行使職權的重要法源。有關警察勤務方法根據警察勤務條例第11條的規定，包括：勤區查察、巡邏、臨檢、守望、值班及備勤等六種勤務類別，然本文所主張之警察勤務非僅指我國警察勤務條例所指之六種狹義

---

[1] 按各國文獻對於警察的功能角色大致可以區分為秩序維護、執法及服務等三種功能（Reiss, 1971; Bercel, 1970; Manning, 1977; Banton, 1964; Bitter, 1976; Bayley, 1985; Wilson, 1968; Cox et al., 1997；朱愛群，1998）。

的警察勤務方式，而係以更宏觀的視野聚焦於警政制度（或警察勤務制度與策略）。

傳統上警察勤務模式在現象面中基本上是反應式（reactive）而非先發式（proactive）（Reiss, 1971），但是晚近由於民眾對於安全感的需求及反應式勤務方式對某些類型的犯罪無力感，1980年代後便興起由警察主動並選擇目標的先發式模式（Moore, 1992; Sherman, 1992），兩者可謂警察執行勤務活動的主要模式。然而這些勤務活動更涉及勤務策略的選擇，包括：社區警政（community policing）、問題導向警政（problem-oriented policing）、犯罪熱點警政（hot spot policing）、破窗理論（broken window）、犯罪零容忍（zero tolerance）、電腦統計警政（COMPSTAT）、情資導向警政（intelligence led policing）、循證警政（evidence based policing）及智慧警政（smart policing）。

若吾人將這些策略整合思考，便會發現警政策略性思維在1970年代以前和以後是截然不同，呈現所謂典範遞移（paradigm shift）的現象。1970年代以前，透過機械式強調提高見警率及快速反應的專業化警政策略，在進入1980年以後，警察勤務策略強調預警式的勤務策略，可謂自1829年倫敦成立現代化警察制度以來，最富創造力的階段（Bayley, 1994）。警察勤務策略的改變涉及制度環境及技術（科技）環境的影響（Meyer & Scott, 1992: 21; Bayley, 1999; Foxon, 2002；竺乾威，2020），而呈現出吾人所體驗之警察勤務的各項活動。本文聚焦於宏觀的警察制度作爲依變項，核心關懷於影響因素的自變項，並從組織外部（制度環境與科技環境）與內部組織制度學習論述警察制度的變遷。

貳、警察勤務模式

警察勤務模式依據思考角度的不同，可以形成不同的分類方式，本文的分類，主要循國家社會與刑事司法典範爲核心來區別警察勤務模

式。晚近數十年來，由於國家不斷承諾增加犯罪預防的作爲，使得過去原本重視傳統回溯式懲罰（retrospective）的刑事司法典範，轉變爲犯罪預防（crime prevention）的典範（Tuck, 1987: 5）。整體社會的重心從原本的「後犯罪社會」（post-crime）轉型到「前犯罪社會」（pre-crime society）（Zedner, 2007）；國家亦由「懲罰型國家」（punitive state）進入到「預防型國家」（preventive state）（Steiker, 1998; Janus, 2004; Krasmann, 2007）。這種預防性轉變（preventive turn）根植於自上個世紀以來一直影響西方社會的長期不安全（insecurisation）或不確定化（uncertainization）的過程（Crawford, 2009; Mathieu, 1995; Bauman, 1997: 203）。隨著各國人民對於社會各種現象感到越來越不安全感的情況下，促使「預防主義」（preventionism）的盛行並涵蓋了生活中的所有領域，其中又以抗制犯罪的法律領域最爲明顯（Asp, 2013）。基此脈絡，警察勤務模式便可區分爲反應式模式（reactive model）與預警式模式（proactive model）[2]。

表1-1　國家社會重心與警察勤務模式一覽表

面向／時期	傳統	晚近
國家策略	懲罰型國家	預防型國家
社會重心	後犯罪社會	前犯罪社會
刑事司法典範	回溯式懲罰	犯罪預防
警察勤務模式	反應式模式	預警式模式

資料來源：本文整理。

---

[2]　警察勤務策略模式的分類，尚有犯罪控制（crime control model）或程序正義（Due process model）、報案反應（reactive stance）或機先預警（proactive stance）、專業發展（professional）或公私協力（public private partnership）、攻勢勤務或守勢勤務、集中制或散在制等（陳明傳，2019）。

一、反應式勤務模式

隨著工業化的發展、汽車的大量運用、雙薪家庭的出現與成長，拉長了人與人之間的社會距離，使鄰里間互助、防制犯罪的機制大為減弱，改變了犯罪的型態，也促成了反應式警察勤務模式的崛起（Sherman, 1992）。反應式的勤務模式基於良好的通訊器材與交通工具，足以彰顯警察隨著科技與交通工具的發達而與時俱進，提供民眾良好的抗制犯罪能力。當民眾發生案件時，向警察報案請求協助就是最具代表性的勤務方式。雖然學者指出，反應式的勤務方式對於犯罪案件的減少效果有限（Scott, 1987; Spleman & Brown, 1984），除了被動、等待外，亦可能拉長民眾與警察之間的距離，從而使民眾覺得警察難以控制及不可信賴（Moore, 1992），對於無被害者與或無目擊者之犯罪，反應式勤務模式當然顯得無能為力。但是反應式的警察勤務方式仍具有民主的價值，其可貴之處在於對民眾選擇的尊重及警察暴力優雅展示的使用（Berg, 1992; Klockars, 1988），同時可以提供民眾需要時的服務及勤務過程中較少法律爭議（Wycoff, 1982；李湧清，2004）。當然從另一層面而言，反應式的勤務方式亦具有經濟或效率方面的意義（李湧清，2004）。

反應式勤務模式強調完全以案件發生後之狀況，而據以立即快速反應之勤務策略，故其必然會以犯罪偵查之勤務規劃與落實執行為主軸，藉由高密度的巡邏來提升趕赴現場之效率，並認為唯有如此，才能提高破案率、產生嚇阻犯罪之效果，所謂的見警率（police visibility）與高密度巡邏，便成為有效之維護社會安寧的重要勤務作為（陳明傳，2019）。這也是1970年代以前機械式地強調高密度巡邏之提高見警率，與快速回應的專業化警政策略（Kelling & Moore, 1988）。

二、預警式勤務模式

相對於反應式勤務模式係由民眾所發動而警察加以反應的勤務方式，預警式勤務模式係由警察發動並選擇目標的勤務方式。促成預警式勤務模式的主要因素源自於民眾對於安全感的需求及反應式勤務模式無

力應付許多無被害者犯罪（或被害對象不明）（Moore, 1992; Sherman, 1992），例如賣淫、毒品、賭博、白領犯罪或環境犯罪等。從過去的實證研究與經驗來看，警察預警式勤務模式似乎在警察活動中所占的比例有增加的情形（Sherman, 1992）。無論是以誘捕小組來逮捕搶犯（Wycoff et al., 1981）、或是以特別小組監視累犯（Martin & Sherman, 1986），甚至對經常販毒區域之掃蕩（Sherman, 1990）等皆屬之，當然也引起學者之反思，因爲預警勤務恐造成下列疑慮：

（一）犯罪轉移作用（spill over）：預警式的勤務模式可能對某些犯罪問題有一時或短期效果，但長期而言，可能出現犯罪轉移作用（Sherman, 1992）。

（二）目標選擇偏差（selection bias）：執法人員可能因爲執法偏差或濫權行爲，透過預警式勤務模式作爲打擊某一種族或團體的手段，造成目標選擇偏差的不當行爲（Sherman, 1992）。

（三）資源配置偏差等問題：當預警式勤務模式成爲勤務方式的主流時，可能形成資源配置偏差，造成警察組織內部衝突，斲傷民主（Black, 1983; Weisburd, 1989）。

（四）模糊犯罪問題：當警察被過度強調有能力解決犯罪問題時，可能會模糊了「犯罪問題是社會問題而非『純粹』警察問題」的焦點（李湧清，2004）。

預警式勤務模式主張諸般警政措施，包含勤務、人事、組織管理等均要有根據時空因素之變化，而預先分析與計畫之概念，不以傳統之經驗或規定，一成不變地推展工作。預警式勤務模式強調事前的規劃以預防犯罪，及預估未來警政的可能發展，透過策略性計畫（strategic planning）與決策分析之管理工作，以便及早因應的管理模式（Thiabult, 1985）。該模式強調勤務之效率及治安維護效果的提升，以事前有蒐集相關跡象與預防犯罪之概念爲主軸，在事件發生之前，即以機制預警的勤務方式，將事件消弭於無形。其又以事前情報的廣泛蒐集與分析，據以部署適當之警力，或選擇最佳之勤務方式，來處理該項治安之問題。亦即應該掌握先機，之後再作最適當之部署，如此才能使

勤務產出更高的效益，並善用警力及機制以預防該事件之發生（陳明傳，2019）。

美國自1967年「總統執法及司法行政委員會」（President's Commission on Law enforcement and the Administration of Justice）提出劃時代警政策略以降，發展了各類警政策略，除前述幾種外，尚有第三造警政（Third-Party Policing）等（Bayley, 2008），皆為預警式勤務模式提供了勤務行動之參據。

無論是反應式勤務模式或預警式勤務模式皆為警察重要的勤務模式，由於隱藏在兩種勤務模式背後的問題不但錯綜複雜且互相糾葛，因此吾人甚難企求以一勤務策略來應處所面對的問題（Sherman, 1992）。就實務的需求而言，吾人可能更需要針對不同犯罪型態（或問題）使用不同的策略，誠如Sparrow（1993）所述，當今警察工作之領導及策略運用上，必須要考慮的是各種方法與手段間的整合與平衡，此意味兩種勤務模式非處於兩個極端，亦非全然互斥，而是具有某種程度的相容性，端視警察組織如何有效的搭配使用。然而各類勤務模式與活動的採用，卻受到警察制度的形塑，並受到制度環境、科技環境及組織制度學習的影響（章光明，2021）。

參、制度環境對警察勤務制度的影響

一、新制度主義中的歷史制度主義

「制度」（institution）乃是一個社會群體的遊戲規則。更嚴謹而論，制度是人為制度的限制，用以約束人類的互動行為。因此，制度構成了人類在政治、經濟及社會互動交換動機的行為（North, 1990: 6）。具體而言，制度對於行為的限制包括了正式規則、非正式限制和執行等三部分。它普遍存在於我們生活週遭，每個人都生活在特定的制度環境之中，這些制度都規範、限制和影響我們的生活與行為。同樣地，警察勤務基本上是一種制度，警察自有一套法規，亦發展出源自傳統的非正

式限制，並執行包括正式與非正式限制。

　　制度的意義在於塑造人類的行為模式（Crawford & Ostrom, 1995: 528），其最主要的作用在於建立穩定的互動結構以降低不確定性（North, 1990: 6）。本文所指「制度」非僅傳統制度主義所述之正式的法律條文，而係在組織、例行公事（routines）及行政程序中的行為規則，它是組織相關性之規則與例行公事的集合體，這些規則與例行公事從角色與制度之間關係的觀點界定什麼是適合行動，此一過程包含了情境的判定、角色的扮演及決定在此情境中的角色所應承擔的義務（March & Olsen, 1983）。

　　一般學者認為「新制度主義」（New Institutionalism）主要有「理性選擇制度主義」（Rational Choice Institutionalism）、「社會制度主義」（Sociological Institutionalism）及「歷史制度主義」（Historical Institutionalism）等三大學派[3]，各學派對於制度研究內容保有相當差異性。相對於理性選擇制度主義和社會制度主義而言[4]，歷史制度主義更傾向於在相對廣泛的意義上來界定制度與行為者之間的相互關係（Hall & Taylor, 1996: 937），對於本文所探討的主題更具價值意義。

　　歷史制度主義非常重視「路徑依賴」（path dependence）的觀點（Hall & Taylor, 1996: 943），強調前一個階段的政策選擇往往會決定和影響後一個階段的政策方案。路徑依賴主要透過「報酬遞增」展現自己的意義，即一但採用某種制度模式之後，沿著同一條路深入下去的可能性會增加，其原因在於此一制度模式提供了相對於其他制度之下更大的收益（Pierson, 2000: 252-254）。只要此種制度固定下來之後，學習效應、適應性預期和退出成本的增加，將使得制度的改變變得越來越困難。

3　Peter（1999）將新制度主義區分為六種類型：1.規範性制度主義（Normative Institutionalism）；2.理性選擇制度主義；3.歷史制度主義；4.經驗制度主義（Empirical Institutionalism）；5.國際制度主義（International Institutionalism）；6.社會制度主義。

4　理性選擇制度主義乃是「行為者為中心的制度主義」（Peter, 1999: 44），關注行為者在制度約束下的策略性計算行為（cost-benefit calculation）；社會制度主義從組織生態的觀點，認為文化是制度行為產生的最大驅動力，並強調制度鑲嵌（embedded）於文化的本質與文化詮釋的特徵。

　　在歷史制度主義中，制度建構形成後，制度與環境及制度內部會保持某種均衡（equilibrium），形成了制度的「正常時期」（normal periods）。但是關鍵契機（critical juncture）的出現可能會使制度出現重大的變革。所謂關鍵契機係指在制度運作的長期中，對行動者產生影響決策的相對較短的一段期間（Capoccia & Kelemen, 2007: 348），關鍵點出現後產生的衝突結果會達到一個平衡點，於是就逐漸構成新的制度（Pierson, 2000: 252; Blind, 2001: 137-145）。此即Krasner（1984）所謂的「斷續性均衡」（punctuated equilibrium），制度在經歷長期的穩定後，會在某個時期被危機打斷而產生意外的制度變遷，變遷之後制度會再進入平靜的穩定期，制度變遷不是追求一個終極的均衡狀態，而是從一個均衡遭遇變動後，再趨向另一個均衡（胡婉玲，2001：90）。因此，歷史的重大事件成為歷史制度主義掌握歷史發展動態的重要分析方法。

　　歷史制度主義為有效解析歷史過程，採用中觀層次（meso-level）的「制度」作為主義建構的主體。制度一方面是宏觀層次的文化與權力結構的具體呈現，又引導了微觀層次的行動者間互動，介於宏觀與微觀之間，具有分析上的彈性，因此成為歷史制度主義建構的主體。歷史制度主義研究者，除將研究重點置於制度變遷（institutional change）外，一般將制度的探討大致歸納為兩類，一是「路徑依賴」的研究，主要探討制度何以在歷史中能延續的問題；另一個則是「關鍵契機」的分析，主要是處理制度如何在歷史中被創設的課題（黃宗昊，2010：158），而這也是本文在討論東西方警察制度差異時所關注的焦點。

二、傳統文化與路徑依賴

　　從歷史制度論切入，探索警察的制度環境與警察制度本身的演進。歷史制度論關心制度與行動者行為之間的關係，認為國家是行為主體，其在制度限制下，追求最適切的反應。制度運作中，權力扮演重要角色，權力強者藉權力鞏固制度，權力弱者伺機改變制度。路徑依賴因此成為歷史制度的重要現象（胡婉玲，2001：88-89）。制度會因

路徑依賴產生固著（lock-in）現象，政治制度具有集體行動（collective action）、期待效應（high density）、權力不對稱（asymmetries of power），及行動與結果間具有連結鬆散與不透明（complexity and opacity）等因素，而更難改變（Pierson, 2000）。

其中文化影響制度逐步演變的過程，是路徑依賴的來源。社會網絡導致非正式結構高度穩定地發展出來，係維持秩序的永續力量（劉瑞華譯註，2017：79）。文化發展中形成的非正式限制，不會受正式規則改變而立即跟著改變，修改過的正式規則與仍舊不變的非正式限制之間存在著相依和緊張關係（劉瑞華譯註，2017：88-89）。

文化，在解釋一國重要社會控制機制的警察制度時，扮演關鍵性角色。東方國家的環境屬共同體主義文化（或譯為團體主義）（communitarianism）；以美國為首的西方文化代表，屬於個人主義（individualism）。不同社會文化產生不同的社會控制思維。東方人願意忍受警察對民眾生活的介入與社會控制，西方人卻對國家的監督存有疑慮，願意承受高犯罪率以求減少警察的侵入（Leishman, 1999: 118-123）。法律主義（legalism）與道德主義（moralism）的二分形成了比較警政制度與社會控制的重要分類基礎（Bayley, 1982；章光明，2011）。不同的社會控制思維，在不同的社會文化背景下，便形成不同的勤務制度。美國受到個人主義及法制主義傳統影響所及，多採取以時間來管理警察勤務活動的班勤制（shift based system）。東方社會，例如日本及臺灣，受到傳統中國文化影響，便發展出融入社區的地區責任警察勤務制度。Bayley（1976: 13-32）在介紹日本警察勤務時，便直指日本的警察勤務植基於「交番」（koban in cities）和「駐在所」（chuzaisho in rural areas）為核心。這種以地區來管理勤務活動的制度，使警察和社區得以結合。而這樣的勤務制度，實與古代中國長期用以穩定社會機制的「保甲制度」具有關聯性，臺灣的鄰里和村里幹事制度，銜接的就是這套保甲制度。傳統上，鄰里長和基層派出所或警勤區有著緊密聯絡，負責社會控制的治安問題，由此發展出了警察勤務的地區責任制（geography based system），被指派至勤區的警察基本上

是全年無休的，家戶訪查業務和勤區查察勤務制度相應而生（章光明，2021：11）。

表1-2　東西方文化之制度形成差異比較表

面向	西方國家	東方國家
環境價值	個人主義	共同體主義
社會控制思維	法律主義	道德主義
勤務制度	班勤制	地區責任制（勤區制）
勤務運作中心	警察分局	分駐（派出所）
警民連結	相對疏離	相對緊密

資料來源：本文整理。

　　Lee Brown曾在1990年代其擔任紐約警察局總局長任內，效法臺北市建構勤區制，採地區責任制，實施結果引起內部基層警員的反彈，這也是他之後離開紐約市警察局的原因之一（章光明，2000：184）。故雖美國從1980年代以後不斷推展社區警政，但是美國缺乏東方共同體主義的文化背景，及銜接文化背景建構起來之組織面的警勤區、勤務面的勤區查察、業務面的家戶訪查和法律面的社會秩序維護法等相關基礎設施。與此相對的是臺灣在1970年代孔令晟任內所進行的警政現代化，當時借鑒美國專業化警政，提升警察機動性，而將派出所警力調至警備隊，警力不足的派出所因此遭裁撤，卻引發基層警察與社區民眾的內外反彈，孔令晟因此去職。臺灣案例無獨有偶，柯文哲擔任臺北市長任內，不顧地方反對，力推「行動派出所」，強硬廢除大同分局雙連派出所及大橋派出所，後遭抗議而喊卡[5]，前述三例即凸顯文化力量對於警察勤務制度影響之巨。

　　Bayley（1976）曾比較美日警政發現，由於美國與日本社會的傳統差異，兩國的警察勤務制度經由警察的角色功能（role）、組織結構

---

[5]　參照：https://udn.com/news/story/7323/7319398，閱覽日期：2024.5.3。

（structure）和外在規範（external regulation）而呈現不同的樣貌。不同的角色功能呈現不同的警察勤務工作內容，日本警察被期待在社會上所扮演的角色比較多重（ramified），不像美國警察有那麼單純的定義。在社會發展過程中，日本警察被賦予移風易俗的價值建構功能，美國警察單純扮演執法者的角色。日本警察除了執法外，同時指導人民遵循社會道德規範，因此警察個人精神、奉獻、道德等概念根深蒂固存在日本警察制度裡。在看待警察改革的問題上，日本將警察改革視為整體政治改革中的一環；美國則無論國家警察或地方警察，只負責執法，警察改革被定義為僅針對警察的缺失，如執法無效率，或警察貪腐問題，則與政治無關。

在警察組織結構上，美日警察組織結構也反映出其特有的歷史傳統。日本有全國統一的警察體系，在中央政府協調下訂定標準化勤務作業，指揮警察的權限在地方，中央地方配合良好，即使在經過二戰後之1945年至1954年的美國託管，這樣的傳統仍貫穿日本警察制度。至今，警察廳持續透過警察課程標準、地方警察組織標準、警察薪資標準、中央經費補助、中央公務員與精英族的招募等作為，發揮對於地方警政的影響。日本警察資源（警力及預算）配置合理有效，美國警察管轄重疊的問題則很嚴重，因為美國是徹底的分權式警察體系，其結構起源於就原制度之缺失加以補充，欠缺協調機制，也沒有標準化勤務方式。至於外在規範上，日本警察首長在官僚體系內，有公安委員會和中央訂定之標準，阻絕政治；美國警察局局長則由地方政治任命。美日雖均強調警察對社區負責，但方法不同，美國用民選政治人物、法院、媒體等外控制衡；日本警察強調內控，內控規範根據社會通念共識，公安委員會只在內控失靈時介入。

整體而言，文化對各種警察制度與勤務策略皆有影響，在強調「個人主義文化」的社會裡，警察偏向使用正式的手段：若犯罪高，傾向採取「強力執法模式」（deterrence enforcement），若屬「政權維護型警察體制」，將發展為「正式威權警政」（formally authoritarian）；若屬「非政權維護型警察體制」，會採取針對個人的「正式民主警

政」（formally democratic）。在「團體取向文化」的社會裡，警察多採非正式途徑：若犯罪高，政府會採取「社區動員模式」（community mobilization），若屬「政權維護型警察體制」，將發展為「非正式威權警政」（informally authoritarian）；若「非政權維護型警察體制」，會採取針對個人的「非正式民主警政」（informally democratic）（Bayley, 1985）。

　　警察制度與歷史傳統有著密不可分的關係，以上東西方警察制度的介紹，說明了傳統文化產生的固著與路徑依賴的力量，即使經過改革，若無關鍵契機促使制度出現重大變革，基本上其發展路徑仍會維持某種均衡性而續行。

肆、科技環境對警察勤務制度的影響

　　技術變動與制度變動乃是社會與經濟演變的基本關鍵，組織的成敗同時繫於技術環境與科技環境（Meyer & Scott, 1992: 45-67）。對於具有勞力密集本質的警察組織來說，為有效執行警察活動，控制秩序維持、犯罪偵防的組織目標之達成，技術環境與警察組織的關係極為密切。技術包括科技與促進科技創新的知識，好的制度能透過組織與學習，建立知識系統，據以制定好的政策，而政策可帶來永續經營，促進科技發展。

　　科技和警察勤務息息相關，警察人員的時間是警察組織與警察勤務中最寶貴的資源，運用科技可以提升勤務效率，其目的則在極大化警察人員的時間，使其發生加乘效果（Burridge, 2019）。工業化（industrialization）會提升警察組織專門化（specialization）的程度，也會帶動警政管理的專業化（professionalization）（Bayley, 1999: 8-9）。迄今，人類歷史上發生四次工業革命，每次都與警察活動有著密切的關係。

一、第一次工業革命：機械化時代

理性的正式組織與人類工業化以後的現代社會高度相關，工業化帶來進步的與複雜的科技，益加增強組織的正式化與精緻化。如此解釋組織結構出現與發展的過程，適合勞力密集（labor intensive）性質的警察組織與警察活動（Meyer and Scott, 1992: 46）。

1829年，倫敦通過都會警察法（London Metropolitan Police），象徵現代化警察的誕生。拜第一次工業革命之賜，英國當時的工業化和都市化程度首屆一指（Walker & Katz, 2018: 31），當然也伴隨著遭受空前的貧窮、失序、族群衝突與犯罪問題，導致舊的執法系統崩潰，皮爾爵士（Robert Peel）終於在努力三十年之後，說服了國會通過都會警察法，成立現代化警察。

當然，誠如前文所述，科技須結合制度變遷，尤其在歷史關鍵契機出現時，行動者的選擇，方能建立現代警察制度。出現在1827年至1835年的英國大改革便是在Peel和Wellington建立的聯盟所發動的包括現代化警政在內的一連串政治決定下完成（Ertman, 2010）。這個歷史關鍵時刻的選擇，不但建立了英國的現代化警察制度，更因當時英國作為日不落國的影響力，全球各國無不採行皮爾式警政的現代化警政，其意涵包括了預防犯罪的任務，透過各式警察勤務以達預防犯罪的策略，及建構軍事化型態的組織結構。

在英國成立了現代化的警察制度之後，其他國家亦陸續建立了各自的現代化警察制度。美國於1844年在紐約市率先通過都會警察法（Municipal Police Act），開啟美國現代化警政之路。歐陸的德國或法國，隨後也跟著成立。日本則在明治維新採取脫亞入歐理論全盤西化後，於1874年建立現代化警察。上揭國家成立現代化警察均與其工業化及都市化進程有關。

二、第二次工業革命：電氣化時代

第二次工業革命以汽車的問世為代表，它改變了美國，甚至全人類生活的樣貌，美國的基礎建設和生活方式是以汽車工業為主的工業革命

所建構出來的，因爲有了量產汽車，所以必須發展道路，因此美國建造出全國性的公路網，其後，連接到航空網，再連接到第三波工業革命之後的電腦網路。到如今，美國的交通仍以小衆運輸爲主。

在沒有汽車之前，美國警察只能徒步或騎馬巡邏，頂多在城市裡有騎腳踏車巡邏，隨著福特（Ford）量產汽車後，1903年的波士頓警察局開始採用汽車巡邏，1905年的紐約市啓用了機車巡邏（Shafritz & Hyde, 2012: 626），便逐步全面改爲汽車巡邏。與此同時，通訊科技（communication technology）的發展結合汽車巡邏，革命性地改變了警察勤務與巡邏方式，具體應用在警察勤務上的通訊科技是電話和無線電對講機（two-way radio）。電話的問世讓民衆得以容易報案或向警察請求協助；無線電對講機則可快速派遣警力回應民衆報案，也便於管理階層監督線上巡邏警察人員；巡邏車能機動回應民衆請求，警政管理人深信，透過大面積與高密度汽車巡邏轄區可有效嚇阻犯罪。上揭三項科技透過勤務中心（radio room）的設置，得以合併發揮機動功能，這些運用第二次工業革命的科技成果，改變了警察工作的面貌（Walker & Katz, 2011: 37-39）。另外，科學實驗室也在此時被用在犯罪偵查與證物鑑識方面，開啓科學辦案先河。巡邏密度、快速反應、高破案率，成爲這個階段的警政目標與績效指標。

然車巡卻出現新的問題，即車內的警察人員罕見再現街頭，減少了警察與守法民衆的非正式互動，隔絕了巡邏警員和社區民衆，少數族群尤視警察爲占領軍（occupying army），這種隱藏性的問題直到1960年代警民關係出現緊張危機關係方爆發出來。

當然此時在一切以案件爲導向的思維下，民衆受到鼓勵報案的刺激，警察受理民衆服務案件日增，進而採取增加警力，增購警車及發展更高端的通訊系統，並投注更大量的資源以回應民衆報案，卻帶來更多報案需求，形成日復一日的循環，直到社區警政（community policing）思維出現，才開始質疑警察回應所有無關緊要請求服務的意義（Sparrow et al., 1990）。於此之際James Q. Wilson和George L. Kelling在1982年正式發表的〈破窗理論〉一文中直指：「巡邏嚇阻犯

罪的效果有限、快速反應未能增進逮捕、偵查能力在解決犯罪問題上的成效不佳。」（Walker & Katz, 2018: 58）。

在美國，第二次工業革命改變了警民互動的本質，也出現了另一個複雜與對立的現象，即車巡固然隔絕了警察與民眾，電話報案卻把警察帶進了市民的客廳、廚房與臥室，警察被迫處理親密的家庭問題：夫妻吵架、酗酒、親子衝突及其他社會問題，警政治安史乃出現了新的斷代，其他各國警政亦受此影響，舉世執法工作與警察勤務內容發生變化，新制度應運而生（Walker, 1984）。

三、第三次工業革命：訊息化時代

第三次工業革命指第二次世界大戰以後，因電腦和電子資料普及和推廣至各行各業，所發生的數位化革命，這一波工業革命徹底改變了整個社會運作的模式，是歷史上規模最大，影響最深遠的科技革命，至今仍未結束。

Walker和Katz（2018: 60）指出，直至1990年代，各警察機構已大量運用電腦科技（computer technology），協助分析治安及警察人員行為的大型資料庫，也就是資料導向（data driven）的警政思維，透過大型資料庫的分析能力引來一連串創新的警察勤務策略。其發軔於紐約警察的COMPSTAT和1980年代Lawrence Sherman在Minneapolis開始推展的犯罪熱點（hot spot）分析，結合警察勤務中的密集巡邏和問題導向警政思維，同時也將這些資料的分析運用於勤務督導與勤務風紀管理工作。

在各種影響當代警察勤務變遷的因素中，資訊科技的影響力量可以說是最大的。執法資訊科技專家表示（Chu, 2001），警察組織將持續運用資訊科技於四個面向：

（一）電腦建置的資料庫取代了卡片式建檔，易於存取的資料庫可廣泛蒐集不同來源的治安資訊，不但有利治安調查，也便於組織內部管理。

（二）電腦輔助勤務派遣（computer-aided dispatch）自1970年代以來成

為有效管理民眾報案與請求服務的工具，它能快速通報線上警力，提升警察執勤安全，根據案情的輕重緩急排列警察處理之優先順序。

（三）資料管理系統（records management system）的來臨大量降低了過去繁瑣的紙本作業時間，提高了資料的正確性，也使警察人員能快速找到各種所需資料。

（四）行動電腦（mobil computing）和手機取代過去的無線電對講機，巡邏線上警察得以即刻輸入資料，並在任何時地進入警察局的資料管理系統，協助盤查與偵查作為。

結合電腦資料處理與警察勤務會報的COMPSTAT乃1990年代以來重要勤務策略之一，其要求即時性資料，迅速分析犯罪趨勢與變化情形，提供犯罪繪圖（crime mapping），使警政管理者得課予外勤主管對其轄內治安負責。

車牌辨識系統（License Plate Readers）是警察執勤時的利器，1990年代起，車牌辨識系統會設在警車或固定地點，以發揮勤務功能。該系統可以分析犯罪，例如警察可以調閱銀行附近系統，協助調查搶案；該系統亦可以警示治安顧慮人口（包括假釋者與受緩刑宣告者）之行動，及未破案件之可疑嫌犯。

911恐怖攻擊事件之後，美國與其他國家皆致力建構執法機關情資分享（information sharing）的基礎設施。但因存在專業人才培養不易、人才外求的花費大、成員間的防衛心理與信任不足等問題，導致分享意願降低的困境。若干研究發現，情資分享確能提高逮捕率，提升破案能力，情資導向警政亦成為後911時代的重要勤務策略。

先進科技亦可運用在勤務裝備與武器上，泰瑟（Thomas A. Swift Electrical Rifle, TASER）槍便是其中顯例，這是一種電擊槍，在發射晶片至人體後，利用電流令罪嫌肌肉痙攣，擊倒對方，雖稱非致命武器，仍有低度致命可能。當然它也可能被用來對待犯罪者而生不人道作為，致生爭議的問題。臺灣在2019年7月因鐵路警察執勤遭刺殉職事件後，為回應外界而開始使用。

　　科技進化成果會展現在警察組織的犯罪分析（crime analysis）能力上，進而影響警察策略活動。犯罪分析使得警察組織不以臆測，乃是根據證據（evidence based）做出決策。它讓警察可以根據犯罪分布（distribution of crime）情形以有效部署警力（allocation of resources），同時根據治安狀況，採行預防措施（prevention approaches），亦可發現犯嫌關聯性，以協助犯罪偵查（investigation）（O'Shea et al., 2003）。

　　事實上犯罪分析對警察勤務具有重大實質意義。首先，從各種來源，包括犯罪報告、報案紀錄、逮捕報告等，蒐集（gathering）並建入資料；其次，運用資料庫與統計、繪圖工具，分析（analyzing）資料，找出犯罪趨勢；最後，將犯罪趨勢分析資料傳送給相關人員，以做出勤務回應（responding）。

　　犯罪分析型態則可分為三種：第一種是針對特定時地之個別犯罪問題的戰術型犯罪分析（tactical crime analysis），目的在提供即時資訊給線上警察，以指導巡邏重點或有效嚇阻犯罪；第二種是著眼於長期犯罪趨勢的戰略型犯罪分析（strategic crime analysis），目的在訂定長程大型且較複雜的工作計畫，並協調警察和社會相關團體，共同參與特定問題的解決；第三種是提供警政管理者摘要統計資料的行政型犯罪分析（administrative crime analysis），目的在透過與他轄的比較，使警察管理者瞭解本轄治安狀況。

　　最後是隨身錄影裝置（body-worn camera）也被警察外勤機構廣泛用以記錄警民互動過程的科技產品，其主要目的有二：其一是提升警察課責程度，此一科技裝備可以記錄警察的不當行為、警械使用情形及其他有問題或不專業的行為。相對地，警察也可以用它反證民眾的投訴，進一步化解警民衝突與暴力互動，故可增進警察對民眾的課責程度，減少投訴，提升民眾的信任感與滿意度，降低警察不當行為；第二個目的在增進警察處理犯罪的效率，在警察移送刑案報告時，紀錄器內容可以提高證據能力，提升逮捕、起訴與有罪判決比率。美國加州等地研究支持以上目的之達成，然不可諱言，使用這些科技勤務裝備的成本頗高

（Walker & Katz, 2018: 550）。

四、第四次工業革命：物聯網時代

　　臉書（Facebook）2004年在美國出現，隔年開始，社群媒體（social media）逐漸成為人們目光的焦點。各類社群媒體的興起，不僅改變私領域人際互動態樣，更為公共領域開啟新的篇章（曹家榮，2017）。警察工作也不例外，社群媒體也成為深入社區的工具與警民溝通的管道，警察從中取得的資訊，成為大數據分析的來源，而應用在勤務派遣、犯罪預防與偵查工作（Czajkowski, 2019）。現今，幾乎所有警察外勤機構均已使用社群媒體犯罪偵查、提供應急所需情資、對外聯繫、犯罪預防、徵才用人與身家背景調查。2013年發生在波士頓（Boston）的馬拉松比賽爆炸案，即是警察工作運用社群媒體的範例。該案中，警察機構使用社群媒體提供大眾有關案情、城市交通、警察作為的即時資訊，並澄清假新聞，更重要的，警察運用社群媒體尋求大眾協助主嫌藏身之處（Walker & Katz, 2018: 551）。臺灣也在2013年時受到加拿大溫哥華警察局長Jim Chu於亞洲警察學會（Asian Association of Police Study, AAPS）與新北市政府警察局局長合辦的國際警察學術研討會中，有關社群媒體運用於警政的專題演講所啟發，進而啟動警政署舉辦社群媒體的講習會，開啟了臺灣警政的社群媒體時代，至今成效卓著。

　　第三波工業革命出現了電腦、網路、社群媒體等科技發明，然而隨著物聯網結合各式裝置的第四波工業革命時代的來臨下，不但改變了人類社會的面貌及犯罪型態和手段，也改變了警察的勤務策略與執勤方式。這些科技發明伴隨著全球化趨勢，使犯罪已不再是傳統的實體犯罪，跨境的犯罪也成為普遍的現象。詐騙犯罪運用物聯網萬物皆可聯的特性，結合實體與虛擬的融合優勢，已成為各國執法機關面臨的重大挑戰。警察偵辦案件的方式亦開始大量使用資通訊（Information and Communication Technology, ICT）科技工具，例如2016年發生於臺北及臺中等不同城市之第一銀行自動提款櫃員機（ATM）吐鈔案，便

是透過駭客侵入的標準現代犯罪型態，而警察的破案亦大量運用錄影監視器（CCTV）、相關資料的大數據分析，始克竟其功。面對第四波工業革命的來臨，臺灣警政機關自2012年陸續推動執行「警政雲端運算發展計畫第一期——擴增M-Police功能運用」、「警政雲端運算發展計畫第二期——警政巨量資料分析與運用」、「警政科技躍升計畫」、「5G智慧警察行動服務計畫」、「情資整合中心」、「AI智慧巡邏系統」、「智慧XR警勤訓練」及「E化天眼車牌辨識追蹤系統」等，皆是運用高科技於警察勤務工作的趨勢，可謂第四波工業革命下之智慧警政（smart policing）及大數據警政（big data policing）的體現。

伍、組織制度學習與警察制度變遷

科技發展與社會經濟文化環境互為影響，科技的創新與採用也繫於制度的路徑依賴（David, 1985），這樣的依賴有利於舊科技的運用，從而阻礙新科技的引進，亦即既有科技形成的基礎設施，阻擋了新科技的採用。然而，制度架構卻能刺激知識技能發展，進而帶動社會經濟成長（劉瑞華譯註，2017：134）。

制度架構會塑造獲取知識技能的方向，以決定社會長期發展，好的制度創造經濟成就與社會成長，但亦可能附隨社會治安與犯罪的負效應。美國社會在面對犯罪之於社會經濟影響的問題上，採取設立大學、發展學術的政策立場，帶動警政典範的遞移。如此透過學術創新所帶動的警察典範遞移，對其他國家警察制度安排造成相當程度地引領作用。

進入20世紀以後，美國警政在警察專業化與科技引進下發生巨大變化（Walker & Katz, 2018: 40）。其中警察專業化的發展與行政學有著密不可分的關係，追本溯源，1887年Woodrow Wilson的「行政研究」（The Study of Administration）開啟了行政學此一學科，由於行政學的出現，制度安排將行政和政治分開，行政學建立了專業永業化的文官體系，警察也成為文官體系的一員。

　　19世紀中葉以後，美國雖號稱擁有現代化警察，卻無取材用人標準，警察被政治綁架，加上移民、歧視與警察貪腐問題，在進入20世紀以前的警政改革均以失敗告終（Walker and Katz, 2018: 34-40）。和麥（August Vollmer）可謂專業化警察時期（或稱改革時期，1930-1970）的先驅者，他於1920年代末期擔任加州柏克萊市（Berkley, California）警察局長，揭開了改革時期的序幕。和麥將行政學和警察工作連結成「警察行政」（police administration）專業科目，在當時加州大學柏克來校區（UC Berklely）開設「警察行政」課程，聖荷西州立學院（San Jose State College）則在1931年設立全美第一個執法行政學士學程。和麥的學生威爾遜（O. W. Wilson）所撰寫的《警察行政》一書堪稱當時經典之作，威爾遜也曾擔任芝加哥市警察局局長，後來在加州大學任教。和麥撰寫的威克夏委員會（Wickersham Commission）「警察報告」（Report on Police），為警察機關的現代管理提出改革進程。當時之警察專業化運動（Professionalization Movement）的改革議程重點工作包括（Walker & Katz, 2018: 40-45）：

一、定義警察乃具有專業訓練的公務員，須保持政治上的中立。

二、改革者須致力排除加諸於警察的政治影響。

三、任用具有專業能力的警察領導人。

四、招募進用合乎標準的警察，並加以訓練。

五、引進專業管理原則於警察機關，集中領導，有效運用人力。

六、成立交通、少年、正俗等專門單位（specialized unit）。

　　專業化時期的警察權力不再是來自地方政治人士，而是來自法律與專業。警察將自己的角色定位為執法者，工作限縮在犯罪控制與罪犯逮捕，「社會工作」不被認為是真正的警察工作。此外，為追求效率，科技導入警察工作之中，車巡取代了步巡，警察致力追求執法中立。這樣的警察制度始自20世紀初，至1960年代社會變遷後才再度渴求制度轉型。

　　美國社會在1960及1970年代的社會變遷，迫使警察勤務制度再度轉型。當時主要的社會變遷事件包括：聯邦法院的判決擴大了基本人

權的範圍、民權運動、少數民族遷徙市區、城市暴動、學生走上街頭反戰、人口年齡變化及民眾犯罪恐懼上升等。一連串的犯罪與治安研究乃在政府資助下進行，其中1968年國家諮詢委員會對社會失序之調查報告（The 1968 Report of the National Advisory Commission on Civil Disorders）、1974年堪薩斯城預防巡邏實驗報告（The Kansas City Preventive Patrol Experiment）等皆為後來的社區警政及問題導向警政奠下轉型基礎。

當時美國聯邦政府資助了許多警察研究機構，包括1968年至1976年的執法協助局（Law Enforcement Assistance Administration, LEAA），及其後的國家司法機構（National Institute of Justice），都在聯邦政府協助下成立，而民間的福特基金會（Ford Foundation）在1970年成立了警察基金會（Police Foundation），並進行了著名的堪薩斯城預防式巡邏實驗（Kansas City Preventive Patrol Experiment），後續成立的警察首長研究論壇（Police Executive Research Forum, PERF），亦取得當代警政研究創新的領導地位（章光明，2021）。警政議題在各研究機構與基金會的投入研究下，提出各種警察當下執法與勤務相關爭點及變革策略，包括：警察擁有廣泛裁量權的有效監督、警察工作存在處理高比例之非犯罪活動、強化警察遴選標準及訓練與管理、建構完善市民投訴機制、改善警察服務態度與警民之間的緊張關係、改變警察次文化、警察使用槍械及追車之判斷處理流程建構、家庭暴力案件處理流程的建構及提升巡邏效度等，對當代美國警政研究的改革具有重大啟示（Walker & Katz, 2018: 49-54）。

警政的研究革命至今仍持續著，對警政創新與警察制度轉型起了很大的作用。Bayley（2008）回顧自1967年由「總統執法及司法行政委員會」（President's Commission on Law Enforcement and the Administration of Justice）提出劃時代的美國警政策略以降，警察制度的轉型乃經由外而內（outside-inside）及由上而下（top-down）途徑完成。過去五十年來美國重要警察勤務策略包括：社區導向警政、問題導向警政、「破窗理論」、「零容忍警政」、熱點警政、強制逮捕家暴者（mandatory arrest for spouse-assault）、強化內部管理（enhancement of internal police discipline）、強化外部監督（external oversight）、電腦統計警政、警察人員來源多元化（enhanced diversity of personnel）（Bayley, 2008）。

根據這些制度安排，警察瞭解犯罪控制不是警察單方給予民眾的一種服務，而是一種需要民眾共同參與的活動，社區民眾對治安的需求是警察回應的主要標的，此外也強調預警式巡邏，以有限警力回應犯罪熱點的策略來控制犯罪。

20世紀初的制度轉型，只是將行政學與警察結合在一起，形成警察行政的概念。可70年代以後，所有的社會學科全都加入對警政的研究，警察開始思考，過去五、六十年來，警察為了阻絕政治干預，發展出從政府管理的角度追求效率，70年代警察體認到專業化警察制度已經不敷使用，警察不能僅從政府的角度決定其勤務內容，而應瞭解民眾需要，並加以回應。此亦呼應當代民主警政之警察必須具有正當性（legitimacy）、課責機制（accountability）、創新效能（effectiveness）與公開透明（open and transparent）的特質（Walker & Katz, 2018: 2-27; President's Task Force on 21st Century Policing, Final Report, 2015 ）。

陸、結語

本文為警察勤務導論，為符合題旨，本文在探討警察勤務議題時實宜從宏觀的角度著手，因此在行文過程中以警察制度（或謂警察勤務制度）為分析對象。警察制度為本文所關注的焦點，核心關懷則是制度環境、科技環境與組織制度學習對於警察制度變遷的影響。反應式警察勤務模式與預警式警察勤務模式各自擁有其優缺點，其模式的形成受到國家策略、社會重心及刑事司法典範的導引，而各種勤務模式的形成實與外在制度環境、科技環境及組織制度學習有關。

　　從歷史的制度途徑觀察警察制度與變遷，以及國家層次制度建構與變遷對警察制度的影響，東西方傳統文化、歷史發展、制度安排、制度變遷與警察制度有著複雜而綿密的關聯。歷史制度的觀點強調制度形成的路徑依賴，東西方文化差異對制度產生固著作用，其間的差異影響到各自治安制度的安排，因而導引出地區責任制和班勤制度兩種不同的警察勤務模式。當制度在社會變遷中出現斷續性均衡現象時，便產生意外的制度變遷，再進入另一個均衡狀態。無論是美國在1970年代後轉向學習東方社會強調社區融入，或是臺灣在孔令晟時代推動警政現代化過程中，形成了有趣的變換與交融，雖然制度深植於歷史傳統之中，不易改變，惟過程中行動者（agent）掌握契機仍為制度變遷帶來一定程度的影響，而導引警察勤務模式或活動的改變。

　　在科技環境方面，人類社會每次工業革命都促成了警察勤務的制度轉型，18世紀末以蒸汽機為主的第一次工業革命的機械化時代，改變了人類社會型態，將英國傳統治安制度轉型為公設、全職、支薪的現代化警察制度，其他各國也在不同階段歷經工業化後成立現代化警察。始於19世紀末之第二次工業革命的電氣化時代，警察運用電話、汽車、無線通話等電子科技於勤務活動，結合行政學的發展，轉型為專業化警察制度。20世紀中葉以後的第三波工業革命邁入訊息化時代，以資訊與網路科技為主，伴隨1980年代以降之社區警政思潮，於1990年代發展出COMPSTAT警政模式，全球化及911恐怖攻擊事件後，情資導向警政引領警察勤務作為。進入2010年後之第四次工業革命的物聯網時代，藉由各式裝置的連結，讓訊息化的社群媒體與大數據發揮加乘效應，也為全球社會與警察治安工作帶來前所未有的挑戰，而智慧警政已然成為未來重要趨勢。

　　制度與科技之間的交互作用，固可加速改變執勤設備，但警察制度涉及人員觀念與行為，及其所形成的文化，這些力量制約著警察人員的行動而不易改變。本文前舉美國警政策略為例，一方面受到其依賴法律之外在社會控制的制度與文化的影響，另外，在警政方面則有感於外在社會控制機制的不足，而思考連結警察與社會，企圖運用內在於社會的

控制力量,以改善治安。然而,缺乏緊密連結警察與社會之警察勤務區訪查制度,並以地區責任制之管理勤務活動的制度設計,成為該國推展社區警政的困境。惟該國在聯邦政府與民間基金會贊助下,執行諸多警政議題研究,引領當代警政研究的創新作為,趨動警察組織制度學習,發揮警政制度變遷的效應,讓警察制度朝向更符合民主警政意涵的方向續行。

就實而言,警察勤務運作除了受到外在制度環境與科技環境的影響外,更須內在組織制度學習的趨動,方能應處當代治安環境的變化。由於勤務運作屬於操作性的層次,更受到技術取向的導引,其中科技環境的發展歷程,皆為每一階段的警察勤務變革帶來前所未有的發展與挑戰。傳統犯罪以實體世界為主,惟近年來由於科技的快速發展,諸多犯罪已轉型為實體與虛擬融合模式,伴隨著生成式人工智慧(Artificial Intelligence, AI)大量導入人類日常生活之中,虛擬世界的犯罪挾其犯罪無國(轄)界的特質,勢必衝擊傳統強調實體的警察勤務策制度與運作,因為面對虛擬世界的犯罪更須先進的高科技設備及跨國(區)或跨轄的合作,基於數位專業化、科技設備能量及治理有效性,中央成立專業網路警察局恐將成為未來發展之勢,亦是警察勤務新興課題。

據此,本書第一篇除探討警察勤務經典議題,包括:「警察勤務導論」、「警察勤務理論」、「警察勤務規劃」、「警察勤務機構」、「警察勤務方式」、「警察勤務時間」、「警察勤務教育與訓練」、「警察勤務指揮與控管」、「警察勤務督導」、「警察勤務裝備與運用」、「警察組織整併、業務簡化與勤務革新」、「警察勤務發展趨勢」、「警察執行盤查案例研析」、「警察執勤追緝車輛案例研析」及「警察勤務使用警械案例研析」等十五章外;第二篇更針對晚近智慧警政運用科技於警察勤務之發展,收錄第十六章「智慧警政與警察勤務策略」、第十七章「AI警政之發展與運用」、第十八章「智慧科技在警政工作之運用」、第十九章「警政資料庫查詢與情資整合系統」及第二十章「電信網路詐欺與警政治理」等相關文章,做整體深入性的探析,盼為警察學術豐厚能量。

參考文獻

一、中文部分

North, D. C.著，劉瑞華譯（2017）。制度、制度變遷與經濟成就（*Institutions, Institutional Change & Economic Performance*）。臺北：聯經。

丁維新（1990）。警察勤務新論。桃園：作者自印。

朱愛群（1998）。論警察機關裡三個競值組織典範──刑案偵破、犯罪預防及為民服務。警政學報，第33期，頁69-82。

李湧清（2004）。警察勤務：理論與實務。臺北：揚智文化。

竺乾威（2020）。理解公共行政的新維度：政府與社會的互動。中國行政管理，第3期。

胡婉玲（2001）。論歷史制度主義的制度變遷理論。新世紀智庫論壇，第16期，頁86-95。

曹家榮（2017）。書評──婉君妳好嗎？給覺醒鄉民的PTT進化史。考古人類學刊，第86期，頁183-190。

章光明（2000）。警察業務分析。臺北：五南。

章光明（2011）。比較警政研究初探。中央警察大學警學叢刊，第41卷第5期，頁1-25。

章光明（2021）。制度、科技與警政：跨社會與歷史的比較。中央警察大學警學叢刊，第52卷第1期，頁1-22。

陳立中（1985）。警察行政法論。臺北：作者自印。

陳明傳（2019）。警察勤務與策略。臺北：五南。

黃宗昊（2010）。歷史制度論的方法立場與理論建構。問題與研究，第49卷第3期，頁145-176。

楊清江（1990）。警察勤務。桃園：中央警官學校。

二、英文部分

Asp, P. (2013). Preventionism and Criminalization of Nonconsummate Offences. In, A. Ashworth, L. Zedner, & P. Tomlin (Eds.), *Prevention and the Limits of the Criminal Law* (pp.24-25). Oxford: Oxford University Press.

Banton, M. (1964). *The policeman in the community*. London: Tavistock. Publications.

Bauman, Z. (1997). *Postmodernity and its discontents.* Cambridge: Polity Press.

Bayley, D. H. (1982). A World Perspective on the Role of Police in Social Control. In R. Donelan (Ed.), *The Maintenance of Order in Society.* Ottawa: Ministry of Supply and Services.

Bayley, D. H. (1976). *Forces of order: Police behavior in Japan and the United States.* California: University of California Press.

Bayley, D. H. (1985). *Patterns of Policing: A Comparative International Analysis.* NJ: Rutgers University Press.

Bayley, D. H. (1994). *Police for the Future.* Oxford: Oxford University Press.

Bayley, D. H. (1999). Policing: the World Stage. In R. I. Mawby (Ed.). *Policing Across the World: Issues for the Twenty-first Century* (pp. 3-12). London: UCL Press.

Bayley, D. H. (2008). Police Reform: Who Done it? *Policing and Society: An International Journal of Research and Policy*, 18, 7-17.

Bercel, T. E. (1970). Calls for police assistance: Consumer demands for governmental service. *American Behavioral Scientist*, 13(5-6), 681-691.

Berg, B. L. (1992). *Law enforcement: An introduction to police in society.* MA: Allyn and Bacon.

Bittner, E. (1967). The police on skid-row: A study of peace keeping. *American Sociological Review*, 32(5), 699-715.

Black, D. (1983). Crime as social control. *American Sociological Review*, 48, 34-45.

Blind, A. (2001). New Institutionalist Explanations for Institutional Change: A Note of Caution. *Politics*, 21, 137-145.

Burridge, M. (2019). Tech Talk: Benefits and Limitations of 5G for Law Enforcement. *Police Chief*, Columns.

Capoccia, G., & Kelemen, D. (2007). The Study of Critical Junctures. *World Politics*, 59(3), 341-369.

Chu, J. (2001). *Law enforcement information technology: A managerial, operational, and practitioner guide.* London: Routledge.

Cox, S. M., Fox, S. M., & Cox, S. M. (1996). *Police: Practices, perspectives, problems.* Boston, MA: Allyn and Bacon.

Crawford, A. (2009). The preventive turn in Europe. In ID. (Ed.), *Crime Prevention Policies in Comparative Perspective.* Cullompton: Willan Publishing.

Crawford, Sue. E. S., & Ostrom, E. (1995). A grammar of Institutions. *American Political Science Review*, 89(2), 582-600.

Czajkowski, A. (2019). Embracing Social Media in Policing. Tech Talk. *Police Chief*, August 2019, 56-57.

David, P. A. (1985). Clio and the Economics of QWERTY. *The American economic review*, 75(2), 332-337.

Ertman, T. (2010). The Great Reform Act of 1832 and British Democratization. *Comparative Political Studies*, 43(8/9), 1000-1022.

Foxon, T. J. (2002). Technological and institutional 'lock-in' as a barrier to sustainable innovation. *Imperial College Centre for Energy Policy and Technology (ICCEPT)*, ICCEPT Working Paper, Nov. 2002.

Hall, P. A., & Taylor, R. C. R. (1996). Political science and the three new institutionalisms. *Political Studies*, 44, 936-957.

Hall, P. A., & Taylor, R. C. R. (1998). The potential of historical institutionalism: A response to Hay and Wincott. *Political Studies*, 46(5), 958-962.

Hess, K. M., Wrobleski, H. M., & Cho, Henry. (2014). *Police operations: Theory and practice*. Delmar Cengage Learning.

Janus, E.S. (2004). The Preventive State, Terrorists and Sexual Predators: Countering the Threat of a New Outsider Jurisprudence. *Crim. L. Bull*, 40, 1-35.

Kelling, G. L., & Moore, M. H. (1988). *The Evolving Strategy of Policing*. Washington, DC: U. S. Department of Justice.

Klockars, C. B. (1988). The rhetoric of community policing. In J. R. Greene, & S. D. Mastrofski (Eds.), *Community: Rhetoric or reality*. NY: Prager.

Krasmann, S. (2007). The enemy on the border: Critique of a programme in favour of a preventive state. *Punishment Society*, 9(3), 301-318.

Krasner, S. D. (1984). Approaches to the state: Alternative conceptions and historical dynamics. *Comparative Politics*, 16(2), 223-246.

Leishman, F. (1999). Policing in Japan: East Asia Archetype? In R. I. Mawby (Ed.), *Policing Across the World: Issues for the Twenty-first Century*. London: UCL Press.

Manning, P. (1977). *Police Work: Tie Social Organization of Policing*. Cambridge, Mass: MIT Press.

March, J. G., & Olson, J. P. (1983). The new institutionalism: Organisational factor in political life. *American Political Science Review*, 78(3), 734-749.

Martin, S. E., & Sherman, L. W. (1986). Selective apprehension: A police strategy for repeat offenders. *Criminology*, 24(1), 155-174.

Mathieu, J. L. (1995). *L'insécurité*. Paris: Presses Universitaires de France.

Meyer, J. W., & Scott, W. R. (1992). *Organizational Environments: Ritual and Rationality*. NY: Sage Publications.

Moore, M. H. (1992). Problem-solving and community policing. *Crime and Justice*, 15, 99-158.

North, D. C. (1990). *Institutions, Institutional Change and Economic Performance*. Cambridge: Cambridge University Press.

O'Shea, T. C., Nicholls, K., Archer, J., Hughes, E., & Tatum, J. (2003). *Crime Analysis in America: Findings and Recommendations*. Washington, DC: US Department of Justice, Office of Community Oriented Policing Services.

Peters, B. G. (1999). *Institutional Theory in Political Science: The New Institutionalism*. London: Pinter Press.

Pierson, P. (2000). Increasing returns, path dependence, and the study of politics. *American Political Science Review*, 94(2), 251-267.

Reiss, A. J. (1971). *The Police and the Public*. CT: Yale University Press.

Scott, W. R. (1987). *Organizations: National, Natural and Open Systems*. NJ: Prentice-Hall Inc.

Shafritz, J. M., & Hyde, A. C. (2012). *Classics of Public Administration*. Wadsworth: Cengage Learning.

Sherman, L. W. (1990). Police crackdowns: Initial and residual deterrence. *Crime and Justice*, 12, 1-48.

Sherman, L. W. (1992). Attacking crime: Police and crime control. *Crime and Justice*, 15, 159-230.

Sparrow, M. K., Moore, M. H., & Kennedy, D. M. (1990). *Beyond 911: A New Era of Policing*. NY: Basic Books.

Spelman, W., & Brown, D. K. (1984). *Calling the Police: Citizen Reporting of Serious crime*. Washington, DC: US Department of Justice, National Institute of Justice.

Steiker, C. S. (1998). The Limits of the Preventive State. *Journal of Criminal Law and Criminology*, 88(3):773-774.

Thibault, E. A. (1982). Proactive Police Futures. *The Future of Criminal Justice*, 67-85. OH: Anderson.

Tuck, M. (1988). Crime prevention: a shift in concept. *Home Office Research and Planning Unit Research Bulletin*, 24(4), 5-8.

Walker, S. (1984). "Broken Window" and Fractured History: The Use and Misuse of History in Recent Police Patrol Analysis. *Justice Quarter*, 1(1), 77-99.

Walker, S., & Katz, C. M. (2011). *The Police in America: An Introduction*. NY: McGraw-Hill.

Walker, S., & Katz, C. M. (2018). *The Police in America: An Introduction*. NY: McGraw-Hill.

Wilson, J. Q. (2009). *Varieties of Police Behavior: The Management of Law and Order in Eight Communities*. Mass: Harvard University Press.

Wycoff, M. A. (1982). Evaluating the crime-effectiveness of municipal police. *Managing Police Work: Issues and Analysis*, 4, 15.

Wycoff, M. A., Susmilch, C., & Brown, C. (1981). *The Birmingham Anti-Robbery Experiment*. Washington, DC: Police Foundation.

Zedner, L. (2007). Pre-crime and post-criminology?. *Theoretical Criminology*, 11(2): 261-281.

|第二章|
警察勤務理論

張淵菘、章光明

壹、前言

　　巡邏（patrol）是警察勤務的骨幹（bone of police operation）（Hess et al., 2014），惟警察勤務條例所列示之勤區查察、臨檢、守望、值班及備勤等，亦是我國警察勤務的方式，若吾人僅從這六種勤務方式以瞭解警察勤務，恐略顯簡略，亦難掌握到「警察勤務」一詞的真義。若從組織層級與規劃的角度來看，警察任務是策略性規劃層次，即目標的掌握與方向的訂定；警察業務是功能性規劃層次，係根據目標，決定工作內涵，並加以分工；警察勤務是操作性規劃層次，重在實際的執行活動，三者之間形成緊密的關聯，缺一不可。循此，若從政策的角度而論，構成勤務的要素包括了勤務的規劃、執行與考核。兩者的概念意涵具有一致性，即從比較傳統的方式解析警察任務、業務與勤務之間的關係（陳立中，1985；楊清江，1990；丁維新，1990）。誠如現行警察勤務條例第17條的規定意旨，警察勤務的實施，必須涵蓋人事時地物等要素，同時經過規劃執行與考核，方能達成預期的效果。

　　若從行政管理的角度，警察勤務非僅思考警察勤務條例第17條所述之將人事時地物等要素的綜合運用與適當配置，尚須考量追求勤務的效率（effectiveness）和效能（efficiency），或官僚制度對於勤務執行的問題等。也就是警察勤務在消極面不但希望能「把事情做好」（to do the things right），這是效率層面的關切；更力求「做該做的事」（to do the right things），這是效能方面的考慮，當然還有如何透過官僚體制的權力配置使警察勤務同時發揮效率和效能。若從法律的角度，

警察勤務在執行過程中，是否符合「正當法律程序」（procedural due process）、平等權及公平執法等價值觀，是一位警察人員在執行勤務時，若涉及執法行為所必須顧慮的問題。如果將視角拉到警察勤務的行動性質，不管是針對組織內之警察人員抑或是針對一般民眾（不論是有無犯罪或違法意圖），其重點便在於參與其中的人，如何理解警察勤務活動，此即「符號互動理論」（symbolic interactionism theory）關注於彼此的溝通與解讀行為，也就是警察勤務的執行，各相關者如何看待（viewpoint）的問題。

警察勤務既然是為了完成警察業務，達成警察任務之重要執行活動，它的各項勤務執行方式便受到警察行政的影響，而警察行政基本上仍難脫公共行政的框架。公共行政自1887年Woodrow Wilson發表《行政研究》（*The study of Administration*）以來，也才經歷一百三十多年的歷史，而警察行政自August Vollmer於1920年代末期將行政學與警察工作連結而成「警察行政」（police administration）專業，開啓專業化警政與警察學術研究以來，亦僅一百餘年的光景，因此相較於其他學門，公共行政及警察行政可謂是個年輕的成年人（Frederickson et al., 2018）。就此而言，警察勤務是否存在理論，若從James Q. Wilson（1989）對於公共行政的理解宣稱，理論對於理解官僚機構幾乎沒什麼幫助，甚至傑出理論家Charles Perrow曾謂：「經過數十年的研究和理論化，吾人學到更多的卻是無法奏效的事比有用的事還多。」（Rosenbloom et al., 2022）。這可能會讓吾人失望，但是公共行政學者仍然認真看待公共行政的理論，因為從各方面來看，James Q. Wilson所做的各項努力工作，基本上皆是極為重要的理論貢獻（Frederickson et al., 2012）。

理論是本文的核心關懷，惟不同的視角會呈現不同的理論適用，本文甚難盡論所有與警察勤務有關的理論，尤其警察行政屬於公共行政的一環，在公共行政與公共問題因為各項政治活動或政府組織高度發展的環境下，讓公共行政的內涵更趨向錯綜複雜，而警察執行勤務中涉及執法行政的活動更尤甚之，因此為聚焦於本文題旨，本文認為探討警察勤

務理論宜回歸警察工作之「執法行政」的本質，擬從公法學、行政學及犯罪學的觀點引述警察勤務之相關理論，並介紹警察勤務實務執行的基本原理與運作原則，最後針對警察勤務理論之整合再省思。

貳、公法學觀點之警察勤務理論

警察人員執行勤務涉及執法行為時，係屬警察權的發動，雖警察權的最終目的在保護人民，惟手段卻可能會侵害到人民的自由權利，因此警察執行勤務時必須兼顧秩序維護與人權保障之價值（林明鏘，2011：3-5），既便如Michael Lipsky（2010）所稱：警察是「街頭公務員」（street level bureaucrats），在街頭執勤，具有廣泛的裁量權（discretion），惟警察執行勤務行使職權過程中，仍須踐行一般法律原則，方符現代民主警政之精神。

一、法治國原則

法治國原則是指以「實質的法」治理國家，國家的行為須受法的拘束，國家權力的行使必須以形式上及實質上都合憲的法律為依據。警察執行勤務行使職權，其行使方式、對象、範圍皆受法律規定的拘束，在民主法治政體下，警察權力的基礎，乃直接源自憲法及依憲法所訂定之法律，及以下漸次架構命令規範，包括地方法規。立法者歸納警察執行勤務常用的權力行使方式將之類型化，每一種勤務行為皆有相對應之個別條文，規定其發動要件、應遵循之程序，及對不法行為之救濟。此即Rosenbloom等人（2022）強調法律途徑將公共行政視為特定情境中法律的制度與施行，一切皆須依循憲法的架構與精神。

二、依法行政原則

依法行政原則的具體內容包含「法律優位原則」及「法律保留原則」。

（一）法律優位原則

法律優位原則指行政行為不可違反法律規定（又稱消極的依法行政），憲法第171條及172條「法律與憲法牴觸者無效」、「命令與憲法或法律牴觸者無效」。

（二）法律保留原則

法律保留原則（又稱積極的依法行政），係指行政行為應有法之依據，行政機關限制人民自由權利，應有法律依據。至於何種事項應以法律直接規範或得委由命令予以規定，與所謂規範密度有關，應視規範對象、內容或法益本身及其所受限制之輕重而容許合理之差異（司法院釋字第443號解釋理由書）。諸如剝奪人民生命或限制人民身體自由者，必須遵守罪刑法定主義，以制定法律之方式為之；涉及人民身體自由權利之限制者，亦應由法律加以規定，如以法律授權主管機關發布命令為補充規定時，其授權應符合具體明確之原則；若僅屬於執行法律之細節性、技術性次要事項，則得由主管機關發布命令為必要之規範，雖因而對人民產生不便或輕微影響，尚非憲法所不許。又關於給付行政措施，其受法律規範之密度，自較限制人民權益者寬鬆，倘涉及公共利益之重大事項者，應有法律或法律授權之命令為依據之必要。警察執行勤務行使一連串職權行為時，若有干涉人民自由權利之公權力措施，自當依上述規範密度之層級保留理論，依據法律保留的規範內容執行勤務行使職權。

三、行政法一般法律原則

（一）比例原則

比例原則又稱「禁止過當原則」，為大陸法系國家憲法層次之法律原則，拘束立法、行政與司法權之運作。與英美法系國家的「自然正義原則」或「實質正當程序原則」內涵近似，乃國家為調和公私益間的衝突，符合實質正義理念的一種理性思考法則（洪文玲，2024：144）。誠如Robert Peel創設現代警察時所言：「警察只有在以理性說服、提出

忠告與警告等方式皆無效的情況下，方得使用武力至必要程度。」

　　比例原則內涵，按行政程序法第7條規定，包括採取之方法應有助於目的達成之適當性原則、應選擇對人民權益侵害最少之原則，及採取之方法致生損害與欲達目的間之利益應具均衡性原則。因此，警察在執行勤務行使職權時，應優先考慮其他溫和方法為之，若欲發動警察權時，必須遵照法定之原則和規範執行，不可逾越比例原則，俾使人民的權利獲得真正的保障。

（二）正當法律程序原則

　　英美國家所強調的「正當法律程序」原則（陳志全，1994：34；林國漳，1994：65），其形成可溯源自英國大憲章，後經移植至美國，美國憲法增修條文第5條及第14條分別規定，非經正當法定程序不得剝奪任何人之生命、自由或財產。此一原則在行政程序上，要求行政機關在作成行政決定前，必須經過偏見排除原則、公正告知、理由陳述及提供評論期間或聽證等程序。我國憲法雖無類似規定，惟大法官釋字第491號解釋文，以例示方式闡述其內涵，「諸如：作成處分應經機關內部組成立場公正之委員會決議，處分前應給予受處分人陳述及申辯之機會，處分書應附記理由，並表明救濟方法、期間及受理機關等」可供參考（洪文玲，2024：145）。

（三）明確性原則

　　明確性原則可分為法律明確性、授權明確性及行政行為內容明確性。

1. 法律明確性：法律之核心內容，包括法律之構成要件與法律效果，必須合乎明確性原則。
2. 授權明確性：行政機關從事行政活動時，須有法律之依據或法律之授權，始得為之。法律若授權行政機關以命令為補充之規定者，其授權目的、內容及範圍，均應具體明確。
3. 內容明確性：警察依據業務法令作成下令處分、形成處分或裁罰處分，其內容應符合可理解性、可預見性及可審查性之要求。

（四）平等原則

警察執行勤務行使職權時，應符合「相同之事件應為相同之處理，不同之事件則應為不同之處理，除有合理正當之事由外，不得為差別待遇」。因此，在執勤過程中，對於過失違法者或輕微違規者，應與一般違規者有不同的處置方式。

（五）誠信原則

警察人員執行勤務行使職權，應講求誠實信用，不得使用詐欺騙術，破壞政府的威信，損害人民對警察的信任。故警察使用「陷害教唆」等詐欺方法取得的證據，不具有證據能力。

（六）不當聯結禁止原則

警察機關為追求特定之行政目的，在執行勤務過程中得採取課予人民一定之義務、負擔或不利益之手段，惟該手段與所追求之目的間，須具有實質之內在關聯或合理正當之連結關係。

四、警察法上之重要性原則

（一）警察公共原則

警察以維護公共安全與秩序為組織之任務，對於私人私生活、私權利之民事法律關係之爭執，原則上不介入。警察僅在法院無法即時提供人民立即保護，且無警察協助，系爭權利將喪失時，警察才例外地介入。或因該私權爭執將導致公共秩序破壞時，警察權才得以介入，此係警察執行勤務行使職權之公共原則。

（二）補充性原則

危害防制任務應優先交由其他機關管轄，只有在其他機關無法管轄，該危害防止具有不可遲延性（危害急迫性）或必須經常行使強制力之必要性時，警察才有危害防止之權（李震山，2007：52-53），即此警察職權行使法第28條第2項規定：「警察依前項規定，行使職權採取措施，以其他機關就該危害無法或不能即時制止或排除者為限。」之補

充性原則。

（三）警察責任原則

警察執行勤務行使職權之對象，除特殊情形外，限於應負警察責任之人（洪文玲，2024：150），處分不得對無責任人造成重大危害，且不得損及其重要義務。

（四）權變原則

警察執行勤務行使職權以防止危害發生時，運用權變原則，視個別情況進行合義務裁量，決定是否採取措施。其優點可呼應社會實務需要，填補列舉立法之疏，即時發動警察權，排除危害。其缺點易因執行員警個人主觀好惡恣意處置，而有違平等原則，故應受司法審查。惟若屬於刑事訴追之強制性處分或裁罰處分，警察執勤行為僅能在法律規定的要件下，受其拘束，並無裁量選擇空間，亦無權變原則之適用（洪文玲，2024：151）。

參、行政學觀點之警察勤務理論

「現代警察」概念之形成，往往與政府之含義雷同（Williams, 1998: 7），政府部門中含有某種警察的功能（a function rather than an entity），也凸顯職司政府事務之行政學理論對於警察勤務活動之影響。循此，本文將依行政學的重要發展歷程，就其意義概述五種觀點下的警察勤務理論。

一、政治與行政二元觀點

1887年Woodrow Wilson發表《行政研究》（*The study of Administration*）一書可謂行政學從政治學分離成為一門獨立學科的濫觴，而Goodnow於1900年出版《政治與行政》（*Politics and Administration*）一書，分別將政治和行政區隔為國家「意志的表現」

與國家「意志的執行」後，行政學始擺脫政治的附庸（林淑馨，2015：36），即便在二次世界大戰後，行政重回政治的範疇，惟已邁向行政專業與政治互動的途徑。而警察在政治干涉時期受到諸多政治分贓的侵擾，亦受政治與行政二元觀點的影響，發展出專業化警政模式，擺脫傳統政治對於警察行政的束縛，誠如警察本質是以法令為依據之行政作用的定義所言（陳明傳等，2024）。

二、效率觀念之管理觀點

自從行政學與政治學分離以來，無論是Weber的官僚制度理論（The Theory of Bureaucracy）、Taylor主張的「科學管理學派」（The Theory of Scientific Management）或Fayol和Gluick提出的行政管理學派（Administrative Management Theory）（林鍾沂，2001：99-146），乃至採取行為主義（behavioralism）或行為科學（behavioral science）之人群關係學派、1950年代所發展之系統理論（system theory）等，儘管理論主張或有不同，但其實皆屬於廣義的傳統行政理論範疇，該等理論設計基本上是由現代主義、功能論及邏輯實證論所構築之思維底蘊，強調理性、可預測性、穩定、均衡的理論特徵（Weber, 1978: 220-221; Shafritz & Russell, 2000: 184-199；林鍾沂，2001：99-117；張潤書，1998：41-61），著重於工作的劃分、權力的運用、指揮統一、階級服從、專業分工和嚴密的控制（彭文賢，1983：8）。

效率（efficiency）是成功的主要準繩（Denhardt, 1993: 73-75），也形塑了傳統行政學理論最為核心的價值。此時期的學者由於身處於科學與工業取得巨大成就的年代，科學與技術發展的首要象徵就是機器——完成工作的精確、機械、合理與有效率的典範，誠如Simon（1957: 38）所言：「公共行政是有關於如何建構與操作一組織，以更有效率地完成工作。」當時August Vollmer將行政學和警察工作連結而成「警察行政」（police administration）專業，並於大學開設「警察行政」課程，其學生O. W. Willson更撰寫《警察行政》一書，兩人藉由行政學與科技的引進，開啟了專業化警政與警察學術研究的大門。美國在

專業化警政時期，一方面遵循韋伯式層級官僚制度的影響，層級節制地要求警察人員對組織負責，另一方面同時要求警察執法須遵守法定程序（Robert & Kuykendall, 1993: 61-70）。此外，為了追求犯罪控制之罪犯逮捕效率，將科技導入警察工作之中，建立通訊系統，車巡取代了步巡（Walker, 1977），提升警察專業化能力，再加上警察採取無差別性的中立執法與勤務模式（one size fit all），最終產生民眾日漸疏遠的警民緊張關係。

三、公共政策觀點

　　1970年代公共政策研究成為一門公認的獨立學科，從政策問題認定、政策規劃、政策合法化、政策執行與政策評估等五階段的程序為主要研究導向，為行政學的研究注入新的視野（余致力，2006；邱昌泰，2010；吳定等，2009），而基層官僚（street-level bureaucrats）是政策執行的核心，政策執行的研究經歷四個典範的發展[1]（Elmore, 1979, 1985；邱昌泰，2010：325-332；吳定，2010：239-241），其中第二代政策執行途徑研究著重於由下而上的模式，強調應該給予基層官僚或地方機關自主裁量權，使之能夠因應複雜的政策情境。Lipsky（2010）認為基層官僚才是真正的政策制定者，如果機關首長未能將法律與計畫轉換由實際提供服務或管理公共行政的基層官員來執行，所有的良法美意都將流於空談，因此基層官員對於公共政策執行的影響深遠（吳定，2010：240；邱昌泰，2010：333）。

　　基層官員的特徵在於「必須與標的團體進行直接互動的官員」與「必須享有相當的行政裁量權」，依Lipsky（2010）的觀察，幾乎所有公共事務都需要基層官員來執行，他們所做的決定及建立的標準作業程

---

[1]　第一代（1970-1980）：偏重於政策實務面及個案面的研究，執行途徑採「由上而下模式」（top-down approach）；第二代（1981-1990）：偏重於理論分析架構及模型建立，執行途徑採「由下而上」（button-up approach）；第三代（1991-2000）：為整合型政策執行途徑，執行途徑採前兩種途徑之優點建構整合性的執行架構；第四代（2001迄今）：為政策社群的方法建構研究或執行途徑（吳定：2010：242）。

序，以及對抗不確定與工作壓力設計等，都能很有效地影響公共政策執行的成果，若該等人員沒有權力制定任何政策，又經常性地必須面對民眾的需求，容易陷入兩難的困境。

專業化警政之警察勤務作為強調由上而下之勤務決策模式，造成警察與民眾之間日漸疏離的警民緊張關係，而隨著社區警政與問題導向警政之發展，強調社區民眾的參與、警察組織分權化、以發掘社區問題並進而採取問題導向之勤務策略，解決治安的核心問題，皆融入了公共政策第二代以降之典範，強調基層意見與民眾參與之重要性，透過多元參與理論的運用（Maier, 1967: 239-247），研擬更多符合轄區之適切可行的勤務方案，回應地方治安的在地需求。

四、公共性觀點

傳統行政學是以國家為中心追求管理效率，然而卻在1960年代面對人權運動、社會貧富不均及犯罪問題束手無策。因此，在Waldo等學者的努力下，推出聚焦於社會關懷的「新公共行政」。強調社會公平、正義、自由等理念，主張行政研究應與行政實務相結合，共同解決社會實際問題，行政人員不僅要效忠於抽象的國家與政府，更要積極發掘民瘼，對民眾的需要負起責任，並主張應將焦點置於公共行政的社會關懷。新公共行政的基本要旨除了原先注重效率與經濟外，更強調效率必須以公平的社會服務為前提（Frederickson et al., 2018）。

在民主政體的國家中，政府的主要功能即在維護並創造公共利益、實現公共目的，並應著重「以人為本」的內涵，管理上除了要注重效率與效能，更要關注公眾的需求與期望，積極發揮Harmon（1981）所主張之效率（efficiency）、回應力（responsiveness）及前瞻性（proactive）的核心概念以理解公共行政，並發揮應有的角色功能。

Denhardt和Denhardt（2003: 169-175）更基於「公共性」的核心，提出「公民」的概念，強調公共利益，產生「新公共服務」，它提供了一種視民主、公民精神與服務公共利益為優先的概念架構，在公共價值的探索中，新公共服務認為民主價值應被優先考量，效率與生產力不該

忽略，但必須是置於較大的民主、社群與公共利益的系絡中衡量。

1970年代以來，社區警政補充專業化警政的結果，形成民主警政要求警察同時回應組織、法律與社區民眾的整合模式（Robert & Kuykendall, 1993）。當代民主警政要求警察必須具有正當性（ligitimancy）、課責機制（accountability）、創新效能（effectiveness）與公開透明（open and transparent）等作為（Walker & Katz, 2018），而第三造警政（third party policing）更強調，一般民眾除了被動與警察合作共同維護社會治安外，更應透過法律的規範，納民眾於治安維護工作之中，展現「公民」的精神。從臺灣過去推動社區警政的重要勤務活動——勤區查察制度的發展歷程即可發現，隨著臺灣社區由威權走向民主時，過去社區警政由警察中心過渡到社區為中心的同時，「戶口查察」已悄然走入歷史，並由「勤務區訪查」取代之，其中推動安全社區發展成效優良的「標竿社區」，已展現公民自主學習之力，為警察維護社區治安的巡邏勤務工作，更添注資源活水。

五、全球化與多元治理觀點

全球化本質上是一個內在充滿矛盾的過程，它是一個矛盾的統一體，包含了一體化的趨勢，又包含分裂化的傾向，可謂具有變遷且複雜的動態本質（Rosenau, 2000）。既有單一化，又有多樣化；既是集中化，又是分散化；既是國際化，又是本土化（俞可平，1998：21-23）。因此，這是一個全球化、在地化及碎裂化並存的年代（Rosenau, 1999: 293-295）。

在全球化時代，政府、市場與市民社會之間的關係比以往受到更多的關注，市民社會與非政府組織成為國際政經新興的行動者，這種多部門關係（multisectoral relations）時而合作、時而對抗，為三者之間尋求合作且同時維持各自特性，將是未來一項重大的挑戰（Brown et al., 2000; Kettl, 2002; 134-235）。Held等人（沈宗瑞等譯，2001：23-24）指出全球化趨勢對各國政府產生決策、制度、分配及結構的衝擊，儘管全球化帶來「治理」意涵仍存有諸多爭議，但如何結合國家之上的超國

家層次（國際社會），及國家之下的次國家層次（社區），將是未來全球治理必然之勢。

　　資通訊（Information and Communication Technology, ICT）科技的快速發展，加速了各國政府面對全球治理的挑戰，而物聯網時代的來臨，讓犯罪者擁有了結合實體與虛擬的融合優勢，大量運用人工智慧（Artificial Intelligence, AI），促使跨境（區）犯罪及虛實結合的犯罪問題普遍化，也為警察機關帶來前所未有的嚴峻挑戰。警察機關為了打擊跨境（域）犯罪，國際警察合作展現十分的迫切性，各國警察運用大數據（big data）（Ferguson, 2017）結合情資導向警政，已成為必然之勢。而警察勤務亦運用大數據並在AI演算法的輔助下，發展出預測式警政（predictive policing）（Pearsall, 2010; Andrew, 2012），試行於警察巡邏攔檢勤務中。臺灣面對全球化的跨境（域）犯罪，雖受限於國際政治的制度限制，卻積極採取非正式網絡的警察聯絡官（liason officer）派駐各國方式，發揮打擊跨境（域）犯罪的成效，同時亦展現臺灣科技島的優勢，成立「科技偵防中心」，大量運用「5G智慧警察行動服務計畫」、「情資整合中心」、「AI智慧巡邏系統」、「智慧XR警勤訓練」及「E化天眼車牌辨識追蹤系統」等科技於警察勤務，即使面對犯罪全球化的現象，亦能立基於臺灣發揮在地化打擊犯罪的能量。

肆、犯罪學觀點之警察勤務理論

　　早期古典犯罪學派聚焦於個體犯罪成因之探討，其預防犯罪的觀念透過威嚇以達到預防犯罪的效果，藉由建立各種社會控制工具（例如警察制度及監獄制度）以達到犯罪控制的效果，然而就著重於當前問題解決之警察勤務策略而言，兩者之間似乎甚難產生交集。1970年代之現代新古典犯罪學導入理性選擇理論與後續發展之環境犯罪學等，這些根植於行為科學的犯罪學，而後也獨樹一幟地影響了警察勤務策略作為（曹立群，2012：22-30）。

一、理性選擇理論

　　理性選擇理論的其中一個重要觀點，係人類具有自由思想，能夠自己選擇對錯。罪犯是具備理性的，需要從犯罪的利益、風險和成本三方面來考慮是否從事犯罪行為，當利益大於風險加成本時，罪犯則傾向犯罪，相反則傾向不犯罪[2]（周愫嫻、曹立群，2007）。就刑罰（自由刑）制度的本質而言，係將刑罰視為對犯罪所為之制裁，及相應在此一定期間內剝奪該當犯罪人之身體自由一事，犯罪對於事物的選擇仍基於自由意志決定之理性選擇（許福生，2007）。理性選擇理論強調犯罪是一種利益與損害之衡量，人可以理性選擇而理解刑罰的抑止效果，導致在刑事政策領域中形成抑止刑論（許福生，2007：154；吳宗憲，1997：112-115），對刑事政策產生下列影響：

（一）刑罰的目的由教化轉向強調威嚇及隔離，如要求死刑、主張大量使用監禁刑、否定矯正效果、應報主義等。

（二）提高逮捕率，如增加警察員額及預算、強化警察巡邏。

（三）實施重罰政策，如實施基於公正應報之量刑、導入量刑指南、強化監所之運作。

　　整體而言，自1970年代以來，刑事司法體系已朝向嚴厲（get tough）刑事政策的方向發展，無論是強制量刑標準（mandatory sentencing guidelines）、三振出局法案（Three-Strikes-and-You're-Out Laws）、擴建監獄、落實刑期及梅根法案（Megan's Law）等形成嚴刑峻法及擴建監獄之普遍化的現象（Gaines & Miller, 2006；鄧煌發，2008）。由於刑罰威嚇的效果很難證明，且易招致死刑及長期拘禁刑的負面效果，導致對於犯罪預防政策的重視，亦促成環境犯罪學的抬頭。

---

[2] 利益是指犯罪後的得益能滿足人類的各種生理及心理需要，風險是指罪犯被識破罪行及受到刑罰的可能性，而成本則指犯案時需要的工具、技巧、時間等（周愫嫻、曹立群，2007）。

二、環境犯罪學

1972年Oscar Newman根據Jane Jacobs於1961年所著之《美國大城市的死亡與生活》（*The life and death of American Cities*）一書關於未來之「環境設計規劃預防犯罪」理念為基礎，發展「防衛空間」（defensible space）概念，認為可以藉由特殊的建築設計降低犯罪的機會，以達到犯罪預防的效果。具體而言，環境犯罪學的理論基礎不易界定，晚近學者所發展之環境犯罪學相關理論尚包括Clarke（2009）的情境犯罪預防理論（situational crime prevention）、Choen和Felson（2015）的日常活動理論（routine activity theory）及Wilson和Killing（1982）的破窗理論（broken window theory）等，這些理論皆環繞著透過環境的改造以達到預防犯罪的效果，也就是營造不適合犯罪的情境，其基本的立論仍立基於理性選擇的理論。

三、由國家中心轉型到社會中心的犯罪預防策略

晚近以來國家型態由「懲罰型國家」（punitive state）進入到「預防型國家」（preventive state）（Steiker, 1998; Janus, 2004; Krasmann, 2007）；刑事司法典範由原本重視傳統回溯式懲罰（retrospective），轉變為犯罪預防（crime prevention）的典範（Tuck, 1988: 5）；整體社會的重心從原本的「後犯罪社會」（post-crime）轉型到「前犯罪社會」（pre-crime society）（Zedner, 2007）。警政的發展，由起始的初創時期，歷經建立時期，再進入到專業化時期；專業化時期的警察以犯罪抗制者自許，強調警力集中、快速反應報案、機動車巡，並大量使用科技器材。但到後來專業化的警察組織卻也面臨無法有效控制犯罪及滿足民眾安全感的需求，而遇到了困境。自專業化警政受到嚴厲批評之後，諸多警政策略紛紛被提出，無論是問題導向警政、社區警政、電腦統計警政或是第三造警政等，其共同特點，皆是針對專業化時期對犯罪的反思，由被動反應轉變為主動處理犯罪問題，並開始強調犯罪預防的重要性。

美國「問題導向警政中心」（The Center for Problem-Oriented

Policing, POP Center）的學者Ronald V. Clarke和John E. Eck根據該中心所蒐集之有關警察處理各種犯罪事件所發現的眾多治安問題，同時結合了相關的犯罪預防知識與方法，再依據其邏輯性加以排列組合，編製成犯罪分析六十步驟手冊。該手冊將犯罪學中犯罪預防的觀點與提升警政效能兩者連結起來，形成一股處理治安問題的新動能。手冊內含括了環境犯罪學、情境犯罪預防及問題導向警政等相關領域之知識，並根據SARA模式的掃描（Scanning）、分析（Analysis）、回應（Response）及評估（Assesment）之步驟，邏輯性地安置每一步驟。六十步驟分別要求犯罪分析專家應主動觀察治安問題、界定問題的範疇、分析問題的成因、尋找有效的回應方案，以及在採行方案後，進行事後的評估（許春金、陳玉書，2013；孫義雄，2018）。

　　Braga與Weisburd（2006）還進一步將傳統「執法式」（Enforcement POP）問題導向警政，結合情境犯罪預防的理論，擴充成為「情境式」（Situational POP）問題導向警政。亦即除了針對高犯罪發生風險的時間與空間採取包括目的性的巡邏、高強度的執法或於公共地點採取攻勢執法作為的管制違序等傳統勤務作為，以抑制產生犯罪控制的效果外，更進一步藉由情境式的問題導向警政，聚焦於犯罪熱點中引發犯罪發生的情境或原因，調整巡邏勤務以增加監控強度，同時改變犯罪地點特徵、設施及管理方式，以產生更深遠的犯罪控制效果。

　　晚近的研究指出，社區屬性的「集體效能」對於暴力犯罪的預測力大於物理與社會的失序，依社區發展階段之不同類型，透過情境警政（situational policing）的運行方式，來有效提升社區集體效能與降低犯罪和失序（James, et al., 2004: 99），亦即在現有社區警政策略的基礎上，結合情境警政的運用，確認不同社區類型適合的情境，並搭配傳統警政與社區警政橋接，以追求高集體效能與低犯罪和失序的目標。整體而言，「社區導向警政」（Community-Oriented Policing, COP）及「問題導向警政」（Problem-Oriented Policing, POP）策略的主流典範與犯罪學的理論形成密不可分的融合。

伍、警察勤務的基本原理與運作原則

一、基本原理

警察勤務通常被認爲是完成警察業務之手段或策略，既然是一種手段或策略，其所強調者無非如何執行。一般論及工作的執行，通常從兩方面思考：一個是組織與單位的靜態建立，另一個就是工作的動態執行。是以本文重點置於執行的組織與執行的方式。

（一）勤務組織原理

從實務的觀察中可歸納警察勤務組織是基於散在原理與授權原理而建立的。

1.散在原理

警察組織之散在原理，是針對警察組織分布的空間而言。從管理的觀點來看，當一個組織型態已相當複雜時，它不可避免地便會採行許多專業化（specialization）的措施（Hall, 1982）。專業化的方法有許多，如任務專業化、地區專業化、過程專業化、產品專業化、顧客專業化等。專業化的目的，除了執簡馭繁外，最重要的是效率的考量。

再從警察最初的發展來看，警察組織之散在原理在時間上有其必然性。如眾所周知，現代警察的誕生始於西元1829年的英國倫敦。其後，法國巴黎、美國紐約、波士頓、芝加哥、費城、底特律等也分別成立警察局。由此可見，現代警察的發生是由城市到鄉村、從地方到全國的，因此警察組織具有散在之特性。另就我國警察勤務條例之中諸多彈性與授權條文，其相當程度地反映出針對警察工作之地方性所做的考慮。

要言之，警察組織之散在原理，具有政治上與社會上的雙重意義。政治上之意義是指，警察組織乃國家主權的象徵，因此其會「及於國家領土的每一部分、不以有人民居住爲必要、並隨同國家主權而進退」（梅可望，1990：112）。而社會上之意義，則包括服務，也就是

「隨著民眾的需要而存在」（梅可望，1990：112）。

2. 授權原理

授權原理則是基於時間為主要著眼點。大型的警察組織在面對警察相關的許多工作時，由於諸多因素，因此必須授權被派出而由散在各地的小型警察組織處理。其必要性是基於下列因素之考量。

(1) 基於警察工作具有濃厚的地方色彩：大型組織對於地方事務之掌握與瞭解，往往不如小型組織對其之瞭解與深入，因此必須授權。警察勤務條例中的眾多授權規定，正是一個最好的說明。

(2) 基於警察事務的緊急性：相對於許多工作，警察工作的緊急性十分明顯，因此有人以「救火隊」（Fire Brigade）（Goldstein, 1987）來形容警察工作的緊急性。這種緊急性，除了造成所謂「在指揮上必須強調單一性」外（梅可望，1990），在工作上也必須授權，否則不足以爭取時效。

(3) 基於警察事故發生之不可預期性：雖然警察事故如同一般社會現象一樣，具有某種規律或週期性，但不容否認，仍有許多事故是在時空上是無法預期的。如果事故的規律性有持續性，警察組織與人員當然可以有較大的作為；然而，我們知道在規律中又有些變異或不規律存在，因此若不適當的授權是無法因應事故之發生。

警察勤務貴在執行，因而大型警察組織對散在各地的警察組織在勤務之執行上基於下列理由必須完全而充分授權。

(1) 沒有人比勤務之執行者更瞭解其所遭遇之狀況，因此若非完全充分的授權原理，勤務執行者便很難針對當時狀況做最適切的處置。也因如此，警察裁量權的問題，一直是警察社會學、公共政策及公法學等研究者所關心的焦點。

(2) 鑑於警察工作的緊急性，因此給予執行人員完全充分的權限也是無可避免的，特別是當對效率有特別考慮的時候，例如學者Lipsky就抱持這樣的觀點。他認為，由於實際情況的複雜以及某些服務性質的人員必須對人們的作為做適當的反應，因此「街頭公務員」

（Street-Level Bureaucrats）（這是指警察、社會福利人員這些必須以街頭爲工作場所的人）享有裁量權是極其必要的。同時，他更認爲，由於裁量權的賦予，會使街頭公務員在工作上更感自主與自在，從而可提高工作效率（Lipsky, 2010）。

上層之警察組織授權下層的警察執行勤務原理乃必然之勢，其主要之因在於警察工作的時間性與空間性；惟授權之範圍與內容則視環境而定。

（二）勤務運作原理

無論警察勤務從現在或可以預見的未來如何變革，其運作顯然受到迅速原理、機動原理、彈性原理與顯見原理所支配。

1. 迅速原理

這是有關時間方面的原理。迅速原理的假設是：警察人員越早到達犯罪現場，則逮捕犯罪人之機會越大以及破案的可能性越高。在1967年Issacs的研究中發現：反應時間越少，現場逮捕的機會越大。他指出，若反應時間減少1分鐘，則對原來就很快的反應時間（如1至3分鐘）而言，現場逮捕的機會明顯增加，但對於原來已較慢的反應時間（如15分鐘至30分鐘）而言，減少1分鐘的反應時間，似乎對現場逮捕的機會影響不大（Issacs, 1967）。也因此，有所謂「警察到達時間」（Time of Arrival of Police, TAP）即「TAP理論」的出現。TAP理論是從犯罪發生的時間一直到警方到達現場的之時間爲止，可分爲三個不同的時程：(1)獲知時間（detection time）：亦即從犯罪發生時至爲人所得知該犯罪之時間；(2)報案時間（reporting time）：即從犯罪爲人所獲知，向警方報案到警方受理該案之時間；(3)警察反應時間（police response time）：即從警方受理案件並派遣人員到達現場之時間。這三段時程，合稱爲「警察到達時間」。學者認爲TAP理論用於犯罪防制上，可用下列公式表示：

$$CD = f(TAP, ti)$$

在這個數學式中，各英文字所代表的意義是：

Cd = Crime deterrence：犯罪嚇阻

ti = time of intrusion：侵入時間

f = function：函數

亦即犯罪嚇阻是TAP和侵入時間的函數。換言之，當警方的反應時間越短（TAP值越小），侵入時間越長（ti值越大）則嚇阻犯罪之作用即越大（Cd值則大）。

從上揭的TAP理論可知，反應時間的縮短，可以減少民眾的不滿、比較容易保全現場、也比較容易當場逮捕人犯，所以受到重視。

2. 機動原理

機動原理強調動態的勤務運作，警察勤務機動原理的基本假設是：警察勤務應爲主動先發式（proactive）的發現問題，而非被動反應式（reactive）的處理問題。機動原理，可以從巡邏的重要性與守望的日趨式微明顯的觀察出來。在學者眼中，巡邏這項勤務是主動的而非被動的；是遍及而非固定的；是有目的的行動而非漫無意義的巡視（梅可望，1990：410）。正因如此，所以巡邏無論是在提供爲民眾的服務上或對犯罪的防制上均具有特殊的意義。由於其之「主動性」、「遍及性」與「目的性」，所以這項勤務一直歷久而不衰，這也說明了巡邏爲警察勤務骨幹（Hess et al., 2014）。

至於守望是指在固定地點的勤務方式，守望勤務的出現，是19世紀現代警察創辦之初，因交通、資訊不便之故，於是由警察機關派遣人員分駐衝要地點。其目的在使民眾知道警察所在之處俾於隨時可前往報案；同時藉此維護所在地區的秩序（梅可望，1990）。然而隨著科技之進步，資通訊與交通之便利，機動性較低的守望勤務在鎮壓犯罪的作用上已大爲降低，逐漸變爲一種不甚重要的執勤方式（梅可望，1990：413），惟在特別的時節或特殊需要上，實務上仍會採行守望勤務。

3. 彈性原理

彈性原理指的是在警察勤務的運作方式上應避免一成不變，而應視

時空條件及其他狀況的變化，來安排與執行各種勤務，也就是勤務執行的「因時因地因事制宜」。彈性原理之運用，其基本假設是：警察事故發生的不可預期性與時空差異性。從時間上來看，警察事故的發生，常因季節、時間有所不同，例如冬天的治安狀況不同於夏季、連續假期的交通狀況又不同於平時、上下班時間的交通狀況也有所差異，這表明警察勤務具有時間性。從空間上來看，警察事故的發生也會因地區而產生變化，例如山地的警察機關可能必須多花警力於山地清查、防止盜伐盜獵的工作上，而平地則係交通與犯罪問題較嚴重；再如城市可能存在各種型態的犯罪、而鄉村則多竊案。這種因空間所造成的警察事故之差異性，也說明警察勤務必須隨之而變化。類似這種因時空變化而部署不同質、量之警力以及採取不同勤務方式即稱之為彈性原理。正因如此，所以我國警察勤務條例在制定時，也預留不少空間，而形成彈性條文甚多的現象（李湧清，2024）。

4. 顯見原理

顯見原理指的是警察人員在執行勤務時，無論其服裝或裝備，例如巡邏車或著制服的警察，都必須明顯易見，也就是見警率（police visibility）。在傳統警察勤務觀念中強調能見度與見警率具有相當意義，因為傳統警察勤務之推行者相信，警察勤務之顯見性，至少有兩層意義：一方面，因為能見度之故，所以得以嚇阻犯罪。在警察的觀點而言，犯罪之所以發生，無非是犯罪人主觀之犯罪意圖、犯罪能力與客觀之犯罪機會兩方面之合致有以致之。由於犯罪人主觀之犯罪意圖與犯罪能力超乎警察掌握能力之外，因此警察所能作為者，僅為減少犯罪機會，而巡邏以及勤務之顯見性，正是減少犯罪機會之方法。二方面，也因為警察勤務之顯見性，所以警察隨時接受著民眾監督，也減少警察違法犯紀的機會。此外，由於勤務的顯見，勤務執行因此有交通上之便利，也可以予民眾警告。綜而言之，能見度對警察勤務而言，有其犯罪預防上之意義（李湧清，2024）。

二、運作原則

警察執行勤務以達成警察任務目標之勤務運作原則詳如下述。

（一）因時因地因事制宜

由於警力是十分寶貴與有限的資源，為了求得警力做最大程度的運用，所以關於警力的部署、運用以及勤務的分配，必須考慮時間、空間與事故的變化。這一個原則，也可以稱之為「彈性原理」。具體說，所謂彈性原理包括：

1. 勤務之適時

在警察工作中，無論服務民眾、犯罪壓制以及秩序維持，並非隨時間平均產生，而是有其季節性與時間性。例如，就每日而言，上下班時間，交通流量大，為維持交通順暢、避免事故發生，就應使用較多的交通警力。再如臺灣地區天氣炎熱，每到夏季民眾習慣戶外活動，再加上地狹人稠，很容易造成人際衝突，所以夏季夜晚必須加強巡邏勤務，避免衝突產生。隨著時間變化調度勤務，警力方不置於虛擲浪費，此謂因時制宜。

2. 勤務之適地

根據同樣的邏輯，民眾的服務需求、犯罪事件之發生以及秩序之需要，也不是到處都有需要。以犯罪案件來說，有許多研究顯示，犯罪案件之發生有所謂的「熱點」（hot spot）（Sherman, 1992），也就是某些地點比其他地點更容易發生犯罪案件。針對這些容易發生犯罪案件之地點，指派較多警力服勤或增加巡邏密度，可以提升犯罪預防之效果。同樣地，在人潮較多或舉辦活動區域，調派機動派出所或巡邏車駐守服務，也可因應民眾隨時產生的服務需求。類此，針對地區特性，以不同勤務方式、運用適當警力，此謂因地制宜。

3. 勤務之適事

每一種勤務方式或每一種警力，都有其效用，亦有其侷限。例

如，行政警察穿著制服、運用明顯標誌的警用車輛執勤，除了透過能見度的表現能預防犯罪之外，也可以因為顯見，達到服務民眾的目的。但在另一方面，這種執勤方式，卻可能打草驚蛇、明顯不利犯罪偵查。相對地，刑事警察以便服執勤，雖較能發現真實，卻因便衣執勤，容易引人疑慮，而不利於服務工作。所以，在勤務運用時，必須考慮此項勤務所欲達成的目的，此謂之因事制宜。

（二）永不間斷、無處弗屆

在警察工作中，無論是強調哪一種功能的發揮，明顯可見的事實是：沒有人能保證或肯定，何時有服務需求、何處有案件發生。為了讓案件不發生，或是在案件發生後，民眾有需求時儘早因應，所以勤務必須力求「永不間斷、無處弗屆」。

1. 永不間斷

勤務永不間斷是針對時間而言。其真正的意涵是，一天24小時、一年365天，警察勤務活動不會間斷。這包括一般民俗節慶，勤務活動不間斷；無論天候狀況，勤務活動亦不間斷。最明顯表現出勤務不間斷的是值班勤務，全臺灣各級警察勤務機構24小時都有人值班，以回應民眾需要。

2. 無處弗屆

勤務無處弗屆是針對空間而言。具體的說，指的是警察勤務活動範圍並不以有人居住為必要，而是只要有可能發生警察事故之處，都有警察勤務活動。在警察勤務活動中，最足以表現出無處弗屆特色的勤務是巡邏。

（三）外勤重於內勤

在一般警察工作中，以行政三聯制為例，可以把警察勤務過程區分為三個階段：勤務規劃、勤務執行與勤務督考。其中，勤務執行主要是針對社會中的各種犯罪、秩序維持或服務大眾所做的，通常被認為是

外勤，而勤務規劃與勤務督考則是內勤。由於社會狀況千變萬化，很難歸納出一個規則，為了適應狀況、預防危害，所以警察勤務不能閉門造車。此時，透過警察勤務的外勤運作，掌握環境與脈動，便極其重要。

所謂外勤，另一種簡明說法，就是在警察機關大門外的種種勤務活動。其型態複雜多樣，大至追捕盜賊、小至家戶訪問、指揮交通，都是外勤。只有透過這些活動，才能完成警察任務。在另一方面，內勤即警察機關的內部工作，如辦理公文、業務計畫、整理表冊等。雖然這些內勤工作也十分重要，但從理論上來說，這些工作的主要任務是在協助外勤、支援外勤，使外勤工作更順利。如果只是強調內勤、只注重文書與計畫規劃，沒有外勤的付諸實現，警察任務永遠無法完成，由此可知外勤工作的重要。

（四）攻勢性勤務重於守勢性勤務

在警察外勤活動中，根據警察勤務條例的規定，可以把六種勤務方式區分為兩大類：攻勢性勤務與守勢性勤務（Reiss, 1971; Sherman, 1992）。所謂的攻勢性勤務，包括巡邏、臨檢以及勤區查察，而守勢性勤務則是值班、備勤與守望。攻勢性勤務與守勢性勤務有幾個區別，攻勢性勤務是由警察勤務執行人員根據所蒐集的情報，主動選擇執勤區域、對象與目標；而守勢性勤務則是警察被動對民眾的報案加以反應。由於攻勢性勤務具有流動性、機動性與遍及性等特性，不但可以主動地發現問題、廣泛地接觸民眾，在犯罪預防與服務民眾方面，也因流動性之故，更能發揮這方面的效果。

在另一方面，守勢性的勤務也並非毫無效用。以守望為例，守望勤務之所以產生，是因為在過去交通不便、通訊不發達的時代，民眾對於警察的需求依然存在。為了對民眾提供更便捷快速的服務，由警察組織派人在特定地點駐守，使民眾易於尋覓求助、上級也容易督導考核。不過隨著通訊的發達、網路的普及，類似守望這種勤務已不再像從前那麼重要。

雖然在現代攻勢性勤務比守勢性勤務重要，但在執行攻勢性勤務的

過程中，仍有必須遵守法律和行政管理觀點下之相關理論意涵，例如依法行政、公平原則、公共性原則、民主法治原則及執法手段符合比例原則等。

（五）控制預備警力

「天有不測風雲、人有旦夕禍福」，不管是犯罪案件或是一般危難，儘管或有徵兆可循，但卻是難以全然預知的。為了應付意外或是各種警察事故發生，警察勤務在執行上必須特別重視預備警力的保留。任何一個國家的警力規模再大，理論上在任何時段最多都只有三分之一的警力執勤。在如此有限的警力中，再抽出部分警力以應付突發事故，自然有其困難，如何克服這個困難，就是現代警察勤務科學化與藝術化的表現。因此，各級勤務機構的勤務規劃人員如何透過統計與資料蒐集，以最經濟的方式控制預備警力，便涉及警力運用之效率問題，這是任何一位警察管理者所必須面對的課題。

（六）適當運用民力

警察組織內部人力有效率的運用係效率的管理觀點，惟從晚近新公共行政、新公共服務到治理的需求，警察機關適時且恰當的運用民力亦十分重要，無論是國外輔警的運用或臺灣義警（交）民防的協助，甚至社區巡守隊共同維護轄區治安工作，或協商公益團體推動犯罪預防工作或反詐騙宣導等，皆屬適當運用民力的體現。

陸、結語

本文基於警察工作的「執法行政」特性，分別從公法學、行政學及犯罪學的觀點探討警察勤務理論，並介紹警察勤務於實務執行的基本原理與運作。在公法學的觀點上，強調警察執行勤務涉及執法行為時，係屬於警察權的發動，必須依據法治國原則，依法行政，踐行法律優位原則、法律保留原則及各項行政法一般法律原則外，同時基於警察工作的

特殊性，亦應遵守警察法「公共、補充、責任及權變」等重要性原則，方符現代民主法治精神。在行政學的觀點上，基於政治行政二元論的角度，警察基本上是以法令為依據之行政作用；從管理的角度來看，著重於工作的劃分、指揮統一、階級服務、專業分工和嚴密的控制，以追求警察組織執行勤務的效率。另在公共政策的視角下，強調基層意見與民眾參與之重要性；而新公共行政與新公共服務更發展出公平、正義、自由理念與公民精神之公共性的核心。隨著全球化與多元治理觀點的進展，更凸顯後現代社會多元治理模式的需求。在犯罪學的觀點上，現代新古典犯罪學導入理性選擇理論與環境犯罪學的運用，強調犯罪預防的重要性所發展之防衛空間概念、情境犯罪預防理及日常活動理論等，皆與當代社區導向警政及問題導向等主流警政策略典範形成密不可分的融合。最後，本文循過去文獻與事實觀察，從警察勤務組織及勤務運用，歸納警察勤務基本原理與原則，此非謂從理論到實務已盡括警察勤務的理論，誠如本文前揭所述，不同視角會呈現不同的理論適用，礙於篇幅，循「執法行政」之概念與事實觀察入手，僅具拋磚引玉之效，更盼警察學術之前輩與後學，傾注研究，以豐厚警察勤務研究的能量。

參考文獻

一、中文部分

David Held et al.著，沈宗瑞等譯（2001）。全球化大轉變：全球化對政治、經濟與文化的衝擊。臺北：韋伯文化。

丁維新（1990）。警察勤務新論。桃園：作者自印。

余致力（2006）。公共管理再詮釋：美國公共管理發展現況與展望。載於余遜幸、張清國、徐仁輝、余致力（編），民營經濟與政府管理（頁3-18）。杭洲：浙江大學出版社。

吳定（2009）。行政學研究的內涵。載於吳定、林鍾沂、趙達瑜、盧偉斯、吳復新、黃一峰、蔡良文、黃臺生、施能傑、林博文、朱金池、李宗勳、詹中

原、許立一、黃新福、黃麗美、陳愷、韓釗、林文傑、詹靜芬（合著）。行政學析論（頁3-34）。臺北：五南。

吳定（2010）。公共政策。新北：空大。

李湧清（2024）。警察勤務。載於陳明傳、李湧清、朱金池、洪文玲、章光明合著。警察學（頁307-366）。桃園：尚暐。

李震山（2007）。警察行政法論——自由與秩序之折衝。臺北：元照。

周愫嫻、曹立群（2007）。犯罪學理論及其實證。臺北：五南。

林明鏘（2011）。由防止危害到危害預防。載於警察法學研究，臺大法學叢書199。臺北：新學林。

林鍾沂（2001）。行政學。臺北：三民書局。

邱昌泰（2010）。公共政策：基礎篇。臺北：巨流。

俞可平（1989）。全球化的悖論。北京：中央編譯出版社。

洪文玲（2024）。警察權。載於陳明傳、李湧清、朱金池、洪文玲、章光明合著。警察學（頁111-178）。桃園：尚暐。

孫義雄（2018）。犯罪學與警政策略的交會——犯罪分析六十步驟簡介。警察行政管理學報，第14期，頁1-17。

張潤書（1998）。行政學，修訂新版。臺北：三民書局。

曹立群（2012）。法學和犯罪學在美國的不了情。青少年犯罪問題，第1期，頁22-30。

梅可望（1990）。警察學原理。桃園：中央警官學校。

許春金、陳玉書（2013）。犯罪預防與犯罪分析。臺北：三民書局。

許福生（2007）。刑事政策學。桃園：中央警察大學。

陳立中（1985）。警察行政法論。臺北：作者自印。

彭文賢（1983）。組織原理。臺北：三民書局。

楊清江（1990）。警察勤務。桃園：中央警官學校。

鄧煌發（2008）。美國嚴密社會監控之型態與文化演變。犯罪學期刊，第11卷第1期，頁119-144。

二、英文部分

Brown, L. D., Khagram, S., Moore, M. H., & Frumkin, P. (2000). Globalization, NGOs, and Multisectoral relations. In J. S. Nye, & Donahue (Eds.), *Governance in a Glo-*

balizing World (pp. 271-296). DC: Brookings Institution.

Clarke, R. V. (2009). Situational crime prevention: Theoretical background and current practice. In *Handbook on Crime and Deviance* (pp. 259-276). NY: Springer New York.

Cohen, L. E., & Felson, M. (2015). Routine activity theory: A routine activity approach. In *Criminology Theory* (pp. 313-321). London: Routledge.

Denhardt, J. V., & Denhardt, R. B. (2003). *The New Public Service*. NY: M. E. Sharpe.

Denhardt, R. B. (1993). *The Pursuit of Significance: Strategies for Managerial Success in Public Organizations*. Belmont, CA: Wadsworth Publishing Company.

Elmore, R. (1979). Backward Mapping. *Political Science Quarterly*, 94(Winter): 601-616.

Elmore, R. (1985). Forward and Backward Mapping. In K. Kanf, & T. Toonen (Eds.), *Policy Implementation Federal and Unitary Systems* (pp. 33-70). Dordrecht: Martinus Nijhoff.

Ferguson, A. G. (2012). Predictive Policing and Reasonable Suspicion. *Emory Law Journal*, 62, 259-325.

Ferguson, A. G. (2017). *The Rise of Big Data Policing: Surveillance, Race, and the Future of Law Enforcement*. NY: New York University Press.

Frederickson, H. G., Smith, K. B., Larimer, C., & Licari, M. J. (2018). *The Public Administration Theory Primer*. London: Routledge.

Gaines, L. K., & Miller, R. L. (2006). *Criminal Justice in Action*. Belmont, CA: Wadsworth Publishing Company.

Goldstein, H. (1987). Toward community-oriented policing: Potential, basic requirements, and threshold questions. *Crime & Delinquency*, 33(1), 6-30.

Hall, M. (1982). Law enforcement officers and death notification: A plea for relevant education. *Journal of Police Science and Administration*, 10(2), 189-193.

Harmon, M. M. (1981). *Action Theory for Public Administration*. NY: Longman.

Hess, K. M., Wrobleski, H. M., & Cho, Henry. (2014). *Police Operations: Theory and Practice*. Delmar Cengage Learning.

Isaacs, H. (1967). A study of communications, crimes, and arrests in a metropolitan police department. *Task Force Report: Science and Technology*, 88-106.

Jacobs, J. (1962). *The Death and Life of Great American Cities*. London: Jonathan Cape.

Janus, E. S. (2004). The Preventive State, Terrorists and Sexual Predators: Countering the

Threat of a New Outsider Jurisprudence. *Crim. L. Bull*, 40, 1-35.

Kelling, G. L., & Wilson, J. Q. (1982). Broken windows. *Atlantic Monthly*, 249(3), 29-38.

Kettl, D. F. (2000). *The Global Public Management Revolution: A Report on the Transformation of Governance*. Washington, DC: Brookings Institution Press.

Krasmann, S. (2007). The enemy on the border: Critique of a programme in favour of a preventive state. *Punishment Society*, 9(3), 301-318.

Lipsky, M. (2010). *Street-Level Bureaucracy: Dilemmas of the Individual in Public Service*. NY: Russell Sage Foundation.

Maier, N. R. (1967). Assets and liabilities in group problem solving: the need for an integrative function. *Psychological Review*, 74(4), 239.

Newman, O. (1972). *Defensible Space: Crime Prevention Through Unban Design*. NY: Macmillan.

Nolan, III, J. J., Conti, N., & McDevitt, J. (2004). Situational policing: Neighbourhood development and crime control. *Policing and Society*, 14(2), 99-117.

Pearsall, B. (2010). Predictive Policing: The Future of Law Enforcement. *National Institute of Justice Journal*, 266(1), 16-19.

Reiss, A. J. (1971). *The Police and the Public*. Yale: Yale University Press.

Roberg, R., & Kuykendall, J. (1993). *Police and Society*. Belmont, CA: Wadsworth Publishing Company.

Rosenau, J. N. (1999). Toward an ontology for global governance. In M. Hewson, & T. J. Sinclair (Eds.), *Approaches to Global Governance Theory* (pp. 491-526). NY: Suny.

Rosenbloom, D. H., Kravchuk, R. S., & Clerkin, R. M. (2022). *Public Administration: Understanding Management, Politics, and Law in the Public Sector*. London: Routledge.

Shafritz, J. M., & Russel, W. (2000). *Introducing Public Administration* (2nd ed.). NY: Addison Wesley Longman, Inc.

Sherman, L. W. (1992). Attacking crime: Police and crime control. *Crime and Justice*, 15, 159-230.

Simon, H. (1957). *Administration Behavior* (2nd ed.). NY: Macmillan.

Steiker, C. S. (1998). The Limits of the Preventive State. *Journal of Criminal Law and Criminology*, 88(3), 773-774.

Tuck, M. (1988). Crime prevention: a shift in concept. *Home Office Research and Plan-*

ning Unit Research Bulletin, 24(4), 5-8.

Walker, S. (1977). *A Critical History of Police Reform*. Lexington, MA: Lexington Books.

Weber, M. (1978). *Economy and Society: An Outline of Interpretive Sociology*. CA: University of California press.

Weisburd, D., & Braga, A. A. (2006). Hot spots policing as a model for police innovation. *Police Innovation: Contrasting Perspectives*, 225-244.

Williams, A. (1998). *The police of Paris: 1748-1789*. Baton Rouge: Louisiana State University Pres.

Wilson, J. Q. (2019). *Bureaucracy: What Government Agencies Do and Why They Do It*. Paris: Hachette UK.

Wilson, Woodrow. (1987/1941). The Study of Publication Administration. *Political Science Quarterly*, 56, 197-222.

Zedner, L. (2007). Pre-crime and post-criminology? *Theoretical Criminology*, 11(2), 261-281.

|第三章|
警察勤務規劃

林耿徽

壹、前言

　　警察勤務是為警察作用的具體展現，而勤務規劃則引領警察在某些面向、領域上發揮作用，換言之，隨著當代民主社會趨於多元與繁複，警察所需處理的問題往往牽涉層面廣、不確定性高，同時在警察的預算與資源有限的情況下，勤務規劃不能只是應付日常例行勤務的技術面操作，而必須是策略性的前瞻到將來的重大挑戰，並將此洞見具體化為有效的因應策略，以及規劃可供操作實施的方法。

　　我國警察勤務規劃之規劃機構係規範於警察勤務條例第9條及第10條，分別為：

第9條：「警察分局為勤務規劃監督及重點性勤務執行機構，負責規劃、指揮、管制、督導及考核轄區各勤務執行機構之勤務實施，並執行重點性勤務。」

第10條：「警察局為勤務規劃監督機構，負責轄區警察勤務之規劃、指揮、管制、督導及考核，並對重點性勤務，得逕為執行。」

　　至於相關勤務規劃原則，則涵蓋於第17條至第22條，包括時間空間的普及、輪換與勞逸平均、勤息合宜、保持機動彈性等原則，分述如下：

第17條：「勤務規劃監督機構對勤務執行機構服勤人員之編組、服勤方式之互換及服勤時間之分配，應妥予規劃，訂定勤務基準表，互換輪流實施，並注意下列事項：

一、勤務時間必須循環銜接，不留空隙。

二、勤務方式應視需要互換，使每人普遍輪流服勤。

三、分派勤務，力求勞逸平均，動靜工作務使均勻，藉以調節精神體力。

四、經常控制適當機動警力，以備缺勤替班，並協助突發事件之處理。

五、每人須有進修或接受常年訓練之時間。

前項勤務編配，採行三班輪替或其他適合實際需要之分班服勤。如勤務執行機構人員置三人至五人者，得另採半日更替制；置二人者，得另採全日更替制；其夜間值班，均改為值宿。」

第18條：「勤務執行機構應依勤務基準表，就治安狀況及所掌握之警力，按日排定勤務分配表執行之，並陳報上級備查；變更時亦同。」

第19條：「警察局基於事實需要，須將個別勤務與共同勤務分別實施時，得以分局或分駐所、派出所為單位，指派員警專責執行勤區查察；必要時，得將其警勤區擴大之，並另指派員警輪服共同勤務。」

第20條：「警察局或分局設有各種警察隊（組）者，應依其任務，分派人員，服行各該專屬勤務，構成轄區點、線、面，整體勤務之實施。」

第21條：「勤務機構因臨時執行特別勤務，必須變更平時勤務編配者，服勤人員應依其上級命令服行之。」

第22條：「各級警察機關之勤務指揮中心，統一調度、指揮、管制所屬警力，執行各種勤務。轄區內發生重大災害、事故或其他案件時，得洽請非所屬或附近他轄區警力協助之。」

　　然而警察勤務條例自1970年代後並無實質的改動，然隨著經濟發展、政治開放、家庭型態改變、都市化、科技進步、社會多元等，上述勤務規劃原則能否因應現代社會不無疑義。相對地，在歐美國家，警察勤務自1950年代逐漸受到研究的關注後，逐漸累積的研究成果與理論的構築、其他領域的成功經驗借鑑、警察人員對於實務問題的系統化研究等，以致於勤務規劃被認為應係民主警政框架中企圖達成課責、專業、效率、公平、人權保障等目標的系統化手段。因此，本文從近年來歐美國家警察在回應多元民主社會所提出的相關勤務規劃理論與原則，討論勤務規劃的組成要素、規劃過程、挑戰與考量等面向。

　　警察勤務規劃是制定和實施策略與戰術以實現具體警察目標的重要過程，是一種定義目標、分配資源和制定行動方案的系統化方法，旨在解決犯罪問題、維護公共安全、建立民眾對警察信心並提高警察勤務的整體效能（Authorised Professional Practice, 2018; Ratcliffe, 2019）。

　　有效的勤務規劃對於警察機關有以下的重要作用，其一為在當今複雜多變的刑事司法環境中，警察部門面臨著犯罪模式演變、資源限制和公眾監督力度加強等各種挑戰（Ratcliffe, 2019），而勤務規劃提供了一個結構化決策、資源分配和績效管理的框架，來幫助警察機關應對這些挑戰。

　　其二是促使警察部門能夠在預防犯罪和公共安全方面做到未雨綢繆，而不是被動反應（Sherman, 2013）；透過分析犯罪數據、識別犯罪趨勢和制定有針對性的策略，警察機關可以有效地將資源部署到最需要的領域。這種未雨綢繆的方法有助於降低犯罪率、改善社區關係，並增進其所服務社區的整體生活品質。

　　其三是促進了警政的問責制（accountability）和透明度，藉由設定明確的目標和績效指標，警察機關可以衡量他們的進展並向利益相關者展示其價值，包括政治人物、民意代表、社區成員和媒體（Moore & Braga, 2003）。這種問責制對於建立民眾對警察的信任非常重要，是民主社會中有效執法所不可或缺的。

　　其四是有助於促進警察機關內部不同單位之間的合作和協調，以及與外部夥伴（如其他執法機關、社會服務提供者和社區組織）之間的協作（Skogan & Frydl, 2004）。透過共同努力實現共通的目標，這些利害關係人可以利用其集體資源和專業知識來解決複雜的公共安全問題，並提供更全面和有效的解決方案。

　　其五是幫助警察機關在面對意外事件和緊急情況時更具應變能力和適應性，經由制定應急計畫和規範，警察機關可以快速有效地回應重大事故，如自然災害、恐怖襲擊或騷亂（Boin et al., 2017）。這種隨時準備的狀態對於在危機期間維持公共安全和秩序尤其重要。

　　總而言之，勤務規劃是21世紀有效遂行警察任務的重要工具，藉

由提供一種結構性決策、資源分配和績效管理的方法，勤務規劃使警察機關能夠在面對複雜挑戰時做到未雨綢繆、問責、具協作性和適應力強，因此它是任何警察勤務及警政相關課程的重要組成部分。

貳、勤務規劃的關鍵組成要素

勤務規劃的組成要素有三項，分別為策略規劃（strategic planning）、戰術規劃（tactical planning）與應急／權變規劃（contingency planning），其意涵與功能分述如下（Authorised Professional Practice, 2018; Ratcliffe, 2019）：

一、策略規劃

策略規劃是警察勤務規劃的首要環節，是一種審議式（deliberate）且有紀律的方法，用以制定根本性的決策和行動，從而塑造並指導一個組織的本質、其行為以及其存在的理由（Authorised Professional Practice, 2018; Bryson, 2018）。策略規劃提供決策制定與資源分配的框架，確保警察機關專注於最重要的工作項目；策略規劃流程通常始於對警察機關現況的全面評估，包括法定任務、犯罪趨勢、社區需求、外部壓力，以及組織優勢和弱勢之分析（Ratcliffe, 2019），此項評估有助於辨識警察機關面臨的最緊迫挑戰和改善的機會。

基於上述評估，警察機關建立一組反映其願景和價值觀的長期目標，這些目標必須是具體、可量化、可達成、切合實際並且有時限約束（SMART原則，討論如後；Doran, 1981）。下面段落是警察機關的願景與長期目標的例子。

願景
台灣警察力求建立一個通過透明、課責且以社區為導向的執法方式來維護公眾信任和安全的社會。在這一願景中，警察機構成為誠信和公

平的象徵，與公民合作，促進正義、保護人權，並在蓬勃發展的現代民主社會中確保法治的實現。

長期目標

台灣警察的長期目標是成爲民主警察制度的典範，在執法與公民自由和社會公平的價值觀之間達成平衡。到2030年，警察機構將努力實現以下具體目標：

1. 民眾信任提升：透過定期社區參與計畫和確保與公眾的透明溝通，將對警察機構的民眾信任度提升至85%以上。
2. 犯罪率下降：透過戰略性犯罪預防措施、加強情報主導的執法以及與社區利益相關者的合作，將整體犯罪率降低20%。
3. 人權保障訓練：確保100%的警察接受全面的人權和程序正義培訓，並每兩年進行一次定期的複訓。
4. 多樣性與包容性：增加30%的女性和弱勢族群的警察招募比例，使警察機構更好地反映台灣社會的多樣性。
5. 社區警政：在100%的台灣行政區實施社區警政策略，並定期進行評估和反饋機制，確保其有效性和對地方需求的回應。
6. 運用科技：投資並部署先進的警政科技，數位工具在犯罪預防、調查和社區互動中的使用率提高50%。

目標既定，下一個步驟爲擬定策略計畫，概括出達成目標所將採用的具體策略和戰術。計畫應循實證（evidence-based）政策爲基礎，並與關鍵利害關係人（stakeholders）共同擬定，包含社區成員、民意代表、政府官員，和其他執法機關（Santos & Santos, 2015）。

二、戰術規劃

警察勤務規劃的第二個要素是戰術規劃，涉及擬定具體策略和戰術以達成策略計畫中所勾勒的目標，並有效分配資源以支持各項工作（Ratcliffe, 2019）。戰術規劃通常以對警察機關試圖處理的特定犯罪

問題和社區需求之更詳盡評估開始，此項評估可能包含犯罪數據分析、社區民意調查資料之彙集，以及從各類管道蒐集情報（Santos & Santos, 2015）。

依循此項評估，警察機關擬定一組旨在處理已確認問題並達成預期成果的特定策略和戰術。這些策略和戰術應以現有證據為本，並根據所服務社區的獨特需求和特質加以客製（Lum & Koper, 2017）。延續上述長期目標的例子，因篇幅關係，以下是針對提升民眾信任、降低犯罪率及人權保障訓練擬定戰術計畫。

1. 提升民眾信任度：

行動措施：在全國各地定期舉辦「座談會」和「開放日」活動，促進社區與警察之間的互動與溝通。

公布民眾滿意度調查，並根據調查結果進行即時調整與改善。

利用社交媒體平台進行透明化的警務工作報告，增加與民眾的互動頻率與深度。

時間框架：每季度一次的社區活動，民眾滿意度調查每半年進行一次，社交媒體報告每月更新。

資源需求：各縣市警察局的宣傳及社區關係部門的支持、人力資源的分配。

2. 降低犯罪率：

行動措施：利用犯罪數據分析，確定犯罪熱點區域並加強巡邏和警力部署。

與地方政府、社區組織合作，針對高風險人群開展預防性教育和輔導計畫。

定期進行臨檢和專案行動，如毒品掃蕩、反詐騙專案行動等。

時間框架：犯罪熱點區域的巡邏每日進行，專案行動每月一次。

資源需求：增加犯罪熱點區域的警力配置，配備先進的數據分析工具與巡邏設備。

3. 人權保障訓練：

行動措施：為所有新任警察提供入職前人權與程序正義的專門訓練。

每年組織一次員警人權保障再培訓，確保所有警員都能及時更新知識與技能。

建立一個在線學習平台，供警員隨時進行人權與程序正義的自我學習與測試。

時間框架：入職訓練持續進行，年度再培訓在每年年底前完成。

資源需求：培訓師資隊伍的建立與強化、在線學習平台的開發與維護。

策略與戰術既經擬定，警察機關必須有效分配資源以支援其落實，這可能包含指派更多人力給特定區域或單位、添購新裝備或技術，或是與其他部門或組織合作（Authorised Professional Practice, 2018; Ratcliffe, 2019）。

三、應急／權變規劃

應急／權變規劃是警察勤務規劃的第三個組成要素，涉及為潛在的突發事件和緊急狀態作準備，以發展備用方案與規則，以確保警方組織能在此類挑戰面前持續有效運作（Boin et al., 2017）。

應急／權變規劃過程通常始於辨識警察機關可能面臨的潛在威脅與危害，如自然災害、恐怖攻擊、或大規模民眾騷亂等之風險評估。基於此項評估，警察機關擬定一系列應急計畫和程式，勾勒出面對各種事件時將採取的具體行動（Johansen, 2017）。

以下是就大規模槍擊事件所擬定的應急計畫（Federal Emergency Management Agency, 2018），因篇幅關係，僅就綱要作說明。

目標：

　　提供一個結構化、快速且協調一致的應對策略，以應對大規模槍擊事件，盡可能減少平民和執法人員的傷害，同時快速消除威脅。

範圍：

　　本計畫適用於所有參與大規模槍擊事件應對的執法人員和單位，包括巡邏警員、特警隊（SWAT）、指揮人員及支援單位。該計畫還涵蓋與其他應急服務的協調以及與公眾的溝通。

1. 初步應對

　　1.1. 調度與警報：

　　即時通知：一旦收到活躍槍手的報告，調度員將立即通知所有可用的巡邏單位、特警隊及專業應急小組。

　　信息傳遞：調度員必須向應對單位提供盡可能多的信息，包括：

　　槍手的確切位置、嫌疑人的描述、所使用的武器類型、受害者數量（如果已知）、任何其他相關細節（如有無人質情況）

　　1.2. 首批應對警員：

　　接近與評估：應對警員應謹慎接近現場，利用掩體和隱蔽進行情況評估。

　　即時行動：如果情況允許，警員被授權與槍手對峙，以停止威脅，並將平民安全置於首位。

　　設立指揮所：第一名抵達現場的警員或單位應在安全距離內設立臨時指揮所，保持與調度員的通信並協調到達的單位。

2. 控制與消除威脅

　　2.1. 特警隊部署：

　　2.2. 設立警戒線：

　　2.3. 疏散與醫療援助：

3. 指揮與控制

　　3.1. 事件指揮：

　　3.2. 通信協議：

4. 事後處理程序

    4.1. 區域安全與證據蒐集：

    4.2. 受害者援助與家庭通知：

    4.3. 媒體與公眾溝通：

5. 培訓與演練

    5.1. 定期演練：

    5.2. 持續培訓：

6. 計畫檢討與更新

    6.1. 計畫檢討：

    6.2. 社區參與：

參、警察勤務規劃過程

一、評估當前局勢

    評估當前局勢是警察機關勤務規劃過程的第一個關鍵步驟，此評估涉及對法定任務、犯罪形勢、社區需求和可用資源的全面分析，以便為制定有效戰略和策略提供參考。透過徹底審查當前局勢，警察機關主管人員可以做出數據驅動型（data-driven）決策，並以最大限度地保障公共安全成果的方式分配資源，當前局勢評估主要涵蓋以下二個面向。

（一）分析犯罪數據和趨勢

    評估當前局勢所採用的主要方法之一就是對犯罪數據和趨勢的分析，警察機關依賴於各種數據來源，如內政部警政署的臺閩刑案統計資料、刑案資料庫等，以深入瞭解其轄區內的犯罪活動的性質和程度（Ratcliffe, 2019）。臺閩刑案統計資料從全國各縣市警察機關蒐集並發布犯罪統計數據，提供了一個標準化框架，用於追蹤和比較不同時期和不同地區的犯罪率。

    除刑案統計資料外，警察機關可能還會使用其他數據源，例如110

報案紀錄、案件移送報告和犯罪地圖軟體，以識別犯罪活動的模式和熱點。透過分析這些數據源，警察主管人員可以更細緻地瞭解正在發生的特定類型犯罪、最流行的地點以及一天或一週中最可能發生的時間。例如，警察機關可能會使用犯罪製圖（crime mapping）軟體在特定社區識別一連串發生在白天居家竊盜事件，有了這些資訊，警察機關可以在指定的時間範圍內向該地區部署額外的巡邏警力，與社區成員合作，促進犯罪預防策略，調查潛在犯罪嫌疑人。

（二）識別社區需求和關注點

評估當前局勢的另一個重要方面是確定社區的需求和關注點，警察機關必須與社區成員合作，瞭解他們對犯罪的看法、對公共安全的優先事項以及對警察服務的期望（Skogan & Frydl, 2004）。這種合作可以採取多種形式，如社區座談會、滿意度調查、焦點團體和社交媒體互動。

透過積極傾聽社區民眾的聲音並將他們的建議納入勤務規劃過程，警察機關可以制定出更符合當地需求和優先事項的戰略；這種方法還可以幫助在警察和社區之間建立信任和正當性，這對有效的犯罪預防和問題解決極為重要（Tyler, 2004）。例如，如果警察機關收到社區民眾大量投訴，反應特定公園的毒品交易和影響生活質量的問題，警察機關可以與社區利害關係人合作制定全面的應對計畫，該計畫可能包括加強警力巡邏、採取刑事調查行動以識別和逮捕毒販、與當地商家合作提供預防計畫，以及改變環境設計，使公園減少犯罪活動。

總之，評估當前局勢是警察機關勤務規劃過程的重要組成部分，透過分析犯罪數據和趨勢、確定社區需求和關注點、與利害關係人合作，警察主管人員可以全面瞭解其轄區面臨的挑戰和機遇。這種理解構成了設定目標、制定戰略和分配資源的基礎，其宗旨是促進公共安全、社區福祉和組織效力。

二、設定目標和優先事項

在評估當前局勢並分析相關數據後，勤務規劃過程中的下一步是設

定明確的目標和優先事項，這涉及建立具體的、可衡量的、可實現的、相關的和有時限（SMART）的目標，並根據其緊迫性和對公共安全和社區福祉的潛在影響將其進行排序。

（一）建立SMART目標

SMART目標是廣泛使用的框架，用於包括治安在內的各個領域設定有效目標（Doran, 1981）。SMART首字母縮略詞代表：

1. 具體的（Specific）：目標應清晰、簡明、明確，重點關注需要改進的特定領域或預期成果。
2. 可衡量的（Measurable）：目標應該是可以量化的，以便於追蹤和評估進展情況。
3. 可實現的（Achievable）：目標應在給定的時間範圍和可用資源內切合實際且能夠實現。
4. 相關的（Relevant）：目標應與警察機關的總體任務和價值觀保持一致，並解決社區最迫切的需求。
5. 有時間限制的（Time-bound）：目標應有特定的截止日期或完成時間框架，以營造緊迫感和問責制。

例如，警察機關的一個SMART目標可能是：透過增加步行巡邏和社區參與計畫，在未來十二個月內將市中心地區的財產犯罪率降低15%。

設定SMART目標有助於警察機關將精力集中在具體、可操作的目標上，並為衡量成功和做出數據驅動的決策提供了一個明確的框架（Shane, 2010）。透過設定SMART目標，警察機關可以確保其行動計畫具有針對性、高效性和有效性，以解決最關鍵的公共安全問題。

（二）根據緊迫性和影響力排列優先次序

一旦制定了SMART目標，警察機關必須根據目標對公共安全和社區福祉的緊迫性和潛在影響來確定其優先次序。確定優先次序對於確保有限的資源首先分配給最緊迫和最重要問題至關重要（Weisburd & Eck, 2004）。

緊迫性是指問題的即時性或需要採取行動的必要性。在勤務規劃中應優先考慮高緊迫性問題，例如暴力犯罪或對公共安全迫在眉睫的威脅；低優先級的問題，如輕微的生活質量問題，可能會在稍後或以較少的資源來解決。

另一方面，影響是指問題的潛在後果或解決問題的好處。在勤務規劃中也應優先考慮高影響問題，例如影響大量人群或對受害者造成嚴重後果的犯罪，因此可能導致降低對孤立事件等低影響問題的優先級。

為有效地優先考慮目標，警察機關可以使用各種工具和技巧，例如艾森豪威爾矩陣（Eisenhower Matrix）[1]或層次分析法（Analytical Hierarchy Process, AHP）[2]（Saaty, 2008）。這些工具可幫助決策者根據目標的緊迫性和影響力系統地評估和排列目標，確保以最大限度地提高公共安全和社區利益的方式分配資源。例如，如果警察機關發現與幫派有關的暴力行為激增和輕微盜竊案增加，他們可能由於更高的緊迫性和對公共安全的潛在影響，而選擇優先考慮與幫派有關的暴力行為。輕微的盜竊問題雖然很重要，但可以在勤務規劃過程的後期或用較少的資源來解決。

總之，設定目標和優先事項是警察機關勤務規劃過程中的關鍵步驟。透過建立SMART目標並根據緊迫性和影響力對其進行優先排序，警察機關可以確保其資源得到有效和高效的分配，以解決最緊迫的公共安全問題。這種制定目標和確定優先事項的戰略方法對於制定有針對性的、數據驅動的、促進社區安全和健康的行動計畫至關重要。

三、制定戰略與戰術

在確立目標和優先事項之後，戰略規劃流程的下一步是制定具體的戰略和戰術來實現這些目標。這涉及確定最有效率的方式來分配資源、

---

[1] 艾森豪威爾矩陣是透過急迫與重要等兩個維度所產生的四個象限，來分類管理組織任務的輕重緩急。

[2] 是一種將複雜的問題系統化，由不同層面給予層級分解，並透過量化的運算，找到脈絡後加以綜合評估的方法，主要應用在不確定情況下及具有多數個評估準則的決策問題上。

部署人員，以及實施實證警政策略以應對所確定的問題和挑戰。

（一）實證警政策略

實證警政策略是指那些經過嚴格評估並被證明在減少犯罪、改善公共安全和增進警民關係方面有效的策略（Sherman, 2013）。這些策略以實證研究和數據分析為基礎，而非傳統或直覺，旨在最大限度地發揮警力資源和干預措施的影響。

一種廣泛公認的實證警政策略是問題導向警政（problem-oriented policing），問題導向警政是一種積極主動的方法，涉及識別和分析特定的犯罪和治安問題、為這些問題制定應對措施，以及評估這些應對措施的有效性（Goldstein, 1990）。透過關注導致犯罪和治安問題的潛在條件，而不僅僅是對個別事件做出反應，問題導向警政已被證明在減少犯罪和改善社區安全方面是有效的（Weisburd et al., 2010）。

另一種實證警政策略是社區警政，它強調建立合作夥伴關係以及警方與所服務的社區之間的協作（Skogan & Frydl, 2004）。社區警政涉及一系列策略，例如步行巡邏、社區座談會議和青年拓展計畫，旨在增加警方與公眾之間的積極互動，建立信任和正當性，並讓社區成員參與解決問題的努力。研究表明，社區警政可以改善公眾對警察的看法，增加社區合作與參與，並減少犯罪和治安問題（Gill et al., 2014）。

其他實證警政策略包括熱點警政（hot spot policing，將資源集中在高犯罪率地區）、重點威懾（focused deterrence，針對參與長期犯罪問題的特定罪犯或群體），以及程序正義（procedural justice，強調在所有警察互動中公平而尊重地對待公民）（National Research Council, 2004）。透過將這些和其他實證警政策略納入其戰略計畫，警察機關可以最大限度地提高其預防犯罪和公共安全工作的有效性和效率。

（二）與其他機關和利害關係人合作

除了實施實證警政策略，有效的戰略規劃還涉及與其他機關和利害關係人的合作與協調。犯罪和公共安全問題往往是複雜而多方面的，需

要超越傳統執法策略的全面跨領域的方式（Skogan & Frydl, 2004）。

　　與其他執法機關合作，例如鄰近執法單位、調查局和移民署，以及憲兵單位等，可以幫助匯集資源、共用情報、協調努力來解決跨轄區的犯罪問題。這在涉及有組織犯罪、販毒或恐怖主義的案件中可能尤為重要，這類案件通常需要區域或國家級別的應對。

　　除了執法合作夥伴之外，有效的戰略規劃還涉及與一系列社區利害關係人合作，包括社會服務提供者、學校、企業、宗教組織和社區協會。這些合作夥伴可以為社區需求和關注提供寶貴的見解，幫助識別和確定問題的優先級，並為解決問題的努力提供資源和專業知識。例如，與精神健康和藥物濫用治療提供者合作，可以幫助將有行為健康問題的個人，從刑事司法系統轉移到適當的治療和支持服務中（Reuland et al., 2012）。與學校和青年服務組織的合作，可以幫助預防青少年犯罪並促進青少年的積極發展。與企業和社區領導人的合作，可以幫助解決影響犯罪和破壞社區安全的生活質量問題。

四、資源配置

　　資源配置是警察機關勤務規劃過程中的關鍵環節，涉及到對於如何分配有限資源的策略性決策，例如人員、裝備、資金等，以期達成先前在規劃過程中所確定的目標和優先要務（Hale, 2005）。有效的資源配置對於保障警察機關向社會提供優質服務，同時保持財政責任制和問責制至關重要。

（一）預算和財政規劃

　　資源配置的首要考量因素之一是預算和財政規劃。警察機關必須制定與其運作目標和優先要務相符的詳細預算，當中須計入諸如人力水準、裝備需求、培訓要求，和其他運作開支等因素（Gau, 2018）。這要求對過往支出模式，以及未來成本與收益的預測進行仔細的分析。警察機關還必須留心會影響其預算的外部因素，例如政府資金變化、經濟狀況和社會期望。

　　爲了制定有效的預算，警察機關可以採用多種預算技術，諸如零基預算（zero-based budgeting）³、績效預算（performance-based budgeting）⁴以及活動基礎成本（activity-based costing）⁵預算（Cordner, 2016）。這些技術有助於機關識別可以更有效分配資源的領域，以及可能需要更多投入來達成運作目標的領域。例如，一警察機關可能會使用績效預算來配置額外資源給已在勤務規劃中認定爲優先事項的高犯罪率區。

（二）人力配置和人事管理

　　資源配置的另一個重要考慮因素是人力配置和人事管理。警察機關必須確保他們擁有正確的數量和類別的人員，來有效地執行勤務規劃。這不僅包括執法人員，還包括文職人員，例如行政人員和辦事員（Wilson & Weiss, 2012）。在做人力決策時，警察機關還必須考慮諸如培訓和發展需求、繼任規劃，以及員工身心健康等因素。

　　爲了有效分配人力資源，警察機關可以使用數據驅動的方法，例如工作量分析和人力配備模型。這些工具基於諸如現有警察人數、犯罪率和社會人口統計等因素，幫助機關確定最佳的人員數量和部署情況（International Association of Chiefs of Police, 2004）。例如，一警察機關可能使用人力配備模型來確定在給定區域保持一定巡邏覆蓋水準所需的警員數量，同時考量回應時間和警員安全等因素。

（三）設備和技術配置

　　除了預算和人力配置，警察機關還必須爲設備和技術配置資源。

3　零基預算法要求每個新預算期間（通常是每年）對所有支出進行合理說明和批准，進一步資訊請參考，https://www.ibm.com/think/topics/zero-based-budgeting。
4　績效預算係指資金決策是基於達成具體且可衡量的績效目標與成果，資源將依據各計畫、專案或活動的產出、效能及效率，系統性地分配。詳見，https://eunasolutions.com/resources/performance-based-budgeting-5-key-insights/。
5　活動基礎成本是一種更具針對性的間接成本分配方式，根據實際產生間接成本的活動來分配成本。詳見，https://corporatefinanceinstitute.com/resources/accounting/activity-based-costing/。

這包括車輛、武器、防彈衣、通信系統等，以及特殊勤務部隊專用裝備（Schulz, 2004）。警察機關還必須投資於技術解決方案，例如計算機輔助調度系統、紀錄管理系統和犯罪分析軟體，以支援其運作目標。

在為裝備和技術配置資源時，警察機關必須平衡對尖端工具的需求，與預算約束和維護成本的現實，他們還必須確保人員得到妥善的培訓和資源裝備來有效使用這些工具（Koper et al., 2015）。例如，一警察機關可能會投資一項新的紀錄管理系統來提升數據蒐集和分析能力，但它也必須配置培訓和支援資源來確保該系統被人員有效地使用。

總而言之，資源配置是警察機關勤務規劃過程中的關鍵環節。它涉及到關於配備有限資源以達成運作目標和優先要務的策略性決策，其中須考慮到諸如預算、人力配備、裝備與技術等因素。運用數據驅動的方法和資源配置的最佳實踐，警察機關可以保障他們向社會提供高品質服務的同時保持財政責任制和問責制。

五、計畫的實施與監督

（一）與所有相關方溝通計畫

一旦制定完戰略與戰術計畫，有效地與所有相關利害關係人溝通至關重要。這不僅包括將直接參與實施計畫的警政人員和參謀，還包括其他關鍵人士，如社區成員、地方政府官員和合作機關（Worrall & Kovandzic, 2010）。清晰透明的溝通有助確保每個人都理解自己的角色和職責，並瞭解計畫的整體方針和目標。

溝通計畫的有效方法之一是透過簡報和培訓課程。這些課程應提供計畫的詳細概述，包括將採用的具體策略和戰術、將分配的資源以及將用於衡量成功的績效指標（Santos & Santos, 2015）。透過面對面的交流，警察領導層可以確保所有利益攸關方都清楚地瞭解計畫，並可以根據需要提出問題或提供反饋。

除了面對面簡報之外，還務必提供計畫的書面檔。這可以包括概要說明、詳細的行動計畫，以及流程圖或時間表等視覺輔助工具（Boba & Santos, 2011）。書面檔有助確保所有利害關係人擁有共同的參考

點，並可以根據需要輕鬆查詢計畫資訊。

（二）追蹤進度並根據需要進行調整

　　戰術計畫的執行並不是一次性事件，而是一個需要持續監測和調整的過程。警方領導層必須定期追蹤計畫的進展情況，並評估其是否實現了預期目標（Weisburd & Braga, 2019）。這需要使用數據和分析來衡量關鍵績效指標，例如犯罪率、反應時間和社區滿意度。

　　追蹤進度的一種有效方法是使用績效儀表盤（performance dashboards），這些儀表盤可以將關鍵指標視覺化，使警方領導能夠快速識別計畫成功或失敗的領域（Bratton & Malinowski, 2008）。透過定期查看這些儀表盤，警察領導層可以就是否繼續當前計畫或根據需要進行調整做出數據驅動的決策。

　　除追蹤量化指標外，還務必從利害關係人那裡蒐集質性的反饋意見。可考慮對社區成員進行調查或座談會，以及徵詢警政人員和合作機關的意見（Mastrofski & Willis, 2010）。警察領導層若積極尋求反饋，便能識別可能需要修改計畫的領域，以更好地滿足社區的需求和期望。

　　當需要調整計畫時，務必將這些變化清晰透明地傳達給所有相關利害關係人。這有助於確保每個人步調一致，並可以相應地調整他們的行動（Braga & Weisburd, 2006）。記錄計畫的任何更改並根據需要更新書面材料也很重要，以確保所有利害關係人都能訪問最新資訊。

　　總而言之，戰略計畫的施行與監督是規劃過程的重要組成部分。透過與所有利害關係人有效溝通計畫、利用數據和分析定期追蹤進度，並根據反饋和不斷變化的情況進行必要調整，警方領導層可以確保順利執行計畫並實現其預期目標。這需要在整個實施過程中致力於持續溝通、協作和不斷改進。

肆、挑戰與考量

一、資源限制與約束

警察機關在勤務規劃上面臨的最顯著的挑戰之一是資源限制。警察機關往往在嚴格的預算限制下運作，這會影響它們有效實施其勤務計畫的能力（Ratcliffe, 2019）。資金不足可能導致人員短缺、設備過時以及培訓機會有限，所有這些都會阻礙警察勤務的有效性。

根據警察行政研究論壇（Police Executive Research Forum, 2024）的一項研究，由於預算削減，美國的警察機關人力逐年遞減，自2020年至2023年間以減少約5%的警察人員，因此他們不得不減少或取消服務。這可能會直接影響警察機關執行其勤務計畫的能力，因為他們可能沒有必要的人員或資源來有效打擊犯罪和維護公共安全。

此外，資源分配本身就是一項具有挑戰性的任務。警察機關必須平衡不同單位和優先事項的需求，例如巡邏、調查和社區警政，同時還要確保資源在不同的社區公平分配（Weisburd & Eck, 2004）。這在犯罪率高或社會問題複雜的地區可能尤其具有挑戰性，因為對警察服務的需求可能超過可用資源。

二、平衡各種互相競爭的優先事項與需求

勤務規劃中的另一個重大挑戰是需要平衡各種互相競爭的優先事項和需求。警察機關經常被多個方向拉扯，不同的利害關係人和團體都在倡導自己的優先事項和議程（Skogan & Frydl, 2004）。例如，社區成員可能要求更多的警力能見度和參與，而政治人物可能優先考慮降低犯罪率和提高破案率。

平衡這些互相競爭的需求可能是一項微妙的任務，因為警察機關必須努力維護公眾信任和合法性，同時還要實現其勤務目標。這需要與不同的利益攸關方進行高度的溝通、透明度和參與，以及適應和根據需要調整勤務計畫的意願（Mastrofski & Willis, 2010）。

此外，警察機關還必須在勤務規劃中平衡短期和長期優先事項。雖然專注於立竿見影的減少犯罪目標（例如增加逮捕）可能很誘人，但這種方法可能無法解決長期導致犯罪的潛在社會和經濟因素（Weisburd & Majmundar, 2018）。因此，警察機關還必須投資於長期戰略，例如社區警政、問題解決以及與其他機關和組織的夥伴關係，以實現犯罪的持續減少和公共安全的改善。

三、確保警政實踐中的公平、公正和問責

勤務規劃中的第三個主要挑戰是確保警政實踐對其所服務的社區是公平、公正和負責任的。近年來，公眾對過度使用武力以及警政不透明等問題的擔憂日益增加，這些擔憂導致對警察作法的審查增加，並要求更大的問責制和監督。

為了解決這些問題，警察機關必須在勤務規劃中優先考慮公平和公正，這包括制定促進公正和公正警政的政策和程序（Fridell & Lim, 2016），尚還包括積極參與不同的社區，以建立公信力和正當性，並回應他們的需求和關切。

此外，警察機關還必須確保其勤務計畫對公眾具有透明度和問責制。這包括定期與公眾交流犯罪趨勢、警政策略和績效指標，以及為社區提供意見和反饋的機會（Ratcliffe, 2019）。它還包括建立明確的機制來報告和調查不當行為，並追究員警對自己行為的責任。

確保警政實踐中的公平、公正和問責不僅是道德上的要求，也是戰略上的必要。當警察機關被認為是公正和合法時，它們更有可能獲得所服務社區的信任與合作，從而實現更有效的犯罪預防和問題解決工作（Tyler, 2004）。相反，當警察機關被視為有偏見或不負責任時，會削弱公眾的信任，阻礙其有效執行勤務計畫的能力。

伍、結論

在本章中，我們探討了勤務規劃在現代警政工作中的關鍵作用。我們將勤務規劃定義為一種系統化的方法，用於界定目標、分配資源，並建立行動方案以解決犯罪問題、維持公共安全和提高警方運作的整體效能。我們還討論了勤務規劃的關鍵組成部分，包括策略規劃、戰術規劃和應變規劃，並概述了勤務規劃流程所涉及的步驟，從評估當前情況到實施和監督計畫。我們還認識到警察機關在制定和實施運作計畫時必須處理的挑戰和考慮因素，包括資源限制、相互競爭的優先事項，以及確保警政工作中公平、公正和問責的需求。

在我們結束本章時，必須強調持續改進和學習在勤務規劃中的重要性。警政是一個動態的、不斷發展的領域，警察機關必須致力於調整其策略和戰術，以滿足其服務社區不斷變化的需求和期望。這需要在警察組織內創建一種創新、實驗和評估的文化，以及願意從成功和失敗中學習。

促進勤務規劃持續改進和學習的一種方法是使用績效衡量和評估。透過建立明確的成功指標，警察機關可以追蹤其在實現目標方面的進展，並確定需要改進的領域（Davis, 2012）。這種數據驅動的勤務規劃方法可以幫助警察部門優化資源、提高效能並向利害關係人展示其價值（Sparrow, 2015）。

展望警政和勤務規劃的未來，出現了幾個關鍵趨勢和方向。其中最顯著之一，是在警察勤務中越來越多地使用技術和數據分析。從預測性警政演算法到實時犯罪製圖和分析，警察機關正在利用先進技術來提高其態勢感知、優化其資源部署，並提高其預防和解決犯罪的能力（Perry et al., 2013）。例如，嘉義市政府警察局於2023年創設的「嘉e智能巡線決策系統」[6]，刑案系統、詐欺車手提領資料等資料庫，運用機器學習方法來搜尋、預測高風險熱時熱點，提供巡邏線規劃建議，達

6　請參考嘉義市政府警察局網站，https://www.ccpb.gov.tw/cop/content/?parent_id=11682。

到精確有效配置警力的目標。

　　警政和勤務規劃的另一個重要趨勢，是越來越重視社區參與和協作。隨著許多社區對警察的公眾信任度下降，特別是那些經歷過高犯罪率和暴力事件的社區，警察機關正在認識到需要與社區成員和組織建立更強大的合作夥伴關係（President's Task Force on 21st Century Policing, 2015）。這包括讓社區參與勤務規劃過程，徵求他們對警方策略和戰術的意見和反饋，以及共同努力以實現公共安全成果。

　　最後，警政和勤務規劃的未來可能會受到全球化、城市化和技術變革帶來的持續挑戰和機遇的影響。隨著犯罪日益跨國化和網路化，警察機關將需要發展新的能力和合作夥伴關係來有效預防和偵查這些威脅（Bayley & Nixon, 2010）。同時，城市的發展和城市人口日益增長的多樣性，將要求警察機關對勤務規劃和服務提供採取更具文化回應性和包容性的方法。

參考文獻

APP authorised professional practice. (2018). College of Policing, retrieved from https://www.college.police.uk/app (Accessed 07/Apr/2024).

Bayley, D. H., & Nixon, C. (2010). *The Changing Environment for Policing, 1985-2008*. Harvard Kennedy School Program in Criminal Justice Policy and Management.

Boba, R. (2009). *Crime Analysis with Crime Mapping* (2nd ed.). Sage Publications.

Boba, R., & Santos, R. (2011). *A Police Organizational Model for Crime Reduction: Institutionalizing Problem Solving, Analysis, and Accountability*. Washington, DC: US Department of Justice, Office of Community Oriented Policing Services.

Boin, R. A., Hart, P. 't, & Kuipers, S. L. (2017). The Crisis Approach. In H. Rodriguez, W. Donner, & J. Trainor (Eds.), *The Handbook of Disaster Research* (pp. 23-38). Cham: Springer. doi:10.1007/978-3-319-63254-4_2.

Braga, A. A., & Weisburd, D. L. (2006). *Police Innovation and Crime Prevention: Lessons Learned from Police Research Over the Past 20 Years*. Washington, DC: US

Department of Justice, National Institute of Justice.

Braga, A. A., Papachristos, A. V., & Hureau, D. M. (2014). The effects of hot spots polic-
ing on crime: An updated systematic review and meta-analysis. *Justice Quarterly*,
31(4), 633-663.

Bratton, W. J., & Malinowski, S. W. (2008). Police performance management in practice:
Taking COMPSTAT to the next level. *Policing: A Journal of Policy and Practice*,
2(3), 259-265.

Bryson, J. M. (2018). *Strategic Planning for Public and Nonprofit Organizations: A
Guide to Strengthening and Sustaining Organizational Achievement*. NJ: John Wiley
& Sons.

Cordner, G. (2016). *Police Administration* (9th ed.). London: Routledge.

Doran, G. T. (1981). There's a S.M.A.R.T. way to write management's goals and objec-
tives. *Management Review*, 70(11), 35-36.

Federal Emergency Management Agency (2018). *Active Shooter: How to Respond*. US
Department of Homeland Security, retrieved from https://www.fema.gov/.

Fridell, L., & Lim, H. (2016). Assessing the racial aspects of police force using the im-
plicit- and counter-bias perspectives. *Journal of Criminal Justice*, 44, 36-48.

Gau, J. M. (2018). *Statistics for Criminology and Criminal Justice* (3rd ed.). NY: Sage
Publications.

Gill, C., Weisburd, D., Telep, C. W., Vitter, Z., & Bennett, T. (2014). Community-oriented
policing to reduce crime, disorder and fear and increase satisfaction and legitimacy
among citizens: A systematic review. *Journal of Experimental Criminology*, 10(4),
399-428.

Goldstein, H. (1990). *Problem-oriented Policing*. NY: McGraw-Hill.

Hale, D. C. (2005). *Police Patrol: Operations and Management* (3rd ed.). NJ: Prentice
Hall.

International Association of Chiefs of Police. (2004). *Patrol Staffing and Deployment
Study*. IACP.

Johansen, P. O. (2017). Contingency planning and simulation exercises in police work.
Policing: *A Journal of Policy and Practice*, 11(4), 421-435.

Koper, C. S., Lum, C., & Willis, J. J. (2015). Optimizing the use of technology in polic-
ing: Results and implications from a multi-site study of the social, organizational,

and behavioural aspects of implementing police technologies. *Policing: A Journal of Policy and Practice*, 8(2), 212-221.

Lum, C., & Koper, C. S. (2017). *Evidence-based Policing: Translating Research into Practice*. Oxford: Oxford University Press.

Mastrofski, S. D., & Willis, J. J. (2010). Police organization continuity and change: Into the twenty-first century. *Crime and Justice*, 39(1), 55-144.

Moore, M. H., & Braga, A. A. (2003). Measuring and improving police performance: The lessons of Compstat and its progeny. *Policing: An International Journal of Police Strategies & Management*, 26(3), 439-453.

National Research Council. (2004). *Fairness and Effectiveness in Policing: The Evidence*. Washington, DC: The National Academies Press.

Perry, W. L., McInnis, B., Price, C. C., Smith, S. C., & Hollywood, J. S. (2013). *Predictive Policing: The Role of Crime Forecasting in Law Enforcement Operations*. CA: Rand Corporation.

Police Executive Research Forum. (2024). *New PERF Survey Shows Police Agencies Have Turned A Corner with Staffing Challenges*. Washington, DC: Police Executive Research Forum.

President's Task Force on 21st Century Policing. (2015). *Final report of the President's Task Force on 21st Century Policing*. Washington, DC: Office of Community Oriented Policing Services.

Ratcliffe, J. H. (2016). *Intelligence-led Policing* (2nd ed.). London: Routledge.

Ratcliffe, J. H. (2019). *Reducing Crime: A Companion for Police Leaders*. London: Routledge.

Reuland, M., Draper, L., & Norton, B. (2012). *Improving Responses to People with Mental Illnesses: Tailoring Law Enforcement Initiatives to Individual Jurisdiction*s. NY: Council of State Governments Justice Center.

Saaty, T. L. (2008). Decision making with the analytic hierarchy process. *International Journal of Services Sciences*, 1(1), 83-98.

Santos, R. G., & Santos, R. B. (2015). An ex post facto evaluation of tactical police response in residential theft from vehicle micro-time hot spots. *Journal of Quantitative Criminology*, 31(4), 679-698.

Shane, J. M. (2010). Performance management in police agencies: A conceptual framework. *Policing: An International Journal of Police Strategies & Management*, 33(1), 6-29.

Schulz, D. P. (2004). Equipment and technology in policing. In Q. C. Thurman, & J. Zhao (Eds.), *Contemporary Policing: Controversies, Challenges, and Solutions* (pp. 229-245). LA: Roxbury Publishing Company.

Sherman, L. W. (2013). The rise of evidence-based policing: Targeting, testing, and tracking. *Crime and Justice*, 42(1), 377-451.

Skogan, W. G., & Frydl, K. (Eds.). (2004). *Fairness and Effectiveness in Policing: The Evidence*. Washington DC: National Academies Press.

Sparrow, M. K. (2015). *Measuring Performance in a Modern Police Organization*. US Department of Justice, Office of Justice Programs, National Institute of Justice.

Tyler, T. R. (2004). Enhancing police legitimacy. *The Annals of the American Academy of Political and Social Science*, 593(1), 84-99.

Weisburd, D., & Braga, A. A. (Eds.). (2019). *Police Innovation: Contrasting Perspectives*. Cambridge: Cambridge University Press.

Weisburd, D., & Eck, J. E. (2004). What can police do to reduce crime, disorder, and fear? The *Annals of the American Academy of Political and Social Science*, 593(1), 42-65.

Weisburd, D., & Majmundar, M. K. (Eds.). (2018). *Proactive Policing: Effects on Crime and Communities*. Washington DC: National Academies Press.

Weisburd, D., Telep, C. W., Hinkle, J. C., & Eck, J. E. (2010). Is problem-oriented policing effective in reducing crime and disorder? Findings from a Campbell systematic review. *Criminology & Public Policy*, 9(1), 139-172.

Wilson, J. M., & Weiss, A. (2012). *A Performance-based Approach to Police Staffing and Allocation*. U.S. Department of Justice, Office of Community Oriented Policing Services.

Worrall, J. L., & Kovandzic, T. V. (2010). Police levels and crime rates: An instrumental variables approach. *Social Science Research*, 39(3), 506-516.

第四章

警察勤務機構[*]

劉嘉發

壹、前言

警察組織是政府部門的專業分工，警政署爲內政部的一個專業分工，警察局則爲地方政府的專業分工。治安是警察組織的專業分工，因此警察的主要職責是，根據犯罪預防、偵查等相關策略並執行之。屬於專業的警察組織，又可細分更專業的組織分工單位（楊永年，1998）。此種警察組織的分工，從另一角度觀察，又可區分爲「垂直」的分工與「水平」的分工，前者通常係指中央與地方警察組織的分工，後者則爲各級警察組織內部的分工。

而有關警察勤務的分工，依警察勤務條例（以下簡稱勤務條例或本條例）第二章規範設有不同層級的「警察勤務機構」，各自負責警察勤務之執行、規劃與監督工作。按勤務條例第4條規定：「警察勤務機構，區分爲基本單位、執行機構及規劃監督機構。」其主要區分如下：

一、警察勤務區（以下簡稱警勤區），爲警察勤務基本單位。

二、警察分駐所、派出所爲勤務執行機構。

三、警察分局爲勤務規劃監督及重點性勤務執行機構。

四、警察局爲勤務規劃監督機構。

上開警察勤務機構依內政部警政署的統計資料顯示，截至2024年10月止，臺灣地區在地方政府層級總計共設有22個警察局、161個分局、4個警察所（連江縣）、208個分駐所、1,283個派出所、5個駐在所

---

[*] 本文內容曾發表於警察勤務機構之探討，中央警察大學警政論叢，第24期，2024年12月，頁27-52。

（澎湖縣4個、金門縣1個）、全國勤區數1萬9,965個（詳如表4-1）。

表4-1 各直轄市、縣（市）人口數與警察分局、警察所、分駐所、派出所、駐在所及警勤區數統計表（2024年10月）

縣（市）別 \ 項目	人口數	警察分局	警察所	分駐所	派出所	駐在所	警勤區
臺北市	2,498,210	14	-	-	90	-	2,230
新北市	4,046,022	16	-	14	148	-	3,237
桃園市	2,332,998	10	-	3	81	-	1,686
臺中市	2,854,821	15	-	15	103	-	2,306
臺南市	1,859,013	16	-	21	123	-	1,613
高雄市	2,732,805	17	-	22	112	-	2,305
基隆市	361,519	4	-	3	20	-	361
新竹市	457,441	3	-	-	15	-	307
嘉義市	262,553	2	-	-	12	-	221
新竹縣	593,100	5	-	8	44	-	533
苗栗縣	533,219	5	-	13	49	-	483
彰化縣	1,228,612	8	-	18	54	-	997
南投縣	473,365	8	-	6	77	-	514
雲林縣	659,085	6	-	14	51	-	618
嘉義縣	480,190	6	-	12	68	-	481
屏東縣	790,315	7	-	26	57	-	770
宜蘭縣	449,142	5	-	7	47	-	413
花蓮縣	315,750	5	-	8	59	-	439
臺東縣	210,400	4	-	12	49	-	257
澎湖縣	107,829	3	-	3	20	4	123
金門縣	143,774	2	-	3	2	1	56
連江縣	13,975	-	4	-	2	-	15
總計	23,404,138	161	4	208	1,283	5	19,965

資料來源：內政部警政署。

　　惟上開勤務條例所稱之「機構」用語，其與行政法學上所謂之「機構」概念是否一致或相近？或完全相異？另外，警察局與警察分局是否應屬「機關」而非「機構」？勤務條例將警察分駐所、派出所、警察分局、警察局均稱之爲「勤務機構」是否妥適？統稱爲機構有無特殊考量或有其他意涵？均頗值探究。

　　故本文乃就行政組織法上所稱之機關、機構、單位等基本概念先予探討，釐清警察機關、警察機構與警察單位有何區別。其次，再就警察法制上有關警察組織、警察勤務機構相關之概念暨其擔負之警察勤務分工加以論述。同時針對警察勤務機構相關問題，包括警察分駐所、派出所之設置，警察勤務機構之種類，以及中央專業警察機關是否得準用、如何準用勤務條例等問題，提出檢討評析。俾供警察組織法制研究，以及警察勤務機構設置之參考。

貳、警察勤務機構於行政組織法上之探討

　　如前所述，勤務條例明定有不同層級之「警察勤務機構」，各自負責警察勤務之執行、規劃與監督工作。其中將警察局定性爲勤務規劃監督機構，警察分局則爲勤務規劃監督及重點性勤務執行機構，警察分駐所、派出所爲勤務執行機構，警察勤務區則爲警察勤務基本單位。惟此種警察勤務「機構」之用語，其與行政組織法上所謂之「機構」概念是否一致或相近或有所別？又警察局與警察分局是否屬「機關」之性質而非「機構」？實有必要加以釐清。以下乃從行政組織學法角度分別探討「機關」、「機構」與「單位」之概念，並比較說明其間之差異性。

一、機關

　　執行國家行政權之機關，以及爲達到行政目的之機關，通稱爲行政機關。故行政機關係指依法令有權力，就一定之行政事務，對外以具體措施，決定並表示公權力之機關者（陳新民，2015）。進言之，行

政機關乃國家或地方自治團體所設置之獨立的組織體，依行政權範圍內之管轄分工，有行使公權力並代表國家或地方自治團體為各種行為之權限，其效果則歸屬於國家或該自治團體（吳庚、盛子龍，2019）。依中央行政機關組織基準法第3條規定：「本法用詞定義如下：一、機關：就法定事務，有決定並表示國家意思於外部，而依組織法律或命令（以下簡稱組織法規）設立，行使公權力之組織。二、獨立機關：指依據法律獨立行使職權，自主運作，除法律另有規定外，不受其他機關指揮監督之合議制機關。」又依行政程序法第2條第2項規定：「本法所稱行政機關，係指代表國家、地方自治團體或其他行政主體表示意思，從事公共事務，具有單獨法定地位之組織。」同條第3項規定：「受託行使公權力之個人或團體，於委託範圍內，視為行政機關。」（李震山，2022）。故基於上開法條之用語解釋定義，本文認為機關應具備以下之特定要件：（一）就法定公共事務具有決定權限；（二）代表國家、地方自治團體或其他行政主體表示意思於外部；（三）須依組織法律或命令（含地方治自法規）而設立；（四）得對外行使公權力；（五）具有單獨法定地位之組織。

　　茲以內政部為例，按內政部組織法第2條規定：「本部掌理下列事項：……八、所屬機關辦理警政、消防與災害防救、入出國（境）管理、移民與新住民事務、人口販運防制、國土管理、國家公園事務之督導。」同法第5條復規定：「本部之次級機關及其業務如下：一、警政署：全國警察行政事務之規劃及執行；全國警察機關之統一指揮及監督。二、消防署：全國災害防救、消防行政事務之規劃及執行；全國消防機關之統一指揮及監督。三、移民署：入出國（境）管理、移民與新住民事務、防制人口販運之規劃及執行。四、國土管理署：國土規劃、都市計畫、都市更新、住宅、建築管理、都市基礎與下水道工程之規劃、推動、管理及督導。五、國家公園署：國家公園、國家自然公園、濕地與海岸管理之規劃、推動、管理及督導。」故目前內政部所屬為中央政府三級機關者，共計有5個，分別為：1.警政署；2.消防署；3.移民署；4.國土管理署；5.國家公園署。惟內政部尚有2個直接隸屬而為中

央政府之四級機關者，其一為：國土測繪中心；其二為：土地重劃工程處。此可參內政部國土測繪中心組織規程第1條規定：「內政部（以下簡稱本部）為辦理測繪業務，特設國土測繪中心（以下簡稱本中心），為四級機關，並受本部指揮監督。」以及內政部土地重劃工程處組織規程第1條規定：「內政部（以下簡稱本部）為辦理土地重劃相關業務，特設土地重劃工程處（以下簡稱本處），為四級機關，並受本部指揮監督。」

另如以內政部警政署為例，依內政部警政署組織法第6條規定：「本署之次級機關及其業務如下：一、刑事警察局：執行犯罪偵防事項。二、航空警察局：執行機場治安及安全維護事項。三、國道公路警察局：執行國道與經指定之快速公路治安及安全維護事項。四、鐵路警察局：執行鐵路治安及安全維護事項。五、各保安警察總隊：執行保安、警備、警戒、警衛、治安及安全維護事項。六、各港務警察總隊：執行港區治安及安全維護事項。」因之，目前警政署所屬為中央政府四級機關者，共計有六大不同性質之機關，實際上則共計有15個所屬機關。包括：（一）刑事警察局；（二）航空警察局；（三）鐵路警察局；（四）國道公路警察局；（五）保安警察第一總隊；（六）保安警察第二總隊；（七）保安警察第三總隊；（八）保安警察第四總隊；（九）保安警察第五總隊；（十）保安警察第六總隊；（十一）保安警察第七總隊；（十二）基隆港務警察總隊；（十三）臺中港務警察總隊；（十四）高雄港務警察總隊；（十五）花蓮港務警察總隊等。

事實上，警察機關包括中央與地方各級警察機關，其名稱依警察法明文規定者有內政部警政署（司）、直轄市警察局、縣市警察局（科）等。其他各種專業警察機關，則依各該警察專屬業務定其名稱，如刑事警察局、航空警察局、鐵路警察局、國道公路警察局、各保安警察總隊及港務警察總隊等。至於中央警察大學與臺灣警察專科學校，則可謂警察「教育」機關（蔡震榮，2020）。此外，內政部、直轄市政府、縣（市）政府是否為「組織意義上之警察」？學者以為該等機關僅於「發布警察命令」時，可視為行使警察職權之機關，但並非組織法上之警察

機關。因此，各該級行政首長，雖對警察機關與警察人員具有指揮監督之權，或可視爲「學理意義上之警察」，但不宜視爲「組織意義上之警察」。此時，惟有可議者，爲警察法第9條及其施行細則第10條之用語爾（李震山，2002）。

　　至於地方之警察分局，在直轄市部分，因各直轄市政府警察局組織規程中均明文規定，警察局下設各分局，其組織規程另定之。並據其授權而另訂有「各分局組織規程」，且設有人事、會計等單位，並有對外行文權，故應可肯認直轄市政府警察局所屬之警察分局乃具有機關之地位[1]。惟在縣（市）層級，由於各縣（市）警察局之組織規程中並未再授權明定警察局下之各分局，其組織規程另定之，亦未設有獨立之人事、會計單位。故縣（市）警察局所屬警察分局原則上係屬警察局（機關）之內部單位。但在若干警察作用法上則賦予其另具有機關之地位，例如於處理集會遊行案件[2]，行使違反社會秩序維護法案件之處分[3]，以及辦理慢車、行人、道路障礙之違規裁罰等業務時[4]，縣（市）警

---

[1] 例如依臺北市政府警察局組織規程第9條規定：「本局設各分局、保安警察大隊、刑事警察大隊、交通警察大隊、少年警察隊、婦幼警察隊、捷運警察隊、通信隊，其組織規程另定之。」基於本條授權乃另定有「臺北市政府警察局各分局組織規程」，並於該規程第6條、第7條中明定須設會計室、人事室等單位。

[2] 集會遊行法第3條規定：「本法所稱主管機關，係指集會、遊行所在地之警察分局。集會、遊行所在地跨越二個以上警察分局之轄區者，其主管機關爲直轄市、縣（市）警察局。」故警察分局在處理集會遊行事件時，具有機關之地位。得以警察分局之名義，直接受理集會遊行之申請，單獨決定是否准許集會遊行，並得於執行過程中決定採取警告、制止或命令解散之措施，此乃依警察作用法而特別例外賦予其機關之地位。

[3] 社會秩序維護法第35條第1項規定：「警察局及其分局，就該管區域內之違反本法案件有管轄權。」故警察分局得就警察機關負責管轄裁罰之違序案件，以分局名義逕行作成違序處分書，通知受處分人。

[4] 道路交通管理處罰條例第8條規定，「第六十九條至第八十四條由警察機關處罰」。即慢車、行人、道路障礙之違規，係由警察機關負責處罰。另依違反道路交通管理事件統一裁罰基準及處理細則第8條規定：「依本條例第三章至第五章及第九十條之一各條款規定舉發之違反道路交通管理事件，由警察機關處罰，其於直轄市或縣（市），由直轄市、縣（市）警察局或委任所屬分局或經授予違反社會秩序維護法裁罰權之分駐（派出）所處理。直轄市、縣（市）警察局處理計程車駕駛人有本條例第三十六條或第三十七條之情形，應廢止其執業登記或吊扣執業登記證之案件，得比照前項規定辦理。」故警察分局通常設有交通組，辦理上開交通違規案件之裁罰業務，並得以警察分局名義製作交通違規裁決書，直接對外行文給受處分人。

察局所屬警察分局則例外擁有機關之地位（蔡震榮，2020；陳新民，2015）。

二、機構

依中央行政機關組織基準法第3條規定：「本法用詞定義如下：……三、機構：機關依組織法規將其部分權限及職掌劃出，以達成其設立目的之組織。」在此定義下所謂「機構」其具備之要素為：（一）係附屬於機關；（二）係依機關組織法規而設；（三）係機關將其部分權限及職掌劃出；（四）通常不對外行使公權力。

茲以內政部為例，按內政部組織法第2條規定：「本部掌理下列事項：……九、所屬機構、學校辦理空中勤務、全國建築研究發展、警察學術發展與人才培育之規劃、推動及督導。」故內政部所屬之空中勤務總隊、建築研究所乃成為機構之性質，至於中央警察大學則為部屬學校而非機構之性質。

另如以內政部警政署為例，依內政部警政署組織法第2條規定：「本署掌理全國性警察業務，並辦理下列事項：……十四、所屬臺灣警察專科學校、警察通訊、民防防情指揮管制、警察機械修理及警察廣播電臺機構之督導、協調及推動。」故內政部警政署所屬之警察通訊所、民防防情指揮管制所、警察機械修理廠、警察廣播電臺等乃為機構之性質，至於臺灣警察專科學校則宜視為所屬學校而非機構較妥適。

三、單位

在行政組織法上尚有屬於機關之內部單位，依中央行政機關組織基準法第3條規定：「本法用詞定義如下：……四、單位：基於組織之業務分工，於機關內部設立之組織。」行政法上區分行政機關與內部單位，主要有三項判斷指標：（一）有無單獨之組織法規；（二）有無獨立之編制及預算（通常均設有人事及會計單位）；（三）有無印信（是否有對外行文權）。如三者均具備之組織體為機關，否則屬於內部單位（吳庚，2019）。

　　依中央行政機關組織基準法第23條規定：「機關內部單位分類如下：一、業務單位：係指執行本機關職掌事項之單位。二、輔助單位：係指辦理秘書、總務、人事、主計、研考、資訊、法制、政風、公關等支援服務事項之單位。」茲以內政部警政署為例，其所設之內部單位，包括有「業務單位」與「輔助單位」兩大類：（一）業務單位：行政組、保安組、教育組、國際組、交通組、後勤組、保防組、防治組及勤務指揮中心；（二）輔助單位：督察室、公共關係室、秘書室、人事室、政風室、會計室、統計室、資訊室及法制室（蔡震榮，2020）。

四、小結

　　綜合上開中央行政機關組織基準法相關規範條文，以及本文所論及各機關、機構之組織法規分析，以內政部為例，可以得知其所屬中央三級機關包括有：（一）警政署；（二）消防署；（三）移民署；（四）國土管理署；（五）國家公園署；其所屬中央四級機關則有：（一）國土測繪中心；（二）土地重劃工程處；其所屬機構則有：（一）建築研究所（相當於三級機關）；（二）空中勤務總隊（相當於三級機關）；其所屬學校則有：（一）中央警察大學（直屬內政部相當於三級機關）；（二）臺灣警察專科學校（隸屬警政署相當於四級機關）（詳如表4-2）。

表4-2　內政部所屬機關（構）、學校一覽表

所屬機關	中央三級機關	1. 警政署 2. 消防署 3. 移民署 4. 國土管理署 5. 國家公園署
	中央四級機關	1. 國土測繪中心 2. 土地重劃工程處
所屬機構	1. 建築研究所（相當於三級機關） 2. 空中勤務總隊（相當於三級機關）	
部屬學校	1. 中央警察大學（直屬內政部相當於三級機關） 2. 臺灣警察專科學校（隸屬警政署相當於四級機關）	

再者，如以警察組織法制為例：（一）屬「警察機關」者，中央有內政部警政署、刑事警察局、航空警察局、鐵路警察局、國道公路警察局、各保安警察總隊及港務警察總隊等；地方則有直轄市政府警察局、縣（市）警察局、直轄市政府警察局所屬各警察分局、保安警察大隊、刑事警察大隊、交通警察大隊、少年警察隊、婦幼警察隊、捷運警察隊、通信隊等，亦屬機關之性質；（二）屬「警察機構」者，中央有警察通訊所、民防防情指揮管制所、警察機械修理廠、警察廣播電臺等；地方則無警察機構之適例；（三）屬「警察單位」者，中央內政部警政署內部之業務單位：如行政組、保安組、教育組、國際組、交通組、後勤組、保防組、防治組及勤務指揮中心等；又其輔助單位：如督察室、公共關係室、秘書室、人事室、政風室、會計室、統計室、資訊室及法制室等均屬之。地方警察局所屬之科室，如行政科、保安科、訓練科、外事科、後勤科、防治科、犯罪預防科、勤務指揮中心、督察室、資訊室、法規室等；警察分局下轄之警備隊、偵查隊、分駐所、派出所等，皆屬單位之性質。

參、警察勤務機構於警察法制上之探討

一、警察法

按警察法暨其施行細則針對警察機關、警察勤務機構亦有相關條文規定之。首先，在「警察機關」方面，中央與地方各級警察機關，其名稱依警察法明文規定者有內政部警政署（司）、直轄市警察局、縣市警察局（科）等。依警察法第5條規定：「內政部設警政署（司），執行全國警察行政事務並掌理左列全國性警察業務：一、關於拱衛中樞、準備應變及協助地方治安之保安警察業務。二、關於保護外僑及處理涉外案件之外事警察業務。三、關於管理出入國境及警備邊疆之國境警察業務。四、關於預防犯罪及協助偵查內亂外患重大犯罪之刑事警察業

務。五、關於防護連跨數省河湖及警衛領海之水上警察業務。六、關於防護國營鐵路、航空、工礦、森林、漁鹽等事業設施之各種專業警察業務。」

又警察法第8條規定:「直轄市政府設市警察局,縣(市)政府設縣(市)警察局(科),掌理各該管區之警察行政及業務。」同法施行細則第9條進一步規定:「本法第八條所稱縣(市)政府設警局(科)者,謂以設警察局為主。如全縣(市)人口未滿四萬,警額未滿八十人,縣之鄉鎮(市)未滿八個,市之區未滿四個者,得設警察科。」惟此處有關縣(市)政府不設警察局,而得設「警察科」之規定,顯與現況不相符。因為如以前揭標準來看,連江縣人口數僅1萬3,975人,其全縣人口數未滿4萬;另以嘉義市為例,僅有東西二區,其市之區亦未滿4個,均可設警察科而不設警察局,如此即生適用上之疑慮。故警察法施行細則第9條有關縣(市)政府得設警察科之規定,本文認為應可考量予以刪除,俾符現行地方政府設置警察局之實況。

其次,在「警察勤務機構」用語方面,依警察法施行細則第5條規定:「本法第三條第二項由縣(市)立法事項如左:一、關於警察勤務機構設置、裁併及勤務之實施事項。……」同細則第6條復規定:「本法第三條第二項由直轄市立法事項如左:一、關於警察勤務機構設置、裁併及勤務之實施事項。……」由此可見,有關於直轄市政府、縣(市)政府警察局所屬警察勤務機構設置、裁併及勤務之實施事項。係屬地方自治立法權與執行權之事項,中央不宜過度介入干預,俾能發揮因地制宜之功效,符合地方居民實際所需而設置。

二、警察勤務條例

查警察勤務條例於第二章規範有相關的警察勤務機構,依本條例第4條規定:「警察勤務機構,區分為基本單位、執行機構及規劃監督機構。」而綜覽該章相關條文規定,其所稱之「警察勤務機構」主要有下列四個層級:(一)警察勤務區(以下簡稱警勤區),為警察勤務基本單位;(二)警察分駐所、派出所為勤務執行機構;(三)警察分局為

勤務規劃監督及重點性勤務執行機構；（四）警察局為勤務規劃監督機
構。茲分述如次。

（一）勤務基本單位

　　警察勤務基本單位，係指執行警察勤務工作最小的基本個體而
言。因其工作任務、性質及環境之不同，又可區分為下列數種：

1. 警察勤務區

　　警察勤務區一般簡稱為「警勤區」，係執行警察勤務最基本、最小
的單位個體。係仿自英美警察之必特區（Beat）制度，以及日本之受持
區（Beat Area）制度（鄭文竹，2015；蕭玉文，2012）。依勤務條例第5
條規定：「警察勤務區（以下簡稱警勤區），為警察勤務基本單位，由
員警一人負責。」而警勤區的設置，必須配合環境、交通、通訊等各項
因素，但一般是依據自治區域或人口疏密而設置。依勤務條例第6條的
設置規定如下；
(1) 依自治區域：以一村里劃設一警勤區；村里過小者，得以二以上村
　　里劃設一警勤區；村里過大者，得將一村里劃設二以上警勤區。
(2) 依人口疏密：以2,000人口或500戶以下劃設一警勤區。
(3) 刑事、外事警察，得配合警勤區劃分其責任區，以強化治安維護力
　　量。
　　惟上開警勤區之劃分，仍應參酌治安狀況、地區特性、警力多
寡、工作繁簡、面積廣狹、交通電信設施及未來發展趨勢等情形，適當
調整之。

2. 警察駐在所

　　警察駐在所亦為警察勤務執行的基本單位之一，一般因偏遠地
區、地理環境特殊，且交通不便之警勤區、與其他警勤區不能聯合實施
勤務者，得設置駐在所，由警勤區警員獨自駐守執行勤務，並作膳宿
休息之處所，其設置之法令依據，警察勤務條例第7條規定：「偏遠警
勤區不能與其他警勤區聯合實施共同勤務者，得設警察駐在所，由員

警單獨執行勤務。」另外，警察分駐所派出所設置基準第3點亦規定：「偏遠警勤區未能與其他警勤區聯合實施共同勤務者，得設置警察駐在所。」（丁維新，1987），有論者稱之爲「準警勤區」（蕭玉文，2012）。依內政部警政署統計資料顯示，目前臺灣地區實際上設有駐在所者，僅有澎湖縣政府警察局及金門縣警察局，前者包括：(1)馬公分局桶盤駐在所；(2)白沙分局大倉駐在所；(3)白沙分局員貝駐在所；(4)望安分局嶼坪駐在所等4個駐在所[5]；後者則僅有金湖分局烏坵駐在所1個[6]，合計共5個駐在所。

另外，在戒嚴時期依據「戒嚴期間臺灣省區山地管制辦法」規定而設之「入山檢查哨」，以往亦被歸類於警察勤務的基本單位之一。入山檢查哨一般設於進入山地隘口，或山地偏遠地區地勢險要的位置，用以負責執行入山管制，以確保山地警備治安。入山檢查哨受當地警察分駐所或派出所指揮監督，執行人員、車輛、物資及危險物品等進出山地之檢查管制等事宜。俟政府解除戒嚴後，則另依國家安全法暨其施行細則規定，針對山地管制區設置「檢查所」，由警察機關執行檢查、管制任務。並依「人民入出臺灣地區山地管制區作業規定」由各該管警察局評估選定適當地點，報請警政署核准設置檢查所，由警察局派專勤員警執勤。如警力不敷分配時，得報請警政署核准僱用原住民役畢青年協助執行勤務，並應指定警察一人爲所長。檢查所勤務分固定檢查與流動檢查，固定檢查24小時執行，流動檢查視需要機動派遣，受該管分駐所、派出所指揮監督，執行入出山地管制區人員、車輛及物品之檢查與管制（鄭文竹，2015；蕭玉文，2012）。

（二）勤務執行機構

依勤務條例第7條第1項規定：「警察分駐所、派出所爲勤務執行

5　詳參澎湖縣政府警察局組織架構及業務職掌，https://www.phpb.gov.tw/home.jsp?id=14，閱覽日期：2024.10.30。
6　詳參金門縣警察局組織架構圖，https://kpb.kinmen.gov.tw/cp.aspx?n=8AA34472E5575CDA，閱覽日期：2024.10.30。

機構，負責警勤區之規劃、勤務執行及督導。」針對分駐所、派出所設置的目的，一爲服勤人員聯合服勤的據點，二爲供服勤人員膳宿休息的處所。主要是便於接近民眾、消息靈通、容易瞭解掌握該地區之治安情報，以期防範未然，達成警察任務。其所成立勤務機構，負責該轄區內之勤務派遣，事故處理。但此勤務機構旨在便於勤務執行，不具有法定上警察官署之地位，所以對外不得行文（丁維新，1987）。依上述行政組織法之定義，分駐所、派出所應屬「單位」之性質。

　　至於分駐所、派出所設置之標準，則由內政部警政署定之。依勤務條例第7條第2項規定；「前項分駐所、派出所設置基準，由內政部警政署定之。」內政部警政署依本條之授權訂頒有「警察分駐所派出所設置基準」，依此設置基準規定，分駐所、派出所之設置原則如下：

1. 轄區內應有二個以上警察勤務區（以下簡稱警勤區）。
2. 轄區以不跨越鄉（鎮、市、區）爲原則。
3. 轄區以不分割村里自治區域爲原則。
4. 未設警察分局之鄉（鎮、市、區）公所所在地得設置分駐所。
5. 因執行專業性警察任務、特定地區守護任務或爲民服務工作，設置分駐所或派出所者，得不受前三點規定之限制（鄭文竹，2015）。

（三）勤務規劃監督機構

1. 警察分局

　　依勤務條例第9條規定：「警察分局爲勤務規劃監督及重點性勤務執行機構，負責規劃、指揮、管制、督導及考核轄區各勤務執行機構之勤務實施，並執行重點性勤務。」另依勤務條例第8條規定：「直轄市、縣（市）警察機關，於都市人口稠密或郊區治安特殊區域，因應警察設備情況及警力需要，得集中機動使用，免設分駐所、派出所，將勤務人員集中於警察分局，編爲勤務隊（組），輪流服勤。」所以警察分局不但是勤務監督機構，負責督導、考核管轄各分駐（派出）所勤務之實施，而且也是執行重點性勤務之機構，如春安工作、山地清查、特種勤務等由分局策劃執行（丁維新，1987）。

2. 警察局

依勤務條例第10條規定：「警察局爲勤務規劃監督機構，負責轄區警察勤務之規劃、指揮、管制、督導及考核，並對重點性勤務，得逕爲執行。」依本條例第8條規定：「警察局於必要時，得設警衛派出所，在特定地區執行守護任務。」所以警察局亦爲勤務監督機構。所謂有關「重點性之勤務」，係指當二個分局以上均須執行之勤務或屬重點性之勤務。如春安工作、萬安演習、特種勤務屬之。因爲諸如此類勤務有可能屬警察局全盤性，有時亦非警察分局能力所能及，因此規定警察局得逕行執行重點性勤務（丁維新，1987）。

肆、警察勤務機構相關問題檢討評析

一、警察分駐所、派出所之設置

警察分駐所與派出所在我國警察勤務及實務定位中，有其共同性，亦有其相異性。其共同性表現在警察勤務條例中，如兩者均被定位爲警察勤務執行機構；而其相異性則表現在勤務督導實務中，過去分駐所所長對該鄉鎮內之派出所尚具有業務監督之權，例如依嘉義縣警察局勤務實施細則舊法第6條規定：「分駐所一律由警務員（或巡官）主持，並指導監督該鄉鎮（市）轄內派出所之勤務及業務。」惟在2024年7月17日修正之實施細則新法第6條中業已刪除此項規定，主要係因分駐所、派出所可謂平行單位，各自負轄區內勤務執行之責，同受上級勤務規劃監督機構警察分局之指揮、管制、督導及考核。故分駐所所長實不必亦不宜再指導監督該鄉鎮（市）轄內派出所之勤務及業務。針對警察分駐所與派出所之設置問題，不外乎涉及下列數端：（一）設置目的；（二）設置地點；（三）設置時機；（四）設置成員；（五）裁撤整併等，茲分述如下。

（一）設置目的

　　這是討論警察分駐派出所設置的目的問題。根據定義，組織設置，必有其目的。我國警察分駐所與派出所之設置目的，從顯性觀，以現有的資料來看，可以有兩種解釋：實務解釋與理論解釋。從實務上來看，內政部警政署於1986年所編印的《分駐（派出）所實務手冊》中明白指出，分駐派出所設置的目的有三個：即組合警勤區、形成治安面以及供作服務站（警政署，1986）。換言之，在警政署的構想中，分駐派出所之設置不但有組合警勤區功能，更有打擊犯罪（形成治安面）提供民眾與員警膳宿等服務方面的作用。換言之，只有派出所具有多功能之組織（李湧清，2007）。

　　在另一方面，從理論上來看，在學者解讀中，分駐派出所之設置亦是具有多方面之功能與目的的。學者指出，警察分駐派出所之功能在於；1.預防犯罪；2.地區警察勤務活動中心；3.予民眾安全感；4.供執勤員警休膳之所；5.迅速有效處理治安事故；6.瞭解民眾與社會需求、提出有效服務；7.增進警民合作關係（江裕宏，1985）。從上面所引可以看出，學者對於分駐派出所之設置，不僅有其對內的功能，例如提供膳宿之服務，亦有其對外服務、預防犯罪以致於增進警民關係之功能。

（二）設置地點

　　依警察分駐所派出所設置基準相關規定，分駐所、派出所依下列規定設置：1.轄區內應有二個以上警察勤務區（以下簡稱警勤區）；2.轄區以不跨越鄉（鎮、市、區）為原則；3.轄區以不分割村里自治區域為原則；4.未設警察分局之鄉（鎮、市、區）公所所在地得設置分駐所；5.因執行專業性警察任務、特定地區守護任務或為民服務工作，設置分駐所或派出所者，得不受同基準第1項規定之限制。

　　又分駐所、派出所如有下列情形之一者，得重新評估，規劃調整設置：1.警勤區數眾多且轄區工作繁重，顯難有效督導管理者；2.轄區各類案件急遽增加者；3.交通狀況複雜，難以全盤掌控者；4.因應轄區發展趨勢，認有必要者；5.行政區域調整，認有必要者。

同時設置分駐所、派出所，應備妥下列資料，進行利弊分析評估，經該管地方政府核准後，依相關規定辦理：1.轄區全般治安、交通等狀況；2.警力配置；3.勤務運作及成效；4.警用裝備器材配置；5.設置地點；6.轄境範圍調整對照圖。另在設置程序上，分駐所、派出所經該管地方政府核准調整設置後，該管警察局應報內政部警政署備查。且分駐所、派出所設置或裁併所需經費，由該管地方政府負擔；所需警力，就現有員額調整。

（三）設置時機

警察分駐派出所之設置時機，係指其於何時設置問題，換個角度來看，這也是有關警察分駐派出所設置建議權的問題。警察分駐派出所應於何時設置，乍看之下，似無一定規則或標準可循。勉強可稱得上的規則是，當外界環境有劇烈變化之時，以及地方政府之財政可以負擔之時，理論上均是警察分駐派出所設置之適當時機。具體的說，設置警察分駐派出所之適當時機有二：1.當地區民眾覺得有需要之時；2.當地方警察機關覺得有必要之時。

首先論民眾主觀上之需要。雖然在學理上有關警察分駐派出所之設置存在著功能論與衝突論之爭議，而長久以來臺灣地區民眾對分駐派出所存在的心理依賴感（彭衍斌，1974；江裕宏，1985），使得此一存在已久之分駐派出所制在我國今天仍維持相當之規模。就政府在這件事上所扮演的角色而言，為了表現現代政府對民眾之反應，因此只要在其他條件得以配合之情況下（如財政可以負擔、用地取得容易），也願意迎合民眾之需要成立分駐所或派出所。是以，分駐派出所之設置時機，以今日臺灣的狀況來看，是具有民主政治之意涵的（李湧清，1995）。

在另一方面，基於行政裁量權、基於效率或其他原因，地方政府或警察機關在覺得必要時，也會主動設置分駐派出所。相對於來自民眾壓力，地方政府或警察機關主動設置分駐派出所之情況較少見。這不代表主其事者沒有這樣的意願，而是受限於臺灣地區當前土地之取得不易，在缺乏設置之正當性之下，因此較難取得上級之支持。而無論是地方政

府之主動或被動地迎合地方民眾之需要，今日分駐派出所設置時機上之問題，仍在於當前分駐派出所之設置能否達到效率之目的？或者是否僅淪於民粹主義而已（李湧清，2007）？

（四）設置成員

人員是警察勤務執行之核心因素，因此分駐派出所在成立後，有哪些人在其中執行勤務也是另一個值得注意的問題。以當前臺灣地區之分駐派出所以觀，其所置之成員依其身分（或職務）可大致分為警務員、巡官、巡佐與警員等，其人數則由2人至50人不等。

由於臺灣地區之分駐派出所複雜而多樣，因之，分駐派出所主管身分，亦複雜而多樣。主管的身分與職務之所以在此處強調，乃緣於其肩負各該所工作之成敗責任。不寧惟是，其工作之內容亦相當廣泛，簡而言之，集設計、執行、考核三項工作於一身。例如，各項勤務計畫之草擬、勤務分配表之安排，可算是設計方面的工作；而實際的帶勤則屬執行方面的工作；查勤、督勤則為考核方面之事務。在此同時，又因臺灣地區各分駐派出所警力多寡之不同，而由不同職務的人專任或兼任此一職務，有以警員兼主管者；有以巡佐兼主管者；有以巡官任主管者；亦有以警務員任主管者。不論是由何人擔任此一職務，其工作之內涵大同小異（李湧清，2007）。

而在警員方面，其狀況較單純。無論是大所小所之警員，無論其官等為何，無論其教育背景為何，在這一方面主要的差異在於各分駐派出所人數之多寡，其工作之內容並無太大的差別（李湧清，1995）。主要係擔任警勤區家戶訪查、治安顧慮人口查訪之個別勤務，並擔服其他共同勤務。

（五）裁撤整併

有關勤務執行機構之分駐所、派出所，有學者認為不妨可以考慮派出所虛級化（楊永年，1998）。或者可依勤務條例第8條規定，針對直轄市、縣（市）警察機關，於都市人口稠密或郊區治安特殊區域，因應

警察設備情況及警力需要，得集中機動使用，免設分駐所、派出所，將勤務人員集中於警察分局，編為勤務隊（組），輪流服勤，通盤考量整併分駐所、派出所，集中於警察分局編隊（組）輪流服勤。但在實務上概以機動派出所為之，而非採整併分駐所、派出所，集中於警察分局編隊（組）輪流服勤方式辦理。茲就警察分駐所、派出所裁撤整併議題，分述如下。

1. 裁撤

在臺灣警政發展史上曾出現數次有關警察分駐派出所「裁撤」之改革方案，但均引起不少爭議，幾經實驗改革終以失敗收場。第一次實驗發生於1962年11月，名稱謂「日新專案」，由時任省警務處處長張國疆主持，充當白老鼠的是臺中市警察局第一分局。當時警務處大張旗鼓先進行了「甲案」：即撤銷派出所，結果實施三個月後發生一堆困難，未能依計畫裁撤派出所。實驗因此轉為「乙案」：即保留派出所，但將共同勤務與個別勤務分開，派出所負責執行個別勤務，共同勤務則由分局執行，結果均不了了之，最終還是失敗（章光明，2013；李國廷，2016）。

第二次實驗發生於1979年，名稱為「革新警察勤務制度」，由時任警政署署長的孔令晟推動。這次實驗單位換成基隆市警察局第一分局、臺北縣警察局永和分局、桃園縣警察局楊梅分局等，分別實驗「都市警察勤務」、「城鎮警察勤務」及「鄉村警察勤務」。並依據實驗結果，規定全省各縣市警察局均須指定一或兩個分局，於1980年開始實施革新勤務制度，廢除派出所制度。孔前署長企圖仿效英美的警力「集中制」，裁撤一般派出所，將其改為都市、城鎮及鄉村型機動派出所。此種變革，係比照日本勤務制度，廢除以派出所為勤務執行中心之制度，即在派出所僅保留部分勤區查察（戶口查察）人員，其餘警力集中在分局勤務組，分別編組，每日按各班勤務班次，由指定人員帶班，在指定轄區執勤。惟因傳統觀念作祟，一般老百姓認為「找不到警察，報案還得追著警察跑」，民眾沒有安全感。不僅民怨沸騰，民代也跟著反彈，

加上機動反應遲緩等之因素，致使此次變革失敗，實驗結果又遭夭折（章光明，2013；張雄世，1978；呂育生，1979；劉錫誥，1980；陳弘毅，1979）。

多年後，臺北市前市長柯文哲上任後又再次提出類似的構想，於2014年12月4日接受媒體訪問時提出「裁撤派出所」之意見，並以報案需具「經濟規模」為主軸，成立「行動派出所」。「行動派出所」係派出所觸角的延伸，增加警察為民服務據點，為發揮其效益，初步試辦以人口稠密、繁雜地區之中山（中山二派出所）、大同（民族、建成派出所）、松山（中崙派出所）及信義（三張犁派出所）等分局共5個派出所優先試辦。車輛外觀以智慧城市、國際化，活潑生動之設計為主題，內部增設E化報案及無線網路等系統，提供民眾具隱私、優質舒適的報案環境，兼具多項服務功能。其人員之派遣，以1車配置2到3人，並輔以線上機巡。受理案類及服務項目則包括：(1)為民服務事項；(2)受理簡易報案：遺失物、拾得物、汽機車失竊、失蹤人口、身分不明、其他案件之初步處理；(3)犯罪預防宣導；(4)警政諮詢；(5)如遇有非受理項目及權責，則由行動派出所引導或載送至派出所受理。因此，行動派出所能提供更便民之行動服務，並兼具巡邏、守望、警戒及交通整理等治安、交通效能。

該案「裁撤派出所」，主要係針對大同分局所轄大橋及雙連二個派出所加以裁撤，配合大同分局試辦「派出所整併」，對於以民族所（含原大橋所轄區）、建成所（含原雙連所轄區），嘗試藉由整併後派出所警力增加，輔以行動派出所，對維護治安、交通效益提升情形研究；亦可減低試辦期間轄區居民認為「派出所不見了」的疑慮，維持轄區民眾安全感。

惟當時中央警政署卻持保留態度，主要觀點在於：派出所功能不僅以受理報案為主，執勤人員還可接近民眾，便於平時查察，就近處理治安事務，提升民眾安全感，派出所可發揮「統籌規劃轄區勤務，並監督執行」的功能。易言之，派出所的設立還可掌握犯罪根源，主動打擊犯罪及便利為民服務，促進警民合作等功用，警察深入社區，提供民眾諮

詢平臺，且據分析，民眾早以習慣派出所設置住家附近，裁撤派出所或是遷移，仍需要審慎研議。況且若派出所裁撤後，分局恐無法容納所有警力，可能需要花費公帑增建相關設施。建議仍宜多方徵詢地方人士和民意代表意見，蒐集具體結論後再據以執行[7]。

　　惟北市府卻不理會警政署意見，執意進行「裁撤派出所」成立「行動派出所」，自2015年7月7日起試辦，2015年與2016年間，共出勤61場次、服務1,736案件，之後出勤次數逐年下降，2023年至4月底，出勤僅2場次、服務58案件。而2017年設置以來之報案數為0件。最後由於「行動派出所」成效不佳乃改為「機動派出所」，2023年5月間因5輛警備車年限到期全數報廢，「行動派出所」走入歷史[8]。

2. 整併

　　此外，有關分駐派出所「整併」議題，由於臺灣地區分駐派出所設置地點大都沿襲自日據時代而來，許多地方已經不合時代之潮流，亟待重新加以調整。因此，在不考慮裁撤分駐派出所存廢問題之下，以「整併」的方式衡量駐地安全、預防犯罪與為民服務之間的關係，將分駐派出所作全盤的考量，亦有其必要性（江伯晟，2004）。

　　另曾有實證研究在探討實行派出所裁撤與組合警力聯合服勤策略的成果，觀察裁併或組合警力聯合服勤後犯罪率及警力的變化，發現犯罪的發生率下降、破獲率上升，而且值班警力確實利用在巡邏勤務與其他攻勢勤務，巡邏密度大幅增加。故建議都市宜採集中制，並於一定範圍內設立分駐所，提供專責受理報案人員，保留警勤區發展社區警政；鄉村則宜採散在制，避免轄區過大，無法即時處理案件（李國廷，2016）。

7　中央通訊社（2014.12.4），派出所存廢　警政署：審慎研議，https://www.cna.com.tw/news/asoc/ 201412040247.aspx，閱覽日期：2024.10.30。

8　中天新聞網（2023.7.25），「柯P新政」行動派出所走入歷史　蔣萬安：成效不如預期，https://tw.news.yahoo.com/%E6%9F%AFp%E6%96%B0%E6%94%BF-%E8%A1%8C%E5%8B%95%E6%B4%BE%E5%87%BA%E6%89%80%E8%B5%B0%E5%85%A5%E6%AD%B7%E5%8F%B2-%E8%94%A3%E8%90%AC%E5%AE%89-%E6%88%90%E6%95%88%E4%B8%8D%E5%A6%82%E9%A0%90%E6%9C%9F-000035579.html，閱覽日期：2024.10.30。

　　近年來各級警察機關爲因應司法院釋字第785號解釋有關保障輪班輪休服勤人員之健康權，警察勤務之編排亦有新規定，導致全國各縣市警察局都出現人力吃緊情形，甚至偏鄉地區不少派出所也遭裁撤，改以聯合辦公、整併數派出所警力聯合服勤方式來節省人力。例如，臺東縣警察局爲因應警察勤務新制，自2023年起推動「二合一」聯合服勤，涵蓋臺東分局、關山分局、成功分局及大武分局轄內的偏鄉小型派出所。非主力派出所由守望警力值班（上午8時至晚間10時），主力派出所則24小時執勤。勤務新制要求每名員警在更換班次時，必須有連續11小時休息時間，而每個派出所至少需8名員警才能達到「勤休平衡」。爲保障員警健康，針對警力不足且距離相近的小型派出所進行整合，實施共同服勤[9]。

　　然而，此種作法卻也引發地方民眾強烈反彈，認爲派出所裁撤整併，「土地公廟」不見了，讓轄區居民頓失安全感，恐影響地方治安。新竹縣警察局在2023年即在地方首長與民意機關要求下，進行人力員額補充和擴編。自5月1日起，不但恢復14個被裁併的派出所，並將重開7個早期被裁撤派出所[10]。由此可見，地方社區民眾就分駐派出所之設置向來有深切的期待，對於派出所存有一定的依賴性，故進行任何的裁撤整併均宜與地方民意多所溝通，並予尊重，方能有成。

二、警察勤務執行機構之種類

　　如前所述警察分駐所、派出所依勤務條例第7條第1項規定，係屬警察勤務之執行機構，負責警勤區之規劃、勤務執行及督導，其設置則

9　中時新聞網（2024.12.3），台東警力荒！明年百名警員退休　恐加劇警力不足，https://www.chinatimes.com/realtimenews/20241203004166-260402?chdtv，閱覽日期：2024.10.30。
10　中廣新聞網（2023.4.26），波麗士回來了！裁併派出所引反彈　竹縣偏鄉5月重開張，https://tw.news.yahoo.com/%E6%B3%A2%E9%BA%97%E5%A3%AB%E5%9B%9E%E4%BE%86%E4%BA%86-%E8%A3%81%E4%BD%B5%E6%B4%BE%E5%87%BA%E6%89%80%E5%BC%95%E5%8F%8D%E5%BD%88-%E7%AB%B9%E7%B8%A3%E5%81%8F%E9%84%895%E6%9C%88%E9%87%8D%E9%96%8B%E5%BC%B5-232349220.html，閱覽日期：2024.10.30。

依「警察分駐所派出所設置基準」所定基準為之。因此,如按警察勤務條例規定之警察勤務執行機構,自應僅限於警察分駐所、派出所,並無疑義。

惟查在部分地方警察局所訂頒之勤務實施細則中,卻有於警察分駐所、派出所之外,另將警察分局或警察局之外勤隊或外勤組再行界定同屬「勤務執行機構」者。例如,新北市政府警察局勤務實施細則第6條規定:「本局勤務執行機構如下:一、各分局之偵查隊、警備隊、分駐所、派出所、警察駐在所及檢查哨。二、刑事警察大隊之各偵查隊及所轄分隊。三、保安警察大隊之各中隊、分隊。四、交通警察大隊之各分隊、小隊。五、少年警察隊之偵查組。六、婦幼警察隊之偵防組及勤務分隊。」又如臺南市政府警察局勤務實施細則第6條規定:「勤務執行機構如下:一、各分局偵查隊、警備隊、分駐(派出)所。二、刑事警察大隊各偵查隊。三、保安警察大隊各中隊、分隊。四、交通警察大隊各中隊、分隊、小隊。五、少年警察隊偵查組。六、婦幼警察隊偵防組。」再如高雄市政府警察局勤務實施細則第6條規定:「警勤區之規劃與其勤務執行之督導由下列警察勤務執行機構為之:一、各警察分局之分駐所、派出所、偵查隊及警備隊。二、刑事警察大隊所屬各偵查隊及所轄分隊。三、保安警察大隊所屬各中隊及分隊。四、交通警察大隊所屬各中隊及分隊。五、少年警察隊。六、婦幼警察隊。七、捷運警察隊。」

綜觀上開三直轄市政府警察局之勤務實施細則,顯然將警察分局之偵查隊、警備隊、警察駐在所、檢查哨;警察局刑大之各偵查隊及所轄分隊,保大之各中隊、分隊,交大之各分隊、小隊,少年隊與婦幼隊之偵查(防)組及勤務分隊等,與警察分駐所、派出所同列警察「勤務執行機構」之性質。如此一來恐有新增勤務條例第7條第1項所無之規定,而有擴張勤務條例原列警察勤務執行機構之範圍,似有逾越法律明定之疑慮。然而從另一角度思考,吾人亦可認為上開地方警察局之勤務實施細則條文乃係補充勤務條例第7條第1項規範不足之處,並無違法問題。同時,依勤務條例第20條規定:「警察局或分局設有各種警察隊(組)

者，應依其任務，分派人員，服行各該專屬勤務，構成轄區點、線、面，整體勤務之實施。」故上述地方警察局之勤務實施細則條文，將警察局或分局各種外勤警察隊（組）界定為警察「勤務執行機構」，想必即是依勤務條例第20條規範意旨而來的。

此外，內政部為因應司法院釋字第785號解釋意旨，保障各警察機關實施輪班輪休服勤人員之健康權，特訂定「警察機關輪班輪休人員勤休實施要點」。依該要點第2點規定：「本要點適用於下列服勤人員：（一）下列單位依勤務分配表排定勤務之服勤人員：1.內政部警政署所屬警察機關之分駐所、派出所、（大）隊及中（分、小）隊。2.警察局或分局之直屬（大）隊、中（分、小）隊及警察所。3.警察分駐所、派出所及駐在所。……」按該要點所定輪班輪休服勤人員，依勤務分配表排定勤務之單位，與前揭地方警察局勤務實施細則所列之勤務執行機構種類頗為相近。故本文認為未來不妨考慮將上列地方警察局或警察分局之外勤隊（組）納入警察勤務條例中加以明定，甚至一併擴充及於中央警政署所屬機關設有分駐所、派出所、（大）隊及中（分、小）隊者，與地方警察機關之警察分駐所、派出所同列為警察勤務執行機構，以契合實際現況。

三、中央專業警察機關之準用

依勤務條例第27條規定：「本條例之規定，於各專業警察機關執行各該專屬勤務時準用之。」故各專業警察機關在執行各該專屬勤務時，自有準用本條例之餘地（劉子民，1989）。惟其準用之專業警察機關為何？其所準用之勤務方式種類有哪些？仍有進一步探究之必要。茲以設有警察分局暨分駐派出所之鐵路警察局、航空警察局為例，分別加以論述之。

（一）鐵路警察局

按內政部警政署鐵路警察局組織規程第2條規定：「本局掌理下列事項：一、有關鐵路事業設施之安全維護。二、鐵路沿線、站、車秩

序、犯罪偵防及旅客貨運安全維護。三、鐵路法令之其他協助執行事項。四、其他依有關法令應執行事項。本局執行鐵路交通法令時，並受交通部臺灣鐵路管理局之指揮及監督[11]。」而在該局組織規程中則未再進一步規定其所轄之分局是否為次級機關，亦未再授權各分局另訂定組織規程。又同組織規程第5條第1項復規定：「本局各職稱之官等職等及員額，另以編制表定之。」基於此項規定，內政部乃訂頒發布「內政部警政署鐵路警察局編制表」。由於鐵路警察局總局之編制表內業已臚列了各分局之編制人力，包括分局長、副分局長員額各4人，列警正；警備隊隊長員額4人，列警正；隊長員額5人，內4人為分局偵查隊隊長，列警佐或警正等[12]。故各分局即未再另訂獨立之編制表，完全依「內政部警政署鐵路警察局編制表」定其分局之員額編制及職稱。此與前述直轄市政府警察局所屬各分局另訂有獨立之組織規程，且均有獨立之編制表，有所不同。

　　另依內政部警政署鐵路警察局辦事細則第4條規定：「本局設下列科、中心、室、分局、大隊：……十、臺北分局、臺中分局、高雄分局及花蓮分局，分四股、四中心、八隊、三十五分駐、派出所辦事。」第14條並就4個分局所掌理事項規定：「分局掌理事項如下：一、轄區內鐵路沿線站、車秩序及鐵路設施之安全維護。二、鐵路交通事故之處理。三、執行闖（搶）越平交道、違規攬客、各類交通違規案件之取締。四、執行鐵路危險性平交道之巡守。五、刑事案件偵訊與移送、上級交查案件之處理、告訴、告發及自首刑案之處理、拘票及搜索票等令拳術之聲請。六、執行防範社會犯罪宣導、防處少年事件、查捕通緝人犯、檢肅竊盜及毒品勤務。七、鐵路沿線投排石案件之防處、偵辦及規

---

[11] 臺灣鐵路管理局原隸屬於交通部，兼具政府機關及國營事業機構雙重屬性，惟自2024年1月1日起正式公司化，改制為國營臺灣鐵路股份有限公司。亦即將臺鐵局改制為臺鐵公司，而非民營化。詳參臺鐵公司報告書，https://www.railway.gov.tw/tra-tip-web/adr/AdrI190/AdrI190/view?grandParentTitle=9&parentTitle=10；另參https://www.cna.com.tw/news/ahel/202401010085.aspx，閱覽日期：2024.10.30。

[12] 詳參內政部警政署鐵路警察局編制表，https://glrs.moi.gov.tw/LawContent.aspx?id=GL000609，閱覽日期：2024.10.30。

劃。八、執行護車、運安勤務及保安任務工作、可疑人、事、物盤查、危險物品及爆裂物之查察。九、執行轄區內特種警衛勤務及一般警衛對象之安全維護。十、受理E化平台報案及各項爲民服務工作。」

　　茲以鐵路警察局臺北分局爲例，該分局下設1股（業務股）、1中心（勤務指揮中心），其中勤務指揮中心爲任務編組，係由業務股股長兼任之；外勤單位設有直屬隊2隊、分駐（派出）所10所[13]。目前設有臺北、板橋、青埔、桃園、新竹等5個分駐所，另設有瑞芳、七堵、南港、樹林、中壢等5個派出所，合計共10個分駐派出所，其組織系統詳如下圖4-1。

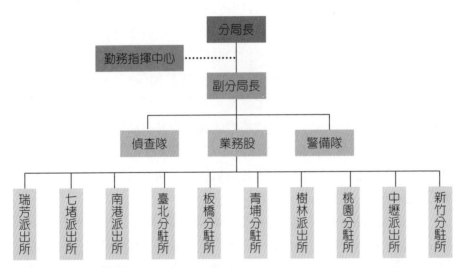

圖4-1　鐵路警察局臺北分局組織系統圖

（二）航空警察局

　　按內政部警政署航空警察局組織規程第2條規定：「本局掌理下列事項：一、民用航空事業設施之防護。二、機場民用航空器之安全防

---

[13] 詳參鐵路警察局臺北分局組織架構說明，https://www.rpb.npa.gov.tw/ch/app/artwebsite/view?module=artwebsite&id=1743&serno=9753 3861-ec4e-4fe8-826e-18c3fdcdc128，閱覽日期：2024.10.30。

護。三、機場區域之犯罪偵防、安全秩序維護及管制。四、機場涉外治安案件及其他外事處理。五、搭乘國內外民用航空器旅客、機員及其攜帶物件之安全檢查。六、國內外民用航空器及其載運貨物之安全檢查。七、機場區域緊急事故或災害防救之協助。八、執行及監督航空站民用航空保安事宜，防制非法干擾行為事件及民用航空法令之其他協助執行。九、其他依有關法令應執行事項。本局執行民用航空業務時，受交通部民用航空局之指揮及監督。」而在該局組織規程中亦未再進一步規定其所轄之分局是否為次級機關，同時也未再授權各分局另訂定組織規程。

又按該局組織規程第5條第1項復規定：「本局各職稱之官等職等及員額，另以編制表定之。」基於此項規定，內政部乃訂頒發布「內政部警政署航空警察局編制表」。由於航警局總局之編制表內業已臚列了各分局之編制人力，包括分局長、副分局長員額各2人，列警正；隊長員額16人，內2人為分局偵查隊隊長，列警正等[14]。故各分局即未再另訂獨立之編制表，完全依「內政部警政署航空警察局編制表」定其分局之員額編制及職稱。此與前述鐵路警察局係採相同的組織法規立法模式，但與直轄市政府警察局所屬各分局另訂有獨立之組織規程，且均有獨立之編制表，則有明顯之差異。

另依內政部警政署航空警察局辦事細則第4條規定：「本局設下列科、中心、室、分局、大隊：……十、臺北分局、高雄分局，分八股、二中心、六隊、十四分駐、派出所辦事。」第14條並就2個分局所掌理事項規定：「分局掌理事項如下：一、警衛安全、航空保安事件處理及航站設施安全防護。二、轄內之公共秩序維持、聚眾活動防處及執行各項專案勤務。三、地面交通秩序整理及行車稽查。四、空運旅客、貨物、郵件總包、航空餐飲供應及航空器之安全檢查。五、轄內之空運管制物與違禁物之核驗及查處。六、轄內爆裂物品之處理。七、預防、偵

---

14 詳參內政部警政署航空警察局編制表，https://glrs.moi.gov.tw/LawContentHistory.aspx?hid=1792&id=GL000605，閱覽日期：2024.10.30。

查犯罪及拾得、遺失物處理。八、其他有關保安、安檢、刑事警察勤務執行事項。」

茲以航空警察局臺北分局爲例，該分局設有金門、花蓮、臺東、南竿、綠島5個分駐所，另有蘭嶼、北竿2個派出所，分別負責駐在機場之警衛管制、安全檢查及維護航空站內治安、交通處理、秩序維持等。至於高雄分局則設有臺中、嘉義、臺南、馬公等4個分駐所，另有恆春、七美、望安等3個派出所，分別負責各該機場警衛管制、安全檢查及場站治安、交通整理、秩序維護等工作。

由於航空警察局臺北分局、高雄分局其所轄之分駐所、派出所，主要係負責各該機場警衛管制、安全檢查及場站治安、交通整理、秩序維護等工作。故勤務條例中所列之值班、備勤、巡邏、臨檢、守望等勤務亦有準用之可能。惟因該等分駐所、派出所不再另設有警察勤務區，自無執行勤區查察勤務之可能。

伍、結論

綜合上開有關行政組織法上機關、機構與單位之區別，觀之在警察法制上，尤其是勤務條例有關所謂「警察勤務機構」之定義或概念，該條例與行政組織法上所稱之「機構」，其指涉之意涵顯然是有不同之定義與範圍的。吾人可謂，勤務條例所稱之勤務機構是有其特殊性之考量因素，而屬特別法之性質。又在中央的各專業警察機關於執行各該專屬勤務時，基本上設有警察分局、警察分駐所派出所之航空警察局與鐵路警察局，本文認爲亦有準用勤務條例之餘地。惟其所準用之勤務方式種類爲何，則應視其專業屬性來決定。

再者，依勤務條例規定，屬警察勤務之執行機構者，原僅有警察分駐所、派出所。惟如參新北市、臺南市、高雄市等警察局勤務實施細則規定，多已將警察分局之偵查隊、警備隊、警察駐在所、檢查哨；警察局刑大之各偵查隊及所轄分隊，保大之各中隊、分隊，交大之各分隊、

小隊，少年隊與婦幼隊之偵查（防）組及勤務分隊等，與警察分駐所、派出所同列警察「勤務執行機構」。且依「警察機關輪班輪休人員勤休實施要點」規定，其適用對象之單位，與前揭地方警察局勤務實施細則所列之勤務執行機構亦甚為雷同。故本文建議未來可考量修正警察勤務條例第7條條文，將上列警察局、警察分局之外勤隊（組），甚至及於中央警政署所屬機關設有分駐所、派出所、（大）隊及中（分、小）隊，均將之納入警察勤務執行機構，以符實況。

至於在警勤區部分，由於其最主要功能在於家戶訪查或治安顧慮人口之查訪，惟家戶訪查或治安顧慮人口之查訪係屬行政指導措施，並無強制力，亦無罰則。在現今民眾十分重視隱私權下，家戶訪查或治安顧慮人口查訪其功效確實有待重新檢討評估（李函芳，2018）。如該等勤務措施確無太大成效，實宜加以減少，或者根本上剔除此項勤務之實施。惟有研究發現，警勤區員警認為勤區查察勤務仍有助於警民關係之互動與建立，亦肯定其功效及必要，但對於警勤區訪查工作之意願，卻伴隨著服務年資而逐漸下降，探究其原因，可歸納如下：一、警勤區訪查未具強制性，影響警察執勤意願及民眾支持程度；二、勤區查察系統建置過於老舊，缺乏效率；三、訪查調查項目非警察權責，致使行政效率低落；四、勤務過於繁雜，壓縮實際訪查時間。綜合實務訪談結果，瞭解勤區查察勤務於實務工作之作法，並探討訪查工作未受到重視之原因，故歸納提出以下之建議：一、訪查資料之建置，由主動建置轉為輔助確認；二、明定警勤區訪查強制性之作法；三、科技化建置訪查資料；四、勤區積分改採門檻制，階段性核分，調整獎勵標準（陳淑雲，2024）。

有鑒於警勤區員警實施勤區訪查，其功能不僅有：一、犯罪預防：從事犯罪預防宣導，指導社區治安，並鼓勵社區居民參與，共同預防犯罪；二、為民服務：發現、諮詢及妥適處理社區居民治安需求，並依其他法規執行有關行政協助事項；三、社會治安調查：透過與社區居民、組織、團體或相關機關（構）之聯繫及互動，諮詢社區治安相關問題及建議事項等。故如全面刪減或廢除家戶訪查勤務措施，恐無由推動

其他重要警察工作，降低爲民服務機會，影響犯罪預防與社會治安調查之成效，因此仍須審愼考量評估之。

參考文獻

一、中文部分

丁維新（1987）。警察勤務新論。桃園：中央警官學校。

內政部警政署編（1986）。分駐派出所實務手冊。

江伯晟（2004）。我國警察分駐派出所整併之研究——以新竹縣警察局爲例。中央警察大學行政警察研究所碩士論文。

江裕宏（1985）。我國都市警察派出所功能之研究。中央警官學校警政研究所碩士論文。

吳庚、盛子龍（2019）。行政法之理論與實用，修訂十五版。臺北：三民書局。

呂育生（1979）。「革新警察勤務制度」之研究。警學叢刊，第10卷第2期。

李函芳（2018）。我國治安顧慮人口查訪法制與實務之研究。中央警察大學警察政策研究所碩士論文。

李國廷（2016）。臺灣警察勤務制度之研究——以宜蘭縣警察局爲例。國立政治大學行政管理碩士學程碩士論文。

李湧清（1995）。警察勤務之研究。桃園：中央警察大學。

李湧清（2007）。警察勤務理論與實務。新北：揚智文化。

李震山（2002）。警察法論—警察任務編一版。新北：正典文化。

李震山（2022）。行政法導論，修訂十二版。臺北：三民書局。

張雄世（1978）。關於警政署提示革新警察勤務制度「初步概念」之芻議。警學叢刊，第9卷第1期。

章光明主編（2013）。臺灣警政發展史。桃園：中央警察大學。

陳弘毅（1979）。配合警察勤務制度革新之新觀念——管區警員之新任務。警學叢刊，第9卷第4期。

陳淑雲（2024）。勤區查察落實社區警政之實務探討。警察行政管理學報，第20期。

陳新民（2015）。行政法學總論，九版。臺北：三民書局。

彭衍斌（1974）。都市警察派出所存廢問題之研究。中央警官學校警政研究所碩士論文。

楊永年（1998）。警察組織剖析。桃園：中央警察大學。

劉子民（1989）。專業警察新論。桃園：中央警官學校。

劉錫誥（1980）。革新警察勤務制度對過去與現在勤區查察之研討。警學叢刊，第10卷第4期。

蔡震榮（2020）。警察法總論。臺北：一品出版社。

鄭文竹（2015）。警察勤務，修訂六版。桃園：中央警察大學。

蕭玉文（2012）。警察勤務實用論，修訂十一版。臺北：臺灣警察專科學校。

二、網路資源

中天新聞網（2023.7.25），「柯P新政」行動派出所走入歷史　蔣萬安：成效不如預期，https://tw.news.yahoo.com/%E6%9F%AFp%E6%96%B0%E6%94%BF-%E 8%A1%8C%E5%8B%95%E6%B4%BE%E5%87%BA%E6%89%80%E8%B-5%B0%E5%85%A5%E6%AD%B7%E5%8F%B2-%E8%94%A3%E8%90%AC%E5%AE%89-%E6%88%90%E6%95%88%E4%B8%8D%E5%A6%82%-E9%A0%90%E6%9C%9F-000035579.html，閱覽日期：2024.10.30。

中央通訊社（2014.12.4），派出所存廢　警政署：審慎研議，https://www.cna.com.tw/news/ asoc/201412040247.aspx，閱覽日期：2024.10.30

中時新聞網（2024.12.3），台東警力荒！明年百名警員退休　恐加劇警力不足，https://www.chinatimes.com/realtimenews/20241203004166-260402？chdtv，閱覽日期：2024.10.30。

中廣新聞網（2023.4.26），波麗士回來了！裁併派出所引反彈　竹縣偏鄉5月重開張，https://tw.news.yahoo.com/%E6%B3%A2%E9%BA%97%E5%A3%AB%E5 %9B%9E%E4%BE%86%E4%BA%86-%E8%A3%81%E4%BD%B5%E6%B4%BE%E5%87%BA%E6%89%80%E5%BC%95%E5%8F%8D%E5%BD%88-%E7%AB%B9%E7%B8%A3%E5%81%8F%E9%84%895%E6%9C%88%E9%87%8D%E9%96%8B%E5%BC%B5-232349220.html，閱覽日期：2024.10.30。

內政部警政署航空警察局編制表，https://glrs.moi.gov.tw/LawContentHistory.aspx？hid=1792&id=GL000605，閱覽日期：2024.10.30。

內政部警政署鐵路警察局編制表，https://glrs.moi.gov.tw/LawContent.aspx？id=GL000609，閱覽日期：2024.10.30。

金門縣警察局組織架構圖，https://kpb.kinmen.gov.tw/cp.aspx？n=8AA34472E5575CDA，閱覽日期：2024.10.30。

臺鐵公司報告書，https://www.railway.gov.tw/tra-tip-web/adr/AdrI190/AdrI190/view？grand ParentTitle=9&parentTitle=10；https://www.cna.com.tw/news/ahel/202401010085.aspx，閱覽日期：2024.10.30。

澎湖縣政府警察局組織架構及業務職掌，https://www.phpb.gov.tw/home.jsp？id=14，閱覽日期：2024.10.30。

鐵路警察局臺北分局組織架構說明，https://www.rpb.npa.gov.tw/ch/app/artweb-site/view？module=artwebsite&id=1743&serno=9753 3861-ec4e-4fe8-826e-18c3fdcdc128，閱覽日期：2024.10.30。

第五章

警察勤務方式

鄭善印

壹、警察勤務方式之定義

　　我國警察的「勤務方式」牽涉多元意義，因為廣至於特種勤務條例，狹至於警察局內的交通警察隊、保安警察隊，也有警察勤務的規定。不僅如此，還有國際比較的問題，因為美國警察與日本警察對於警察勤務的理解就不同，例如美式警察勤務有「攻勢勤務與守勢勤務」或「先發式勤務與反應式勤務」等，但日本警察勤務則沒有這些類似的概念。因此，首須將什麼是本文所謂的「勤務方式」下個定義。

　　本文以為，勤務由來於業務，業務又由來於任務。而警察任務，因為警察法尚未修訂，故警察任務應該指「依法維持公共秩序，保護社會安全，防止一切危害，促進人民福利」；而警察業務，也是人言言殊，本文以為警察業務，指的應該是「警察工作」，具體而言，如內政部警政署組織法第2條規定之「警衛安全、協助偵查犯罪、涉外治安處理、警備治安、預防犯罪、當舖業及保全業管理之規劃、交通安全維護、警察資訊作業、社會保防與社會治安調查之協調、警民聯繫、警察勤（業）務督導、配合辦理災害整備、警察教育與通訊」等，除「入出國安全檢查之規劃」外，餘均為各警察局、警察分局、警察（分駐）所、警察派出所暨警察勤務區（以下簡稱警勤區）所需承辦之業務。

　　除了上述警察本身的業務外，尚有其他機關請求協辦的業務，例如戶政事務所請求調查本轄人口是否業已遷移，觀護人請求訪視假釋人是否深夜離開住所等，也會經由警政署以下各級警察機關層層下交到警勤區去辦理。甚至於，本文作者多年前曾聽六龜警察分局長說：「什麼是

警察業務？本分局因爲轄內有山區，常有山難發生，山難又不能完全靠消防或者以往的山青，本分局自己也得訓練山難救援隊伍，因此假如山難業務也是警察業務的話，那警察勤務也應包括山難救援訓練。」從而可知，警察業務仍應以上述警政署組織法的規定爲限，否則持續擴大，將無法定義什麼是警察業務。

而所謂「警察勤務」，則應指「警察機關爲完成警察業務，對警察機構與人員，以嚴密之編組，運用裝備，按分配時間，循不同方式，執行各種警察工作之一切有規劃、有效率之活動」。此類警察勤務至少有「行政警察勤務類型」、「刑事警察勤務類型」、「交通警察勤務類型」、「警備警察勤務類型」四種。若考量其他機關請求協助之業務，則類型將會更多。例如法院執行處請求協辦強制執行時，或移民署請求協查非法外勞時，其所需執行之勤務方式，應與警察勤務條例所規定的六種勤務方式不同。

警察勤務條例規定之勤務，究係何種警察類型之勤務？該條例第二章規定「勤務機構」，其中第4條有「基本、執行及規劃監督單位」之規定；第三章規定「勤務方式」，其中第11條有「警察勤務方式有：勤區查察、巡邏、臨檢、守望、值班、備勤」之規定；第四章規定「勤務時間」，其中第16條有「服勤時間之分配，以勤四息八爲原則」之規定；第五章規定「勤務規劃」，其中第17條第2項有「前項勤務編配，採行三班輪替或或其他適合實際需要之分班服勤」之規定；第六章規定「勤前教育」，其中第24條第1款有「基層勤前教育：以分駐所、派出所爲實施單位」之規定；第七章規定「勤務督導」，其中第26條有「各級警察機關……應實施勤務督導及獎懲」之規定。由此看來，該條例所規定之勤務應屬「行政警察類型之勤務」，尤其是以警勤區員警爲基礎，上至分駐、派出所，再達分局之一條鞭行政警察類型之勤務，其主要功能在於「預防犯罪及排除危害」。

反之，刑事警察類型之勤務，則主要的有「值日、備勤、夜值、刑事偵查、專案勤務」等五種方式。前三者均爲在分局偵查隊待命，受理報案、接受派出所移送之現行犯、製作筆錄及移送書後將人犯解送地檢

署等；刑事偵查又分爲在隊處理公文及埋伏等機動勤務；專案勤務則分爲肅毒專案、打詐專案、情資蒐報、檢肅幫派等。其組織方式以小隊爲主，功能在於「協助偵查犯罪」。

警察局內的保安大隊，則主要以不定時、不定點、不定人之查察爲主，其通常之勤務方式均爲駕駛巡邏車，在警察局轄區內不斷巡邏，以查察可疑人、車，取締犯罪、違規。其既無警勤區，亦少接受報案，故所需勤務方式，僅有值班、備勤與巡邏而已。其出勤常以2人爲一組，功能可謂僅在「預防犯罪」。

警察局內的交通大隊，可謂係交通警察類型，其勤務方式主要的有：值班、備勤、交通整理、交通巡邏、交通稽查、交通事故處理、聯合警衛等七種，其既無警勤區，亦不受理報案或排除危害，通常以單人執勤爲主，主要功能在於「維護交通秩序」。

由上述各種類型警察之勤務機構及方式可知，現行警察勤務條例主要的規範對象僅「行政警察類型」而已，其餘類型警察之勤務方式均與其難以符合。從而可知，本文所謂勤務方式，指的是派出（分駐）所（以下派出所皆含分駐所）內以警察勤務條例的「值班、巡邏、守望、備勤、臨檢、勤區查察」爲主的勤務方式（鄭善印，2019：7-8）。

貳、六種勤務方式之功能

上述六種勤務方式，主要功能在於「維持派出所轄區內的公共秩序與治安（及爲民服務）」，而與分局、警察局、專業警察局、各總隊的勤務方式不同，功能也不同。若公共秩序與治安始自於基層，則這六種勤務方式可謂爲「警察工作的基本勤務方式」。因爲，我國警察組織雖隸屬於中央與地方政府，但在業務監督或領導統御方面，卻是行政一條鞭方式，再加上教育訓練統一、人事調派統一，故中央號令經常可以直達地方鄰里。因爲，警察組織在中央雖有警政署及各專業警察局與各種警察總隊，但在地方仍有隸屬於各地方政府的22個警察局；其下有可以

發文給各地方檢察署及地方法院，以及其他中央暨地方行政機關的165個分局（連江縣警察局爲「所」），依警察勤務條例第9條規定可知：「警察分局爲勤務規劃監督及重點性勤務執行機構，負責規劃、指揮、管制、督導及考核轄區各勤務執行機構之勤務實施，並執行重點性勤務。」分局底下又有1,478個派出所，依據民國75年警政署之「分駐派出所實務手冊」所述，派出所的功能是「組合警勤區、形成治安面、供作服務站」；派出所之下又有1萬9,958個警勤區，警勤區乃依據人口、車輛、治安等標準將全國土地分割成1萬9,958塊，每塊派一個警勤區警員負責經營的制度，可以說是最基層的組織，若經營得當，全國境內無有中央不知之人，無有中央不曉之事，英美各國從未見有如此綿密之組織。

　　基於這種國土全面掌控的方式，使得民國50、60年代的警政（司）署長，可以在臺北使用警用電話得知阿里山上某警勤區內的某人狀況，眞可謂如臂使指、如影隨形。但因社會情勢變遷，在民國68年時，曾有警政署長主張廢除派出所，認爲應該「廢棄警力散在制，改行集中制，並以現代化通訊受理報案、迅速反應」，可惜因社會風氣尚屬保守，同時通訊設備與機動能力尚未完全現代化，故倡此議者乃失敗告終。

　　情況完全不同的臺北市，也曾在柯文哲前市長任內想要裁併分局及派出所。2015年8月23日媒體報導：「台北市長柯文哲宣布將全面裁撤北市94個派出所，改以行動派出所取代，引發各界抨擊，昨改口先試辦半年再評估。這個構想遭當時的警大管理學院院長章光明批判，『已有失敗前例、根本不可行』；被整併的大橋所和雙連所員警私下打臉柯市長，不懂警政一意孤行，沒省錢只惹民怨！……柯文哲基於節省經費與提高機動警力，前天宣布將全面裁撤北市派出所，事隔不到24小時，他又改口要大家別緊張，強調7月時才整併掉2個派出所，目前全市5台行動派出所，要等試辦半年後，再針對該政策的優劣進行評估，屆時也才

能決定下一步要怎麼做。」[1]根據本文所知,裁撤派出所試行三個月後無疾而終,行動派出所據說連一通報案電話都沒有,5輛造價共500萬元的行動派出所,改由分局警備隊使用。

但,已有充分通訊設備及機動能力的臺北市,為何改成集中制機動派出所仍然無法成功呢?網路上曾有基層員警投書說:「柯市長要撤除派出所不是不好,但還有這幾件事情要考慮:一、集中式管理勢必要廢除警勤區,改由分局統一調配派警力;二、警察勤務編排改由分局施行後,分局之編排須明確,如1999市民服務專線應由相關單位自行處理,服務性質的勤務都須減少,不可由基層警察全包;三、現有制度必須改革,如『績效與責任制』長期綁架員警權益,員警也須接受投訴與淘汰制度,此外也應讓警察工會成立;四、集中式管理的代價是刑案數短期會增加,且集中制之經費與空間尚有問題。例如:1.分局的空間是否足夠容納派出所員警;2.警用裝備仍然不足;3.員警住宿問題必須解決;4.警察的保守心態必須改變;5.民眾感覺如何也是個問題。」[2]

從而可知,六種勤務方式與警勤區及派出所牢牢綁在一起,要廢派出所就是要改變六種勤務方式;相反地,六種勤務方式也是支撐警勤區及派出所的要件,例如「值班、巡邏、守望、臨檢」四種勤務,就是看守派出所轄內公共秩序與治安的基本方法,備勤勤務即是辦理民眾服務或處理刑案、行政事件的方法,勤區查察勤務則是經營勤區及處理上級交辦事項、協辦其他機關業務的不二方法,若無這六種勤務方式,即無警勤區、也無派出所存在之可能。相對地,警察勤務裝備機具與配備,也配合該六種勤務方式而有不同,例如勤區查察即無必要帶警槍等。

我們由下二圖即可看出警政基礎在於警勤區及派出所,而該二組織的存在,又須靠六種勤務方式的運作,並配合所需的警察勤務裝備。

---

[1] 參照張潼、林駿剛、陳鴻偉、金穎清(2015.8.23)綜合報導。中國時報。
[2] 參照政治(2014.12.5),https://www.thenewslens.com/amparticle/9982,閱覽日期:2018.5.6。

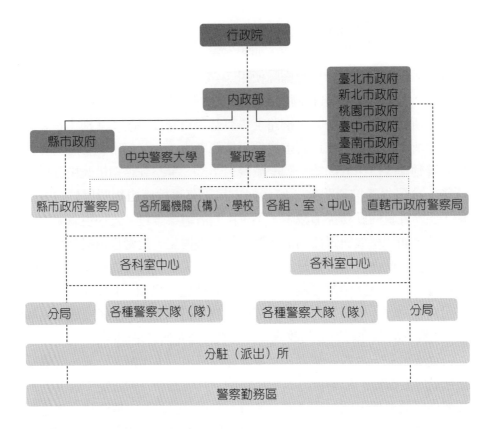

圖5-1 警察體系圖

資料來源：警政署官網。

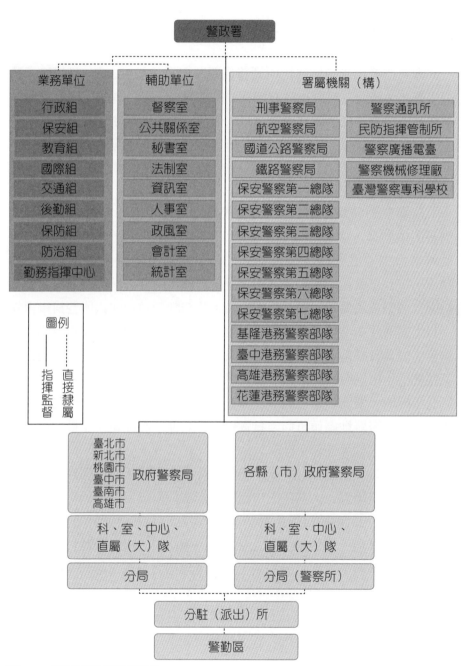

圖5-2　警政署組織架構圖

資料來源：警政署官網。

參、各種勤務方式分析

本文作者為求瞭解派出所勤務最新狀況，曾於2024年1月以後，訪問了臺北、新北、桃園市政府警察局的繁雜、一般、偏遠三間派出所，並作參訪紀錄，列於本文附錄，以求信而有徵，證明所述非個人在研究室之臆測。基於以往的理解及參訪所得，茲分析各種勤務方式於下。

一、值班

依警察勤務條例第11條第5款規定：「……五、值班：於勤務機構設置值勤臺，由服勤人員值守之，以擔任通訊連絡、傳達命令、接受報告為主；必要時，並得站立門首瞭望附近地帶，擔任守望等勤務。……」也就是值班可兼守望之意。根據本文作者訪談臺北、新北、桃園三個繁重及偏遠地區派出所所長，及訪談新竹市派出所警員後得知（以下簡稱「本文作者訪談得知」），值班乃各派出所最關重要的一個勤務，因負責駐地安危及管控出入人員重任，必須24小時不間斷值守，有些鄉下地區則有夜間值宿不值班制度，甚至夜間關閉派出所，僅留電話有事呼叫。繁雜地區一般以2小時一人為原則，偏遠地區則以3小時一人為原則；繁雜地區值班尚需負責拾得物處理、開關電子看板、駐地及路口監視器查核等任務。

值班人員又因負責駐地安全，故深夜勤亦不能休息或假寐，必須持續至下一班接手為止，某些人少派出所無法採兩班制時，通常採大輪番制度，亦即今天1番明日就是2番，以此類推，以決定何時值班、何時服其他勤務或休假。採大輪番制之派出所，值班人員若連續2日夜勤或深夜勤，即容易產生生理時鐘失調，這種現象極為辛苦，必須一段時間才能調適。

本文作者曾與王寬宏氏在民國89年4月中旬，前往林口長庚醫院急診室觀察其護理人員之排班方式，而獲得如下之結論（鄭善印，2001：18），如今看來還是值得參考。

（一）年度排班表：以月為單位，於年終排定下一年度之預定表。而該表以一個月為期，該月均為白班（D）或小夜班（E）或大夜班（N），但每人每年需至少各班上一次（即一年中至少每一班別各上一個月）。三大節日只能選一日放假，有問題時協調或抽籤。但並非夜班即無人想上，因加給及可否休息等與白班不同。一般而言，資淺者多上白班，因各種檢驗報告多在白天出來，醫生也在白天依檢驗表下處方，故白班比夜班繁忙許多，資淺者多上白班較有學習機會。而資深者上夜班，亦較能處理病人的突發狀況。

（二）月排班預定表：以日為單位，於每月5日前訂下個月的排班預定表，調查每人希望的放假日。故此預定表僅有調查功能。

（三）月排班表：以日為單位，以每月21日至下月20日，為一循環單元，基本上依年度排班表，排定該月係上白班（D）或小夜班（E）或大夜班（N）。

（四）護理人員大夜班加給（當時）每日約800元，小夜班400元，白班則無加給。因而年輕及無家累之人，往往會上夜班。以下為署頒值班程序規定。

值班勤務「作業內容」，依新修正之署頒常用「警察機關分駐（派出）所勤務程序彙編」規定約有。

（一）執行準備及要求

1. 服儀整潔，注意禮節，精神應振作。
2. 應配帶槍彈及有關服勤裝備。
3. 提高警覺，掌握駐地內外環境及狀況，確保駐地安全。
4. 處理事故，把握時效，恪遵法令及法定程序。

（二）工作項目

1. 駐地安全維護。
2. 通訊聯絡及傳達命令。

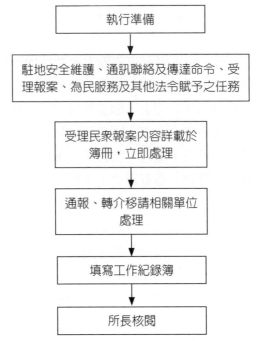

圖5-3　值班勤務作業程序圖
資料來源：警察機關分駐（派出）所常用勤務程序彙編。

3. 接受查詢、申請、報案（告）。
4. 應勤簿冊、武器、彈藥、通訊、資訊設備及其他裝備之保管。
5. 犯罪嫌疑人及保護管束人等對象之保護、協管。
6. 防情警報傳遞及警報器試響。
7. 收發公文等其他指定事項辦理。

（三）勤務規定

1. 不得閱讀書報等或從事與公務無關情事。處理事故時，應有人代理，不得擅離職守。
2. 發現治安狀況或有所見聞，應詳實記錄於有關簿冊，並應報告及迅速處理。
3. 與民眾接觸態度應誠懇和藹，遇有事故應迅速處理，不得藉故推諉

或延誤，並於詳實記錄後，妥速處理，儘速答覆。無論本轄或他轄案件均應受理，並依單一窗口受理民眾報案作業規定處理。

4. 檢視各班勤務人員出勤返所之服裝儀容、服勤裝具之攜帶與歸還，及記錄有關簿冊等事宜。

5. 準時交接班，接班人員未到前，不得先行離去，應絕對銜接。應於出入登記簿及值班人員交接登記簿，將有關簿冊、武器、彈藥、公文、鑰匙、通訊器材、安全裝備設備及因值班接辦未了之事（案）件等事項，詳載於相關簿冊，逐項交接。

6. 對擔服深夜勤人員，以服勤前半小時叫班為原則；叫班時仍應注意駐地安全。

（四）執行要領

1. 必要時，得站立於門首瞭望附近地帶，擔任守望等勤務。

2. 負責門禁管制，對訪客應查詢登記，檢驗證件及先通報後再引進，不得任意放行。

3. 發生各種刑案等治安事故，均應報告主管，並依規定轉報分局勤務指揮中心，及注意初報、續報及結報。

4. 民事案件，以不干涉為原則。但應婉言說明，並指導逕向相關單位或所屬調解委員會申請調解。

5. 告訴乃論刑事案件，情節輕微者，基於排難解紛之立場，得先予疏導；非告訴乃論案件，縱屬情節輕微，仍應依法處理。

6. 各種應勤簿冊、武器、彈藥、通訊、資訊設備等裝備，於交接班時，應點交清楚。

7. 勤務人員須領用槍彈時，應憑證向值班或專責人員辦理領取槍彈時之置證，及還槍時取證之手續。

二、巡邏

依警察勤務條例第11條第2款規定：「……二、巡邏：劃分巡邏區（線），由服勤人員循指定區（線）巡視，以查察奸宄，防止危害為

主；並執行檢查、取締、盤詰及其他一般警察勤務。……」由此可知巡邏勤務，可併服臨檢盤查勤務。根據本文作者訪談得知，各派出所都有巡邏勤務，毋寧巡邏乃值班之外第一重要勤務。繁雜派出所巡邏勤務有多達8條線者，且2人一班，每班2小時。即使偏遠派出所，亦有2條巡邏線，2人一班，每班3小時，以維持各派出所24小時皆有員警在轄內巡邏的態勢。巡邏時並執行檢查、取締、盤詰及其他一般警察勤務，尤須注意護老、交安專案等實施計畫，並查簽重要人士住宅巡邏箱。

巡邏併服之「盤查」，與「臨檢或路檢」並不完全相同，前者乃隨機遇有治安疑慮路人時所實施的檢查，後者則係有計畫地集結警力所實施的檢查或對住宅、處所等特定地點的檢查。巡邏具有展示警力以安民心的作用，一般稱為「見警率」，見警率越高民眾越能安心，這是機動派出所或者集中制警察所無法達成的功能。派出所經由巡邏可將轄內治安顧慮時、點巡視一遍，故若干時間必須變更巡邏路線，以瞭解轄區全盤狀況，有時尚須順向巡邏及逆向巡邏互換，以便出現巡邏變化不使有心人士掌握巡邏固定趨勢。但經本文作者訪談得知，派出所巡邏路線皆固定不變，終年如一日，何時何處有治安顧慮，皆憑經驗，從而無任一派出所製作「治安斑點圖」，更遑論展示給民眾觀看，或以電子書方式通告轄內居民本轄治安狀況，此與日本東京都所展示給民眾觀看的「治安電子書」，有很大不同。

依臺北市政府警察局勤務實施細則第11條規定：「本局警察勤務方式區分如下：一、個別勤務：勤區查察。二、共同勤務：巡邏、臨檢、守望、值班、備勤。前項共同勤務，由服勤人員按勤務分配表輪流交替互換實施之，並得視服勤人數及轄區治安情形，採用巡邏及其他方式互換之，但均以巡邏為主。各勤務執行機構，員警外出服勤與勤畢返所，均應於本局應勤簿冊電子化管理系統登錄，並設置員警出入登記簿及員警工作紀錄簿備用。勤務中所處理之事故，均應詳予記載。遇有處理未了事故，應交代接勤者繼續處理，並向所長報告。」巡邏在臺北市警察局在眼內，是所有警察勤務中至關重要者。

除此之外，臺北市政府警察局勤務實施細則第16條尚規定：「巡

邏勤務，係劃分巡邏區（線）、由服勤人員循指定區（線）巡視，其基本任務如下：一、查察奸宄，防止危害，並執行檢查、取締、盤詰及其他一般警察工作。二、機動立即反應，受命處理，支援緊急或臨時事故。」

同細則第17條再規定所謂的「三層巡邏網」（非全國所有警察機關皆然）：「本局巡邏勤務之層級規定如下：一、派出所巡邏勤務為第一層巡邏。二、分局偵查隊、警備隊及交通分隊巡邏勤務為第二層巡邏。三、本局各警察大隊、隊巡邏勤務為第三層巡邏。」

同細則第18條復規定：「巡邏勤務應視轄區面積及治安、地理、交通情形，分別採用步巡、車巡等方式實施之。巡邏網之構成規定如下：一、第一層巡邏：以制服、徒步、定線、順線及點、線監控為原則。必要時，得以便衣、機（汽）車，不定線、逆線行之。二、第二層巡邏：以使用組合警力並以車巡為主。除偵查隊擔任便衣巡邏外，餘依第一層巡邏規定執行之。三、第三層巡邏：除刑事警察大隊及少年警察隊實施便衣巡邏外，餘依第二層巡邏規定執行之。第一、二層巡邏由分局統一規劃，第三層巡邏由各警察大隊、隊分別協調本局勤務指揮中心規劃。」

同細則第19條又規定：「各級勤務機構巡邏區、線之劃定及巡邏要點之選定，均應針對地區特性、治安、交通狀況等時空因素，分別配合派出所與分局之轄區分析辦理，使各層巡邏網綿密配合，並視實際需要適時檢討彈性調整。巡邏要點設置巡邏箱，內置巡邏（電子）簽章表。服勤人員巡邏至各巡邏要點時，均應停留守望並簽到或電子簽章。步行巡邏線，以含重點守望時間步行二小時能往復一週為度，每一線分別訂定巡邏計畫表及巡邏勤務守則，以資遵循。巡邏線在二線以上或分區、線施行者，均應冠以區、線號數。」

同細則有關警察局之勤務管控，還有第20條之規定謂：「各分局、大隊、隊應將巡邏計畫表及巡邏區、線圖陳報本局備查。前項巡邏區、線圖之製作，得利用各勤務機構之最新狀況圖，以標示巡邏區、線及巡邏箱之位置。」

　　由上可見臺北市政府警察局對於巡邏勤務之重視，但這些規定並非全國所有警察機關可以仿造，原因在於地理區位大小、人口多寡及警察人員數量不同。

　　下圖為署頒執行巡邏中盤查盤檢人車作業程序。

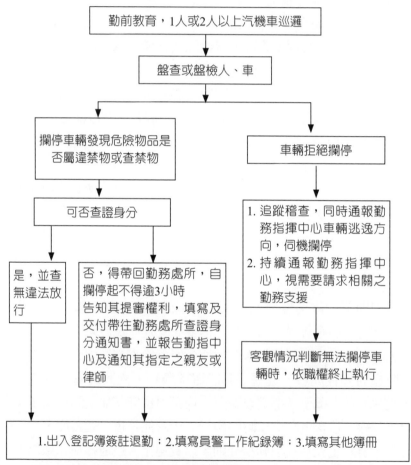

圖5-4　執行巡邏中盤查盤檢人車作業程序圖
資料來源：警察機關分駐（派出）所常用勤務程序彙編。

　　有關巡邏勤務之「作業內容」，其重要者依署頒「警察機關分駐（派出）所常用勤務程序彙編」之規定。

（一）準備階段

1. 裝備（視勤務需要增減）：
   (1) 手槍、子彈、無線電、警用行動電腦、照相機、錄音機、警銬、防彈衣、頭盔、安全帽及警棍等，夜間勤務必須攜帶手電筒。
   (2) 單警出勤前，應自行檢查應勤裝備；雙警出勤前，應相互檢查應勤裝備。
2. 勤前教育：所長親自主持。
   (1) 人員、服儀及攜行裝具檢查。
   (2) 任務提示。
   (3) 宣達勤務紀律與要求及應遵守事項。
3. 盤查或盤檢人或車之要件，參考警察職權行使法第6條第1項。

（二）執行階段

1. 巡邏中應隨時注意勤務中各警網通訊代號，並瞭解其實際位置，必要時，呼叫請求支援。
2. 行車途中應注意沿途狀況，遇有可疑徵候時，依刑事訴訟法等相關法令規定，實施必要之偵查，並將狀況隨時報告勤務指揮中心。
3. 遇可疑人或車，實施盤查時，得採取必要措施予以攔停，並詢問基本資料或令出示證明文件；有明顯事實足認有攜帶傷害生命身體之物，得檢查身體及所攜帶之物。
4. 受盤查人未攜帶身分證件或拒絕出示身分證件或出示之身分證件顯與事實不符，而無從確定受檢人身分時，得帶往警察局、分局或分駐所、派出所查證，且其時間自攔停起，不得逾3小時，並應即報告勤務指揮中心。
5. 告知其提審權利，填寫及交付帶往勤務處所查證身分通知書，並通知受盤查人及其指定之親友或律師。
6. 受盤查人當場陳述理由，表示異議時，應依聲明異議規定處理。
7. 遇攔停車輛駕駛人拒絕停車受檢時，經員警以口頭、手勢、哨音或開啟警鳴器方式攔阻仍未停車者，得以追蹤稽查方式俟機攔停，必

要時通報勤務指揮中心請求支援，避免強行攔檢，以確保自身安全。

8. 客觀情況判斷無法攔停車輛時，依警察職權行使法第3條第2項終止執行。

9. 檢查證件時，檢查人員應以眼睛餘光監控受檢查人，發現受檢人係通緝犯或現行犯，應依刑事訴訟法規定逮捕之。

10. 遇有衝突或危險情況升高時，應手護槍套；必要時，拔出槍枝，開保險，槍口向下警戒，使用槍械應符合警械使用條例、警察人員使用槍械規範之規定及用槍比例原則。

11. 逮捕現行犯，遇有抗拒時，先上手銬後附帶搜索其身體、隨身攜帶之物件、所使用之交通工具及其立即可觸及之處所。查獲違禁物或查禁物時，應分別依刑法、刑事訴訟法或社會秩序維護法等相關規定處理。

12. 緝獲犯罪嫌疑人，應回報勤務指揮中心請求支援，禁止以機車載送犯罪嫌疑人，以保障執勤員警安全。

　　除上述「執行巡邏中盤查盤檢人車作業程序」外，派出所、分局、警察局也常用組合警力，進行路口或指定地點之集體酒測。其方法與前述「巡邏中盤查盤檢人車作業」雷同，適用法規則爲警察職權行使法第6條第1項第6款，本文不再贅述。

三、守望

　　依警察勤務條例第11條第4款規定：「……四、守望：於衝要地點或事故特多地區，設置崗位或劃定區域，由服勤人員在一定位置瞭望，擔任警戒、警衛、管制；並受理報告、解釋疑難、整理交通秩序及執行一般警察勤務。……」從而可知，守望勤務除擔服警戒、警衛外，遇有交整或一般警察業務，亦須執行。根據本文作者訪談得知，各派出所都有守望勤務，毋寧「值班、巡邏、守望」三種勤務，乃各派出所最重要的三種勤務。例如，偏遠地區派出所雖然人少，但仍派出早、晚兩個守望崗，總計8小時，共6名警員在外。此外，另排有早晚6小時的交整

點，共5名警員在崗，對於派出所來說，交整點其實就是守望崗，其功能與守望接近。繁雜派出所的守望勤務崗，更是多達9個，各在不同時段安排處理不同業務，如護童、ATM提領熱點熱時、公園防制賭博、交通疏導、夜市周邊交整等，只是非24小時持續執行，而為熱點、熱時始進駐之守望崗。

守望勤務一般多為制服勤務，且為共同勤務，惟若有需要亦可便衣服勤，等同於埋伏勤務。守望勤務也多為固定式勤務，但我國曾有一段時間實施「巡守合一」，根據本文作者訪談得知，各派出所現已少見巡守合一勤務，可能跟人手較為充足有關。

此外，臺北市政府警察局勤務實施細則有3條關於守望勤務之重要規定：

第27條：「守望勤務，於衝要地點或事故特多地區，置固定崗位或劃定區域，由服勤人員在一定位置瞭望，擔任警戒、警衛及管制；並受理報案、解釋疑難、整理交通秩序及執行一般警察勤務。」

第28條：「守望勤務要領如下：一、瞭解該守望要點之特性，工作重點及其勤務之規定。二、準時交接班，接班人員未能準時到班時，不得擅離。三、守望姿勢應挺胸抬頭，精神振作，端莊大方，舒適自然，不得有彎腰、駝背、倚牆、靠壁，手插口袋等不良姿勢及其他不雅動作。四、指揮交通應立於適當明顯之處所，並作全面警戒。五、除有特別規定外，可在周圍五十公尺內巡視，於目力所及之處發生事故，均應妥善處理，並迅即向該管派出所或勤務指揮中心報告，崗位重要不能離開時，應報請派人處理。六、隨時保持有、無線電暢通，並遵照有關服勤之規定。七、重要守望要點應部署一明一暗變哨勤務。」

第29條：「守望勤務於必要時，得以埋伏方式行之。其要領如下：一、注意化裝，以適應環境、身分及職業，並力求表裡一致，合理逼真，藏於無形。二、事先約定聯絡記號。三、選擇觀察良好，連絡支援容易之位置。四、沉著鎮定，全神貫注，處處嚴密偵察，早期發現狀況。」

以下乃署頒「執行守望勤務作業程序」。

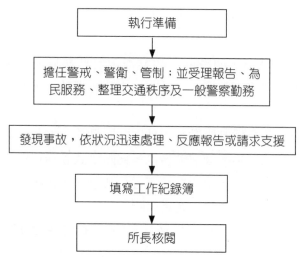

圖5-5 執行守望勤務作業程序圖
資料來源：警察機關分駐（派出）所常用勤務程序彙編。

此外，依「警察機關分駐（派出）所常用勤務程序彙編」規定，守望勤務之「作業內容」如下。

（一）執行準備及要求

1. 依地區特性、治安狀況、任務等需要規劃勤務。
2. 有關配帶槍彈及著戴防彈衣、盔、反光背心等，由分局長依各轄實際治安狀況、任務性質等因素，配備必要裝備。
3. 執行便衣守望勤務，應依任務需要，力求藏匿於無形，避免暴露身分行動。
4. 確實瞭解守望要點崗位之任務特性及工作重點。
5. 執行勤務時，應意志集中、全神貫注，注意本身舉止行動，時時提高警覺，以確保自身安全。
6. 處理事故應注意要領、把握時效，恪遵法令及法定程序。

（二）工作項目

　　1.警戒；2.警衛；3.管制；4.受理報告；5.為民服務；6.整理交通秩

序；7.執行一般警察勤務。

（三）勤務方式及規定

1. 固定式：預防危害發生，於轄區之重要地點，設置守望崗位，部署一明一暗雙哨或單哨勤務，必要時得以便衣埋伏方式行之，並經常或定時輪派服勤人員服勤，其種類如下：
   (1) 事故性守望崗：經常或可能及已發生事故之地點。
   (2) 據點性守望崗：預防危害或特定任務需要，於重要據點設置。
   (3) 特定處所守望崗：為任務需要，於特定處所實施。
2. 巡守合一式：於經常事故之時、地，列為守望要點，至於巡邏線上，規劃巡邏駐足時間，採巡守合一方式重點執勤。
3. 埋伏式：為掩護執勤人員身分，規劃穿著便衣及選定適當地點停留守候。
4. 其他方式：
   (1) 擔任各級議會警衛任務，以不進入會場為原則。
   (2) 執行侍（警）衛任務及特種警衛人員，依其規定執勤。

（四）執行要領

1. 準時現地交接班，確實掌握守望要點周遭環境與治安狀況，並與其他勤務人員密切聯繫，相互支援。
2. 指揮整理交通秩序或取締違規與攤販時，應立於適當、明顯之處所，遇有可疑人車時，仍應處置通報。
3. 除特別規定及事故外，不得擅離崗位，活動範圍可在周圍約50公尺內巡視，必要時得設置巡邏箱巡簽。處理事故須離開崗位時，應向執勤派遣單位或勤務指揮中心報告。

四、臨檢

依警察勤務條例第11條第3款規定：「……三、臨檢：於公共場所或指定處所、路段，由服勤人員擔任臨場檢查或路檢，執行取締、盤查

及有關法令賦予之勤務。……」典型臨檢，就是傳統在街上見到可疑人物即趨前盤問，或定時不定時檢查八大行業、工寮、出租房舍等。這種臨檢所依循的法規，以往未曾詳細規定其目的與要件，僅籠統規定於警勤務條例上述條款，遂導致大法官第535號解釋的出現，以及嗣後警察職權行使法的訂定。

依目前警察實務，若於街上遇有合理懷疑其有犯罪之虞等可疑事務時，即能依警察職權行使法第6條第1項第1款至第5款，對於「個人」查證其身分；或在營業時間內，於不妨礙其營業情形下，進入公眾得出入之場所檢查營業。但若欲進行車輛駕駛人「集體逐一酒測」，或「隨機逐一檢查」過往行人，則應依該法第6條第1項第6款及第2項規定，由警察機關主管長官指定「公共場所、路段及管制站」為之，指定後所有經過該指定公共場所、路段、管制站之人、車等，警察均可逐一檢查。此外，若欲對個別車輛駕駛人酒測，或認為該車輛已發生危害或依客觀合理判斷易生危害時，僅得依警察職權行使法第8條進行。除此之外，所有臨檢「已不得再適用警察勤務條例第11條第3款之規定」。

由於我國警察長官對於員警績效仍然高度要求，且均會每隔一段時間即提出績效檢討報告，最明顯的例子就是雖然已無所謂春安專案，但每逢年底必定另外舉辦各種名目的強化治安專案，可謂換湯不換藥。陳家欽署長在任時，曾經特重「線上破獲」，規定線上破獲者，獎勵加倍。在這種要求下，員警平常都會在服巡邏勤務時，隨機查證行人身分，以盡量獲取績效，尤其對於有前科紀錄的行人或車輛，更是頻繁攔查，從而乃經常造成警察違法盤查行人，或與路人產生糾紛的強制案件。上述都有賴於回歸常態，或在常訓時，反覆叮嚀「沒有合理懷疑即不能攔檢」的守則，否則將有法律責任，桃園市「臨檢女師案」就是明證。

以下有關臨檢勤務，本文即以警察機關集結警力進行之「酒後駕車取締程序」為例，亦即以警察職權行使法第6條第1項第6款及第2項為法律依據之「集體、逐一有無酒後駕車」之檢查規定；同時這種檢查，也應與道路交通管理處罰條例第7條的「交通稽查」及第35條的「酒駕檢

查」規定相結合。

以下爲署頒「取締酒後駕車作業程序」。

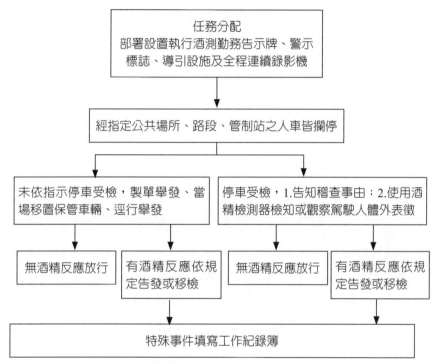

圖5-6 取締酒後駕車作業程序圖

資料來源：參考警察機關分駐（派出）所常用勤務程序彙編後自製。

除此之外，依「警察機關分駐（派出）所常用勤務程序彙編」，取締酒後駕車程序，尚有下述重要內容。

（一）勤務規劃

計畫性勤務應由地區警察分局長或其相當職務以上長官，指定轄區內經分析研判易發生酒後駕車或酒後肇事之時間及地點。

（二）準備階段

1. 裝備視需要增減：警笛、防彈頭盔、防彈衣、無線電、反光背心、

槍械、彈藥、手銬、警用行動電腦、手電筒、指揮棒、酒精測試器、酒精檢知器、照相機、攝影機、交通錐、警示燈、告示牌及民眾異議紀錄表。

2. 任務分配：以4人一組為原則，分別擔任警戒、指揮攔車、盤查、酒測及舉發，並得視實際需要增加。

3. 計畫性勤務稽查部署：

(1) 稽查地點前方應設置告示牌及警示設施（如警示燈、交通錐），告知駕駛人警察在執行取締酒後駕車勤務。

(2) 視道路條件、交通量及車種組成等，得以縮減車道方式，執行酒測勤務，並設置警示、導引設施，指揮車輛減速、觀察，並注意維護人車安全。

(3) 於稽查地點適當位置設置攝影機，全程錄影蒐證。

（三）執行階段

1. 過濾、攔停車輛過濾、攔停車輛應符合比例原則，有疑似酒後駕車者，始由指揮人員指揮其暫停、觀察，其餘車輛應指揮迅速通過。

2. 行經設有告示執行酒測勤務處所，未依指示停車接受酒測稽查之車輛：

(1) 對於逃逸之車輛經攔停者

A. 員警出示證件表明身分，告知其行經設有告示執行酒測勤務處所，未依指示停車接受酒測稽查。

B. 針對未依指示停車接受酒測稽查部分製單舉發，並當場移置保管其車輛。

C. 研判駕駛人無飲酒徵兆，人員放行。

D. 研判駕駛人有飲酒徵兆，經詢問飲酒結束時間後，依規定對其實施酒測及辦理後續相關事宜。

(2) 對於逃逸之車輛無法攔停者

A. 對於逃逸之車輛，除依道路交通管理處罰條例第7條之2第1項第4款逕行舉發，並依道路交通管理處罰條例第35條第4項規定論處。

B.棄車逃逸者除依前開規定舉發外，並當場移置保管該車輛。

（三）觀察及研判

1. 指揮車輛停止後，執勤人員應告知駕駛人，警方目前正在執行取締酒後駕車勤務，並以酒精檢知器檢知或觀察駕駛人體外表徵，辨明有無飲酒徵兆，不得要求駕駛人以吐氣方式判別有無飲酒。
2. 如研判駕駛人有飲酒徵兆，則指揮車輛靠邊停車，並請駕駛人下車，接受酒精濃度檢測。
3. 如研判駕駛人未飲用酒類或其他類似物，則指揮車輛迅速通過，除有明顯違規事實外，不得執行其他交通稽查。

五、備勤

　　依警察勤務條例第11條第6款規定：「……六、備勤：服勤人員在勤務機構內整裝待命，以備突發事件之機動使用，或臨時勤務之派遣。」從而可知備勤乃預備出勤之意，但備勤常用於突發事件之機動使用，或臨時勤務之派遣，若在繁雜地區，即使第二、第三備勤，都常有可能被派往處理臨時事故，且備勤處理事故均採責任制，亦即由接案者處理至移送地檢署或告一段落爲止。

　　根據本文作者訪談得知，各派出所都有備勤勤務，繁雜派出所甚至有到第四備勤者，其中第一備勤須兼服槍械管理、領繳槍枝；第二備勤必須領妥槍彈、無線電，待命支援線上處理案件；第三備勤則進行各處室業務整理、審核E化簿冊系統、網路巡查；第四備勤則不領裝備，負責監視器之維護查報。備勤在有些時段，會以巡邏線上的員警擔任備勤，俗稱「線上備勤」，經由分局或派出所值班人員呼叫後，即可在線上直接前往事發地點處理事故。

　　臺北市政府警察局勤務實施細則即有2條關於備勤之重要規定：
第33條：「備勤勤務，由服勤人員在勤務執行機構內整裝待命，以備突發事件之機動使用、臨時勤務之派遣或依治安需要納入巡邏中實施。」
第34條：「備勤勤務人員應遵守下列事項：一、不得藉故擅離，遇有派

遣時不得推托。二、奉派出勤，應登記員警出入登記簿。三、完成臨時任務派遣後，應即返回勤務執行機構將處理情形記錄於工作紀錄簿，繼續擔任備勤勤務。四、無臨時勤務時，應在勤務機構保養裝備及整理文書簿冊。」

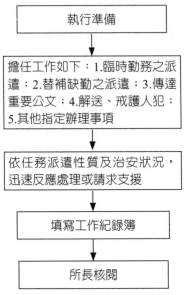

圖5-7　執行備勤勤務作業程序圖

資料來源：警察機關分駐（派出）所常用勤務程序彙編。

　　除此之外，依「警察機關分駐（派出）所常用勤務程序彙編」有關備勤勤務作業程序之規定，其作業內容尚有以下重要規定事項。

（一）執行準備及要求

1. 執勤人員應在勤務機構內或指定處所，穿著制服整裝待命，以備突發事故之機動使用或臨時勤務之派遣。並可依治安需要，納入巡邏中實施。

2. 以不配帶槍彈及著戴防彈衣、盔為原則。但突發事件之機動出勤或臨時勤務之派遣，應依所服勤務性質配戴。

3. 服勤人員應保持機動,精神振作,不得睡覺;未奉派執勤時,可保養裝具或整理文書、簿冊。

4. 遇有派遣時,應動作迅速,準時出勤,不得藉詞推托。

(二)工作項目

1. 臨時勤務之派遣。

2. 補缺勤之派遣。

3. 傳達重要公文。

4. 解送、戒護人犯。

5. 其他指定或交辦事項(如整理文書、裝具檢查、武器保養;武器保養前應確認彈夾已無子彈,未經指定不得自行保養武器)。

(三)執行要領

1. 協助值班門衛工作,擔任暗哨警戒任務;或協助值班人員處理治安事故及排解民眾糾紛等應辦事項。

2. 服巡邏線備勤時,應切實與派遣單位保持密切聯繫,以便隨時聽候派遣。

3. 重要公文或具有時效性、機密性之公文,不宜由工友傳送,並應做好公務機密維護。

4. 解送人犯前(參照解送人犯辦法相關規定):

   (1) 應檢查人犯身上有無匿藏凶器、藥物、違禁物、管制物品或其他危險物品,以防其自殺或脫逃。

   (2) 先令人犯如廁,以避免途中藉機脫逃。

   (3) 依規定使用警械或相關戒具,重要人犯應加腳鐐,以防其脫逃。

   (4) 以警備(偵防)車解送人犯時,應至少2人以上員警隨車戒護,人犯不得坐於駕駛人背後或旁側,以防其脫逃或襲擊,或勿令人犯靠近門窗。

5. 在該勤務時間處理之工作,輪及應擔服其他勤務時,仍應由原執勤員警繼續處理完竣,並立即報告所長調整人員接替所輪及擔服之勤務。

6. 在出、退勤時，應將出入時間、地點、裝具、任務、工作情形及處理經過，依規定填記於出入登記簿及工作紀錄簿。

六、勤區查察

依警察勤務條例第11條第1款規定：「……一、勤區查察：於警勤區內，由警勤區員警執行之，以家戶訪查方式，擔任犯罪預防、為民服務及社會治安調查等任務；其家戶訪查辦法，由內政部定之。……」依同條例第12條規定：「勤區查察為個別勤務，由警勤區員警專責擔任。」由此可知，勤區查察主要目的在「犯罪預防、為民服務及社會治安調查」。

民國50、60年代的勤區查察，以「戶口查察」為主，目的在於犯罪預防及社會治安調查，當然也兼作調查及偵查其他違規、違法行為之用；在戒嚴時期更少不了被作為政治偵防之工具，尤其在警備總部之指揮命令下，勤區查察之功能難免被若干扭曲。當時的查察幾乎每日行之，每次2小時，每月甚至達40小時之久。查察所得，回所即須迅速註記於簿冊，有須轉報者，即刻轉報，有他機關請求協助查察者，亦須即時回報。查察所需工具，有所謂「一圖、二表、三簿冊」，即使警勤區負責警員不在所內，只要這些工具表冊都在，亦能查出對象家戶的所有資料，例如家居人口多寡、稱謂、素行資料、經常來往朋友、查察所得之紀錄等。並且，戶口查察時，不會受到太多阻礙即可隨意進入家宅之內，與相關人員談話。

民國75年警察勤務條例全面修正時，其第11條第1款被增加規定為：「一、勤區查察：於警勤區內，由警勤區警員執行之，以戶口查察為主，並擔任社會治安調查等任務。」到了民國96年，同條同款被修正為：「一、勤區查察：於警勤區內，由警勤區員警執行之，以『家戶訪查』方式，擔任犯罪預防、為民服務及社會治安調查等任務；其家戶訪查辦法，由內政部定之。」民國96年以後即陸續訂定其他子法，如「警察勤務區訪查辦法」、「警察勤務區訪查作業規定」、「警察機關勤區

查察處理系統作業規定」等，極盡家戶訪查學理與實務之詳細規定。但因警察的基本策略仍以「破案、績效」為準，此種單純在「預防犯罪、服務民眾、調查社會治安」上有用的消極策略，毋寧與社會對警察的要求與警察自身的定位矛盾，難怪歷經九死一生後，仍不敵歷史的洪流，逐漸失去功能。

黃明昭署長上任後，主張「清源專案2.0，以及社區警政再出發」，希冀將勤區查察回復以往的功能，可惜每月僅16小時，再加上警察已難以進入社區民宅，及居民對警察逐漸排斥，甚而警察機關持續以刑案績效為準，以致於勤區查察逐漸淪為各警勤區員警處理各處室交辦、各行政機關協辦業務之時間。

以下為署頒「警察勤務區訪查作業程序」。

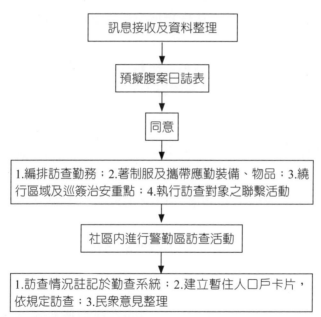

圖5-8　警察勤務區訪查作業程序圖
資料來源：參考警察機關分駐（派出）所常用勤務程序彙編後自製。

除此之外，依「警察機關分駐（派出）所常用勤務程序彙編」規定，警察勤務區訪查尚有下述作業內容。

（一）準備階段

1. 每日連線勤區查察處理系統，點收確認各項新增資訊。

2. 實施訪查前，針對查訪對象於勤查系統擬定腹案日誌表，發送所長點收確認。

3. 難以實施個別查察之處（場）所，經所長核准，得結合其他警勤區實施聯合查察。

（二）執行階段

1. 執行訪查時應著制服、攜帶服務證及應勤裝備、物品。

2. 繞行轄區治安要點及查簽巡邏簽章表。

3. 巡簽完畢後，執行聯繫訪查並與居民互動，以瞭解轄區狀況，蒐集治安資訊及進行犯罪預防工作。

4. 檢測訪查對象四周環境，作為指導家戶安全防護措施、防止被害及遇危害處置方法之建議。

5. 於社區內進行警勤區訪查活動，按鈴拜訪，遞送「社區治安及為民服務意見表」、「警勤區員警聯繫卡」或其他治安宣導簡訊。

（三）結果處置

1. 當日訪查概況註記於勤查系統之戶卡片副頁或記事卡副頁，至遲於翌日前完成。

2. 發現未設籍之他轄治安顧慮人口或記事人口，建立暫住人口戶卡片，依規定執行查訪。

3. 民眾於意見表反應之事項，依規定陳報、轉報，或過錄其他資料。

七、其他勤務

其他勤務，乃訪談派出所後看到的六種勤務方式以外的勤務方式，可見各警察局也釋出若干權限，讓派出所自行依狀況編排所需勤務及調配警力。

（一）械彈領還督導勤務

根據本文作者訪談得知，各派出所只要人手稍微充足，都會編排械彈督導勤務。早期原本值班人員須負責械彈管理，但因械彈越發重要，乃有人力充足派出所開始編排1人，協助或甚至專班械彈領還的督導責任；繁雜派出所則由副主管或資深巡佐負責。

（二）快打勤務

根據本文作者訪談得知，各派出所亦皆編排「快打勤務」，聽命分局或本轄所需，而前往特定地點參與快打或圍捕任務。本勤務原則上仍以本轄事故處理為主，因此快打勤務多由主管、副主管、資深巡佐及數名警員擔服，惟勤務時間多編在夜晚10時以後。

（三）在所待命

原本在所待命指的是無勤務在所休息之謂，但各派出所皆排有在所待命勤務，時間或多或少，人員有1人1班或2人1班者，經詢此乃在所休息以便處理交辦事項等工作的時間。

（四）專案勤務

各派出所也都排有警察勤務條例六種勤務名稱之外的勤務，如「查捕逃犯、環境整理、刑案影像偵查」等勤務，經詢乃知此為專案勤務，勤務人員不納入輪番勤務，而僅替派出所創造績效。

肆、各種勤務方式之利弊及智慧警政

一、值班

基隆市簡姓男子於2024年3月1日以貨車衝撞八堵分駐所，造成值班警員一死一傷；桃園市楊姓男子於2024年3月23日以改造槍枝掃射派出所，幸無人傷亡，凡此皆顯示出「駐地安全」的重要。各地派出所最

淺顯的標誌，就是掛在派出所外淺紫色的警徽，以及放在正門中央的值班台。這個值班台放置的地點十分權威，有一夫當關之勢，可以說是警察權威的象徵。

上述兩個案件，歹徒有可能是針對派出所及其值班台的權威而來，故若在派出所前設置一個大型石製花盆作為阻擋，並且將值班台移往門旁，應可減緩權威象徵。同時，派出所宜減少數目，尤其是自身難保的小所，因為綜觀美、德、日等國，均已無類似我國已七十年未變的派出所現況。

二、巡邏

依警察職權行使法第6條規定，警察於公共場所或合法進入之場所，得對於「合理懷疑其有犯罪之嫌疑或有犯罪之虞者」，查證其身分，但因績效誘惑，警員容易對有前科者，或尚未有合理懷疑犯罪跡象之人，即進行身分查證，且動輒要求前往派出所，若不願前往即進行逮捕，或故意製造對方侮辱公務員機會而逕予逮捕，桃園非法逮捕女師案就是最鮮明的例子。這些案例非但令當事人受到司法與行政懲處，且整體警察聲譽亦蒙羞，實在應該追究其上級長官督導不周或強求績效之害。

三、臨檢

依警察職權行使法第6條規定所進行的逐一酒測或查證身分，在新冠病毒之前曾經雷厲風行，幾乎每週一次，但其效果如何？例如是否降低車禍致死率或肇事率，警察機關卻少有檢討聲音。未經檢討即無法得知耗費龐大警力執行該勤務的效果，同時也難以向參與之警員與被攔檢者交代，更難以預測所有警察作為的結果。

四、勤區查察

勤區查察在目前氣氛及警察權威式微的情況下，顯難達成預期的預防犯罪目標。根據本文作者訪談得知：勤區查察後報給清源專案的案

例，與報給社區警政再出發的案例，大致相同，故難有雙重功效。原因是一個警勤區警員所能做的就是這些，其所上報給偵查隊的清源資料，與上報給防治組的社政資料，經常相同。因此，分局應該檢討爲何兩單位不能整合起來，而須由勤區警員各自上報。本文主張，宜將警察勤務區訪查辦法由警勤區警員專責，因爲這是預防犯罪及社政工作；治安顧慮人口查訪辦法，則宜由刑責區專責，因爲這是最接近犯罪的偵查工作。倘若要再重整，則宜分「犯罪預防」與「犯罪偵查」兩種工作，而分由兩種人負責，較能合理分工、獎懲專責。

五、類似備勤般的勤務實乃甜點

類似備勤的勤務，實乃警勤區警員整理各處室、各機關交辦及協辦事務之時間，若無這些莫名其妙的業務，則警勤區警員將會輕鬆許多，無奈這類業務還是日漸增加。若所有派出所官警以2萬3,000人計算，則現有警察7萬3,000人中的5萬人，扣除刑事、交通人員1萬人，保安警察各總隊1萬人後，所餘3萬人是在監督2萬3,000人作維持公共秩序及預防、偵查犯罪的工作，這種比例實在不好，至少應依官警比例調整，下放基層。

六、智慧警政

配合上述各種勤務的「智慧警政」，也就是將科技用於傳統警察勤務，以增強勤務效能的方式，認爲以下列五種爲最顯目。

（一）電子巡簽

電子巡簽乃運用RFID系統，代替紙筆簽章之簡便、有效系統。RFID是英文「Radio Frequency IDentification」的縮寫，中文稱爲「無線射頻識別系統」，它是一種可以讀取與寫入RFID標籤、卡片內資料的非接觸式自動識別系統。它有四種好處：可同時讀取多組標籤、可讀取長距離目標物、遮蔽物也能掃描、目標物表面有汙漬也能讀取。之於傳統的紙筆巡簽巡邏表，可帶來相當益處，例如節省時間及易於上級監

督、調整巡邏路線。

　　警察大學行政系、外事系、行管系教師，即曾由行政系主任許福生帶隊，連袂於民國113年11月29日，前往嘉義市政府警察局參訪「智慧警政治理」，該治理展現三個系統：「警察大白熊數位化預防犯罪宣導」、「雲端圖資串連交通事故處理、分析與改善系統」、「嘉e巡簽智能決策系統AI巡邏車」。其中E化巡簽作法，乃利用5G警用行動載具M-Police及嘉e巡簽APP作為辨識工具，將全市12個派出所、1,403處NFC巡箱以RFID辨識方式巡簽，不必紙筆。這種方式除可瞭解巡邏人員勤惰外，還可配合經常發生治安、交通事故的熱點、熱時，機動調整巡邏線及巡邏時間。

（二）贓車回報系統

　　此乃利用拍攝、回傳、比對，以稽查是否贓車的系統。根據嘉義市政府警察局「嘉e智能巡邏車」所述，其原理乃將影像資料加以整合利用，結合影像辨識、大數據分析、機器學習、人工智慧等技術，建立前端車載式AI智能主機及兩個車牌辨識鏡頭，及後端大數據資料倉儲，自動與失竊、涉案車輛即時比對、即時通報，以科技取代人力，協助第一線執勤員警，以AI自動比對發現目標，提升執勤效率，並加速破案時效。

　　民國109年新北市也有類似原理的贓車回報系統，其名稱為「小蜜蜂巡邏系統」，作法是在機車巡邏警員頭盔上裝上一個攝錄影機，將攝得之車輛號牌回傳後端資料庫比對，但其後已不再使用，可能與傳輸速度、資料庫比對功能有關。

　　民國112年10月18日聯合報報導：桃園市警察局與交通局合作首創「智慧失車告警系統」，運用第三方警政、公私協力進行即時比對失竊車輛，以桃園市收費開單員的本職，結合交通局「停車管理系統」與警察局「勤務派遣系統」，只要停車收費開單員開單後送系統入檔，系統就能自動比對停車格車牌，有效協尋失竊汽、機車，範圍遍及桃園13個行政區、1萬9,694個汽機車收費停車格。智慧失車告警系統由警察局自

行撰寫程式，調整警政署提供的全國失車檔案，定時傳送失竊車號至交通局停車管理系統，進行即時比對，若經系統比中，就會主動發送報案簡訊至警察局的勤務派遣系統，再由警察局依轄區派案，即時鎖定疑似涉案車輛位置，指派員警到現場處置。這種失竊車輛的偵查系統，其原理與贓車回報系統同。

（三）勤指中心無線通報

各警察局均有勤務指揮中心，該勤指中心在接獲報案後，會利用無線電通報分局轉報派出所派員前往處理事故，或者直接派遣線上巡邏員警前往事故地點處理，此乃掌控轄內所有執勤警力的樞紐。

（四）勤區查察處理系統

勤區查察處理系統，則有別於傳統紙筆註記，非但節省時間，並可做自動整理，此系統已使用多年。

（五）無人機巡邏

制空視角的警用無人機，可即時將活動現場及周遭影像傳回指揮所，讓指揮中心能精確掌握現場狀況。臺北市及新北市因經費充裕，均已建立無人機巡邏隊。

伍、美、日警察勤務方式比較

一、美國警察勤務方式

美國警察由於土地幅員遼闊，故警察機關配置多採集中制，民眾以電話報案後，警察局即派遣線上員警前往，故其使用電信科技報案及警察以車輛巡邏，已有長遠歷史，並發展出「巡邏無效論」及「CompState資訊統計系統」。

根據陳明傳教授所述（陳明傳，2020：169、170），美國德克薩斯州堪薩斯市曾進行過一個著名的「預防式巡邏功效實驗」，其實驗將

該市分成三個區，警察巡邏各自以「一般性巡邏、加強式巡邏、無巡邏」方式，驗證巡邏有無一般認為的功效。實驗後經資料分析發現：這三個地區在「犯罪水準」、「市民對員警服務態度」、「市民對犯罪的恐懼」、「員警回應民眾報案的時間」、「市民對警方回應其報案的滿意度」等五個指標，均無顯著差異。

經此典型巡邏勤務的實驗後，傳統巡邏之有效性受到挑戰，巡邏已不再被視為抗制犯罪的萬靈丹。其後各種勤務改革被提出，甚至復古式的社區警政也再度被重視。

陳教授又再敘述（陳明傳，2020：20），所謂「CompState資訊統計系統」，乃實施於紐約市的一套電腦統計比較（computerized statistic）系統。該系統讓警方可以即時追蹤犯罪資訊、被害人、被害時間、被害地點，還可讓警方分析犯罪模式，電腦也會自動產生斑點圖，詳載犯罪時間與地點。紐約市警察局並將當時全市76個轄區的主管聚集在一起，每週開會，檢視各自的治安狀況及提出新規劃，並定期評估。一段時間後，大幅降低了紐約市的犯罪率。

民國90年時的臺北市市長也曾效法紐約市，要求臺北市警察局仿效犯罪熱時、熱點思維經營警政，並定期集會評估，由市長親自坐鎮，聽取警察局幕僚及各分局長的報告。其後臺北市警察局局長升任為警政署署長後，也曾大力推動各派出所、各分局的轄區治安斑點圖，要求將轄治安的熱時、熱點標出，並進行巡邏線的調整。但到目前，我國警察勤務，幾乎已不再有所謂熱時、熱點斑點圖等作為。

二、日本警察勤務方式

日本警察五十年前的勤務方式與現今大略相同，其原因在於警察組織架構未變，只是內部因應社會變遷而有若干業務及單位的改變而已。

（一）1974年日本警察白書記載之警察勤務方式

該白書第三章國民生活與日常的警察活動，曾敘述「外勤警察」的一天，將派出所警察一天內的工作時間及勤務方式，做了詳細的描述。

其勤務方式有：所內警戒（如同值班）、巡邏、派出所前警戒（如同守望）、職務質問（如同臨檢查察）、所內休息奉派前往處理事故（如同備勤）、巡迴聯絡（勤區查察）。幾乎涵蓋了我國警察的六種勤務方式，只是名稱不同而已。

（二）2024年日本警察白書記載之警察勤務方式

根據該白書第二章第三節第89頁至第94頁敘述，交番、駐在所（根據2024年4月1日的資料，日本全國設有6,215個交番和5,923個駐在所）之警察勤務方式為：值班、守望、巡邏、臨檢（盤查）、勤區查察、備勤。其中「備勤」勤務，重點在處理110報案電話前往事故地點，但此勤務因常與值班、巡邏、守望、臨檢盤查等勤務結合，故未明文在任何資料上。

而現在的日本警察勤務方式，與五十年前不同的，可能是增加了「交番諮詢員」，也就是重新聘用退職警察前往派出所協助執勤；以及「交番・駐在所聯絡協議會」，也就是更加重視警察與社區的連結。五十年來日本警察勤務方式未有重大改變，其原因應該與警察組織結構未變有關。

陸、結論

警察勤務方式，與各種類型警察，如行政警察、刑事警察、交通警察、保安警察等有關，類型不同，勤務方式也會不同；同時也與國別有關，如美國警察與日本警察，勤務方式即有不同。但所謂「警察勤務方式」，仍宜以我國警察勤務條例規定的六種勤務方式為主。

警察勤務由來於警察業務及警察任務，這種邏輯觀念及名稱不宜任意更動，否則爭論都將變成各說各話，因為爭論的焦點無法凝聚。而目前的警察勤務六種方式，乃建構在警勤區與派出所之下，沒有上層建築，下層建築也將改變。前警政署署長孔令晟曾嘗試改變上層建築的派

出所，最終失敗；前臺北市市長柯文哲也嘗試變動，依然不成。可見我國人民的意識型態與國情，是不容易變更「外表形式」的，但實體內容則可以更改。例如，作者參訪的三個派出所的現行勤務方式，已與六種勤務方式有一些區別；勤務內容也因科技的發展，而有一些改變。

雖然如此，但現行勤務方式仍有一些已知的缺陷有待改變，可惜主持警政者都礙於成規，沒有太多內容上的改變。因此，作者乃以美國及日本警察勤務方式作為對照組，發現美警有些科學性的實驗及以治安數據作為巡邏路線調整的依據；而日警則是五十年來的勤務方式沒有太大改變，但因應社會變遷，也多了交番諮詢員及交番‧駐在所聯絡協議會，以及善用一些科技執勤。

從而可知，若外表形式不要輕易更動，但實體內容可以改變的話，本文建議「授予各警察局局長更多勤務建制權限」、「善用科技在六種勤務方式的運作上」。

參考文獻

中央警察大學（2020.12）。警察機關分駐（派出）所常用勤務程序彙編。

日本警察白書：第三章，昭和49年（1974）。

日本警察白書：第二章，令和6年（2024）。

陳明傳（2020）。警察勤務與策略。臺北：五南。

陳俊宏（2017.3）。淺介警察勤務制度中勤務方式的沿革及演變。警專論壇，第22期。

鄭善印（2019.2）。警察勤務條例之研究。警學叢刊，第49卷第4期。

鄭善印（2001.1）。三班制警察勤務之研究。警學叢刊，第31卷第4期。

附 錄

第一篇　27人派出所勤務方式之參訪紀錄

壹、時間：2024.04.18，1000～1130

貳、地點：臺北市警察局○○分局○○派出所

參、參訪記錄人：鄭善印

一、編制：該所為27人所，含1所長（警務員）、1副所長（巡官）、2位巡佐、23名男警及4名女警。位處臺北市內湖區康樂公園旁一社會局所有之建築物內，派出所占一、三、四樓，員警宿舍在三、四樓，約有30床。產權為社會局所有，二樓為幼兒園及老人中心，屬社會局業管。

二、勤務表：該所因轄區單純，故勤務編排採輪番制，1至17番依早晚兩班方式服勤，早班服06～18，勤5休2；晚班服18～06，勤3休1；接著又是早班，服06～18，但勤4休2，以此方式固定每日服勤12小時，每月服勤200小時，超勤不得多於100小時。因番號固定，故每日應服何種勤務自己清楚，同時又因分成早晚班，出勤時間固定，故無追班問題，生理時鐘較易調整。但每月可換早晚班。19～24番為固定番，有專屬工作，不參與輪番。主管與巡佐一組，負責內勤管理及每天一帶班、一督勤，有時須擔任轄內快打勤務指揮官；副主管與另一第二副主管的巡佐一組，工作與主管組相同，都不參與輪番。勤前教育則固定於每日17:50實施，每次約三分之一人參與。

三、勤務方式：該所勤務表項目列有「值班、巡邏、守望、勤區查察、備勤、專屬勤務、其他」。其中「備勤」分第一備勤、第二備勤、在所待命；「專屬勤務」又分交整、車手防制勤務、刑案影像偵查、勤務督導、支援保安警力、國軍公祭勤務；「其他」又分分局講習及內部管理。但未列有「臨檢」勤務，經查詢臨檢勤務都分散在巡邏勤務中。

值班勤務負責聯絡、槍枝管理、勤務派遣；巡邏分早、晚兩線，早

線06～18，晚線18～06，使得全所轄區每日24小時均有2人在外巡邏，巡邏須注意超商及ATM狀況，並應簽章，五年前臺北市已改為電子簽章；守望固定在康樂街125巷口，當地曾發生聚眾鬥毆事件；勤區查察每月16小時，但訪查諮詢人員及半年報繳社會輿情等工作，現已無太大作用，不再強調；第一備勤在受理報案後須負責處理，採責任制，第二備勤則有較多休息時間，在所待命算入服勤時間內；交整固定在東湖路及康寧路口，分07～09一早班及17～20一晚班；車手防制勤務18～20一班；刑案影像偵查16～23乃固定班；支援保安警力及國軍公祭勤務皆為固定班；分局講習及內部管理，亦多排有固定班。

在各項勤務方式下，配有時間及番號，但僅「值班、巡邏、第一備勤」勤務每3小時一班（可見該所重要勤務為該三者），其餘勤務則為1～3小時一班。服勤方式，例如1番，從06～09負責值班，接下去09～11服勤區查察，11～12在所待命，12～15第一備勤，15～18巡邏，之後即無班，可自由活動。第二天接著服2番勤務，以此方式固定勤5休2，中間連續12小時服勤。

當天晚班18～21值班人員是13番，值班後，21～22在所待命，22～24第二備勤，00～03巡邏兼校園安全，03～06值班，之後無班，可自由活動，第二天即變成14番，以此方式勤3休1，中間連續12小時。

四、勤務運作：

（一）本所有治安顧慮人口10人，查訪後，須登入戶政系統，若治安顧慮人口行蹤不明，有時會重複報給偵查隊。

（二）本所與里鄰長及議員等關係融洽，主管須平時與這些人維持良好關係。

（三）本所有3輛警車、28輛機車、28把警槍、8盾牌、6把步槍（但沒用過）、2把電擊槍、3把月牙棒，月牙棒本所主管前在中正所曾用過，以制服精神病患，但在康樂所服務期間沒用過，本所亦無捕繩網。

（四）目前受科偵訓練都是線上授課，用處不大。副主管曾到偵查大隊受過科偵訓練，主管則尚未受過科偵訓練。

（五）目前可用MP小神通查詢違規者個資，並登入打字即可印出告發單，接著再由違規者簽名即可，臺北市早在六年前已經實施。

（六）通緝資料當然可以從小神通查到，但不能人臉辨識，人臉辨識只有分局偵查隊幹部才有權限。口卡資料在勤察系統內都有，從小神通也可連接到各資料庫。

（七）車輛辨識，也可由偵查隊開案後，在派出所即有權可以辨識。

（八）也可用手機開APP後連接臺北市贓車資料庫，並可將手機置於機車或汽車上，查詢經掃描之車輛是否為贓車。

（九）派出所可以從所內電腦，觀察全市的監視錄影系統藉以找人，但一般無法人臉辨識，還是要以人眼才能準確辨識，例如在前不久的一個大案追查，本所即支援一人前往偵查隊進行人眼辨識。所以要想追查人物，還是以監視錄影系統找到車輛後，再循線追查車主才是正道。

（十）本所無治安斑點圖，熱時、熱點斑點圖等，不如經驗有用。

第二篇　28人派出所勤務方式參訪紀錄

壹、時間：2024.01.31，1400～1600

貳、地點：桃園市警察局○○分局○○派出所

參、參訪記錄人：鄭善印

一、編制：該派出所共28人，包含所長1人、副所長2人、資深巡佐2人、警員23人（其中1人長期病假）。位處○○區鬧區。

二、勤務表：19名警員採輪班制，每日固定依勤務分配表，輪番勤、休。其方式是將警員每日輪番，例如警員甲今日番號是1番，明日就是2番，後天就是3番，依序類推；並以此番號執行勤務分配表上的固定番號勤務，例如值班，每日固定由番號14執行06～08值班勤務，17番執行08～10值班勤務，16番執行10～12值班勤務，依此類推；故警員皆知下一般勤務為何，以及明日此時勤務為何。不論

何種勤務，每一種勤務時間原則上均為2小時，只是執勤人員會有多寡不同而已，例如值班1人、勤區查察1人，但擴大臨檢則有多至9人者。勤務分配表有平日與假日兩種，因為假日遊客較多，故交整時間會延長，執行巡邏或臨檢勤時間務也會不同。

每名警員依公務人員服務法，每日工作8小時每週工作5天計算，共每週工作40小時，勤5休2，國定假日一樣「有名目上」的休假。惟警察勤務須24小時輪替不可間斷，例假日亦同，故例假日派出所亦有員警負擔與平日一樣的工作。又因警察人員人數永遠不足，故六都警員每日執勤時間均為12小時，超出8小時部分則列為加班，依員警本俸計算加班費，但每月加班時間不得超過100小時；所長、副所長、巡佐等幹部勤休時數亦同。至於警員每日12小時勤務如何編排，則各派出所不同，該所主管採較人性化方式，分成3班，早班08～20，晚班21～08，日班則10～22，每週換一次。該所所有警官與警員，均依上述勤務分配表的番號、勤務方式、勤務時間、勤務地點、輪休日期，每日、每週、每月執行勤、休，以達轄區「治安穩定、勤休固定、勞逸公平」目標。

三、勤務方式：雖然警察勤務條例有六種勤務方式，但該派出所「最基本」的勤務方式為值班、備勤、守望（守望的重點在交通整理）三種。

（一）值班：負責派出所的受理報案、槍械管理、駐地安全等職務，由警員1人負責，每2小時換班。

（二）備勤：負責臨時事故處理，經常必須外出，採責任制，也就是今日備勤處理之事故，若未結案，則須持續處理至結案為止，但備勤亦為輪班制，並非同一人全日備勤。此外尚有第二備勤，只是人數及時間不多，屬於「待命服勤」拳術態，但仍算入服勤時數。

（三）守望：其實執行的勤務是「交通整理」，且假日安排5班交整勤務，平日則僅2班，地點亦有不同，原因在該所假日觀光客較多。

（四）巡邏：分2條路線，各有不同地區及重點，例如一線巡邏加油站，二線巡邏金融機構。巡邏時間平日集中在02～10，且人數至多3人，假日則全天候06～06，且人數多至8人。

（五）臨檢：含擴大臨檢及取締酒駕，多排在平日，計有8班之多，且人數有多至9人者。

（六）勤區查察：以警員1人負責，不帶槍械僅帶無線電，負責一、二種戶（該所有17戶）、治安顧慮人口（該所有20人）查察，以及清源專案2.0、社區警政再出發的查察與訪視。每月每名警勤區警員查察各自轄區，編排時間不得少於16小時，且須在出勤前寫「腹案表」，收勤後將查察狀況登錄在表單上。

（七）專案勤務：本勤務為警察勤務條例所無，但有需要，例如查捕通緝犯或處理槍、毒、詐案的線索等。若將之歸類為備勤的一種，應該可以接受。

（八）快打警力攻勢勤務：本勤務亦為警察勤務條例所無，但確有需要。執勤方式為，分局轄內若有聚眾鬥毆或類似眾人聚集引發騷擾等案件，分局會呼叫轄內各所在外巡邏或臨檢人員趕赴事故地點支援。當分局呼叫時，該所5名幹部為兼任指揮官，會依分局原先每月排定的秩序，前往現場指揮並帶回偵辦，帶返方式，例如甲派出所有聚眾狀況，即帶回乙派出所偵辦，以免群眾再次囂聚。

（九）所長、副所長勤務方式：所長、副所長不輪班執勤，但每日須帶班守望交整、自行選擇路口帶班臨檢、每日抽查槍械管理等。

四、勤務運作

（一）每日1730～1800舉行勤前教育，說明工作重點、上情下達，雖有簡單儀容、裝備檢查，但不會過度。出勤裝備有防彈背心、手銬、警棍、槍、彈（24發）、無線電、手電筒、辣椒水，但沒有攜帶電擊槍。電擊槍現已與捕網結合稱為「電網槍」，因為太重故放在巡邏車內。

（二）遇有民眾報案時，因目前110報案都直接與警察局連線，故不論刑案、交通或任何利益糾紛案，都會由警察局通過與分局共享的電腦系統，展示在派出所值班台的電腦螢幕上，分局並且會呼叫線上人員前往處理。例如，我在現場就看到系統展示「某地有人檢舉紅線停車」，此時分局會直接派線上人員前往處理，處理人員回所後，須將處理過程登錄在系統上。員警出勤前，雖都會在出勤登記簿上記錄，但派勤前往現場處理，均由分局指揮中心負責，從而該所也沒有「治安斑點圖」，展現轄內狀況，一切治安狀況均由分局掌控，分局猶如一個戰鬥旅，派出所只是執行單位。

（三）平常派出所若有刑案線索，會與偵查小隊人員組成小組偵查，也會幫忙請票，因為偵查隊人少事多。但若轄內有重大刑案，例如命案時，則會聯絡分局偵查隊派鑑識人員到場採證，派出所員警則只負責現場維護、調閱監視器、現場關係人採訪等工作。有關識詐1.5等工作，有時也須由派出所幫忙邀請轄內知名人士充當宣導人員，以及由警員用Line群組協助推廣。

（四）臨檢勤務有路檢及擴大臨檢兩類，前者乃派出所自行編排；擴大臨檢則為分局要求的，每週一次，加上警察局不定時地擴大臨檢，每週幾乎都有一次以上街頭臨檢。分局長或分局督察，大約3至5天會來派出所督勤一次。

（五）派出所與地方人士都會往來，大約與里辦公室每月互動一次，該所有6個里，每半年就要走動一個循環，有時也須協助里鄰申請巡守隊的經費報銷等。

（六）加強重要節日安全維護工作（也就是以往的「春安工作」），或者民眾「舉家外出住居安全維護」等工作，雖然非定時或數量不多，但也都會在分局主導下執行。

（七）轄內監視錄影系統設置在38個路口，設置方式須注意光源並避免反光或斜角照不到等問題。桃園的天羅地網系統相當完備，雲龍系統也很有效。但人臉辨識現已不准派出所人員使用。派出所現

亦無「警民連線」。

（八）派出所有女警5人，寢室與男警分隔。但所內未設偵訊室，調查時的錄音或錄影，都是用自己手機克難完成。

第三篇　60人派出所勤務方式參訪紀錄

壹、時間：2024.04.02，1400～1600

貳、地點：新北市警察局○○分局○○派出所

參、參訪記錄人：鄭善印

一、編制：該派出所共60人，包含所長1人、副所長2人、資深巡佐6人、警員51人（原編有63警勤區，尚缺警員12名，但已久未補齊，勤區勤、業務均以代理方式解決）。該所位處板橋鬧區，駐地為新建大樓，該所占有三層，寢室在三樓，辦公處所在一、二樓，內部寬敞，有電梯、冷氣、辦公桌椅、槍械室在二樓，一樓值班台非舊式警鴿及防彈玻璃值班台，而是在正門邊的櫃檯，對面櫃檯則為志工阿姨及司法文書請領台。

二、勤務表：

（一）因人數多且轄區臨時勤務多，故無所謂勤務基本表，亦即固定由幾番的警員在何時服值班，何時服守望勤務等，再讓所有警員依其番號，每日輪值不同勤務，周而復始，故勤務基本表會造成作息時間固定，但相反地會因生理時鐘問題而出現適應不良，及精神不佳等弊病。但本所採三班制勤務，將警員分成早、中、晚三班。早班自06～18，晚班自18～06，中班自14～02，惟仍將每位警員賦予番號，依照既定勤務表分三班服勤。再因每人每日僅工作10小時，本所有近三分之二的人也每日工作10小時，服完勤務即自行休息。故每個人先選擇三班中的一班，早班每週勤5休2，晚班每週勤5休2，中班每週勤3休2，周而復始，每週換一次早、晚、中班，每月勤時不得超過200小時。6名資深巡佐每早、晚班都各有2人在所服勤，重點在槍械管理，另兩人休假，但巡佐無警勤區。所長副所長，則以所內管理及帶班為主，每日工作

12小時，且3人自排輪休。整體而言，已不採警察勤務條例的一輪休二外宿等勤休制度。

（二）早班6～8值班人員須從事監視器檢核工作，另外早6內備人員須升旗，晚18內備人員須降旗。每班固定2小時，巡邏勤務一定是2人，備勤有1人為在所內備，1人為線上外備，備勤人員處理案件採責任制。交通案件已全面由警察局交通大隊處理，繁雜地區如板橋、海山、永和、中和、新莊、三重等皆如此，但郊區分局如樹林、林口、八里等，則派出所仍然負責A3案的處理，A1、A2才由交通大隊處理。取締酒駕或擴大臨檢等勤務，目前署每月1次，局1次，分局2次，分局另有早6取締宿醉勤務，每月2次。勤教則配合分局，每週2次，週一與週三1500開始。快打勤務亦受命於分局統一派遣。警備隊勤務則沒有像派出所般的複雜，大約只有值班、備勤及巡邏勤務。

三、勤務方式：

（一）值班：每2小時一班，由1人服勤，但12～13，17～18，24～02均由雙人值班。另有值班巡佐1人，負責督導領還槍彈，械管完畢須至值班台協勤。此外，另須執行查報案件處置作為即出勤人員管控，加簽市長寓所。

（二）巡邏：以機巡為主，每2小時一班，一班2人，巡邏計13線，巡邏地點有治安要點、詐欺熱點、銀樓巡簽、捷運站巡簽、支援行政組取締色情等。且在巡邏途中並須注意交通違規取締、違停取締、加簽市長寓所等。

（三）守望：因該所轄內學校與公園林立，故守望崗有9處，例如護童崗、ATM崗、郵局崗、公園崗、十字路口崗、夜市崗等。

（四）勤區查察：勤區查察依規定每月16小時，必須執行查巡合一及輸入腹案日誌。查察對象包括治安顧慮人口以及諮詢人員。其餘如巡守隊及里辦查詢也須每週1次。

（五）臨檢：臨檢包括酒駕、擴大臨檢。配合署、局、分局臨檢。

（六）備勤：備勤有2人，1人是在所內備勤，另1人是在線上備勤。

（七）快打勤務：派出所集結警力在分局指揮下，快速打擊街頭暴力或追捕逃犯的快打勤務，由主管或副主管指揮。惟此勤務並非經常性，而須待命出勤。

四、勤務運作：

（一）犯罪報案分成110報案及民眾自行進所報案兩種，大約各半。110大概是由警察局通報分局再由派出所派人前往處理，來所報案則由備勤前往處理。交通案件，則均由交通大隊處理，派出所不處理。派出所對於失車報案，可以使用車牌辨識系統以便快速找到。但人臉辨識系統已由分局偵查隊收回，並且只有幹部才能使用，否則以往派出所也能使用時，對於失蹤人口的辨識非常方便。至於婦幼、性侵、性騷、家防等案件，除分局有家防官以外，派出所也有社區家防官，也就是派出所辦家防案件的專人，通常派出所有類似案件時，都會由這些社區家防官來專業處理，分局比較屬於專作統計工作的業務人員。

（二）目前派出所已無一圖二表三簿冊這類東西了，腹案表或勤查、諮詢回所後，都是以電腦建檔。業務檢查也不再檢查圖表了。雖然派出所沒有治安斑點圖，或者熱時熱點圖，但因派出所處於鬧區，可以說全轄無處不是熱時熱點，只是本所的所謂熱時熱點，包含許多「轄區交通或預防犯罪、預防事故」的時點，並非僅指犯罪時點而已。警察局的智慧警政概念用在派出所最多的地方，還是在監視器，簽巡打卡仍然用傳統方式。從而，本所轄內監視器非常多，計有19鄰295支，全分局則有2,147支。目前派出所的裝備有槍、棍、辣椒水、微型攝影器、無線電、手銬、電極槍4組、圓盾與臂盾，但沒有電擊棒、捕網、月牙棒等。

五、鄰里及友軍關係：

（一）派出所的義警及民防並不好用，對於協勤沒有太大幫助，但卻常與警察有摩擦。義交則表現良好，義交目前1小時可以領取250元的協勤費。義警民防也有若干，但寧可請義交，也不希望繼續由義警民防協勤。

（二）派出所與里鄰關係良好，每月均需見1次面，但以主管、副主管為主，年輕警員比較不願意與轄區居民過度來往。轄內若有議員或重要人物，主管等人也會注意，例如市長寓所的簽巡就是一例。

（三）派出所也與相關機關有來往，例如協助法院強執（500元交通費由申請強執民眾出）；或者協助衛生局取締未戴口罩；或者協助戶政、海巡、學校教官巡察網咖、協助宮廟遶境等。但戶政事務所要求協助護送空白身分證等勤務，或者協助學校賃居學生訪查等，則無必要，因為與警察工作距離較遠，同時看起來也無動用強制力之必要。還有就是交通大隊要求的連假交通疏導勤務無用，至少應該機動一些，不需2個小時固定在崗，因為沒有什麼車輛，固定崗浪費警力。

（四）希望能讓派出所減少業務，將警力用在對人民有用的勤務上，例如萬安演習、防空避難等業務，不應由警察執行，更不應由派出所執行。

|第六章|
警察勤務時間

溫翎佑

　　釋字第785號理由書認為，業務性質特殊機關之公務人員，如外勤消防人員，基於其任務特殊性，固得有不同於一般公務人員之服勤時間及休假制度，惟亦須符合對該等公務人員健康權最低限度之保護要求。但輪班制度人員的平均壽命，是否因為工作之故，影響身心健康並造成減損，一直以來迭有爭議。依據行政院人事行政總處2021年3月23日統計資料「警察、消防和其他公務人員退休者的年齡狀況」顯示，比較一般公務人員與警察、消防人員之平均年齡（含退休亡故及退休健在），2017年一般公務人員平均年齡為78.14歲，同年警察人員平均年齡為73.88歲、消防人員則為68.32歲（立法院，2022）。又依銓敘部2024年7月提供給立法院的評估報告，以支領月退休金年齡者觀察，非警消人員之平均年齡約為69.46歲，警消人員約為63.87歲，兩者雖相差5歲，但因為警消人員較早退休，銓敘部認為應在合理範圍內，復又舉65歲者的平均餘命，認為警消與公務人員僅相差1.5歲（銓敘部，2024）。另外根據內政部警政署2024年12月公布的「警察人員平均死亡年齡暨健康監測統計」，2022年警察人員退休死亡的平均年齡為77.93歲，同年的國民平均壽命是79.84歲。從上述幾個統計可知，雖然外勤的警消工作是否減損壽命，以不同的統計方式觀察有不同的差異，但均顯示警察人員的平均壽命偏短，這是不爭的事實。

　　不可諱言，合理的勤務時間應該能夠保障警察人員的身心健康與執勤安全。但警察過長的服勤時間與難以負荷的工作量息息相關，而警察勤務的繁重根源又與其他行政機關依賴警察機關，要求不合理的職務協助內容脫不了關係。因此警察勤務時間的設計，就是在顧及警察人員服

勤的身心健康與完成上級交辦的工作內容間兩端平衡，彷彿走在鋼索上的特技演員，稍不能平衡便會跌下深淵。研究者以為，這是在討論警察勤務時間設計前，應當要有的基本認識。所幸天平並不總往完成警察交辦工作那側傾斜，能夠維持警察人員基本健康的勤務制度設計在近年來也漸受重視，尤其在大法官釋字第785號之後，更迫使警察機關不得不做出改變。誠然制度的改變難以一蹴可幾，現行的勤務制度仍有許多不完美之處，但總歸是向前了一步。為了讓警察勤務時間制度能夠更兼顧警察機關勤務的需求與維持警察人員身心健康，本文先檢視現行與警察服勤時間相關的法令規定，並從大法官釋字第785號出發，進一步探討重視合理警察勤務時間的必要性。映照現行外勤員警的服勤時間，探究其爭議及可改進之處，最後提出研究者的結論與建議，供閱者參考。

壹、警察執勤時間相關法令規定

公務人員每日上班時數為8小時，每週工作總時數為40小時。但交通運輸、警察、消防、海岸巡防、醫療、關務等機關（構），這些為全年無休服務民眾的機關，應實施輪班、輪休制度。而類實施輪班輪休制度的人員，工作性質多為24小時不間斷，且不同職業間，因服務對象與工作內容不同，其輪班的方式也多相異。本部分將先從公務人員基本工時規定探討起，但主要聚焦在與外勤警察人員執勤時間相關的法令規定上，並與勞動基準法（以下簡稱勞基法）做初步比較。

一、公務人員基本工時與加班費規定

公務員服務法（以下簡稱公服法）第12條規定：「公務員應每日辦公時數為八小時，每週辦公總時數為四十小時，每週應有二日之休息日。……各機關（構）為推動業務需要，得指派公務員延長辦公時數加班。延長辦公時數，連同第一項辦公時數，每日不得超過十二小時；延長辦公時數，每月不得超過六十小時。但為搶救重大災害、處理緊急或

重大突發事件、辦理重大專案業務或辦理季節性、週期性工作等例外情形，延長辦公時數上限，由總統府、國家安全會議及五院分別定之。」又公務人員保障法（以下簡稱保障法）第23條規定：「公務人員經指派於法定辦公時數以外執行職務者爲加班，服務機關應給予加班費、補休假。但因機關預算之限制或必要範圍內之業務需要，致無法給予加班費、補休假，應給予公務人員考績（成、核）法規所定平時考核之獎勵。……公務人員補休假應於機關規定之補休假期限內補休完畢，補休假期限至多爲二年。遷調人員於原服務機關未休畢之補休假，得於原補休假期限內至新任職機關續行補休。」從公服法與保障法的規定來看，公務人員的工作時間每日8小時，每週工時40小時，另有2個休息日。公務人員加班之補償方式，服務機關得就加班費、補休假、獎勵等方式選擇其一項或數項，並以加班費及補休假爲優先，但機關認爲有困難者，仍可以用行政獎勵代替加班費或補休假。不過公務人員本人對於加班與否，似乎是沒有自主選擇權，必須依照各機關的「指派」，進而延長辦公時數，如不加班，即屬違反服務與服從義務，可能面臨機關追究行政責任。

至於實施輪班輪休人員，公服法第12條除宣示性要求辦公日中應給予適當之連續休息時數，並得合理彈性調整辦公時數、延長辦公時數及休息日數。及更換班次時，至少應有連續1小時之休息時間外。實際的連續休息時數下限、彈性調整辦公時數、延長辦公時數上限、更換班次時連續休息時間之調整及休息日數等相關事項，包括其適用對象、特殊情形及勤務條件最低保障，授權總統府、國家安全會議及五院分別訂定，或授權所屬機關（構）依其業務特性定之。而勞基法對於天災、事變或突發事件、休假日、例假日、夜間、平日2個小時以上的加班應加發費用之計算，在公務人員法規中並沒有類似規定。依照行政院人事總處的「各機關加班費支給辦法」第4條，公務人員加班費以每小時爲單位，每小時支給基準爲：按月支薪俸、專業加給二項之總和，除以240，主管人員另加主管職務加給三項之總和，除以240。換句話說，警察人員同樣執行警察工作的超時服勤時間，其如警勤加給、繁重

加給、地域加給、深夜危勞性勤務津貼等均不能夠算入加班費，且對於日勤、夜勤與深夜勤的加班時數評價都相同，並沒有如勞基法給予加成計算。因此，警察人員所領之加班費，其時薪遠低於基本上班時數之時薪，導致「加班越長虧越多」的情形，研究者認為似乎顯得有些荒謬。

二、警察勤務機關服勤時間規定

（一）警察勤務條例

　　外勤警察人員服勤時間，是以警察勤務條例為基本架構，該條例第四章即為服勤時間，其中包含二個條文。依據該條例第15條規定：「（第一項）每日勤務時間為二十四小時，其起迄時間自零時起至二十四時止。零時至六時為深夜勤，十八時至二十四時為夜勤，餘為日勤。勤務交接時間，由警察局定之。（第二項）服勤人員每日勤務以八小時為原則；必要時，得視實際情形酌量延長之。服勤人員每週輪休全日二次，遇有臨時事故得停止之；並得視治安拳術況需要，在勤務機構待命服勤。（第三項）前項延長服勤、停止輪休或待命服勤之時間，酌予補假。」同條例第16條規定：「（第一項）服勤時間之分配，以勤四、息八為原則，或採其他適合實際需要之時間分配。（第二項）聯合服勤時間各種勤務方式互換，應視警力及工作量之差異，每次二至四小時，遇有特殊情形，得縮短或延伸之。但勤區查察時間，得斟酌勞逸情形每日二至四小時。（第三項）服勤人員每日應有連續八小時之睡眠時間，深夜勤務以不超過四小時為度。但有特殊任務，得變更之。」但派出所勤務規劃易受外界影響，警力不足與勤務繁重幾乎是許多警察勤務機關面臨的難題，警察勤務條例中「必要時可延長」的例外情況在實務上反而形成常態，且警察人員幾乎習以為常。若以現行警察機關所規劃的勤務時間來看警察勤務條例，深夜勤不得超過4小時，以及連續8小時之睡眠時間已受到現行作法的挑戰，勤4息8的時間分配方式則幾乎沒有警察機關採用。顯見警察勤務時間的編配隨著觀念的改變，及各警察勤務機關人力編制與勤務內容的不同，會產生不小的變動，對於這些改變，修法顯得較為緩不濟急，因此在釋字第785號之前，警政署主要因

應策略是以一個接一個的函釋作為警察機關編排勤務的框架參考。

其次，在警察勤務條例第17條中規定：「勤務規劃監督機構對勤務執行機構服勤人員之編組、服勤方式之互換及服勤時間之分配，應妥予規劃，訂定勤務基準表，互換輪流實施，並注意下列事項：一、勤務時間必須循環銜接，不留空隙。二、勤務方式應視需要互換，使每人普遍輪流服勤。三、分派勤務，力求勞逸平均，動靜工作務使均勻，以調節精神體力。四、經常控制適當機動警力，以備缺勤替班，並協助突發事件之處理。五、每人須有進修或接受常年訓練之時間。」為了符合上述要求，雖說每日以8小時為原則，但外勤警察人員為達成工作任務，每天仍必須增加2至4小時服勤時數，遇有特殊情況，還得延長，過去員警當日工作時數高達12小時以上的情形並非罕見。此外，外勤警員休假方式採輪休制，每週休假2日，無固定休假日，國定假日不放假，遇重大治安維護勤務則停止休假，使得員警生活作息不但與家人不同步，縱然安排好行程也可能突然取消。

（二）警察機關輪班輪休人員勤休實施要點

依據公服法第12條訂定的「行政院與所屬中央及地方各機關（構）公務員服勤實施辦法」（以下簡稱實施辦法）第5條授權主管機關或其所屬機關（構）依前四項所定，調整辦公日中連續休息時數、辦公時數、延長辦公時數、更換班次時連續休息時間及休息日數之規定，應於維護輪班輪休人員健康權之原則下，明定適用對象、特殊情形及時數上、下限等最低保障相關事項。因此內政部針對警察人員，另外訂定「警察機關輪班輪休人員勤休實施要點」（以下簡稱勤休要點），在2023年9月最新修正的要點中，不但依工作性質與執勤項目不同，提高每日得超時服勤之上限，最高得超過16小時，只是不得連續3日外。另外對於實施辦法要求「輪班輪休人員於辦公日中，至少應有連續一小時之休息，休息時間不計入辦公時數，並由各機關（構）於辦公時間內調配之」的規定，在勤休要點中以「休息時間服勤人員如於指定處所待命無法自行運用，視為服勤時數」來解套，避免員警的服勤時數被拆為兩

段上班。

綜觀勤休要點的規定，有警政署過去對於勤務時間所規範的函釋內容，也有配合實務可能發生情況放寬每日及每月的工作時數上限，並給予員警在連續工作的中間有1小時視爲服勤時數的待命休息時間。與過去相較，確實顯得更爲人性化。惟勤休要點自2022年1月公布生效以來，不到二年對於允許超過4小時以上延長服勤時間的適用對象已經放寬過一次。對警察人員造成負荷極大的長時間服勤時間情形是否可能會漸漸捲土重來？研究者以爲值得持續關注。

貳、大法官釋字第785號

2019年11月做出的大法官釋字第785號源於2位消防人員認爲執勤24小時、休息24小時的勤務時間不合理，比起一般公務員每天工作8小時、週休二日來算，消防隊員必須服勤更多的工作時數，但是在加班費請領與補休上卻有諸多限制，因此請求消防局應降低每日勤務時間或給付加班費與准補休假。經大法官解釋後，與警察勤務時間相關的部分主要有：

一、服公職權

憲法第18條規定人民有服公職之權利，旨在保障人民有依法令從事於公務，貢獻能力服務公眾之權利，國家應建立相關制度，用以規範執行公權力及履行國家職責之行爲，亦應兼顧對於公務人員權益之保護。人民擔任公職後，服勤務爲其與國家間公法上職務關係之核心內容，包括公務人員服勤時間及休假制度等攸關公務人員權益之事項，自應受憲法第18條服公職權之保障

二、健康權

人民之健康權，爲憲法第22條所保障之基本權利，凡屬涉及健康

權之事項，其相關法制設計不符健康權最低限度之保護要求者，即爲憲法所不許。公務人員服勤時間及休假制度，攸關公務人員得否藉由適當休息，以維護其健康，應屬憲法第22條所保障健康權之範疇。制度設計除滿足行政組織運作目的與效能外，亦應致力於維護公務人員之身心健康，不得使公務人員勤休失衡致危害健康。

三、訂定框架性規範

　　未就業務性質特殊機關實施輪班、輪休制度，設定任何關於其所屬公務人員服勤時數之合理上限、服勤與休假之頻率、服勤日中連續休息最低時數等攸關公務人員服公職權及健康權保護要求之框架性規範，不符憲法服公職權及健康權之保護要求。於此範圍內，與憲法保障人民服公職權及健康權之意旨有違。應就上開規範不足部分，訂定符合憲法服公職權及健康權保護要求之框架性規範。

　　簡言之，依照大法官解釋，對於如外勤警察人員這類採行輪班輪休制的公務人員，其服勤時數及超時服勤補償事項，站在保障公務員服公職權與健康權的角度，應訂定必要合理之框架性規範。警察人員超時服勤的根本問題，就在於勤務時間。業務性質特殊的職業部門，無可避免必須不斷找尋職業安全維護與服務需求的平衡，因此在警察勤務的時間上，無法想像只有一套僵硬而無彈性空間的工時模式用以因應。是以，基本上是先將原則做出架構，並保留例外或作多層次的規劃。服勤重要的基本內容，包括服勤的定義、休息時間、待命服勤內涵、例假日、加班限制、連續休息時間等，應適當地放入不同層次的法規範中，以保留因地制宜的彈性，努力找出各機關最適切的規範方式。

參、檢討警察勤務時間的重要性

　　警察機關爲何必須不斷關注警察勤務時間的合理性？因爲服勤時間與警察人員的健康有著密切的關聯性。聯合國世界衛生組織（WHO）

在其《章程》中，把健康定義爲不僅是指沒有疾病或衰弱的情況，且指生理、心理與社會功能的良好狀態。換句話說，健康包含了生物因素與心理社會因素。而不合理的工時時間，對警察人員健康的生物因素與心理社會因素都造成影響。研究者認爲，檢討警察勤務時間，使其足以保障警察人員服公職權與健康權，可以降低警察人員執勤風險、增進警察人員身心健康、減輕工作壓力，並平衡警察人員工作與生活。

一、降低警察人員執勤風險

　　Khan等人（2022）分析加拿大4萬7,811名年齡介於45-85歲之間的中老年族群的健康資料，在調整了年齡、性別和教育程度等變因後發現，與日班工作者相比，於夜晚工作者（包括加班、晚班、夜班、輪班者）的認知功能確實有下降趨勢，其中長期夜班工作與記憶力功能障礙有關；而執行功能的受損，與目前擔任輪班工作和長期輪班工作者有關。導致該結果的潛在原因，可能是夜班會導致「晝夜節律」反覆紊亂，引起睡眠不足、白天嗜睡，甚至是腦部發炎，進而影響認知能力。另外，晝夜節律紊亂可能會導致生理壓力和皮質醇水平升高，這可能對大腦功能產生影響。我國2005年修正之「公務人員安全及衛生防護辦法」（以下簡稱安衛辦法），爲現行公務人員（及準用人員）執行職務之安全及衛生防護措施做原則性規範。依據安衛辦法第3條規定，各機關提供公務人員執行職務之安全及衛生防護措施，指各機關對公務人員基於其身分與職務活動所可能引起之生命、身體及健康危害，應採取必要之預防及保護措施，包括下列：輪班、夜間工作、長時間工作等異常工作負荷促發疾病之預防。並由成立之安全及衛生防護小組負責機關安全與衛生防護督導及規劃工作。前述研究顯示上晚班、大夜班者或需要輪班的勞工，比起上日班者更可能出現「認知障礙」風險，包括記憶功能、執行功能等指標皆出現下降趨勢。且在工作超過8小時以上後，警察人員的注意力是否仍能保持專注力？更甚者，長時間的超時工作使員警休息不足，疲累之下的執勤是否能夠保護自身安全、民眾安全以及一起執勤的同仁安全？不無疑慮。

二、增進警察人員身心健康

WHO和國際勞工組織（ILO）針對超時工時的研究指出，每週工作55小時以上者比起每週工時介於35-40小時者，中風的風險高了35%，死於心臟疾病的風險則高了17%，該份研究報告還指出，超時工時至少要爲三分之一和工作有關的疾病負責，且超時工時導致工作者健康狀態低落的方式有兩種：第一種是透過人體對壓力的直接反應；第二種是工作者會因爲超時工作而出現傷害自己健康的行爲，例如抽菸、喝酒、亂吃、少運動和睡得少等。WHO認爲，沒有任何一份工作值得冒中風或是罹患心臟病的風險。政府、雇主與勞工需要一起設下工作時間的限制，以保護勞動者的健康（Pega et al., 2021）。另外一份研究則顯示，習慣長年長工時工作者，在幾年後慢性病風險會增加。研究人員比較每週工時超過60小時，與每週工作30-40小時的人發現，長工時者得到關節炎和類風濕性關節炎的風險高了2倍以上。對於女性的傷害更爲明顯，當女性工時超過40小時風險就開始攀升，得到非皮膚癌和糖尿病的風險是3倍，關節炎的風險更高了4倍（天下雜誌，2016）。

事實上，內政部也承認警察人員24小時輪替服勤，長期日夜作息紊亂，致罹患疾病情形較一般公務人員爲高，因此於2019年5月推動「警察消防海巡移民空勤人員醫療照護實施方案」，使警察機關之現職及退休人員至國軍、榮民及所有縣市部立（或指定）醫院就醫，分別享有免收掛號費及部分負擔補助等照護措施，以期能夠更好的照護警察人員的身心健康。公服法第12條修正理由也指出：「……經參照公務人員因公猝發疾病或因戮力職務積勞過度以致死亡審查參考指引第二點第四款第一目規定，有關長期工作過重之認定標準，係以發病前六個月內是否長時間工作造成明顯疲勞之累積。其中每月平均加班時數達八十小時，其加班產生之工作負荷與發病之相關性極強；平均每月加班時數若達四十五小時，則其加班產生之工作負荷與發病之相關性，會隨加班時數增加而增加。」研究者認爲，最好的治療方式是預防，爲了保障警察人員的身心健康，實有必要從改善勤務時間開始做起。

三、減輕工作壓力

美國警察機關傳統上輪流執勤方式是一或數週或數月的固定時段服勤,例如固定夜間或日間時段。員警的休息日亦是輪流的,以適應三班輪替制度。但研究顯示這種作法會給警察人員的工作和私人生活都帶來問題。反覆輪班工作的壓力會對飲食、生活、睡眠和社交產生負面影響,產生巨大的壓力。因此,近年美國採每天於穩定或固定的時段執勤的警察機關增加了許多,從2005年11月的54%,增加到2009年11月的75.3%,相對地,採用輪流服勤不同時段的警察機關減少了21.3%。這些機關的警察人員依據資歷或意願,被分配固定的時段服勤,目的是希望這能讓警員上班和下班後的生活更正常,從而消除輪班工作帶來的許多問題(Dempsey et al., 2019)。董貞吟等人(2010)曾以問卷調查臺北市2,393位公務人員後發現,基層警察人員相較於一般公務員與教師,有顯著較大的職業壓力、較差的生活型態與較高的疲勞感,且認為過勞死會發生在自己身上的比例顯著高於其他兩者。而勞動部職業安全衛生署訂定的「職業促發腦血管及心臟疾病(外傷導致者除外)之認定參考指引」中,將不規律工作、工作時間長、輪班或夜班工作等因素,列為長期及短期工作過重的判斷因子。因此,造成外勤警察人員感到工作負荷量大的原因,與長時間的服勤、不固定的勤務時段及日夜顛倒的輪班方式有顯著的關係。

四、平衡警察人員工作與生活

國際社會的工作時間公約(Hours of Work (Industry) Convention)規定,受雇者的工作時間不得超過每天8小時和每週48小時。根據勞動部統計,2022年全時就業者主要工作每週經常工時,由2020年41.8小時減至41.3小時,另經濟合作暨發展組織(Organisation for Economic Cooperation and Development, OECD)美好生活指數(Your Better Life Index)中將受雇者工時過長(每週經常工時50小時以上)比率列為工

作與生活平衡指標[1]。2022年在我國受雇者工時過長比率上，指標為3.5%，低於德國的3.7%、美國的10.2%、英國的10.3%、日本的15.7%，及南韓的17.1%（勞動部，2024）。但如以警政署實施要點規定各警察機關編排超時服勤時數，以2小時為度來看，外勤警察人員每週工時50小時以上卻是常態。經統計發現，家庭關係是執法人員自殺最明顯的風險因素之一，而警察工作的輪班工作壓力及不固定的輪休時間特性可能會加劇人際關係問題（Zimmerman, Fride, & Frost, 2023）。李震山大法官認為，釋字第785號解釋文中，還有「家庭權」未提出明文列舉，蓋因就警消人員的勤務制度，對執勤人員要過著一般人相同的正常家庭生活，經營維繫良好的婚姻關係及給子女應有的教養與照顧有相對的困難性，需從家庭權切入予以保障（李震山，2020）。換言之，合理的警察服勤方式，應該能夠平衡警察人員的工作與生活。

肆、現行外勤員警勤務時間規劃方式

由於公務人員工作時間一般為8小時，而警察機關需要維持24小時的勤務運作，因此典型的警察勤務輪班方式採三班輪替制，即將一天分為三個時段，由警察人員輪流擔服。根據研究，採用傳統的三班輪替制時，每天至少需要3名警察人員。如果將輪休日、休假日和病假日等納入輪班考量，則每個警察機關大約需要至少5名警員才能維持全年24小時無休的運作（Dempsey et al., 2019）。不過，因為犯罪等警察需要處理的違序問題多發生在清晨及深夜，因此警察機關實際上並不會將所有的人員平均分配在三個時段執勤，而是根據對警察的服務需求來分配警力，例如在犯罪率最高和對警察需求最高的時段，部署更多警力。由於對警察服務的需求越來越高，事實上，從美國警察機關服勤時間統計

---

[1] OECD美好生活指數選取「受雇者工時過長比率」及「每日休閒及個人照護時間」二項指標，另以「通勤時間」及「時間分配滿意度」二項輔助指標觀察勞動者工作與生活間之平衡。

來看，服勤時間有增加的趨勢，美國警察機關採用8小時輪班的比率下降10.8%，採用10小時輪班的比率僅下降了4.9%，而採12小時輪班的比率卻增加了。另外還有些警察機關採用9小時、11小時、13小時或多班制的服勤時間（Dempsey et al., 2019）。而我國外勤警察人員的勤務時間與勤務編排方式，其實隨不同的警察機關間因為人員配置、勤業務多寡、加班時間長短、機關內部規定及同仁意願等因素的影響，彼此之間不盡相同，但整體而言，已從過去的拆班大輪番制，每日常態服勤12小時漸漸地改善。

我國第一線的外勤員警每週工作內容可能經歷「勤區查察、巡邏、臨檢、守望、值班、備勤、交通執法、群眾抗爭活動處理、人犯押送與戒護、特種警衛勤務、行政協助勤務，以及婦幼保護勤務」等勤務類型。除了任務繁多且工時長外，其勤務輪班制也與他行業輪班制不同，多數警察機關不是單純二班制或三班制，而是不定時段的輪班制，同時受治安情況之影響，可能會有休息時間被剝奪或停止輪休被召回的情形。以目前派出所的勤務規劃模式為例，雖然不同警察機關細節上稍有不同，也會依勤務特性及治安情況機動調整服勤時段及時數，於必要時進行調整、增加，但大致可分為大輪番與二班制二大模式。大輪番是指將工作時間依治安情況機動調整服勤時段，拆成長短不一好幾段工時（各分局可能有不同時段拆法），每天工作時段不一，以一週上班5日來衡量，週期有「勤5日休2日」、「勤4日休2日」、「勤3日休1日」、「勤12日休4日」等不同變形。採大輪番方式員警休息時間可能較短，但其優點則是機動性高，控制警力程度強。二班制則是分早班或晚班，一週或兩週換一次班表，固定輪早班或晚班，通常必須連續服勤10-12小時，例如本週09:00-21:00、下週21:00-09:00。雖體力負荷重，但其優點上班時間固定，休息時間較為充裕，作息較能預期（蔡田木等人，2021）。

伍、警察勤務時間現行問題

　　針對現行警察勤務時間的問題，本文提出以下六點爭點供參考，分別是加班費計算方式不合理、夜間加成之爭議、是否加班無自主權、服勤日中編排1小時之休息時間在派出所易等同備勤、派出所主管人員變相加班問題及容許加班的上限仍屬過勞等，以下敘述之。

一、加班費計算方式不合理

　　勞基法第24條規定，勞工每日工作8小時後加班費及休息日加班費，前兩小時約為工資額1.33倍，後兩小時加班費約為1.67倍，而公務人員無論是何時的加班費均無加成。其次，勞基法第2條第4款規定，工資是指勞工因工作而獲得之報酬；包括工資、薪金及按計時、計日、計月、計件以現金或實物等方式給付的獎金、津貼及其他任何名義，只要是「經常性給與」均算，因此加班費的計算基礎包括勞工所有的經常性給與。然而公務人員的加班費計算只採計俸（額）點、專業加給及主管加給，其餘包括警勤加給在內等給與，雖然符合經常性給與之要件，但依照行政院人事總處的「各機關加班費支給辦法」規定，均不計入公務人員加班費計算基礎。然依據釋字第785號解釋，國家對公務人員於法定上班時間所付出之勞務、心力與時間等，依法應給予俸給；公務人員於法定上班時間以外應長官要求執行職務之超勤，如其服勤內容與法定上班時間之服勤相同，國家對超勤自應依法給予加班費、補休假等相當之補償。此種屬於給付性措施之法定補償，並非恩給，乃公務人員依法享有之俸給或休假等權益之延伸，應受憲法第18條服公職權之保障。就警察人員而言，為配合機關勤務運作需要，於法定上班時間結束後繼續上班所得之加班費，明顯少於正常上班時候的薪水。本研究認為這樣的加班費計算方式顯不合理，且有值得檢討之處。

二、夜間加成之爭議

　　誠如前節所屬，日夜顛倒的輪班工作會對於從業人員造成身體傷

害，國內外證明夜班工作與身體疾病關聯性的文獻所在多有，因此勞動部職業安全衛生法第6條第2項明定雇主使勞工從事輪班、夜間工作及長時間等這類異常工作，應妥為規劃並採取必要之安全衛生措施。勞動部在其「異常工作負荷促發疾病預防指引（第2版）」中還進一步建議，雇主應該要有高風險族群之辨識及評估、工作時間調整或縮短工作內容之更換等措施。許多民間企業對於夜間輪值人員會額外給予夜間津貼或夜間上班加成，即是著眼於夜晚上班對員工身體造成之損害較大，應給予相當的補償。然而輪班輪休制的公務人員並沒有因上班時段的不同，而有不同的待遇。2023年時行政院答覆立法委員對於警消加班費是否納入夜間加成的提問，給予否定的答案。主要理由是公務人員加班費並無加成支給規定；又以工作時間採輪班性質公務人員種類眾多，如醫護、監所人員、從事移民事務及空中勤務等人員，均須24小時輪替服勤或延長服勤時間至深夜時段。為避免其他深夜執勤人員要求援比之效應，警察人員夜間加班費應不予加成（鍾麗華，2023）。雖然於2024年6月起，行政院核定「警察、消防、移民、空中勤務機關輪班輪休人員深夜危勞性勤務津貼支給表」，警察、消防、移民及空勤等四類人員，每天00:00-06:00只要在駐地外執勤，每小時能領100元補貼。但是僅針對駐地外執勤者才有津貼，研究者以為，該津貼顧名思義是認為深夜在駐地外執勤的危險性高，因此給予補償，此項規定一來限制深夜於駐地內服勤的員警支領津貼，二來明白表示該津貼發放並非著眼於因為夜間輪值造成身體傷害所以給予補償。因此，研究者仍認為應該要全面檢討公務人員加給給與辦法與各機關加班費支給辦法規定，是否納入夜間加成，或發給夜班津貼。

三、是否加班無自主權

勞基法第5條規定，雇主不得以強暴、脅迫、拘禁或其他非法之方法，強制勞工從事勞動；同法第42條亦規定，勞工因健康或其他正當理由，不能接受正常工作時間以外之工作者，雇主不得強制其工作，此即強制勞動之禁止。且在勞基法的第75條及第77條還進一步規定違反者處

以有期徒刑、拘役或科或併科罰金之罰則。雖然公務人員與國家間之關係為公法上之職務關係，公務人員應依法行使權利並履行義務，但現行在學理上已經漸漸揚棄特別權力關係，國家與公務人員間更靠近像是雇主與勞工間的關係。但現行對於公務人員加班意願之保障，僅有保障法第23條就加班之報酬方式予以規範，對於公務人員是否可以拒絕超時加班，或在何種條件下可以拒絕超時加班並未明確規定。立法院2017年的研究報告曾指出，為維護公務人員身心之健康，基於完善的工作代理制度及輪值制度，在不妨礙公務執行原則下，應給予公務人員對於超時工作時間有拒絕之權利。建議在公服法第11條增訂有關公務人員加班及強制工作禁止之規定（林鈺琪，2017），但2022年6月修正的公服法中並沒有相關的規定。

雖警政署在相關函釋[2]中允許外勤警察人員可以選擇只上8小時的班，但必須提出申請，並經分局長或大隊長等主管長官依據轄區治安及警力狀況等條件，綜合考量後核定，因此提出申請者容易被視為配合度不高人員，實際上提出者並不多。而在後續行政院與所屬中央及地方各機關（構）公務員服勤實施辦法第5條第3項更規定，輪班輪休人員之每日辦公時數，依其服務機關（構）之輪班輪休制度排定。表示現行警察人員對於機關所安排之服勤時數並沒有太多拒絕或依個人意願選擇的空間。誠然警察工作不同於一般公務人員，除兼負治安維護、排除各聚眾滋擾外，尚需處理各類交通事故，且24小時服務民眾，在業務繁重的情形下，允許服勤人員自行選擇勤務時間可能會造成勤務執行機關的困擾。研究者認為，至少目前應做到各單位定期檢討員警休假日數，盡量不停休，與公務人員全年放假總天數相同，並落實執行，待時機更加成熟後，應尊重服勤人員加班的意願安排勤務時間。

四、服勤日中編排1小時之休息時間在派出所易等同備勤

「公服法」及「行政院與所屬中央及地方各機關（構）公務員服

2　例如108年2月19日內政部警政署警署行字第1080058950號函。

勤實施辦法」均規定，輪班輪休人員於辦公日中，至少應有連續1小時之休息時間。故警察機關輪班輪休人員勤休實施要點依母法規定，復規定警察人員於服勤日中至少應有連續1小時之休息時間，且服勤人員如於指定處所待命無法自行運用，視爲服勤時數。惟實務運作上，各分駐（派出）所員警每日勤務以動、靜態勤務輪流編排作爲調節員警體力的方式。而前述1小時休息時間，多以原來的備勤勤務拆半，變爲其中1小時編排在所待命勤務，以視爲服勤時數；此種編排方式等同於第二、第三備勤勤務，以這樣方式編排的勤務時間，員警很可能連裝備也不繳交，等同與之前備勤的服勤方式相同，讓員警休息的待命勤務形同虛設。在警察勤業務不減量的情形下，形成上有政策下有對策。而且這樣的現象也在在顯示過重的工作負荷才是根本原因，因此持續地檢討各項執行中的勤業務與職務協助的必要性，爲關鍵因素。

五、派出所主管人員變相加班問題

在警察機關輪班輪休人員勤休實施要點第5點中，放寬實際擔負內部管理及應變處置之主管勤務者，超時服勤時數，每日不得超過16小時；每月超時服勤時數不得超過100小時。主要著眼各勤務執行機關的主管人員，尤其是分駐（派出）所的所長，肩負內部管理、轄區事件處置及承擔考監責任等，各機關主官及業務單位遇有突發敏感案件，仍習慣交辦所長辦理以求周全，因此常有所長即便當日勤務已結束，仍因轄區情況，並未按表離所返家，造成變相加班之情形。若是不對其可以報領的超勤時數放寬，則可能有「做白工」的不合理情形發生。但研究者認爲，放寬派出所主管超勤服勤時數並非根本之計，只是持續讓其維持過勞的狀態，各機關主官及業務單位應修正習慣將案件交辦給單位主管辦理，以求周全之陳舊觀念，重視職務代理人責任制度，即使發生突發且敏感案件，仍應交付當值副所長或職務代理人指揮處理回報即可，以減少所長勤務時間過長及黑班情形。

六、容許加班的上限仍屬過勞

勞基法第30條第1項規定，勞工正常工作時間，每日不得超過8小時，每週不得超過40小時；與公務人員週休二日實施辦法第2條第1項規定，公務人員每日上班時數為8小時，每週工作總時數為40小時，二者每日及每週工作時數相同。然而有關加班時數及上限，勞基法第32條第2項規定，雇主延長勞工之工作時間連同正常工作時間，1日不得超過12小時；延長之工作時間，一個月不得超過46小時，但雇主經工會同意，如事業單位無工會者，經勞資會議同意後，延長之工作時間，一個月不得超過54小時，每三個月不得超過138小時。另外勞動部的過勞認定參考，主要是依據勞動部職業安全衛生署所訂定的「職業促發腦血管及心臟疾病（外傷導致者除外）之認定參考指引」。依據該指引規定，發病前一個月的加班時數超過100小時，或發病前二至六個月內的任一期間月平均加班時數超過80小時，可以認定長期工作過重。新修正的勤休要點規定，服勤時數雖以每日8小時，每週40小時為原則。且各警察機關編排超時服勤時數，以每天2小時為原則、4小時例外，每月超勤時數不得超過80小時，但對第5條及第6條的12大類人員，如正副主管、刑事偵查、特種勤務、值宿所等人員，又開了後門，最多甚至可以突破1天16個小時以上的上班時數，只要不連續3日就好。但這允許警察合法加班之工時，仍然超過了上述過勞死的認定工時標準，研究者以為，這形同合法讓員警持續暴露在過勞死的風險中。

陸、結論與建議

針對上述警察勤務時間面臨之問題，研究者認為應該合理化加班之報酬、不同執勤時段應有不同待遇、持續簡化警察協辦業務及仍應繼續檢討員警服勤時間。

一、合理化加班之報酬

目前礙於政府預算與考量勤務機關執行勤務之需要，保障法雖有宣示警察人員超時服勤的補償，以核發加班費與休假為主，但仍然沒有放棄給予獎勵的方式。再加上現行公務人員加班費計算方式與勞基法規定有落差，政府身為公務人員的雇主，但公務人員的勞動條件在加班費的計算上卻顯不如勞工，研究者認為，實有重新檢討，合理化公務人員加班費之規範。尤其對於警察人員而言，加班時間一樣是執行警察勤務條例所規範的六大勤務，但卻不能將警勤加給列入加班費的基準，顯有值得討論之餘地。

二、不同執勤時段應有不同待遇

依照警察勤務條例規定，警察服勤時間區分為日勤、夜勤及深夜勤三種。雖有區分這三種不同性質之服勤時間，但在服勤時數及加班費用的計算上並沒有不同之評價。如前所述，夜間輪班者對身體健康較有影響，民間企業針對夜間輪值人員通常額外給予津貼等補償。研究者認為，不論警察人員深夜是否在駐地外執勤，夜間輪班對身體健康的傷害都是相同的，應該不談深夜服勤外在環境的危險性，只談補償，因此政府機關應該要檢討公務人員加給給與辦法與各機關加班費支給辦法等規定，而非用「服勤環境危險性」的角度，來核發夜間服勤之津貼。否則只會引發更多的爭議，畢竟危險隨處都在，員警在所內服勤時也有發生過傷亡的事件，因此研究者認為深夜津貼應該是單純針對特殊服勤時間給予的補償。

三、持續簡化警察協辦業務

研究者以為，不管加班費加給怎麼給，超時服勤才是根本問題。但無論是業務繁重還是人力不足，主管機關都少有對這兩個部分提出改善的計畫或想法，單純的增加薪水，真的就有辦法達成「權衡業務需要及公務員健康權」的目標嗎？外勤員警超時服勤的問題，根本因素是警察業務過於繁重，內政部警政署每次針對警察勤務時間的檢討，大致聚焦

在每天的服勤時數及每日的加班時數等限制爲主，未能針對問題所在予以改善（陳俊宏，2022）。誠然，減化警察協辦業務一直被列爲警政重要工作之一，內政部警政署自2015年起已將協辦業務自36項簡化爲16項，對於無急迫危害人身安全或執行遇有障礙等情況，警察機關以不協助爲原則，回歸以行政程序法第19條及行政執行法第6條等規定辦理。但是在後續又再度看到大量的警察人力投入新冠肺炎疫情調查、居家檢疫者動向管控、非洲豬瘟的豬肉製品之查辦等新增的職務協助事項中。因此，目前協辦業務過多仍爲警察人員超時服勤主要原因，簡化警察協辦業務是一條道阻且長之路，但行則將至，警政署仍應持續主動協調避免警察職務協助事項入法，積極回應避免新增警察協辦業務。

四、仍應繼續檢討員警服勤時間

雖然警察合理勤務時間難以推行的根本因素在於警察的工作量負荷過大，但業務主管機關不能因此就兩手一攤放棄改善，量變產生質變，越來越多的警察機關願意合理化服勤時間，長官改變事事都要找所長負責的觀念，連帶著不得不處理不合理的職務協助，才能讓警察人員的服勤環境越來越改善。因此，研究者認爲對於員警服勤時間仍應持續的檢討，以期能夠更符合人性，並改善警察人員職業安全。誠如前大法官李震山所言，警察機關應以合乎人性尊嚴的警察勤務制度，衡平社會治安責任與警察人員的人格尊嚴、婚姻家庭權及職業尊嚴。

參考文獻

一、中文部分

李震山（2020）。論我國憲法健康權的演進——以司法院釋字第785號解釋相關論理爲分野。2020警政與警察法學學術研討會論文集。

陳俊宏（2022）。修正警察勤務條例之研究——以警察工時爲中心。臺灣警察專科學校111年精進校務發展研究計畫發表會。

董貞吟、陳美嬿、丁淑萍（2010）。不同職業類別公教人員對過勞死的認知與相關因素之比較研究。勞工安全衛生研究季刊，第18卷第4期，頁404-429。

蔡田木、黃翠紋、溫富雄、黃家珍、蔡文瑜（2021）。警察工作體能需求與警察特考體測及體檢標準之研究。內政部警政署委託研究。

二、英文部分

Dempsey, J., Carter, S., & Forst, L. (2019). *An Introduction to Policing*. Boston, MA: Cengage Learning.

Khan, D., Rotondi, M., Edgell, H., & Tamim, H. (2022). The association between shift work exposure and the variations in age at Natural Menopause among adult Canadian Workers: Results from the Canadian Longitudinal Study on Aging (CLSA). *Menopause*, 29(7), 795-804.

Pega F, Náfrádi B, Momen NC, Ujita Y, & Streicher KN et al. (2021). Global, regional, and national burdens of ischemic heart disease and stroke attributable to exposure to long working hours for 194 countries, 2000-2016: A systematic analysis from the WHO/ILO Joint Estimates of the Work-related Burden of Disease and Injury, retrieved from https://pubmed.ncbi.nlm.nih.gov/34011457/ (Accessed 20/Apr/2024).

三、網路資源

內政部警政署（2024），警察人員平均死亡年齡暨健康監測統計，file:///C:/Users/ankhe/Downloads/%E9%99%84%E4%BB%B62-111%E5%B9%B4%E7%B5%B1%E8%A8%88%E7%B5%90%E6%9E%9C%E8%A1%A8%20(1).pdf，閱覽日期：2024.12.7。

公務人員保障暨培訓委員會（2020），公務人員加班補償法制之研究，https://ws.csptc.gov.tw/Download.ashx?u=LzAwMS9VcGxvYWQvNi9yZWxmaWxlLzEyMzk2LzM3MTQ4L2I4MTc0MjFmLTE2MzUtNDJjNC05NjUxLTgyZjJmM2MxMjQ5YS5wZGY%3d&n=5YWs5YuZ5Lq65ZOh5Yqg54%2bt6KOc5YSf5rOV5Yi25LmL56CU56m2LnBkZg%3d%3d，閱覽日期：2024.12.7。

天下雜誌（2016），工時短更憂鬱？ 超時工作到底如何影響健康，https://www.cw.com.tw/article/5078633，閱覽日期：2024.12.7。

立法院（2022），立法院委員葉毓蘭等17人擬具「公務員服務法」第11、

25條條文修正草案，https://www.lawbank.com.tw/news/NewsContent_print.
aspx?NID=183297.00，閱覽日期：2024.12.7。

林鈺琪（2017），公務人員加班時數之研析，立法院網站，https://www.ly.gov.tw/
Pages/Detail.aspx?nodeid=6590&pid=85476。

勞動部（2024），國際勞動統計，https://www.mol.gov.tw/1607/2458/2464/2470/，
閱覽日期：2024.4.13。

銓敘部（2024），警察人員人事條例第35條修正草案提高警消等人員退休所得
替代率之財務影響評估報告，https://ppg.ly.gov.tw/ppg/SittingAttachment/down-
load/2024060624/74203940008122020002.pdf，閱覽日期：2024.12.7。

鍾麗華（2023），警消夜間加班費加成？行政院回應了，自由時報電子報，
https://news.ltn.com.tw/news/politics/breakingnews/4279704https://www.mol.gov.
tw/1607/2458/2464/2470/，閱覽日期：2024.4.13。

|第七章|
警察勤務教育與訓練

黃翠紋、溫翎佑

　　教育與訓練不只是警察勤務的基石，在組織領導上，教育訓練也是提升組織效能，或是爲推動某一項新的方案時，不可或缺的重要措施。警察機關對於員警的教育訓練內容，將影響其對於工作任務與內容的認知。尤其隨著社會變遷與外在執法環境改變，警察教育與訓練內容自然需要因應時代變化做調整。本文想要探討的最主要議題是現今臺灣警察勤務教育與訓練的內涵究應爲何？因此以下將先探討警察執行勤務的核心能力，並聚焦在現行執行警察勤務應加強之知能上，最後簡介現行警察勤務教育與訓練方式。

壹、警察勤務核心能力

　　大法官釋字第588號解釋謂，「警察」係指以維持社會秩序或增進公共利益爲目的，得使用干預、取締之手段者。又警察依職務與工作性質可區分爲內勤工作及外勤工作。內勤工作主要指在警察機關的各組、科、室、勤務中心等單位，負責辦理各項警察文書業務之員警。由於其工作處所在機關內部，與民眾接觸機會較少，上班方式、工作時間與休假接近一般文職公務人員，因此被視爲內勤人員。但在遭遇重大治安維護勤務，如特種警衛、選舉、群眾事件等，具有警察官身分的內勤人員仍需支援相關警察工作。而所謂外勤工作，指執勤場所主要在警察機關大門以外的種種警察勤務活動而言，這類人員工作時間多數須依勤務分配表所編排之勤務項目與時段執行，一般而言與民眾接觸最多的爲分駐

（派出）所內工作的員警。內外勤兩類型的警察人員工作內容及時間不同，所需的核心素養亦各不相同，但由於警察的職務常有內外勤輪調的情形，且在教育訓練時所接受的專業素養並沒有太大的區別，因此以下在探討警察人員於警察勤務上所需的專業素養將不區分內外勤。

　　核心能力多指一個人為適應工作及面對未來挑戰，所應具備的知識、能力與態度，不但包括行為所表現出來的具體表徵，尚包含個體內在特質的部分。因此，警察勤務的核心能力，即為警察人員對於良好執行警察勤務時所必須具備的知識、技術和能力。從中央警察大學行政警察系的核心職能來看，該系將行政警察業務與勤務列為首要的重要核心業務，包括：警察勤務之規劃與執行、領導與考核監督、督導或執行警察相關職權及為民服務四項（中央警察大學，2024）；而臺灣警察專科學校行政警察科學生畢業後一律分發外勤實務機構擔任第一線、24小時輪值之基層警察人員，該科認為學生的核心職能為「執法知能」、「執法技能」及「執法倫理」，在「執法知能」涵蓋基本法學素養、基層警察執法能力、熟悉基層警察勤務；執法技能包含執勤技巧與體技和溝通能力；至於「執法倫理」強調人權保障、正當執法程序、團隊紀律、品德操守、服務的人生觀等（臺灣警察專科學校，2024）。本研究參考上述核心職能，與中央警察大學和臺灣警察專科學校的課程安排後，認為兩校培養警察人員在執勤警察勤務工作上應具備的核心能力，主要有「知識」、「技能」及「人格特質」等三大面向，其中在知識面向著重在法學知識、犯罪偵察原理、執勤作業程序與規定；技能面向包含體技能力（含射擊）、溝通技巧、駕駛及交通指揮技巧與警政資訊系統使用能力；而在人格特質方面，則期待培養學生具有團隊合作、服務熱忱及風紀操守三種特質，如下表所述。

表7-1　警察勤務應具備之核心專業能力

知識面向	技能面向	人格特質面向
1. 法學知識 2. 犯罪偵查原理 3. 執勤作業程序與規定	1. 體技能力（含射擊） 2. 溝通技巧 3. 駕駛及交通指揮技巧 4. 警政資訊系統使用能力	1. 團隊合作 2. 服務熱忱 3. 風紀操守

資料來源：作者整理。

　　不過值得注意的是，警察人員在不同執法環境下有不同的專業核心素養，臺灣社會從農業時代進步到工業時代，再進步到資訊時代，社會變遷下警察所需的教育與訓練的內容與方向亦應不同。此外，隨著近年智慧型手機普及，資訊與影像傳播快速，犯罪趨勢從實際接觸走向科技網路、國家界線模糊，更容易受國際事件影響，警察勤務新興議題層出不窮，第一線的警察人員似乎要具備越來越多的能力才能夠堪堪應付。前警察大學校長謝秀能認為，警察教育的核心內涵可以分成「專業知識」、「專業技能」與「專業倫理」三大面向，「專業知識」包含警察法學與領導管理；「專業技能」含括執勤技術、溝通技術、逮捕技術；而「專業倫理」是警察的工作態度與信念，個人倫理要重視操守，執法倫理要溫和同理，專業倫理要能保障人權（謝秀能，2014：331-333）。而趙永茂等人則認為警察人員應具備之能力與特質可分為「警察工作職能」、「警察個人職能」及「職場適應」三部分。「警察工作職能」是指執法知識、執法技能與執法能力；「警察個人職能」是指人格特質、組織承諾與公共服務動機；而「職場適應」包括工作適應度、配合度及滿意度（趙永茂等人，2015：34）。綜合來看，警察勤務的核心能力不脫知識、技能及倫理三個部分，雖然有些價值觀是不變動的，但是隨著時空背景的變化，警察人員仍要不斷的與時俱進，強化外在環境所要求警察必須具備的知能。因此，本文進一步想探討的，是現階段的臺灣警察面對外在環境的要求，應該強化的知能為何？

貳、現階段警察勤務應強化之知能

在探討現階段警察執行警察勤務應具備的知能項目前，必須要先瞭解到隨著社會和結構性不平等、科技進步和財政緊縮等社會背景，導致許多國家的警察應對勤務的複雜性和挑戰更加嚴峻。因此，除了持續強化警察的合法性和改善警察與社區的關係外，也必須重新思考警察的專業知識和技能是否需要改善（Martin, 2022: 931）。近年來許多國家的警察機關都投入大量的時間和資源來訓練警察，期能經由各種訓練計畫讓警察機關的作為達到民主社會所期望的道德和專業標準。培訓被視為警察改革的關鍵特徵，用以引導新招募的警察瞭解其角色的複雜性，並確保他們致力於組織的政策和優先事項、讓警察機關採取實證警政策略，以及改善警察濫用強制力和對待弱勢群體的偏見，達到民主警政兼具有效性與公平性的執法目標（Jonathan-Zamir, Litmanovitz, & Haviv, 2023: 279-280）。我國現行警察的教育課程內容大多著重在法律課程的研習，以及體技課程的訓練；而在警察所研習的法律課程中多亦僅限於行政法令與刑事法令。然而觀諸上述警察勤務應具備之核心能力，現行教育課程涵蓋範圍可能並不足夠。因此以下將關注在現行警察教育在培育警察勤務核心能力上較為不足之處，建議應加強之專業知能。

一、人權與法治概念

民主警政強調警察的作為必須以人權為基礎，其核心概念包括民眾可以參與國家的決策，而警察則必須依法行政、需向民眾負責而不是國家的領導者，以及警察的作為必須透明，也必須為其行為負責並接受監督（Bonner, 2020）。而Harris（2005）也強調，民主社會中警察組織的目標包括：維持社會安寧及社會治安、保護和尊重民眾的基本權利和自由、預防和打擊犯罪、偵查犯罪、向民眾提供協助和服務。歐洲安全合作組織（Organization for Security and Co-operation in Europe）更建議，警察培訓應以民主、法治和保護人權的基本價值觀為基礎，並應根據警察的目標進行培訓。因此，人權與法治的概念必須植基在警察的心中，

才能夠減低警察人員執法過當的情形發生。

二、執勤安全操作程序

　　警員執勤遭攻擊的事件，多數是在為民服務或處理衝突時發生的非預期事件，也由於事發突然不及防備而導致傷亡。近年來警政機關一直強調執行時的三安政策，但是警察執行各項勤務的風險隨外在環境不斷變化，在機關能夠提供的行政資源有限的情況下，案件風險等級的評估一方面依賴主管機關定期滾動式檢討修正，一方面還是依賴執勤員警現場的判斷。依據內政部警政署督察室研究警察執勤傷亡案件，依其受傷態樣區分為執行攔檢盤查、處理事故糾紛、查緝逮捕嫌犯、處理聚眾活動、處理交通事故及追車六大類型危險識別，作為風險管理之基礎，並辨別在這六大類勤務類型的危險因素有哪些。有研究者分析後認為警察執勤時容易發生意外的原因，主要來自於以下風險：（一）專注力不足；（二）缺乏自我防衛意識；（三）危險評估不足；（四）接近路線不當；（五）欠缺快速用槍準備等（梁哲賓，2014）。因此，針對警察執行各項勤務所需的執勤安全操作程序，必須在各個教育訓練場合時時提醒同仁，並可用案例教育的方式加深同仁的印象。尤其是針對執行勤務危險識別上所做的努力，對於整個執勤安全的風險管理程序有事半功倍的影響。而讓執勤員警熟知執勤安全操作的程序、提升安全防護意識及具備自我防護之知能，進而保障員警的執勤安全，是最終的目標。

三、科技執勤新知

　　科技偵查是近年來警政議題中最受矚目的焦點之一，肇因於新興科技發展迅速，也導致科技犯罪猖獗，衍生出警政人員在資通、金流及情資面等的偵查困境。另一方面，新興科技引入警察勤務執行當中，也可以讓警察勤務執行更有效率。例如，臺中市早在2015年就開始創建「科技偵防情資整合分析平臺」，目標是運用科技偵辦刑案，提升犯罪偵查效能，之後持續擴充系統功能，加入更多資料庫，桃園市創立「科技犯罪偵查2.0暨數位科技戰情中心」彙整在地化刑案大數據提升破案

能力，並善用人工智慧簡化日常工作。同時整合AI巡防系統、刑案分析決策支援系統及數位證物管理系統，讓警察同仁運用單一介面整合查詢所需資料，加速刑案偵辦等（桃園市政府，2023）。各縣市各自引進科學技術協助執法，利用科技執勤成為沛然不可擋之趨勢。因此相關的科技執勤知能，也成為第一線執勤的警察人員應不斷加強之知能。

四、溝通與執勤技巧

　　依據內政部警察教育訓練課程諮詢會於2019年的會議紀錄顯示，警察工作有80%都需要溝通、協調能力及表達技巧能力之完備，因此警察專科學校自109學年度開始，首創加入「警察敘事能力與溝通」（又稱柔話術）課程，其中包含在執勤時的各種溝通理論。警察人員的教育訓練若是不重視溝通執勤的技巧，則可能導致警察人員在處理案件時容易將事端升級到動用警械的程度。根據2013年美國司法統計局的報告，美國警察培訓學校用於槍械訓練的時間為71小時，遠遠多於傳授如何平息事態課程的21小時（ICJTR, 2024）。因此有論者認為，由於美國的大部分培訓都集中在各種類型的使用警察力量，主要是各種類型的身體力量，大多數警察培訓學校在很大程度上都忽視了溝通技巧的培訓，因此警察在處理案件時容易從最初的溝通迅速升級到動用武力，導致美國警察對民眾使用槍枝比例高過於多數其他已開發國家（Horton, 2021）。而警察執勤時所需要的溝通執勤技巧，若以臺灣警察專科學校「警察敘事能力與溝通」此門課程的教學目標來看，是希望培養警察在職務執行過程中，嘗試運用「敘事能力與溝通」的系統性巧思，在處理複雜的社會案件，從講求基本的原理原則，到各種不同案例中的活用，隨之各種情境的變化做出不同事理的轉換與表達，為警察值勤時不可或缺的溝通能力。警察執法在溝通過程中不僅是需要不同的溝通技巧（例如接地氣的話術溝通、轉換情境的話術溝通、同理心的話術溝通、鬥而不破的話術溝通等技巧），還需要有化解衝突的基礎理論，與執法能力的實踐力量（例如如何選擇執法的正確性與妥當性）等（陳宏毅，2024）。

五、創傷知情訓練

　　根據美國刑事司法培訓改革研究所（ICJTR）統計，在被執法人員殺害的民眾當中，至少25%表現出精神疾病的跡象。換言之，美國警察一年平均殺害超過275位可能罹患精神疾病的民眾，然而美國執法人員平均卻只有10小時關於心理健康危機處理訓練（ICJTR，2024）。在英國，過去十年來各地警察機關面臨的服務需求性質發生相當大的轉變，與公共福利和脆弱性相關的問題大幅增加，以2015年為例，南威爾斯警察勤務指揮中心收到的報案電話中，高達89%與保障民眾脆弱性問題有關（包括受到威脅、危險、精神健康危機、自殺議題，或失蹤人口等）的案件，為了回應這些案件處理的需求，英國警察逐步開展創傷意識培訓課程（Brodie, Gillespie-Smith, & Goodall et al., 2023）。近年來紐西蘭警察機關亦積極推動創傷知情警政（trauma informed policing），期能讓警察和民眾都可以互蒙其利（Humphrey, 2023）。所謂創傷（trauma），係指「由個人所經歷而對身體或情感有害或具有威脅性的事件，係由單一事件，也可能是一系列情況（例如童年照顧疏忽、家庭暴力）造成的，並對個人的功能和身體產生持久的不利影響，而影響其社會互動能力或精神上的健康」。創傷知情（trauma-informed）訓練就是對創傷及其對環境、服務和人群可能產生影響的認識與理解。近年來，除了公共衛生服務人員外，已經擴及到社會福利、警察、刑事司法系統，以及社區組織人員都必須要接受培訓的專業知識（SAMHSA, 2014）。受有創傷知情訓練的警察，在處理兒少觸法事件時，將較可能會理解在受創傷的兒少身上身體症狀或行為反應（Hickle, 2016）。而受理性別暴力案件的警察若能夠接受創傷知情的訓練，將可以改善與經歷創傷被害人的互動（Center for Policing Excellence, 2023）。

六、體（技）能訓練

　　由於警察是文官體系中可以合法持用武器維護治安的武裝人員，在第一線為民眾排難解紛、扶危濟弱，又稱帶槍文官，其工作有其冒險犯難性，具有干涉性與強制性的色彩，為避免可能遭遇之反抗與攻擊，

警察人員的訓練中均包含各種體（技）能訓練。所謂體能，係指警察人員從事執法工作所需具備之身體能力，綜合健康體適能及競技體適能，包括心肺適能、肌肉適能（肌力、肌耐力）、敏捷性、協調性、反應時間、速度、瞬發力和平衡性。從警察勤務的工作內容觀之，所需關鍵體能除了以健康體能為基礎，尚需多項運動體能，例如快速改變位置（速度），急停、閃躲、迅速起動及於最短時間內發出力量（敏捷性及爆發力）等，且警察人員在執行勤務時所背負的裝備有一定的重量，需要有肌耐力的支撐，因此警察人員的養成教育，其訓練內容包括柔道、綜合逮捕術、射擊、警械使用及情境模擬演練等，均要求相當的「運動體能」類技巧（孟維德、蔡田木、黃翠紋，2020）。警察在執勤過程不僅要使用力量、耗費相當多的體能，還必須有足夠的體能才能承受他們所身處執勤環境的壓力和危險狀況。在聯邦調查局的培訓過程，相當重視執法人員的體能，尤其特別強調心血管和力量訓練；除了遴選體能狀況良好的人才外，並鼓勵他們在整個職業生涯中保持這些健康水平，因為如此一來才有能力履行職責。唯有保持身體健康的警察，才能有效的應對工作上的日常壓力，持續運動也有助於協助警察提升處理情緒上的壓力，並且擁有良好體能處理犯罪案件（黃翠紋，2022）。

參、警察勤務教育與訓練方式

根據警政署全球資訊網對於警察教育的訓練解釋，目前警察教育訓練包括養成教育、進修教育、深造教育及常年訓練，前三項分別由中央警察大學及臺灣警察專科學校辦理，而常年訓練係針對在職警察人員實施訓練所規劃之課程，由各警察機關分層負責辦理，區分為個人、組合、特殊任務警力、專業、幹部及專案訓練等。警政署成立的警察訓練基地，定期辦理幹部講習、師資培訓及特殊任務警力訓練外，其餘課目則由各級警察機關結合日常勤務反覆訓練。而本研究認為警察勤務教育與訓練方式，除了學校教育、在職訓練及勤前教育外，還有案例教育及

與一般大學合作開設課程等方式。

一、學校教育

　　警察法第13條規定，警察行政人員之任用，以曾受警察教育或經中央考銓合格者為限。我國警察教育條例始自1960年，一開始在教育上就分為初級教育與高級教育，前者係培養基層警察人員，後者是培植警官加強警政之領導。在警察勤務的教育訓練中，學校教育是很重要的訓練方式。我國警察人員招募方式不同於多數國家，例如美國的員警教育分為兩個獨立體系，一是在普通大學設置刑事司法專業或犯罪學專業，承擔員警的學歷教育，具有員警學歷者參加招募考試，經過專門培訓後就職。二是在警察機關內設置警察學院或訓練基地，負責員警的職業教育，包括新招募員警的培訓與在職訓練（Horton, 2021）。另外警察人員的進用也不同於其他公務人員。現行公務人員進用都是以高普考的方式，視前一年度各機關的用人需求，提次一年度的考試名額。但唯獨警察人員的招募方式特殊，是由警大、警專先行獨立招生高中畢業生，給予警察教育四年或二年，畢業授予學位，同時參加警察特考取得任官資格。影響所及，對於警察人員缺額的預估需配合提前警專三年及警大五年。也由於現行的公務人員國家考試中，唯有警察考試制度和中央警察大學與警察專科學校的養成教育做搭配，將這兩校作為新進警察人力的供應源頭。因此，每當出現警察執行勤務爭議時，外界與立法委員經常會質疑員警在學校教育的養成過程中，是否有受到正確的教導。而警政署面對警察執勤疏失案件所提出的策進作為中，往往其中一項就是將相關案例納入養成教育的教學與在職人員的常訓當中，以避免缺失再度發生。因此，中央警察大學與警察專科學校的學校教育，是培養警察專業知能的基礎。

二、在職訓練

　　警察人員的在職訓練一般是指透過機關安排的常年訓練，依據警政署教育組的網站說明，常年訓練是針對在職警察人員實施訓練所規劃之

課程，區分為個人、組合、特殊任務警力、專業、幹部及專案訓練等，除成立警察訓練基地，定期辦理幹部講習、師資培訓及特殊任務警力訓練外，其餘課目均要求各級警察機關結合日常勤務反覆訓練。另外依據警察常年訓練辦法規定，常年訓練區分為一般訓練及專案訓練，所謂一般訓練包括：（一）個人訓練：以員警個人為對象，銜接學校養成教育，吸收新知新技、陶冶品德修養、鍛鍊強壯體魄及充實各項勤（業）務執勤職能；（二）組合訓練：以組合警力為對象，充實組合警力之執勤要領及技能；（三）業務訓練：以各級業務人員為對象，充實專業知識及勤（業）務能力；（四）幹部訓練：以中央警察大學、臺灣警察專科學校應屆畢業生及分駐（派出）所以上各級主官（管）為對象，充實工作經驗、技能，傳授幹部領導之能力，及前四項以外的（五）其他一般訓練。而專業訓練則包括「特定任務訓練」、「特殊任務警力訓練」及「其他專案性訓練」等三種，其中特定任務訓練是針對任（勤）務之特性及工作條件，設計課程施教，以充實特定任務執勤能力，而特殊任務警力訓練則是針對特殊任務警力，設計課程施教，以充實其打擊重大暴力、組織犯罪及遂行其他特殊任務之能力。

三、案例教育

比起純粹的理論與法律教學，在警察勤務的教育與訓練上，案例教育是常被實務採用的方式。所謂案例教育通常是圍繞一定培訓的目的，把實際中真實發生的情境加以典型化處理，形成提供員警思考分析和決斷的案例，案例教育的好處是，一方面可以透過相互討論學習的方式來提高員警分析問題和解決問題的能力，另一方面針對案例的優缺點供員警做學習或是警惕。因此無論是警政署或各級警察機關，常以書面傳閱或是口頭宣導的方式對各種執行勤務實際發生的案例作檢討。由於案例教育所需時間短，容易落實在平常的勤前教育當中，然而案例教育若沒有經過引導與討論，並經由思考內化至員警心中，則施以案例教育可能不過是讓員警聽了一則八卦，因此實施案例教育除了描述事情發生的過程外，還必須指出案例爭議處、建議的正確作法及適用的法規。

四、勤前教育

警察勤務條例第六章規範勤前教育召開的時機及內容，勤前教育雖有基層勤前教育、聯合勤前教育及專案勤前教育等之區分，但相同處都是在勤務執行前舉行之，目的在於確保員警執勤安全，有效執行警察勤務，順利達成警察任務。因此，勤前教育的內容包括檢查儀容、服裝、服勤裝備及機具、宣達重要政令及勤務檢討及當日工作重點提示等。簡言之，勤前教育是重點式勤務提醒及日常政令宣達的管道，貴在即時傳遞重要訊息。

五、與一般大學合作開設課程

警察勤務中所需的種種知能，誠然許多是警察人員專屬知能，依靠著前述的三種教育方式可以獲得。然而部分的專業知能警察機關卻可能缺乏提供專業訓練的人才，此時可以考慮藉由於公私立大學合作開設課程來取得。例如，現行網路資訊與人工智慧快速發展，數位犯罪日新月異，投資詐欺、數位性影像、勒索軟體等案件層出不窮，與數位科技相關的犯罪已躍升為主要的犯罪類型之一。除了在學校教育與在職教育增加科技偵查的課程訓練外，一般大學的資訊安全師資與教學量能也可為警察機關的合作對象。例如，國立陽明交通大學曾與警政署開設以科技犯罪偵查實務為主的碩士在職專班，目標在提升警政人員的資安素養，掌握資通訊安全尖端技術（楊綿傑，2022），未來若是有需要，各警察機關或許也可與轄區內的各公私立大專院校合作開設相關的課程供同仁進修。

肆、結論

警察勤務包羅萬象，隨著社會變遷、科技發展與犯罪類型的改變，勤務所需的知能與過去大不相同，身為第一線服勤的警察人員必須與時俱進，無法只靠在學校養成教育學習的技能即可應付整個職業生

涯。私人企業的員工講求保存「市場價值」是指所有的技術與知識符合市場需求，有無可取代之處，但在人工智慧快速發展的年代，市場價值稍有怠惰就極其容易失去。如何保存警察人員的「公務價值」，需要警察機關不斷關注外界環境的變化，藉由教育與訓練來讓執勤員警更新觀念與知能，否則只會一直有「道高一尺，魔高一丈」的感慨。

參考文獻

一、中文部分

孟維德、黃翠紋、蔡田木（2020）。矯正機關性別平等與公務人力評估——監獄官與監所管理員考試性別設限之實證研究。法務部矯政署委託研究。

梁哲賓（2014）。攔截圍捕與執行安全。刑事雙月刊，第61期，頁44-50。

陳宏毅（2024）。再探警察「敘事能力與溝通」。警專學報，第8卷第3期，頁1-30。

黃翠紋（2022）。警察與矯正機關人員進用政策中真實職業資格之探討。T&D飛訊季刊，第228期，頁1-40。

趙永茂、蔡田木、朱金池、陳俊宏、李衍儒（2015）。警察人員職能與工作表現之研究——以警察特考分流制度為例。內政部警政署委託研究。

趙麗雲（2016）。公務人員考試體能測驗之爭點平議。國家菁英，第12卷第3期，頁15-37。

蔡田木、黃翠紋、溫富雄、黃家珍、蔡文瑜（2021）。警察工作體能需求與警察特考體測及體檢標準之研究。內政部警政署委託研究。

謝秀能（2014）。談當代社會趨勢與警察核心能力。日新司法年刊，頁328-341。

二、英文部分

Bonner, M. D. (2020). What democratic policing is…and is not. *Policing and Society*, 30(9), 1044-1060.

Brodie, Z. P., Gillespie-Smith, K., Goodall, K., Deacon, K., & Collins, K. (2023). The impact of trauma-awareness session on police officers' trauma-informed attitudes in Scotland. *Psychology, Crime & Law*. doi: 10.1080/1068316X.2023.2210736.

Center for Policing Excellence. (2023). *Why Include Trauma-Informed Care in Public Safety*? retrieved from https://www.oregon.gov/dpsst/cpe/pages/trauma-informed-practices.aspx (Accessed 20/Sep/2024).

Harris, F. (2005). *The Role of Capacity-Building in Police Reform*. Organization for Security and Co-operation in Europe.

Horton, J. (2021). *How US police training compares with the rest of the world*. https://www.bbc.com/news/world-us-canada-56834733.

Humphrey, R. (2023). Why Trauma Informed Policing is Important? retrieved from https://www.linkedin.com/pulse/why-trauma-informed-policing-important-ross-humphrey/?trk=public_post_main-feed-card_feed-article-content (Accessed 22/Sep/2024).

Institute for Criminal Justice Training Reform (ICJTR). (2024). *A Crisis in Mental Health*. https://www.trainingreform.org/the-wrong-training.

Jonathan-Zamir, T., Litmanovitz, Y., & Haviv, N. (2023). What works in police training? Applying an evidence-informed, general, ecological model of police training. *Police Quarterly*, 26(3), 279-306.

Martin, D. (2022). Understanding the reconstruction of police professionalism in the UK. *Policing and Society*, 32(7), 931-946.

SAMHSA. (2014). *Trauma-Informed Care in Behavioral Health Services, TIP 57*. Rockville, MD: Substance Abuse and Mental Health Services Administration.

UNODC. (2020). *Ending Violence Against Women*, retrieved from https://www.unodc.org/e4j/en/crime-prevention-criminal-justice/module-10/key-issues/1--ending-violence-against-women.html (Accessed 05/Sep/2024).

三、網路資源

中央警察大學（2024），本系核心職能分析與核心課程規劃，https://rb011.cpu.edu.tw/p/412-1014-2093.php。

內政部警政署（2024），警察教育訓練，https://www.npa.gov.tw/ch/app/artwebsite/view?module=artwebsite&id=787&serno=452e00a2-9e8c-40f8-9c2c-

38221be28c9e。

桃園市政府（2023），桃市警規劃成立數位科技戰情中心 加強科技犯罪偵查，https://www.tycg.gov.tw/NewsPage_Content.aspx?n=10&s=1050470，閱覽日期：2024.9.17。

楊綿傑（2022.8.19），陽明交大開設科技犯罪偵查碩士在職專班 創全台首例，自由時報生活版，https://news.ltn.com.tw/news/life/breakingnews/4030970，閱覽日期：2024.9.17。

臺中市政府警察局刑事警察大隊（2016），中市警科技偵防平臺 治安利器，https://www.facebook.com/tcpbcid/posts/1736380826603810/?paipv=0&eav=AfZ-EBmd_9YVpcnnHmlE1oDW3AP0z0WW7wA0HsGbjvj1XicX2wWLAgPqSNdALUeFPLNg&_rdr，閱覽日期：2024.9.17。

臺灣警察專科學校（2024），本科簡介，https://admin.tpa.edu.tw/p/412-1015-165.php?Lang=zh-tw，閱覽日期：2024.9.17。

|第八章|
警察勤務指揮與控管

陳信良

壹、問題提出

問題一：穿防彈衣匪徒對派出所囂張開槍　桃園勤指遭爆料沒通報「有槍」（聯合報，2024/3/25）

　　桃園楊姓男子不滿被警方查辦槍砲，前晚駕車到桃園警分局景福派出所朝大門掃射8槍，16分鐘後在路口被22歲警員蔡淳宇攔截時開槍拒捕，致蔡姓員警左肩中彈；最後楊在另一路口遭大批警力圍捕與駁火後落網，檢方聲押獲准。

　　基層員警在臉書「靠北police」爆料指出，第一線的警員聽到同仁中槍，從無線電聽到的感受可想而知，他們表示，嫌犯都對派出所開槍了，勤務指揮中心通報時還什麼都不講！只說「涉及刑案」，「誰知道是持槍射擊派出所啦？誰又知道犯嫌有槍？同事是被打假的嗎？」

　　桃園警分局回應，本案景福所遭槍擊自案發到緝獲犯嫌僅29分鐘，期間線上攔截警網與歹徒發生4次警匪駁火，線上攔截同仁經由無線電及補充通訊內容均已獲知犯嫌持有槍械，過程同仁群策群力、冒險犯難，但因事發突然、緊急，且第一時間勤務指揮中心掌握資訊不完整，僅能就已知涉案車型、車號，立即通報線上警網攔截圍捕，並隨時補充現場資訊。

　　不少網友上網支持基層警察指出，無線電中只說「涉及刑案」，根本就是怕記者聽到，「難道不怕同仁深陷危險中，猶如官僚制度殺人」、「批長官危機意識不夠，要加強督導」、「真的太扯了，不就是

學長運氣很好，沒被打到頸部以上」、「車子都撞進派出所要在門口擺阻絕設施，看來這次派出所被開槍，以後值班要全副武裝了」。

桃園警分局又強調，針對通報攔截圍捕的即時性及精準性，將檢討策進、並持續加強員警教育訓練，如遇相關突發緊急狀況，將即時案況精準通報線上同仁知悉，以確保同仁執勤安全。

問題二：有問題就打110：警察為何淪為人民的許願池？一位基層員警的心內話（王愉宇，2023）

2020年，台北市110報案電話的受理件數，總共有995,038件。與2010年相比，成長超過兩倍，等於每天都會有2,719通的報案電話。在市區的派出所，員警兩小時的巡邏，少說都會跑七、八個現場。除了趕往現場的時間壓力外，還有面對未知現場的恐懼感，對員警來說是不小的負擔。所以如果到現場後，發現不是重大案件，大多數員警的內心都會鬆一口氣，──只要那些案件不會太無厘頭。

「民眾報案：公園裡蟲叫聲太吵。」我沒辦法與蟲溝通啊。

「民眾報案：沒帶鑰匙。」他可能是要打鎖匠的電話，卻撥錯了吧？

「民眾報案：東西太多，希望警察來幫忙搬上樓，註：不要派女警。」居然還有指名服務？

「民眾報案：小孩子一直玩手機不吃飯。」原來警察還要幫忙教小孩啊……

「民眾報案：野貓卡在樹上，不下來。」等等，貓會爬樹很正常吧？

「民眾報案：有人在二十三公里外使用輻射精準攻擊胃部，害他一直拉肚子。」找醫生啊！

「民眾報案：家裡有鬼。」這個可能要找廟公。

「民眾報案：很久沒吃飯了，請警察幫忙買便當。」我也沒得吃

啊……

　　同事還接過報案要借筆、搭便車、看到飛碟……什麼報案都不奇怪，反正出了問題，就找警察解決。

　　有些民眾確實需要幫助，但警察沒辦法幫助他。

　　第一個問題中，這則新聞報導了警察遇到重大案件時，因迅速反應及出勤攔截圍捕的動作落實，而破獲案件及逮捕涉案人之外，其中勤務指揮中心的快速通報和調度警力是一大功臣。但是在通報過程中也點出了另外一個問題，就是勤務指揮中心通報時，未落實通知涉案人擁有槍械，具有強大的火力。導致員警在追捕過程中輕忽了這點，以致容易造成員警受傷。

　　相對地，我們也應思考並檢討一下勤指中心值勤人員的篩選，目前是否有適當的機制或是較高的誘因，以留住優秀人才。

　　第二個問題指出，民眾往往遇到事情就「病急亂報警」，認為只要打110報案，就能解決一切問題。可是這些案件到了110，他們還是會要求警員到現場查看，警察到了現場卻無能為力，民眾就會感到失望。民眾會覺得「為什麼我報警，警察也來了，卻沒有辦法解決問題呢？」久而久之，民眾就會對警察與政府更不信任。

　　我國警察法學權威、前大法官李震山先生曾在著作中指出，急迫危害、防止具不可延遲性、且必須經常使用強制力的案件，適合由警察優先處置。其餘案件，宜由一般行政機關負責。除了避免警察業務冗雜，也能提供民眾專業、有效的服務（李震山，2007）。

　　警政署的「110受理報案派遣警力原則」中，也要求110派遣警力，應該要考量案件的急迫性、危害性、必要性及現有警力等要素。但是為什麼110話務人員沒有辦法提供正確的資訊給民眾呢？如果他們在第一時間就把民眾引導到正確的管道，是不是反而能幫助民眾解決問題，提升他們對警察的好感。再者，民眾遇到這些事會打電話報警，實在也不能說是民眾的問題，畢竟警察高層一直在強調「為民服務」，那也不能怪民眾「病急亂報警」，但是警察自己難道不清楚自己該做什麼嗎？

　　警察職司治安，依法維持公共秩序，保護社會安全是法律賦予警察的任務之一部分。警察在整體運作調度的過程中，勤務指揮中心就是整個勤務運作的核心，24小時監控轄區內整體治安狀況，所以其重要性不言可喻。

　　本文首先就從勤務指揮中心運作的相關組織層面，諸如設置依據、角色、功能、定位等，到其運作層面，諸如進行勤務指揮系統、作業程序及各級聯合指揮所（以下簡稱指揮所）的開設時機，提升指揮、調度、協調、管制、報告、通報及轉報等功能，及相關規定與實務作法，加以分析說明，以使大家對勤務指揮中心的角色與運作更加瞭解。

貳、勤務指揮中心組織的相關規範

一、勤務指揮中心之源起與法源依據

　　民國66年間，前警政署署長孔令晟先生以警察機關具半軍事組織（semi-military organization）特色，乃提出成立勤務指揮中心（Operation & Command Center）之構想，旋於翌（67）年6月將聯絡中心、聯合勤務、特別警衛、協管中心合併，成立勤務指揮中心，由機關正、副主官及督察主管分別兼任指揮官、副指揮官及主任，建立完整的指揮體系。

　　此一指揮系統頗類似國軍「指管通情系統」（Command, Control, Communication & Intelligence, 3C1I）其特性係建立綿密可靠、複式配置的網絡，進行各類情資（data, voice, video）接收、彙集後再經統計、分析、比對，作為指揮官（commander）下達決心的參據，進而遂行指揮（command）與管制（control）（呂英敏，2005）。

　　有關勤務指揮中心設置之法源依據，依警察勤務條例第22條規定：「各級警察機關之勤務指揮中心，統一調度、指揮、管制所屬警力，執行各種勤務。轄區內發生重大災害、事故或其他案件時，得洽請非所屬或附近他轄區警力協助之。」故警察機關應設置勤務指揮中心。

依內政部警政署組織法第5條：「本署設下列內部單位，並得分科辦事：一、業務單位：行政組、保安組、教育組、國際組、交通組、後勤組、保防組、防治組及勤務指揮中心。……」故知勤務指揮中心為內政部警政署內部的業務單位之一。

而各縣市政府警察局亦在其組織法規中比照辦理，設置勤務指揮中心。例如，桃園市政府警察局在其組織規程第4條第1項第9款中規定：「本局設下列科、室、中心，分別掌理各有關事項：九、勤務指揮中心：警察勤務之指揮、調度管制、協調聯繫與最新治安狀況之控制、一一〇報案管理及其他有關勤務指揮事項。」（桃園市政府，2024）。

二、勤務指揮中心之業務職掌與110報案處理之功能

（一）勤務指揮中心業務職掌

1. 內政部警政署勤務指揮中心業務職掌

有關內政部警政署勤務指揮中心業務職掌，條列如下（內政部警政署勤務指揮中心，2024）。

(1) 重大治安狀況、交通事故、聚眾活動、災難事故等案件之接報、指揮、處置及通報。

(2) 情資蒐集傳遞及命令之轉達。

(3) 民眾報案之受理及處置。

(4) 各級勤務指揮中心勤務運作之督導、考核。

(5) 一級、二級指揮所開設之協調、處理。

(6) 110報案指揮、派遣及管制作業流程之整合、規劃。

(7) 警力監控系統及受理報案數位錄音系統之整合、規劃。

(8) 本署民眾服務中心受理陳情案件之交查、管制及回報。

(9) 通報資料之整理保管、檢討分析及提報。

(10) 其他有關警察勤務指揮事項。

至於其他有關警察勤務指揮事項，在實務機關常見者大致有如下幾項，勤務指揮中心皆位於指揮樞紐之地位，其占有舉足輕重之地位。

(1) 支援各種中央與地方公職人員選舉活動投開票日投票場所安全勤務。

(2) 每年國慶慶典活動警衛安全維護工作。

(3) 國家安全局特種勤務。

(4) 每年萬安演習勤務。

(5) 各種重要節日安全維護工作。

(6) 各種外賓特勤勤務。

(7) 支援各種政府機關重要活動勤務。

(8) 緊急攔截圍捕之演練。

(9) 聚眾活動之警力派遣勤務。

2. 各縣市政府警察局勤務指揮中心業務職掌

　　至於各縣市政府警察局勤務指揮中心相關業務職掌，大致上亦比照內政部警政署勤務指揮中心之職掌，以桃園市政府警察局勤務指揮中心為例，該局為強化勤務指揮管制系統，發揮報案受理與勤務派遣同步作業，有效掌握線上巡邏警車動態，縮短抵達發生刑案或事故現場時間，提升警察機關反應能力，促使執勤人員熟練勤務指揮作業程序及各級開設之時機，並發揮指揮、調度、管制、報告、通報及轉報等功能，確實遵守三線報告紀律規定，隨時反映社會治安狀況，達到報告快、指揮快、行動快、通訊快之要求，圓滿達成各項交付任務及專案性工作，以達成維護社會治安之目的。

　　桃園市政府警察局勤務指揮中心職掌如下（桃園市政府警察局，2024）：

(1) 重大治安狀況之指揮、掌握、處置及通報事項。

(2) 情報蒐集傳遞及命令轉達事項。

(3) 聚眾活動、突發事件及緊急治安事故之指揮、處置、通報事項。

(4) 交通事故及各種災難之指揮、處置、通報、聯繫事項。

(5) 民眾報案之受理及處置事項。

(6) 各級勤務指揮中心作業規定擬修之提報事項。

(7) 一級、二級指揮所開設之協調、處理事項。

(8) 通報資料整理、檢討、分析、保管及報告之提報事項。

(9) 各級勤務指揮中心勤務之督導、運作、考核事項。

(10)內政部空中勤務總隊相關業務及航空器支援申請案之審核、調派事項。

(11)監看電視媒體報導有關警政重大新聞之交查、管制及回報事項。

（二）勤務指揮中心110報案處理六大功能

「110電話及110視訊報案APP」在民眾心目中，是需要警察協助時第一個想到的求助方式，24小時接受民眾報案，包含交通事件、為民服務、聚眾陳抗及災害事件等，皆能立即派遣線上警力，迅速到場處理。110報案處理具備之六大功能，如圖8-1（內政部警政署勤務指揮中心，2024）。

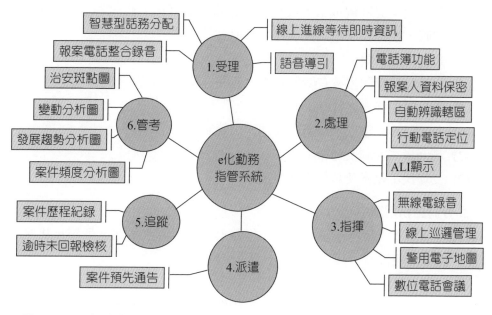

圖8-1　110報案處理六大功能

三、勤務指揮中心之任務區分與編組配置

（一）勤務指揮中心之任務區分

依「警察機關勤務指揮中心作業規定」第2點，各級勤務指揮中心任務區分如下。

1. 內政部警政署勤務指揮中心

(1) 重大治安、交通、聚眾活動、災難事故等情資或案件之接報、狀況掌握、指揮、處置、報告及通報。

(2) 監測全國110報案話務流量。

(3) 協助監看媒體報導有關警政重大新聞之交查及管制。

2. 直轄市、縣（市）政府警察局勤務指揮中心

(1) 各種聚眾活動與治安、交通、災難事故等情資或案件之查報、狀況處置之指揮、管制及執行。

(2) 對發生突發狀況或重大災變之直轄市、縣（市）政府警察局110滿線時，執行受理報案代為轉接事項。

(3) 預警情資查報。

(4) 協助監看媒體報導有關警政重大新聞之交查、管制及回報。

(5) 機動保安警力之管制、回報。

(6) 各分局、大隊或隊巡邏勤務運作之管制。

(7) 越區辦案管制及通報。

(8) 受理民眾報案及其他交辦事項。

3. 分局勤務指揮中心

(1) 各種聚眾活動與治安、交通、災難事故等情資或案件之蒐報及狀況處置之陳報。

(2) 預警情資陳報。

(3) 協助監看媒體報導，並適時反映相關業務單位後續辦理交查、管制及回報。

(4) 各分駐所、派出所、隊或分隊巡邏勤務運作之管制。

(5) 越區辦案管制及通報。

(6) 受理民眾報案及其他交辦事項。

（二）各級勤務指揮中心之編組配置

依「警察機關勤務指揮中心作業規定」第4點，有關各級勤務指揮中心之編組人員依下列規定配置，並得視實際需要調配之。

1. 內政部警政署勤務指揮中心

(1) 主任、副主任及科長。

(2) 執勤官、執勤員、通訊員及作業員。

(3) 業務人員。

2. 直轄市政府警察局勤指中心

(1) 主任、專員或秘書及股長。

(2) 執勤官、執勤員、作業員及通訊員。

(3) 110受理員。

(4) 業務人員。

3. 縣（市）政府警察局勤指中心

(1) 主任。

(2) 執勤官、執勤員、作業員及通訊員。

(3) 110受理員。

(4) 業務人員。

4. 分局勤指中心

(1) 主任。

(2) 執勤官及執勤員。

(3) 業務人員。

參、勤務指揮中心運作的相關規範

有關指揮中心運作的相關規範，包含指揮所之開設與交接規定、處理刑案逐級報告紀律規定、狀況處置規定與作業程序、指揮調度與管制規定、處理越區辦案之通報程序規定、民眾無故撥打110專線作業程序與處罰規定等，以下分別說明之。

一、勤務指揮中心指揮所之開設與交接規定

（一）勤務指揮中心指揮所之開設

依「警察機關勤務指揮中心作業規定」第5點，各級勤指中心依狀況性質開設之指揮所區分為一級至三級，其開設時機、編組及運作規定如下。

1. 三級開設

(1) 平常狀況下開設。

(2) 由勤指中心主任督導運作；非辦公時間得由執勤官代理之。

(3) 編組成員保持正常作息。

(4) 各編組單位執勤人員除有特殊治安狀況外，得在其原單位執勤，並保持聯繫。

2. 二級開設

(1) 發生社會治安狀況時，由長官指示或主管業務單位之建議並經長官核定，提升為二級開設。

(2) 主管業務單位視狀況需要通知相關業務單位派員進駐指揮所實施聯合作業。

(3) 由各業務單位依任務分工執行。

3. 一級開設

(1) 發生重大治安狀況時，由長官指示或主管業務單位主管之建議並經長官核定，提升為一級開設。

(2) 由機關主官或副主官主持之，主管業務單位主管為執行長，相關業
務單位派員進駐指揮所實施聯合作業。

(3) 依主管業務單位之建議並經主持人裁（指）示後執行。

（二）勤務指揮中心執勤人員交接與資料管理規定

1. 各級勤務指揮中心執勤人員交接規定

　　依「警察機關勤務指揮中心作業規定」第7點，各級勤指中心執勤
人員交接規定如下。

(1) 執勤人員應依規定按時交接，接班人員未能準時接班時，交班人員
不得自行擅離，並待接班或代理人員到達後，始可退勤。

(2) 由各級勤指中心自行訂定交接時間，交接時由主任主持，非辦公時
間由退勤執勤官負責。

(3) 執勤人員交接時，應注意下列事項：

　①日報主席裁（指）示及分辦管制事項。

　②特定交代之公文及文件。

　③未結及待辦事項。

　④重要勤務活動及預備警力整備情形。

　⑤通信、照明、車輛及電腦等應勤裝備使用情形。

　⑥交接事項應於執勤工作交接紀錄表內摘要記明，交接人員詳閱後
　　簽章並註記時間；應交代而未交代事項，其責任由交班人員負
　　責。

　⑦執勤工作交接紀錄表應送陳核閱。

2. 各級勤務指揮中心資料管理規定

　　依「警察機關勤務指揮中心作業規定」第9點，各級勤指中心資料
管理如下。

(1) 執勤、業務及處理110案件人員不得洩漏報案人或檢舉人身分資料，
亦不得對媒體透露尚在處理中之案件或勤務動態。

(2) 受理民眾110報案檔案之管理，應指定專人負責，對於檔案資料調

閱，應造冊登記列管。

(3) 執勤、業務及處理110案件人員對110報案資料，負有保密之義務，非經機關首長或其指定授權人員許可，不得提供，經許可提供之資料應符合個人資料保護法及政府資訊公開法規定。

二、勤務指揮中心有關處理刑案逐級報告紀律規定

內政部警政署為嚴格要求各級員警落實受理刑案報案，主動發現犯罪，迅速反應、通報，妥適處置，徹底根絕匿報、遲報、虛報等不當情事，並確實掌握最新治安狀況，適時調整規劃各項勤務部署，強化偵防作為，嚴正報告紀律，厲行懲處，以達成維護治安任務，特訂定「各級警察機關處理刑案逐級報告紀律規定」，並於112年7月加以修訂。

其中有關各級勤務指揮中心依本規定之報告程序及相關作為如下。

（一）依本規定第3點之報告程序如下

1. 各級警察機關或員警發現犯罪或受理報案，不論其為特殊刑案、重大刑案或普通刑案，均應立即處置，迅速報告分局勤務指揮中心，層級列管，不得隱匿、延誤或作虛偽陳報，擅自結案。

2. 勤務指揮中心受理或接獲所屬單位或員警報告之各類刑案，除迅速通知偵查隊偵辦外，均應立即報告主管並轉報警察局勤務指揮中心列管處理。

3. 直轄市、縣（市）政府警察局勤務指揮中心受理或接獲分局勤務指揮中心報告之各類刑案，除迅速通知刑事警察（大）隊（以下簡稱刑警（大）隊）列管處理外，其認定係特殊刑案、重大刑案及普通刑案中牽連廣泛之案件，應立即報告內政部警政署刑事警察局偵防犯罪指揮中心（以下簡稱偵防中心）列管處理。

（二）依本規定第7點第2項之後續處理規定

受理案件屬急迫性、連續性、跨轄性或犯嫌有潛逃滅證之虞者，於

發現犯罪或接獲報案後，除依第3點規定之報告程序辦理外，應立即依下列規定處置。

1. 分局偵查隊：接獲或受理是類案件後，應即先以電話等或適當方式將發生時間、地點、初步概況、犯嫌人數、特徵、是否請求支援及實施攔截圍捕等事項，向刑事警察大隊報告。

2. 刑事警察大隊：接獲通報後，就分局偵查隊所通報及請求事項應立即處置，並以電話或適當方式，將相關事項向內政部警政署刑事警察局偵防中心報告。

3. 內政部警政署刑事警察局偵防中心：接獲通報後，應即向主官報告，並就刑事警察大隊所通報及請求事項立即處置；案件經審認有執行攔截圍捕、邊境管制，或請求內政部警政署刑事警察局各偵查大隊支援之必要者，應即通報鄰近直轄市、縣（市）政府警察局、專業警察機關及邊境管制單位等，立即實施相關勤務作為，並進行追蹤管制。亦即，如有實施攔截圍捕等事項時，各級勤務指揮中心即可通報並調度線上警力進行攔截圍捕，以迅速逮捕人犯。

三、勤務指揮中心狀況處置規定與作業程序簡介

（一）勤務指揮中心狀況處置規定

依「警察機關勤務指揮中心作業規定」第五章，各級勤務指揮中心狀況處置規定如下。

1. 第10點：各級勤指中心對轄區治安狀況應確實掌握、追蹤及管制，並向主官及上級勤指中心報告，同時及通報主管業務單位，妥適處理事故或案件，對狀況發生、通報、受理時間及處置過程應詳實記錄。

2. 第11點：各單位轄區內發生重大事故（情資）報告處理區分表所列案件，除循主官及業務系統陳報外，並應向勤指中心通報，俾利勤務派遣及案件管制。

3. 第12點：轄區發生重大事故（情資）報告處理區分表所列重大事故或案件，應依下列規定辦理：

(1) 直轄市、縣（市）政府警察局應立即循勤指系統以電話向內政部警政署報告，再於接獲報案或事故（案件）發生後30分鐘內輸入「雲端治安管制系統」，依第18點規定報告要領初報內政部警政署，並於初報後2小時內結報。

(2) 如因案情複雜且有延續性而無法一次完整陳報之案件，應依初報、續報、結報等方式陳報，並於內容欄敘明報告時間，以利查考。

(3) 未按規定反映報告者，依警察人員獎懲標準懲處。

4. 第13點：聚眾活動案件，應由主管業務單位於活動前一日零時前，將各相關業務單位及分局、大隊或隊所蒐集之預警情資輸入雲端治安管制系統並報告內政部警政署勤指中心，活動結束後並應結報。

5. 第14點：涉及二個以上警察機關或其他機關之案件，應彼此通報狀況動態，並相互支援。

6. 第15點：發現新聞媒體報導之重大事故或案件與各單位回報之案情不符時，應即主動查明，並恪遵報告紀律，據實陳報。

7. 第16點：狀況處置報告依下列規定辦理：

(1) 初報首重時效，且主題應明確，案類應清楚；續報內容應條理有序，且不限次數；結報內容應周全完整，並有後續判斷。

(2) 報告事項不得遲報、匿報、漏報或謊報。

(3) 報告內容應包含人、事、時、地、物，具體敘明，不得籠統含混。

(4) 交查案件應依限回報。

(5) 嚴守保密規定。

8. 第17點：狀況處置應確實遵守報告快、指揮快、行動快及通訊快之要求。

9. 第18點：各級勤指中心受理各類案件處置程序規定如下：

(1) 內政部警政署勤務指揮中心：

① 接獲「雲端治安管制系統」轉報之重大事故或緊急狀況，立即摘陳或報告署長、副署長、主任秘書及通報相關業務單位。

② 受理民眾報案、陳情及投訴，應詳實記錄，轉交相關業務單位辦理或通報所屬警察局派員處理後，應管制執行情形。

③ 監測全國110報案話務流量，執行先期交查、管制、報告及通報。

(2) 直轄市、縣（市）政府警察局勤指中心：

① 受理110報案應立即輸入e化勤務指揮管制系統管制，並循系統通報所屬分局、大隊或隊派員處理，案況及回報說明應詳實記錄。

② 通報所屬分局派員或派遣線上警力前往處理，並管制員警到場時間及現場狀況，同時視現場狀況需要，通報相關單位派員支援或執行攔截圍捕。

③ 發生突發狀況或重大災變致110滿線時，代為執行其他直轄市、縣（市）政府警察局轉接受理報案之勤務派遣事項。

④ 接獲「雲端治安管制系統」陳報之重大事故，應立即審核轉陳內政部警政署勤指中心，同時報告局長或副局長及通報有關機關處理。

⑤ 接獲一般事故，依程序通報有關機關處理。

⑥ 案況及處理情形，應登錄於各類勤務指揮管制系統。

(3) 分局勤指中心：

① 受理110或電話報案，應立即輸入e化勤務指揮管制系統管制，並循系統通報所屬派員處理，案況及回報說明應詳實記錄。

② 受理報案或接獲110通報案件，應立即以無線電呼叫線上巡邏或分駐所、派出所警力前往處理，並管制員警到達時間及現場狀況，同時視需要派遣警備隊或備勤警力支援或執行攔截圍捕。

③ 轄區發生重大事故或案件，應即循「雲端治安管制系統」陳報警察局勤指中心，同時報告分局長或副分局長及通報有關單位處理。

④ 一般事故，依程序通報有關單位處理。

⑤ 案況及處理情形，應登錄於各類勤務指揮管制系統。

(4) 受理民眾以簡訊、視訊或APP程式報案時，比照受理110案件程序辦理。

（二）勤務指揮中心狀況處置作業程序簡介

依據最新修訂之內政部警政署警察分駐（派出所）常用勤務執行程序彙編，有關勤務指揮中心狀況處置作業程序，如附錄一。

有關相關之法令依據、作業內容與注意事項說明如下。

1. 依據：警察機關勤務指揮中心作業規定、110受理報案派遣警力原則。

2. 流程與作業內容：

(1) 警察局勤務指揮中心：

① 受理110報案：

 A. 受理人員接獲民眾報案，應詢明案情、現場狀況（例如歹徒特徵、人數、使用交通工具、持有武器、攻擊傾向、現場傷亡情形或逃逸路線等），如民眾受傷需救護時，應立即通報消防局派員前往。

 B. 受理人員依據案況通報轄區分局勤務指揮中心派遣線上警力到場處理並提示應注意執勤安全（自身、嫌犯及案件安全等）。

 C. 對於重大案件並應派遣直屬（大）隊警力及通報相關業務單位處置。

 D. 受理人員應對案件確實管制，追蹤管制案件後續案情發展，視案況發展向上級報告，並作適切之處置，案件處理完畢由警察局勤務指揮中心執行結案。

② 遇重大（重要、緊急）治安事故時：受理人員除應詢明掌握上述A項應注意事項外，並依據案況立即通報：線上最近巡邏警力→分局勤指中心→分局線上巡邏警力，先行支援查處→業管單位。

(2) 分局勤務指揮中心：

① 執勤人員接獲通報後立即派遣線上巡邏警力到場處理，並將案況與相關標準作業程序派遣至執勤員警及支援警力之行動載具。

② 管制線上巡邏警力到場時間、掌握現場狀況，俾利指揮調度。

③ 執勤人員對現場狀況研判，需以優勢警力到場爲妥者，應先指派線上警力到場協助。

④ 執勤人員應將現場處理情形回報警察局勤務指揮中心，並視現場狀況決定是否請求其他支援警力，並由勤務指揮中心聯絡相關業務單位到場處置。

(3) 線上警力：該時段線上執勤人員。

① 處理人員接獲派遣應儘速到場並將現場狀況即時回報分局勤務指揮中心。

② 處理人員警力單薄針對現場狀況無法掌控者，應立即請求分局派遣支援警力。

四、勤務指揮中心指揮調度與管制規定

（一）勤務指揮中心指揮調度規定

依「警察機關勤務指揮中心作業規定」第六章，各級勤務指揮中心指揮調度規定如下。

1. 第19點：各級勤指中心應有效掌握單位應勤人員、裝備及通訊等資源，接獲狀況報告，應即指揮有關人員前往現場處理，並應考量案件或事件性質、發生時間及地點等因素，依勤務現況及警力掌控情形，迅速彈性指揮調度警力前往現場處理，對緊急或嚴重事故優先處理。

2. 第20點：各級勤指中心指揮調度時機如下：

(1) 轉達機關主官或上級命令。

(2) 同級業務單位以機關主官名義，由勤指中心下達緊急狀況時。

(3) 民眾報案。

(4) 依無線電及媒體訊息得知治安狀況時。

(5) 所屬狀況報告或請求支援之案件或事件。

(6) 有關機關團體請求支援之事項。

(7) 非緊急情況請求支援時，依其性質由主管業務單位辦理；緊急情

況遂向勤指中心請求支援時，於完成調派後，應知會主管業務單位。

3. 第21點：各級勤指中心指揮調度作業程序規定如下：
   (1) 詳細瞭解案件或事件內容，分析其可能之發展及影響。
   (2) 查閱相關法令及既定處置腹案以供參考。
   (3) 掌握可能運用之人員裝備，考量時空因素。
   (4) 重大案件或事件應報告機關主官、副主官及勤指中心主任，並提出口頭或書面處置建議。
   (5) 需主管業務單位參與作業時，應先協調，並報告機關主官。

4. 第22點：經主管業務單位簽請機關主官同意後，由各級勤指中心指揮調度警力順序規定如下：
   (1) 內政部警政署勤務指揮中心：
   ① 內政部警政署直屬單位警力。
   ② 狀況發生地區鄰近直轄市、縣（市）政府警察局（所）警力。
   (2) 直轄市、縣（市）政府警察局勤指中心：
   ① 狀況發生地點附近之組合（巡邏）警力。
   ② 備勤或其他勤務人員。
   ③ 依狀況發生地點鄰近分局之遠近順序調度各分局備勤警力。
   ④ 警察局所屬各大隊或隊備勤警力。
   ⑤ 協助勤務或業務單位申請機動保安警力。
   ⑥ 轄區內可支援之專業警察機關警力及義勇警力。
   ⑦ 通報鄰近直轄市、縣（市）政府警察局實施攔截圍捕。
   (3) 分局勤指中心：
   ① 狀況發生地點附近之巡邏警力。
   ② 狀況發生地點附近之各分駐所或派出所控制之備勤或其他勤務人員。
   ③ 分局所屬各隊或組警力。
   ④ 申請支援警力。
   (4) 各級勤指中心受理案況特殊者，或所屬單位及有關機關請求緊急

支援時，勤指中心執勤官應斟酌當時情況妥適調度。

(5) 因執行攔截圍捕情況急迫時，得免簽請程序。但應於案件結束後報告機關主官。

（二）勤務指揮中心勤務管制規定

依「警察機關勤務指揮中心作業規定」第七章，各級勤務指揮中心勤務管制規定如下：

1. 第23點：各級勤指中心勤務管制權責規定如下：
   (1) 內政部警政署勤指中心：專案勤務由主管業務單位負責規劃，勤指中心列入管制。
   (2) 直轄市、縣（市）政府警察局勤指中心：統合全般巡邏勤務之管制及運作。
   (3) 分局勤指中心：依據轄區治安狀況，統合全般勤務之管制及運作，並以巡邏勤務為重點。

2. 第24點：各級勤務指揮中心管制區分規定如下：
   (1) 內政部警政署勤務指揮中心：
   ① 案件發生續報、結報及報告時間之管制。
   ② 交辦回報之管制。
   ③ 未結案件之管制。
   ④ 預警提報之管制。
   ⑤ 主動催辦。
   (2) 直轄市、縣（市）政府警察局勤指中心：
   ① 巡邏勤務全般管制。
   ② 狀況處理報告之管制。
   ③ 未結案況之管制。
   ④ 預警查報之管制。
   ⑤ 勤務情報之提供與管制。
   ⑥ 主動催辦。
   (3) 分局勤指中心：

① 巡邏勤務之管制。

② 勤務情資之提供及管制。

③ 勤務執行之定點及定時報告管制。

④ 發生狀況報告之管制。

⑤ 人力及物力之管制。

⑥ 主動催辦。

3. 第25點：各級勤指中心管制範圍，規定如下：

(1) 重要勤務。

(2) 專案勤務。

(3) 一般勤務。

(4) 上級或長官臨時交辦事項。

(5) 重要治安案件或事件未結案件。

(6) 處理民眾報案。

4. 第26點：各級勤指中心對勤務事項之管制項目規定如下：

(1) 計畫管制：

① 分駐所、派出所、組及隊或中隊等勤務單位應按日將翌日勤務分配表於12時前送分局或大隊勤指中心彙整。

② 警察局及所屬分局或大隊勤指中心執勤人員應依據轄區治安狀況及預警情資，提供主管業務單位巡邏勤務規劃意見。

③ 警察局應定時假勤指中心舉行日報，勤指中心執勤人員應就各分局、直屬（大）隊之巡邏勤務，彙整後提報。

(2) 出勤及收勤管制：巡邏、守望或臨檢等勤務，出勤及收勤時均應向勤指中心報告。

(3) 備勤勤務受理民眾臨櫃或電話報案，需離開勤務機構時，應向勤指中心報告。

(4) 勤務動態管制：

① 巡邏勤務採定時報告為原則，其時距及次數由各警察局自行規定。但每一小時不得少於一次。

② 到達、離開或轉換目標地點及變更勤務項目時，應向勤指中心報告。

③ 員警駕駛裝有全球衛星定位系統（GPS）之警車執勤或攜行警用行動載具並開機登入雲端勤務派遣系統者，由執勤人員運用地理資訊系統（GIS）或雲端勤務派遣系統管制，可免定時定點報告。

④ 巡邏勤務違反定時定點報告或勤務抽呼查詢時，依警察人員獎懲標準懲處。

⑤ 遇可疑人或車，應於盤查盤檢前，先報告勤指中心登記實施地點、被盤查人外顯行為、衣著及車輛顏色、號牌等相關特徵資料；盤查結束後應報告勤指中心，以利管制。

(5) 勤務查詢：對巡邏勤務不定時實施抽呼查詢，員警盤查人車結束未主動回報或必要時，主動追查。

五、勤務指揮中心處理越區辦案之通報程序規定

依內政部警政署101年5月14日發布之「警察機關通報越區辦案應行注意事項」規定，內政部警政署為提升打擊犯罪能力，發揮各級警察機關整體偵防力量，避免於越區辦案時因配合不當，致生不良後果，特訂定本注意事項。

其中有關勤務指揮中心越區辦案之通報程序相關規定與責任如下。

（一）第3點：越區辦案之通報程序如下：

1. 警政署刑事警察局執行搜捕時，應報告其機關主管長官，並由偵防中心通報預定前往執行地點所轄警察局或專業警察機關之勤務指揮中心知照或請求派員會同執行。

2. 各警察局所屬分局、隊（大隊）之員警越區至同一警察局其他分局轄區執行搜捕行動時，應報告其機關主管長官，並由勤務指揮中心通報預定前往執行地點所屬警察分局勤務中心知照或請求派員會同執行。跨越警察局轄區者，應通報警察局勤務指揮中心，警察局勤務指揮中心受理報告後，應即報告局長，並轉報前往辦案地之警察局或專業警察機關之勤務指揮中心知照或請求派員會同執行。

3. 其他各專業警察總隊、局、所、大隊、隊所屬員警越區執行搜捕時，應報告其機關主管長官，並由勤務指揮中心通報預定前往執行地點所轄警察局或專業警察機關之勤務指揮中心知照或請求派員會同執行。

4. 越區辦案員警遇情況急迫時，得逕通報當地警察局或分局勤務指揮中心，請求派員會同執行，受理通報機關應即派員會同，但事後應補辦通報事宜。

（二）第4點：越區查捕逃犯除依警察機關查捕逃犯作業規定辦理外，有關通報部分仍應遵照本注意事項規定執行。

（三）第5點：各警察機關應確實遵照本注意事項辦理通報，違反者，經調查屬實後，依警察人員獎懲標準及其他相關規定從重議處。

六、民眾無故撥打110專線作業程序與處罰規定

有關民眾無故撥打110專線，有時是誤撥，有時是小孩子在鬧著玩，更有時是精神異常或是酒醉者胡亂撥打。這些狀況會耽誤正式報案民眾的權益，故對於無正當理由撥打110專線者，內政部警政署在警察分駐（派出）所常用勤務執行程序彙編中，特別訂定本項作業程序，如附錄二，茲將該作業程序簡介如下。

（一）依據：社會秩序維護法第85條第4款。

（二）警察局作業內容與程序：警察局110報案。

1. 受理人員接獲無具體報案目的之案件（陳述內容如聊天、謾罵、自言自語、不知所云等），應立即向其進行口頭「勸阻」，告知切勿無故撥打110專線，違反者將依社會秩序維護法裁處。

2. 受理人員執行口頭勸阻後，應立即報告執勤官，由執勤官負責案件管制及彙整，並將該列管姓名及電話號碼告知各受理臺人員。

3. 對於無故撥打110專線，於勸阻前掛斷電話者，由警察局受理人員執行電話回撥勸導；無法以回撥成立勸導時，得通知管轄分局開立書面勸導單。

4. 對於同一民眾經勸阻後，仍無故撥打110專線者，受理人員得即時制

止其行為，告知依法查處。

5. 無故撥打110專線之案件，由業務承辦人員負責調閱「110報案紀錄單」、「報案錄音檔」及進行錄音檔譯文後，彙整併卷函送報案人發話位址之管轄分局究辦。

（三）使用表單：

1. 受理各類案件紀錄表。

2. 勸導單。

（四）注意事項：

1. 受理報案時，應注意態度、語氣及禮貌，並注意人、事、時、地、物之確認，對於無故撥打110專線之案件，立即向其進行口頭「勸阻」，告知切勿無故撥打110專線，經勸導不聽者，將依社會秩序維護法究辦之事項，並確實填寫「受理各類案件紀錄表」。

2. 勤務指揮中心狀況處置、指揮調度及勤務管制等，應依警察機關勤務指揮中心作業規定相關規定辦理。

3. 處理民眾無故撥打110專線案件，應詳實檢具「110報案紀錄單」、「報案錄音檔」及「錄音檔譯文」等資料。

4. 受理無聲報案電話處理方式：受理人員對於未出聲電話者，應詢問報案人是否以簡訊方式報案；有報案需求者，請報案人以按任意鍵三次方式出聲回應，受理人員以簡訊報案號碼傳送發話端，並以簡訊方式進行雙向溝通；屬「無故撥打110專線報案」者，依本程序辦理。

5. 進行「勸阻」之參考用語：您好，由於您於○年○月○日○時無故撥打110專線，依社會秩序維護法第85條第4款規定：「無故撥打警察機關報案專線，經勸阻不聽者，處拘留或新臺幣一萬二千元以下罰鍰。」請勿再無故撥打110專線，如經勸阻不聽，我們將依法查處。

6. 書面勸導單之參考用語：您於○年○月○日○時無故撥打110專線，本分局依社會秩序維護法第85條第4款規定：「無故撥打警察機關報案專線，經勸阻不聽者，處拘留或新臺幣一萬二千元以下罰鍰。」對您進行勸導，請勿再無故撥打110專線，違反者，本分局將依法查處。

肆、問題與討論

針對實務上勤務指揮中心的運作和觀察，茲提出以下問題並進行討論。

一、有關調度線上警力進行攔截圍捕之通報紀律問題

在本章開頭所提問題一，桃園分局景福派出所遭嫌疑人開槍射擊，挑釁意味濃厚，而有實施攔截圍捕事項時，勤務指揮中心即可通報並調度線上警力進行攔截圍捕，以迅速逮捕人犯。

但若是像員警在網路上爆料指出，在分局勤務指揮中心通報中，並未指明嫌疑犯攜有槍彈，以致員警心態上以為只是一般逃犯，而輕忽其危險性，這就屬於重大缺失。因為擔心無線電內容被記者聽到，而故意隱匿具重大危險性之情資，這明顯有違比例原則，畢竟員警執勤時的安全應列為第一順位，故本案事後的檢討，應列入案例教育之中，避免日後再犯類似之錯誤。

二、對於110報案系統之案件應作分類，並予不同之處理方式

在本章開頭所提問題二，民眾報案內容本來就有輕重緩急之分，故對於110報案系統之案件應作分類，並予不同之處理方式以免浪費警力。例如，美國加州舊金山市警察局的網頁上，就宣導民眾不要任何事都打911求助，應先判斷案件種類及其輕重緩急的屬性，撥打不同之求助電話，畢竟警力有限，以免浪費資源（舊金山市警察局，2024）。

該警察局在網頁上列出各種報案種類及報案電話之分類，舉例如下。

（一）撥打9-1-1時機：緊急情況使用。警察、消防和醫療服務。對生命、財產或環境是否有危險？是否有犯罪行為正在進行？有人遇到緊急醫療情況並需要立即援助嗎？有火災嗎？如果您對這些問題中的任何一個回答「是」，請立即致電9-1-1。

（二）撥打1-415-553-0123時機：非緊急援助案件，例如噪音投訴、徘

徊、健康檢查等。

（三）撥打3-1-1時機：城市服務和訊息（類似我國1999專線服務），未進行中的犯罪行為，例如汽車竊盜案、小偷小摸、破壞行為、無家可歸者的擔憂和資源、舉報塗鴉、坑洞、廢棄車輛或堵塞的車道、垃圾和回收服務、街道和公園維護、財產稅繳納、出生證明、結婚證書、商業登記等。

三、應慎選勤務指揮中心執勤人員，落實貫徹110報案系統之案件分類派遣

前面提到國外警察單位宣導並教育民眾報案之分類，其實在臺灣警察機關勤務指揮中心的執勤人員也很無奈，因為民眾只知道報案要打110，其他服務專線1999等，也全部都轉到110，所以任何案件都用110的規格來派遣。

內政部警政署為規範警察機關110受理報案之派遣警力原則，以發揮勤務效能，專注維護治安及交通執法工作，特訂定「110受理報案派遣警力原則」，並於104年6月3日以警署勤字第1040103396號函發給各警察局，茲舉其相關重要內容說明如下。

（一）第2點：110受理報案派遣警力，應衡酌案情之急迫性、危害性、必要性及現有警力等因素，並以警察職務事項或其他法令規定應協助者為原則。

（二）第3點：前點以外案件，依下列原則派遣警力：

1. 具有急迫性危害者，應派遣警力採取必要措施，並即時通知主管機關處理。

2. 不具急迫性、危害或具有危害之虞者，視案情決定是否派遣警力，並通知主管機關處理。

3. 不具危害者，不派遣警力，但應向報案人說明，並通知主管機關處理。

（三）第4點：報案內容無法判斷符合第2點及前點第1款者，仍應派遣警力赴現場瞭解。

各級勤務指揮中心應管制前項警力到達時間及現場狀況，並依相關規定辦理。

（四）第5點：各直轄市縣市政府制（訂）定之地方自治法規，明定警察機關應配合派遣警力者，依其規定辦理。

（五）第6點：民眾報案有下列情形之一者，得視其案情，擇定派遣警力方式，但仍應予以登記，以利查考：

1.同一民眾經常檢舉交通及違規攤販，經適時派遣警力處理後，仍一再舉報，得併案處理，不再重複派遣。

2.同一民眾所報相同案情、地點，經派遣警力到場查證，確認內容不實，不再派遣。

3.經確認為精神異常、酒醉民眾或惡意騷擾等無具體報案內容案件，得簽准結案，不予派遣警力。

（六）第7點：各級勤務指揮中心應建立與相關機關之聯絡機制。

故各級勤務指揮中心執勤人員對於受理之報案電話，應依本規定進行篩選和判斷，而非全部受理，統統派遣，導致基層員警工作負荷超重而怨聲連連。

四、對越區辦案應落實通報，避免造成誤會與困擾

在警察實務上，警察為了績效，往往會越區辦案。但越區辦案都是便衣進行，以避免於越區辦案時，各不同單位因配合不當，或是未通報越區辦案，以致敵我不分，致生不良後果。

故越區辦案前，透過勤務指揮中心的通報非常重要。但是實務上往往擔心如果先通報越區辦案，績效就易被當地警察單位捷足先登，故越區辦案大多是在事後辦案完再通報，如此則失去了事先通報的意義，也增加了辦案的風險。

五、對於民眾無故撥打110專線者，應予告誡及列管，累犯者應加以處罰

依據內政部警政署勤務指揮中心統計資料顯示，110受理案件廣

泛，包含交通案件、為民服務、一般刑案、社會秩序、災害事件、聚眾陳抗等各類案件，受理各類案件數逐年增加，也顯示民眾日益熟知使用110作為報案電話，民眾依賴110程度與日俱增，其中112年1月至12月受理案件總數為917萬6,823件。

「e化勤務指管系統」建置後，民眾報案後均能落實控管，使民眾日益倚賴撥打110，110對警察親民形象大幅提升，112年1月至12月有派遣警力案件為689萬601件。112年1月至12月線上立即偵破案件為9,150件，緊急救援件數為50,637件，展現110對治安及為民服務之重大貢獻。

以此資料初步分析，112年全年受理案件總數為917萬6,823件，扣除有派遣警力案件為689萬601件，其他有接近230萬件是不用派遣警力者，其中無故撥打110者應不在少數，明顯有濫用之嫌疑。對於民眾無故撥打110專線者，應予告誡及列管，累犯者應加以處罰。依社會秩序維護法第85條第4款規定：「無故撥打警察機關報案專線，經勸阻不聽者，處拘留或新臺幣一萬二千元以下罰鍰。」以有效減少濫用110報案系統之情形。

伍、結論與建議

勤務指揮中心為警察機關勤務的中樞，24小時值勤，以守護人民的生命、身體及財產之安全。其設置目的，主要為強化勤務指揮管制系統，發揮報案受理與勤務派遣同步作業，有效掌握線上巡邏警車動態，縮短抵達發生刑案或事故現場時間，提升警察機關反應能力。

而為促使執勤人員熟練勤務指揮作業程序及各級開設之時機，並發揮指揮、調度、管制、報告、通報及轉報等功能，故應確實遵守三線報告紀律規定，隨時反映社會治安狀況，達到報告快、指揮快、行動快、通訊快之要求，圓滿達成各項交付任務及專案性工作，以達成維護社會治安之目的。

　　至目前為止，警勤e化系統之運作依據相關實證研究顯示對警察勤務產生之影響有：一、系統整合簡化流程縮短時間；二、資料傳輸快速即時掌握先機；三、透過資料分析，發掘報案熱點；四、組織架構明確、合縱連橫，達到區域聯防有效防制治安及交通事（案）件發生；五、透過前推後拉、分進合擊執勤方式、發揮勤務功效，以提升勤務機動性及執勤能力；六、即時監控重大、特殊、敏感事（案）件，提升緊急應變能力，有效打擊犯罪，提升服務滿意度（許文居，2010）。

　　而針對勤務指揮中心目前存在的問題，有關前述問題與討論部分，本文提出以下建議。

一、有關調度線上警力進行攔截圍捕之通報應具體明確

　　勤務指揮中心遇到緊急案件，必須調度線上警力進行攔截圍捕時，其通報內容必須具體明確，例如嫌疑犯攜有槍彈，或是已經開槍，通報內容應具體陳述，避免含糊，以免線上員警誤判狀況，而輕忽其危險性。

二、應宣導民眾對於案件報案應作分類

　　由於勤務指揮中心每年受理的報案量太大，造成警力不勝負荷。而很多報案內容非屬警察管轄範圍，故要減輕110受理報案的負荷量，首先應依內政部警政署訂定之「警察機關110受理報案之派遣警力原則」作為受理報案和派遣警力的標準，並應宣導民眾對於案件報案應作分類，如果案件非屬警察管轄範圍，則應宣導民眾直接向該管行政機關進行通報或陳情，或是直接撥打1999政府機關服務專線，進行轉介至相關主管機關。如此從源頭進行案件減量，方能發揮勤務效能，讓基層員警專注維護治安及交通執法工作。

三、對越區辦案應落實通報避免造成誤會與困擾

　　警察為了績效，往往會越區辦案。越區辦案難以避免時，則應事先通報轄區警察機關勤務指揮中心轉知轄區警方知悉，以避免於越區辦案

時，各不同單位因配合不當，或是未通報越區辦案，以致敵我不分，產生不良後果。

四、勤務指揮中心執勤員警應篩選優秀人才擔任

勤務指揮中心執勤員警代表單位主官進行勤務指揮調度，24小時輪班值勤，職位角色相對重要，故在勤務調派過程中，案件的反應和處置皆需明確、果斷、迅速，並持續追蹤管考後續結果。勤務指揮中心是各項勤務指揮派遣中樞，承擔110接受處理、警力指揮調度、案件研判處置、和重大突發事件處置等職能，小至為民服務案件，大至重大、突發事件、案件時，勤務指揮中心執勤人員應變得宜與否，方是發揮勤務指揮派遣功能之關鍵。故對於勤務指揮中心執勤員警應作篩選，務必讓符合這些特質者擔任之，以利勤務之指揮調度。

五、應建立並隨時修正勤務指揮中心標準作業流程

警察運用科技以協助勤務進行方面日益進步，善用科技雖可提升執行效率，然而發揮110之指、管、通、資、情、監、偵之功能，尚待執勤人員確實掌握狀況及正確判斷能力，始能做出正確處置與反應。但是科技再好也需優秀人才來完成，並建立優質的標準作業程序（SOP），此亦為勤務指揮中心所持續不斷要求精進的目標。目前內政部警政署已建立勤務指揮管制之標準作業程序，建議在未來應隨社會環境的變化及科技的更新，隨時修正勤務指揮中心標準作業流程，以應付日益複雜之治安情勢。

六、勤務指揮中心執勤員警獎勵應予提高

眾所周知，警察的考績、陞遷、調動、考試進修等，皆是以績分為評比之標的，故基層員警莫不以爭取獎勵為工作重心，其中又以偵破刑案的獎勵最多，這和警界長期以來所重視的破大案、抓要犯的文化密切相關。反觀勤務指揮中心的執勤人員，完全在勤務指揮中心內進行指揮調度，每年的獎勵少得可憐，相對於外勤員警，其吸引力就少很多，故

較難吸引具高度興趣者的目光。故建議在即時偵破之重大刑案中,如因勤務指揮中心的執勤員警指揮調度得宜而破案者,亦應納入敘獎名單之中,如此誘因或許可以留住優秀人才。

七、對於無故撥打110專線者應予告誡列管處罰

為減少無故撥打110者,造成警力不當浪費,對於民眾無故撥打110專線者,應予告誡及列管,累犯者並應加以處罰,以有效減少濫用110報案系統之情形。

參考文獻

一、中文部分

王惀宇(2023)。活得像個穿制服的人:我是警察。臺北:寶瓶文化出版公司。
呂英敏(2005.1)。警察機關勤務指揮中心勤務方式新探。日新法律,半年刊第4期。
李震山(2007)。警察行政法論──自由與秩序之折衝。臺北:元照。
李湧清(2007)。警察勤務理論與實務。新北:揚智文化。
許文居(2010)。警勤E化勤務指管系統對警察勤務之影響──以臺中市警察局為例。僑光科技大學全球運籌管理研究所碩士論文。

二、英文部分

Jannik Lindner. (2024). Statistics About The Average Police Response Time, retrieved form https://gitnux.org/average-police-response-time/ (Accessed 20/Sep/2024).
San Francisco Police Department. (2024). When to Call 9-1-1, retrieved form https://www.sanfranciscopolice.org/get-service/when-call-9-1-1 (Accessed 20/Sep/2024).

三、網路資源

內政部警政署勤務指揮中心(2024),內政部警政署勤務指揮中心業務職掌,https://www.npa.gov.tw/ch/app/artwebsite/view?module=artwebsite&id=804&serno

=c54377d5-a32e-422f-80de-b1d322c871ab，閱覽日期：2024.9.20。

桃園市政府主管法規查詢系統（2024），https://law.tycg.gov.tw/LawContent. aspx?id=GL000151，閱覽日期：2024.9.20。

桃園市政府警察局（2024），桃園市政府警察局勤務指揮中心簡介，https://www. typd.gov.tw/index.php?catid=19&id=61#gsc.tab=0，閱覽日期：2024.9.20。

聯合報（2024.3.25），穿防彈衣匪徒對派出所囂張開槍　桃園勤指遭爆料沒通報「有槍」。https://udn.com/news/story/7315/7853645，閱覽日期：2024.9.20。

附錄一 勤務指揮中心狀況處置作業程序

（第一頁，共三頁）

一、依據：警察機關勤務指揮中心作業規定，一一○受理報案派遣警力原則。

二、分駐（派出）所流程：

流程	權責人員	作業內容
受理一一○報案	受理人員：警察局勤指中心執勤（官）員 處理人員：線上最近巡邏警力第一優先	一、受理一一○報案： （一）受理人員接獲民眾報案，應詢明案情、現場狀況（例如：歹徒特徵、人數、使用交通工具、持有武器、攻擊傾向、現場傷亡情形或逃逸路線等），如民眾受傷需救護時，應立即通報消防局派員前往。 （二）受理人員依據案況通報轄區分局勤務指揮中心派遣線上警力到場處理並提示應注意執勤安全（自身、嫌犯及案件安全等）。 （三）對於重大案件並應派遣直屬（大）隊警力及通報相關業務單位處置。 （四）受理人員應對案件確實管制，追蹤管制案件後續案情發展，視案況發展向上級報告，並作適切之處置，案件處理完畢由警察局勤務指揮中心執行結案。 二、遇重大（重要、緊急）治安事故時：受理人員除應詢問掌握上述第（一）項應注意事項外，並依據案況立即通報；線上最近巡邏警力→分局勤指中心→分局線上巡邏警力，先行支援查處→業管單位。
分局勤指中心	處理人員：分局線上最近巡邏警力 業管單位：如偵查隊、交通組、督察組	
轄區分駐（派出）所	處理人員：分駐（派出）所線上最近巡邏警力、備勤（在所）人員	
分局勤指中心	處理人員：分局執勤（官）員	
警察局勤指中心	處理人員：警察局執勤（官）員	

（續下頁）

（續）勤務指揮中心狀況處置作業程序（第二頁，共三頁）

三、分局流程：

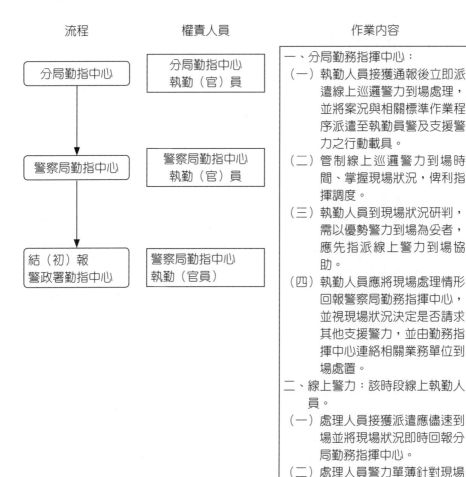

流程	權責人員	作業內容
分局勤指中心	分局勤指中心執勤（官）員	一、分局勤務指揮中心： （一）執勤人員接獲通報後立即派遣線上巡邏警力到場處理，並將案況與相關標準作業程序派遣至執勤員警及支援警力之行動載具。 （二）管制線上巡邏警力到場時間、掌握現場狀況，俾利指揮調度。
警察局勤指中心	警察局勤指中心執勤（官）員	（三）執勤人員到現場狀況研判，需以優勢警力到場為妥者，應先指派線上警力到場協助。 （四）執勤人員應將現場處理情形回報警察局勤務指揮中心，並視現場狀況決定是否請求其他支援警力，並由勤務指揮中心連絡相關業務單位到場處置。
結（初）報警政署勤指中心	警察局勤指中心執勤（官員）	二、線上警力：該時段線上執勤人員。 （一）處理人員接獲派遣應儘速到場並將現場狀況即時回報分局勤務指揮中心。 （二）處理人員警力單薄針對現場狀況無法掌控者，應立即請求分局派遣支援警力。

四、使用表單：警察局勤務指揮中心受理一一○報案紀錄單。

五、注意事項：

（一）受理報案時，應注意態度、語氣及禮貌，並注意人、事、時、地、物之確認，勤務指揮中心受理人員不管民眾撥一一○或視訊

（續下頁）

（續）勤務指揮中心狀況處置作業程序（第二頁，共三頁）

報案均應填寫「警察局勤務指揮中心受理一一○報案紀錄單」。

（二）勤務指揮中心執勤人員應注意管制勤務人員是否抵達現場，並記明到達時間備查，必要時，應協助線上人員通報、聯絡。

（三）勤務指揮中心狀況處置、指揮調度、勤務管制等應依內政部警政署訂頒之「警察機關勤務指揮中心作業規定」相關規定及程序辦理。

（四）各單位應適時檢討勤務部署及派遣方式，以有效指揮調度、管控員警迅速到場處理。

（五）第一時間到達員警應執行下列事項：

1. 負責現場處理或警戒維護，並立即向勤務指揮中心回報到達。

2. 回報內容須對現場狀況概略描述（勤務指揮中心受理人員應同步對回報內容重點登錄）。

3. 第一時間到達員警經審認案件非屬處理權責人員，不得擅自離開，應由處理人員蒐證備查並聯繫權責單位報准後始可離開，違反者依「警察人員獎懲標準」相關規定議處。

4. 「交通事故」案件，第一時間到場員警經審認案件非屬專責處理人員，不得擅自離開，應俟交通事故處理人員到達後，並在其所攜帶之「道路交通事故當事人登記聯單」備考欄內或空白處簽註單位、姓名、時間，以備查考，違反者依「警察人員獎懲標準」相關規定議處。

（六）接獲勤務指揮中心通報後，相關處理人員應帶齊裝備馳赴現場，到達後須立即回報勤務指揮中心，並進行狀況排除、處理及權責移轉。

（七）凡受理一一○報案檢舉色情、賭博、電玩、毒品及員警風紀等案件，不便立即派遣警力到場者，應派遣至所轄分屬勤務指揮中心及影送業管單位。

附錄二 處理民眾無故撥打110專線作業程序

（第一頁，共三頁）

一、依據：社會秩序維護法第八十五條第四款。

二、警察局流程：

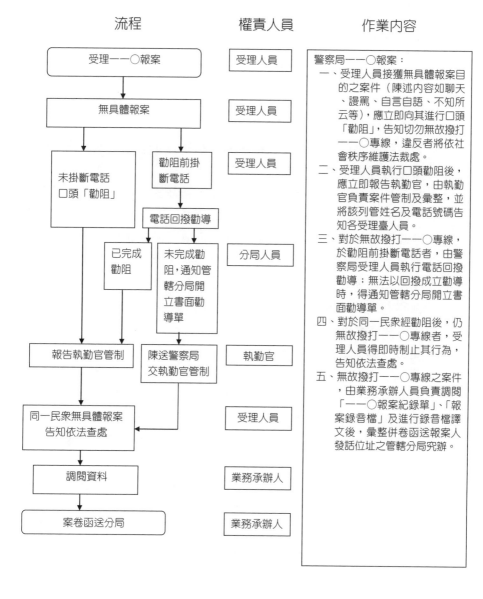

流程	權責人員	作業內容
受理一一〇報案	受理人員	警察局一一〇報案： 一、受理人員接獲無具體報案目的之案件（陳述內容如聊天、謾罵、自言自語、不知所云等），應立即向其進行口頭「勸阻」，告知切勿無故撥打一一〇專線，違反者將依社會秩序維護法裁處。 二、受理人員執行口頭勸阻後，應立即報告執勤官，由執勤官負責案件管制及彙整，並將該列管姓名及電話號碼告知各受理臺人員。 三、對於無故撥打一一〇專線，於勸阻前掛斷電話者，由警察局受理人員執行電話回撥勸導；無法以回撥成立勸導時，得通知管轄分局開立書面勸導單。 四、對於同一民眾經勸阻後，仍無故撥打一一〇專線者，受理人員得即時制止其行為，告知依法查處。 五、無故撥打一一〇專線之案件，由業務承辦人員負責調閱「一一〇報案紀錄單」、「報案錄音檔」及進行錄音檔譯文後，彙整併卷函送報案人發話位址之管轄分局究辦。
無具體報案	受理人員	
未掛斷電話 口頭「勸阻」 ／ 勸阻前掛斷電話	受理人員	
電話回撥勸導		
已完成勸阻 ／ 未完成勸阻，通知管轄分局開立書面勸導單	分局人員	
報告執勤官管制 ／ 陳送警察局交執勤官管制	執勤官	
同一民眾無具體報案 告知依法查處	受理人員	
調閱資料	業務承辦人	
案卷函送分局	業務承辦人	

（續）處理民眾無故撥打一一〇專線作業程序
（第二頁，共二頁）

三、使用表單：

（一）受理各類案件紀錄表。

（二）勸導單。

四、注意事項：

（一）受理報案時，應注意態度、語氣及禮貌，並注意人、事、時、地、物之確認，對於無故撥打一一〇專線之案件，立即向其進行口頭「勸阻」，告知切勿無故撥打一一〇專線，經勸導不聽者，將依社會秩序維護法究辦之事項，並確實填寫「受理各類案件紀錄表」。

（二）勤務指揮中心狀況處置、指揮調度及勤務管制等，應依警察機關勤務指揮中心作業規定相關規定辦理。

（三）處理民眾無故撥打一一〇專線案件，應詳實檢具「一一〇報案紀錄單」、「報案錄音檔」及「錄音檔譯文」等資料。

（四）受理無聲報案電話處理方式：受理人員對於未出聲電話者，應詢問報案人是否以簡訊方式報案；有報案需求者，請報案人以按任意鍵三次方式出聲回應，受理人員以簡訊報案號碼傳送發話端，並以簡訊方式進行雙向溝通；屬「無故撥打一一〇專線報案」者，依本程序辦理。

（五）進行「勸阻」之參考用語：

您好，由於您於〇年〇月〇日〇時無故撥打一一〇專線，依社會秩序維護法第八十五條第四款規定：「無故撥打警察機關報案專線，經勸阻不聽者，處拘留或新臺幣一萬二千元以下罰鍰。」請勿再無故撥打一一〇專線，如經勸阻不聽，我們將依法查處。

（六）書面勸導單之參考用語：

您於〇年〇月〇日〇時無故撥打一一〇專線，本分局依社會秩序維護法第八十五條第四款規定：「無故撥打警察機關報案專線，經勸阻不聽者，處拘留或新臺幣一萬二千元以下罰鍰。」對您進行勸導，請勿再無故撥打一一〇專線，違反者，本分局將依法查處。

第九章
警察勤務督導

翁萃芳

壹、前言

　　我國自古在政府部門即設有監察機關，如御史府、御史台、都察院等負責維持國家機關及官吏紀律的監察機關。民國成立以來，監察院為我國最高監察機關。而我國警政高層也一向重視督察工作，於1913年1月8日所公布的「地方警察官廳組織令」，以及內政部為革新警察組織，1915年7月30日通令各省盱衡現況設置警務處以來，中央、地方及各專業警察機關均設有督察單位，並明定指派專人執行該項工作。其後警察組織雖曾數度變革，但督察單位內部性質之變動並不大。

　　依據教育部國語辭典，「監察」的意義是監督、視察；「督察」的意義也是監督、視察。勤務督察俗稱督勤或稱勤務監督，是各級警察機關督察單位主要業務之一，由各級勤務督察人員執行（周勝政，2003：11）。勤務監督的目標，在於瞭解勤務執行是否依照規定、是否合法與是否有效率。勤務監督是一種推動的力量，使整個警察活動，按著預定的軌道，周而復始運行。糾正偏差、發掘錯誤、考核成果。沒有嚴密的勤務監督，則不論警勤區的劃分如何合理，警力的分配如何恰當，執行勤務的方法如何高明，警察活動終必逐漸為惰性、私心以及種種不良因素所腐蝕（周勝政，2003：11-12）！亦即勤務督察透過這種控制的過程達到組織的目的。

　　然隨著時代變遷，社會背景不同，警察單位在執行勤務督察上，除重視監督視察與考核外，也希望透過查勤過程，能發現問題解決問題，能溝通協調上下級，體察到警察的督察作用不只在消極防弊威嚇的監

察，更是積極地扮演監督考核、指導教育、激勵服務的作用。因此內政部警政署組織法第2條規定，內政部警政署掌管全國性警察業務，並辦理警察業務、勤務之督導及警察紀律之督察、考核事項；警察勤務條例第26條規定，各級警察機關為激勵服勤人員工作士氣，指導工作方法及考核勤務績效，應實施勤務督導及獎懲。均以勤務「督導」乙詞替代勤務監督或勤務督察。依據教育部國語辭典，「督導」的意義是監督、指導。而督導工作並非僅限於警察單位才有，在各行各業中如企業機構、政府部門、醫院、社工、餐飲業等均有，其或由各級行政主管兼任，或設有專門負責督導工作的部門或專人擔負。

警察勤務督導（察），是為督察工作之一環。勤務督導（duty supervision）是警察學術名詞及實務用語，有學者稱之勤務督察、勤務監督或勤務查察，實務上警察機關或警察人員較常以勤務督導或督勤（查勤）稱之（盧顯壁，2006：11）。鄭文竹（2015：392）認為，勤務督導係指各級勤務督導人員為發掘所屬警察機關勤務計畫、執行之優劣，以機動不預警之方式，所為之一種查察、考核、指導之工作。盧顯壁（2006：12）綜整羅傳賢（1980）、許炳元（1988）、李湧清（1995）等人對勤務督導（察）見解提出，所謂勤務督導是指警察機關依據法令規定授權勤務督導人員對執行勤務人員實施督導、考核，並防止風紀案件發生的一種監督指導作為，即為勤務督導，其法定功能為激勵服勤人員的工作士氣、指導工作方法及考核勤務績效。李湧清（1995：6）認為，從社會學的眼光來看，警察勤務督導考核除了有秩序、效率、可預期性等之功能與目的外，警察行政的研究對勤務督考之功能的見解也不脫前面所言。李湧清（1995：6）提出Bouza（1978：146）見解指出，勤務督考之功能與目的在於：一、糾正錯誤；二、減少問題；三、增加效率；四、鼓勵成功；五、透過組織以散布革新理念；六、協助組織達成目的。其中第一、二項可謂勤務督導考核之消極功能，而第三至六項則係積極功能。同樣地，我國的警察勤務條例第26條也規定，勤務督導的目的在：一、激勵工作士氣；二、指導工作方法；三、考核勤務績效。顯見各警察機關實施多年的勤務督導制度，其

法定功能明定為激勵、指導及考核。

　　但觀諸其他領域學者對督導的定義，似有更明確、更深一層的意義。曾華源（1982：95）認為，督導一詞的含義，從「督」字而言，可說是瞭解、評鑑和管理受督導者所提供服務的適當性或良窳。從「導」字而言，即是經由良好督導關係的建立，引導受督導者朝向有效率和有效果的工作努力。其性質在：一、專業目標上：屬於一種繼續教育或持續性的在職訓練，以達成有效地服務案主為主；二、專業體制上：屬於一種職務和地位；三、行政上：具有一種從屬和指揮的領導和權威關係；四、組織上：一種分工合作的制度，以有效率的發揮功能；五、教育上：屬於一種輔導性教育功能，以促進受督導者的學習成效。所以目前在探討督導議題的諸多國內外論文或書籍，大都認為督導的功能區分為行政性功能、教育性功能與支持性功能（施麗紅，2017：371）。教育性功能：扮演教育者的角色是許多督導所樂意的，並且認為是督導者最重要的工作。一般說來，督導工作的教育功能並非在專業知識的灌輸與啟發，更重要的是督導者如何將知轉化為行（曾華源，1982：95）。行政性功能：行政督導的目的在於使每項工作均能符合機構期望和規定，並且有效率。因此，行政性督導的內容在於管制及說明機構的政策、行政程序和有關工作規定；協助受督導者解決行政工作上所遭遇到的難題；向上級提出改進政策和服務程序等的建議；以及讓受督導者瞭解機構行政方面各種有關之行政程序和規則，以便能依循而有效率的完成服務工作。因此，督導者在行政層面上職責與功能，應該是多元性（曾華源，1982：96）。支持性功能：支持性督導是運用一些調適的方法，來增進受督導者的自我功能，以便進一步的處理工作上有關的壓力和挫折等情緒。這種督導工作是屬於情感性的（expressive），以人為中心的；與行政性督導，屬於工具性的（instrumental），以任務為中心（task-centered）的本質有很大的不同（曾華源，1982：97）。所以，「督導」是一種歷程，一種透過互動過程的專業訓練方法或技術，它是藉由一位有經驗的專業工作者，透過定期與持續教導、行政和支持的方式，協助受督導者運用專業，確保服務使用者獲得最高品質的服務

而不受傷害，和促進受督導者自我成長、自我覺察，以及滿足單位的需求與期待（勞動部勞動力發展署，2018：15）。

綜合前述探討，本文更一步界定警察勤務督導（察）的定義為警察機關為落實政策實施、勤務執行、維護工作紀律，以達到機關目的，授權勤務督導人員依法瞭解、評鑑和管理受督導者，採用激勵工作士氣，指導工作方法，考核工作績效等手段，透過持續教導、行政和支持的方式，監督指導執勤人員提高效能，促進受督導者自我成長、自我覺察，以及滿足警察組織的需求與期待。

雖然勤務監督的方法可分為內勤監督法與外勤監督法（梅可望等人，2014：289），但本文警察勤務督導（察）之探討僅限縮於直轄市、縣（市）警察局外勤工作。

貳、警察督導（察）體系與相關規定

內政部警政署組織法第2條第12款規定，內政部警政署掌管全國性警察業務，並辦理警察業務、勤務之督導及警察紀律之督察、考核事項；警察勤務條例第26條規定，各級警察機關為激勵服勤人員工作士氣，指導工作方法及考核勤務績效，應實施勤務督導及獎懲。前述均為勤務督導的法源，警政署督察室也因此訂定「警察機關勤務督察實施規定」（2024），其第1點即指出：為激勵工作士氣，指導工作方法，維護工作紀律，考核工作績效，落實勤務執行，發揮督察功能，執行內政部警政署組織法第2條及警察勤務條例第26條所定之事項，特訂定本規定。「警察機關強化分層勤務督導實施計畫」（2019）即提出訂定該計畫目的為：一、各級幹部與員警同甘共苦，帶動勤務落實執行，維護榮譽團結，發揮督導功能；二、激勵工作士氣，指導工作方法，維護工作紀律，考核工作績效。茲探討警察督導（察）體系與相關規定如後。

一、督察體系與督察業務

2013年，警政署配合行政院組織改造方案，進行機關及業務整併，以求組織架構更臻合理，發揮組織最大效能。自同（2013）年1月1日起：警政署、直轄市督察室仍維持為督察室；縣市督察室改為督察科；刑事警察局、航空警察局、國道警察局、鐵路警察局、港務警察總隊（原港務警察局）督察室均改為督訓科；保安警察第一至第七總隊督訓組均改為督訓科。除警政署督察室主管仍稱主任，其餘督察室、督察科或督訓科主管一律稱督察長。2024年，保安警察第二總隊為應任務轉型為關鍵基礎設施保安防護主責機關，規劃增設訓練科，原督訓科改設為督察科，主管仍稱督察長。

內政部警政署組織法第5條第2款，警政署設輔助單位督察室。但因編制較高，所以依現況與其他組室不同，並非分科辦事，而是分組辦事。內政部警政署處務規程第14條規定，督察室掌理事項如下：（一）模範（績優）警察之表揚、規劃、執行、督導及考核；（二）員警因公傷亡、殘疾慰問、急難濟助之規劃、執行；（三）改善員警服務態度之規劃、督導及考核；（四）員警風紀之規劃、督導、考核及重（大）要違法（紀）案件之查處；（五）員警之考核、風紀評估、教育輔導之規劃、執行、督導及考核；（六）員警勤務及重大演習之督導、考核；（七）特種勤務之協調、聯繫及督導；（八）勤務及風紀等內部管理之督導、考核；（九）其他有關督察工作事項。警政署督察室現行業務據以區分為第一組：文康、政訓、宣慰、表揚；第二組：勤務督導；第三組：風紀、考核、督察人事；第四組：特種勤務；靖紀組：靖紀專案編組。[1]而各警察機關督察單位之業務分工則比照警政署督察室之分工職掌，直轄市政府警察局督察室區分為行政股、勤務股、風紀股、特勤股及靖紀小組，縣（市）政府警察局督察科原則上區分為勤務股與風紀股，有關警察機關督察單位督導體系與業務分工職掌，如圖9-1。

---

[1] 內政部警政署全球資訊網，內政部警政署督察室組織架構，https://www.npa.gov.tw/ch/app/artwebsite/view?module=artwebsite&id=812&serno=d5d69c57-17d5-41c2-8b81-1434eaa74e6a，閱覽日期：2024.4.20。

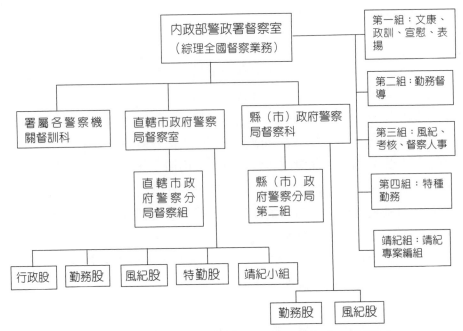

圖9-1　直轄市、縣（市）警察局督察體系督導與業務分工職掌圖

資料來源：作者自繪。

依據內政部警政署2022年1月編印之「督察工作手冊」等相關規定，督察單位各組（股）主要督察業務內容略述如下：

（一）第一組（行政股）：業務內容主要為有關服務員警方面之行政事項，即有關員警急難救助或因公受傷之慰問員警好人好事及績優甄選表揚、員警座談會之舉辦、員警申訴案件之管制及執行等，目的以關懷、服務員警為主，可作為員警與上級長官溝通及激勵員警工作士氣之管道。

（二）第二組（勤務股）：業務內容主要以勤務督導為主，負責督導工作之設計，以內部管理之督導考核、勤務督察及專案督導之規劃及執行、駐區督察督導區劃分及協調聯繫為主要業務項目。

（三）第三組（風紀股）：負責員警考核、教育輔導之規劃及督導，並負責各級督察人員之甄選陞遷調補作業事項，另執行風紀探訪及風紀情報之蒐集，主要以查處員警風紀案件及員警考核工作為主

要工作項目。

（四）第四組（特勤股）：業務內容主要為有關特種勤務暨首長警衛勤務之相關策劃與執行工作，即策劃辦理及執行督導特種勤務暨首長警衛勤務等計畫執行等工作。

（五）靖紀組（靖紀小組）：查處除政風室職掌外的員警違法、違紀案件查處、涉及員警風紀、違法場所取締及其他交辦事項。

　　無論由前述之內政部警政署組織法、內政部警政署處務規程、警察勤務條例、警察機關勤務督察實施規定、警察機關強化分層勤務督導實施計畫或督察工作手冊可知，督察工作內容與任務除辦理及督導特種勤務暨首長警衛勤務外，尚包含了關懷服務、溝通協調、激勵士氣、勤務督導、風紀查處、工作考核等。是以，鄭文竹（2015：393-394）提出督察任務為：是居於主官與員警間之橋梁，具承上啓下任務；是協助主官共同達成警察的目標；是清除警察機關害群之馬，淨化警察陣容；是讓好人出頭，鼓勵士氣。曾俊添（2009：7-8）提出督察任務主要是發掘問題、導正偏差、安撫情緒、鼓勵士氣、服務基層、解決問題、加強教育、維護警紀、協調合作、促進團結，這些積極性的工作是應有的認識。至於少數害群之馬，縱然揮淚斬馬謖，都是不得已的消極作為，可不能當作主要的工作。然而，在督導考核角色下，又需扮演關懷服務、激勵溝通的角色，對督察人員是一種挑戰，尤其是較低階的督察人員。

二、督察業務與政風業務權責劃分

　　1992年政府為端正政風，促進廉能政治，維護機關安全，制定「政風機構人員設置條例」，主管機關為法務部。該條例於2013年修訂，並修改名稱為「政風機構人員設置管理條例」至今。2013年，制定內政部警政署組織法，該法規定警政署設置政風室掌理警政署政風事項，並將政風室比照督察室列為輔助單位，自2014年施行至今。至此，成為督察、政風雙元課責模式。然警察機關不同於一般行政機關，本已有督察室督導員警風紀及貪瀆情事，因此常存有業務重疊、資源浪費之疑慮。因此，重新劃分督察室與政風室之業務職掌如「內政部警政

署督察室與政風室之業務權責劃分表」（2022）規定，詳如表9-1。目前除內政部警政署、各直轄市政府警察局另設政風室外，其餘警察單位仍由督察室兼辦。總之，目前警察組織職司端正警察風紀之單位仍以督察室為主。

表9-1　內政部警政署督察室與政風室權責劃分表

督察室	政風室
1. 關於員警因公殘疾慰問急難救助之策劃、執行事項。	1. 擬定、修正、蒐集及編印各項相關政風法令。
2. 關於改善員警服務態度之規劃、督導、考核事項。	2. 訂定端正政風及防制貪汙工作實施計畫。
3. 關於員警申訴之規劃、執行、督導、考核。	3. 訂定政風工作手冊，宣導並貫徹執行政風法令事項。
4. 模範警察、績優員警、好人好事之甄選表揚、考察。	4. 講解廉政肅貪案例、表揚績優政風事蹟。
5. 關於員工座談會之規劃、執行、督導、考核事項。	5. 評估 滋弊端之業務、研訂具體防弊措施。
6. 關於勤務督察之規劃、督導、考核事項。	6. 追蹤管制防弊措施執行情形。
7. 關於專案督導之規劃、執行事項。	7. 研析發生之貪瀆案件，訂定具體改進措施。
8. 關於員警違法犯紀案件之查處及研訂具體防制措施。	8. 查察作業違常單位及生活違常有貪瀆不法傾向人員。
9. 關於駐區督察督導區劃分協調聯繫事項。	9. 關於員警貪瀆違法案件之調查事項。
10.關於內部管理業務之規劃、執行、督導、考核事項。	10.調查民眾檢舉及媒體報導有關單位人員涉嫌貪瀆不法事項。
11.關於員警考核之規劃、執行、督導、考核。	11.設置政風專用信箱及電話，受理檢舉案件。
12.關於員警教育輔導之規劃、執行、督導、考核事項。	12.會同督導考核監標、監驗工作。
13.駐區督察派遣事項。	13.關於辦理政風革新建議事項。

（接下表）

督察室	政風室
14.關於各級督察人員之甄選（試）陞遷調補作業事項。	14.辦理政風考核、獎懲建議事項。
15.員警陞遷、考試、訓練等案件考核評鑑、查核事項。	15.辦理機關公務機密維護事項及機關設施安全之維護。
16.督察幹部培訓講習。	16.推動資訊保密措施及處理洩密案件。
17.關於特種勤務暨首長警衛之聯繫、策劃、督導事項。	

資料來源：督察政風權責劃分表－內政部警政署全球資訊網（npa.gov.tw），https://
www.npa.gov.tw/ch/app/artwebsite/view?module=artwebsite&id=817&serno=
0fae94d3-2789-426a-a50d-38a8b0493e3d，閱覽日期：2024.4.25。

三、督察人員之定義與基本素養

（一）督察人員之定義

依據2023年7月11日修正發布「警察人員陞遷辦法」（2023）第5條第3項附件3「警察機關重要主管及專門性職務遴選資格條件一覽表」之規定，督察人員係屬警察機關重要主管及專門性職務人員第七類人員，依據附件3所稱之督察人員，僅指下述人員：

1. 第三序列督察長。
2. 第三序列督察。
3. 第四序列督察長、刑事警察局督察。
4. 第四序列直轄市政府警察局督察。
5. 第五序列縣（市）警察局、鐵路警察局、保安警察第二總隊、第三總隊及第七總隊督察長。
6. 第五序列保安警察第一總隊、第四總隊、第五總隊、第六總隊督察長。
7. 第五序列港務警察總隊督察長。
8. 第五序列督察。
9. 第六序列督察主管、督察員。

10. 第七序列督察科股長、縣（市）政府警察局第二組組長、督察員。

　　而警政署為健全督察人事制度，並提高素質發揮督察功能，特訂定「督察人員遴選作業要點」（1997），其中第貳點敘明，本要點所稱之督察人員，係指下列擔任督察工作人員：

1. 警佐督察員、查勤巡官。

2. 警正督察、督察長、督察主任、督訓組長、督察組長、督察員。

3. 警監督察、督察長。

4. 督察室主任。

5. 其他實際從事督察工作人員。

　　督察人員為警察中的警察，需具有良好之操守、完整的職務歷練及較高的職務序列，方能擔服督導考核之責。前述查勤巡官至督察室主任均是專責督導人員，經考核不適任督察工作者，隨時調整非督察職務；經考核績效良好者，得優先調升職務（督察人員遴選作業要點）。

　　各警察機關均設有督察單位，但警察機關之勤業務內容繁雜，除由專責督導之督察人員督導考核外，仍需直屬主管負起直接的考核及監督責任，為了強化及確保勤務落實及授權督察人員對勤務執行機構實施勤務督導。「警察機關勤務督察實施規定」（2024）第2、3點即規定：勤務督察（導）為各級主官（管）及督察人員之責任，實施各項督考工作，特應注意警察風紀及成效。各級主官（管）應本分層負責之精神，實施逐級督導並對單位成敗負完全責任。督導人員之範圍如下：

1. 各級單位正、副主官（管）。

2. 各級督察（查勤）人員。

3. 各級主管業務人員。

4. 其他經指派之督導人員。

　　可知，督導人員比督察人員範圍更廣，除各級督察人員為專責督導人員外，尚包括各級單位正副主官（管）、各級主管業務人員與其他經指派之督導人員。

（二）督察人員應具備之能力與態度

督察人員之工作特性較為特殊，除對警察工作應深入瞭解，對於警察人員工作及生活等各種狀況亦應能深入熟悉，並須與同事溝通無礙，具解決問題能力。而且在督考他人之前，自己須能潔身自愛。國內學者曾浚添（2009）提出督察人員應有的修養作為與基本工作態度如後：

1. 修養作為方面：
   (1) 要有誠實服務的觀念。
   (2) 要有主動積極工作精神。
   (3) 要有和藹的工作態度。
   (4) 要有廉正的行為操守。
   (5) 要落實工作效果。

2. 基本工作態度方面：
   (1) 尊重他人、謙虛為懷。
   (2) 是非分明、勇於認錯。
   (3) 自我要求、克制情緒。
   (4) 不斷教育、循循善誘。
   (5) 慈悲為懷、處事公正。
   (6) 亦師亦友、互助合作。

依據「督察人員遴選作業要點」，督察人員之遴任，除考量懲處與年齡外，應具備之基本條件如後：

1. 思想忠貞、品德優良、儀態端方、體魄健全者。
2. 學驗豐富、熱誠幹練、立場堅定、公正客觀，具有領導統御能力及發展潛力者。

另有經考核有下列情形之一，為不適任督察工作者，隨時調整非督察職務：

1. 操守不佳、有風紀顧慮者。
2. 工作消極、因循苟且、陽奉陰違、遇事推諉者。
3. 學識平庸、不瞭解警政勤業務、無法推動工作者。
4. 查察不實、虛報、匿報、包庇不法者。

5. 思想偏差、觀念不清、行為舉止異於常人者。

6. 分化團結、散布不實謠言、製造糾紛者。

7. 未能堅守立場、守正不阿、見風轉舵、唯利是圖者。

8. 身體不佳、體力無法負荷督察工作者。

9. 對督察工作無認同感、汲汲謀求權勢者。

10. 狐假虎威、招搖撞騙、欺騙同仁者。

11. 其他不適任狀況者。

　　觀諸各級督導工作，確實需篩選合適優秀人員方能竟功。因此，督察人員遴選作業要點規定經考核績效良好者，得優先調升職務，立意甚佳，是吸引優秀警察幹部的誘因。但實務上能否落實實施，仍有待觀察及努力。

參、警察勤務督導（察）工作現況

　　督導的拉丁原文是super（over的意思）和videre（to watch, to see的意思），因此督導是指「一位監督者（an overseer），他負責監看另一位工作者的工作品質」（Kadushin, 1992: 18-22）。曾華源（1982：94）提及，聽到「督導」二個字時，常常會感到疑惑，不知道督導者（supervisor）所扮演的角色為何？或是主觀認為督導者就是工作監督者，只會要求和批評，在對督導者的刻板印象或無法認清督導工作本質的情形下，受督導者（supervisee）內心中容易產生抗拒或冷漠的態度，無法有效配合，使督導工作的功能和效果，大打折扣。而即將擔任督導者的人，亦因督導給人的刻板印象，或會有接受督導的不良經驗，而內心中也會有一些焦慮和擔心。警察單位亦有此種相似情形。然警察勤務督導（察）工作發展至今，相關規定其實已趨成熟完整。根據警政署頒發之各項規定，可將勤務督導（察）工作現況分為七大項敘述如後。

一、勤務督導項目

警政署為強化並落實警察勤務及業務紀律，特訂定「警察機關強化勤務業務紀律實施要點」（2017），由該要點可歸納出勤務督導的督導事項為：接受報案紀律、貫徹報告紀律、執行勤務紀律、使用裝備紀律、服務態度紀律與辦理業務紀律等六個項目，各項督考重點如下。

（一）接受報案紀律

警察對民眾報案或請求事項，應迅速依法處理，嚴禁發生下列情事：

1. 藉故推諉怠忽或無故延誤。
2. 態度欠佳、言詞不耐、置之不理或不當勸阻民眾報案。
3. 受理刑事案件未依警察機關受理刑事案件報案單一窗口實施要點處理。
4. 民眾所提證據、證件不全時，未一次告知補齊及追蹤管制。

（二）貫徹報告紀律

依規定須報告上級或通報有關單位之案件或事件，應迅速處理，嚴禁發生下列情事：

1. 匿報、遲報或虛偽不實之報告。
2. 未依規定初報、續報或結報。
3. 未依規定通報，擅自越區辦案。

（三）執行勤務紀律

外勤主管應親自規劃勤務並負責督導及考核；執勤員警應依勤務分配表編排之勤務項目及各勤務相關規定執行，嚴禁發生下列情事：

1. 怠勤、逃勤、遲到、早退或未依規定執行勤務；利用無線電逃勤或怠勤者，應加重處分。
2. 對於應查報、勸導或取締之事項，執行不力或查報不實。
3. 奉派執行勤務違抗命令、不聽調遣或擅離職守。

4. 勤區查察勤務未預訂腹案日誌表、未依腹案日誌表實施或執行敷衍塞責。

5. 巡邏、路檢或臨檢勤務，未依規定執行或報告。

6. 受理刑案未登記，或未遵守事前簽辦、事中聯絡及事後報告之辦案程序規定。

7. 以不正當之方法或違反警察偵查犯罪手冊實施偵查。

8. 嫌犯身分未經查核清楚，案件處理輕率。

9. 處理交通事故態度不佳、蒐證不全、繪圖草率、執法不公或敷衍了事。

10. 查詢警用資訊系統資料，未依規定登記。

11. 勤務前或勤務中飲用酒類或違反交通規則。

12. 處理各項案件，未依勤務執行程序規定辦理。

13. 解送依法逮捕拘禁之人，事前準備不周、事中執行不當或解送交接不實。

（四）使用裝備紀律

各項應勤裝備及器材應依規定攜帶使用，並妥善保管維護，嚴禁發生下列情事：

1. 未依規定領用或繳還。

2. 未依規定攜帶。

3. 未依規定保管維護。

4. 因攜帶、保管、使用或維護不當致生損壞或遺失。

5. 清點交接不實。

（五）服儀態度紀律

執行勤務時，除服行便衣勤務外，應服裝整潔、儀容端莊、態度和藹，嚴禁發生下列情事：

1. 精神不振、倚牆站立或於值勤臺、辦公處所、巡邏車內睡覺。

2. 未依規定穿著制服、服裝儀容不整或配件不齊。

3. 併崗聊天、態度傲慢或言行粗暴。

4. 執勤中吸菸、嚼食檳榔、吃零食或姿態不雅。

（六）辦理業務紀律

辦理業務應依相關法令規定適切處理，嚴禁發生下列情事：

1. 未掌握時效，藉故推諉或遲延。

2. 未配合政策、轄區治安狀況及業務特性，策訂相關計畫，致業務推動不力。

3. 擬定計畫，沿引抄襲，或未因應實務需要適時修正，致計畫欠缺具體或周全。

4. 未依規定適切處理公文、一般陳情（含各類電子信箱）、申請案件、民意代表囑託或交辦事項。

5. 未依法行政或未依規定程序辦理行政作業，核有違失。

6. 上級或自行制（訂）定、修正、廢止或停止適用警政類法規、行政規則及解釋令，未適時檢討修正，並轉發所屬單位知照辦理。

7. 提報業管資料，其執行進度或統計數據填載錯誤或不實，涉有不當。

各警察機關（單位）主官、主管、督察及業務系統應分層負責，依相關勤務及業務規範切實督導，深入考查紀律及績效，發現有偏失或未依規定執行或辦理者，應即主動指導或查明處理。

二、勤務督導任務區分

依據「警察機關勤務督察實施規定」第4點，勤務督察區分為署、警察局及分局等三級，其任務區分如下：

（一）警政署勤務督導任務

1. 宣慰、指導及瞭解員警困難與需要，適時協助或反映解決。

2. 重要（點）勤（業）務之督導考查。

3. 重大（要）治安、勤務及風紀案件之督導、調查。

4. 各級主官（管）領導統御及內部管理之督導考查。

5. 幹部考核。

6. 交辦事項。

（二）直轄市、縣（市）警察局勤務督導任務

1. 指導及瞭解員警困難與需要，適時協助或反映解決。

2. 勤（業）務之督導考查與專案勤務之督導與支援。

3. 重大（要）治安、勤務及風紀案件之督導、調查、陳報。

4. 各級主官（管）領導統御及內部管理之督導考查。

5. 各級主官（管）執行勤（業）務督導情形之考查。

6. 勤務紀律及服務態度之督導考查。

7. 幹部考核。

8. 交辦事項。

（三）直轄市、縣（市）警察分局勤務督導任務

1. 深入基層，瞭解員警困難與問題，協助或反映處理。

2. 一般勤（業）務查察及勤務之督導與支援。

3. 警勤區、刑責區工作之督導考查。

4. 各勤務單位內部管理及員警服務態度之督導考查。

5. 一般治安狀況之調查、反映。

6. 重大（要）治安、勤務及風紀案件之調查、陳報。

7. 交辦事項。

三、勤務督導分類

依據「警察機關勤務督察實施規定」第6點，勤務督導可分為駐區督導、分層督導（含機動督導）、專案督導及聯合督導等四類，其執行方式如下：

（一）駐區督導：劃分督導區，每區派員專責督導。

1. 本署就全國治安狀況及地區特性，劃分為若干督導區，派督察駐區督導。

2. 直轄市、縣（市）警察局：依轄區大小、單位多少、工作繁簡，劃分為若干督導區，每區派督察（員）負責督導。

3. 分局：依轄區單位、地區、工作等，劃分為若干查勤區，派員負責督導。

（二）分層督導（含機動督導）：各級督導人員依規劃或機動實施逐級勤務督導。

（三）專案督導：遇重大慶典或重要勤務活動等狀況時，依需要臨時專案規劃派遣督導。

（四）聯合督導：依工作需要派遣、或與有關業務單位、或與督察人員配合實施督導。但非督察人員除勤務督導外，以督導主管業務為原則。

四、勤務督導之規劃與要領

（一）勤務督導之規劃

依據「警察機關勤務督察實施規定」第7點，勤務督導警察局由督察長、分局由分局長按週實施，專業警察機關則由督察主管按旬實施，其實施要項如下：

1. 要領：依主官指示、當前工作重點及上次督導所見缺失、問題綜合規劃。

2. 日期、時段：(1)應力求均衡；(2)應有重點，尤應注意黎明、黃昏、例假日、災變、勤務交接及用膳時間等勤務死角。

3. 單位（地區）：(1)各級督察（查）人員以逐級督導為原則，並得督導至基層；(2)重點單位或特殊繁雜地區應加強督導。

4. 項目：(1)一般勤務之規劃與執行；(2)專案勤務規劃之執行；(3)重要（點）勤（業）務之執行；(4)內部管理事項；(5)重大（要）治安事故及臨時交辦事項；(6)幹部考核事項依端正警察風紀實施規定辦理。

5. 方式：各級警察機關應針對專案或視勤（業）務實際需要，妥當規劃督導人員實施駐（分）區督導、分層督導（含機動督導）、專案

督導或聯合督導。

6. 交付督導任務之具體作法如下：(1)上次督導報告處理情形說明；(2)上次督導情形之檢討；(3)各級長官重點提示；(4)本次督導重點項目。

（二）勤務督導之要領

　　依據「警察機關勤務督察實施規定」第8點，勤務督導要領如下：

1. 先期準備，擬定腹案：(1)對擬督導之單位、人員、勤（業）務等先行瞭解；(2)準備應使用之裝備、資料；(3)擬定督導方法、程序。

2. 運用觀察、檢查、詢問、探訪或追查、候查、隨查、複查，深入考查勤惰、優點、缺點及問題。

五、督導時段次數之編排

　　依據「警察機關勤務督察實施規定」第7點，有關督導次數只規定原則：（一）依實際需要作適度規劃，惟各級督察人員之督勤次數，每月每人不得少於6次，每次不得少於2小時；且未經事前簽奉主官（管）核准，不得變更或減免督導次數；（二）依前目規定編排督導時，應視轄內勤務狀況，規劃適量夜勤與及深夜勤，惟應符合司法院釋字第785號解釋及公務員服務法保障公務員健康權之意旨。

　　但「警察機關強化分層勤務督導實施計畫」第肆項具體作法[2]，則對督導時段次數之編排進一步規定如下：

（一）督導時段：除局長、副局長、主任秘書、督察長及各分局分局長、副分局長不特定時段外，其餘督導人員應平均分配於日勤、夜勤及深夜勤等各時段（每次2小時以上）。

（二）督導次數：1.督察長、分局長、副分局長，採機動督導，每月至少6次；2.分局第二組巡官以上幹部每人每月至少規劃6次；3.其他各級督導人員督導次數，由各單位視督導人員多寡與轄區治安

---

[2]　各專業警察機關及金門縣、連江縣警察局參照辦理。

狀況,機動彈性編排。

(三)警察局督導層級

1. 局長、副局長、主任秘書:由局長、副局長、主任秘書自行選擇時段、單位,採不定時、不預告方式機動督導,並以慰問基層人員及督督勤為主。

2. 督察長:由督察長自行選擇時段、單位,採不定時、不預告方式機動督導,督導各分局、隊所屬單位(及人員)勤務規劃情形及督督勤為主。

3. 局本部各科、室、中心主管、直屬(大)隊正、副(大)隊長及科員以上幹部,具警職身分,身體健康、平日工作認真負責者。由督察單位遴員簽請局長核定,並應定期(每月)檢討人選是否適任。

 (1) 由督察室每月規劃,採分區督導,針對勤務重點時段及勤務缺失較多單位,實施追蹤督導。本部分授權各警察機關首長依機關任務特性,及轄區治安狀況需求實施,並應避免同時段集中督導。

 (2) 督察室督察人員每週規劃、執行督導,並針對治安重點、時段規劃聯合、機動督導事宜。

(四)警察分局督導層級

1. 分局長、副分局長:由分局長、副分局長自行選擇時段、單位,採不定時、不預告方式機動督導,採重點隨查、候查、追查方式,督導所屬單位、人員。

2. 分局各組組長、巡官以上幹部

 (1) 分局第二組組長及巡官以上幹部採分區、機動、隨查、候查、追查方式督導;其餘各組組長、巡官以上幹部,由督察單位遴員簽請分局長核定,並應定期(每月)檢討人選是否適任。本部分授權分局長依轄區治安需求規劃,並應避免同時段集中督導。

 (2) 分局分駐(派出)所正副所長(主管)、隊長、分隊長不納入督導,依現行體制每日實施導帶勤(一班以上攻勢勤務),並應將導帶勤情形於翌日提勤前教育檢討、嘉勉,並記錄於勤前教育紀錄簿,以備稽核。

六、勤務督導之處置措施

依據「警察機關勤務督察實施規定」第9點，勤務督導具體處置措施規定如下：

（一）發現具體優缺點之處理：

1. 應將督導所見迅交予被督導單位主官（管）處理，並以督導報告[3]為之。

2. 對各單位辦理或改善情形，應限期回報，並列為下次督導重點，必要時實施複查。

（二）發現困難、問題，應即指導、協助解決或反映上級處理。

（三）遇有下列重大（要）違法（紀）案件或重大治安事故發生，即行督導、查處及層報：

1. 重大治安事故：(1)群眾騷擾事件；(2)暴力劫持事件；(3)集會、遊行、請願、示威有影響治安之虞者；(4)罷工、罷課、罷市；(5)民間重大糾紛；(6)重大勞資糾紛；(7)重要廠、庫、水電機構、機場、港口發生重大事故；(8)暴動、兵變、大爆炸及其他涉及軍事之重大事件。

2. 重大災害：(1)重大火災；(2)重要場所或重要公共設施發生火災；(3)災害當事人身分、地位特殊者；(4)其他具有影響社會治安之災變。

3. 重大交通事故。

4. 具有影響社會治安之重大刑案。

5. 重大軍警民糾紛。

6. 警察人員涉及之事件：(1)員警貪瀆案件；(2)員警涉嫌刑事案件；(3)員警酒後駕車案件；(4)員警駕車肇事逃逸案件；(5)員警交通事故致生重傷或死亡案件；(6)使用警槍案件；(7)使用警械致生傷亡案件；

---

3 依據「警察機關強化分層勤務督導實施計畫」第伍項資料處理，督導報告：1.局級之副局長督導得由隨行人員填寫，並立即交相關單位處理，或將督導所見優、劣事蹟，立即告知被督導單位主官（管）處理；2.局級其他督導人員於督導後2日內自行填寫，交督察單位處理後陳主官核批；3.分局級督導人員於督導完畢2日內陳報處理（分局長督導報告需送局長核批）；4.督察單位並應審核督導執行狀況是否與督導規劃一致。

(8)槍枝走火案件；(9)遺失槍、彈、無線電或公（勤）務車輛案件；(10)人犯脫逃案件；(11)員警自殺或殺人案件；(12)員警因公傷亡案件；(13)其他違反工作紀律之重大案件；(14)其他案情特殊或重大影響警譽之案件。

（四）發現員警（工）因公傷病死亡、遭遇家庭變故或非因公重大疾病，立即陳報慰問。

七、勤務督導工作要求與注意事項

（一）依據「警察機關勤務督察實施規定」第12點，督導工作應行注意事項如下：

1. 執行督導，應多鼓勵、指導、溝通、協助，發掘困難、解決問題，以促進團結和諧，提振工作士氣。

2. 執行督導，應客觀、深入、發掘具體優點、缺點、問題，各有關單位應立即處理。

3. 發生重大風紀及勤務紀律案件，應即依規定主動迅速專案查報，並配合各級督察人員查處。

4. 各警察機關業務單位，應納入督導區，派員專責督導。

5. 各級督導人員應本坦誠協助、全力支援、熱忱服務原則執行督（指）導，不得干擾下級正常運作，嚴禁關說請託或接受招待餽贈。

6. 各級督導人員督勤態度要親切，避免遭受同仁質疑專挑毛病及動輒處分之詬病。

7. 各級督導人員應依任務及工作要求認真執行，負責盡職。

8. 各級單位發生重大（要）狀況，應即主動向駐（分）區督察人員報告，各駐（分）區督察人員應隨時與本機關（警政署督察室）保持密切聯繫。

9. 各級單位重要工作計畫、文件應副發各有關駐（分）區督察人員，以便瞭解、督導（考）。

10. 各級單位重要工作及重大治安事件處理，應通知駐（分）區督察人

員參與。

11. 各級督導人員除因勤務性質報准得著便服督勤外，應一律穿著制服。

12. 督導機密性之工作，特應注意保密。

（二）依據「警察機關強化分層勤務督導實施計畫」第陸項工作要求，除部分與前項相同外，另有兩點工作要求：

1. 督導人員督導發現重大優良事蹟，可簽請頒發獎金鼓勵；如有特殊事蹟，並即時辦理行政獎勵。

2. 各級督導人員督勤時，如遇員警執行路檢等勤務，應主動參與並指導工作方法。

　　由前述勤務督導（察）工作現況可知，在規定方面，警察單位各層級的勤務督導（察）非常具體、明確、完整，兼顧宏觀與微觀、深度與廣度。但仍然有各種層出不窮的案件發生，加以近年警察人事陞遷屢生爭議，督察人員不復當年受到重視，導致士氣受挫。擔任督察工作已非首選，實有待警界高層深思並謀求改善。

肆、勤務督導（察）的問題與困境

　　勤務督導除日常勤務運作的督導外，尚有專案勤務的督導，包括選舉治安維護、跨年活動安全維護、加強重要節日安全維護、青春專案、雙十國慶專案工作等。針對各項專案性勤務，各督導人員至現場實施督導，如發現表現優良同仁，即時予以鼓勵，以激勵員警工作士氣；對於缺失部分，立即交由現地指揮官參處，有效提升執勤效能。然勤務督導亦涉及與警察風紀相關的勤務紀律問題。依據2019年至2023年警政署警政工作年報，近五年警政署所極力推動的三大整頓風紀措施：推行警察人員與特定對象接觸交往規定、執行靖紀工作與防制員警酒駕，其成果統計詳如表9-2、表9-3、表9-4。由表9-2統計可知，違反警察人員與特定對象接觸交往規定而受行政懲處人數有19-32人，大多為行政

警察；由表9-3統計可知，執行靖紀工作查處員警違法案件有123-156件（135-165人）、違紀案件記過以上者有129-158件（147-173人），經考核逕予免職（考績淘汰、自動辭職、自願退休、資遣）者有89-115人；由表9-4統計可知，員警酒駕件數有36-59件，2023年達新低36件。整體而言，成效差強人意。但近年幾件受人矚目的風紀案件如：刑事局3線2星警政監林○○任臺中市政府警察局刑警大隊長期間，與博弈集團交好，利用擔任高階警職洩漏檢警偵辦秘密，目前仍延押中[4]；高雄市政府警察局督察室前3線1星督察孫○○，任內收賄、包庇色情業者，並關說受其督導之警察，經判刑十一年、褫奪公權五年定讞[5]；高雄市警察局仁武、鳳山分局6官警集體收賄包庇賭博電玩案，時任鳳山分局督察組警務員陳○○被判刑二十一年，褫奪公權七年，所得賄款追繳沒收，是本案刑期最重的被告[6]。此為近年影響警譽之大宗，斵喪警察執法形象莫此為甚。督察制度建立不易，值此警察紀律鬆動之際，更有賴

表9-2　2019年至2023年推行警察人員與特定對象接觸交往規定統計表

年度	申請接觸交往件數	違反規定受行政懲處人數				
		合計	行政警察	刑事警察	交通警察	保安警察
2019	11,848	32	23	9		
2020	9,333	22	11	11		
2021	7,338	31	15	15		1
2022	7,640	19	14	5		
2023	6,815	35	11	23	1	

資料來源：108年至112年警政工作年報（2020：265-266；2021：248-249；2022：270-271；2023：285；2024：280）；作者整理統計。

---

[4] 聯合新聞報（2024.11.20），前警政監林明佐涉貪4451萬，2度求交保都被駁，再押2月，https://udn.com/news/story/7321/8371819，閱覽日期：2024.11.20。

[5] 自由時報電子報（2022.10.24），高市3線1星前督察買春、包庇脫衣陪酒，懲戒法院判撤職確定，https://news.ltn.com.tw/news/society/breakingnews/4100194，閱覽日期：2024.11.20。

[6] 聯合報（2024.2.22），高雄警員收賄包庇賭博電玩一度無罪，今更三審從輕改判8年，https://udn.com/news/story/7321/7784420，閱覽日期：2024.11.20。

警察首長及各級幹部恪守原則，堅持督察陣容的潔淨性，做好勤務執行之紀律及風紀的研考，以作爲全體警察同仁的標竿。

表9-3　2019年至2023年執行靖紀工作統計表

年度	查處員警違法案件／人數	查處違紀案件記過以上者／人數	經考核逕予免職、考績淘汰、自動辭職、自願退休、資遣人數
2019	151/161	158/173	98
2020	156/162	132/147	115
2021	123/135	144/185	89
2022	144/158	129/148	114
2023	146/165	153/169	96

資料來源：108年至112年警政工作年報（2020：265-266；2021：248-249；2022：270-271；2023：285；2024：280）；作者整理統計。

表9-4　2019年至2023年員警酒駕統計表

年度	件數	備註
2019	55	
2020	59	
2021	42	
2022	44	
2023	36	歷年新低

資料來源：108年至112年警政工作年報（2020：267；2021：250；2022：273；2023：287；2024：282）；作者整理統計。

　　由前述可知，我國督導（察）體系建置完整，督導相關業務也堪稱完備，可是多年來風紀案件、勤務紀律問題仍層出不窮。吳俊緯（2010：24-25）整理陳文彬（2007）以功能理論的觀點評析督察單位的角色與功能，提出督察功能不彰原因：一、雙重領導體制；二、內在控制原則；三、績效評估難以彰顯；四、業務性質過於龐雜；五、人力配置不足；六、角色定位錯亂；七、與政風機構功能重疊問題。

連嘉仁（2012：12-14）提出我國督察人員當前發展所面臨之困境，致使引發督察功能不彰之原因：一、雙重領導制度致成效不彰；二、工作職掌冗雜且人力編制嚴重不足；三、角色功能及組織內部衝突；四、職務歷練倒置致職務缺乏誘因；五、工作成就及認同感低落。江睿哲（2023：24-25）歸納許炳元（1988）、周勝政（1990）、連嘉仁（2012）、盧顯壁（2006）、劉明坤（2017）、魏敏華（2019）、黃啓彰（2023）、吳斯茜（2021）多人研究，提出督導單位對組織運作的負功能為：一、勤務督導係個人權力的展現，不具完成組織目標的目的；二、降低員警組織承諾感、降低組織運作效能；三、違紀當事人遭懲處後，一系列措施否定個人工作表現，降低員警工作士氣；四、消極工作組織文化：警察組織文化偏向控制與命令的組織文化，雖然可以帶來領導的效率，但無法激發團隊的合作。陳俊懿（1997：69）認為，擔任與醫生類似角色的督察人員，卻無法得到警察人員的感激，甚或認為督察人員是吹毛求疵，造成這種落差的可能原因為：一、督察人員之基本素養不夠；二、督察人員只注重於找缺點，卻未能深入探究造成缺失之起因並提出有效的解決方案；三、督察人員無法將發掘優點與激勵員警作相同考量，只偏重於尋找缺失；四、員警因督察人員督導及查處案件之方式或態度、技巧欠佳，感受不被尊重；五、督察人員為使風紀誘因場所減少，常取締電玩、色情、賭博等不妥當場所，另又追究基層員警取締不力之責任，易使基層員警認為督察人員將追求自身獎勵建立在懲處基層上；六、某些被督導人員自身心態不正確，被督導人員發現缺點，非但不願意承認錯誤、檢討自己，反而責怪督導人員刻意找麻煩。

除前述研究發現外，另就實務觀察，以及近年臺灣政治社會變遷與警察機關組織文化的遞嬗，茲舉其犖犖大者歸納如下。

一、警政重心向刑事傾斜，督察遭受冷待，威信流失，紀律鬆弛

警界長久以來「績效掛帥」的文化根深蒂固，績效的具體實施即

是「破大案、抓要犯」，爲達此一目的，人事布局即是大舉進用刑事系統幹部。早年以軍人主政警察時代，刑事、督察、保防、行政、人事五個系統並立，人事布局力求均衡。然其中又以督察及刑事爲重中之重，警察首長也讓兩個系統互爲制衡，避免單一系統獨大。那個時期治安穩定，警察勤務大致正常，警察風紀也維持一定水平。

但隨著民主化的進程，及地方制度法的實行，民粹力量逐漸影響警察人事的獨立性。某刑事首長出任警政署長，研議提升地方警察機關刑事系統職務等階：臺灣省各縣市警察局刑事警察隊均改設刑事警察大隊；刑事警察大隊與各分局偵查隊均增置副隊長；偵查員（二）（原等階列「警佐三階至一階，全國編制總員額二分之一得列警正四階」）改置爲「偵查佐」（等階列爲「警佐二階至警正四階」）。考試院於2005年4月7日審議通過，並於同年7月1日生效。再者，觀察近幾年的高階警察人事調整名單，大多偏重刑事系統。此一改過去注重權力平衡的維持，獨重刑事，輕慢督察，致督察系統士氣及威信遭受挫折及侵蝕，間接使勤務紀律逐漸鬆弛。

二、受外力介入，督察人事未能保持品質，影響督察功能

各級督察人員的遴選均須經過層層考核及甄試、受訓與歷練，多年來重要警職有極大比重出自督察系統，表現也獲得各級主管肯定。

但近年來，警察人事一再受到政治力與民間力量介入，警政高層逐漸失去獨立自主人格，幾乎無法基於專業與內部考核機制任用適才適所的優良幹部，以致督察系統無法發揮監督功能，間接影響指導工作方法、鼓舞工作士氣、考核工作績效等勤務督察功能。

三、督導（察）次數過於頻繁，最終流於形式

某警政首長爲建立綿密督導網，獨創「多層督導」的作法。具體作法係將警察局長、副局長、主任秘書、督察長、科室主管、督察（員）、分局長、副分局長、組長、查勤巡官等皆納入勤務督察（導）編組。每當分局及分駐（派出）所實施擴大臨檢或其他勤務，前述各層

級主官（管）及督察人員即須到場督導，使基層主管及服勤同仁疲於接待與應付，苦不堪言，也影響正常任務的執行。而督導人員為彰顯督導認真深入，上至分局幹部是否在勤？裝備檢查是否落實實施？有無按時簽出簽入？加上慰勤，在所停留至少20分鐘。一個擴大臨檢時段，警察局至少派出2-3班督導人力。換言之，分駐（派出）所長在擴大臨檢時段至少接待3次長官督導，督導人力幾乎與執勤人力不相上下，此種作法是否符合邏輯與勤務效益？

再者，警政署各業務單位為彰顯個別業務的重要性，又表示體恤分局長及分局各組主管的辛勞，常頒發行政命令，要求分局長及相關主管每月督導個別業務1次，然各項業務督導加總之後，以六都的繁重分局組長為例，經作者查詢，每月平均要督導24次，每月工作22天，督導24次，久而久之部分督導便流於形式，當是警政高層始料未及。

四、職務協助工作日漸增加，基層勤務疲累不堪

政治力介入及警政高層迎合上意，警察機關非本業的職務協助不減反增，基層執行及高層督導備多力分，疲累不堪。諸如：基層警員協助地方衛生機關噴灑登革熱消毒劑、COVID-19防治工作、維持民眾排隊搶購防疫口罩、機場港口防制非洲豬瘟肉品進口安檢等，不一而足。尤有甚者，近日我國外籍移工數量大幅增加，追緝逃逸移工的主責單位應是移民署專勤隊。然近有警察抱怨，專勤隊員現在比較像只處理文書的「文職人員」，抓逃逸移工工作都落到負責「協助」的警察身上，勤務更加繁重，似乎「反客為主」。[7]

只要有專案，就有勤務，就有督導。如前述，警察幹部平均每月工作22天，平均要督導24次，再加上這些職務協助的督導，督導人員與基層勤務均疲累不堪。除了上班、開會、常訓、督導，還要處理公文作業及撰寫督導報告，最終勤務督（察）導流於形式應付了事，實際效果有

---

[7] 聯合新聞網（2024.11.17），專勤隊「缺工」沒人力抓逃逸移工，警嘆變他們工作，https://udn.com/news/story/7314/8365526，閱覽日期：2024.11.20。

限，也影響幹部形象。

五、督察人員扮演多重角色，易生衝突

　　雖然警察機關勤務督察實施規定指出，勤務督察工作是為達到激勵工作士氣、指導工作方法、維護工作紀律、考核工作績效以落實勤務執行。但激勵工作強調的是傾聽與諒解，必須能包容理解員警需求，以鼓舞士氣；考核績效則強調公平及客觀，必須盡量排除人為因素之干擾，方能做出詳實公正之考核；維護工作紀律，則須強調鐵的紀律；指導工作方法，更需督察人員的品質、能力與操守值得基層同仁尊敬。因此，督導工作能否達到前述目的實在不無窒礙！

　　尤其督察人員在警察機關最常扮演內部監督管考的角色，長久下來，監督角色卻經常被基層員警視其為實務工作的對立面，常招致打擊基層之評語。督察單位的工作職責，在於管考導正基層同仁，並在組織工作中扮演公正角色，雖在警察組織科層中具有較高的階級，然在行使職權時，間有威權情緒及認知，未充分考量第一線基層同仁的想法認知及執法情境，進行有效且合理正當的糾正管考，衍生基層同仁反感，致使督察工作成效打了折扣。因此，平時執行勤務督導應多關懷、瞭解基層同仁工作事項及建議，避免以不信任心理、一定要找到缺失有績效及樹立威信等態度與基層同仁進行互動，俾能增進督察人員與基層同溝通諒解、互尊互敬，達到解決問題與落實勤務。

六、績效與成效之認知取捨

　　誠如前述，警察組織素來重視「績效」，然治安最終的目的是「成效」。本文試就績效與成效之分野加以闡述。績效係指破獲案件、緝獲人犯或查獲槍毒的具體成績；成效係指勤務的執行改善了治安狀況，導致案件發生減少、受害民眾減少、治安趨於穩定、警察風紀案件減少、形象獲得提升。如果警察每年查獲的槍枝、毒品、詐騙件數逐年增加，顯示績效卓著，但治安狀況究竟是改善還是惡化？此為績效與成效的分野。

警察組織長久以來存在績效掛帥的文化，破大案抓要犯更是彰顯警察效能的重要指標，不少警察菁英與幹部因破大案抓要犯而破格晉升，不次拔擢，進而平步青雲，傲視同儕。影響所及，勤務督導（察）也朝發掘重大勤務缺失傾斜，以彰顯督導認真，進而督導人員獲得獎勵。而指導工作方法、鼓舞工作士氣、考核工作成效等勤務督導目的反而遭到忽視。督導人員發現勤務人員缺失的「績效」，是否就是勤務督導的「成效」，亦值得玩味。

伍、建議

綜合前述發現，本文建議如下。

一、警察首長應堅持專業，摒除外力介入人事

警察首長暨重要主官應發揮智慧與膽識，避免或減少政治力介入警政人事運作，守住專業立場，婉拒不合理的職務協助，專注警察本業，減少不必要的雜務並簡化督導（察）密度，落實勤務督導（察）初衷。

二、警察首長應重視內部各系統均衡發展，避免獨尊一系

警察內部應追求權力衡平，使刑事、督察、行政（督察以外的制服警察）、人事等系統均衡發展職涯，重視職務完整歷練，避免獨尊一系，重新建立內部勤務紀律、風紀與向心力。具體作法：分局長及刑事警察大隊長、交通警察大隊長、督察長、主任秘書、副局長、縣市警察局長等重要警職，警政首長召開人事評選會議時，出席之人評委員（人事、保防、政風、督察、主任秘書、副首長）須依功能就候選人員逐一發表考核意見，並負言責，主持人（首長）做最終決策，並負考核監督責任，以確保最優人員得以出線。而為確保前述成果，更應落實督察研考功能。各單位一旦發生風紀問題，內政部警政署須追究各層級考核監督不力責任，不可不了了之，尤其不得略過當事人機關主官，以展現整

飭風紀的眞正決心！

三、強化督導人員素質，提升督導素養，加強督導教育訓練

　　強化督察人員遴選、訓練與考核，汰弱留強，樹立督察威信。督察人員係警察人員的表率，其學識、能力、品行、操守甚至查案能力，必須是一時之選，才堪擔任督察工作。警察首長更應杜絕關說，爲督察系統把關，淨化督察陣容。其次，基層員警最在意督導人員的督勤態度。因此，爲有效提升督導效能，對於督察人員亦應定期實施督導訓練，尤其強化督察人員的督導態度及技巧，以嚴而不苛、和善態度實施勤務督導，隨時理解基層員警之立場及難處，以發揮勤務督導成效。

四、正視督察人員合理陞遷，發揮督導功能

　　在全國警察機關陞遷序列表（警察人員陞遷辦法附件一）中，督察員（分局督察組長）與外勤偵查隊長、警備隊長、警務員分駐（派出）所所長同一序列。而內勤督察員行政獎勵與外勤相差懸殊，一段時間後，後者資績積分快速超越前者，因制度的遞嬗，叫過去擇優晉升督察人員的優秀幹部情何以堪？也紊亂了人事倫理，從此督察系統士氣受到全面打擊，士氣與地位逐漸低落，優秀人才也不再有強烈意願投入督察系統，警察風紀也逐漸動搖。所以須正視督察組長、督察員的CP值逐漸下降的現實。

　　經作者訪談，目前分局組長（隊長）功獎多寡依序大致爲交通組長、偵查隊長、秘書室主任、督察組長。督察員的遴選須經層層考核，才能調陞督察組長，除陞遷外不得改任其他組長，但功獎數卻遠遠落後交通組長、偵查隊長與秘書室主任，督察組長陞遷遠落後前述三類主管，叫督察人員情何以堪，對警察組織內部的穩定更是影響深遠。

五、營造祥和督導關係，建立友善正向管理環境

　　勤務督導項目包羅甚廣，各項警政重點工作及職務協助盡在其中，督導人員可用時間極其有限。因此規劃勤務督導應抓大放小，擇重

點（要）項目執行，避免量多而質不精。勤務督導（察）應實事求是，揚棄形式主義，精簡不必要的督導項目，勿浪費督察人員的心力在文書作業上，落實走動式的督導，方能發揮指導工作方法、鼓舞工作士氣、提升勤務效能、考核工作成效，才能達到勤務督察的目的。

六、警察首長的重視與支持，是督導（察）工作成功的不二法門

警察首長（主官）的眞誠重視與支持，是督導（察）工作成功的不二法門。勤務執行是達成警察任務的主要手段，勤務紀律是維持警察任務品質的要件，缺一不可。只要警察首長堅持專業立場，有爲有守，眞誠地重視警察勤務的遂行，愼選督導（察）人員，合理規劃勤務督察項目與頻率，求眞求實，形塑正確的組織文化，勤務督察才能眞正成爲警察任務達成的助力。

七、運用智慧警政減輕勤務督導負擔

運用智慧警政，以科技代替人力，督導工作E化。運用電腦掃描、路口監視系統、警網勤務派遣系統等快速有效瞭解勤務執行狀況。例如，一般巡邏勤務執勤員警使用到點NFC或QR Code掃描，取代紙本簽到，勤務中心可在電腦上查核員警到勤時間，然巡邏員警除簽到外，更應在重點地區守望及周邊巡視期能查察奸宄、發掘不法。因此，未來掃描QR Code可考慮簽到及若干時間（如3-5分鐘停留）後再掃描QR Code簽退，以落實勤務執行，發揮勤務效能。同時善用E化，減紙減文，以電子化及視訊處理公文及召開會議，節省督察幹部及各級主官（管）時間，使能多用於內部管理，提升勤務效能。目前業者也發展出智慧巡檢管理系統／電子巡邏系統等，透過案件通報之大數據，提供巡邏任務排程生成、預先規劃巡邏路線、自訂巡檢表單、到點NFC或QR Code掃描等。且資訊雲端即時同步，督導者隨時掌握勤務人員狀況、隨時查看，可快速撈取確認與督導執勤進度，有效提升勤務督導效能。

參考文獻

一、中文部分

江睿哲（2023）。警察督導工作的重要性及滿意度認知之研究——以基隆市警察局爲例。政治大學行政管理碩士學程碩士論文。

吳俊緯（2010）。警察機關督察人員角色知覺、工作壓力與因應策略之研究。中正大學犯罪防治研究所碩士論文。

吳斯茜（2021）。警察內部領導的柔話術：肯定式探詢之應用。中央警察大學警察行政管理學報，第17期，頁73-83。

李湧清（1995）。論警察勤務之督導與考核。中央警察大學警學叢刊，第25卷第3期，頁1-37。

周勝政（2003）。督察業務。桃園：中央警察大學。

武香男（2019）。運用IPA探討基層員警對督察人員勤務督導任務之研究——以臺中市政府警察局爲例。中興大學國家政策與公共事務研究所碩士論文。

施麗紅（2017）。社會工作督導關係探討。社區發展季刊，第159期，頁369-384。

梅可望等人（2014）。警察學。桃園：中央警察大學。

許炳元（1988）。我國警察勤務督導之探討。中央警察大學警學叢刊，第19卷第1期，頁33-46。

連嘉仁（2012）。警察機關督察人員角色衝突、組織承諾與其因應策略。臺東大學教育學系文教行政碩士在職專班碩士論文。

陳文彬（2007）。論「督察」在臺灣警察制度的角色與功能——宜蘭縣政府警察局實證研究。佛光大學社會學研究所碩士論文。

陳俊懿（1997）。督察心良醫心重塑警紀一條心。警光雜誌，第486期，頁69-71。

曾俊添（2009）。警察機關督察業務理論與實務。桃園：中央警察大學。

黃啓彰（2023）。警察機關現受列冊輔導偏差員警處遇制度之研究。中正大學犯罪防治研究所碩士論文。

督察人員遴選作業要點，中華民國86年4月2日內政部警政署（86）警署督字第25015號函修正發布。

劉明坤（2017）。員警違法（紀）成因與防制成效之研究——以桃園市政府警察

局為例。中央警察大學犯罪防治研究所碩士論文。

鄭文竹（2015）。警察勤務，修訂六版。桃園：中央警察大學。

盧顯壁（2006）。警察機關勤務督導與員警情緒能力對工作士氣及工作績效影響之研究。南華大學管理科學研究所碩士論文。

魏敏華（2019）。從人民陳情投訴案件處理機制探討警察機關內部服務品質之研究——以金門地區為例。金門大學海洋與邊境管理學系碩士班碩士論文。

羅傳賢（1980）。勤務督察的基本認識，警政研究所特刊。桃園：中央警察大學。

警政署編（2020）。108年警政工作年報。臺北：警政署。

警政署編（2021）。109年警政工作年報。臺北：警政署。

警政署編（2022）。110年警政工作年報。臺北：警政署。

警政署編（2022）。111年警政工作年報。臺北：警政署。

警政署編（2023）。112年警政工作年報。臺北：警政署。

警察人員陞遷辦法，中華民國112年7月11日內政部台內警字第11208720792號令修正發布，並自發布日施行。

警察機關強化分層勤務督導實施計畫，中華民國108年7月1日內政部警政署警署督字第1080108056號函修正。

警察機關強化勤務業務紀律實施要點（原名稱：警察機關強化勤業務紀律實施要點），中華民國106年4月28日內政部警政署警署督字第1060086598號函修正名稱及全文。

警察機關勤務督察實施規定，中華民國113年1月19日內政部警政署警署督字第1130059688號函修正。

二、英文部分

Bouza, A. V. (1978). *Police Administration: Organization and Performance*. NY: Pergamon Press.

Kadushin, A. (1992). *Supervision in Social Work* (3rd ed.). NY: Columbia University Press.

三、網路資源

勞動部勞動力發展署（2018），督導機制與受督者支持需求之探討以職業重建個

案管理員爲例，桃竹苗區身心障礙者職業重建服務資源中心2018年主題探討
期末報告，https://ws.wda.gov.tw/Download.ashx?u=LzAwMS9VcGxvYWQvMz
A4L3JlbGZpbGUvOTEyNy8yMDU2LzcwMjdkYTQ0LTQ3OGItNGQzZC05YTF
kLTIxMTlhNzkzZWU3OC5wZGY%3D&n=KDEwN%2BW5tCnnnaPlsI7ogbfog7
3oiIflj5fnnaPogIXpnIDmsYLmjqqLoqI4ucGRm，閱覽日期：2024.8.20。
曾華源（1982）。對督導工作的基本概念和運用。社區發展季刊，第19期，
　　頁94-99，https://cdj.sfaa.gov.tw/Journal/FileLoad?no=191990，閱覽日期：
　　2024.8.20。

第十章
警察勤務裝備與運用

陳明傳

壹、警察勤務裝備之規範

　　我國警察勤務之演變，可區分為1949年國民政府遷臺前之草創暨發展時期、1945年至臺灣光復後之發展期、1960、1970年代的警察勤務條例立訂專法的法制化與專業化發展時期。1987年至今又可歸納為由警察系統內之專業領導的警察勤務發展時期，亦即解嚴後之社區警政發展時期。

　　我國警察勤務哲學與策略之發展，係與全球警察勤務策略與哲學的三種不同類型，其即為：一、傳統報案反應類型（或謂執法或快速打擊犯罪取向之模式）；二、社區取向或問題導向之類型（或謂服務取向或預防取向之模式）；三、整合類型相吻合。其中，傳統報案反應類型，是以報案反應快、巡邏密度提高及優勢警力等為主軸。認為反應時間快、機動性強、密度高及可見性高，即可以有效的偵查並遏阻犯罪。在此模式下，裝備、人力、通訊系統的擴增與提高效能，便成為重要的手段。至於，社區取向、問題導向、整合類型，或者美國於2001年911遭受恐怖攻擊之後的國土安全警政時期（homeland security for policing），其之勤務作為則較為強調情資導向之發展策略（intelligence led policing）（陳明傳、蕭銘慶、曾偉文、駱平沂，2013：88-89）。以上勤務思維與策略的轉變，都會在警察之勤務裝備上產生顯著之變革與演進。因此，採用不同類型的勤務策略，就會在組織、管理、勤務運作、裝備、教育訓練方式，以及效率效果上產生截然不同之結果。本章即延續前述各章之論述，在警察勤務裝備之演變上，討論其未來之

發展。而警察應勤裝備尚可包括：一、交通應勤裝備；二、刑事鑑識應勤裝備；三、保安應勤裝備（車輛裝備及防彈裝備）；四、行政應勤裝備（警察廳舍、警察宿舍及武器械彈等）（章光明、陳明傳等合著，2013）。

　　然而警察之勤務裝備乃歸屬於所謂之「機關管理」（Office Management）之管理內涵之中。而機關管理又可稱之為「公務管理」或者「事務管理」，而其管理之範疇，又可以有廣義與狹義兩種意涵。綜觀各研究者的各項相關解釋，所謂廣義的機關管理可以被視作為一種行政技術活動，其乃屬於「廣義的公務管理」之範疇，其亦是利用科學的方法，有計畫的、有效率的、有技術的規劃、管制、聯繫、協調，和運用機關的組織、人員、物材和經費，做適時、適地、適人、適事的處理，以提高行政效率，發展機關業務，達成機關的使命。相對地，所謂「狹義的公務管理」即在於合理的安排機關的辦公室處所、配置合適的設備、保持優美的工作環境，及系統的處理公文及檔案、案卷等，是一種技術性的知識與方法，並不涉及到太多的理論。其與前述廣義的公務管理，在規範上有一定程度之不同（雲五社會科學大辭典，1987：212）。而警察機關乃屬政府行政的一環，故其警察機關管理之方法，實與一般行政之廣義的或者狹義的公務管理之原理雷同。其中警察行政之治安維護，或具備有其特殊專業的功能，故其機關管理之內涵容或有些許之特殊需求與管理方法，在此特別說明之。

　　依據內政部2017年7月14日訂定發布「內政部警政署處務規程」第10條之規定，警政署後勤組掌理事項如下：一、警察機關（構）武器、彈藥與防彈裝備配賦基準及警用車輛設置基準之訂定；二、警察機關（構）武器、彈藥、防彈裝備與警用車輛之購置、補充、汰換、報廢、保養檢查及督導；三、警察機關（構）警用資訊、保安等專業裝備之採購與員警服裝之籌製、配發及管理；四、本署及所屬機關（構）財產之帳籍登記及盤點清查之督導、管理；五、本署廳舍、會館與眷舍整建、營繕工程之督導、執行及管理；六、本署土地及警察公墓之管理；七、本署警用車輛駕駛之訓練、考核及管理；八、其他有關警察後勤事項

（內政部警政署全球資訊網）。至於我國警察機關管理中與勤務裝備較有相關之事務，亦都有相關之規定加以管理（內政部警政署，2024：161-163）。例如，2004年5月19日內政部警政署警署後字第0930084983號函訂定發布之「警察機關公務車輛使用管理要點」，對於車輛之使用有一定之規範。又例如依據警政署「後勤業務要則」第六章警用武器彈藥管理第41點至第43點規定，以及內政部警政署2005年3月10日警署後字第0940031059號函發「警察機關加強武器彈藥查核管制措施」之規定，對於武器彈藥之管理與使用均有定訂相關之規定（中央警察大學印行，2023：265）。至於根據我國警械使用條例第1條第1項之規定，警察人員執行職務時，所用警械為棍、刀、槍及其他經核定之器械。該條例第1條第3項之規定，第1項警械之種類及規格由行政院定之。因此又依據2006年5月30日行政院院臺治字第0950023739號函頒之「警察機關配備警械種類及規格表」之規定，警察機關配備警械種類及規格如表10-1所示（內政部警政署，2024：206）。然而此依據警械使用條例所制定之警察機關配備警械種類及其規格，於1986年6月27日行政院台（75）字第13403號函訂頒之後，至2006年才做第一次之修訂，而現今又經過十餘年，其中在社會問題的快速變遷影響之下，此警械之種類及規格，實有必要再次的檢討與修訂，才足以有效的處理影響社會安寧的各類之治安事件。

　　而今，內政部雖然亦曾於2024年7月8日法規命令發布修正「警察機關配備警械種類及規格表」，名稱並修正為「警察機關配備警械種類」，其修正目的為警察機關配備警械種類及規格表，原係行政院為規範警械之種類及規格，依警械使用條例授權訂定（內政部，2024）。茲因該條例於2022年10月19日修正公布，第1條第2項修正授權訂定機關、統一警械種類用詞及刪除「規格」文字，爰配合修正規格表，名稱並修正為「警察機關配備警械種類」，以符實需。然而，亦僅在法規名稱與警械用語上修正，並未與時俱進的實質增列新進的警械種類。因此，其修正之意旨與修正重點如下：一、統一警械種類用詞為警棍、警刀、槍械及其他器械；二、警械之規格涉及材質及尺寸等細瑣內容，為

免日後頻繁修正，爰刪除「規格」文字並修正名稱。至其修正後之種類如表10-1所示。

表10-1　警察機關配備警械種類

警械名稱	種類		備考
警棍	木質警棍		
	膠質警棍		
	鋼（鐵）質伸縮警棍		
警刀	各式警刀		
槍械	手槍	各式手槍	
	衝鋒槍	各式衝鋒槍	
	步槍	半自動步槍	
		自動步槍	
	霰彈槍	各式霰彈槍	
	機槍	輕機槍	
		重機槍	
	火砲	迫擊砲	
		無後座力砲	
		戰防砲	
其他器械	瓦斯器械	瓦斯噴霧器（罐）	
		瓦斯槍	
		瓦斯警棍（棒）	
		瓦斯電氣警棍（棒）	
		瓦斯噴射筒	
		瓦斯手榴彈	
		煙幕彈（罐）	
		鎮撼（閃光）彈	
	電氣器械	電氣警棍（棒）（電擊器）	
		擊昏槍	
		擊昏彈包	

（接下表）

警械名稱	種類		備考
噴射器械	瓦斯粉沫噴射車		
	高壓噴水噴瓦斯車		
	噴射裝甲車		
應勤器械	警銬		
	警繩		
	防暴網		

貳、警察勤務裝備之沿革概述

　　後勤工作是警察勤務的支援補給站，具有相當重要功能，對於改進警察應勤裝備、提升勤務效率、保障執勤安全、強化機動能力、加強財產管理及改善工作環境，能發揮極大之作用。內政部警政署特別設置後勤組，其乃掌理全國警用裝備檢查、督導與考核及後勤業務講習工作，並審核全國警察機關公用財產管理、檢核、財產增加、報損、除帳、移動及撥用事宜、擬定警察應勤裝備（手槍、子彈、防彈頭盔、防彈盾牌、防彈衣、車輛及警察制服等）規格與裝備配賦數量，同時採購各種保安裝備、防彈裝備、交通器材，並負責執行各縣市警察局、派出所廳舍整建工程勘察、營繕工程、土地及宿舍之處理與維護修繕及警光會館、警察公墓管理等事宜。因此，警察勤務之相關裝備非常的龐雜，舉凡與勤務有關之裝備，例如武器彈藥、辦公廳舍、應勤之制服配件、車輛等交通器材、保安與刑案器材、通訊器材等不勝枚舉。因而如前節之所述，警察之應勤裝備則可包括：一、交通應勤裝備；二、刑事鑑識應勤裝備；三、保安應勤裝備（車輛裝備及防彈裝備）；四、行政應勤裝備（警察廳舍、警察宿舍及武器械彈等）。

　　然而，本節將僅簡略的選擇我國警察之交通應勤裝備，以及行政應勤裝備中之武器械彈兩項，來說明應勤裝備之大略發展狀況。因為擬借此兩項之先、後的概略演進過程，以便說明警察勤務裝備中，較與基層

員警有直接相關之應勤裝備，以體會警察裝備之演化梗概，並作爲未來警察裝備革新的參著、考量之論理依據。

一、交通應勤裝備

（一）腳踏車、摩托車

1940年由於正處於二戰之後物資缺乏的1940年代，我國員警執勤時所使用的舊式警用腳踏車，作爲轄區巡邏或查察之用，如圖10-1。自戰後日本撤退時接收此型鈴木機車，約在1957年作爲派出所於轄區內巡邏勤務時使用，這一款機車則配發在澎湖縣政府警察局使用，如圖10-2。1960年代使用偉士牌女警用機車及警用大型重型機車，亦即哈雷機車執行勤務。1970年代警用機車在1988年之前排氣量爲125 CC，自1988年後全部改爲150 CC，是當年警察服勤的主力機車，直到1999年後改配發在山地派出所分駐所使用，如圖10-3所示。1999年，排氣量爲150 CC無段變速，車型隨每年採購的品牌略有不同，但樣式不變，如圖10-4所示（內政部警政署，2011）。

圖10-1　1940年代舊式警用腳踏車　　圖10-2　1957年鈴木機車

圖10-3　1970年代警用機車

圖10-4　1999年排氣量為150 CC無段變速機車

資料來源：內政部警政署（2011）。

（二）巡邏車

　　1950年代執行巡邏勤務之警用巡邏吉普車，如圖10-5。1975年巡邏車曾使用福特六和跑天下，執行巡邏勤務。爾後，執行巡邏勤務分別於1998年使用裕隆飛羚廠牌巡邏車；1992年使用Alfa Romeo廠牌巡邏車以及福斯廠牌巡邏車；1997年使用福特天王星廠牌巡邏車，如圖10-6；1980年代使用吉普式巡邏車，如圖10-7；2003年亦曾購置高性能吉普式巡邏車，如圖10-8（內政部警政署，2011）。

圖10-5　1950年警用巡邏吉普車

圖10-6　1980年代警用巡邏車

圖10-7　1980年代吉普式巡邏車　　圖10-8　2003年吉普式巡邏車

資料來源：內政部警政署（2011）。

二、武器、械彈裝備

　　1970年代之38式左輪手槍為我國警察早期警用配槍之一，彈藥一次可裝填6發，其優點為機械構造可靠，故障率低，如圖10-9。38式左輪手槍專用槍套，牛皮製，可放置手槍及彈輪，如圖10-10。國造65K2步槍為中華民國自行設計生產之步槍，與美製M16功能相似，為我國警察70年代重要武器之一，如圖10-11。1970年代之迷你烏茲衝鋒槍，每秒16發，裝25發彈匣時重3.15公斤，槍機開放及封閉時皆可發射，具半自動或全自動射擊模式，如圖10-12。1980年代的美造M16型步槍是世界上最早開始使用小口徑高速子彈的突擊步槍，現為我國警察處理各項重大治安事件的攻堅武器之一。1980年代之90手槍，我國警察現有配備槍枝，為員警執行巡邏、路檢及各項勤務之武器裝備，如圖10-13。警用90手槍專用槍套，可放置手槍及彈匣、手銬，如圖10-14。至於1990年代的M4卡賓槍，採用導氣、氣冷、轉動式槍機設計，以彈匣供彈並可選射擊模式，長度比M16突擊步槍為短，有利於狹窄之地形進行攻堅作戰（內政部警政署，2011）。

圖10-9　1970年代38式左輪手槍

圖10-10　1970年代38式左輪手槍槍套

圖10-11　1970年代國造65K2步槍

圖10-12　1970年代迷你烏茲衝鋒槍

圖10-13　1980年代90手槍

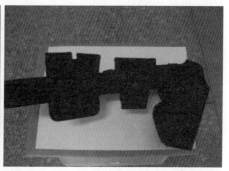

圖10-14　1980年代警用90手槍專用槍套

資料來源：內政部警政署（2011）。

參、勤務思維與勤務裝備

治安策略或謂刑事司法模式（criminal justice model），基本上可大略區分為強調實質正義之犯罪控制（substantial justice; crime control model）與同時並重程序正義之模式（procedural justice; due process model）兩類。前者重視窮盡一切刑事司法之功能與方法以便發現犯罪之事實，因此就易於運用高密度巡邏之模式，以便對於民眾之報案能快速的回應（reactive stance & fast response），而能提升破案率。然而此模式就易流於以偵查為主之治安策略運作。至於程序正義之治安策略，則較易於同時注重執法程序的重要性，因此證據的蒐集方式與證據力的強弱，遂成為治安維護時必須重視的價值與規範，因此就會較以預防與機先預警之模式（proactive stance & crime prevention model）來處理治安或犯罪之問題。此種同時注重預防犯罪之功能的模式，就較自然會以情資之研判，來機先式的編排預防式之勤務，因而其勤務之裝備就會產生不同之配置標準與樣式。

如前文所述，刑事司法模式之不同，會影響到警察勤務策略與思維之差異，而不同的勤務思維當然就會直接影響到勤務裝備之配備與其發展。因此，在不同形式司法制度的影響下，就曾有下列五種不同分類之勤務策略模式產生：一、犯罪控制或程序正義的勤務策略模式；二、報案反應（reactive stance）或機先預警（proactive stance）之勤務策略模式；三、專業化發展（professional）或公私協力（public private partnerships）之勤務策略模式；四、攻勢勤務或守勢勤務之勤務策略模式；五、集中制或散在制之勤務策略模式。以上五種勤務類型化之分類，可歸納整合成為兩大類勤務策略之分野，亦即一類以偵查為主之策略，並以共同勤務之執行為主。另一類則注意及於預防勤務策略之執行，同時亦有社區警政，以及個別勤務之警民合作方案的推展。亦即，前述之犯罪控制、報案反應、專業化發展、攻勢勤務，以及集中制之勤務策略模式，較屬於以「偵查」為主；至於程序正義、機先預警、公私協力、守勢勤務，以及散在制之勤務策略模式，則較屬於以「偵、防並

重」或「同時注重犯罪預防」。因此，對於治安維護模式運用之不同，自然就會影響到勤務思維之差異，而勤務執行之裝備，當然也就會有不同之規劃與設置，茲闡述之如下。

一、以偵查為主之勤務思維與勤務裝備

　　警察之勤務作為若採以偵查為主，抑或快速回應民眾報案之思維與模式，則為了求取快速地到達事件之現場以便偵破案件，因此其裝備必定會在機動與快速的要求下，提升其回應之速度。並且認為速度快，就能掌握到更多現場的情資與跡證，對於破案或者治安與交通事件之處置，會有一定之助益。所以應勤之裝備就力求其快速與更新，以便快速到達現場。所以對於車輛機動性的提高，從早期之徒步巡邏、腳踏車、機車至汽車等機動車輛巡邏速度之提升上多所變革。在通訊器材裝備運用上，亦從早期的市內公用電話、無線通訊到雲端網路的通訊運用。雖然，1970年代堪薩斯市的預防式巡邏實驗證明，此種反應式之勤務思維對於治安之維護不一定有效，然而近百年來，全球之警政思維仍受到此傳統想法之影響，因而在快速反應的模式之下，求其快速之勤務裝備，則亦多所建置與發展。直至1980年代全球社區警政潮流的開始倡導之後，才對勤務之思維產生衝擊與轉變。

二、偵防並重之勤務思維與勤務裝備

　　至1980年代全球社區警政潮流之興起，也就是所謂英國皮爾爵士建立現代警察典範之思維再次被重視，亦即所謂警政的「復古運動」又被提倡之後，對於勤務之作為遂又再次強調警民合作與預防犯罪之重要性，因此勤務之裝備也必然受此思想之轉折，而產生一定之質變。例如，又重新思考以步巡的方式，試圖與民眾多所接觸，而建立合作之平臺，以便共同來維護社區之安全。又例如提倡以馬巡、開放式的巡邏車，或者如前述之美國麥迪森市新推展所謂「鄰里資源拖車」（neighborhood resource trailer）之新便民服務創舉、甚或者行動派出所之運作方式等新的勤務裝備型態，來增加與社區及民眾之接觸機會。透過此種蒐集民眾情資與整合民力之機制，來提升犯罪預防與犯罪偵查之

效益。因而在此思維之下,則相信此種新策略比傳統快速反應之模式,更能有效的維護社區之安寧。因而其應勤之裝備,亦在此偵、防並重的思維之下產生一定之轉變。例如,派出所就不一定要設定成為打擊犯罪為唯一策略的衙門機制,而可以變成警民情資融合運用之中心(fusion center),或者公、私協力合作之平臺等。若然,在同時注意到機先預警之策略,對於治安維護亦會有一定之效益時,則勤務裝備之發展,必然會形成更為多元之偵、防並重的發展態勢。

另外,從前述之1980年代,全球警政逐漸轉向社區警政、警民合作與同時注重犯罪預防等策略之後,警政遂更進一步形成所謂之「偵防並重」之勤務思維。其即為警政發展一方面在勤務執行之科技上,作援引與革新之外,另一方面在犯罪預防的模式運用上,亦有甚多預防犯罪之相關應勤裝備之創新與使用。因此若以前述英國皮爾爵士創造現代警察概念之中,其所強調之效率與人權並重,並且以警民合作為治安維護之良策以觀,則偵防並重實應成為警政改革之主軸。至後來日本警察之警政策略,亦除了機動警力之強化外,日本的派出所制度之警民合作與預防犯罪之功能,亦為日本治安良好的重要關鍵因素。因而,若以此勤務思維為勤務運作之主軸,則其勤務裝備亦必據此而配套的發展。例如,日本的機動警力之勤務裝備甚為先進,但派出所之受持區的勤務,則仍以徒步或者腳踏車巡邏為主,以便在家戶訪查時,能接觸民眾且較易於建立合作之平臺。又例如我國在推行社區警政的策略中,對於機動性之要求,亦不斷的在提升之中,如嘉義市警察局的「i Patrol Car雲端智慧巡邏車——行動派出所進化版2.0」方案中,實境與虛擬巡邏之整合運作,但對於警民合作之平臺與機制之發展,亦不斷援引新的工作模式與新的社區警政相關之應勤裝備。再例如2008年桃園縣警察局之警政革新即以下列兩點為重點發展主軸,亦即:(一)警政科技整合與運用;(二)推動現代化派出所之行動方案,此亦即為偵防並重之勤務思維,與其配套裝備之多元運用的甚佳典範。另者,在勤務機構的行政裝備方面,其辦公廳舍不但要以行政效率之提升為要,同時對於員警之休閒、育樂、健身活動等方面之建構,亦應同時考量。

肆、警察勤務裝備未來之發展

一、以偵查為主之勤務策略其勤務裝備的未來發展

時至今日以偵查為主之勤務裝備，仍然有甚多新的警察技術或執法之工具，深值我國警察予以研究、發展與運用，以便處理日漸嚴峻的跨國境犯罪之挑戰，今僅臚列數項各國新的執法科技新發展，以說明工欲善其事，必先利其器之古訓，以為我國警察在偵查犯罪新科技發展與運用時之參考。

（一）擴增實境之技術（Argument Reality, AR）

擴增實境，乃使用電腦生成的組件覆蓋成虛擬的信息，並傳達到一個真實世界之技術，以完成各種任務。擴增實境仍然處於初期階段的研究和發展，它是結合真實與虛擬之資訊，並據而即時顯示出信息。其實擴增實境，已經被廣泛地使用。例如，你看電視的運動比賽，可能已經注意到，有線條或符號與文字等疊加在足球場之上；驅動程序和速度信息標示在賽車的跑道之上；或者軍事戰鬥機飛行員，可以在飛機駕駛艙的頂蓬上觀察到的重要信息等。

基本上，一個擴增實境系統包括一個可穿戴式的電腦、頭盔顯示器，以及跟蹤和檢測設備等；其並藉由先進的軟體和虛擬3D技術的應用，以便充分的運作該系統。它亦是一個移動的技術，旨在提高對現場狀態的感知和增進人類的決策速度。其中有一些已經開發運用，但需要改進其功能，以便提供給警察更方便的使用，並且其價錢必須合理。因而，其在未來治安工作執行上，預期能有更多樣化的用途與可能的發現，可如下所述：1.即時語言翻譯，以及提供關於文化風俗和傳統之相關數據；2.即時提供有關之犯罪情報與巡邏區內之罪犯情況；3.面部、聲紋、數據和其他已知罪犯的生物特徵識別；4.整合化學、生物和顯示汙染地區的傳達感知器；5.無障礙可擴展的3D地圖，包含建築平面圖、公用設施系統等（Peak, 2009: 429-430）。

（二）低致命性武器的發展（less-lethal weapons）

自從英國倫敦警察出現專業化警政之後，警察即聚焦於低致命性武器的發展。雖然非致命武器（non-lethal weapon）經常被用來描述這些工具，然而這個名詞是不恰當的，因為任何工具或武器，如果使用不當，都可能會是致命的。因此，所謂之低致命性武器應當界定為，對人體健康之影響僅止於暫時性的，以及最小範圍的身體傷害。

自從1829年9月英國倫敦現代化的警察開始執勤，其手持短棒或警棍，是當時標準核定的武器。傳統上，它是用2-4公分的直徑，30-65公分長的硬木製成。1840年到1870年間美國社會動盪，導致警察使用武力的次數增加，然其本身也是經常被民眾譴責的受害者。因此，警察暴行的指控常見於19世紀中葉的美國，據稱當時美國警察頻繁地用棍棒，擊打應該受尊敬的公民。直到19世紀末，警棍仍然是美國警方主要的器械（Peak, 2009: 404）。

時至1960年代，則見證了低致命性武器重大的科技進步。氣溶膠的化學劑（aerosol chemical agents）被發展為替代警棍和槍枝使用之警械，成為最流行的低致命性警用武器。1962年出現了華潤燃氣（CR gas, dibenzoxazepine），它能引起極度的眼部壓力，且有時會產生歇斯底里的狀態。催淚性毒氣的彈藥，若用獵槍擊發，則其射程可達125公尺，早在1968年美國和英國即被使用。1967年，致命性的鉛彈（lethal lead bullets）首次在香港使用。木輪（wooden rounds）能射擊的範圍為20-30公尺，其被設計成為能跳離地面的射擊武器，而能撞擊受害者的腿。木輪被證明是致命的，直接射擊會使腿部造成碎裂。1967年，在木輪出現的幾個月後，發展出橡皮子彈（rubber bullets），並核發給英國軍隊和警察人員使用。橡膠子彈主要在於提供相當於一記重拳的攻擊，其能造成嚴重的瘀傷和休克。至於橡膠子彈的跳彈射擊能力設計，讓防暴警察之射程，可以超過用石頭投擲的暴民範圍之上，而對暴民做較為有效的控制。

1974年發展出兩種警用新型的武器，亦即為塑膠子彈（plastic

bullet）和泰瑟槍電子控制裝置（TASER Electronic Control Device, TASER ECD, Tom A. Swift's Electric Rifle）[1]。較軟的塑料子彈可以從各種防暴武器被發射，速度為每小時160英里，範圍在30-70公尺。其雖然類似前述之木製子彈，但這些新型塑料子彈可能是致命的，因1980年代初期在北愛爾蘭，民眾被這些子彈擊中頭後死亡。泰瑟槍電子控制裝置則類似手電筒，射擊時會發射出兩個微小的鏢槍。細金屬導線附著在標槍中，藉由變壓器傳送5萬伏特的電擊，從而使人在距離15英尺內喪失行動能力。據美國司法部統計局2006年之報告顯示，當時約四分之一（23%）的城市警察機構和30%警長辦公室授權的人員，可使用泰瑟槍或電擊槍，未來這些百分比將可能迅速增加，因為這些裝置更易於攜帶且更能有效使用。最近，新的泰瑟槍被進一步的研發改進，它能提供人員更多的保護，同時其新的功能亦包含記錄全音頻和影像的功用，甚至於零光線的情況下亦可作使用。2007年底，威克森林大學（Wake Forest University）的醫學院宣布一項重要的專案研究，其研究稱為「專案審查泰瑟槍使用之研究」，報告指出99.7%使用泰瑟槍的案件，其造成的只有輕微的傷害，如擦傷和瘀傷、或沒受傷，只有0.3%受傷嚴重到需要住院治療。

在過去的二十年之中，出現了警察執法的新技術，這些新技術對欲抵抗的犯罪嫌疑人提供了更有效的控制，並能減少或減輕嚴重的傷害。胡椒噴霧是這些新型低致命性武器中，最早被員警廣泛採用的武器之一。爾來，泰瑟槍等電氣型傳導能量裝置（Conducted Energy Devices,

---

[1] 泰瑟槍的發明者是美國人John "Jack" Hingson Cover Jr.，他曾是美國國家航空暨太空總署（或稱宇航局NASA）的一名科學家，他於1960年代開始研製泰瑟槍。然而20世紀初期的科幻小說作家之中Tom A. Swift曾於小說中描述此種電擊槍，Jack Cover遂以小說作者的名字的首個字母，將此槍命名為「TASER」，以紀念其在書中所提電擊槍枝之概念。泰瑟槍是一種與電擊棒完全不同的武器，雖然兩者同樣是利用電流作攻擊動能，但泰瑟槍在發射後會有兩支針頭連導線直接擊進對方體內，繼而利用電流擊倒對方。泰瑟槍沒有子彈，它是靠發射帶電「飛鏢」來制伏目標的。它的外形與普通手槍十分相似，裡面有一個充滿氮氣的氣壓彈夾。扣動扳機後，彈夾中的高壓氮氣迅速釋放，將槍膛中的兩個電極發射出來。兩個電極就像兩個小「飛鏢」，它們前面有倒鈎，後面連著細絕緣銅線，命中目標後，倒鈎可以鈎住犯罪嫌疑人的衣服，槍膛中的電池則通過絕緣銅線釋放出高壓，令罪犯渾身肌肉痙攣，縮成一團。

CED）開始流行。美國有超過1萬5,000個執法機構使用它們。因而泰瑟槍的使用，引起了爭議，胡椒噴霧亦復如此。國際特赦組織（Amnesty Interinternational）和美國公民自由聯盟（American Civil Liberties Union）等組織質疑泰瑟槍是否可以安全使用，以及泰瑟槍的使用，會否引起不當的傷害，以及對於拘留中嫌犯之死亡造成什麼樣的影響作用（Alpert et al., 2011）。

在英國泰瑟槍是內務部（Home Office）批准英國警察機構得以使用的警用器械。泰瑟槍乃於2003年首次在英國推出。當時的內務部部長David Blunkett特授權在整個英格蘭和威爾斯員警得使用泰瑟槍。當時泰瑟槍之使用規定，僅有經授權的員警並根據設定的標準才能使用這些槍械。2007年，時任內務部部長Jacqui Smith放寬了這個規定，並於2008年規定所有受過訓練的員警都獲得了使用該武器的授權（House of Commons Library, UK, 2016）。其中，於2019年8月英國Northamptonshire郡的警察局局長Nick Adderley也依據內務部的新規範宣布，所有第一線的員警配備泰瑟槍，這是英國第一個如此規定的警察單位。所有得使用泰瑟槍的員警都必須通過為期4天的強化培訓課程，然後才能成為合格的泰瑟槍使用者。一旦獲得此使用之資格，員警必須完成為期2天的泰瑟槍進修培訓，以及人身安全和急救培訓。該課程遵循英國國家標準和準則，包括對使用之抉擇、情境的判斷、武器使用準則以及醫療與傷害影響等的一些評估。培訓不僅關注泰瑟槍本身，還說明員警自由裁量與比例原則等技能，並教導他們溝通、使用之適法性和其他如急救的重要性等。根據英國內務部統計，全英國截至2024年3月，一年來員警共使用泰瑟槍834人次，與前年同一時段的793人次，上升了5.2%（Northamptonshire Police, UK, 2024）。雖然在Northamptonshire郡員警很少真正使用泰瑟槍，但該局認為重要的是要消除一些關於泰瑟槍的神話與效果，其中員警接收到的培訓效果，以及泰瑟槍如何能真正確保人們的安全才是最重要的。然而，英國警察行為獨立辦公室（The Independent Office for Police Conduct, IOPC）審查了英國有爭議的泰瑟槍使用案件，發現黑人更有可能面對泰瑟槍，且一些

官員沒有考慮對弱勢群體造成傷害的風險。但是很多英國的警察局局長表示，IOPC的報告含糊不清，缺乏細節。然而，IOPC的報告中表示，根據英國內務部的數據顯示，泰瑟槍的使用大幅增加，越來越多的員警接受使用泰瑟槍的培訓。在2019年至2020年度，使用泰瑟槍的事件數量翻了一番，達到約3萬2,000件（Tom Symonds, BBC News, 2021）。

內政部警政署為保障人民權益、維持公共秩序及保護社會安全，提升警察人員使用拋射式電擊器執法效能，亦曾於2021年特訂定警察人員使用拋射式電擊器規範。其中第3點規定，警察人員執行各項職務，研判自身或他人可能遭受襲擊時，得持拋射式電擊器警戒，或以下列方式使用：1.產生電弧聲響警示；2.近身電擊；3.結合電擊探針卡匣射擊。第10點規定各警察機關辦理使用拋射式電擊器教育訓練，應結合警械使用條例及本規範之規定。遇有使用拋射式電擊器造成重大或敏感之案件，應主動撰寫案例，報由警政署彙編訓練教材，提供各警察機關實施訓練（內政部警政署，2024：208）。至於，內政部警政署前述之2021年11月19日函頒警察人員使用拋射式電擊器規範，則僅為警察人員內部之行政規範而已，因此警察人員使用拋射式電擊器，法制上是否符合警械使用條例暨前述之「警察機關配備警械種類」之規定，則仍有在法制上、運用上，以及警械種類更明確性的規定上，更深入與適法性的研究及討論之空間。

時至今日，警察仍繼續尋求完全沒有爭議，且能有效使用的致命性武器替代器械。正如上述所論，過去警械的創新發明有時是致命或無效的，因此尋找「完美」的低致命性武器仍在繼續研發之中。泰瑟槍的發展速度可能已經超過了任何其他器械，而且可以認為是威力最強大的。2008年泰瑟槍首次以無線科技亮相，推出12口徑的無線式電擊散彈槍為TASER X26。不過，如前所述，國外一些城市，在警方的致命槍擊事件發生後，已經遭到民眾強烈的抗議，因此繼續尋求低致命武器的替代器械，可能成為發展出真正能取代槍枝的研究者，持續追求的研究標的。

（三）無線電科技的使用與發展（wireless technology）

自1970年代起，行動數據系統（Mobile Data Systems, MDTs）已開始被發展出來，但第一代系統是採用非常昂貴的大型電腦，而且預算往往超出了許多小型和中等規模的警察機構所能負荷的。如今，則僅要帶著筆記型電腦和一個無線網路接受裝置，美國警察人員幾乎可以即時獲得許多聯邦、州和當地資料庫資訊。即使是很小的警察機構，都能買得起網路和行動數據機。越來越多的美國警察部門，使用筆記型電腦無線連接到汽、機車的犯罪資料庫。當輸入牌照號碼於他們的電腦，警察人員可以獲得法院相關之文件、警察部門的內部紀錄、電腦輔助派遣系統（Computer-aided Dispatching, CAD）的資料等。藉由全國汽車及網路犯罪紀錄資料庫，亦可以找到無照的駕駛人、過期或暫停牌照的資料等。此外，警察人員使用電腦，藉由電子郵件互相溝通訊息，而不是使用公開的無線電通訊來聯絡。

（四）資料庫的整合與運用（integrated databases）

美國司法部建構連結網路犯罪的全球司法資訊網路（Global Justice Information Network），使相關之執法機構能夠進行交叉檢索資料庫，其中包括地方、州、國家和國際層級的警察、法院和懲戒機構等資訊的交換。電腦化的犯罪測繪（crime mapping），則可從全球定位的衛星結合了地理資訊、電腦輔助派遣系統蒐集的犯罪統計，和私人公司或美國人口普查局統計的人口數據等資料得到完整的資料蒐集與運用。亦即結合不同組資料數據而得出的圖片，可從全新的角度加以分析、審視與研判該犯罪。例如，犯罪地圖之測繪可以援引失業率高地區的犯罪情況、廢棄房屋的位置、人口密度、毒品檢驗報告、地理特徵（如小巷、溝渠或開放式的地區）可能形成犯罪的諸多因素，來繪製犯罪測繪圖。此外，幾乎所有美國警察機構，都在使用造價不斐的此類硬體和軟體設備。美國於1997年國家司法研究機構，成立了犯罪測繪研究中心（Crime Mapping Research Center, CMRC），促進了對於犯罪現象的研究與評估，並且發展和散播地理資訊系統科技的運用。另一個成功的測

繪案例，乃是紐約警察局的電腦資訊統計分析的革新計畫（CompStat program, comparative statistics），可提供準確的統計數據、地圖和犯罪之模式，並建立各類犯罪之間的因果關係與最佳之因應策略。另外，亦可根據此系統，不斷的監控、評估該部門的勤務效率，並透過參與、溝通與討論，規劃出治安管理之最有效策略。

（五）累犯的定位系統（locating of serial offenders）

多數的犯罪人，選擇離家近且多重目標的環境，以掠奪其所選定的獵物——即被害者。地理剖繪分析（geographic profiling）為環境犯罪學（或謂生態犯罪學）的新發展領域。其分析了這些地區和受害者遭受攻擊、謀殺、棄屍的雷同情況，並藉此比對出最可能之犯罪嫌疑人（或累犯）所在的位置。地理剖繪分析，乃是分析犯罪行為與犯罪案件，最為有效的方法之一。當各警察機關有重大犯罪發生時，該案件遂被上傳到中央的犯罪資料處理系統，藉由比對目擊者描述的嫌疑人及車輛等跡證，該處理系統的資料庫則進行掃描和文件的整理、比對，然後建立起一個有關犯罪者、受害者，以及該案件的檔案資料，該資料庫稍後遂進入地理資訊系統進行比對與分析。透過該系統，經比對嫌犯特徵、名字、地址等，並進一步根據其多次所犯的累犯罪行，進行實體的偵查工作，如此則該類案件（或累犯）之處理較為快速而有效。

（六）槍擊定位系統（gunshot locator system）

測量與確認開槍的位置是難度非常高的。槍擊定位系統乃使用麥克風狀的感應器，放置於屋頂和電線桿上，運用無線電波或電話線以便記錄和傳輸槍聲，並在電腦圖形上顯示閃爍槍擊位置之圖像，以便提醒處理該槍擊案的警察人員，確認槍聲的來源。在理想的情況下，這套系統測量出槍擊聲音需要多長時間會傳達到感應器，可機先地知會處理之警察人員，精確地趕赴該地點，大大降低警察抵達犯罪現場的反應時間，這意味著能更快速地援救受害者，以及逮捕嫌犯。

另外，其他相關的地理定位科技系統，廣泛地應用在軍事和民營

公司（如計程車公司、汽車租賃公司以及快遞公司等），其中例如全球定位系統（Global Positioning System, GPS）等，其以非凡的精準度來定位車輛，甚至是人的位置，以便相關之組織或行政管理機構的有效應用。

（七）電子儀器在交通管理上的功用（electronics in traffic functions）

1. 事故調查（accident investigations）：各種類的車輛事故可以把街道或公路變成停車場。事故發生後，警方必須蒐集證據，包括測量和現場描繪車輛、受傷者的位置、車輛滑行痕跡等。這項交通警察的工作，通常需要用到測繪之滾輪、捲尺、筆記本和鉛筆等。然而某些警察機構，已經開始使用全球定位系統確定詳細的車輛位置、損壞情形及車速等。全球定位系統的發射器，採用一系列的偵測，找出確切位置以及測量事故之細節，例如滑行痕跡、碰撞的地方和碎片等。偵測之資訊遂下載到該定位系統中，同時並在空中拍攝該路段，或繪製道路之坐標。繼而利用電腦科技，疊加在空中拍攝的影像，而重新建立車輛事故之現場。

2. 預防高速追車（prevention of high-speed pursuits）：警察高速追車的行為，很可能導致受傷、財產損失、負債，有些警察機構的政策，完全禁止這種追車行為。這些碰撞、推擠、使用路障、或利用輪胎刺穿的技術，都可造成傷害和車輛的重大損毀。例如，當逃逸車輛接近時，部署刺穿輪胎的工具，可讓其他車輛和警車可以安全的通過。然而，刺穿輪胎往往無法有效的執行，或是會造成犯罪嫌疑人的車輛失控；此外，刺穿輪胎的作法，僅能受限於其他車輛可以安全改道的時間和地點。因此，使用短脈衝電流破壞汽車的點火系統，是攔停犯罪嫌疑人車輛的新設備。然而必須注意的是，該設備與技術必須近距離接觸犯罪嫌疑人的車輛，以避免其他鄰近的車輛和人員都受到同樣的影響。

（八）犯罪現場處理的新科技（new technologies for crime scenes）

立體的電腦輔助派遣系統（Three-dimensional Computer Aided Dispatch, 3D CAD）的軟體現已推出，操作該軟體的人員可從任何角度創建現場。法庭的陪審團亦可以瞭解犯罪現場和相關犯罪證據的位置，以便檢驗證人的說詞真偽。因為犯罪現場的證據通常太過於簡略，而不能明顯地解釋現場發生了什麼事情。有一種犯罪現場處理的新軟體——瑪雅（Maya）已經發展出來，幫助鑑識專家確認案件發生的始末。瑪雅軟體運用科學計算的方式，它可以從老舊的警察照片中，創建一個虛擬的房子，複製幾種類型的應力（作用力），例如藉由虛擬複製地心引力的作用力，來說明火災如何蔓延整個房子，或是抽菸導致空難的發生的過程。

美國聯邦能源部亦正在測試配備數位攝影機、照相機、雷射測距儀和全球定位系統的筆記型電腦原型的模型機具，來更有效且精確地創建能源相關之現場狀況。另外，偵查人員亦已使用光束資訊，從犯罪現場傳回到實驗室，讓鑑識專家能快速與全面的獲取資訊。研究人員亦正在開發所謂的實驗的晶片，這將使警方能夠處理更多的證據，例如包括DNA樣本。如此可消除從犯罪現場送到實驗室途中被汙染的風險。

（九）與槍枝相關技術的發展（developments with firearms）

暴力犯罪分子的武器選擇幾乎一直都是手槍，特別是殺人犯。警察人員被殺的10起事件之中大約有7件是使用手槍，因此訓練警察如何面對與處理民眾使用致命性的武器——槍械，是非常重要的課題。在此列述兩種新的處理此致命武器之新訓練模式如下。

1. 電腦輔助訓練模式（computer-assisted training）：此種槍械訓練系統（Firearms Training System, FATS）是利用雷射光發射複製真實的武器，其不僅學習快速，而且能判斷何時擊發。

2. 使用槍枝之紋路偵破案件（use of gun "fingerprints" to solve cases）：每把槍在彈藥上都會遺留下獨特型態微小標誌。如果槍枝製造商，在槍枝離開自己工廠前試射武器，警方可以利用回收的彈藥，從犯

罪現場追蹤到槍，即便是槍本身難以恢復原狀，亦可藉此追查使用槍枝之嫌犯。這種科技甚至可以被發展出一種新的技術層次，亦即可能建立起一套自動化的新槍枝之紋路資料庫，以便於爾後能作為有效的鑑識與比對之用。

（十）幫派的情報系統（gang intelligence systems）

刑案現場之目擊者，通常對於幫派暴力事件只能有短暫之瞥見，亦即對於犯罪者及其顯著的特徵、交通工具與車牌號碼的模糊印象而已。然而近來，美國加州司法部開始安裝的CALGANG軟體（known as GangNet outside California），其聯網的網站可遍及整個加州，甚至可以連接到其他九個網址。基本上其乃是一個幫派情報的資訊交流中心，其中之資料包括關於幫派的成員、其常出沒的地方、住所或駕駛的汽車等。在刑案現場的警察人員，即可以透過筆記型電腦和行動電話，連結到此幫派情報的資訊交流中心（CALGANG），輸入資訊並等待比對。因此，執法人員甚至在犯罪實驗室技術人員採取或比對現場指紋或跡證之前，即可以根據此系統之情資，機先的進行逮捕行動。

（十一）機器人的使用（robotics）

最新的機器人科技，已使警察或執法工作變得更為安全。機器人裝有影像功能，包括夜視功能、攝影功能、泰瑟槍、甚至還能夠進行雙向通訊。最近則開發出一種最高時速每小時20英里的小型遙控機器人模型機，其被設計在城市環境之中進行監視，可以看到周圍的角落，並適時地傳送、警告該處境或現場是否有危險的訊息。

雖然處理爆裂物之機器人（bomb-handling robot）已被使用了好幾年，但最近軍事單位才開始使用能嗅出爆炸裝置的機器人。這種機器人有7英尺的工具，可掃描車輛內和底盤的爆裂物，並具備有照明設備、可縮放和旋轉的攝影機、類似手並具備關節的鉗子。其為了使士兵的檢測和處理炸彈能力更有效與安全，2007年初已被送往伊拉克之戰場使用之。

對於警察人員而言，使用機器人最主要之困難乃受限於經費。炸彈嗅探機器人（bomb sniffing robot）約需17萬美元。若具備有一特殊輪子之機器人，其可以攀越地形之障礙，有助於警方之搜索和救援活動，費用則超過10萬美元。即便是只用於車輛檢查的機器人，仍高達1.5萬美元。許多執法機構因而無足夠之經費採購，或者必須等到機器人的價格下跌之後才能購置使用之（Peak, 2009: 405-417）。

以上各類以偵查為主之新勤務裝備之創新與運用，僅是舉例說明其一、二。其實因為犯罪手法的多變，加上跨國犯罪與交通通訊技術之快速變遷與發展，警察在偵察犯罪之應勤裝備上，亦必須日新月異，如此才能對違法犯紀者產生一定之嚇阻效果。所以，對此類勤務裝備之研發，亦必須不可停歇地賡續發展與創新使用。

（十二）警用無人機（police drone）

為有效偵查犯罪、維護治安，新北市成立全國第一支警用無人機隊，構建「全方位3D科技維安網」，讓犯罪無所遁形。該局曾於2020年9月26日舉辦成軍典禮，由市長侯友宜授旗並為隊員佩掛隊徽，期盼運用科技執法保障新北市民安全。警方偵查犯罪、抓捕嫌疑犯有時受到地形影響，增加辦案難度，侯友宜表示，成立警用無人機隊能夠補足警方在地面值勤的不便，主要任務為偵查環境汙染、即時蒐證；抓捕逃往山區的犯人時，協助勘查地形；監控交通狀況，回傳影像解決交通壅塞問題。另外也能支援消防局急難救助的勤務，在災害發生時，提供全方位訊息。

侯市長說明本專案乃由中光電智能機器人公司與新北市警察局聯手打造工業級無人機，從機體到飛控系統軟體都是在地團隊精心研發，提供新北市科技執法最好的設備。未來在蒐證、刑案偵查、交通疏導及協助救災任務中跨向新的里程碑，提供新北市民最安全的生活。警察局表示，新北市警用無人機隊共20名隊員均已取得G1及G3專業高級操作證照，可依照任務性質在不同狀況下分組執行任務；在勤務的應用計畫也依規定報請民航局審查核備，落實「成員專業化、勤務合法化」的目

標（劉偉傑，2020）。然而我國對於無人機之管理，確實有相關法制規範[2]，但是對於警用無人機觸及科技偵查與人權、隱私權等的議題，則仍有待我國之科技偵查法草案完成立法，以便執法人員依法偵查案件之需。新北市警察局宣布正式啓動警用無人機專責隊，由20名獲得專業高級操作證照的警員負責。這款無人機具AI辨識功能，前期以人、車和特殊物件辨識爲主，鎖定刑事偵防、交通控管、環境保護和防救災等四大面向，要運用這些具AI辨識能力的無人機，來解決該四大問題。

這支無人機專責隊的成立，還歸功於民航局發布的遙控無人機管理規則，以及法務部正在擬定的科技偵查法新規範。新北市警察局表示，這支無人機隊可強化警局「全方位3D科技維安網」，透過補足空中視角，來改善辦案效率。在軟體上，這款無人機則具備AI辨識能力，以Nvidia Jetson嵌入式高速運算晶片搭配自家研發的邊緣學習（Online Edge Learning, OEL）技術，能以少量資料來訓練模型、提高辨識精準度。目前新北市警察局無人機隊的AI辨識爲第一階段，先以基本物件辨識爲主，比如地面的人、車，以及特殊物件。此外，該無人機還配有熱感相機，能在夜間偵測人或動物的活動。無人機搭配的AI辨識模型皆由自家團隊打造，辨識準確率都在九成以上。

新北市市長侯友宜指出，這支警用無人機隊瞄準前述的四大應用面向。就刑案偵防上來說，他舉例許多製毒工廠或藥販喜歡藏匿於山區，若靠地面部隊上山搜索，「往往力所不及」無法發揮即時功效。而無人機可即時監控，解決無法即時緝兇的痛點。再者，無人機也將應用於交通管控，透過鏡頭分析人流與車流，再將資訊傳回至交通指揮監控中

2　法務部，全國法規資料庫，遙控無人機管理規則第1條規定：「本規則依民用航空法（以下簡稱本法）第九十九條之十七規定訂定之。」第3條規定：「遙控無人機依其構造分類如下：一、無人飛機。二、無人直昇機。三、無人多旋翼機。四、其他經交通部民用航空局（以下簡稱民航局）公告者。」第4條規定：「遙控無人機所有人（以下簡稱所有人）及操作人應負飛航安全之責，對遙控無人機爲妥善之維護，並從事安全飛航作業。」第13條第1項規定：「遙控無人機之設計、製造、改裝，應由設計者、製造者或改裝者檢附申請書，向民航局申請型式檢驗。經型式檢驗合格者，發給型式檢驗合格證及型式檢驗標籤。」

心，來疏通壅塞道路。另一個應用則是環境保護，透過無人機從上空蒐證、找出汙染環境源頭，必要時進行追蹤，來協助辦案。最後，則是協助消防局進行防災、救災。侯市長指出，在救災過程中，遇上氣候不佳時，可先透過無人機觀測周遭環境，並定位出需急難救助的人員，再將資訊回傳給消防局，來決定策略（王若樸，2020）。

　　近年來，於美國及我國境內，國家及私人使用無人機執行公務及其他商業用途大幅增加，也因而增加無人機空中監視及科技設備之運用，促使隱私維權者及社會大眾呼籲應該針對此等科技設備使用進行規範及管制，同時亦期待對於偵查機關使用無人機蒐證行為與隱私權之間劃定界線。因此借鑒美國使用此警用無人機之經驗，必須從科技面扼要論述無人機科技、功能及運用方式；再者討論以往美國聯邦最高法院曾對於國家偵查機關以飛行器空中蒐證方式，包括空拍照相或目視觀察之偵查行為，進行合憲性審查，分析我國未來限制偵查機關使用無人機監視之審查標準，對21世紀之新興無人機刑事偵查有何影響。同時，由於美國各州為因應各自之刑事偵查使用無人機之強制手段，與人民基本權之間之關係，特別是干預人民基本權（隱私權）部分，宜有法律授權，分析刑事法典中無人機偵查之規範內容作為借鏡，可為我國未來科技偵查無人機規範之典範，以及未來法制宜如何的建構之參考（溫祖德，2024）。

　　因之，隨著科技發展，檢警辦案確實有以新科技設備或技術偵辦的需求，以免偵查技術無法跟上新科技的需求，但同時應該定出妥適合宜的法律規範以供遵循，以兼衡犯罪偵查之需求及人權隱私之保障。法務部草擬之科技偵查及保障法草案，欲將科技偵查法制化[3]，以供遵循，值得肯定。而立法院於2024年7月16日三讀通過「洗錢防制法」修正案、「刑事訴訟法」部分條文修正案，加上先前已通過的「詐欺犯罪危害防制條例」、「通訊保障及監察法」部分條文修正案等四法，稱之為打詐四法。筆者以為其對於科技之偵查或有助益，因其雖然最後並非以

---

[3]　Yahoo新聞，打詐四法三讀》檢察官：肯定立法兩大進步　但科技偵查還有路要走。

「科技偵查及保障法」的專法形式通過，而是將科技偵查法源基礎，改納入刑事訴訟法修法並另訂「特殊強制處分」專章，三讀通過，其儘管不夠完美，但至少歷經六年，終於賦予了檢警單位運用科技偵查的法源依據。因之，其最後改爲在刑事訴訟法中增訂專章，故而筆者認爲對於科技偵查效益之總體提升，仍有力所未逮之處。因而，未來若欲再進一步訂定「科技偵查及保障法」專法之時，則宜一併考量該法之原擬草案中法界之諸多意見。例如，根據研究者朱俊銘對原草案之研析，認爲該草案內容規定似乎過於重視偵查便利，忽略人權隱私之保障，值得大家關注後續之立法，其之見解如下。

草案之單一原則性專法架構之問題包括，無人機偵查美國雖有專法規範，但是我國之草案規範的內容除了無人機偵查外，原則性的就所有科技設備技術偵查來規範，似乎應該分別性質放入我國原有的刑事訴訟法或通訊保障及監察法來處理即可。尤其第三章設備端通訊監察，第四章數位證據蒐集與保全，與本草案想要規範的新興科技設備技術無關，更應回歸既有的刑事訴訟法及通訊監察保障法制來處理，此由草案亦多準用原有相關法律規定可知。

草案第4條無人機偵查蒐證問題。由於空拍的範圍更廣，默默侵入隱私的可能性更高，所以向來很有爭議，因此包括公共領域在內，美國多州立法採取原則法官保留（亦即法官審查核發令狀），例外緊急狀態、恐怖攻擊等事由才不需法官保留，我們的草案就公共領域部分只要檢察官認爲有必要就可以發動，似乎過於寬鬆。

第9條自隱私空間外對隱私空間內實施非侵入性監看、測量、辨識、錄音、錄影問題。隨著科技發展極致的情形，透過新科技就可以達到從屋外進行形同在屋裡看、聽的效果，也就是科技設備、技術是非侵入性、秘密的，但達到的效果卻是侵入性的，對於隱私人權的侵害可能更爲嚴重。因此，各國除了採取法官保留，也多有目的性、必要性的限制，我們的草案雖然採取法官保留，但只要「爲調查犯罪，有相當理由認爲隱私空間內與本案有關」就可以實施，相較國外立法例，似乎也是過於寬鬆。

　　再者，公務員違反規定，造成之侵害既屬重大，不亞於違法搜索扣押、通訊監察，也並非單純只侵害個人權益，尚包括國家公權力之信賴等，草案卻反於刑事訴訟法、通訊監察及保障法相關罰責非告訴乃論之規定，改採告訴乃論，似有可議之處。

　　就本草案施行前，採行草案第9條規範的科技偵查作為所得，一律規定法官均應採取權衡法則決定其證據能力，惟無論草案或各國就該條之科技偵查作為均採法律保留、法官保留原則，故本草案施行前以此偵查作為所得證據既違反上開原則，似應無證據能力，本條規定法官應採取權衡法則決定所得證據之證據能力，似有過度放寬依其他現有法令本應屬無證據能力之偵查作為（朱俊銘，2024）。

二、偵防並重之勤務策略與其勤務裝備的未來發展

　　如前所述，爾來因為社會發展的快速，民眾對警察工作之品質要求日高，且參與公共事務之意願亦相對提升。在此狀況下，警察工作之遂行，不僅要求要提高服務之量與量化之績效（如破案率等），更要提升服務之品質。且經研究證實此種警政策略的採行亦能更有效的抗制犯罪。故21世紀各國警政發展之主流，實均在如何改革警政工作品質上多所琢磨與著力。此種提升工作品質之策略固多，惟落實在諸般警察行政措施上，可從組織、人事、勤務，及教育等策略上加以革新。然而所謂工欲善其事，必先利其器，故而除了在勤務策略上有所精進與隨社會之進步而革新之外，更應在應勤之工具、裝備與器材之上，力求與時俱進的研發與應用，才能有效的提供警察維護治安與為民服務的品質。

（一）我國警察勤務策略與其勤務裝備的新發展

　　從本章前述所列舉之警察應勤裝備之概要演進之中，可感知我國警政之著力與斑斑可考的戮力軌跡。其中警察應勤裝備方面，若採行前述之偵防並重之勤務思維與勤務裝備模式，則在社區警政與偵防並重的考量之下，其應勤裝備亦必須作適當之革新。如此才能如前述之日本警察之勤務策略一般，在偵查、預防兩方面能達到相輔相成之治安效果。

其中在促進警民合作以及提升預防犯罪的作為方面，例如2005年嘉義市警察局曾實施之革新中，即有包括警政業務全面的資訊科技化，並提供一個最標準、有系統及專業化的便捷模式來為民眾服務。而為達成此目的，該警察局有數項根據ISO而研發成之本土策略之配套作為，以便順利推展此願景。其即援引品管圈（Quality Control Circle, QCC）之技術與步驟，來研發創新6項便捷為民服務之方案，其中第4項方案的校園治安淨化區E化專案，以及第6項方案之住宅防竊環境安全檢測，均需要創新相關之新的應勤裝備，以配合此勤務策略之革新與推行。

又例如，於2008年當時之桃園縣政府警察局的服務理念即訂為：1.積極引進企業「全面品質管理」、「顧客導向」、「創新加值服務」等理念及作法，並持續性改善；2.整合社區資源，促進全民參與，關懷弱勢團體，強調公共利益；3.善用現代化科技，建立完整管理流程，提升效率；4.對該局組織定位、願景與領導，形成共識；掌握環境發展趨勢，貼近民意需求。另外其亦有下列兩大項關鍵之革新作為即：1.警政科技整合與運用：運用科技，達到快速反應、縮短流程，提升服務效能；結合110系統、勤務規劃、派遣、GPS、GIS、治安分析及行政管理等七大子系統，另整合天羅地網、交通號控系統，發揮最大功效；2.現代化派出所之創新服務：該局85個分駐派出所，同步推動現代化派出所行動方案，並包含下述五個發展方向，亦即科技化、人性化、多元化、顧客導向，以及創新加值服務等五個革新派出所功能之革新。而期能達成環境佳、效率高、態度好、及創新的加值服務等效益，以便提升治安維護之偵查與預防犯罪的效率與效果。因此，傳統之強攻猛打並以「快速回應之勤務思維」（reactive stance）為主之勤務裝備，就無法達成此新勤務策略之要求，而必須同時研發預防犯罪之勤務配備，才能達成偵、防並重，機先預警的勤務新思維（proactive stance）之目的與要求（陳明傳，2019：46-47）。

再者，在偵查之裝備方面，新北市警察局根據情資導向警政為基礎的新發展規劃，自2011年8月24日起，由該局保安民防科成立「情資整合中心」（Intelligence Integrated Center, IIC），設置監視器管理相關

8項系統，以及大型電視牆等硬體設備，以監錄系統之監控中心為主要功能，後由資訊室統籌管理之。該局積極導入E化及M化的科技與管制措施，結合高科技無線通訊技術、即時動態管理系統，能掌握案發機先時刻，有效處理犯罪案件。又在即時回應民眾需求方面，例如推動「即時到位」交通服務，提供民眾便捷交通，免於塞車之苦。在推動「快速打擊部隊」勤務措施方面，能即時打擊街頭犯罪，提供民眾即時安全服務。在推動「防竊達人」與「報案到宅服務」方面，亦能即時提供民眾居家安全服務等（新北市警察局，2016）。

另外，根據大數據之概念，我國內政部警政署亦曾經於2016年舉行之「2016年警政治安策略研討會」，選定「大數據時代的警政策略」為主題，邀請專家學者及各警察機關共同討論。警政署並已規劃建置「全國毒品情資資料庫」，律定、整合毒品情資通報模式，未來將透過大數據分析毒品流通、交易網絡，有助向上溯源，有效瓦解毒品犯罪集團，並結合政府各部門及民間的力量，共同防制毒品犯罪。因此，「科技建警、偵防並重」是2016年警政發展的方向，並以大數據運用在警政工作上，是該年工作重點之一。警政署於2015年從加強雲端網路應用及整合系統開始發展「情資導向」的警政，並已整合全國錄影監視、人、車、案件系統，建置涉案車輛查緝網整合平臺、治安資訊整合中心、雲端影像調閱系統、擴充「警政服務App」功能與利用視訊進行會議和訓練等，同時也初步運用數據分析、通訊軟體協助疏導重點時段車流與傳遞訊息。2016年則更持續以「科技領航」為警政藍圖，帶動發展警政巨量資料分析、治安資訊整合系統、提升110 E化指管派遣效能、辦理科技犯罪偵查教育訓練、推動科技犯罪偵查隊法制化等新措施，希望借助資訊科技強化打擊犯罪能量，讓治安工作也能與時俱進（內政部警政署，2016）。

警政署也同時依據此科技建警之典範，規劃各警察局展示其創新警政之作為。其中，例如嘉義市政府警察局「i Patrol Car雲端智慧巡邏車——行動派出所進化版2.0」巡邏車之規劃，即為新的警政發展方案。該局運用4G科技，在巡邏車的前、後、左、右位置，配置高解析

百萬畫素並具廣角、望遠功能的攝影鏡頭，透過無線雲端智慧錄監系統，即時收錄現場畫面，使勤務指揮中心能掌握執勤畫面，機動調派警力支援，有效輔助員警執法、蒐證，提升各種勤務狀況處置決策品質（內政部警政署全球資訊網，2017）。嘉義市政府警察局於2016年6月完成全市12個派出所及保安隊、交通隊共14部雲端智慧巡邏車，雲端智慧巡邏車上有8具百萬畫素廣角及望遠鏡頭，透過4G無線網路上傳，嘉義市政府警察局各級勤務指揮中心可即時收錄現場狀況，必要時立即派遣警力支援。該系統不但可以輔助員警執法，串聯固定式路口監視器，更可提供市府相關單位運用，如市容景觀、天然災害（查報）、大型活動等，以發揮該系統最大功效（警光新聞雲，2017）。目前該局12個派出所裝有此種系統之巡邏車，於車側均標識有「雲端智慧巡邏車」字樣，其為「行動派出所2.0版」，仍由各派出所依轄區治安、交安熱點規劃勤務，機動派駐於定點守望，並持續提供現場受理報案功能，該局稱將持續朝科技建警邁進，讓第一線同仁能有一個安全的執勤環境，也讓該市治安得到更為有效之維護。

　　因而大數據的運用是近年來相當熱門的話題，由行政院推出、落實到內政部警政署的「警政雲端運算發展計畫」，以雲端運算技術建構高安全性、高可靠度、具擴充性的警政雲，發揮科技破案成效，讓民眾在安全防護上「確實有感」。警政雲在第一階段（2012-2015）持續整合並運用新科技充實警政資訊應用系統與設施，運用雲端運算技術建構各項雲端服務，導入多元化智慧型手持裝置（M-Police），提升員警使用資訊系統的便利性，提高勤務效率，在治安、交通環境及警政服務上成效卓著。隨著第一階段計畫的結束，接下來的規劃重點，將深化、加強大數據分析及智慧化影像處理應用的技術。

　　綜觀警政雲第2期計畫的發展方向，可以發現警政署更細膩地運用現有資料作為評估機制，發揮資料庫的最大價值；同時，從其積極建置智慧影像分析決策系統來看，警政署已自過去的犯罪偵查角度，逐漸轉向犯罪的預防，以期在事件發生前便能加以偵測，並即時預防。因而「科技建警、偵防並重」是當前我們警政治安工作的重點策略，以便強

化科技辦案能力，提升犯罪偵防與治安治理能量。因此藉由大數據與雲端運算技術，建構免於恐懼的安心生活環境，才能真正達到我國智慧警政革新的目的（劉雨靈，2017）。又如內政部警政署近日推廣與全國執行之「各警察機關Web 2.0社群網站及APPS」應用軟體的推廣，即為運用此雲端系統的最典型之勤務與服務之革新，甚值得發展與期盼（內政部，2016）。然而，警政署2024年最新的APP應用程式，更是朝多元化的方向提供給國民更便捷的網路電子服務（內政部警政署，2024）。

又如2024年3月桃園市政府警察局在桃園市議會第3屆第3次定期會的工作報告之警政工作智慧化一項中，即列出了以下幾項警政裝備或機制，在偵防並重的思維上的相關革新措施：1.天羅地網智慧辨識；2.優化鑑識科技；3.強化資訊安全控管；4.發展警政科技應用；5.桃警無人機隊；6.建置數位科技戰情中心；7. E化勤務指揮管制系統等革新（吳坤旭，2024）。又例如新加坡警察的鄰里警崗制，即有E化警崗之服務設置（Neighbourhood Police Post, e-Kiosk）；而洛杉磯市警察局之E化警政（E-Policing），其所推廣之網路社區群組會員制之設置等案例，均為將警察勤務活動推向虛擬之雲端系統，藉由實境與虛擬勤務之結合，達成最經濟與最有效之治安維護效果。因此，若勤務思維朝向偵、防並重的策略方向來發展，則勤務裝備之設置，必然會有革命性的新穎之創新與運用。

（二）全球警察勤務策略與其勤務裝備的新發展

美國之西雅圖市警察局亦曾推動名為SeaStat的新方案。其即使用大數據，來幫助消滅整個西雅圖市的「犯罪熱點」（crime hot spots）。爾來SeaStat的測試曾發現，西雅圖市的市中心附近的犯罪率在上升，因而據此大數據，西雅圖警方在當地增加了巡邏的密度。類似於SeaStat這樣的系統，如前節之所述，也已經在紐約和洛杉磯推出，通常被稱為「Compstat」。在洛杉磯，該大數據技術，嘗試使用預測性分析，來預測可能發生的罪行。例如該市的大數據技術系統，在其三分之一的區域內，使用了一種叫做PredPol的商業技術，透過顏色編碼地

圖，來使員警瞭解哪些地方最有可能發生犯罪。而西雅圖市警察局也在使用此大數據系統，來預測什麼地方可能發生槍枝暴力。而亞特蘭大市警察局則用它來預測搶劫。因此預測警察勤務作爲，僅僅是這類大數據新方案裡的一個工具，此類科技並廣泛地運用於各類的的偵查和預防犯罪的方案之上。因此世界各先進國家的執法機構，都採用了這類新技術，其能提供各國警察更多更好的資訊技術之支援。然而，雖然這些新的科技工具，受到執法機構的歡迎，不過其亦衍生出有關隱私、監控權限的爭議（舜華，2016）。因此現今正在推展大數據警政發展的我國警政機構必須以此爲鑑，注意此類人權之議題，以便更加圓滿、周延的發展此種治安維護的新策略。

至於爾來紐約市警察局（New York City Police Department, NYPD）以及洛杉磯市警察局（Los Angeles Police Department, LAPD），近年來亦曾更擴大此類大數據警政策略之推廣與運用技術之層級，其對於治安維護產生比傳統警政策略更好之效果（Woodie, 2014）。例如，紐約市警察局與微軟聯手合作，在2012年研發並使用所謂之轄區警報系統（the Domain Awareness System, DAS）。此DAS系統乃整合警察之資料庫、閉路監視系統（CCTV）的錄影畫面、輻射型的感應器資訊、車牌探測器，以及公共網絡所使用之相關訊息等，來分析、歸納、整理並預測治安的問題，達成機先預防犯罪之效果。又如洛杉磯市警察局使用一套從Palantir公司（情報與資訊工程之機構）所提供的一系列大數據之工具（big data tools），來整合、分析與研判現有的各類資料，以便提供警察辦案之參考。其資訊來源包括從警察的案件管理系統、偵訊或現場之紀錄、車牌的判讀器資料，或者車禍的紀錄等資料，從而促使傳統警政之較無結構性的情資分析模式，成爲更全面、深入而有價值的警察情資新系統，藉此使得此新的情資分析系統，能更爲有效的預測與預防犯罪。

根據此偵、防並重的新整合型勤務思維，則發展配套之勤務新裝備，就成爲未來革新裝備之重要考量元素。其中例如前述美國威斯康辛州的麥迪森市（Madison, Wisconsin），亦曾實驗警力散在式部署的門

市部服務站之設置（storefront police station），並以固定式的指派專責
之員警至該警察門市服務站（City of Madison Police Department），以
及創新「鄰里資源拖車」之便民服務之新的應勤裝備，與創建警民合作
之新合作平臺之機制，均甚值得勤務裝備革新時之參考，如圖10-15、
圖10-16所示。又例如，於2015年6月19日，40輛油電混合型新能源汽車
正式交付上海市公安局，將成為在高架道路上執勤執法巡邏的「綠色衛
士」，上海市公安局還將逐步考慮用新能源汽車替代傳統巡邏車，為城
市低碳發展和節能減排做出貢獻（上海公安局；好力電動車輛（蘇州）
有限公司）。而上海之電動巡邏車（electric patrol car）是一種為公安和
安保部門的工作人員，提供其為巡邏代步而專門設計開發的一款車型，
該車型分為封閉型和非封閉型（帶門和不帶門）。該四輪電動巡邏車特
別適用於公安、特勤、安保巡邏、步行街等巡邏工作之執勤與代步的勤
務工具，如圖10-17所示。該車輛既節能又環保，運營成本極低，維護
簡單方便，操控性能好，外觀新穎醒目，機動性強，對於增加與民眾接
觸，以及警民合作平臺之建立方面有相當之助益，值得參酌與仿效。

圖10-15　美國威斯康辛州的麥迪森市「鄰里資源拖車」之一

圖10-16　美國威斯康辛州的麥迪森市「鄰里資源拖車」之二

圖10-17　上海電動巡邏車

　　至於在警察執勤的警械方面，亦如前項之所述可以有新的革新與援引，以便於便捷與安全的使用警械。其中例如在武器彈藥方面，由於我國員警在使用警械時，尤其是槍械，往往會有是否有使用過當之爭議，甚且有時會因使用槍械而纏訟多年者。觀諸英國之警察在執行一般巡邏勤務時並不配槍，特殊狀況時才可報備帶槍執勤。因為自1892年倫敦警察廳成立以來，除了白金漢宮、唐寧街10號首相官邸、倫敦希思羅機場、美國駐英使館等一些重要場所，及周邊的執勤和巡邏警察，以及反恐特警配備有槍枝之外，執行一般日常勤務的警察和街頭的巡警是不配備槍枝的。英國警長協會制定的「槍枝使用規定」對使用槍枝有嚴格規定，該協會的一份文件顯示，英國警察只有一小部分經過特別訓練可以佩戴武器，而此武裝之警察只占總警力的5%。普通警察上街巡邏，一般配備一種利用高壓電擊使目標暫時癱瘓的電擊槍（新浪香港，2019）。

　　美國警察曾有研究顯示，帶槍執勤不一定更為安全與有效（Kelling, 1988），因此很多警察單位平常執勤時，均換成泰瑟電擊槍執勤（維基百科，2024）。警察是否可攜帶電擊槍執勤，一直以來是飽受爭議的話題，爾來舊金山警察委員會以6比1投票通過了警察攜帶電擊槍（也稱「泰瑟槍」）的提案（美國僑報網，每日頭條2018）。目前，美國大部分城市警員都可以配備電擊槍，但是舊金山對這一武器應用政策的推行十分緩慢。反對者質疑電擊槍的效力，擔憂其不能制伏嫌犯，反而令警員被射殺。但支持者認為，警員佩戴電擊槍，可有效地減少許多不必要的傷亡。之前舊金山警員若不開槍制伏嫌犯的話，只能採用胡椒噴霧等武器；電擊槍的配備，有望能在非必要射殺時，成為較為強力的威懾與制伏性武器。因此我國之警械使用條例，以及前述之「警察機關配備警械種類」，若能與時俱進的參考全球警察使用警械之趨勢，加上國內實徵的研究與發展，例如警察人員使用拋射式電擊器規範，若能在法制上、運用上，以及警械種類更明確性的規定上，更深入與適法性的研究及討論，則定能為我國警察之警械，創造出更為適用與有效的警械。

　　以上對於未來之警察勤務裝備之發展，即以「偵防並重」的勤務裝備思維模式來論說，然而前述之敘述僅為援引其中之一隅加以舉例說明，至其細部之研發則有待未來之警察人員，根據地區之特性與世界之潮流趨勢，予以舉一反三的創新與研發。是以，鑑往知來、溫故知新，從我國警政多年來在應勤裝備與器材的演進，以及全球警政之新科技與新執勤工具、機制的創新經驗之中，對於我國未來警察勤務裝備方面之精進，遂能較容易掌握其發展、研發與應用之方向，因之對於警察工作效率與效果之提升，必能產生關鍵性之影響與助益。

　　綜上所述，如本節前述一、之「以偵查為主之勤務裝備的未來發展」所論，國際間在警察應勤裝備與應用之新科技，亦有更為長足之進步與發展。本書即以科技運用較為先進之美國警政為例，舉出12類「以偵查為主」的警察應勤之新工具，或者新的治安維護之情資系統。此類新警察科技或系統之開發與使用，筆者深信定能更為有效的打擊犯罪與維護社會之安寧與秩序。因而筆者以為，我國警政之未來發展，應本諸與國際密切結合與同步發展之基調，而在實務工作之推展上，應援引此類新的應勤之裝備，同時應再結合「偵防並重之勤務裝備」的概念，有步驟的來賡續研發出新的執法之新工具。若然，則我國警政在警察應勤裝備與科技方面之發展上，或可與先進國家同步，並可更為有效的維護國內社會之安寧與秩序。

伍、結論

　　治安策略或謂刑事司法模式，基本上可大略區分為強調實質正義之犯罪控制與同時並重程序正義之模式兩類。前者重視窮盡一切刑事司法之功能與方法，以便以偵查手段來發現犯罪之事實，因此就易流於以偵查為主之治安策略運作模式。至於程序正義之治安策略，則較同時重視程序的重要性，因此證據的蒐集方式與證據力的強弱遂成為治安維護時必須重視的價值與規範，所以就較會以預防與機先預警之模式，來處理

治安或犯罪之問題。此種同時注重預防犯罪之功能之模式,就較自然會以情資之研判,而較不會強調以偵查與破案為主。因此對於治安維護模式運用之不同,自然就會影響到勤務思維之差異,而勤務執行之裝備,當然也就會有不同的規劃與設置。

因此,爾來全球之警政機關在警察應勤裝備與應用新科技方面,亦有長足之進步與發展。本文即以科技運用較為先進之美國警政為例,舉出12類「以偵查為主」的警察應勤之新工具,或者新的治安維護之情資系統。此類新警察科技或系統之開發與使用,筆者深信定能更為有效地打擊犯罪與維護社會之安寧與秩序。因而筆者以為,我國警政之未來發展,應本諸與國際密切結合與同步發展之基調,而在實務工作之推展上,應援引此類新的應勤之裝備,同時應再結合前述之「偵、防並重之勤務裝備」的各類新應勤裝備與新模式,有步驟的來賡續研發出新的執法工具。若然,則我國警政在警察應勤裝備與科技方面之發展,或可與先進國家同步,並可以更有效地維護國內社會之安寧與秩序。

然而在從事裝備之革新與運用之時,警政決策者必須瞭解,在全球警政因為國土安全新警政思維的推波助瀾之下,有朝向運用新科技與新裝備於勤務活動之趨勢。此趨勢乃因為21世紀的跨國犯罪,與國際型及國內型之恐怖主義問題日趨嚴峻,因此各國警政遂有朝設置特勤專業單位之軍事化警政發展之趨勢(police militarization)(Phillips, 2018: 136-154)。其不但亟需援引最先進之武器與裝備至此專責之特勤單位(tatical unit),而且對於一般之行政或著制服之地區警察,亦在裝備與訓練方面,朝向此軍事化發展的建置之上努力。尤其美國在2001年遭受911恐怖攻擊之後,警政遂形成了前述之「國土安全警政時期」的伊始,在美國地區1萬8,000個警察機構中的75萬名地區員警,都委以強勢性的執法。但是,此種軍事化發展之趨勢,是否真能更有效的保障民眾與員警本身之安全,又其執法程序會否影響到程序正義等負面之效應,都必須審慎地再進一步的研究,以便釐清警察在民主社會之執法當中,其之適切的角色定位與合乎時宜之策略。

此種民主警察之執法思維以及勤務模式與功能角色之設定,正如英

國警政學者Timothy Brain之呼籲稱，2010年代英國警察因為經濟之因素以及保守主義之政府執政之下，其警力之增加不易，而且政府及民眾亦都期待警察能行政中立，且能與民眾合作共同維護治安，以及儘量不使用強制力的要求下，1829年創始現代警察之皮爾爵士的警政原則（the Peelian Principles），又被重新提起與重視（Brain, 2013: 222-224）。所謂皮爾原則，即定義一個合乎道德標竿的警察組織，所提出的優質警察的思維與其角色之定位。其在英國、加拿大、澳大利亞和紐西蘭等國家，這些警政之基本原則，通常被稱之為「經民眾同意的治安維護」之策略（policing by consent）。在這種治安模式中，員警被視為穿著制服的公民。他們在民眾的保守式的同意下，行使其職權。而所謂「經同意之治安維護」，說明在民眾的想法中，警察人員維持治安的合法性，是植基於其對於該職權的透明度、行使這些職權的正當性，以及對其行使這些權力的課責正確之認知，所建構而成的。因此，警察執法即要運用警民合作之模式來共維社會之安全，並且要注重人權與正當、合法的程序，而且要克制其強制力之使用等。以上皮爾爵士之理想與英國學者之呼籲，對於警察在強制執法與運用新裝備或警械時，就必須考慮這些優質警察之規範，並將其落實至警察之教育與訓練之中，以便建立起每個員警之執法價值與規範。

參考文獻

一、中文部分

內政部警政署（2011）。百年歷史文物展。慶祝建國一百年警察歷史文物展活動資料光碟。

內政部警政署（2024）。警察實用法令113年版。內政部警政署組織法、內政部警政署處務規程、警察機關配備警械種類及規格表、警察人員使用拋射式電擊器規範。

內政部警政署編製（2023）。警察機關分駐（派出）所常用勤務執行程序彙編。

桃園：中央警察大學。

章光明、陳明傳等合著（2013）。臺灣警政發展史。內政部警政署、中央警察大學編印。

陳明傳（2019）。警察勤務與策略。臺北：五南。

陳明傳、蕭銘慶、曾偉文、駱平沂（2013）。國土安全專論。臺北：五南。

雲五社會科學大辭典（1987）。第七冊行政學。

新北市警察局（2016）。新北市政府警察局情資整合中心業務簡報。

二、英文部分

Alpert, Geoffrey P., Smith, Michael R., Kaminski, Robert J., Fridell, Lorie A., MacDonald, John, & Kubu, Bruce. (2011.5). National Institute of Justice, Department of Justice, "Police use of Force, tasers and other Less-Lethal Weapons", retrieved from https://www.ojp.gov/pdffiles1/nij/232215.pdf (Accessed 10/Apr/2024).

Brain, Timothy. (2013). *A Future for Policing in England abd Wales*. UK: Oxford University Press.

City of Madison Police Department Neighborhood Resource Trailer. (2019). retrieved from https://www.cityofmadison.com/police/community/neighborhood-resource-trailer/.

House of Commons Library, UK. (2016.9.12). BRIEFING PAPER Number 7701, Taser use in England and Wales, retrieved from https://researchbriefings.files.parliament.uk/documents/CBP-7701/CBP-7701.pdf (Accessed 10/Apr/2024).

Kelling, George L. (1988). "What Works－Research and the Police," in *Crime File-Study Guide, National Institute of Justice*. U.S. Department of Justice.

Northamptonshire Police, UK. (2014). Taser - what is it and how do we use it? retrieved from https://www.northants.police.uk/police-forces/northamptonshire-police/areas/northamptonshire-force-content/sd/stats-and-data/taser/ (Accessed 10/Apr/2024).

Peak, Kenneth J. (2009). *Policing America-Challenges and Best Practices* (6th ed.). NJ: Pearson/Prentice Hall.

Phillips, Scott W. (2018). *Police Militarization-Understanding the Perspectives of Police Chiefs, Administrators, and Tatical officers*. NY: Routledge.

Symonds, Tom. (2021.8.25). BBC News, Police need clearer guidance on Tasers –

watchdog, retrieved from https://www.bbc.com/news/uk-58330668 (Accessed 10/Apr/2024).

Wikipedia, Tom A. Swift Electric Rifle (TASER), retrieved from https://en.wikipedia.org/wiki/Tom_Swift_and_His_Electric_Rifle (Accessed 15/Apr/2024).

Woodie, Alex. (2014.7.31). "Police Push the Limits of Big Data Technology," in Datanami, retrieved from https://www.datanami.com/2014/07/31/police-push-limits-big-data-technology/ (Accessed 1/May/2024).

三、網路資源

Yahoo新聞，打詐四法三讀》檢察官：肯定立法兩大進步　但科技偵查還有路要走，https://tw.news.yahoo.com/%E6%89%93%E8%A9%90%E5%9B%9B%E6%B3%95%E4%B8%89%E8%AE%80-%E6%AA%A2%E5%AF%9F%E5%AE%98-%E8%82%AF%E5%AE%9A%E7%AB%8B%E6%B3%95%E5%85%A9%E5%A4%A7%E9%-80%B2%E6%AD%A5-%E4%BD%86%E7%A7%91%E6%8A%80%E5%81%B5%E6%9F%A5%E9%82%84%E6%9C%89%E8%B7%AF%E8%A6%81%E8%B5%B0-010000680.html，閱覽日期：2024.4.10。

上海公安局，上海公安新能源警務用車今起上路巡邏，http://www.police.sh.cn/shga/wzXxfbGj/detail?pa=1ad5949dfce77ac60504627ff4254621a1300e874b7d84a29861a3596007bc9ceee449fc5e3b7d9b95952053c3b6c579，閱覽日期：2019.3.15。

內政部（2016），警政署最新消息，新世代警政服務App 2.0　給您全方位的守護，https://www.moi.gov.tw/News_Content.aspx?n=2&s=9466，閱覽日期：2024.4.15。

內政部（2024），法規命令發布－修正「警察機關配備警械種類及規格表」，名稱並修正為「警察機關配備警械種類」，https://www.moi.gov.tw/News_Content.aspx?n=145&s=317614，閱覽日期：2024.7.20。

內政部警政署（2024），全球資訊網- APP專區，APP應用程式，https://www.npa.gov.tw/ch/app/artwebsite/view?module=artwebsite&id=1061&serno=25d5dae3-2a7d-40ea-8016-e567912ac57c，閱覽日期：2024.4.15。

內政部警政署全球資訊網，業務職掌，https://www.npa.gov.tw/NPAGip/wSite/

ct?xItem=34027&ctNode=11939，閱覽日期：2019.3.15。

王若樸（2020.9.26），iThome，全臺第一支警用無人機隊成軍！新北市警鎖定刑事、環境交通和防救災，https://www.ithome.com.tw/news/140214，閱覽日期：2024.4.10。

好力電動車輛（蘇州）有限公司，https://www.my1818.com/e179638_6709.html，閱覽日期：2019.3.15。

朱俊銘（2024），科技偵查法草案評析：犯罪偵查便利與人權隱私保障，品和法律事務所，https://www.clc-law.com.tw/%E5%88%91%E4%BA%8B%E8%A8%B4%E8%A8%9F%E6%B3%95/%E7%84%A1%E4%BA%BA%E6%A9%9F%E5%81%B5%E6%9F%A5%E8%92%90%E8%AD%89/，閱覽日期：2024.4.10。

吳坤旭（2024.3），桃園市政府警察局桃園市議會第3屆第3次定期會工作報告，https://ws.tycg.gov.tw/Download.ashx?u=LzAwMS9VcGxvYWQvMS9yZWxmaWxlLzc5MjEvMTI1NTQ2Mi9jNzdkNGE2OC01MDBmLTRlOTYtYjc2OS0yNGU4ZTTcxMzQxODDAucGRm&n=6K2m5a%2Bf5bGA56ysM%2BWxhuesrDPmrKHlrprmnJ%2FmnIPlt6XkvZzloLHlkYoucGRm，閱覽日期：2024.4.11。

法務部全國法規資料庫，遙控無人機管理規則，https://law.moj.gov.tw/LawClass/LawAll.aspx?pcode=K0090083，閱覽日期：2024.4.15。

美國僑報網（2018.3.19），每日頭條，舊金山通過提案警察可佩戴電擊槍上街，https://kknews.cc/zh-tw/world/8l5vg2l.html，閱覽日期：2019.3.15。

舜華，西雅圖警方利用大數據打擊犯罪，大紀元，http://www.epochtimes.com/b5/14/9/25/n4256515.htm，閱覽日期：2016.10.25。

新浪香港（2019），各國警察開槍執法盤點，https://sina.com.hk/news/article/20150514/0/1/2/%E5%90%84%E5%9C%8B%E8%AD%A6%E5%AF%9F%E9%96%8B%E6%A7%8D%E5%9F%B7%E6%B3%95%E7%9B%A4%E9%BB%9E%E8%8B%B1%E5%9C%8B%E8%AD%A6%E5%AF%9F%E7%9B%B4%E6%8E%A5%E7%88%86%E9%A0%AD-531300.html?cf=o.news，閱覽日期：2019.3.15。

溫祖德（2024），無人機偵查法制初論，刑事政策與犯罪研究論文集（24），https://r.search.yahoo.com/_ylt=AwrtixhmCRJmi0InTiBr1gt.;_ylu=Y29sbwN0dzEEcG9zAzEEdnRpZAMEc2VjA3Ny/RV=2/RE=1712486887/RO=10/RU=https%3a%2f%2fwww.cprc.moj.gov.tw%2fmedia%2f20210889%2f%25E5%2588%2591%25E4%25BA%258B%25E6%2594%25BF%25E7%25AD%2596%25E8%2588%2587%25E7%258A%25AF%25E7%25BD%25AA%25E7%2

5A0%2594%25E7%25A9%25B6%25E8%25AB%2596%25E6%2596%2587%25
E9%259B%2586-24-12-%25E6%25BA%25AB%25E7%25A5%2596%25E5%25
BE%25B7-%25E7%2584%25A1%25E4%25BA%25BA%25E6%25A9%259F%
25E5%2581%25B5%25E6%259F%25A5%25E6%25B3%2595%25E5%2588%2
5B6%25E5%2588%259D%25E8%25AB%2596.pdf%3fmediaDL%3dtrue/RK=2/
RS=X7Z8mhUTmYL9c690JZF6KlwX_g0-，閱覽日期：2024.4.10。

維基百科（2024），自由的百科全書－泰瑟，https://zh.wikipedia.org/
wiki/%E6%B3%B0%E7%91%9F，閱覽日期：2024.4.15。

劉雨靈（2017），內政部警政署署長陳國恩專訪，科技建警、偵防並重警政署
融入大數據分析。全球安防科技網，http://www.asmag.com.tw/article/article_
detail.aspx?aid=10026://www.epochtimes.com/b5/14/9/25/n4256515.htm，閱覽日
期：2017.5.1。

劉偉傑（2020.9.26），新北市政府，新北市成立全國第一支警用無人機隊　提升
打擊犯罪能量，https://www.ntpc.gov.tw/ch/home.jsp?id=e8ca970cde5c00e1&dat
aserno=b88e439c092b25aa4c09ca3cf814d876，閱覽日期：2024.4.10。

警光新聞雲（2016.7.22），警政科技化@嘉義市雲端智慧巡邏車++全面上
線，http://policetorch.blogspot.tw/2016/07/blog-post_22.html，閱覽日期：
2024.4.10。

|第十一章|
警察組織變革與勤務革新[*]

李謀旺

壹、前言

　　我國警察組織甫於2014年1月1日完成新一輪的組織再造工作，組織改造幅度並不算大，係因配合政策要求及業務變化，未能做通盤考量。例如，將警政署經濟組經濟科、查緝科併入刑事警察局，然有關智慧財產權取締已非重點，反而環保和食安問題日益嚴重；民防組防情防護科併入民防指揮管制所；戶口組改成防治組，而將刑事警察局婦幼安全業務併入成立婦幼安全科。至於目前刑事政策上所強調之犯罪預防體系，在該次組織改造中，並無多大變動。因受中央警察機關改制影響，一般縣市政府警察局，僅就原先戶口科改為防治科，並將原屬保安科之民防業務（義警業務除外）移撥至該科新成立民力股，並辦理社區守望相助業務，其餘並無太大更動。至於直轄市政府警察局則另設有犯罪預防科，除辦理犯罪預防宣導、社區守望相助業務外，並專責辦理監視器相關業務。在數位化時代影響下，婦幼安全及人權保障議題屢受關注；資通訊科技發達，反被詐騙集團利用作為行騙工具致使眾多市民無端受害，而犯嫌潛匿境外，警方無法順利查緝而消遙法外。在全球化、科技化、少子化和高齡化趨勢下，面對資訊氾濫、新興犯罪手法層出不窮、多元化社會、科技風險、人為災難不斷的風險社會下，該如何整建我國犯罪預防體系，在犯罪尚未發生前，向預防方面位移以防患於未然？而在強調各機關「跨域治理」之網絡時代下，警政署應重視此一趨勢，重組相關犯罪預防組織以確保民眾生命與財產之安全無虞。在組織分工合

[*] 本文曾發表於中央警察大學警政論叢，第24期，2024年12月，頁1-26。

宜、明確之原則下，對於現行詐騙案件高發時刻，遏止詐欺集團橫行，成為當前施政重點，而原先擔負「識詐」犯罪宣導重責之刑事警察部門，則更可聚焦於「打詐」犯罪偵查工作。

此外，因應司法院釋字第785號解釋，有關第一線員警長時間執勤與24小時全天候輪服勤務的工作型態，在保障服公職權與健康權的框架下，現行警察勤務制度亦做出調整。其次，與勤務息息相關的，則是警察業務過於龐雜。各級民意代表亦紛紛就警察業務繁重，員警過勞問題，提出關切，希望能減輕第一線員警負擔。然有關我國警察任務規定在現行警察法第2條，早已為學者評論為幾近國家任務，以致出現有警察業務包山包海之說法，但是警察業務有多少？到底包過幾座山，納過多少海？始終講不清楚，不管是學術界或實務界亦莫衷一是。究其原因，實有其歷史因素與時代背景。本文從相關文獻探討與實務觀點出發，就現行警察犯罪預防組織、警察任務、警察業務及警察勤務的問題點加以探討，希能提出解決方案。

茲界定本文所論及之組織、任務、業務與勤務之意義如次：組織係一群人彼此之間分工合作，為達成某種目的而形成的一種有機的結構。本文所謂之警察組織，泛指警察機關組織法規所定之相關機關（構）或單位；任務即所擔任職務或使命，本文指依警察法第2條所規定之警察四大任務；業務即是某種有目的的工作或工作項目。因警察任務所衍生之警察業務，即為達成警察任務所從事之具體工作項目。例如，警察法第5條之全國性警察業務、警察法第9條所指之警察業務暨相關組織法所訂之工作項目等；勤務係公職人員平時奉命執行的工作，本文「勤務」不限於警察勤務條例所規定之六種勤務方式，警察勤務係為達成警察業務需求所從事的警察活動。

本文除採用文獻探討法，就與問題有關之理論與相關文獻（包括期刊、圖書及研究報告等），加以爬梳，整理外，另基於筆者三十多年的實務外勤經驗，並曾擔任政策制定單位警政署勤指中心指管科科長和行政組組長等職務，觀察所得之資訊，加以彙整研析，並作出結論與建議。本文研究架構如圖11-1。

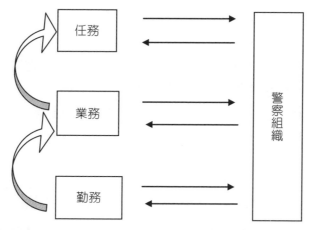

圖11-1　本文架構
資料來源：作者自製。

　　任務界定業務，業務達成，要靠勤務來執行，整體運作藉由組織推動。合宜的組織才能執行有效能的勤務，順利推動業務，圓滿達成任務需求。組織、任務、業務、勤務之間彼此相關聯，相互影響。圓弧箭頭係代表回饋機制：勤務釐清業務、業務明確任務。

貳、理論與文獻探討

一、變革理論

　　Daft（2001）認為組織理論可以幫助我們分析、診斷組織發生的變化及需要的變革，並協助我們瞭解未來可能發生的事，以便更有效率地管理組織；Valters（2015）則提倡以變革理論為基礎進行學習和改進，並主張政策制定者應擁有動態的評估機制，以回應政策執行中的實際變化，這對公共行政的適應性具有啟發意義。而所謂組織變革（organizational change）：「是指組織為了適應內外環境的變化，必須採取革新的措施，以調整內部組織結構與生產效能，增進本身和外界的競爭力，使其能適存於社會。一個沒有變革能力的組織，面臨環境

變化時，就不能以新的作法適應新環境，終將走向衰敗。」（溫金豐，
2009：521）。綜歸組織變革的原因，包括管理思想的衝擊、科學技術
的創新、經濟情勢的發展、社會關係的改變、人性管理的需求等。組織
變革過程中，難免會損及部分人的既得利益，以致產生抗拒。因此，變
革應該循序漸進，按部就班地進行，管理者應先診斷變革問題的領域，
在有限的情境中尋找出變革的技術，再選用可行的策略，並隨時監控變
革的過程，檢驗執行的結果與成效。

二、新公共行政、新公共管理與新公共服務之相關理論

從早期傳統公共行政理論發展迄今，就公共行政之發展趨勢
而言，近年來有新公共行政、新公共管理與新公共服務三種理論。
Harmon（1981）從效率、回應力、積極主動性三個核心概念，來說明
公共行政。新公共管理則從1980年代以後，強調政府提升效率及滿足民
眾回應性的政府行為準則，將人民定位為顧客，而以提升顧客滿意度為
政府施政品質的衡量依據。Hood（1991）探討了新公共管理的主要特
點，包括績效管理和市場化，並分析了其可能帶來的挑戰和限制。

此外，Denhardt和Denhardt（2015）提出新公共服務的核心理念，
主張公務人員應以服務公民為主要目標，並提出了如何在公共管理中增
進公民參與的建議。而新公共服務是屬於公共管理的一種框架，強調公
部門的角色應該是服務公民，而非顧客。倡議政府要從划槳者和領航者
角色轉向服務者，官員要幫助公民社會形塑公民意識，與市民共同參與
決策，官員更必須具備前瞻性思維、自我認識、自我學習、領導、激
勵、溝通、衝突管理與整合能力，政府所提供的不僅是個人利益，同時
也必須兼顧集體的效益與目的（陳又新，2023：23）。在全球化與本
土化兩極發展趨勢中，中央政府組織規模與體制與地方上「職能轉換」
呼聲衝擊下，如何互補，考驗行政學者的創造能力。吳瓊恩（2011）認
為三種型態存在互補關係，警察行政亦為公共行政之一環，要強調以公
民為中心的公民參與，不能概以傳統公共行政組織以「權威」，和公共
管理以「價格」為控制手段，更要強調社群組織之「信任」。因此，三

種型態的互補,應是最佳答案。

三、相關文獻

　　呂美嫻(2015)針對日本生活安全警察所規範之生活安全產業,特別是債權管理回收業,作了深入研究。蔡佩潔(2013),就警察在其他行政領域之法執行,認為現行警察協助問題,已違反「警察補充性原則」而提出批判。此外,復以「生活安全警察」為關鍵字搜尋,僅有數篇,其中以廖錫發(2023)以守望相助隊功能對社區安全維護為研究,稍有關聯外,其餘內容與警察組織無太大關聯,在我國對日本生活安全警察體制有系統性研究之論文並不多。而日本現行警察法自1954年施行至今約七十年,期間因治安惡化和發生一連串的警察風紀事件,致失去民眾信賴,日本警察面對此一困境,積極推動許多改革,並針對犯罪與治安現象,適時地採取各種因應措施和訂定與修正相關法令,以挽回民眾信任。其中於1994年(平成6年)從刑事局保安部[1]獨立出來,新成立之生活安全局,建立以犯罪預防為核心的生活安全警察制度,期間並因應社會情勢和民眾需求做了多次改組[2]。我國警察制度與組織大多沿襲日治制度,且國情背景相近,應可為借鏡。日本生活安全警察之職掌項目,包括關於犯罪、事故及其他事件等攸關市民生活之安全和平穩等事項;於地域警察及其他巡邏等警察勤務情事;關於犯罪之預防情事;關於保安警察情事等。日本生活安全警察體系,從中央到地方之警察組織,各個層級業務對應單位明確(李謀旺,2016)。我國在全球化浪潮,除了傳統的暴力、竊盜等街頭犯罪外,因網路科技的方便性,帶來了各種新興型態的犯罪,也造成生活安全的危機,而更加凸顯出普羅大眾對「生活安全」之重視。面對環境變遷,警察應該用更積極的心態去面對變局,不僅站在消費者、生活者的觀點,更要抱著為公民服務的

---

[1] 日本現行警察廳本部,除長官官房外,設有生活安全局、刑事局、交通局、警備局、網路警察局(原為通信局,於2022年4月改制)等五大核心業務內部局及其他附屬機關等。
[2] 有關日本生活安全局相關事項,請參閱日本警察廳網站,https://www.npa.go.jp/bureau/safetylife/index.html,閱覽日期:2024.8.26。

理念，來確保人民生命、身體和財產安全，維持公共安全和社會秩序。

參、我國警察組織當前之困境

我國警察組織多年未予進行調整，近年來婦幼安全議題、強化社會安全網絡及防範詐欺等各種新型態犯罪，備受關注。在少子化與高齡化日益嚴重下，犯罪尚未發生前之預防工作和兒少保護相關工作更是相形重要，警察面對外來挑戰及工作負擔，更是有增無減。警察組織能否因應當前變化，備受考驗。本文從警察組織面、任務面、業務面、勤務面等四大面向之困境，加以討論。

一、組織面問題：犯罪預防體系疊床架屋

雖然我國警察組織甫於2014年1月1日完成新一輪的組織再造工作，但組織改造幅度並不算大，內政部警政署本部內部組設由10組10室1中心，整併為8組9室1中心，另各港務警察局改制為港務警察總隊，民防防情指揮管制所更名為民防指揮管制所，警察電訊所更名為警察通訊所。其中經濟組經濟科、查緝科併入刑事警察局；民防組防情防護科併入民防指揮管制所；電信警察隊併入刑事警察局；刑事警察局婦幼安全業務併入防治組；警政署臺灣保安警察總隊合併環保警察隊、高屏溪流域專責警力、森林及自然保育警察隊，國家公園警察大隊成立保安警察第七總隊（新機關成立，合計預算員額957人）。附屬機關部分，設有刑事警察局等15個四級機關；附屬機構部分，設警察通訊所等4個四級機構；並設臺灣警察專科學校。目前刑事政策上所強調之犯罪預防體系，在此次組織改造中，並無多大變動。

Frederickson（2005）提出「態度」是公共行政的一個重要元素，主張公共管理者應採取一種積極、進取的態度來面對社會挑戰。有關警察在犯罪預防工作遭遇之困境，刑事警察局早於2004年12月即委託蔡德輝等人研究，報告指出有以下困境，包括警政預防體系尚須強化；預

防工作千頭萬緒；預防犯罪工作經費見絀、人力不足；少年警察隊及婦幼隊屬性模糊；專業形象未建立；對應層級不妥：內政部犯罪防治中心置於刑事局預防科下，對外聯繫部會眾多（蔡德輝主持，2004）。葉毓蘭、李湧清接受刑事警察局委託研究，於2010年針對婦幼隊、少年隊應否整併以落實婦幼保護業務問題，提出整併方案，迄今未見成效（葉毓蘭、李湧清，2010）。

此外，就我國現行犯罪預防體系及其他權責分工，除上述討論多年未予定案之少年隊、婦幼隊合併問題外，經筆者觀察另有業務重疊、資源分散、體系待整合等諸多缺失。例如，就犯罪預防宣導乙節，中央警察機關為刑事警察局（預防科），地方警察機關為刑事警察大隊（預防組），然而諸多宣導業務，無異是削弱刑警的偵查力道，而六都部分，則增設犯罪預防科（宣導股）亦辦理犯罪預防宣導業務；就警勤區員警管理乙節：如戶口查察業務因法令修改，已轉型為家戶訪查，有關勤區員警之管理與勤務制度，事實上無分屬於防治組與行政組之必要（地方機關為防治科與行政科）。況原行政組之正俗業務因時空因素已大幅縮減；至於民力運用部分則最為混亂，義警、民防、志工、社區巡守隊、彼此互有相關，遇有現行社區治安營造、社區治安會議等，民安演習、全員動員會報、萬安演習等均需藉助民力，然相關業務單位有就地方機關而言，分屬保安科、防治科、民防管制中心、犯罪預防科（一般縣市警察局未設），造成備多力分，資源分散的窘境。面對如此分歧現象，執勤員警莫衷一是，不知所以，只得一再重複類同工作，實有組織變革、整併重組之必要。

綜上所述，我國警政工作雖界定在犯罪預防、犯罪偵查和交通整理等三大方面，偵查犯罪體系建構完整，自刑事警察局向下對應各直轄市、縣市政府警察局為刑事警察大隊、少年警察隊對應分局則為偵查隊；反觀犯罪預防體系則相當分散。中央警察機關業務單位職掌凌亂，犯罪預防相關業務分由警政署防治組、保安組、行政組與刑事警察局預

防科[3]等單位負責,各有所司,又不相隸屬,橫向平行單位分工過細。此外,就指揮體系而言,因各警察機關組織規模不同,致縱向上下單位對應亦未能一致。

二、任務面問題:警察任務廣泛

國家設立警察之目的,乃要求達成警察任務,警察任務實為一切警察活動之指標,警察執行勤務,是推展業務之方法,終極目的即在達成警察任務。若無警察勤務之具體行動,談論警察業務只是紙上談兵。勤務執行之品質,繫於業務推展之良窳,而業務推展之成敗,又關乎任務之能否達成。三者實脈絡一貫,相輔相成,關係密切不可割。因此,警察任務成為警察業務的上位概念,衍生各項具體工作項目,而其具體行動即是警察勤務(蕭玉文、游志誠、張益槐、陳俊宏,2023:643-644)。因此,要減輕第一線員警之工作負荷,必須從法定之警察任務,予以檢視之。

現行警察法第2條規定警察任務為「依法維持公共秩序、保護社會安全、防止一切危害」等主要任務,幾乎等同於國家任務,且其中「防止一切危害」範圍更是過於廣泛;另「促進人民福利」雖定為輔助任務,然與警察工作干涉性本質不符。而對於警察任務內容如此空泛,此種現象造成「要求警察不得從事其所負任務範圍以外之活動,將成空談;抑且在任何公務員怠於執行職務,致生損害之場合,警察機關皆有可能被追究國家賠償等法律責任(梁添盛,2014:42)。這種等同國家任務無所不包的警察任務規定,不論是戒嚴或解嚴時期,多所爭議,造成其他(包括司法)機關要求警察協助之最佳理由,不僅容易改變警察角色,也使得警察所管的事務過於繁雜,在時間、能力、資源有限下,員警精神與體力超過負荷,影響治安、交通等核心業務之推動。

3　婦幼安全案件偵查屬刑事警察局預防科業務之一,於2014年1月警政署組織改造後移至防治組(原名為戶口組),然仍設有少年股辦理婦幼案件等業務,宣導股辦理預防犯罪宣導等業務暨綜合股等3個股。而原先之165反詐騙股於2024年11月1日併入詐欺犯罪防制中心,待法制化中。

三、業務面問題：警察業務龐雜

我國警察法未公布前，警察體系雜亂，諸如鐵路警察、鹽務警察等向來被視為特別之組織。鐵道部為全國鐵路警察之中央主管機關，財政部為全國鹽務與稅務警察之主管機關，其他漁業警察、礦業警察、森林警察則以內政部與實業部為中央主管機關（陳立中，1991：124）。政府播遷來臺後，地方秩序一度紊亂，為確保各國營事業安全，乃因應各類國營事業之業務需求，成立各種專業警察，以維護國家資源安定，促進經濟建設。於1949年9月實施「警政一元化」，首先將鐵路、森林、港務等專業警察改隸警務處管轄。自1953年6月警察法於公布施行後，專業警察業務均由內政部警政署掌理之。之後，警察業務經過多次的變遷，1972年蔣經國先生出任行政院院長，分別於1976年、1980年、1982年，分三階段核定警政署「改進警政工作方案」，簡化警察協辦業務，實際效果依然不彰，政府還是透過警察法要求警察須協助一般行政機關推行諸般行政（章光明，2020：195）。1987年解嚴後，警察也進入專業領導時期，原先戒嚴時期警備總部之業務，大量移撥至警察機關，除了在政治、經濟、科技、社會結構轉型外，兩岸關係開放，加上解嚴之後，社會政經轉型，警察業務更是大增。警政署於1989年5月曾經重新研究警察業務分類，計有行政警察業務、警備保安、經濟警察業務、交通警察業務、戶口管理、消防救災、民防工作、外事警察業務、社會保防、安全檢查工作、犯罪偵防、違警處理、入出境管理等共計13項87目列為警察主辦業務，至於協辦業務計有20目。然何為主辦業務或協辦業務，似無一明確劃分。該13項主辦業務似與當時警政署之組室、刑事警察局、入出境管理局所承辦之業務相當，故列為主辦業務；協助其他行政機關之工作，列為協辦業務。此外，因脫警察化或謂警察權分散趨勢，戶政業務回歸民政局掌理而於1992年實施戶警分立、消防業務由消防機關掌理而於1995年實施警消分立。之後行政院於1998年元月治安會報又核定簡化了12項協辦業務，嗣後因出版法等法規廢止及1990年海巡署成立，又免除了13項協辦業務。

　　長年來警察機關有謂主辦業務與協辦業務之說法，至於如何區分主辦業務與協辦業務，警界似乎尚未建立共識，所言含糊籠統者有之，對主辦及協辦業務的實質不作區分者亦有之（楊清江，1996：343）。另有謂依下列標準：（一）警察業務中以達成警察主要任務為目的者為警察主辦業務；（二）規範警察主辦業務的法令以由警察主管為原則；（三）警察業務中，其業務過程得失及業務績效優劣，均由警察機關負主要責任者，來加以區分（楊清江，1996：42-45）。另亦有謂主辦業務係所依據之法規，乃基於達到警察任務需要而循警察體制所頒行者。至協辦業務所依據之法規，乃由各該業務主管機關基於一般行政需要警察協助推行，經協調警察主管機關後，循其行政體制所頒行者（陳立中，1991：531）。筆者認為陳立中之說法，甚為中肯，亦即現行由警察機關主管的法令，本文視為「主辦業務」；至於其他各業務主管（如各部會及相關機關）基於任務需要且訂有明確法律依據或法律授權之法規命令，須警察協助者，本文視為「協辦業務」。另依地方政府訂定之自治法規，例如依「臺北市政府建築物公共安全及使用情形聯合稽查作業要點」之「建築物公共安全及使用情形聯合稽查」，辦理事項為「維護稽（複）查現場秩序及所有參與稽（複）查人員安全；必要時，應採適當之處置作為」，依據上述規定，警察每週二、四下午或晚上時段參與聯合稽查工作，已成固定常態工作，亦可視為「協辦業務」。

　　此外，我國與德日兩國相同，均將現行警察法第9條第8款「其他依法令應執行事項」，視為警察任務（何達仁，2007：46）。梁添盛（2018：281）則認為協助事項若屬於機關之固有事務者，不得視為職務協助。值得一提的是，學者李震山（2020）認為依刑事訴訟法相關規定，司法警察（官）係協助檢察官偵查犯罪，雖以「協助」名之，但警察偵查犯罪並非應檢察官之「請求」，而是接受其指令之調查作為，仍應視為主辦業務。

　　綜上述說法，我國現行警察業務，不論任務規範是否明確，然亦會隨時空因素暨所處政治、社會或經濟環境而改變業務項目，復鑒於警察具高度執行力和強制力，動輒增加業務範疇，往往變得極有可能。在目

前強調網絡治理和現行法律框架下，欲主張減化警察業務，實有其困難度。例如，全民防衛動員署督導之民安演習，除了脫離原屬警察機關之消防部門主責外，有關治安、交通及動用警民力協勤等工作，有哪樣工作，警察可以減少？工作量還是一如往常繁重。

四、勤務面問題：警察勤務繁重

（一）協辦事項與為民服務之區分

實務上除了上述警察主辦業務與協辦業務外，仍有許多上級機關如行政院或內政部，透過警政署或地方民選首長個案或臨時交辦之事務，本文將之稱為「協辦事項」。例如，「斃死豬非法流供食用之具體防範措施」，執行依據係由行政院核定。而辦理事項為「協助執行道路攔檢、查緝違法處理斃死豬、屠宰活豬行為」；另外，實務單位亦常見有所謂之「支援協定」，例如依「內政部、教育部及法務部2006年3月6日召開「中央跨部會維護校園安全聯繫會報」第1次會議決議，學校請求警察機關實施校園安全維護工作。上述規定採個案或臨時請求警察協助，可視為「協辦事項」。

此外，依警政署2015年5月21日函[4]頒「有關本署減化警察協辦業務案」說明二、（四）：「各地方政府為達施政需要，請警察協助，基於地方自治精神，予以尊重。」因此不管實務上或依上函規定，有關縣市長之行政命令，警察局長實無法予以拒絕，但往往造成第一線員警疲於奔命。例如，市長命令警察機關執行「協助清查危樓」專案，清查轄內四十年以上且未設有管理委員會之公寓大廈，並協助通報縣市政府建管單位列管」[5]。

另外，臺北市柯前市長於2015年首倡裁減臺北市政府警察局27項

---

[4] 請參閱警政署104年5月21日警署行字第1040098473號函（檢附本署減化協辦業務一覽表）。

[5] ETtoday新聞雲，城中城惡火掃到員警要查老樓 《靠北》爆料……網酸「可憐哪」，ETtoday社會新聞，https://www.ettoday.net/news/20211020/2105301.htm#ixzz8j2mXBj40，閱覽日期：2024.8.15。

警察冗事，如舞會活動、校慶運動會安全秩序維護等警察協助事項；高雄市則減化20項警察協辦事項。雖警政署於2015年5月推動減化協辦業務，將無法令依據之18項業務予以減化，另又修正了2項協辦事項，雖曰減化了20項協辦業務，然經檢視應是誤解「協辦業務」之本質而將之與「為民服務」混為一談。例如早期之考生服務，警察幫考生送准考證等，並無法令依據，係純粹為民服務項目，故而將該項服務列為減化項目。

（二）「為民服務」案件數量龐大

民選首長或警察機關常強調所謂「為民服務」的觀念，以提高民眾滿意度。但面對龐大的服務量，有別於威權體制時代，現代國家所實施的公共行政，哪一樣不是「為民服務」？若以商業服務而言，則有所謂「使用者付費」之說，而公務機關一味強調「為民服務」是否值得商榷？倘依警政署勤務指揮中心統計2021年1月至2023年12月止，110勤務台受理案件為2,449萬9,398件，其中110派遣依警政署勤務指揮中心110派遣警力案件案類分析：計有一般刑案、交通事件、治安事件、列管案件、災害事件、為民服務、社會秩序、重大刑案等8項。派遣警力案件數總計為1,832萬9,181件，其中為民服務案件連續三年分別為181萬1,733件、216萬1,733件及188萬4,907件，計約為586萬4,373件，案件比率超過三成左右[6]。倘統計同時段臺北市政府警察局勤指中心之受理報案件數為399萬4,823件，110派遣警力案件數總計321萬1,608件（約占80.4%）。其中為民服務案件分別為26萬3,110件、25萬9,136件及25萬4,030件，計約77萬6,279件，約占總數之24.1%。

若再細分同時段臺北市政府勤務指揮中心「為民服務類」案件分類表來看，計有金融機構警報測試等20類，其中有18類案件勤務指揮中心會派遣警力到場處理。另有被歸類為「其他」案件如車門反鎖等，無法具體分類之案件約占總數五成，計有38萬4,851件與「可疑電話」類681

件之2類案件，則常會造成110派遣員之疑慮，最終還是調派警力到場處理，但往往也造成與第一線員警不同的看法[7]，而屢生爭議。

(三) 值勤員警「勤務分配表」格式混亂且有法令疑義

　　針對現行警察勤務，可能存有下列問題：首先，現有警察工作相當繁雜，除了各種主、協辦業務範疇，應執行的工作外，上級或臨時交辦事項，不勝枚舉，透過警察勤務條例規定的六種勤務方式所執行之警察工作，顯然已遠不足以涵蓋。例如，警察勤務條例第17條規定「每人須有進修或接受常年訓練」，則又該編排在何種項目？其次，各警察機關所轄之分駐、派出所勤務表所編排之勤務項目並不相同，格式紊亂。此外，其他專業警察單位之勤務分配表，亦未有統一格式，且因主管業務不同，而各有不同專屬勤務。最後亦是最重要之處，派出所員警倘非依警察勤務條例所規定之勤務方式執勤，雖有超勤加班時數，欲報領超勤加班費，恐有法令疑義。

　　在署頒2023年9月1日「警察機關輪班輪休人員勤休實施要點」第2條：本要點適用於依勤務分配表排定勤務之服勤人員、依勤務計畫表執行或督導人員及依第6點所定勤務人員、報請內政部專案核定勤務人員；其中第6點規定執行下列勤務人員每月超勤時數不得超過100小時：1.執行特種勤務；2.執行直轄市、縣市正副首長及正副議長警衛勤務；3.聚眾防處勤務；4.執行選舉罷免及公投勤務；5.偵辦重大刑案及特殊案勤務；6.執行稽查取締森林法、野保法或山域搜查勤務；7.執行經內政部指派之勤務。復依署頒2023年1月30日修正之「警察機關超勤加班費核發要點」第6點，超勤時數之核計：1.依勤務分配輪服表輪服勤區查察、巡邏、臨檢、守望、值班或備勤等勤務，超過法定辦公時數8小時之時數；2.非依勤務分配表輪服勤務之員警、各級機關正副主官及單位正副主管，以在法定辦公時數外，實際執行或督導勤務之時數。其支領對象與上述「輪班輪休人員勤休實施要點」所規範的範圍大約相

7　臺北市政府警察局提供2024年9月9日警政署E化勤務指管系統（臺北市數據統計資料）。

同，超勤時數之計算亦賦有彈性。依上述規定，除了督勤人員得據以支領超勤加班費外，然就前述第1項規定依勤務分配表輪服勤務之員警，倘非輪服「核發要點」所規定6項勤務之員警，則又該如何？亦即前述「輪班輪休人員勤休實施要點」是否可逕與連結至「超勤加班費核發要點」？此外，實務上常見勤務分配表以「其他」為名之勤務項目，是否符合「核發要點」以支領超勤加班費，不無疑義！茲以臺北市政府警察局為例，目前所屬各派出所之勤務分配表，除了六種勤務方式外，大多以「專屬勤務」及「其他」兩種項目為之，然經檢視該二種項目內容並無任何區別。蓋「專屬勤務」一詞係規定於警察勤務條例第27條，各專業警察機關執行各該專屬勤務之勤務方式，至於一般分駐（派出）所能否沿用，並未敘明。而現行第一線執勤員警察勤務方式多變，倘概以「其他」名之，不無過於模糊籠統，得否作為合乎法令規定之警察勤務方式？甚至據以報領超勤加班費否？實值得商榷！

肆、因應我國警察組織當前困境之研議

為解決我國警察組織當前之困境，本文從組織面、任務面、業務面、勤務面提出因應措施。包括借鏡日本生活安全警察體制，整併重組以建構符合我國國情之犯罪預防體系；另外，應儘速修訂現行警察法，明確規範警察任務，並藉以限縮警察協辦業務，以減輕第一線員警工作負擔；此外，就地方行政首長之交辦事項及大量為民服務案件建立裁量基準，並適時修改警察勤務條例，以符員警實際需求。

一、組織面：整併重組犯罪預防體系

若以日本警察廳成立生活安全局之初衷來看，其重點是將犯罪預防體系從刑事局獨立出來，使其專責重大暴力犯罪之偵查；並將與民眾周遭生活密切相關並可能危及安寧秩序的相關產業，如當舖業、中古車業、特種工商業和食安等與生活經濟有關的產業一併納管。在組織改

造後，除了原先與犯罪預防有關之單位外，警政署新設之「防治組」其業務職掌雖無明定「犯罪預防事項」一項，然依組室名稱及警政署處務規程所規定之工作內容來看，其業務職掌包括家庭暴力、性侵害、性騷擾、兒童及少年性剝削等防治（制）、婦幼安全、兒童保護工作暨社區治安工作、家戶訪查、戶警聯繫、民防團隊組訓等項目來看，實應居犯罪預防體系之最重要地位。例如，少年婦幼保護體系之整合、災害防救及各項演習（如民安、萬安、三合一全民動員防衛訓練）等和替代役訓練等，攸關協勤民力之運用。此外，面對行政機關間強調「跨域治理」之網絡時代下，實已成為相關警察業務單位亟需面對之重要課題，警察組織變革要符合民眾實際生活需求。因此，建立保護民眾生活安全之社會安全體系，亦變得相形重要！但其分工相當凌亂，中央主管機關是衛福部，警政署業管單位雖為防治組，但有關涉及精神衛生法之精神病患處置為保安組、少年業務部分則是刑事局。地方主管機關為社會局，然有關遊民相關業務及路倒病人通報、協尋等相關業務亦已歸併於防治組，而直轄市政府警察局（一般縣市警察局）仍屬保安科（保安民防科）而非防治科。遊民問題牽涉層面極廣，已經成為社會安全網的另一重要議題，亟需公私部門協力成立救助網絡，始能緩解，也才能事半功倍，符合民眾期待。

此外，直轄市政府警察局「防治科」辦理家戶訪查、失蹤人口查察等相關業務，並未辦理犯罪預防宣導等事宜，故單位名稱極易與「犯罪預防科」產生混淆。而直轄市警察分局設有防治組、民防組、行政組、偵查隊等單位；然縣市警察分局設有第一組、第二組、第三組與第四組與偵查隊等單位，相關業務組之名稱，以數字為之，未能彰顯核心業務內容及相關屬性，有檢討之必要。依筆者（2016：295）研究：受訪者對我國現行警察組織之犯罪預防體系，不管從犯罪預防體制、犯罪預防宣導、民力應用等觀點來看，討論最為熱烈者，莫過於受訪者均建議從中央到六都、各地方縣市警察機關之犯罪預防單位均應統合，並設置上下相對應之業務單位以便責任明確且易於推動工作。

另有關錄影監視器管理方面，不同於早期民眾排斥警察機關於路口

裝設監視器，現今每每受到來自市民或民意代表的強力要求，希望能在其住處附近裝錄影監視器，以保護其安全。而各地區的警察機關亦常基於治安熱點考量與經費預算間做出權衡與選擇。各地方政府亦隨財政因素對於錄影監視系統為不同考量，而有不同型態之建置與方式。路口監視器隨著智慧警政與AI科技之應用，屢屢偵破重大刑案，其重要性不言可喻。在直轄市政府警察局犯罪預防科設有專股（預防股，另設有宣導股負責犯罪預防宣導）多人辦理該項業務外，一般縣市警察局保安科則僅有少數人員承辦，又有關錄影監視系統之建置與維修，除須具備科技專業知識，尚須嫻熟採購事務，該項業務之繁重，可見一斑。警政署應該正視錄影監視系統所衍生之一連串問題，包括研議錄影監視系統之建置、維修、營運管理等相關規範或設置專業人員專責辦理，並考量全國各地錄影監視系統之整合，才能發揮最大功效。

綜上所述，如同Mayne（2015）認為變革理論能為組織提供一種模型，幫助其重新檢視和調整各項任務，以確保它們符合整體目標。本文認為應著手推動組織整併、重組犯罪預防體系，整合分屬於中央警察機關之防治組、行政組暨保安組義警與監視器等業務、民防指揮管制所災防業務、刑事警察局預防科部分業務（如少年保護、犯罪宣導業務等）等有關犯罪預防業務之相關部門，並考慮將現行攸關民生議題協助目的事業主管機關偵辦環保、食安案件之保七總隊第三大隊[8]、刑事警察局經濟科等單位予以併入外，建構符合我國國情的生活安全警察組織，於警政署成立「生安警察局」，並建立從中央到地方機關相對應之業務單位，以利業務推展。

二、任務面：修改警察法以明確規範警察任務

Osborne和Gaebler（1992）提出「創新政府」的理念，建議將公共部門的任務具體化並進行定期績效評估，以提升公眾對服務結果的滿

8　有關保七總隊之第三大隊環保食安有關業務可直接併入生安警察局，至其他大隊（如第二大隊部分單位）涉有防護關鍵基礎設施外已併入保二總隊，至其他第四至九大隊之國家公園及森警業務亦可考慮併入當地警察局管轄，以符地區責任制。

意度。現有警察任務不夠明確，也擴張了警察主辦業務與協辦業務。因此，要根據社會需求，明確公共服務的具體目標，提供了更有效設計和執行任務的途徑，方為正辦。警察法於1953年6月15日公布施行，曾歷經4次修正，最近一次於2002年6月12日修正公布。蔡前總統英文於2017年主持司改國是會議中：決議「修正早已不合宜之警察法以提高警察效能」。後因發生新冠肺炎病毒事件而受延宕，復因中華警政學會於2021年6月出版「警察法修正草案建議書」（林德華等人，2021），故警政署業務單位行政組於四年後才又重啟修正案研議小組會議，經綜整各相關單位及專家學者意見後於2022年1月13日完成該修正版草案。於該草案第2條第1項明定警察任務為：「警察任務為保護人民生命、身體及財產，依法維持公共安全及秩序、管制交通，預防、制止及調查犯罪，及執行其他法律或法律明確授權之法規命令賦予之任務。」係明確規範警察任務。警察對於保障人民生命、身體、財產安全，依法維持公共安全及秩序、管制交通等工作，自有義務當予履行；又警察工作除預防犯罪、管制交通外，亦具有街頭執法特性，遇有犯罪除當場制止，另依刑事訴訟法第230條第2項及第231條第2項規定，司法警察官及司法警察知有犯罪嫌疑者，應即開始調查，爰將事前「預防」、事發「制止」及事後「調查」犯罪一併納入警察任務。

另為使各行政機關及立法者體認警察任務之本質，在於保障人權與維護治安，不得因圖行政效率一時之便，逾越該範圍，遂以立法手段迂迴授予警察新任務，混淆警察角色，影響警察執行其原有任務之能力，故警政署警察法修正草案第2條第2項定有：「前項警察執行其他法律或法律明確授權之法規命令賦予之任務，除為維護重大公共利益且情形急迫者外，以其他機關執行個案遇有障礙，非警察協助不足以排除者為限。」另外，有關警察任務之具體事項，應依「法律保留」原則，以符「組織法定」及「管轄恆定」等法治國原則，復於該草案第2條第3項明定「第一項任務之具體事項，應於警察組織或主管法令規定之」。

此外，警政署版草案第3條新增：「警察與其他機關均有危害防止任務時，以其他機關就現行危害無法或不能即時制止或排除者，警察機

關得行使職權或採取其他必要之措施。」即係隨著脫警察化趨勢，政府將處理危險或障害之第一次權限，歸屬於具有專門知識的其他行政機關，警察權不得立即、直接介入該等危險或障害。警察權介入，以第一次的處理機關無法適時適切地處理該危險或障害為原則，此即所謂的「警察補充性原則」（蔡佩潔，2013：63）。實務上，一般民眾遇有危害，多求助警察，而各該主管機關或處理機關，非如警察接近民眾且24小時服勤，遇有制止或排除急迫危害之情事，間不容髮，各該主管機關或處理機關勢難克竟全功。為維持行政一體之體現，並填補人民權益保障之闕漏，由警察適時補充介入，有其必要性。

之後警政署將修正案發函送至內政部「警察法修正案審議小組」審查。據查業已召開3次審查會議並於2023年6月20日版本中，將草案第2條「警察任務」修正為：「依法保護人民生命、身體及財產，維持公共安全及秩序、管制交通，預防、制止及調查犯罪。」[9]如此一來，警察任務之工作項目，應可更加明確規範為：「依法保護人民生命、身體及財產，維持公共安全及秩序，管制交通，預防、制止及調查犯罪。」（相對而言即為主辦業務）。並將「警察補充性原則」移至第5條第1項，並將條文適度修正為「警察就機關管轄不明或權責機關無法或不能即時制止或排除之現行危害，得行使職權或採取其他必要之措施，並立即通報相關機關處理」。

三、業務面：限縮警察協辦業務

本文針對警察業務龐雜乙節，提出二項解決對策，茲分述如下。

（一）修正警察法來減化警察業務

如前述倘警察任務限縮，警察業務則當然跟著限縮。國家設官分職，本即各有所司，實不能以警察具有高度執行力，普設執行單位，且24小時全天候待命為由，即要求警察強力介入一般行政機關之執行事

---

9 刪除原腹案第2條第1項後段之「及執行其他法律或法律明確授權之法規命令賦予之任務」。

項，除違反「管轄恆定」及「組織法定」原則外，更易遭致警察國家之口實。依司法院釋字第588號解釋，具有強制（干涉、取締）性質的行政機關亦可視爲「廣義警察機關」，欲解決行政機關行政怠惰或執行障礙問題，除了行政程序法外，另有行政罰法第34條得會同警察強制到場確認違規者身分。警政署行政組擬議警察法修正草案期間，曾以「警察協助」爲關鍵字加以搜尋，並經逐一檢視過濾，剔除掉內容不相吻合之法令，至少有231種法律或法規命令規範警察應予協助或必要時應（或得）協助等字眼[10]。上述法規尚不包括地方自治法規[11]。基於各行政機關主管業務，有其專業性及特殊性，警察實不宜直接介入其他機關之權責。

內政部審查警察法修正草案時，除將「警察補充性原則」增修第5條第1項，藉由警察任務的明確規範，即可以有限度地將協辦業務予以限縮。此外，爲避免其他機關動輒要求警察提供協助，明確規範有關警察機關依法令提供之協助（相對而言即爲協辦業務），並於草案第5條第2項明定「警察機關依法令提供之協助，除依法行政程序法或行政執行法規定辦理外」，以「遇有障礙，非警察協助不足以排除者」爲限。「但爲維護重大公共利益且情形急迫者，不在此限」。藉以限縮其他行政機關怠惰依賴警察機關的心態，以期減少第一線員警的工作負擔，然該修正草案，尚待進一步討論定案[12]。

此外，警政署復於2024年7月1日修正「警察機關職務協助執行原

---

10 上述規範警察協辦業務231種法規，經分析其內容約可分爲四類，第一類：協助行政機關推動其業務（如公路法、就業服務法等），計94種；第二類：成爲網絡治理機關之一員，辦理交付事項（如災害防治法、傳染病防治法等），計45種。第三類：維持交通秩序、現場秩序或執行人員安全維護（如原子能法施行細則、精神衛生法），計77種。第四類：各種專業警察（含專責警察），協助秩序行政機關主管法令之查緝刑事不法，前者如航空警察、港務警察，後者如環保警察、森林警察等協助主管機關依該管法令查察不法，計15種。

11 筆者於2021年任職警政署行政組時，曾設計有調查各直轄市、縣市警察局協辦業務及職務協助之調查表，欲瞭解第一線員警之警察協助情形，後因職務調動而能持續調查，無法進一步分析彙整，以爲因應（詳如附表1）。

12 警政署於2023年11月9日以警署行字第1120177037號函請內政部辦理第四次審查事宜，惟迄未獲進一步結論。

則」第6點：警察機關職務協助，除依法規規定應協助者外，得按個案衡酌請求機關可能遭受危害之情形、轄區地方狀況、駐地特性、執勤能量及警力運用等因素，依權責審酌是否同意協助。提供前項職務協助，判斷無具體危安預警情資時，得以巡邏勤務兼服方式執行，減少非必要之警力派遣。如此一來，在現行警察法未完成修正前，實有助於第一線執勤員警之執勤空間[13]。就新公共管理的觀點而言，政府部門是領航者而非操槳者，警政署亦能考量員警之執勤能量，適時做出因應措施，值得嘉許。

（二）借鏡日本「派遣」和「出向」制度或採用「特別司法警察」制度

為了減少員警的執勤負擔，可參考日本派遣或出向的人事交流制度。該項措施，不僅公務單位，民間企業亦有類似方式。在日本，國家與自治體之間人事交流相當普遍，早期中央與地方公務員並未有交流。公務員在同一個省廳從任職到退職是很平常的事，既能提高專業性，對該省廳亦有高忠誠度。然而從另一方面來看，亦遭受本位主義之批評。為了改善該情形，1965年內閣通過「促進各省間人事交流」議決，施行正式的人事交流。於1998年內閣會議決議「地方分權推進計畫」中，規定「國和地方公共團體之人事交流」。各省廳每年度各以明顯易懂的方式公布人事交流之人數、先前單位、職位之實績。又地方公共團體準用國之方式，採取必要的措施。都道府縣和市町村間之人事交流，與國與地方公共團體的人事交流方式使用相同的原則辦理（稻継裕昭，1998：179-255）。復鑒於處理環保廢棄物獲利頗豐，常有發生暴力團介入經營，因此自1990年代開始，因應環保機關之請求，將現職警察官調派至該請求機關，協助推動業務。協助方式有二種，第一種方式：占原機關職缺支援請求協助機關，仍維持警察官的身分，名片亦書寫警察官職稱，雖不配槍但持有警察證件，謂為「派遣」。第二種方式：直接調派至請求協助機關，擔任該機關較其原本職務為高之職位，來推行業務，

---

[13] 請參閱警政署2024年7月1日警署行字第1130122520號函。

然此時已不具警察官身分，謂為「出向」（相當於我國之調任），出向時間慣例約二年，所占職缺雖較高，但行政職之待遇可能不如警察官待遇來得高（北村喜宣，2009：209-212），但如前所述此乃國家政策，促進組織活化與機關交流，實有利於業務推動（李謀旺，2016：190-194），亦符合新公共行政所強調的回應性與效率性。

此外，依日本刑事訴訟法第190條規定：「在森林、鐵道和其他特別事項上，應予執行司法警察職員職務者，其職務之範圍，另以法律訂定之。」該制度乃係從事一定職務之人，在執行原本職務時，因發現相關聯犯罪機會較多，而著眼於能活用職務之特殊知識，提高偵查之實際效果，所以設計「特別司法警察職員」制度（松本時夫、土本武司編，2006：318-319）。相對於一般司法警察職員（日本刑訴法第189條第1項），而以「特別司法警察職員」稱之。而前述之「特別事項」，亦包含特殊事件或特殊場所等之限制事項。一般司法警察員的偵查權限並無限制事項，理論上與特別司法警察職員之偵查權限會產生競合。「特別」司法警察職員，關於偵查權限範圍，有第一次的偵查權限，能優先地辦理「一般」司法警察職員處理之案件（伊藤栄樹ほか，2001：45）。

倘依上述所言，為促進機關間相互溝通，跳脫本位主義，提升效能，似可採用日本人事交流方式，例如交通執法警察與交通政策部門間，職務相互支援、輪調等方式，以改善交通問題。另外，我國現行之環境部環境管理署、衛福部食品藥物管理署及農業部林業及自然管理署等具有干涉、取締權責機關，作為廣義警察機關的一員，似可考慮引用「特別司法警察」制度，藉由專業能力的展現，既能提升查緝效能，又能減少偵辦難度及節省偵查開支。倘依我國刑事訴訟法第229條、第230條及第231條之第1項第3款規定「依法令關於特定事項，得行相當於前二款司法警察（官）之職權者」，故創設類似日本「特別司法警察」制度，應不虞無法律依據。事實上，農業部動物保護司陳副司長中興亦曾在2024年7月18日於該部因應立法委員與動保團體倡議修正動物保護法召開會議，擬議參考海洋委員會設置模式，於該部轄下設置動物

保護警察或賦予現有動物保護檢查員具司法警察身分等可行性，請教內政部警政署意見。復經警政署出席代表建議可參考「入出國及移民法」之模式，以簡薦委模式任用，相關專業訓練由該部依實務需求辦理，於動物保護法明定授權該等簡薦委任職人員於執行犯罪調查職務時，具有司法警察官身分[14]，以符社會期待。而早在立法院第10屆（2020年2月1日至2024年1月31日）第4會期即有立委湯蕙禎提案，另有13名委員連署，提出「動物保護法第23條及第29條條文修正案」，提議強化「動物保護檢查員」執行公權力職權，擬比照「海岸巡防法」第11條，視同刑事訴訟法第231條之司法警察，並準用警察職權行使法規定等之提案[15]。

四、勤務面：建立衡量基準與修改警察勤務條例

本文分兩個面向來解決現行員警勤務派遣與勤務種類不符實需問題。

（一）以「生活安全」作為「協辦事項」與「為民服務」審核標準

「生活安全」的概念相當抽象，隨著周遭政治、社會、經濟、文化等因素的改變和環境變異而有不同的詮譯，而日本生活安全警察採取各種行政措施積極保障民眾生活安全之平穩和社會秩序之維持，值得借鏡。筆者認為可參採日本生活安全警察對「生活安全」之內涵，將「預防犯罪被害及關於保護市民日常生活之安全，免於遭受危害等情事」，以作為本文「生活安全」之定義。

而實務上有關上級個案或臨時交辦之「協辦事項」或應民眾要求之「為民服務」案件相當龐雜，各級勤務指揮中心在受理民眾報案時，基於為民眾需求之考量，加諸欠缺可供派遣依據之具體裁量標準，大多會調派警力前往處理。雖經事後檢視為不當派遣，然已造成第一線執勤

---

14 請參閱農業部2024年7月30日農護字第1130072672號函發內政部警政署。
15 請參閱立法院第10屆第4會期第15次會議關係文書（中華民國110年12月24日印發）院總字第1749號委員提案：第27805號。

員警諸多反彈。故有員警在警政署2020年5月舉辦「強化執勤安全精進作爲基層座談會」中，又提出此一多年未解之問題。據此，警政署勤指中心修正「一一○受理案件派遣警力原則」，修正重點爲：受理報案應確實區分案類，尤應加強爲民服務案件之篩選，減少無必要性之派遣；2小時內就同一事實仍一再舉報，得併案處理。雖然警政署亦多次函頒「勤指中心不當派遣案例彙編」供各派遣人員參考[16]，對於不具急迫性、危害性或非屬警察職務事項之範例，不應派遣員警前往處理。然效果依然不彰，究其原因可能是派遣人員因不熟悉規定或不願承擔責任而轉嫁給第一線員警。警政署復於2020年12月18日函[17]發各警察機關，並通報各級勤指中心受理民眾撥打110報案時，若非屬警察需管轄事項，即應委婉告知不派員前往處理，尤應加強爲民服務案件之篩選，減少無必要性之派遣，以避免民眾之服務要求被無限上綱。

本文認爲倘能以有無危及人民「生活安全」爲派遣依據，當能減少被派遣執勤員警之不滿。例如，白天有民眾報案，家中鑰匙遺失請警察幫忙叫鎖匠，與深夜女子返家時發現遺失鑰匙請求警察協助，兩者狀況就民眾「生活安全」之顧慮，顯然不同。至於前述地方首長欲動用警察指派警察主官（管），協助其他局處或民間團體之協辦事項，除非有依照行政程序法第19條和行政執行法第6條之情事外，否則可以有無危及民眾「生活安全」之衡量基準爲由，說服地方首長合理合宜來節用警力，兼顧效率與爲民服務之需求。爲民服務項目，如民間可做，應由民間去做或由市場機制處理，不應全由警察介入，以減少員警工作負擔，亦與新公共管理之概念相互呼應。

（二）修改警察勤務條例以符實需

雖然警政署於2023年9月1日修正「警察機關輪班輪休人員勤休實

---

[16] 請參閱2020年10月29日警署勤第1090149312函。

[17] 依警政署2020年9月8日警署秘字第1090130376函頒「強化執勤安全基層座談會列管案件會議」紀錄，訂定「勤指中心不當派遣案例彙編」。警政署復於2020年12月18日警署勤字第1090169234號函修正「一一○受理報案派遣警力原則」規定。

施要點」以符勤務現狀，然針對現行警察勤務表之編排，可能存有下列問題：首先，現有警察工作相當繁雜，除了各種主、協辦業務範疇，應執行的工作外，上級或臨時交辦事項，不勝枚舉，透過警察勤務條例規定的六種勤務方式，顯然已遠不足以涵蓋。各警察機關所轄之分駐、派出所勤務表所編排之勤務方式並不相同，格式紊亂。而其他專業警察單位之勤務表，亦有類似問題。如此一來，倘依實際超勤加班時數欲報領超勤加班費，可能無法適用2023年1月31日修正之「警察機關超勤加班費核發要點」第6點超勤時數之核計項目。第一線員警編排之勤務倘非屬警察勤務條例所規定之6項勤務方式，支領超勤加班費，恐有適法爭議。

本文認為有關警察勤務應該做一個通盤考量，訂定一個更合宜的勤務項目，就現行勤務相關規定作適度修改。即警察勤務條例第11條所規範之6項勤務方式，增列「專屬勤務」和「待命服勤」2項勤務方式，以符合新公共行政所要求的回應性與精確化，並符合法令需求。將在原駐地外執行警察勤務條例之6項勤務方式外之警察工作，以「專屬勤務」論之，再於其項下，註記勤務名稱，例如出庭作證、至分局體能訓練、防詐勤務，或執行其他專案勤務，如少年保護、校園訪查等。此外，將6項勤務方式外在駐地內執行警察業務之相關工作，概以「待命服勤」論之，再於其項下，註記名稱，例如調閱監視器、業務整理、在所待命等，亦即是在6項勤務外，可再增加2項勤務方式共計8項勤務方式，以符外勤實際需求。

伍、結論與建議

一、結論

本文應用變革理論、新公共行政、新公共管理、新公共服務等相關理論探討警察組織所面臨的困境，得到下列結論：警察法多年未修

正，早已不合時宜，除因警察任務規範不夠明確，所規定之四大任務等同國家任務外，諸多工作項目雖已回歸主管機關或移撥成立新的業務機關，然而其他一般行政機關仍動輒要求警方協助推動其業務，致警察機關除自身主辦業務外，又衍生許多協辦業務。復因警察具高效率及執行力的特質，上級機關或行政首長屢有交辦事項，及為民服務工作之大量增加，致第一線執勤員警增加許多額外勤務負擔，而屢有不平之鳴。此外，我國警察組織，特別是犯罪預防體系有業務重疊、資源分散、體系待整合等諸多缺失、現行警察勤務條例所規定之勤務方式，未能符合執勤員警之實際需求。

　　警察組織若未能隨時代脈動及實際狀況而做適時調整，不僅無法符合人民期待外，亦無由兼顧員警工作順遂與身心健康。警察工作，必須靠合宜之組織，始能順遂推動。藉由執勤人員工作項目、時間、人數等因素之安排，執行被分配或指定之相關業務，以達成任務需求。警察組織、任務、業務、勤務之間彼此相關聯，也相互影響，並構成警察行政之內涵。因此，本文從警察現行犯罪預防體系之組織面、任務面、業務面、勤務面等四大面向之困境，加以探討，並提出因應對策。

二、建議

　　為避免第一線員警疲於奔命，增加工作負擔，反而不能保護民眾之權益。建議可積極推動相關犯罪預防體系進行組織改造，將現行分屬於中央警察機關之防治組、行政組、保安組部分（義警與監視器）等業務、民防指揮管制所災防業務、刑事警察局經濟科與預防科部分業務、少年婦幼保護業務等屬性相近之犯罪預防體系予以整合，並考慮將攸關民生議題保七總隊第三大隊部分等單位予以併入外，建構符合我國國情的生活安全警察組織，於警政署成立「生安警察局」，並建立從中央到地方機關相對應之業務單位，以利業務推展。

　　此外，亦期盼藉由警察法早日完成修正，來減少警察的協辦業務。至於有關協辦事項與約占報案數三成的「為民服務」派遣，能藉由有無危及民眾「生活安全」作為派遣警力之裁量基準；遇有各縣市首長

指派警察擔任協助其他行政事務時，建議警政署修改相關規範：以有無危及民眾「生活安全」作爲動用警察權之依據，俾得向行政首長提出說明，合宜合理節用警力，以免造成員警新的負擔。另外，爲保障員警權益，建議儘速修改「警察勤務條例」第11條所規範之六種勤務方式，增列「專屬勤務」和「待命服勤」，共計八種勤務方式，以符實際需求。

最後，每逢農曆春節期間，警政署依慣例會函發「重要節日評核計畫」，要求全國各警察機關，依計畫工作重點，加強實施安全維護工作，而三大工作主軸似可調整爲「治安平穩、交通順暢、生活安全」，以彰顯警察工作之核心價值。

附表1　○○○政府警察局113年○月份協辦業務及職務協助調查表

一、協辦業務（依據法律或法律授權之法規命令辦理事項）

編號	項目	法令依據	辦理事項	件數	使用警力數	備註
1	移動汙染源聯合稽查	空氣汙染防制法施行細則第25條第2項	維護稽查現場秩序及所有參與稽查人員安全。	1	4	
2						
3						

二、協辦業務（依據地方自治法規辦理事項）

編號	項目	地方自治法規	辦理事項	件數	使用警力數	備註
範例	建築物公共安全及使用情形聯合稽查	臺北市政府建築物公共安全及使用情形聯合稽查作業要點第3點、第4點及第6點	維護稽（複）查現場秩序及所有參與稽（複）查人員安全；必要時，應採適當之處置作為。	2	4	
1						
2						
3						

三、職務協助（依據行政程序法第19條規定辦理事項）

編號	項目	請求協助機關	辦理事項	件數	使用警力數	備註
範例	協助第二級管制藥品運送安全維護	衛生福利部食品藥物管理署	協助衛生福利部食品藥物管理署將第二級管制藥品防坦尼、美沙冬等原料藥從桃園機場運護送至該署製藥工廠。	2	4	
1						
2						
3						

（接下表）

四、上級警察機關之行政命令

編號	項目	來函依據	辦理事項	件數	使用警力數	備註
範例	斃死豬非法流供食用之員體防範措施	行政院核定之「斃死豬非法流供食用之員體防範措施」	協助執行道路攔檢、查緝違法處理斃死豬、屠宰活豬行為			
1						
2						
3						

五、各直轄市、縣（市）政府首長交辦事項

編號	項目	辦理事項	件數	使用警力數	備註
範例	協助清查危樓	協助清查轄內四十年以上且未設有管理委員會之公寓大廈，並協助通報縣市政府建管單位列管。	1	20	
1					
2					
3					

六、民事強制執行（依據強制執行法第3條之1規定辦理事項）

編號	辦理事項	件數	使用警力數	備註
範例	法院執行強制執行時，協助維持現場秩序、保護執行人員安全。	20	40	
1				
2				
3				

（接下表）

七、其他（如支援協定）

編號	項目	依據	辦理事項	件數	使用警力數	備註
範例	維護20間校園安全支援協定	內政部、教育部及法務部95年3月6日召開「中央跨部會維護校園安全聯繫會報」第一次會議決議 教育部95年2月1日函修訂「防制黑道勢力介入校園行動方案（草案）」 內政部警政署94年3月28日函訂頒「警察機關強化維護校園安全工作執行計畫」	舉凡學校請求處理校園內發生學生霸凌恐嚇勒贖、集體鬥毆打架、吸毒行為、中輟生協尋、校外不良分子入侵校園等事件及幫派侵入校園發展組織暨毒事件及幫派少年保護校園事件等問題，其他兒童與少年保護校園安全項目、聯繫及相關辦護校園安全項目、通報等內容。			
1						
2						
3						

備考：
一、本表所列依據法律或法規協辦業務內容如下：
（一）協助行政機關推動其業務（如公路法、就業服務法等）。
（二）成為網絡治理機關一員，辦理交付事項（如原子能法施行細則、精神衛生法等）。
（三）維持交通秩序、現場秩序或執行人員安全維護（如災害防治法、傳染病防治法等）。
二、本表所列依法規協辦事項係指依據地方政府之自治法規辦理事項（如臺北市政府建築物公共安全及使用情形聯合稽查作業要點等）。
三、本表格欄位不足時，請自行增列。

參考文獻

一、中文部分

何達仁（2007）。從行政組織法原理論警察法之修正（未出版之博士論文）。國立政治大學法律學系。

呂美嫻（2015）。生活安全產業規制手法之研究。（未出版之博士論文）。中央警察大學警察政策研究所。

吳瓊恩（2011）。行政學，增訂四版。臺北：三民書局

李震山（2020）。警察行政法論──自由與秩序之折衝，第五版。臺北：元照出版社。

李謀旺（2016）。日本生活安全警察體制之研究──兼論引進我國之可行性分析（未出版之博士論文）。中央警察大學警察政策研究所。

林德華等人（2021）。警察法修正草案建議書，初版。桃園：中華警政學會。

梁添盛（2014）。警察法總論講義，初版三刷。自行出版。

梁添盛（2018）。行政法專題研究，初版。自行出版。

章光明（2020）。警察政策，三版二刷。自行出版。

陳立中（1991）。警察行政法，增訂版。臺北：裕文企業有限公司。

陳又新（2023）。公民參與能力的指標性研究──新公共服務觀點。科際整合月刊，第8卷第3期，頁18-59。

楊清江（1996）。警察勤務（新論），八版。桃園：中央警察大學。

溫金豐（2009）。組織理論與管理，二版。臺北：華泰文化。

葉毓蘭、李湧清（2010）。婦幼隊、少年隊應否整併以落實婦幼保護業務之研究（內政部警政署刑事警察局委託研究報告，PG9807-0090）。

廖錫發（2023）。守望相助隊之研究──以新北市三重區○○里為例。

蔡佩潔（2013）。警察補充性原則之研究（未出版之博士論文）。中央警察大學警察政策研究所。

蔡德輝主持（2004）。建立警政整體預防體系之研究（內政部警政署刑事警察局委託報告，國科會GRB編號9306-0641/內政部研考資訊計畫編號093－301010200-1005）。

蕭玉文、游志誠、張益槐、陳俊宏（2023）。警察勤務原理與法規，初版。臺北：臺灣警察專科學校。

二、英文部分

Daft, R. L. (2001). *Organization Theory and Design* (7th ed.). Minnesota: West Publishing.

Denhardt, J. V., & Denhardt, R. B. (2015). *The New Public Service: Serving, Not Steering.* NY: Routledge.

Frederickson, H. George. (2005). *Public Administration with an Attitude.* Washington, DC: American Society for Public Administration.

Harmon, M. M. (1981). *Action Theory for Public Administration.* NY: Longman.

Hood, C. (1991). A Public Management for All Seasons? *Public Administration*, 69(1), 3-19. Wiley-Blackwell.

Mayne, J. (2015). Useful Theory of Change Models. *Canadian Journal of Program Evaluation*, 30(2), 119-142.

Osborne, D., & Gaebler, T. (1992). *Reinventing Government: How the Entrepreneurial Spirit is Transforming the Public Sector.* Reading, MA: Addison-Wesley.

Valters, C. (2015). *Theories of Change: Time for a Radical Approach to Learning in Development.* Overseas Development Institute (ODI), London. pp. 3-15.

三、日文部分

伊藤栄樹ほか（1996）。新版注釈刑事訴法（第3巻）。東京：立花書房。

北村喜宣（2009）。行政法の実効性確保。東京：有斐閣。

稲継裕昭（1998）。「出向官僚」再考──中央政府都道府県人材供給変容。姫路法学，第23・24合併号，頁179-255。

松本時夫、土本武司編（2006）。条解刑事訴訟法，三版増補版。東京：弘文堂。

四、網路資源

吳奕靖（2021.10.20），城中城惡火掃到員警要查老樓《靠北》爆料……網酸「可憐哪」，ETtoday新聞雲，https://reurl.cc/kyx6bx。

|第十二章|
警察勤務發展趨勢

朱金池

壹、前言

　　本文從制度（institution）的觀點先探討影響警察勤務運作的環境因素，並進而探討警察勤務理論與實務的發展趨勢。茲先界定制度、制度環境（institutional environments）及技術環境（technical environments），再進一步建構警察勤務的研究架構，以作為警察勤務理論與實務研究的心智模式。

　　本文所謂「制度」，意指人類心智所建構的正式或非正式的規範系統，用以約束個體之間重複發生的互動行為。諸如法律、人事制度、市場交易規則、契約、運動比賽規則等正式的制度，以及文化、風俗習慣、運動家精神等非正式的制度等。制度論者將組織的外在環境截然二分為制度環境與技術環境。本文所謂「制度環境」，意指個別組織欲從其環境中獲得支持和正當合法性時，必須順從的一些周密化設計的規則而言（Scott & Meyer, 1983: 140）。這些規則包括正式的政治、法律制度及非正式的例行公事、習俗、傳統、習慣和迷思等。至本文所謂「技術環境」則指組織產品或服務在市場中生產或交易的環境而言，且技術環境對於生產效率和效果高的組織會給予獎賞（Scott & Meyer, 1991: 123）。總之，組織欲求生存，必須順從其制度環境與技術環境的要求，而制度環境係強調組織必須尋求外在制度所給予的認同與合法性；技術環境則係強調組織必須追求效率和效果。

　　根據Meyer和Rowan（1977）兩人的看法，不同組織對制度環境和技術環境的依賴程度不同，可區分為一個連續體上不同的組織類型。

在這個連續體上的一端是指生產性的組織（如台塑公司），此種組織
獲致成功的主要原因是對組織效率的高度依賴，而且此類組織的績效
在市場交易中很容易予以評量。反之，另一種極端的組織稱為制度化
的組織（如警察機關），其成功較依賴於對制度環境的順從與同型化
（isomorphism），且其組織績效不易評量。再具體言之，依組織對制
度環境和技術環境依賴程度的強弱，可將組織分為四大類型（如表12-1
所示）（Scott & Meyer, 1991: 123-125; Powell, 1988: 119）。第一類型
是屬同時對制度環境和技術環境均高度依賴的組織，例如公用事業、銀
行、醫院等組織，它們不僅要講求組織效率，同時也要順從有關公共事
業的行政規範，因此這類組織的規模通常較為龐大。第二類型是屬高度
依賴技術環境，而低度依賴制度環境的組織，例如製造精密儀器的工
業。第三類型是屬高度依賴制度環境，而低度依賴技術環境的組織，例
如學校、法律機構、教堂以及警察等組織，其組織活動與國家政治、法
律及宗教文化等制度息息相關。最後一種類型為同時對制度環境和技術
環境均低度依賴的組織，例如餐廳、健康俱樂部等小型組織。

表12-1　組織對制度環境和技術環境依賴程度的強弱

	依賴制度環境的程度強	依賴制度環境的程度弱
依賴技術環境的程度強	公用事業、銀行、醫院	製造工業
依賴技術環境的程度弱	學校、法律機構、教會	餐廳、健康俱樂部

資料來源：Scott & Meyer（1991: 123-125）。

　　本文採取制度的研究途徑，對警察勤務的運作變項細分為制度途
徑的警察勤務運作及技術途徑的警察勤務運作等兩個次級變項，對警察
勤務運作的輸入變項分為制度環境和技術環境二者，又對警察勤務運
作的輸出變項分為勤務的合法性與正當合法性，以及勤務效率與效能等
二大變項，本文的研究架構如圖12-1所示。在本研究架構中，制度環境
與技術環境之定義已如上述，至所謂制度途徑的警察勤務運作，意指符
合政治環境、社會環境、法制環境等外在環境的要求，以及符合社會大

眾期待與認同的警察勤務作為而言，強調警察勤務的合法性與正當性；技術途徑的警察勤務運作，則指利用與時俱進的科技發展，有效偵防犯罪的警察勤務作為，強調警察勤務的效率與效能。再者，勤務的合法性（lawfulness），意指警察是否依據憲法、法律及內部的作業程序而公平、公正地執法而言；勤務的正當合法性（legitimacy），則指公眾對警察權威的接受度，以及對警察執法行為的正當性和合法性的主觀感受而言。警察執法的合法性與正當合法性的表現良窳，攸關人民對政府的信任（trust）程度。

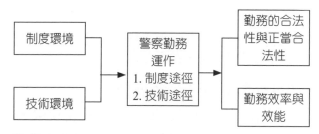

圖12-1　警察勤務的研究架構：制度的觀點
資料來源：作者自繪。

貳、影響警察勤務運作的環境因素

　　本文從制度的觀點言，認為影響警察勤務運作的環境因素可分為制度環境和技術環境等二者，分述如下。

一、影響警察勤務運作的制度環境因素

　　前已述及制度環境包括正式與非正式的制度或規則，且組織對制度環境的順從程度，攸關組織存在的正當合法性，以及獲得外在環境支持的程度。筆者認為影響警察勤務運作的制度環境因素，主要有政治環境因素、社會環境及法制環境。

（一）政治環境：如政治文化、政府行政體制、民選行政首長、政務官、政黨、民意代表等。

（二）社會環境：如人口特性、社會發展、族群文化、地方民情、治安與犯罪特性，以及意見領袖、利益團體、社群媒體與輿論等。

（三）法制環境：如憲法、法律、行政命令、警察法令等明文規定，以及檢察官與法院的起訴、判決、司法院大法官會議的憲法解釋等。

上述這些制度環境對警察勤務運作造成直接與間接的影響，具體列舉如下。

（一）制度環境對警察任務、職權與業務，以及對警察組織體制的直接影響，均間接地影響警察勤務的運作

1. 政治、法制及社會環境對警察任務的影響

我國於1953年制定警察法的背景是依據憲法的均權精神為基本原則、適應現代警察制度之要求，以及配合現行法令並參照臺灣行政狀況等環境因素[1]。當時制定警察法第1條：「本法依憲法第一百零八條第一項第十七款制定之。」第2條：「警察任務，為依法維持公共秩序，保護社會安全，防止一切危害，促進人民福利。」由此可知，我國在1953年的政治、法制及社會環境規範了我國的警察任務。

又如我國的派出所在日據時代的功能是維繫統治權與安定社會；在戒嚴時期則具有「保密防諜」的重要功能；解嚴之後，因著強調預防犯罪與為民服務的現代化警政脈絡，派出所的地位越顯重要（孫義雄，2021：125-126）。

2. 政治及法制環境對警察職權的影響

係國家基於統治權之立法作用，除授權主管警察行政機關發布警察命令外，賦予警察機關與警察人員之職責，對行政客體有行使警察處分、警察強制與違警裁決之權力，以達成警察任務之行政作用；並協助偵查犯罪，執行搜索、扣押、拘提、逮捕之輔助刑事司法作用，如警

---

[1] 參閱立法院公報第11會期第3期，檢索自全國法規資料庫網站，https://law.moj.gov.tw/LawClass/LawAll.aspx?pcode=D0080001，閱覽日期：2024.10.3。

察法第9條及同法施行細則第10條第1項之規定內容（陳立中，1987：415）。

3. 政治及法制環境對警察業務的影響

警察業務乃政府為達成警察任務，對人、事、物、地、時，依法實施維護、管理、禁制，而行政客體——人民亦依法負有作為或不作為義務之警察活動，為警察行政行為。此種行政行為，包括規劃、執行、督導與考核。執行警察業務，必須透過警察勤務行之；並依法規行使職權，以警察處分達成警察任務，主要包括行政警察業務及刑事警察業務等（陳立中，1987：515、520）。例如警察法第5條規定，由內政部設警政署（司），執行全國警察行政事務並掌理保安、外事、國境、刑事、水上及各種專業等六項全國性的警察業務。又如1987年政府宣布解除戒嚴，裁撤警備總部，將安檢業務移由警察接辦，後於2000年安檢業務由警察機關移出至新成立的行政院海岸巡防署。

4. 政治及法制環境對警察組織體制的影響

一個國家的憲法、政府行政體制，以及政治文化等之不同，會直接影響警察的組織體制係屬中央集權制度或中央與地方分權制度，以及與警察勤務運作直接相關的勤務組織。

（二）制度環境對警察勤務運作的直接影響

1. 政治環境方面

如我國1987年解除戒嚴後，警察組織漸朝行政中立及依法行政的方向發展，並極力擺脫政黨與政治人物的操弄。自此，警察勤務的運作，越來越強調民主法治與人民自由權利的保護，如現行犯罪偵查手冊之規定：「三、民主、法治、科學、人權為警察偵查犯罪應遵守之原則。四、警察人員應依據法令，以公正廉明之精神，崇法務實之態度，執行法令賦予之任務。」

此外，臺灣地區的集會遊行案件係以政治性活動為大宗，尤其過去發生大型的聚眾活動大多數為政治性的活動，例如1977年的「中壢事

件」、1979年的「美麗島事件」、2004年的「凱道事件」、2006年的「百萬人倒扁運動」（紅衫軍運動）、2008年的「陳雲林事件」，以及2014年的「太陽花學運」等均為大型的政治性聚眾活動，且對臺灣地區的政治發展影響很大。這些政治性的聚眾活動的共同特徵是：因在野黨不滿執政黨的政策，且無法透過立法院的協商機制獲得尊重時，就直接訴諸群眾而發動大規模的街頭抗爭行動。在理論上言，臺灣地區歷經三度政黨輪替執政，國民黨和民進黨兩大政黨，可以透過選舉及國會運作機制，互換執政者與監督者的角色，不需走向街頭訴諸群眾。但在實際上，由於臺灣地區的民主政治文化尚未臻成熟，故仍似有「政黨惡鬥」之現象存在，所以由在野政黨所動員的聚眾活動，其規模及影響力遠超過其他性質的聚眾活動（朱金池，2016：43）。由此可知，政治環境的變遷，對警察勤務運作有直接而巨大的影響力。

2. 法制環境方面

歷年來司法院大法官會議解釋多次宣告部分警察法規違憲，以及法院多起有罪判決警察執行職務違法案例，對警察勤務的運作造成直接的影響。例如，司法院大法官會議解釋與警察職權行使相關者如下：違警罰法或社會秩序維護法（釋字第166號、第251號、第666號、第689號解釋）、檢肅流氓條例（釋字第384號、第523號、第636號解釋）、集會遊行法（釋字第445號、第718號解釋）、道路交通管理處罰條例（釋字第511號、第531號、第584號、第604號、第699號等解釋）、警察勤務條例（釋字第535號解釋）、槍砲彈藥刀械管制條例（釋字第570號、第669號解釋），以及通訊保障及監察法（釋字第631號解釋）、戶籍法中按捺指紋規定（釋字第603號解釋）等（李震山，2015：1-13）。

又如警察職權行使法、警察勤務條例、警械使用條例、行政程序法、刑事訴訟法等與警察執勤相關的法規，以及司法院大法官會議解釋等均直接影響警察勤務的組織及其運作。例如，警察勤務條例第7、9、10條對警察分駐所、派出所，警察分局及警察局等警察勤務組織的定位

作了規範；警察勤務條例第11、17條對警察勤務的方式及勤務的規劃要領作了規範；警察職權行使法第6、7、8條對警察臨檢盤查人、車等程序作了原則性的規範；警械使用條例第4、5、6、7、8、9條對警察執勤用槍的時機與方法作了嚴謹的規定；又如行政程序法及刑事訴訟法亦規範了警察執勤的正當法律程序，警察必須嚴格遵守。

此外，我國近幾年來警察法規的立法趨勢，由於受到美國的影響，增加了一些原本不被視為警察職權的任務，亦即所謂婦幼人身安全法規。由於這些規定，使得警察介入私人生活領域中有關犯罪預防的工作，而使警察概念不再侷限於防止危害，且發展至犯罪預防的工作上。例如警察執行法律所頒發的保護令，警察權已再擴及於司法活動上，警察權不再單純屬於行政權，司法活動有明顯增加的趨勢（黃翠紋、孟維德，2017：57）。

綜上可知，法制環境的變遷，對警察勤務運作有直接而巨大的影響力。

3. 社會環境方面

如英國1829年由於受到工業化及都市化的影響，而導致社會的犯罪問題嚴重建立現代的警察。梅可望（2002：116-118）認為：現代化警察組織的基本原則，必須全面性的分布與深入性的生根。所謂全面性分布，除了以空間為主體外，亦應顧及人民對警察的需要。因此，警察機關的組織，也以全面保障人民權利為必要；至所謂深入性的生根，是指警察組織與民眾結合而言，一方面使人民經常協助警察工作，另一方面遇有緊急事件，又能動員大量民力，共赴危難。因此，警察勤務的運作直接受到轄區人口特性、族群文化、地方民情、治安與犯罪特性，以及意見領袖、利益團體、社群媒體與輿論等之影響至鉅。

又如美國一項研究發現，少年犯罪行為大多集中在芝加哥市中心，這些地區經常是居民遷徙頻繁以及明顯缺乏社會連結的地區。於是於1931年所推動的芝加哥區域計畫（Chicago Area Project），目的就是要協助當地民眾建立自己的社區意識及榮耀感，鼓勵民眾認同自己居住

的社區，長久居住當地，並運用當地的力量約束他人行爲。故本質上，該計畫就是要建構一個具持續改善及發展犯罪預防能力的社區（黃翠紋、孟維德，2017：43）。

綜上，與犯罪、治安有關的社會環境因素，大大影響警察組織及其勤務的運作。

二、影響警察勤務運作的技術環境因素

由於現代世界的科學發展日新月異，遂引發犯罪者利用高科技犯罪的趨勢。例如資通訊科技、行動網路、社群媒體、人工智慧、大數據，以及虛擬貨幣等技術環境劇烈的變遷，衍生出大量的科技犯罪，尤其利用電信及網路的詐騙案件層出不窮，已對廣大社會造成莫大的傷害。

因此，警察勤務的運作必須引進高科技的技術與設備，如強化刑事鑑識技術、數位鑑識技術、大數據、人工智慧、虛擬貨幣金流分析、監視錄影系統，以及無人機等之應用，以因應高科技的犯罪趨勢。

綜上分析，警察勤務的運作同時受到制度環境與技術環境的雙重影響。尤其，技術環境如科技犯罪的趨勢，對警察勤務運作的影響力道與日俱增，值得我們重視。

參、警察勤務理論與研究的發展趨勢

理論與研究的功能可對現象做描述、解釋、預測與控制，因此警察勤務的理論與研究可對警察勤務運作的實務，加以描述、解釋與精進。而且，由於警察勤務的運作受在複雜的各種環境之影響，故必須採取多學科研究途徑[2]（multidisplinary approach），包括借用社會學、法律學、公共行政學、犯罪學及資訊科學等理論知識，從多個面向去瞭

2　研究途徑或稱研究法（approach）意指：選擇問題及資料的準則，如功能研究途徑、系統研究途徑等屬之。研究途徑與研究方法（method）並非同義，研究方法只是蒐集及處理資料的技術，如問卷法、統計方法巷、分析法等屬之（易君博，1980：99）。

解警察勤務的運作。本章先探討警察勤務的理論與研究的途徑與典範[3]（paradigm），再分述制度與技術途徑的警察勤務理論與研究之現況與發現。最後，提出未來警察勤務理論與研究的發展趨勢。

一、警察勤務的理論與研究的途徑與典範

由於警察勤務的運作深受制度環境與技術環境的影響，因此警察勤務的研究者與實務家，基於制度環境與技術環境對警察勤務的影響關係之不同認知，自然會採取制度途徑或技術途徑的不同研究途徑。而且，不同的研究途徑係植基於不同的假定與典範。

Burrell和Morgan（1979: 21-22, 28）從社會的本質與科學的本質等兩個假定（assumption）出發，將社會學理論歸類為四個典範。有關社會本質的假定分為規則的社會學與激進變遷的社會學二種；而有關科學本質的假定則分為主觀的與客觀的二種。在上述二乘二的矩陣中形成了四種社會學典範，包括：強調客觀的——規則社會學之功能典範（functionalist sociology）或實證主義（sociological positivism）、強調主觀的——規則社會學之釋義典範（interpretive sociology）、客觀的——激進變遷社會學之激進的結構典範（radical structuralist sociology），以及主觀的——激進變遷社會學之激進的人文典範（radical humanist sociology）或批判理論（critical theory）等（如表12-2所示）。每一個典範因其基於不同的假定出發，均有其研究價值，但亦有其限制性。因此，Burrell和Morgan（1979: 395）認為研究組織理論者應站在建設性的立場，兼容並蓄地建立並存的觀點，而非本位主義地去拆毀其他典範的研究成果（We have consciously sought to adopt a constructive stance, to build rather than to demolish.）。

---

3 典範一詞出自1962年Thomas Kuhn所著的《科學革命的結構》（*The Structure of Scientific Revolutions*）一書，意指：一套世界觀，以及分析複雜的真實世界的一種方式。典範深根於持有者和研究者社會化的過程中，它指出了何者為重要，何者是正當的，何者是合理的。典範即一學科主題的基本形象，用來界定應研究什麼？應追問什麼問題？如何提出問題？以及解釋答案時應遵守的規則。典範的範圍比理論（theory）要大，典範可能包含二個或二個以上的理論（吳瓊恩，2005：3-5）。

表12-2　四個社會學典範

激進變遷的社會學（the sociology of radical change）

主觀的 （subjective）	激進的人文典範 （radical humanist sociology）或批判理論 （critical theory）	激進的結構典範 （radical structuralist sociology）	客觀的 （objective）
	釋義典範（interpretive sociology）	功能典範（functionalist sociology）或實證 主義（sociological positivism）	

規則的（the sociology of regulation）社會學

資料來源：Burrell和Morgan（1979: 29）。

　　就社會學或組織理論的研究而言，必須具備經驗的或實證的、釋義的，以及批判的三種途徑才是健全的理論建構。首先，在經驗的或實證的研究途徑方面，強調理論是科學的核心角色，理論即是一組相互關聯的構念（constructs）或概念（concepts）、定義（definitions）、命題（propositions），以變項（variables）間的關係來陳述現象的一個有系統的觀點，其目的在解釋和預測現象。其次，在釋義學的研究途徑方面，認為組織是人類心靈主觀精神的創造物，這一由內而外的創造過程，其根源在於精神意識。此研究途徑的最大優點是承認人心的主動性能，其知識旨趣是溝通旨趣，主要目的乃是使社會行動者彼此之間或行動者本身的言行能夠成功的對話，即隱含著「民主行政」的先決條件，才能發揮有效的溝通。最後，在批判的研究途徑方面，批判理論一方面接受釋義的社會科學典範，同時又反對實證論的觀點，認為人具有主動的能動性。批判的研究途徑認為理論不僅決定於是否為真，同時理論的效度還要看社會行動者本身對其如何反應而定，如為民眾拒絕，則理論將受批判。因此，政策理論家不僅要扮演專家的角色，尚應扮演啟蒙或教育家的角色，把抽象的理論轉化為一般語言，使人人易於瞭解，從而採取行動，改變現狀，最後達到自由自主的目的。所以，批判理論的知識旨趣，即Habermas所謂「解放的旨趣」（吳瓊恩，2005：76、106、

256、321-322）。

筆者就警察勤務理論與研究的立場言，甚為同意組織理論學者Burrell和Morgan二人，以及公共行政學者吳瓊恩的上述看法，因為警察勤務的理論研究必須採取多重典範與多重學科的研究途徑，才能取得相輔相成的效果。從制度觀點的研究架構（如圖12-1所示）而言，警察勤務理論的研究途徑可類歸為制度途徑或技術途徑等兩種。其中採制度途徑的研究者，較重視制度環境對警察勤務的影響關係，並強調勤務的合法性與正當合法性的目標，其核心信念主要植基於釋義典範與批判理論；另採技術途徑的研究者，則較重視技術環境對警察勤務的影響關係，並強調勤務的效率與效能目標，其核心信念主要植基於實證主義與功能典範（如表12-3所示）。

表12-3　警察勤務的理論與研究的途徑與典範

	社會學典範
制度途徑的警察勤務理論與研究	釋義典範、批判理論
技術途徑的警察勤務理論與研究	實證主義、功能典範

資料來源：作者自行彙整。

上述不同的警察勤務研究途徑與典範，如同「戰略」的指導地位與層次，而在其下所建立的相關理論與研究，則如同「戰術」之層次，希望能達成其上位典範之目的與要求（陳明傳，2019：102）。本文依據社會學不同的典範性質，區分為制度途徑與技術途徑等兩大類別的警察勤務理論與研究，下段將介紹在此二研究途徑下的研究現況與發現。

二、制度途徑的警察勤務理論與研究現況與發現

採制度途徑的警察勤務理論與研究的主要代表學者及其著作有如下列：

（一）Manning, Peter K. (1977). *Police Work: The Social Organization of Policing*. MA: MIT press.

（二）Bittner, Egon. (1990). *Aspects of Police Work*. Boston: Northeastern University Press.

（三）Shearing, Clifford D. (1992). The Relation between Public and Private Policing. In Michael Tonry, & Norval Morris (Eds.), *Modern Policing* (pp. 399-434). Chicago: The University of Chicago.

（四）Crank, John P. (1994). Watchman and Community: Myth and Institutionalization in Policing. *Law and Society Review*, 28, 325-351.

（五）Crank, John P. (2003). Institutional Theory of Police: a Review of the State of the Art. *Policing: An International Journal of Police Strategies & Management*, 26(2).

（六）Independent Commission on Policing for Northern Ireland. (1999). *A New Beginning: Policing in Northern Ireland Report of the Independent Commission for Policing in Northern Ireland*. Balfast. HMSO Northern Ireland Office.

（七）Lovrich, Nicholas P., Jihong Zhao, & Ling Ren. (2013). Isomorphism and American Policing of Metropolis: A New Understanding of Police Reform, Presented in 2013 Asian Police Forum, June 25-27, 2013, New Taipei City Hall, Taiwan.

（八）President's Task Force on 21st Century Policing. (2015). *Final Report of the President's Task Force on 21st Century Policing*. Washington, DC: Office of Community Oriented Policing Services.

上述學者採制度途徑的警察勤務理論與研究的主要研究發現，有如下列：

（一）警察的角色與職權，無法預防犯罪，警察執法的裁量行為應受節制與監督。

（二）警察不能以維護治安為由，而侵害人民的自由權利，尤其對於弱勢族群應加強保護。

（三）社區警政是再度強調警察正當合法性的警政策略（re-legitimating

strategy），強調具有美國傳統價值的「社區迷思」（the myth of the "community"），以及主張保護社區的「看守人迷思」（the myth of the "watchman"）。

（四）透過制度同型化（institutional isomorphism）的觀點，可以深入瞭解到：具有同性質的制度環境下的不同警察組織，其組織結構與運作會越來越趨向一致化。

（五）警察應提升執法的正當合法性，以爭取人民的信任。

（六）警察人員的甄選應具有人口的代表性（如北愛爾蘭），而且警察的執法行為應接受嚴格的課責。

三、技術途徑的警察勤務理論與研究現況與發現

採技術途徑的警察勤務理論與研究的代表學者及其著作有如下列：

（一）Wilson, James Q. (1968). *Varieties of Police Behavior: The Management of Law and Order in Eight Communities*. Cambridge, Massachusetts: Harvard University Press.

（二）Kelling, George L., Tony Pate, Duane Dieckman, & Charles E. Brown. (1974). *The Kansas City Preventive Patrol Experiment: A Summary Report*. Washington, DC: The Police Foundation.

（三）Sherman, Lawrence W. (1983). Police in the Laboratory of Criminal Justice. In Kenneth Feinberg (Ed.), *Violent Crime in America*. Washington, DC: National Policy Exchange.

（四）Sherman, Lawrence W. (1987). Repeat Calls for Service: Policing the 'Hot Spots'. From "Repeat Calls to Police in Minneapolis." *Crime Control Reports*, (4).

上述學者採技術途徑的警察勤務理論與研究的實證研究發現，有如下列：

（一）警察的功能可分為秩序維持、執法及服務等三種。

（二）警察巡邏密度的高低，與犯罪率、市民對犯罪的恐懼感、民眾對

警察的滿意度,以及警察到達現場時間沒有顯著影響關係。

(三)警察勤務的策略應聚集在頻發的犯罪熱點、犯罪案,以及犯罪者。

(四)犯罪的發生具有破窗效應,應防微杜漸。

四、未來警察勤務理論與研究的發展趨勢

上述當前有關警察勤務理論與研究的成果,以英、美兩國的研究為主流,蓋由於英、美兩國的一般大學與警察、社會、法律、政治、行政等相關的大學系所,以及美國的司法部(下轄國家司法研究機構,National Institute of Justice)、英國的內政部(Home Office)或民間的研究構構,對警政策略或警察在民主社會中的角色與作為,均有濃厚的研究興趣與具體研究成果。例如,英國倫敦經濟學院法律系教授Robert Reiner(1992: 435-508)在其〈Police Research in the United Kingdom: A Critical Review〉長文中,採取各種理論的研究觀點,提出十個有關警察的問題,藉以探討涵蓋四個面向的警察研究議題如下:

(一)**警察的任務功能方面**:1.警察為何而存在(What are the police for)?

(二)**警察的勤務運作方面**:2.警察的文化為何(What do police think)?3.警察的人口特性為何(Who are the police)?4.警察的養成教育訓練為何(How are police shaped by training)?

(三)**警政的績效評量方面**:5.社會大眾對警察的態度為何(What do the public think of the police)?6.警政是否違背依法行政的原則(Does policing deviate from the rule of law)?7.警察是否公正地執法(Are the police fair)?8.警察是否具有效能與效率(Are the police effective)?

(四)**警政的發展歷史方面**:9.警察如何被管理與課責(How are police managed and controlled)?10.警政發展的歷程為何(How did policing get to its current position)?

綜上十個問題,只有第八個問題(警察是否具有效能與效率?)指

涉技術途徑的警察勤務運作,探討警察的編制與預算,在預防與偵查犯罪上是否具有效能與效能的問題。其餘九個問題,大抵屬於制度途徑的警察勤務運作之議題,包括探討警察的任務功能、警察勤務運作的過程與績效評量,以及警政的發展歷史等議題。

例如,以美國加州安那罕市警察局(Anaheim Police Department)解決人口販運問題,獲得2012年Goldstein SARA模式成功案例獎為例[4],其得獎主題是以人文關懷為導向,解決轄區的娼妓問題(BEACH BOULEVARD PROSTITUTION: Addressing Human Trafficking in Anaheim_ A New Approach to the Oldest Profession)[5],進而提升警察勤務的正當合法性。

由此可知,當前及未來有關警察勤務理論與研究的趨勢,仍以制度途徑為主。然而,技術途徑的警察勤務理論與研究聚焦於勤務的效能與效率的改善,並不失為實務界關注的重點。

肆、警政策略與勤務運作的發展趨勢

上述是針對警察勤務理論與研究的發展趨勢作了現況分析,接下來將從實務面,探討警政策略與勤務運作的發展趨勢。由於警政策略是勤務運作的目標,勤務運作是警政策略的執行,二者息息相關。因此,本章從英、美兩國警政策略的發展情形,探討制度途徑及技術途徑的警政策略與勤務運作模式,並預測未來警政策略與勤務運作的發展趨勢。

---

[4] 檢索自,https://popcenter.asu.edu/content/2012-goldstein-awards-winner-finalists,閱覽日期:2024.10.4。

[5] 檢索自,https://popcenter.asu.edu/sites/default/files/anaheim_prostitution_presentation_redacted.pdf,閱覽日期:2024.10.4。

一、英國、美國警政策略的發展情形

（一）英國警政策略的發展情形

英國是現代警察的創始國，其警政策略的發展，可分為1829年創建現代警察初期、1964年的警察法制化時期，以及1984年頒定「警察及刑事證據法」（The Police and Criminal Evidence Act 1984）時期等三個階段（朱金池，2007：70-73）。

1. 1829年創建現代警察初期

英國現代警察的起源原因，主要是由於19世紀初的都市化（urbanization）和工業化（industrialization）的因素，造成社會上嚴重的犯罪問題。當時的Robert Peel爵士為了有效打擊犯罪、預防犯罪和維持社會秩序，遂萌建置現代警察的構想。所謂現代警察是指：受過嚴格的專業訓練，以抗制犯罪為主要職責，且屬全時工作和領有薪俸的公務員而言，此現代警察有別於傳統警察僅屬民力及不夠專業的性質。在Robert Peel的積極奔走推動下，終於在1829年，由英國國會通過了「倫敦都會區警察法」（Metropolitan Police Act of 1829），允許創設現代警察制度。當時招募了3,000名身著藍色制服（縫有臂章號碼），並帶著警棍的現代警察，在倫敦街頭巡邏，以「預防犯罪」為其主要任務，是為世界上現代警察的起源。

但是，當時成立的現代警察被認為是警察國家專制統治的復辟，嚴重違背民主思想，因此受到政治反對勢力及社會大眾的敵視。同時，警察人員本身也因而得不到工作上的尊嚴和權威，而造成有史以來最大的警察離職率（自1829年至1834年五年間，3,000名警察中有1,341名離職）。當警察制度創建伊始，遭逢如此困境時，Peel的策略是爭取民眾對警察的認同。他提出了12條「警察準則」（Peel's Principles of Policing），例如警察必須在政府監督控制下運作；警察必須能有效預防犯罪；警察應服裝整齊，態度謙和等（Peak, 1997: 11-13）。之後經過漫長的一百多年期間，由於英國政經及社會的變遷（如政黨輪替與治安惡化等），以及警察不斷的努力結果，終於1950年代，英國警察真正

得到了民眾的認同。自此反對者雖不再以敵視的行動對待警察，但對於警察不合理的諸般作為，仍深切期盼警察能持續改革。

2. 1964年的警察法制化時期

英國在1964年頒定的警察法（The Police Act 1964），是目前英國英格蘭及威爾斯警察治理體制的正式法源。該法的立法目的在於：解決中央與地方警察勢力的緊張關係、統一支離破碎的警政體制，以及釐清警政政策制定與執行的權限，而建構了英國警察三元權力體系，即包含有中央政府（內政部）、地方權力委員會[6]及地方警察局局長等三角權力關係的警察體系。

3. 1984年頒定「警察及刑事證據法」時期

由於1980年代初期，英國少數民族集中居住的內地城市爆發大規模的暴動，根據史考門的調查報告（The Scarman Report）指出：這個暴動原因主要是由於民眾對警察失去信心所造成的。因此，英國政府遂頒定「警察及刑事證據法」，明文規定應設置「地方治安諮詢委員會」（Local Consultative Committees），以改善警察與民眾的溝通關係。但有研究指出，此種迄今仍存的「地方治安諮詢委員會」，已失去了代表性，其制度的運作已流於形式。

綜上所述，英國是現代化警察制度的創始國，並透過立法手段進行了後續的警政改革。根據Newburn（2003: 607-620）的說法：英國警政的發展是朝專業化（professionalisation）、國家化（nationalisation）、市場化（marketisation）及多元化（pluralisation）等四個方向前進。

---

6 英國地方警察權力委員會（Local Police Authorities）為獨立的組織，負責監督地方警政。它的角色是負責探求社會大眾對治安的需求意見，並明文規定應付諸實行，所以是扮演民眾與警察的溝通橋梁。此地方警察權力委員會的組成，依正式規定為17名委員，包括過半數（9名）的地方議員、3名治安法官（人數為議員的三分之一），以及其餘的5名是獨立人士（Newburn, 2003: 731）。後於2012起，為加強對地方警察的課責力道，將地方警察權力委員會制度廢除，改以各地區民選的「警察與犯罪委員長」（Police and Crime Commissioner）替代地方警察權力委員會。

（二）美國警政策略的發展情形

美國與英國一樣，其建立現代警察的原因，是爲了抗制因都市化及工業化所引起的犯罪問題，但美國是於1840年代才開始有現代警察。不過，美國警察的發展歷程，從摸索、改革到發展等階段，可作爲世界各國現代警察發展的典型例子（朱金池，2007：74-77）。

1. 警察是政治工具時期（1840-1900）

此時期正值美國政治上採用分贓用人的時代[7]，警察首長是由民選的政治人物任命，其遴任的主要考量是忠誠，所以警察必須高度服從政治人物的指揮，高度遂行民選首長的意志。此階段最大的警政問題，是警察無法公正無私地依法行政，而淪爲政治人物逞其政治野心的有力工具，終導致警察與政治人物一起貪汙腐敗，而被民眾所唾棄。

2. 警察專業化時期（1900-1960）

此時期的美國文官制度，已進入功績制[8]的階段，在此時期，行政尋求從政治中分離的背景下，倡導警察應走向專業化，主要代表人物有下列三者（Peak, 1997: 11-38）：

(1) A. Vollmer：Vollmer於1905年被選爲Berkeley鎮警察局局長，面對當時警察的腐敗現象，倡議提升警察人員素質和科學辦案，認爲警察人員應受刑事鑑識科學的專業訓練，並應建立全國性的指紋系統，在警察局成立刑事科學實驗室。此外，他努力透過通訊與裝備的改進，提升警察反應民眾報案的速度。Vollmer這番作爲，大大將警察的形象扭轉爲專業的執法者，並帶動了全美國及世界其他國家的警

7　美國政治上分贓用人的時代，係指1829年到1883年間。1829年傑克遜總統入主白宮，結束了近三十年同一政黨執政的時代，當時美國社會逐漸興起都市化的工業階層，而非早期上流階層主導。傑克遜爲爭取這些中產階層的選票，且標榜「民主」理念，採用分贓用人（spoils）的制度，亦即「勝利者分享敵人的戰利品」，且有責任政治意涵的一種政治制度。

8　功績用人時代指1883年迄今，1881年美國加菲爾總統被一名未獲公職任用者暗殺。1883年通過美國文官改革法，進入功績（merit）競爭考試用人的時代。1887年W. Wilson發表〈行政的研究〉一文，主張行政應與政治分離，行政應追求效率，於是開啓了行政學的研究。

政革新。

(2) O. W. Wilson：Wilson曾任芝加哥市警察局局長，及首任的加州大學犯罪學院院長，於1950年著有《警察行政》（*Police Administration*）一書，對警察組織與管理的制度的建立，貢獻最大，影響深遠。

(3) E. Hoover：Hoover於29歲即奉派擔任首任的聯邦調查局（The Federal Bureau of Investigation, FBI）局長，在任四十八年任期（1924-1972）中，嚴正執行法律，且不畏懼政治惡勢力，鐵腕打擊不法，樹立了警察依法行政的典範。

綜上，警政專業化強調警察應有效率地（efficiently）打擊犯罪，重點在改善：警察人員素質、應勤裝備器材、指揮通訊設施、嚴正執行法律、標準作業程序等事項。

3. 社區警政時期（1970-迄今）

美國首先開啓社區警政（community policing）的思維，強調警察應有效能地（effectively）預防犯罪。其主要的背景原因如下：

其一，1960年代末期，由於美國社會治安動盪不安，有識之士才察覺到警察不能過度依賴科技專業而與社會隔絕，警察的任務不能過度窄化爲打擊犯罪而忽略犯罪之預防。於是，自1970年代，世界各主要民主國家開始倡導實施社區警政，重提傳統警政所揭櫫的警民合作精神，以補救警察專業化之缺失。

其二，自1980年代起，以英國及美國爲首的民主國家，掀起新公共管理的作風，積極倡導借用企業管理精神，以遂行政府再造工作。此種公共管理途徑強調：政府的治理方式應走向導航式、社區性、分權式、前瞻性、結果導向式，以及顧客導向式的政府，此正與社區警政所強調警民合作和問題導向的作法相通。因此，政府再造的時代潮流，無疑更加賦予了社區警政思維的正當合法性。

質言之，社區警政是一種策略性的作爲，具有四個核心要素，包括公眾諮商（consultation）、組織調適（adaptation）、社區動員

（mobilization）及問題解決（problem solving）等[9]，共同構築了一種新的犯罪預防策略（Bayley, 1994: 105）。所謂公眾諮商，意指警察的勤務作為必須迎合民眾的需求，警察可透過社區之治安會議，或類似我國之村里民大會，傾聽民眾對治安的感受及需求，並利用機會教育民眾有關預防犯罪的常識；所謂組織調適，意指警察組織應擴大對基層勤務執行機構的授權與授能，因為基層員警最瞭解社區的犯罪問題與解決之道；所謂社區動員，則意指社區警察在發現治安問題之後，應設法動員社區、地方政府及警察之力量，共同為解決治安問題而努力；至於所謂問題解決，乃意指社區警察應扮演治安問題解決者的角色，分析轄區治安事件頻發之人、事、時與地等因素，並以「問題」導向取代「案件」導向，以及以「先發」（proactive）導向取代「反應」（active）導向的勤務作為，才能有效達到預防犯罪之目的。

二、制度途徑及技術途徑的警政策略

綜合上述，英、美兩國的警政策略發展經驗可供我國學習者，主要是專業化警政策略，以及社區化／問題導向警政策略等二大策略。後又陸續發展新的警政策略，包括治理導向警政策略、第三造警政策略、智慧警政策略以及民主警政[10]（democratic policing）等。這些不同的警政策略之提出，主要在因應制度環境與技術環境之變遷與影響，因此，可將之類化為制度途徑與技術途徑的警政策略等二大類型（如表12-4所示）。

---

[9] Bayley取社區警政的四個要素的第一個英文字母，將社區警政策略簡稱為「CAMPS」策略。

[10] 「民主警政」的理念是由著名警政學者David Bayley等人提出，他們認為民主警政的要素有三：1.實現正義（justice）：正義在警察勤務運作上的具體實踐為：警察應依法行政、尊重人權，以及接受外在監督（此三點為Bayley於2012年3月2日在警大演講時對「正義」的定義所作的補充說明）；2.平等保障（equality of protection）：意指「等者等之，不等者不等之」原則，亦即警察對相同之事件應為相同之處理，不同之事件則應為不同之處理，除有合理正當之事由外，否則不得為差別待遇；3.服務品質（quality of service）：警察的服務品質之良窳，乃由人民來評定（Bayley & Shearing, 2001）。

表12-4　制度途徑與技術途徑的警政策略

制度途徑的警政策略	社區警政（community policing）、問題導向警政（problem-oriented policing）、治理導向警政（governance-based policing）、民主警政
技術途徑的警政策略	警政專業化（professionlism policing）、預測警政（predictive policing）、循證警政（evidence-based policing）、情報導向警政（intelligence-led policing）、智慧警政（smart policing）

資料來源：作者自行彙整。

三、制度途徑及技術途徑的勤務運作

　　上述採制度途徑之社區化／問題導向、治理導向／第三造的警政策略，與採取技術途徑之專業化、智慧警政的警政策略在策略目標、勤務運作的模式與方式，以及勤務績效的標準等項均有明顯的差異（如表12-5所示）。

　　首先，社區化及治理導向／第三造警政策略與勤務運作係以制度環境對警察組織的要求與支持爲中心，並兼採取先發式的勤務模式、服務性的勤務模式、散在式的勤務模式（勤區查察）、警察課責機制（accoutability）、警察倫理規範等。其欲達成的績效指標主要有：強化警民合作關係、有效預防犯罪、提升警察執法的合法性與正當合法性，以及提升民眾對治安及警察的滿意度與信任感等（如表12-5所示）。

　　其次，專業化及智慧警政策略與勤務運作則係以專業技術爲中心，並採反應式與集中式的勤務模式，以及採取戰術性（tactic）的勤務方式、零容忍政策、電腦統計警政（CompStat）、犯罪熱點分析（crime mapping）、3C1I的勤務指管等勤務作爲。其欲達成的績效指標主要有：有效打擊犯罪、提升警察勤務的效率與效能、充實警察應勤裝備器材、提升刑事鑑識與數位鑑識的技術能力，以及提升警察人員素質與執法能力等（如表12-5所示）。

表12-5　制度途徑及技術途徑警政策略之勤務運作之比較

	制度途徑的警政策略		技術途徑的警政策略	
	社區化／問題導向警政策略	治理導向／第三造警政策略	專業化警政策略	智慧警政策略
策略目標	透過警察與地方政府及社區之合作，以及掃描、分析、回應與評估治安問題，有效預防犯罪、解決治安問題。	透過公部門（警察）、私部門（企業）及非營利組織的網絡協力，或透過警察與犯罪者以外的第三造團體的合作，有效預防犯罪和打擊犯罪。	透過專業化的警察科技、資通訊等設備與裝備、提升警察人員素質，以及嚴正執法，快速而有效打擊和遏阻犯罪。	強化刑事鑑識技術、數位鑑識技術，大數據、人工智慧、虛擬貨幣金流分析、監視錄影系統，以及無人機等之應用，以因應高科技的犯罪趨勢。
勤務運作模式	先發式勤務模式、服務性勤務模式、散在式勤務模式（勤區查察）、警察課責機制、警察倫理規範等。		反應式勤務模式、集中式勤務模式、戰術性勤務方式、零容忍政策、電腦統計警政、犯罪熱點分析、3C1I的勤務指管等。	
勤務方式	勤區查察、巡邏、臨檢。	勤區查察、巡邏、臨檢，以及建立公私協力的網絡。	值班、備勤、守望。	針對科技犯罪個案彈性進行以網路為主的科技偵查作為。
績效指標	警民合作關係、解決社區治安問題數、犯罪發生率、民眾對治安與警察的滿意度、民眾對犯罪的恐懼感，以及警察執法的合法性與正當合法性。	建立公私協力的網絡數、解決社區治安問題數、犯罪發生率、民眾對治安與警察的滿意度，以及民眾對犯罪的恐懼感。	警察到達現場時間、破案率，以及警察科技辦案、刑事與數位鑑識破案數。警察勤務的效率與效能。刑事鑑識與數位鑑識的技術能力。	偵查及防範高科技犯罪的效率與效能，尤其以抗制網路電信詐騙犯罪之績效為主。刑事鑑識與數位鑑識的技術能力。

（接下表）

	制度途徑的警政策略		技術途徑的警政策略	
	社區化／問題導向警政策略	治理導向／第三造警政策略	專業化警政策略	智慧警政策略
勤務機構	警局防治科、行政科、刑大；分局行政組、偵查隊、分駐（派出）所等。	警局防治科、行政科、刑大；分局行政組、偵查隊、分駐（派出）所等。	警局勤指中心、刑大（科偵、實驗室）、保大；分局勤指中心、警備隊、快速打擊部隊、偵查隊、分駐（派出）所等。	刑事警察局及各縣市資訊及數位偵查與鑑識之單位或編組。
舉例說明	建立專責警勤區制度，透過公眾諮詢、組織調整、社區動員（CAMP）；或分局透過掃描、分析、回應與評估（SARA），有效解決治安問題。	派出所結合大樓管委會、保全人員及社區巡守隊，有效解決治安問題；或責成KTV、夜店、旅宿業者或化學原料商通報相關資訊，防止聚眾鬥毆及製造毒品。	警察接獲110報案後，迅速到達現場或利用科技偵查，依法逮捕嫌犯而破案，有效打擊和遏阻犯罪。	臺北市於2016年7月10日偵破一銀和平分行ATM國際盜領案；刑事局於2023年8月16日將科技犯罪防制中心正式法制化，強化數位鑑識能量。

資料來源：作者自行彙整。

四、未來警政策略與勤務運作的發展趨勢

綜觀過去先進國家建立現代化警政以來，所採取的警政策略主要先朝專業化，後朝社區化發展。而且，時至今日的警察組織仍高度依賴政治及法制等之制度環境對其之影響與支持。

然而，由於當前資通訊科技及人工智慧等發展迅速，以及高科技犯罪亦呈網絡化之趨勢，因此未來警政策略與勤務運作漸朝智慧警政及治理導向警政的方向發展。亦即警察除應發展新的警用科技外，亦應與其他公部門、私部門、非營利組織及社區民眾等建立網絡（network）關

係，共同治理（governance）推陳出新的治安問題如電信及網路作詐騙犯罪。

綜上，警政策略與勤務運作仍必須以傳統上「民眾認同的警政制度」（policing by consent）為依歸，持續改善警察執法的合法性與正當合法性，才能獲得民眾的支持與信任；此外，尚須再結合智慧警政及治理導向警政的作法，有效治理新興的高科技犯罪。如此，兼採制度途徑與技術途徑的作法，是為未來警政策略與勤務運作的發展趨勢。

伍、結論

本文從制度的觀點，探討影響警察勤務運作的環境因素、警察勤務理論與研究的發展趨勢，以及警政策略與勤務運作的發展趨勢以觀，最後提出結論與建議如下：

一、從制度的觀點，可將影響警察勤務運作的環境因素分為制度環境和技術環境等二者，其中制度環境對警察勤務運作的影響較大，惟由於高科技犯罪日增，因此警察機關亦應強化技術途徑的勤務作為。

二、就警察勤務理論與研究而言，必須兼採經驗的或實證的、釋義的，以及批判的三種研究途徑，才能建構出周延的研究架構與研究議題。而且，筆者認為未來的勤務理論與研究議題會較朝向制度途徑的趨勢發展；而其研究途徑將會更加重視釋義典範與批判理論之方向發展，亦即更強調人民對警察執勤正當合法性的主觀感受，警察亦應加強對服務對象的人文關懷。

三、就警政策略與勤務運作的發展趨勢而言，仍以警政社區化和專業化為兩大主軸，而且此兩大警政策略未來將會隨著警察組織的制度環境與技術環境的快速變遷，而轉化為更為社區化的治理導向警政策略，以及更為專業化的智慧警政策略發展。從而，警察勤務運作的模式與目標亦應隨著警政策略之發展而改變。

四、警政策略之成敗，繫於警察勤務運作之良窳；而警察勤務運作之成

敗，則繫於基層員警執勤品質之良窳。因此，如何強化基層員警對外在制度環境及技術環境之認知，以及提升基層員警的裁量品質與執法倫理，才能確保勤務運作的雙重目標：提升勤務的合法性與正當合法性，以及勤務的效率與效能。

參考文獻

一、中文部分

王俊元、朱金池（2013.12）。Public Values of Democratic Policing in Taiwan (1987~). 執法新知論衡，第9卷第2期，頁83-103。

朱金池（2016）。聚眾活動處理的政策管理。臺北：獨立作家。

朱金池（2000.5.12）。警察勤務運作之理論與實際。發表於「第四屆警察學術與實務研討會」，臺灣警察專科學校主辦。

朱金池（2007）。警察績效管理。桃園：中央警察大學。

朱金池（2023.9）。佛教「悲智雙運」的價值與實踐之研究。心靈環保學報，第1期，頁151-182。

朱金池（2024.3）。論警察執法的合法性與正當合法性。載於鄭善印、許福生（主編），警察職權行使法20週年回顧與展望（頁43-70）。臺北：五南。

朱金池（1998），我國警察組織設計之研究：制度的觀點（未出版之博士論文）。國立政治大學公共行政學系。

朱金池、孟繁勳、林韻青（2021.10）。The Performance Measurement of Community Security Governance: A Comparative Perspective. 競爭力評論，第23期。

吳瓊恩（2005）。行政學的範圍與方法。臺北：五南。

李震山（2015）。人權發展與警察職權：以司法院大法官解釋為例。中央警察大學學報，第52期。

易君博（1980）。政治學論文集：理論與方法。臺北：三民書局。

孫義雄（2021）。當代犯罪預防與警政策略。臺北：五南。

梅可望（2002）。警察學原理，增訂四版。桃園：中央警察大學。

陳立中（1987）。警察行政法。臺北：作者自印。

陳明傳（2019）。警察勤務與策略，初版。臺北：五南。

黃翠紋、孟維德（2017）。警察與犯罪預防。臺北：五南。

顏良恭（1998）。公共行政中的典範問題。臺北：五南。

二、英文部分

Afzal, M., & Panagiotopoulos, P. (2020). Smart policing: A critical review of the literature. In *Electronic Government: 19th IFIP WG 8.5 International Conference, EGOV 2020, Linköping, Sweden, August 31–September 2, 2020, Proceedings 19* (pp. 59-70). Switzerland: Springer International Publishing.

Bayley, David H., & Clifford D. Shearing. (2001). The New Structure of Policing: Description, Conceptualization, and Research Agenda. National Institute of Justice, U.S. Department of Justice.

Bayley, David H. (1994). *Police for the Future*. NY: Oxford University Press.

Bittner, Egon. (1990). *Aspects of Police Work*. Boston: Northeastern University Press.

Bureau of Justice Assistance (BJA). (2024). *Smart Policing Initiative*, retrieved from https://bja.ojp.gov/program/smart-policing-initiative-spi/overview (Accessed 7/May/2024).

Burrell, Gibson, & Gareth Morgan. (1979). *Sociological Paradigms and Organisational Analysis: Elements of the Sociology of Corporate Life*. London: Heinemann Education Books Ltd..

Chin-chih Chu, Elaine Yi Lu, Chun-yuan Wang, & Ting-Jung Tsai. (2016. 5). Grounding Police Accountability and Performance in Context: A Comparative Study of Stop and Frisk Between New York City and Taipei City. *Public Administration and Development (SSCI)*, 36(2), 108-120. MOST 103-2410-H-015-008.

Chin-chih Chu, & Maria Haberfeld. (2023.2). New Roles, Functions, and Capabilities of Law Enforcement Officers Post-COVID-19. *Policing: A Journal of Policy and Practice (SSCI)*, 17, paac119, https://doi.org/10.1093/police/paac119.

Chin-chih Chu, Ting-Jung Tsai, Chun-yuan Wang, & Fan-shine Meng. (2021.12). Effective Citizen Engagement in Community Policing: The Lessons and Experience of Taiwan. *Chinese Public Administration Review (CPAR)(ESCI)*, 12(2), 116-131, https://doi.org/10.1177/153967542101200202.

Independent Commission on Policing for Northern Ireland. (1999). *A New Beginning: Policing in Northern Ireland*. Report of the Independent Commission for Policing in Northern Ireland. Balfast. HMSO Northern Ireland Office.

Kelling, George L., Tony Pate, Duane Dieckman, & Charles E. Brown. (1974). *The Kansas City Preventive Patrol Experiment: A Summary Report*. Washington, DC: The Police Foundation.

Manning, Peter K. (1977). *Police Work: The Social Organization of Policing*. MA: MIT press.

Meyer, John W., & Brian Rowan. (1977). Institutionalized Organization: Formal Structure as Myth and Ceremony. *American Journal of Sociology*, 83, 340-63.

Newburn, Tim. (2003). The Governance and Accountability of Policing. In Tim Newburn (Ed.) *Handbook of Policing*. Portland, Oregon: Willan Publishing.

Peak, Kenneth J. (1997). *Policing America: Methods, Issues, Challenges*. Upper Saddle River, New Jersey: Prentice Hall.

Powell, Walter W. (1988). Institutional Effects on Organizational Structure and Performance. In Lynne G. Zucker (Ed.), *Institutional Patterns and Organizations: Culture and Environment*. Cambridge, Massachusetts: Ballinger Publishing Company.

President's Task Force on 21st Century Policing. (2015). *Final Report of the President's Task Force on 21stCentury Policing*. Washington, DC: Office of Community Oriented Policing Services.

Reiner, Robert. (1992). Police Research in the United Kingdom: A Critical Review. In Tonry, Michael, & Morris, Norval (Eds.), *Modern Policing*. London: The University of Chicago Press, Ltd.

Scott, W. Richard, & John W. Meyer. (1983). The Organization of Societal Sectors. In J. W. Meyer, & W. R. Scott (Eds.), *Organizational Environments: Ritual and Rationality*. Beverly Hills, Calif.: Sage.

Scott, W. Richard, & John W. Meyer. (1991). The Organization of Societal Sectors: Propositions and Early Evidence. In Powell, Walter W., & Paul J. DiMaggio (Eds.), *The New Institutionalism in Organizational Analysis*. Chicago: The University of Chicago Press.

Shearing, Clifford D. (1992). The Relation between Public and Private Policing. In Michal Tonry, & Norval Morris (Eds.), *Modern Policing* (pp. 399-434). Chicago: The

University of Chicago.

Sherman, Lawrence W. (1983). Police in the Laboratory of Criminal Justice. In Kenneth Feinberg (Ed.), *Violent Crime in America*. Washington, DC: National Policy Exchange.

Sherman, Lawrence W. (1987). Repeat Calls for Service: Policing the 'Hot Spots'. From "Repeat Calls to Police in Minneapolis," *Crime Control Reports*, (4).

Wilson, James Q. (1968). *Varieties of Police Behavior: The Management of Law and Order in Eight Communities*. Cambridge, Massachusetts: Harvard University Press.

第十三章
警察執行盤查案例研析[*]

許福生、蕭惠珠

壹、前言

　　警察勤務是推行警察業務，達成警察任務所採取的方法（手段），所以勤業務作爲與民眾生活作息關係密切，特別是巡邏勤務具有「主動性」、「遍及性」與「目的性」，無論是在提供爲民服務或犯罪防制上均具有特殊意義（陳明傳等人，2017：314）。然而，警察執法過程不遵守正當法律程序，不只侵害憲法保障之基本人權，也可能因違反相關法令規定而無法蒐集事證實現正義[1]。

　　因此，爲符合司法院大法官（以下略）釋字第535號解釋意旨，立法院於2003年6月5日三讀通過警察職權行使法（以下簡稱警職法），總統於2003年6月25日公布全文32條，並自2003年12月1日施行，明白揭示其立法目的：「爲規範警察依法行使職權，以保障人民權益，維持公共秩序，保護社會安全，特制定本法。」此外，爲落實依法行政原則，提升巡邏勤務中盤查或盤檢人車之執行效能，內政部警政署（以下簡稱警政署）訂頒實施「執行巡邏勤務中盤查盤檢人車作業程序」，以標準作業程序方式來作爲巡邏勤務中盤查或盤檢人車的管理，達到厚植專業執法能力及提高執法品質，使警察情境實務執法更「有順序性」、「可預測性」及「明確性」，兼顧人權保障及執法效能。

---

[*] 本文曾發表於警大法學論集，第47期，2024年10月。
[1] 聯合新聞網（2024.2.17），機警攔到481萬賭金…敗在「違法搜索」　一、二審都判無罪，https://udn.com/news/story/7321/7774466，閱覽日期：2024.4.6。另參照臺灣高等法院臺中分院112年度金上訴字第2471號刑事判決。

縱使如此，實務上仍發生如「新店戰神」被控違法盤查搜索案[2]、中壢女老師拒盤查遭警「大外割」上銬案[3]，以及三重員警違法逮捕移工丟包案[4]，引發社會譁然，也迫使警政署前署長就發生中壢女老師案受訪時表示，該署深刻檢討，也已要求全體警員與各級幹部面對執法重新教育，從法律面與執行技巧、話語、態度全面改變，努力把治安做好，得到民眾更多信賴與支持[5]。

本此理念，本文以近年來員警執行盤查引起關注之指標性執法案例進行分析檢討，最後並提出處置對策與策進作為，以作為本文之結論與建議。

貳、相關法令規範與作業程序

警職法規範警察盤查應遵守主要程序為：一、表明身分並告知事由（第4條）：警察行使職權時，應著制服或出示證件表明身分，並應告知事由。警察未依前項規定行使職權者，人民得拒絕之；二、考量比例原則（第3條第1項）：警察行使職權，不得逾越所欲達成執行目的之必要限度，且應以對人民權益侵害最少之適當方法為之；三、遵守適時結束原則（第3條第2項）：警察行使職權已達成其目的，或依當時情形，認為目的無法達成時，應依職權或因義務人、利害關係人之申請終止執行；四、考量誠信原則（第3條第3項）：警察行使職權，不得以引誘、教唆人民犯罪或其他違法之手段為之；五、履行救助義務（第5條）：警察行使職權致人受傷者，應予必要之救助或送醫救護；六、履行救濟

---

[2] 參照自由電子報（2019.5.20），「新店戰神」被控違法盤查搜索 法院判員警無罪，https://news.ltn.com.tw/news/society/breakingnews/2796312，閱覽日期：2024.4.6。

[3] 參照自由時報（2023.2.1），女老師拒盤查遭中壢警「大外割」上銬！判決出爐，https://news.ltn.com.tw/news/society/breakingnews/4197647，閱覽日期：2024.4.6。

[4] 參照今日新聞（2022.2.9），警察違法逮捕移工丟包案偵結 檢起訴最高7年半徒刑，https://www.nownews.com/news/5710919，閱覽日期：2024.4.6。

[5] 參照三立新聞網（2021.4.28），中壢警上銬女師扣留9小時！陳家欽下令：執法技巧重新教育，https://www.setn.com/News.aspx?NewsID=931457，閱覽日期：2024.4.6。

義務（第29條）：義務人或利害關係人對警察依本法行使職權之方法、應遵守之程序或其他侵害利益之情事，得於警察行使職權時，當場陳述理由，表示異議。前項異議，警察認為有理由者，應立即停止或更正執行行為；認為無理由者，得繼續執行，經義務人或利害關係人請求時，應將異議之理由製作紀錄交付之。義務人或利害關係人因警察行使職權有違法或不當情事，致損害其權益者，得依法提起訴願及行政訴訟。至於警職法對於警察盤查各種干預性措施與其要件，主要係規定於第6條至第8條（許福生，2022：80）。

警職法第6條規定：「警察於公共場所或合法進入之場所，得對於下列各款之人查證其身分：一、合理懷疑其有犯罪之嫌疑或有犯罪之虞者。二、有事實足認其對已發生之犯罪或即將發生之犯罪知情者。三、有事實足認為防止其本人或他人生命、身體之具體危害，有查證其身分之必要者。四、滯留於有事實足認有陰謀、預備、著手實施重大犯罪或有人犯藏匿之處所者。五、滯留於應有停（居）留許可之處所，而無停（居）留許可者。六、行經指定公共場所、路段及管制站者。前項第六款之指定，以防止犯罪，或處理重大公共安全或社會秩序事件而有必要者為限。其指定應由警察機關主管長官為之。警察進入公眾得出入之場所，應於營業時間為之，並不得任意妨礙其營業。」所稱「合理懷疑」為不確定法律概念，係指警察必須以客觀之事實作為判斷基礎，據此事實依據警察執法專業經驗，所作成的合理推論，而非單純的臆測，合理懷疑之事實基礎包括：情報判斷之合理懷疑、由現場觀察之合理懷疑、由環境與其他狀況綜合研判之合理懷疑、由可疑行為之合理懷疑等。例如，警察由曾經提供情報的線民獲悉，某人隨身攜帶武器且藏匿毒品，因而對其實施攔車盤查；警察在曾經發生縱火地區巡邏，發現某人手持打火機並提著汽油，在騎樓下逗留徘徊，而懷疑其可能縱火犯罪；或警察於深夜時段，發現某人離開之處所是曾多次查獲有毒品罪犯之犯罪場所，且該某看到警察時，立刻將小紙袋藏入內衣，神色緊張，迅速走避，而懷疑其有藏匿毒品的嫌疑。所謂「有犯罪之嫌疑」是指有從事犯罪之可疑情況；而「有犯罪之虞」是指有從事犯罪之疑，其程度上要比

「有犯罪之嫌疑」更為具體（臺北高等行政法院112年度訴字第151號行政判決）。

　　警職法第7條規定：「警察依前條規定，為查證人民身分，得採取下列之必要措施：一、攔停人、車、船及其他交通工具。二、詢問姓名、出生年月日、出生地、國籍、住居所及身分證統一編號等。三、令出示身分證明文件。四、若有明顯事實足認其有攜帶足以自殺、自傷或傷害他人生命或身體之物者，得檢查其身體及所攜帶之物。依前項第二款、第三款之方法顯然無法查證身分時，警察得將該人民帶往勤務處所查證；帶往時非遇抗拒不得使用強制力，且其時間自攔停起，不得逾三小時，並應即向該管警察勤務指揮中心報告及通知其指定之親友或律師。」

　　警職法第8條規定：「警察對於已發生危害或依客觀合理判斷易生危害之交通工具，得予以攔停並採行下列措施：一、要求駕駛人或乘客出示相關證件或查證其身分。二、檢查引擎、車身號碼或其他足資識別之特徵。三、要求駕駛人接受酒精濃度測試之檢定。警察因前項交通工具之駕駛人或乘客有異常舉動而合理懷疑其將有危害行為時，得強制其離車；有事實足認其有犯罪之虞者，並得檢查交通工具。」

　　警職法第6條係以「查證身分」名之，其係屬於警察攔檢以蒐集資料之集合性名詞，內含第7條的五種職權措施（攔停、詢問、令出示證件、檢查身體或攜帶物件及帶往勤務處所等）及第8條交通攔檢的六種措施（攔停交通工具、查證駕駛及乘客身分、查證車分、酒測檢定、強制離車及檢查交通工具等）之授權。依據警職法第7條及第8條有關攔停之不同規定，可區分為第7條「治安攔停」與第8條之「交通攔停」，而治安攔停又可區分為「刑事攔停」與「行政攔停」（蔡庭榕，2021：44）。

　　是以，依據釋字第535號解釋意旨及警職法之相關規定，員警執行巡邏勤務中盤查盤檢人車之正當程序：第一，表明警察身分，即警察行使職權時，應著制服或出示證件表明身分，以符合程序正當。第二，符合警職法第6條、第8條要件並告知事由，以符合程序正當與實質正當。

第三，手段符合比例原則、適時結束原則及誠信原則，以符合實質正當程序。上述三者需依序檢驗，全部符合始為合法之臨檢盤查，通過第一個程序始能進入第二個程序；況且人民在每個檢驗程序都可以當場陳述理由，提出異議救濟，警察認為異議有理由者，應立即停止執行或更正執行行為，認為無理由者，得繼續執行，若經義務人或利害關係人請求時，應將異議之理由製作紀錄交付之；義務人或利害關係人因警察行使職權有違法或不當情事，致損害其權益者，得依法提起訴願及行政訴訟[6]。另警職法第6條與第8條相互援引適用的法律概念，在實務運用上非常重要，第6條第1項第1款個別性攔停、第6款一般性之攔停措施，固未如第8條第2項設有「警察因交通工具之駕駛人或乘客有異常舉動而合理懷疑其將有危害行為時，得強制其離車；有事實足認其有犯罪之虞者，並得檢查交通工具」之規定；但個別性或一般性之攔停措施，僅係攔停原因有所不同，為落實第1條保障人民權益、維持公共秩序、保護社會安全之立法目的，並維護警察之人身安全，警察於採行「一般性」之攔停措施時，如發生第8條第2項所稱「交通工具之駕駛人或乘客有異常舉動而合理懷疑其將有危害行為」或「有事實足認其有犯罪之虞者」，其危險情況較之第8條第1項所稱「依客觀合理判斷易生危害」之「個別性」攔停要件，更為具體明確，宜適用第8條第2項前段或後段規定，警察得強制駕駛人或乘客離車接受盤查，或檢查其交通工具（最高行政法院111年度上字第675號行政判決）。

此外，為落實依法行政，提升巡邏勤務中盤查或盤檢人車之執行效能，警政署於2010年7月6日訂頒實施「執行巡邏勤務中盤查（檢）人車作業程序」，於2019年2月27日將名稱修正為「執行巡邏勤務中盤查盤檢人車作業程序」，迄今修正14次。茲為落實公民與政治權利國際公約及保護所有移徙工人及其家庭成員權利國際公約之精神，並符合監察院所提重視人權及尊重宗教自由之調查意見，優化進入宗教場所執法作

---

6 內政部警政署，員警盤查之正當法律程序探討講習簡報檔，110年5月21日刑督字第1100050673號。

爲，2024年7月3日修正本作業程序依據及注意事項內容，以符實需。

參、警察執行盤查指標性案例分析

一、「新店戰神」被控違法盤查搜索案

（一）案例事實與爭點

員警甲（即新店戰神）於2017年12月10日執行巡邏勤務之際，發覺因假釋受保護管束民眾乙站立在違規停放於紅線自用小客車（以下簡稱本案汽車）旁，旋上前盤查，因乙未承認該車係其所有，且爲毒品前科假釋人口，未經乙自願性同意下，以拍搜方式檢查其身體及所攜帶香煙紙盒、包包，復未發現任何違禁或危險物品後，要求檢查本案汽車，經乙明示拒絕後，仍數次要求檢查，嗣經乙向甲回稱：「我現在同意啊，如果車上沒有東西，我就告你們啦」等語，甲旋對乙稱：「你恐嚇我，是不是？那我要逮捕你，依刑法第135條規定，你在強迫、脅迫公務員是不是？」「我跟你講喔，我看完一定要辦你喔，我讓你假釋撤銷！」等語，致乙聞後不得已方口頭同意搜索，於是甲便詳細搜索本案汽車，終因未查獲任何違禁物品。本案後經檢舉及乙提出告訴，而啓動司法偵查程序。

本案爭點：第一，警職法規定之「檢查」與刑事訴訟法（以下簡稱刑訴法）之「搜索」有何不同？第二，合法搜索之要件爲何？第三、甲是否該當犯刑法第307、134條之公務員假借職務上之權力、機會故意犯違法搜索罪？

（二）本案之判決

本案甲因涉妨害自由案件，經臺北地檢署檢察官提起公訴（臺灣臺北地方法院檢察署107年度偵字第11540號起訴書），臺北地方法院判決無罪，因檢察官與甲均未上訴而告定讞，重點說明如下（臺灣臺北地方法院107年度易字第1066號刑事判決）：

1. 違法搜索罪之構成要件

　　按不依法令搜索他人身體、住宅、建築物、舟、車或航空機者，處二年以下有期徒刑、拘役或300元以下罰金，刑法第307條定有明文。所謂「搜索」係泛指一切對人之身體、物品或處所，所實施之搜查行為；而「不依法令」搜索則指行為人無法令上權限卻實行搜索行為，或行為人雖有法令上權限，卻不依法定要件與程序加以搜索。行為人除對本罪之行為客體即他人身體、住宅、建築物、舟、車或航空機，須具有認識外，並須認識其係實行搜索行為而決意為之，始能成罪。至於「不依法令」並非本罪構成要件故意之內涵，而屬違法性上之認識[7]。又違法搜索罪之行為客體，已明定限於他人身體、住宅、建築物、舟、車或航空機，基於罪刑法定主義，行為人對前揭客體以外之物進行搜索，自不構成本罪。故員警甲對受檢人乙所攜帶之香煙紙盒及包包進行搜索，與刑法第307條違法搜索罪之構成要件不合，自不得以該罪對甲相繩。

2. 行政檢查措施不符合警職法第6條至第8條之規定

　　本案汽車於紅線路段違規停車，員警甲對受檢人乙及其汽車進行臨檢。又甲曾於2017年11月（距離本次盤查前約一個月）就曾經盤查過乙，在本案案發前已足以確認乙之身分，而依當時情況，乙及其友人係在本案汽車旁聊天，雖乙及友人均有毒品前科，且乙對警方臨檢的態度奇怪、情緒很激動，惟尚無明顯事實足認乙有攜帶足以自殺、自傷或傷害他人生命或身體之物，且甲亦自承僅係懷疑乙有攜帶毒品或違禁物，是甲對乙之身體及所攜帶之物進行「檢查」措施，並不符合警職法第6條、第7條得檢查被臨檢人身體及所攜帶之物之規定。

　　又依警職法第8條第2項之規定，於有事實足認其有犯罪之虞者，得檢查交通工具，本案乙雖違規停車惟僅以上揭事實及狀況，是否已足

---

[7] 員警執行交通取締勤務時意外發生，顯非蓄意謀劃，尤以上訴人抗議違法搜索，員警仍毫不避諱繼續錄影，於警詢時筆錄亦記載搜索爭議等情，益證本案員警主觀上尚非明知違法並故意為之，核屬偶發個案，對預防將來違法取得證據效果有限。參照最高法院112年度台上字第4137號刑事判決。

認乙有犯罪之虞，尚非無疑；縱認乙確實有犯罪之虞，依前揭規定亦僅得以目視方式檢查本案汽車，惟甲係打開其車門，並對縫隙、置物空間、腳踏墊等處進行物理上翻搜行為，已逾越僅得行政「檢查」之限制，是甲對本案汽車進行實質搜索之「檢查」行為，亦不符合上述得檢查交通工具之規定。

3. 搜索程序不符合刑訴法規定

本案原先係因汽車違規停車而進行臨檢，轉換成因判斷乙可能持有毒品或其他違禁品之刑事犯罪嫌疑，為發現或蒐集其犯罪證據而實施之對人之搜索及對物之搜索，自應遵守刑訴法第十一章所定之搜索程序，方屬適法。然員警甲並未聲請搜索票，且亦無現行犯逮捕民眾乙而得附帶搜索或符合刑訴法第131條第1項得逕行搜索之情事；是本件搜索並不符合刑訴法第128條第1項、第130條、第131條第1項之規定。審酌本案案發時，乙已多次明確拒絕搜索，甲仍重複不斷徵求乙同意，且本案發生時，乙雖有友人陪同在場，惟在場員警有甲等共5人，又乙係於甲表示要拖吊本案汽車及加以逮捕乙後，方同意接受甲對其身體或本案汽車之搜索，縱甲主張本案汽車確有違規停車，而乙亦確為假釋人口，僅係告知可能之法律效果，然綜觀前揭過程，堪認乙之自主意識已受影響，復參酌甲亦未遵循刑訴法第131條之1之規定，將乙同意之意旨記載於筆錄由乙簽名或出具書面表明同意之旨，堪認乙同意搜索並非出於自願性同意，故本件搜索並不符合刑事訴訟法第131條之1同意搜索之規定[8]。

4. 搜索行為因欠缺違法性認識阻卻犯罪之故意

本案員警甲確係一再徵求受檢人乙之同意，於乙口頭表示同意後方進行搜索，雖乙之同意並非「自願性同意」，仍可認甲係誤認符合警職法第6條至第8條及刑訴法第131條之1之規定而為法律所容許，始基於

---

8 所謂同意搜索，搜索人員應於詢問受搜索人同意與否前，先行告知其有權拒絕搜索，且於執行搜索過程中受搜索人可隨時撤回同意而拒絕繼續搜索，即受搜索人擁有不同選擇的權利；另執行搜索之書面只能在搜索之前或當時完成，不能於事後補正，否則其搜索難認合法。參照最高法院108年度台上字第839號刑事判決。

警職法第1條維持公共秩序及保護社會安全之意思進行搜索，否則甲大可不必再三徵求乙之同意，而直接對乙進行搜索，是甲於行為時，係誤信有上開阻卻違法事由之存在，此種所謂阻卻違法事由之錯誤，學說稱之為「容許構成要件錯誤」。[9]是以，甲本案搜索行為因欠缺違法性認識，阻卻犯罪之故意；惟甲對上開阻卻違法事由之前提事實是否存在，有一定之注意義務，甲違反該注意義務，仍應負過失責任，然刑法第307條違法搜索罪並無處罰過失犯之規定，依罪刑法定原則，自不得以刑章相繩。

5. 本案基於「罪證有疑利於甲」原則論知甲無罪

法院審酌檢察官所舉事證，認並未達於通常一般之人均不致有所懷疑，而得確信甲確有刑法第134條公務員假借職務上之權力、機會，故意犯違法搜索犯行之程度，即尚有合理之懷疑存在，依前開規定與判決意旨及「罪證有疑利於甲」原則，應為有利於甲之認定，而認員警甲被訴公務員假借職務上之權力、機會，故意犯違法搜索罪之犯行尚屬無法證明。本件既不能證明甲確有公訴意旨所指罪行，自應為甲無罪之論知。

（三）本案之評析

1. 員警甲所為不符盤查法定程序

員警甲對民眾乙所實施之作為不符合警職法第6條至第8條身分查證、檢查及刑訴法第128條第1項、第130條、第131條第1項、第131條之1之搜索規定，客觀行為不為法律所容許，自無法阻卻其違法性。惟法官審理後以「本案搜索行為因欠缺違法性認識，阻卻犯罪之故意」判斷違法搜索成立，因刑法第307條不處罰過失犯，故對甲判決無罪，可

9　在採限縮法律效果之罪責理論者，認為容許構成要件錯誤並不影響行止型態之故意，而只影響罪責型態之故意，亦即行為人仍具構成要件故意，但欠缺罪責故意，至於行為人之錯誤若係出於注意上之瑕疵，則可能成立過失犯罪。參照最高法院102年度台上字第3895號刑事判決。

謂用心良苦。但後述探討之中壢員警盤查音樂老師詹女案的法官見解已有改變趨勢，認為警察無從阻卻犯罪之故意及違法性。

本案員警甲僅因發覺毒品前科假釋之受檢人乙，及曾被其於三個月前查獲施用毒品案件之另一男子，站立在違規停放於紅線之本案汽車旁，旋上前盤查；另一在場員警丙於審理中證稱：當時是因為受檢人乙在紅線路段違規停車，我們盤查他的身分時，發現我們在2017年11月就曾經盤查過他，他是毒品列管人口，且當時一同在場的男子，先前也曾經有毒品案件。2位警察初始僅以受檢人有前科、曾犯案即列為臨檢盤查之對象，此種任意盤查的執勤方式已違反臨檢之行政正當法定程序，違反「保護人民權益」之規定，等於是濫檢與過當之執法[10]。

2. 警職法「檢查」與刑訴法「搜索」應區別運用方式

員警甲僅因受檢人乙未承認該車係其所有，基於違法搜索之犯意，未經受檢人之自願性同意，假借執行警察職權之權力，擅以拍搜之方式執行過去一再為人詬病的「假檢查之名行搜索之實」，檢查其身體及所攜帶之香煙紙盒，不依法律及作業程序恣意妄為之舉，引起各界撻伐，也讓警察執法威信盡失[11]。警職法之臨檢盤查係以身分查證為目的，警職法第7條第1項第4款及第8條第2項分別規範對受檢人身體及交通工具之「檢查」，因侵犯行動自由與駕駛自由之基本權程度較

---

10 平面媒體一則〈新店戰神栽了，模範警察遭控違法搜索被起訴〉的報導，瞬間引爆網路上挺警、反警兩派廝殺混戰，也再次掀起「司法挺不挺警察」的論戰。其實，若讀者經常閱讀新聞的話，也會發現警方違法搜索的新聞已是舊聞了，但警方違法濫權與缺乏法治的行為卻始終屢見不鮮。到底是民眾自己「心虛」，還是警方需要加強法治教育呢？參閱聯合新聞網（2018.7.10），司法挺不挺警察？先問問警察合法執行公權力了嗎？，https://opinion.udn.com/opinion/story/12322/3244933?utm_source=opinionlinemobile&utm_medium=share，閱覽日期：2024.4.6。

11 出事的是一位號稱「新店戰神」的警員，這位警員向來查緝毒品績效優良而獲得此一威名，不過最近因為對一位有毒品前案紀錄的民眾搜索，檢察官認為這位警員沒有搜索票，也沒有經過林男同意就進行搜索，已涉嫌妨害自由罪而遭起訴，可能是這位警員對法律的認知不足，你會說個人的問題不應該無限上綱，會不會是筆者自己以偏概全來汙名化警察群體。法盲是如何煉成的？從一位警員到一整個警局都對法律如此無知，社會大眾向來最愛諷刺法律人，說懂中文就會懂法律，那為什麼條文都寫得清清楚楚，做起來卻完成是另一回事，如果不是真的笨，那就是壞，故意當成沒有看到，背後的動機是什麼，說穿了就是為了績效二字。參照王子榮（2018.7.18），波麗士大人的法盲症候群，蘋果日報。

高，在構成要件上相較於查證身分有比較嚴謹的限制，容易遭到警察誤用。「檢查」與「搜索」之區別，在於警察僅得以目視之方式檢查受檢人及交通工具，不得為物理上之侵入身體、翻搜，例如僅得目視車內有無犯罪之物品、自小客車車牌是否有偽造、變造。警職法「檢查」之方式，概分為3項：(1)由受檢人身體外部及所攜帶物品之外部觀察，並對其內容進行盤問，即一目了然法則之「目視檢查」，僅能就目視所及範圍加以檢視（最高法院109年度台上字第4337號刑事判決）；(2)要求受檢人出於自願提示其所攜帶之物品，並對其所提示之物品進行詢問，執行之方式同「目視檢查」；(3)未得當事人同意，即得以手觸摸其身體衣物及所攜帶之物品外部，此相當於美國警察實務上所稱之「拍搜」（frisk），以防止執勤人員受到突襲式攻擊為目的（許福生、蕭惠珠，2023：41-42）。其中受檢人自願提供物品接受警察檢查，即所謂「同意檢查」方式，實務上可參照刑訴法第131條之1「自願性搜索」規定實施，但應在盤查現場由執勤警察向受檢人「口頭徵詢同意」並錄音錄影，始可執行[12]。

3. 重新審視妨害公務構成要件

本案從判決書所述之盤查過程檢視，員警當下明顯恣意妄為。另外從盤查過程的對話分析，現場警民雙方言語劍拔弩張，民眾乙不滿無故被不斷要求同意搜索而回嗆員警甲，並於事後檢舉提告，而員警甲因不滿遭到乙回嗆而被激怒，致未能理性考量執勤違法問題，以其過去慣性的不當方式實施臨檢盤查，執行違法搜索而不自知，甚至以對刑法妨害

---

[12] 「任意性提示受檢物品」，係指當事人自願性提示受檢物品供警察檢查，而該「任意性」之意義，參照實務上針對刑訴法第131條之1「自願性搜索」規定所稱「自願性」之說明，係指必須出於同意人之自願，非出自於明示、暗示之強暴、脅迫，故應綜合一切情狀包括徵求同意之地點、徵求同意之方式是否自然而非具威脅性、警察所展現之武力是否暗示不得拒絕同意、拒絕警員之請求後警察是否仍重複不斷徵求同意、同意者主觀意識之強弱、年齡、種族、性別、教育水準、智商、自主之意志是否已為執行檢查之人所屈服等加以審酌。參考最高法院106年度台上字第3908號、臺灣高等法院109年度上訴字第1166號刑事判決。

公務構成要件的錯誤認知[13]，當場揚言「你恐嚇我，是不是？那我要逮捕你，依刑法第135條規定，你在強迫、脅迫公務員是不是？」本案員警甲如果能控制不理性情緒，從容不迫接執行警職法第4條告知事由程序及第6條至第8條臨檢盤查或道路交通管理處罰條交通稽查切入執法，並妥適蒐證，或許能符合刑法妨害公務得逮捕之要件。

二、中壢女老師拒盤查遭大外割案

（一）案例事實與爭點

　　警員甲於2021年4月22日上午8時47分許執行勤務，負責巡邏轄區內治安要點路段，行經某路前，見乙女獨自行走在公共道路的路邊，員警甲在沒有符合警職法可發動身分查證之要件，要求乙女告知姓名、身分證字號等資料，並佯稱：「怕妳有沒有被報失蹤」云云，經乙女以員警甲依法無據為由，拒絕提供上開個人資料，並要求離去後，員警甲即以身體阻擋乙女離去，令乙女需配合返回派出所查驗身分。嗣因乙女多次向員警甲詢問其遭臨檢、盤查之原因及依據，員警甲均未明確告知攔檢、盤查之事由、依據，乙女遂對員警甲濫行執法過程心有不滿，並批評：「真的很蠢」、「你做的事情違反你的工作」等語，而員警甲以乙女於其依法執行職務時當場侮辱，係犯妨害公務罪嫌之現行犯為由，而進行逮捕，乙女當下拒絕並加以抵抗，員警甲為逮捕乙女而發生拉扯，並將乙女摔倒於道路，又將其壓制在地，造成乙女受有右側前臂手肘擦傷、左側腕部擦傷、右側膝部擦傷等傷害，嗣員警甲將乙女逮捕上銬，並帶回派出所接受調查，嗣後將乙女解送至分局及地檢署應訊。

　　本案爭點：第一，員警之行為是否符合身分查證之規定？第二，員

13　參照最高法院111年度台上字第4247號刑事判決，刑法第135條第1項所定之強暴妨害公務罪，以對於公務員依法執行職務時，施強暴脅迫為要件。所謂「依法執行職務」，係指依據法令於職權範圍內執行其應為或得為之事項。所稱之「強暴」，係意圖妨害公務員職務之依法執行，而以公務員為目標，實施一切有形物理暴力，不問其係對人或對物為之均包括在內。詳言之，妨害公務罪之目的，無非係對公務執行之保護，亦即維持合法公務職責之功能實現，苟對執行公務之公務員人身或所使用之工具施以物理有形力，阻礙公務之履行時，自屬強暴妨害公務。

警可否依妨害公務執行之現行犯逕行逮捕？第三，員警有無涉犯強制罪
與剝奪他人行動自由罪之主觀犯意？

（二）本案之偵審結果

1. 警方之移送

本案發生於2021年4月22日，警方以乙女涉犯刑法第140條侮辱公
務員之妨害公務罪嫌移送地檢署。

2. 乙女之提告

乙女則於2021年4月25日提告員警甲涉犯刑法第134條、第304條第
1項、第277條第1項及第302條第1項之公務員假借職務上之機會故意犯
強制、傷害、妨害自由等罪嫌。

3. 檢方之處理

(1) 最初甲男及乙女均不起訴處分

桃園地檢署於2021年10月25日針對甲、乙等妨害公務等案件偵查
終結，認為應該不起訴處分。其最主要理由認為：本件經調查之結果，
被告甲為警員，其攔檢、盤查告訴人乙女之執法作為，與警職法第6條
第1項第1款之規定未合，以致告訴人乙女之相關權利遭受侵害固有不
當之處，然其主觀上應係誤認本件已符合上開法律所定「合理懷疑」之
門檻，實無以強暴或脅迫之方式迫使告訴人乙女行無義務之事或妨害其
行使權利之強制故意。又被告員警甲之攔檢、盤查行為既有違法失當之
處，則乙女雖有出言辱罵員警甲之舉措，亦難以妨害公務罪責相繩。再
者，員警甲主觀上因認告訴人乙女已涉犯侮辱公務員罪嫌，係犯妨害公
務罪之現行犯，依法得對告訴人乙女進行逮捕，然遭告訴人乙女抗拒，
故以強制力逮捕之，然因員警甲違法攔檢在先，以致本件事實上並無阻
卻違法事由之存在，惟員警甲主觀上既對阻卻違法事由有認知錯誤，且
執行逮捕行為之過程，尚符合比例原則，自難令其擔負妨害自由、傷害
及過失傷害等刑事罪責。此外，復查無其他積極證據足認員警甲、乙女
有何告訴暨報告意旨所載之犯行，揆諸首揭法條及判例意旨，應認其等

犯罪嫌疑均有未足。故依依刑訴法第252條第10款規定，爲不起訴之處分（臺灣桃園地方檢察署檢察官110年度偵字第15747號、110年度偵字第35111號不起訴處分書）。

(2) 經乙女再議後最終起訴員警甲

因不服員警甲妨害自由案件經不起訴處分，告訴人乙女於2021年12月2日聲請再議，經臺灣高等檢察署檢察長命令發回續行偵查，桃園地檢署於2022年7月6日偵查終結，認應提起公訴，其最主要理由認爲：本案依上開客觀情形，自難認員警甲所爲攔檢行爲，符合警職法第6條第1項各款所定要件；且依客觀情形並無使員警甲誤認得對告訴人乙女攔檢之情事，員警甲所爲係屬違法攔檢。故所爲係犯刑法第134條、第304條第1項之公務員假借職務上之機會故意犯強制罪嫌；以及犯刑法第134條、第302條第1項之公務員假借職務上之機會故意犯剝奪他人行動自由罪嫌。員警甲所犯各罪，犯意各別，行爲互殊，請予分論併罰。至於乙女雖於遭員警甲逮捕過程中受傷，惟員警甲以乙女爲涉犯妨害公務罪嫌現行犯爲由而逮捕乙女，堪認員警甲係基於妨害自由之犯意，而對乙女施以強暴行爲，難認員警甲另有傷害之故意，自不另論以傷害犯行（臺灣桃園地方檢察署110年度偵續字第455號刑事起訴書）。

4. 院方之刑事判決

臺灣桃園地方法院2023年1月31日判處員警甲犯公務員假借職務上之機會強制罪，處有期徒刑四月，如易科罰金，以新臺幣1,000元折算一日；又犯公務員假借職務上之機會剝奪他人行動自由罪，處有期徒刑陸月。前者可易科罰金，但後者因依刑法第134條規定，加重其刑至二分之一，致最重本刑爲七年六月之有期徒刑，不符合刑法第41條得易科罰金之要件。最後，員警甲放棄上訴全案定讞。判決主要觀點分析如下（臺灣桃園地方法院111年度矚訴字第3號刑事判決）：

(1) 難認符合警職法第6條第1項任一款之要件

警職法第6條第1項第1款所稱「合理懷疑」，需有客觀之事實作爲判斷基礎，而非警察主觀上單純之臆測或第六感，必須是根據當時之

事實，警察依據其執法經驗所作合理推論或推理，方可構成「合理懷疑」。依據法院當庭勘驗員警甲值勤時配戴之密錄器錄影檔案內容，乙女當時獨自行走在公共道路外側，外表整潔、神色正常，並無濫用毒品後精神異常、泥醉或其他生命、身體將發生具體危害之跡象，亦沒有公然攜帶違禁物、武器、易燃物、爆裂物或顯為贓物之物品或有其他參與犯罪或即將犯罪之徵兆，更無與有上述行為、徵兆之第三人有互動關係，乙女亦非由犯罪現場步行而出，且員警甲攔檢乙女時，乙女除質疑員警甲盤查之法律依據外，亦無攻擊、衝撞警察或加速逃逸之行為，難認員警甲符合警職法第6條第1項任一款之發動查證要件。

又縱認員警甲依其擔任轄區員警之經驗，認為案發地點附近有許多旅館、遊藝場所等，故為治安重點區域，常有毒品及相關衍生案件，然乙女於白日在公共道路上行走，顯與上開有治安疑慮之場所無直接關係，員警甲僅因乙女經過上開場所外部，即率然對其發動身分查證，自顯無理由。換言之，倘若一般人僅因行經值勤員警認為常有治安疑慮之旅館、遊藝場所外部，即可構成「合理懷疑其有犯罪之嫌疑或有犯罪之虞者」之盤查要件，則一般人都將難逃警方任意盤檢之強制措施，並將使警職法第6條第1項第6款：「行經指定公共場所、路段及管制站者。」第2項：「前項第六款之指定，以防止犯罪，或處理重大公共安全或社會秩序事件而有必要者為限。其指定應由警察機關主管長官為之。」之嚴格的查證發動要件徹底遭到架空，形同具文。

(2) 係屬違法攔檢自非「依法執行職務」

參之員警甲供稱：伊當時婉轉向乙女表示怕乙女被報失蹤，是因為若直接表明懷疑乙女是毒品人口，可能會引起人民反感、反抗等語，則客觀上，員警甲並非對乙女援引警職法第6條第1項任一款之查證依據，則乙女認為員警甲盤問其姓名、身分證字號缺乏法律依據，自屬合情合理，乙女要求直接離開現場去上課，員警甲自無攔阻乙女之合理依據，詎員警甲仍以身體阻擋乙女離去，並要求其等待支援警力到場並到派出所查驗身分，自已構成以強暴方式妨害乙女之行動自由權利。

本案案發當時，依前述分析之客觀情形，並無使員警甲發動對乙女

身分查證之要件,員警甲所爲係屬違法攔檢,並已先行觸犯刑法之強制罪,自非「依法執行職務」。

(3)「眞的很蠢」等語屬合理評論公務員違法行爲之言論

刑法第140條規定:「於公務員依法執行職務時,當場侮辱或對於其依法執行之職務公然侮辱者,處一年以下有期徒刑、拘役或十萬元以下罰金。」由客觀的文義解釋,該條之構成要件之一,須行爲時爲該公務員「依法執行職務時」;而「侮辱」係以使人難堪爲目的,用言語、文字、圖畫或動作,表示不屑、輕蔑或攻擊之意思,而足以對於個人在社會上所保持之人格及地位,達貶損其評價之程度。

在此事件脈絡發展之下,乙女於行動自由權利遭到員警甲不法侵害之時,對員警甲之違法行爲評論道:「眞的很蠢」、「你做的事情違反你的工作」等語,自屬於捍衛自己權利並合理評論公務員違法行爲之言論,而非意在貶損員警甲個人在社會上所保持之人格及地位。

(4)以現行犯逮捕難認係合法執行職務無從阻卻犯罪故意及違法性

乙女之上開言論並無構成刑法第140條之妨害公務罪之虞,員警甲自無從依據刑訴法第88條第1項之規定,以現行犯逮捕乙女,是員警甲將乙女壓制在地進而逮捕乙女,並對乙女上銬,嗣將乙女帶返派出所,均難認係合法執行職務之行爲,無從阻卻其犯罪之故意及違法性。

5. 院方之民事判決

本案當事人間請求國家損害賠償事件,桃園地方法院於2024年8月8日言詞辯論終結,同年9月12日判決中壢分局應給付乙女20萬780元,並須自2023年3月20日起至清償日止,按周年利率5%計算利息,訴訟費用由中壢分局負擔十五分之一,其餘由乙女負擔,至於乙女其之訴駁回。

其判決主要觀點爲:乙女主張其受公務員職務上侵權行爲之事實,包括「乙女遭警員甲違法盤查、逮捕」、「乙女於興國派出所接受調查時,遭警員甲施用手銬、腳銬」部分,係爲中壢分局所屬公務員職務上侵權行爲,不法侵害乙女之自由、身體。是乙女依國家賠償法第2

條第2項前段、第5條、民法第195條第1項規定，請求被告負國家賠償責任，於法自屬有據。至其所主張「時任中壢分局長接受媒體訪問發言」部分，則難認分局長有何不法發言，致乙女名譽權受侵害之情事，此部分主張自屬無據。因而中壢分局應對「乙女遭警員甲違法盤查、逮捕」、「乙女於興國派出所接受調查時，遭警員甲施用手銬、腳銬」負國家賠償責任（臺灣桃園地方法院112年度國字第17號民事判決）。

表13-1　本案偵審結果分析一覽表

案例事實	2021年4月22日，警員甲於8時許執行巡邏勤務，行經某治安要點前見乙女獨自行走在公共道路的路邊，見其行跡可疑便發動身分查證，要求乙告知姓名等資料，並佯稱：「怕妳有沒有被報失蹤」云云，經乙以甲依法無據拒絕提供個資並要求離去，甲即以身體阻擋乙離去並令乙需配合返回派出所查驗身分。嗣乙多次詢問其遭盤查原因及依據，但甲均未明確告知，乙遂對甲濫行執法過程心有不滿並評論道：「真的很蠢」等語，甲便認乙於其依法執行職務時當場侮辱，而以犯妨害公務罪嫌現行犯逮捕，乙女當下拒絕並加以抵抗，造成乙女多處擦傷，乙女被逮捕上銬後帶回派出所接受調查。
警方之移送	以乙女涉犯刑法第140條侮辱公務員之妨害公務罪嫌移送地檢署。
乙女之提告	提告員警甲涉犯刑法第134條、第304條第1項、第277條第1項及第302條第1項等罪嫌。
檢方第一次處理	2021年10月25日，以員警甲違法攔檢在先，故非依法執行職務，但主觀上既對阻卻違法事由有認知錯誤自難令其擔負刑事罪責，故均不起訴處分。
乙女提出再議	因不服員警甲妨害自由案件經檢方不起訴處分，告訴人乙女於2021年12月2日聲請再議，經臺灣高等檢察署檢察長命令發回續行偵查。
檢方第二次處理	發回偵查後，檢察官難認員警甲所為攔檢行為符合規定，且依客觀情形並無使員警甲誤認得對乙女攔檢之情事，2022年7月6日故起訴甲。
本案爭點	1. 員警實施查證身分之合法要件為何？ 2. 員警之行為是否為依法攔查及臨檢之執行職務？ 3. 員警可否依妨害公務執行之現行犯逕行逮捕？ 4. 員警有無涉犯強制罪與剝奪他人行動自由罪之主觀犯意？

（接下表）

地院之 判決	1. 2023年1月31日刑事判決（均未上訴刑事判決定讞） (1) 難認符合警職法第6條第1項任一款之要件。 (2) 係屬違法攔檢自非「依法執行職務」。 (3) 「真的很蠢」等語屬合理評論公務員違法行為之言論。 (4) 以現行犯逮捕難認係合法執行職務無從阻卻犯罪故意及違法性。 (5) 犯公務員假借職務上之機會強制罪，以及犯公務員假借職務上之機 　　會剝奪他人行動自由罪，犯意各別，行為互殊，應予分論併罰。 2. 2024年9月12日民事判決 中壢分局應對「乙女遭警員甲違法盤查、逮捕」、「乙女於興國派出 所接受調查時，遭警員甲施用手銬、腳銬」負國家賠償責任。

資料來源：作者自製。

（三）本案之評析

1. 本案例不符盤查合法性要件

　　就本案例而言，縱認甲依其擔任轄區員警之經驗，認為案發地點附近有許多旅館、遊藝場所等，故為治安重點區域，常有毒品及相關衍生案件，現乙女白日在此公共道路上行走，尚與上開有治安疑慮之場所無直接關聯，不能僅因乙女經過上開場所外面，即率然未援引警職法第6條第1項任一款對其發動身分查證，則甲盤問告訴人姓名、身分證字號即缺乏法律依據。況且縱使「該處為治安重點區域」，但依據警察勤務條例第18條規定：「勤務執行機構應依勤務基準表，就治安狀況及所掌握之警力，按日排定勤務分配表執行之，並陳報上級備查；變更時亦同。」因本案未事先依勤務表所規劃之指定路段、路檢點經分局長核定後規劃實施者，亦非經分局長事先核定臨檢之公共場所，不能作為全面「集體盤查」依據，仍應回歸警職法第6條第1項第1款至第5款之「個別盤查」要件之適用（如表13-2所示）。

表13-2　個別盤查與集體盤查之區別

	個別盤查	集體盤查
依據	警職法第6條第1項第1款至第5款	警職法第6條第1項第6款
要件	以現場員警五官六覺對於盤查現場之人的行為、物的狀況或整體環境考量。	以防止犯罪，或處理重大公共安全或社會秩序事件而有必要者為限，其指定應由警察機關主管長官為之。
程序	執法員警有「合理懷疑」受檢人有犯罪之嫌疑或有犯罪之虞，始得依法採取。	依勤務表所規劃之指定路段路檢點，係經分局長以上長官核定後規劃實施且所核定者，係依據轄區全般治安狀況、過去犯罪紀錄、經常發生刑案之地點及「治安斑點圖」等綜合研判分析所得；仍應注意必要性與比例原則之遵守。

資料來源：作者自製。

　　本案員警甲實施盤查，僅憑該路段為治安較複雜區域，見乙女攜帶多件行李，逆向獨自行走經過旅館前，加上面容較為消瘦，眼神看似疲倦，便主觀認為乙女形跡可疑，懷疑可能係犯罪或失蹤人口，故對乙女實施個別臨檢、盤查，而且乙女一直不配合提供姓名及年籍資料供查證（因其認為警察係違法盤查），便跟乙女說如果再不配合，依法可以帶回派出所查驗身分（錯誤認為適法），因失蹤人口、行跡可疑不等於「合理懷疑其有犯罪之嫌疑或有犯罪之虞」（許福生、蕭惠珠，2023：29-30），率然對其發動身分查證，自無理由。警職法第6條第1項第6款之「公共場所及路段」為不確定的法律概念，所謂公共場所，係指供不特定多數人集合、逗留、遊覽或利用之場所，如公園、道路等；所稱公眾得出入之場所，係指不特定人得隨時、自由出入之場所，如餐廳、旅館、百貨公司等，而其出入是否隨時、自由，需視場所之實際情形而定，例如商店為公眾得出入之場所，但在打烊後與一般私人住宅無異，非屬公共得出入之場所（陳景發，2024：218-220）。本案員警甲及中

壢分局事後發布新聞所述的「治安重點區域」[14]，不能與警職法規範之「公共場所及路段」劃上等號，其認定必須依相關之治安情資綜合分析及同法第6條第2項規定之程序核定後，才是防止犯罪之「治安熱點區域」，不是僅憑個別警察經驗上的主觀認定，而且在廣泛的「公共場所及路段」臨檢盤查，身分查證發動仍應符合警職法第6條第1項第1款至第5款之要件，否則任意性攔查的執勤手段與方式即有濫權、過當之虞。監察院在本案糾正文即列出「在治安熱區隨機盤查民眾、未落實教育訓練、現行犯一律上銬違反比例原則及分局未釐清法律適用、檢討缺失致形象受損」等四大缺失亟待改進[15]。

因警職法第6條第1項第1款所定「合理懷疑其有犯罪之嫌疑或有犯罪之虞者」，需有客觀之事實作為判斷基礎，而非警察主觀上單純之臆測或第六感，必須是根據現場之事實，警察依據其執法經驗所作的合理推論或推理，始得對乙女進行身分查證，本案就攔停事由、身分查證方式及後續逮捕等一連串作為，不符合盤查合法性要件及比例原則，而既然是非法臨檢即屬不依法令執行職務，亦屬非法逮捕。如此，乙女要求直接離開現場，自屬合法合理，詎員警甲仍以身體阻擋告訴人離去，並要求其等待支援警力到場並到派出所查驗身分，已構成以強暴方式妨害乙女之行動自由權利，判決有罪，誠屬合理（許福生，2023：54）。

2. 本案員警甲不知依法正確使用警銬

本案員警甲因違法臨檢在先，導致後續誤認以妨害公務現行犯逮捕乙女為合法，實際上臨檢現場為非法逮捕、上銬，帶回派出所駐地詢問時，又同時使用警銬及腳鐐，全部過程均未參酌刑訴法第88條現行

---

[14] 參閱自由時報（2021.4.23），李永得事件翻版？音樂女老師路上拒警盤查 被上銬送辦，https://news.ltn.com.tw/news/society/breakingnews/ 3509111，閱覽日期：2024.4.6。

[15] 參照監察院111內正0004詹女臨檢案糾正文，所謂「治安熱點（區）」係各分局依據轄內全般治安狀況所劃定，作為勤務規劃的重點區域，至於警察執行職務是否合法適當，仍回歸相關執行職務法律檢視之。本案葉員臨檢地點雖屬中壢分局劃定的治安熱點（區），但未依警職法第6條第1項第6款及同條第2項指定等語。足見中壢分局於案發時之對外說明，混淆「治安熱點」與警職法第6條第1項第6款「指定公共場所、路段及管制站」之法定要件，核有重大違失。

犯逮捕、第89條拘逮之注意、第89條之1拘捕使用戒具及比例原則、第90條強制拘捕[16]、警職法第3條比例原則、第4條表明身分及告知事由、第6條合理懷疑、第19條第1項管束、第29條異議之表示與處理、警察人員使用警銬規範第2點、第5點[17]、警察機關拘捕留置人犯使用警銬應行注意要點第4點、第5點[18]，及執行拘提逮捕解送使用戒具實施辦法第5條[19]、第8條等規定，甚至警察分局長及在場警察同僚亦依慣例錯誤認知，認本案為符合法令規定使用警銬及腳鐐之行為[20]。

限制行動自由，屬對於身體之強制，並具有犯罪之標籤效果，影響名譽，對於犯罪嫌疑人基本權構成干預，警察在執行拘提、逮捕、詢問或解送目的之範圍內，應依上述法令規範意旨，先綜合當時情狀審酌有無使用警銬之必要，若有必要時始得使用警銬拘束受檢人或犯罪嫌疑人行動自由，且所使用之戒具應以手銬為原則，非有所涉犯嫌為重罪、拒

---

16 第88條第1項：「現行犯，不問何人得逕行逮捕之。」第89條之1：「執行拘提、逮捕或解送，得使用戒具。但不得逾必要之程度。」第90條：「被告抗拒拘提、逮捕或脫逃者，得用強制力拘捕或逮捕之但不得逾必要之程度。」

17 第2點：「警察人員執行搜索、扣押、拘提、逮捕、解送、借提或其他法律明定之強制措施時，為避免被告、犯罪嫌疑人或其他依法受拘束之人抗拒、脫逃、攻擊、自殺、自傷或毀損物品、並確保警察人員、在場相關人員或第三人之安全得使用警銬。前項情形，警察人員因故無法有效使用警銬時，得使用其他足以達成目的之物品。」第5點：「警察人員使用警銬，除有特殊情形需於腳鐐上銬外，應以銬手為原則。其有事實足認有脫逃、被劫持或對他人施強暴脅迫等情形之虞時，或所犯為死刑、無期徒刑或最輕本刑為十年以上有期徒刑之罪，除銬手外，並得加銬腳踝。」

18 第4點：「拘捕對象和平接受拘捕後，以迄留置期間，是否使用警銬，應審酌下列情形綜合判斷之：（一）所犯罪名之輕重；（二）拘捕時之態度；（三）人犯體力與警力相對情勢。（四）證據資料蒐集程度；（五）有無脫逃之意圖；（六）人犯之身分地位。」第5點：「人犯留置期間，基於事實需要，以使用手銬為原則，非有必要不得使用腳銬。」

19 第5條：「使用戒具，以手銬為原則。但有下列情形之一者，得合併使用腳鐐、聯鎖、束繩或其他經法務部核定之戒具：一、所犯為死刑、無期徒刑或最輕本刑為十年以上有期徒刑之罪。二、拒捕或他人助其拒捕。三、有被劫持之虞。四、有脫逃或他人助其脫逃、自殘、暴行或其他擾亂秩序行為之虞。五、為避免被告或犯罪嫌疑人抗拒、攻擊或毀損物品，並確保執行職務人員、在場相關人員或第三人之安全。」

20 中壢警分局長表示，中壢後火車站一帶，包括詹女士行經的新興路，被分局列為治安要點，員警巡邏發現她行動倉促、神色緊張，心覺可疑便要求出示證件，詹拒絕出示證件，還與警員爆發口角，甚至以「很蠢」等詞語羞辱同仁，經調閱密錄器影像後，認為員警執勤態度並無不妥，全程也依照警察職權行使法第6條第1項第6款查證身分，經多次勸導無效後，才會依妨害公務移送桃園地檢署偵辦，參照監察院111內正0004詹女臨檢案糾正文。

捕、被劫持或脫逃之虞、自殘、暴行、毀損等必要情形，不得逕行使用腳鐐，以符合比例原則及法律保留原則（最高法院113年度台上字第548號刑事判決），其中警察在使用警銬的比例原則判斷上，常因配合媒體報導致生不適當的負面評論與結果，但不一定是警察之過[21]。本案監察院糾正文指出，警員於拘提逮捕過程中，執行拘捕時雖可依法施加戒具，但被告拘捕到場詢問時，仍應依具體事實衡酌有無警職法第20條所列要件，在最小限度內審慎使用戒具，且使用警銬銬腳應限於警銬使用規範第4點所列之特殊例外情形。如未考量實際狀況，僅因顧慮人犯脫逃風險，通案性對被告或犯罪嫌疑人一律併用手銬及腳鐐，即屬違反比例原則濫用戒具，而有侵害人權之虞（監察院111內正0004詹女臨檢案糾正文）。從本案及三重移工使用警銬觀察，警察不知合法正確使用戒具並非個案，尤其是同一個單位先有移工違法上銬，後有著便衣錯認民眾為通緝犯加以上銬逮捕[22]，這是警察實務執行的警訊，值得各級長官深思策進。

3. 本案成為扭轉警察違法執法之經典案例

　　本案桃園地檢署第一次不起訴處分所持之主要理由，如同新店戰神案的法官認定：警員甲誤認本件已符合警職法規定之「合理懷疑」要件，核屬容許構成要件錯誤之情形，阻卻罪責故意，僅負過失之責任。以往員警執行臨檢盤查時，只要涉及對民眾有妨害自由、違法搜索之行為時，若警察抗辯主張在盤查時以為自己具備阻卻違法事由，例如對方形跡可疑、有犯罪跡象達致合理懷疑之要求，主觀上不認為自己違法，就不會涉及故意犯罪，但仍要負過失責任；不過由於妨害自由及違法搜索不罰過失犯，最後往往不會被判刑定罪，檢察官亦不上訴，讓警察被

---

[21] 參閱聯合新聞網（2024.3.13），社工上銬違反比例原則 北市警局長認了！下午說明：將議處失職人員，https://udn.com/news/story/123967/ 7828077?from=udnamp_storysns_line，閱覽日期：2024.4.5。

[22] 參考聯合新聞網（2024.4.18），三重警誤認通緝犯抓人起衝突 法院勘驗錄影畫面，https://udn.com/news/story/7321/7908048?utm_source= lineweb&utm_medium=share，閱覽日期：2024.4.6。

告躲過刑事究責。如此，對部分警察慣用的違法臨檢方式，所產生的嚇阻效果相對較低，無助於改善警察以合法、合理的適當手段執勤，釋字第535號解釋及警職法第1條所欲保障的人民權益目的亦難達成。

必須先有合法的臨檢，才有後續的行政檢查、刑訴法搜索及刑事案件偵辦（許福生、蕭惠珠，2023：31），然而，本案判決認為案發當時，依當時客觀情形，並無使員警甲發動對乙女身分查證之要件，員警甲所為係屬違法攔檢，並可能先行觸犯刑法之強制罪，自非「依法執行職務」。而在此事件脈絡發展之下，乙女於行動自由權利遭到員警甲不法侵害之時，對員警甲評論：「真的很蠢」、「你做的事情違反你的工作」等語，並不會構成刑法第140條之妨害公務罪及第309條公然侮辱罪[23]，員警甲自無從依現行犯逮捕乙女，是員警甲將乙女壓制在地進而逮捕乙女等行為，均難認係合法執行職務之行為，無從阻卻其犯罪之故意及違法性，故而以妨害自由等「故意」犯論罪。本案雖員警甲及檢察官放棄上訴而定讞，無法看到二、三審法院之見解，但所有警察對此案法官判斷認定之改變，預期未來警察不符合理懷疑要件的身分查證爭議將會逐漸減少，而警察自認合法的「不依法令執行職務」，採以「誤認合法」抗辯亦會更加審慎[24]。此外，本案基於各界對警察機關如潮水般的批判，中壢分局為減少媒體對整體警察的負面評論，於案發當時在尚

---

23 刑法第309條規定係以刑罰（罰金及拘役）處罰表意人所為侮辱性言論，係對於評價性言論內容之事後追懲。侮辱性言論因包含可能減損他人聲望、冒犯他人感受、貶抑他人人格之表意成分，而有其負面影響。然此種言論亦涉及一人對他人之評價，仍可能具有言論市場之溝通思辯及輿論批評功能。又評價不僅常屬言人人殊之價值判斷，也往往涉及言論自由之保障核心：個人價值立場之表達。再者，侮辱性言論之表意脈絡及所涉事務領域相當複雜、多元，除可能同時具有政治、宗教、學術、文學、藝術等高價值言論之性質外（例如對發動戰爭者之攻擊、貶抑或詛咒，或諷刺嘲弄知名公眾人物之漫畫、小說等），亦可能兼有抒發情感或表達風格（例如不同評價語言之選擇及使用）之表現自我功能。故不應僅因表意人使用一般認屬髒話之特定用語，或其言論對他人具有冒犯性，因此一律認定侮辱性言論僅為無價值或低價值之言論，而當然、完全失去憲法言論自由之保障。法院於適用系爭規定時，仍應權衡侮辱性言論對名譽之影響及其可能兼具之言論價值。參照憲法法庭113年憲判字第3號判決理由肆、形成主文之法律上意見。
24 美國聯邦最高法院過去曾以司法正潔為證據排除法則的理論基礎，但嗣後的判決在排除證據時，即不再以司法正潔為理論基礎，只強調嚇阻理論嚇阻警察不法，參考王兆鵬（2024：49-52、55）。

未瞭解案件來龍去脈，即迅速以認知錯誤之法令見解滅火，結果提油救火治絲益棼，反而招致更多責難，給予警察相關首長當頭棒喝[25]，當然也給予四個月後發生的三重分局處理移工上銬案作為危機處理的借鏡；如此，本案可能成為扭轉警察不再以違法臨檢及檢查代替搜索手段之契機，也為警職法公布施行逾二十年以來，改變警察執法方式之經典案例，深值重視。

三、三重分局上銬移工案

（一）案例事實與爭點

員警甲於某日在某7-11超商前，因擔服備勤勤務，見外籍勞工乙女，遂上前盤查請渠出示相關身分證明文件影像檔，乙女雖未能立即從手機內找出身分證明之文件檔案，惟有告知其居住附近，並使用手機三方通話，由社工丙女及友人丁女透過手機通話功能欲向員警甲告知乙女為合法外籍勞工，詎員警甲均未先行查證，即強制要求乙女坐在椅子上並將渠之手上銬在椅上，後請派出所同事駕駛巡邏車至現場將乙女載回，經返回派出所後將其銬於勤務處所椅子上管束，後員警甲從乙女之手機內發現身分證明文件影像檔，見無可疑之處，即於同日某時許，解開手銬並駕車將渠載往他處後任其離去，管束時間約43分鐘。

本案爭點：第一，員警之行為是否符合身分查證之規定？第二，員警可否以上銬作為身分查證之干預措施？第三，員警有無涉犯強制罪與剝奪他人行動自由罪之主觀犯意？

（二）本案之判決

本案員警甲因妨害自由案件，檢察官提起公訴（臺灣新北地方檢察

署110年度偵字第35471號起訴書），經被告自白犯罪法院審理後認定，員警甲率以主觀上之臆測，以其執行職務之權力濫用對外籍勞工身分之查察，不符合警職法第6條、第7條及第19條管束等要件之規定，故其於超商前及派出所對乙女上銬剝奪其行動自由之行為，係犯刑法第302條第1項之公務員假借職務上之權力故意犯剝奪他人行動自由罪，應依同法第134條前段規定加重其刑判決：員警甲公務員假借職務上之權力，故意犯剝奪他人行動自由罪，處有期徒刑四月，緩刑二年。因員警甲與檢察官均未上訴而告定讞，判決重點說明如下（臺灣新北地方法院111年度審簡字第362號刑事判決）。

1. 員警之行為不符合身分查證規定

審酌員警甲身為執法人員，未謹慎拿捏執行職務之分際，率以主觀上之臆測，以其執行職務之權力濫用對外籍勞工身分之查察，並坦承有於超商前及派出所對乙女上銬等事實，致乙女身心受創，亦使人民對公權力產生不信任感，所為應予非難。況且證人即社工丙女證稱：當時通話中，我知道對方是警察，我有問警察要做什麼，對方沒有回應，我一直反覆問要做什麼，對方沒有回應，最後被掛斷等語。又證人友人丁女亦證稱：我有大聲問他是誰，他在做什麼，為何手機在他手上，我有看到他，我一開始以為是乙女拿手機，後來聲音慢慢變小，後來就看到畫面中出現警察的臉，當時是在視訊，我有對他說話，但他沒有回應。我一直跟他說話，我有加社工丙女進入對話；我用Messenger打很多次給乙女，都沒有通，我打給她5次，第五次約5點半左右乙女有接電話，她說她剛離開警察的車，她不知道自己在哪裡等語。

2. 上銬並非身分查證干預措施屬限制人民行動自由之行為

員警甲行為時係於派出所擔任警員，屬刑法第10條第2項第1款所指依法令服務於地方自治團體所屬機關，而具有法定職務權限之公務員，員警甲以警員職權對乙女上銬剝奪其行動自由，所為係犯刑法第302條第1項之公務員假借職務上之權力故意犯剝奪他人行動自由罪，應依刑法第134條前段規定加重其刑。因而依法加重後，已非屬「最重本

刑為五年以下有期徒刑以下之罪」，即無刑法第41條第1項前段規定所犯最重本刑為五年以下有期徒刑以下之刑之罪，而受六月以下有期徒刑或拘役之宣告者，得易科罰金規定之適用；惟受六月以下有期徒刑或拘役之宣告，不符刑法第41條第1項易科罰金之規定者，仍得依同條第2項折算規定，聲請易服社會勞動（刑法第41條第3項規定參照）。

3. 員警甲確有悔意予宣告緩刑

員警甲前未曾因故意犯罪受有期徒刑以上刑之宣告，其因一時失慮致罹刑典，事後坦承犯行，且已與乙女調解成立，乙女亦表示願宥恕被告，並請求法院給予其自新或緩刑之機會，堪認員警甲確有悔意，信其經此偵審程序，應知所警惕而無再犯之虞，是依刑法第74條第1項第1款規定，併予宣告緩刑二年，以啓自新。

（三）本案之評析

1. 執行身分查證應選擇適當手段執行

本案員警甲在毫無警職法第6條第1項任一款情況下臨檢盤查，曾引起對警察執法手段廣泛的討論與批評，為了績效而歧視外籍勞工，以及隨身攜帶證件≠隨時出示證件，呼籲警方「執法之前，先要守法」的基本概念[26]。經常受邀擔任警察機關學科常訓的施俊堯法官表示，在職警察回應何以不熟悉法規的原因，有「法條千萬條，記都記不牢」或「法律艱澀難理解」等不同說法，但其認為，員警不熟悉法規的真正原因，經過多年與在職員警的上課對答所得，或為不知如何將警察法規或警械使用條例常用法規，使用適當方式理解熟悉；或為未能詳細讀法條，配合情境思考應用，使之記在心；或為無法掌握法律規定的基本原則。以警械使用條例為例，使用相當重要的基本原則就是：對現時不法侵害，得使用警械；原因消滅，立即停止使用（施俊堯，2017：序X-XI）。同樣地，警職法第3條第2項亦規範「適時結束原則」，規範

---

26 吳忻穎（2021.8.30），為了績效而歧視？三重分局上銬移工案：再談警察盤查實務問題，https://opinion.udn.com/opinion/story/12626/ 5708635，閱覽日期：2024.4.6。

警察人員使用警察職權必須隨時隨地接受異議及自我反省約束，不能恣意濫權。

回歸法制面與實務面，倘若員警經綜合判斷符合警職法第6條第1項第1款合理懷疑盤查要件，如無法查證受檢人身分且有抗拒攔停或逃逸之虞時，雖得依警職法第7條規定將其帶往勤務處所查證，如遇抗拒時，得使用必要之強制力限制其離去（如按住其肩膀或拉住手腕），但警察情境務執行身分查證之方式，依比例原則之適當性及必要性有多種方法可以選擇，應選擇最適當手段執行。以本案為例，移工乙女雖未能立即從手機內找出身分證明之文件檔案，惟有告知員警甲其居住附近，並使用手機三方通話，由社工丙女及友人丁女透過手機通話功能向員警甲告知乙女為合法外籍勞工，員警甲不但未予理會，當場亦不使用M-Police或請求值班員警協助以警政資訊系統查詢，亦即尚有其他合規方式實施對乙女的身分查證，卻未選擇其他適當手段先行查證。此外，從檢察官起訴書所述「員警甲強制要求乙女坐在盤查現場的椅子上並將渠之手上銬在椅上，將乙女載回勤務處所查證，亦將其銬於派出所椅子上管束」，員警甲不熟悉警職法第7條第2項帶回勤務處所、第19條管束及第3條第1項、第2項比例原則之要件，是為導致其執行過當與妨害自由的主要原因。依法官事後審理判決認為「員警甲身為執法人員，未謹慎拿捏執行職務分際，輕率以主觀上臆測，濫用權力對外籍勞工身分查察，致被害者身心受創，所為應予非難，但考量他認罪，並與移工乙女和解、賠償，乙亦表示願意原諒，並請求法院給予其自新或緩刑機會，因此判刑四月、緩刑二年」及警政署後續列為案例教育而言，本案判決已達到嚇阻員警甲及其他第一線警察未來不予採行違法盤查手段之目的。

2. 實施盤查不應以「上銬」限制人民行動自由

警察及司法實務與民眾普遍的經驗認知，使用警銬為逮捕、拘提人犯、管束及強制力的使用（臺灣高等法院111年度上訴字第1722號、111年度上訴字第4138號刑事判決），以本案而言，員警甲的認知為警職法

之「使用強制力上銬管束」。警銬之使用，限制行動自由，屬對於身體之強制，並具有犯罪之標籤效果，影響名譽，對於犯罪嫌疑人基本權構成干預，依憲法第8條第2項、刑訴法第89條之1、第93條及警職法第3條、第19條、第20條之規範意旨，於確保拘提、逮捕或解送及管束目的之範圍內，非不得使用警銬拘束其行動自由，然應符合比例原則及法律保留原則（臺灣高等法院109年度上訴字第1616號、最高法院113年度台上字第548號刑事判決）。因此，警察對民眾執行上銬措施應依上述法律之規定實施，實施臨檢盤查時，不應動輒以「上銬」限制人民行動自由，且相關之管束干預措施，應符合警職法第3條及行政程序法第7條之比例原則，不得逾越必要程度，除非受檢人有其他犯罪事實，如當場辱罵員警或持械抗拒等違反刑事法令行為，符合刑訴法得以進行犯罪偵查時，方得以司法警察身分轉而適用該法之逮捕、搜索及扣押等司法程序（最高法院113年度台上字第502號刑事判決）。

3. 面對非依法定程序執法應依法究責

本案發生後，員警所屬之直接上級三重分局記取發生於四個月前中壢分局音樂老師案的前車之鑑，在瞭解案情過程始末後，立即透過媒體對移工乙女公開表示道歉，並承諾嚴辦員警甲所涉不法，報請檢察官依法偵辦，坦然面對員警執行警職法臨檢盤查錯誤的不當結果[27]，雖然仍有許多非難，但相較於監察院對中壢分局嚴屬批判指出「足見中壢分局於案發時之對外說明，混淆治安熱點與警職法第6條第1項第6款『指定公共場所、路段及管制站』之法定要件，核有重大違失」（監察院111內正0004詹女臨檢案糾正文），警察機關對個案員警行政不當或刑事不法宜坦然接受各界批評，並依法不枉不縱去面對、究責及後續策進，以免影響民眾對警察的執法威信與信賴。

---

[27] 中時新聞網（2021.8.17），三重警遭爆對移工上銬又丟包　分局長震怒嚴辦道歉，https://www.chinatimes.com/realtimenews/20210817002276-260402?chdtv，閱覽日期：2024.4.6。

四、小結

本文探討分析之個案均為近年來警察執行警職法之重大不當作為，進而產生受檢人提告或警察機關迫於時勢自行偵辦函送檢察官起訴，他律多於自律，分析如表13-3所示。

表13-3　違反警職法分析表

序號	案類	發生日期	判刑法條	有無上訴	備註
1	新店戰神違法搜索案	2017.12.10	刑法第134條、第307條違法搜索罪	無罪，警察與檢察官均未上訴	欠缺違法性認識，阻卻犯罪故意
2	中壢分局對音樂老師妨害自由案	2021.4.22	刑法第134條、第302條剝奪他人行動自由罪及第304條強制罪	有罪，警察與檢察官均未上訴	否認犯行，法官認定為故意犯
3	三重分局對移工妨害自由案	2021.8.6	刑法第134條、第302條剝奪他人行動自由罪	有罪，警察與檢察官均未上訴	自行認罪，故意犯
備考	1. 序號1發生於警職法施行十四年後，序號2、3發生於十九年後。雖然警職法迄今已施行超過二十年，但違反警職法臨檢盤查個案仍時有所聞。 2. 序號1、2均為受檢人提告由檢察官偵辦起訴，序號3雖為警察機關函送檢察官偵辦，但係迫於輿情發燒止損，顯示警察違法臨檢，民眾已不再採取容忍態度，值得警察人員警惕。 3. 三案均因未上訴而定讞，無法知悉二、三審法院見解，未來若有類似個案，難以預料檢察官、法官是否採取同樣的判斷見解，但序號2已開啟未依法令執行職務不能阻卻故意之窗。 4. 序號3因警察認罪，成立故意犯，輕判；序號2否認犯罪且未和解，相對於序號3為較重判刑。 5. 序號2發生近四個月後仍發生序號3，顯見序號2當時未引起第一線警察廣泛注意，但之後判決員警有罪後引起媒體廣泛報導，使其可能成為扭轉警察違法執法之經典案例。				

資料來源：作者自製。

肆、處置對策與策進作為

一、建立動態式執法步驟思維

依警職法第1條規定：「為規範警察依法行使職權，以保障人民權益，維持公共秩序，保護社會安全，特制定本法。」行政警察之職權，係以預防或壓制可能之犯罪為目的，於尚未察覺特定犯罪嫌疑時，警察雖得先依相關法令規定，以行政警察之職權而為相關舉措，然其後若發現有特定之犯罪嫌疑時，即應轉為司法警察之職權，而依刑訴法等相關規定行使其職務。又行政警察之職權，除須有法令之授權外，並應遵守比例原則、正當程序及個別職權發動之要件，且為能與司法警察所為「強制處分」有所區別，在行政警察之職權範圍內，僅得為不違反個人意願，或未對個人之身體、住居、財產等重要法益為實質上重大制約之「任意處分」（最高法院113年度台上字第502號刑事判決）。再者，警察職權對於個人法益仍生侵害或有侵害之虞，僅其侵害程度未達於司法強制處分而已，行使時應符合任意處分之方法、手段，故依警職法第6條至第8條等個別職權發動之要件觀之，應符合「必要性、合理性」要件及異議有理之適時結束臨檢原則，以資權衡維護治安與個人法益。動態式執法步驟思維如下。

（一）想好盤查事由及已生危害或客觀易生危害的要件

在發動臨檢盤查之前，依現場環境觀察受檢人車之狀況，先思考想好形成警職法或道路交通管理處罰條例的攔查（停）要件的白話說詞，不管是以關懷詢問、合理懷疑或交通稽查理由發動盤查，都要先想好如何應對民眾的異議與質疑，形成執勤的慣性作為，若連盤查要件的理由與合理性都無法講出來，盤查結果應該也無法達警職法的立法目的，接續而來的後遺症是接受可能違法的司法檢驗。以新店戰神及中壢女老師兩案為例，以治安要點為由攔查，人民行跡可疑不等於「有犯罪之嫌疑或有犯罪之虞」，警察宜破除有前科資料即符合攔停要件的思維，事先找到具體化異常行為表徵事由，不宜根據過去不當的盤查實例、經驗，

先攔查再找合理懷疑事由，倘若當下與受檢人應對說不出合理性攔查法律用語，經常會產生不符構成要件的違法臨檢結果，而無正當合法程序的臨檢，就沒有後續執行盤查、檢查及刑事搜索的條件，作奸犯科者因而逍遙法外（許福生、蕭惠珠，2023：29-33）。以本文解析三案的執勤員警甲，均未事先設想盤查事由即任意無差別方式臨檢，在遭到受檢人質疑、投訴及提出刑事告訴，經過檢察官與法官偵審差點身陷囹圄。

（二）表明警察身分及告知臨檢盤查事由

依據警職法第4條第1項規定：「警察行使職權時，應著制服或出示證件表明身分，並應告知事由。」其立法理由略以：「警察執行職務，為執行公權力之行為，為使人民確信警察執法行為之適法性，因此警察執行職務時，須使人民能確知其身分，並有告知事由之義務，爰於第一項規定。警察人員行使職權，既未著制服，亦未能出示服務證件，顯難澄清人民之疑慮。此時為保障人民免受假冒警察者之撞騙，應使其有權拒絕警察人員行使職權。」故警察對受臨檢人之告知事由，內容應包括法令依據、採取職權措施等項（內政部警政署107年11月15日警署行字第1070161225號函）。警察職權行使之告知事由與刑訴法第95條第1項之「罪名告知」，形式上之踐行方式及程度，本不相同，且身分查證與偵查初始，行政警察與司法警察身分處於浮動瞬變狀態，有關警職法告知事由之踐行，宜先依臨檢盤查當下所得掌握狀況及現場案發各項具體情境，適度賦予警察彈性之告知方式，只要使受告知人處於得理解之狀態即可，若經盤查檢查發現涉及刑事案件再依刑訴法相關程序處理。本文解析之3件個案就告知事由部分，從判決書內容以觀，均被認定違反前開條文告知之規定，其中監察院針對中壢分局音樂老師案更列為糾正重點。舉例言之，警察穿制服依警職法第8條規定攔停車輛，初始告知民眾臨檢事由為「依客觀合理判斷易生危害」，接續警察開始盤問與以M-Police查詢，確定為失竊車輛，此時警察轉為司法警察身分告知民眾事由為「騎乘使用失竊車輛」，有可能涉及竊盜案，若受檢人及犯罪嫌疑仍涉及其他刑案（例如妨害公務），仍應持續再一次以權利告

知書及載明警詢筆錄告知（臺灣高等法院109年度上易字第2084號刑事判決）。

　　警方行使職權過程中，穿著制服或出示證件，只要具備其一即可，不需二者兼備，足認警察執行勤務時已穿著制服，無庸再出示證件以表明身分，屬合法執行公務之行為（臺灣高等法院高雄分院111年度上訴字第154號、臺灣士林地方法院109年度易字第397號、臺灣新北地方法院111年度簡上字第184號刑事判決）。警察於第一線執行勤務時，遇有偵查犯罪之必要，如非故意未踐行揭示身分及告知事由之程序，且透過其他方式使人民確信警察身分，已達保護人民之規範目的。警察無法執行告知事由，不一定會產生人民得拒絕之效果，原因或係人民未給予合理足夠之時間，因此事實上難以踐行該程序，或係不顧警察生命、身體、自由所可能遭受之危害，甚至於情狀緊急之際等情。若仍一律要求警察應先告知事由後，方可執行職務，如執行臨檢詢問對話時，瞬間受到辣椒水或其他攻擊，在動態瞬變的過程中，履行告知義務亦恐失衡，反不足保障警察及其他人民之權益及犯行追緝[28]，而有失警職法第1條立法目的之達成[29]。

---

28 警員2人欲對被告執行通緝犯逮捕職務時，未穿著警察制服，也未出示警察證件，僅以言語表明為警察身分，並要求被告脫下口罩以確認是否為通緝犯之身分，雖與警職法第4條規定之警察行使職權時應著制服或出示證件表明身分等客觀要件未盡相符，然警員均有口頭告知係警察身分，並請被告脫下口罩以查驗是否為通緝犯而告知來意及事由，且於出示證件前即遭被告先持辣椒水噴灑，係屬「未及」出示證件，而非「全無」出示證件之動作及意願，且倘被告未先持辣椒水攻擊警員，警員亦已完足出示警察證件動作，亦即警員出示證件之舉先為被告噴灑辣椒水所剝奪，故警員對被告執行通緝犯逮捕職務所為上開舉動，難認與警職法第4條規定不符，客觀上仍應評價為依法執行警察職務。參照臺灣桃園地方法院111年度訴字第1224號刑事判決。

29 綜觀證人警察徐某所述，可知當日警方已知悉被告將進行毒品交易，而鎖定被告為犯罪嫌疑人，因而到場實施跟監，並執行逮捕勤務，其等均為刑警身分，雖未穿著制服，然證人於車內已有表明警察身分，而後警方駕駛之偵防車開始追捕，亦有開啟鳴笛，足認警方已表明其等身分。雖其等沒有告知執行勤務之事由，然依當時情狀，警察表明身分後，被告非但未讓警察下車，反而加速行駛，甚至由其他兩名共犯徒手壓制警方行動，依當時之狀況，實有相當之危險性，自難以期待警察仍能告知事由，況被告亦沒有停下車要求警察表明事由，也沒有給予警察足以表明事由之機會，應認本案警察執行逮捕勤務係合法執行公務。參照臺灣桃園地方法院110年度訴字第451號、臺灣高等法院111年度上訴字第2464號刑事判決。

（三）先打開密錄器錄下觀察異常或現場合理懷疑事由

　　盤查現場最重要的觀察參考條件為是否產生合理懷疑、有犯罪之虞，這樣的條件必須能說出符合經驗法則及論理的臨檢事由，以利告知受檢人，例如受檢人的衣著、行止個化、外觀、見警後的「異常行為表徵」，員警先從容如實唸出觀察表徵在密錄器之中，以利事後檢驗舉證，切勿急躁見人立即攔查要求出示證件，若沒有以密錄器錄下整個臨檢對話執勤過程，在事後有人檢舉、投訴或上社群媒體爆料時，經過調查可能被認定為違法臨檢或無差別的任意性攔停。以本文之三重分局上銬移工案為例，明顯不符合行為異常表徵，且有其他方式可以查證身分卻違法上銬帶回派出所；而新店戰神案從臨檢前的狀態觀察，僅是車輛違規的行為狀態，需由交通稽查切入著手，採取警職法的身分查證反而衍生為任意性臨檢及濫用職權；再如前客委會主委穿輕便運動服、夾腳拖在臺北轉運站1樓大廳，當他快速經過員警身旁時轉頭瞄了一眼，巡邏員警認為可疑，將他攔下，要求出示證件，引發民眾圍觀議論，員警當場不知如何應對善後[30]。

　　警察盤查時若欲排除心中的合理懷疑，並不一定採取要求民眾出示身分證明文件的措施，例如警察深夜巡邏時，看到1名男子在某棟豪宅外徘徊，合理懷疑其正要意圖行竊，如上前盤查臨檢，此時有兩種詢問方式，第一，請受檢人口頭表明身分資料供警察以M-Police載具查證；第二，請對方說明在場原因。如果受檢人已說明其正在等女友，且隨即有一女子出現證實確認，既已排除疑慮也經載具查詢留下受檢男女紀錄，警察原來之合理懷疑事由即已排除，依警職法第3條規定不一定要採取第7條讓民眾出示證件或帶回駐地查證之方式。所以從資料蒐集的必要性而言，警職法雖授權警察得對人民身分查證，但並非絕對使用這項措施，而是採取必要性及合理性的方式手段彈性處置。另警察對移工雖不能有歧視性盤查，但在非法外勞或偷渡客盛行的國家，都將身分

30　參考自由時報（2017.3.20），穿拖鞋遭攔查　李永得：北市變警察國家？，https://news.ltn.com.tw/news/focus/paper/1087329，閱覽日期：2024.4.6。

查證列為盤查時的當然作為（例如德國與美國），因臺灣亦有類似的社會背景，因此警職法第7條盤查方式定有明文，以資適用（陳瑞仁，2014：83-84）。不過，以三重分局移工上銬案例而言，「其後在派出所時，員警甲從乙女手機內發現身分證明文件影像檔，見無可疑處，即解銬駕車將其載往他處後任其離去」，只要員警甲盤查當場能從容以適當的方式查證，並傾聽三方通話的社工及友人說明，當不致衍生後面違法臨檢的法律責任。

（四）理解接受民衆非善意異議權利

警職法第6條身分查證乃公權力之具體措施，係警察運用物理強制力所為之「行政檢查」或「事實上之職務行為」，該行為一經執行即結束，原則上僅直接發生事實上效果，不發生法律上效果，亦不以意思表示為要素，其法律性質屬於事實行為。因身分查證之措施一經執行，程序即告終結，甚難即時救濟且不能確保證據留存，致生公法爭議，故警職法第29條第2項、第3項參照釋字第535號解釋，定有當場異議程序、製作異議紀錄表之制度設計，俾使執勤警察人員迅速、有效秉持行政自我反省機制，滿足受檢人的權利救濟及權利保護要求（林明鏘，2011：270），亦給予受身分查證之人民得以提起訴願及行政訴訟，以資救濟。實務上，民衆對臨檢程序隨時都可以提出異議，民衆提出異議的態度並非都是合宜有理或善意的，質疑或高聲嗆聲的意見表達屢見不鮮常有所聞，員警對民衆異議後必須在現場充分說明有理或無理的認定，臨機應變當場言語表達准駁為執勤重點，如警察對民衆說明異議為無理由，繼續實施盤查的立場仍不被接受時，應主動提供異議紀錄表繕寫理由予受檢人；若民衆提出的異議符合經驗法則可受公評，判斷為有理由，依法該停止盤查即應停止，此為解決臨檢現場警民持續爭執的有效作法（最高行政法院111年度上字第675號行政判決）。本文解析的三個案例，新店戰神案「民衆乙在警察檢查後未發現違禁或危險物品，明示拒絕警察檢查車輛，最後仍同意，但嚴詞抗議若車上沒有東西，我就告你們」（異議警察臨檢方式不當）；三重分局對移工上銬案，乙女雖未

能立即從手機內找出身分證明文件檔案，但「告知警察其住附近，並使用手機以三方通話由2位社工證明其爲合法外籍勞工」（以合理的事由向警察異議）；中壢分局音樂老師案「女老師多次向警察詢問其遭臨檢盤查之原因、依據」（異議警察未告知臨檢事由），但員警甲們均未依救濟程序處理。

　　義務人或利害關係人因警察執行警職法相關的職權行爲措施，警察涉有違法或不當情事，致損害受檢人權益，因職權措施已執行完畢而無從回復，依受檢人請求將異議理由製作紀錄交付之，警察應即製作交付之，受檢人得依行政訴訟法第6條第1項前段規定，對警察開出之異議紀錄表提起確認行政處分違法之訴，若異議紀錄被認定涉及違法或過當，警察負有賠償責任[31]。

二、警察接觸民衆時應對用語參考

　　盤查民眾之際，最適當的盤查理由爲交通違規或爲民服務，若是爲民服務可以從與先生（或女士）的閒聊開頭，如散步嗎？吃飽嘸？有需要爲您效勞？從閒聊觀察逐漸發現可疑徵候，而不是一開始便：先生您好，我們正在執行臨檢，請出示身分證件，然後什麼也說出不來，無法告知臨檢事由[32]。

---

[31] 被告所屬員警3人對原告發動系爭身分查證行爲違法，未依法規定開立異議紀錄表予原告，導致原告向本院提起課予義務訴訟，請求被告交付異議紀錄表，因原告未經訴願程序法院裁定駁回。原告乃依警職法第29條第2項規定提起訴願，被告方於訴願程序進行中開立異議紀錄表交付原告，致訴願決定機關以被告已經補製異議紀錄表予原告，原告提起訴願應認欠缺權利保護必要，作成不受理之決定，原告再提本件訴訟；而被告所屬員警3人發動系爭身分查證行爲係執行查緝毒品，防止犯罪之目的，執法過程堪認和平。綜觀上述過程，可知本件緣於被告未依法交付異議紀錄表所致，原告爲此支出裁判費、證人旅費，出庭4次耗費時間精力，原告自109年3月26日遭被告所屬員警3人違法身分查證，迄被告於111年11月29日補發給異議紀錄表，歷時二年八個月餘，所形成之精神上之壓力等均屬確受有損害且證明有重大困難，並審酌原告月薪資、年薪等一切狀況，確認被告民國111年11月29日警察行使職權民眾異議紀錄表違法，被告（即警察）應給付原告新臺幣1萬2,000元。參照臺北高等行政法院112年度訴字第151號行政判決。

[32] 經法院勘驗密錄影像整個盤查之過程，被移送人當時站於上開地點，身背背包，手持飲料在喝，即有身著便服之員警要求出示證件要盤查，經被移送人要求其說明原因，員警即表示其形跡可疑，被移送人要求解釋其究竟何處形跡可疑，員警均未答覆，僅要求其提供證件，並說該處爲治安顧慮要點，即將要離開之被移送人攔下，呼叫支援制服員警帶其前往

警察接觸民眾時應對用語參考如下：

- 警：先生你好，因為這一帶最近發生幾件竊盜案（治安熱點），我們在此加強巡邏，您遇見警察即轉身離開、閃躲規避，我們依法詢問您的姓名及年籍（告知事由）。

- 民：為什麼？你不能隨便懷疑我（提出異議）。

- 警：我盤查並非因為您有犯罪嫌疑，而是依法例行性身分查證排除嫌疑，以強化治安維護，使用M-Police查證，最多是5分鐘的時間，查證結束後馬上就會讓您離開，不會耽誤您的時間與行程。（受檢人配合查證之法律效果）。此外，因為您手持不透明的紙袋且身上飄出疑似塑膠氣味，根據警方過去在附近查緝毒品的專業經驗，販毒者經常以紙袋包裝毒品，而您剛剛瞄了警察數眼卻急著離開，也許您是想跟我們打招呼，不過根據以往執勤經驗，會觀察警察的人或是眼神飄忽、神情緊張、見警規避的人確實屬於異常行為表徵，可能是可疑的治安對象，為了保障社會安寧秩序，請您配合身分查證（說明警方「合理懷疑」的判斷及回應異議）。

- 民：我是現行犯嗎？還是我比較好欺負？

- 警：先生，剛剛警方已經跟您說明警方執法的判斷及事由，您是一般民眾並不是刑案現行犯，警方係依執法的專業經驗並綜合客觀環境攔查，等我查證之後，我也會繼續巡邏並依現場狀況依序查證其他民眾身分，而且今天從我上班執行勤務到現在，為了預防犯罪及維護社區治安安寧，已經查證過好幾位民眾身分，他們都能依法配合，大家遵守法規也是保障社會秩序安寧的一環（繼續回應民眾異議，說明警方執法目的、方式、程序等流水線）。

勤務所，並強制將被移送人推入巡邏車內，被移送人進入車內後，員警再次要求被移送人自行向內移動後受拒絕，即將被移送人推往後座中間，被移送人始稱「做什麼啦，做什麼啦，媽的，強暴犯阿」，之後員警又稱「請你出示證件不好好出示」，被移送人方回應「愛怎樣就怎樣，媽的，你有錢」，再員警回應「你好好講話，你剛剛說什麼，說媽的是不是」，被移送人才再回應「媽的就媽的阿，媽的就是英文阿怎樣」，之後員警即將其帶回派出所。參照高雄簡易庭109年度雄秩字第138號刑事裁定。

• 民：我還是不想告訴你我個人資料啊～

• 警：先生，警方是依法查證您身分也一再說明警方的專業判斷，並沒有針對您查證，還是請您配合一下，否則就得依警職法第7條規定請您跟我們回派出所查證3小時，如果您抗拒，我們會依法使用強制力帶回，若您仍然拒絕警方查證身分，警方將會繼續依社會秩序維護法第67條第1項第2款辦理，依法得處3日以下拘留或新臺幣1萬2,000元以下罰鍰（告知不配合查證身分的法律效果）。如果您對於警方請您配合查證身分的程序認為不當或違法，經您請求，我們將會開具異議紀錄表給您，如果您認為有損害權益，也可以依法提起訴願或行政訴訟救濟，以保障您及警方雙方的權益（有處分有救濟）。

　　針對未來執法環境，本文提出如下圖的「3H思考」回應方式：

圖13-1　警察執勤溝通應對的3H思考
資料來源：作者自製。

三、依據警政署盤查人車SOP執行

　　隨著網路流通、監視透明的社會，「精緻執法」成為現今警察追求的目標，而非以對付街頭「混混」講求的「強勢執法或嚴正執法」。警察依法執行法定職務，使用法定強制力或警械，需要「依法行政」，遵循「先論合法，再論方法」的基本原則，但是在實務上，卻常見先論方法的「比例原則」，而忽略應先論「這樣做合不合法」後，再說用什麼方法比較適當。如同先講防衛過當，而不論是否應先符合「正當防衛」後，才有防衛過當的問題，且經常以情、理、法順序方式思考，而忽略警察街頭馬路或場所正確的執法順序應為「法、理、情」，亦即先合法、再論理、繼而酌情（施俊堯，2017：序VII）。是以，為達到「精緻執法」，保障警察執法安全與威信，必須先瞭解執法順序為「法、理、情」，繼而依臨檢盤查之正當法定程序執勤執法，員警執法上應依照警政署訂定「執行巡邏勤務中盤查盤撿人車作業程序」規定執行，特別是注意從觀察受檢人異常舉動及其他周遭現場環境情事，經綜合判斷符合警職法第6條第1項第1款合理懷疑之盤查要件，如受檢人無法查證身分且有抗拒攔停或逃逸之虞時，可告知「得依警職法第7條規定將其帶往勤務處所查證，如遇抗拒時，將使用必要之強制力限制其離去（如按住其肩膀或拉住手腕）」。警察所為臨檢盤查是否合法，法院應依「合理性」之標準判斷，亦即應考慮警察執法現場的專業觀察、直覺反應，受檢人是否緊張、有無逃避行為以及其他異常行為表徵，有無民眾報案、線報根據，並綜合當時的客觀環境條件（諸如深夜時分、民眾經常出入之複雜場所、治安重點及高犯罪率發生之區域等），是否足以產生「合理懷疑」，才有後進得為必要之攔阻、盤查及查驗身分（許福生、蕭惠珠，2023：30）。本文解析之三案尚無法通過合理性之檢驗，以致員警甲等先有違法盤查，後負刑法不法責任。

　　警察執法與民眾的互動，除了上述攔停人民或車輛後的精緻執法外，首重柔性溝通對話與用心傾聽、觀察民眾言行，對話階段雖存在行政警察預防犯罪的功能，但不能把民眾當成犯罪嫌疑人、有前科資料

看待，本文解析之三案員警甲都有這樣的盤查思維，導致盤查員警均被認定觸法。警察執勤始終都應提高警覺面對瞬息萬變的外在環境，隨時依當下的情境狀況轉變、應變，過程需衡量包括保障人民權益、發揮預防犯罪功能、行政警察與司法警察角色轉換、保護本身與民眾安全，最後是依法令與作業程序適當執法，警政署針對盤查盤檢人車標準作業程序，均依相關法律修正及各警察機關執行問題建議隨時修正通告，以應實務操作之需。

四、累積實務經驗以具象化異常行為表徵

自警職法公布施行以來，司法實務對警職法第6條第1項第1款所規定「查證身分」之「合理懷疑其有犯罪之嫌疑或有犯罪之虞者」，一直均主張「需有客觀之事實」作為判斷基礎，而非警察主觀上單純之臆測或第六感，不要把「我覺得你很可疑」掛在嘴邊，要能「具象化說明你觀察到的異常表徵」，如「我觀察你剛剛見警轉身逃避，顯有異常」、「我剛才目睹你把身上包包快速交給旁人，顯有異常」、「我在周邊觀察你一陣子了，你拿了3張提款卡持續提款，顯有異常」；當事人有異議時，接受民眾非善意聲明異議權利，並審酌民眾異議是否有理，該停止就停止，若民眾無法合理說明員警所觀察之異常且持續規避緊張等，則開立異議理由書予民眾並繼續行使職權。

警察如何將前述法律分析見解結合應用於實務，乃是合法適當執法的基礎，警察執法現場的專業觀察、直覺反應來自於日常反覆驗證所得，員警之所以能「歸納異常行為表徵」來自於「豐富的觀察正常反應」，累積足夠的民眾正常行為模式便能對照出「異常」，而與之交談詢問進而深入盤查。

如「正常」的駕駛人不會在轉彎處遇見警察路檢點而緊急迴轉、「正常」的民眾不會攜帶3張提款卡在提款機前反覆提領並且滑手機觀看訊息、「正常」的民眾不會看到前方有路檢點就急煞車或從車內丟東西出來、「正常」的民眾也不會在車站置物箱前徘徊多時，邊找置物櫃號碼又以耳機與人對話等，員警只要能從反覆的執勤經驗中瞭解「正常

反應」，便能從容地於動態性執法過程中透過對方的回答是否緊張、手部是否一直不安搓揉、顧左右而言他地規避員警詢問、態度過於卑躬曲膝或與員警套交情等而得「異常行為表徵」之心證，進行下一步詢問身分證號、命令出示證件等措施。

當然民眾的「神情緊張行為表徵」，也有可能因為趕時間上班或至某處（例如上案詹女係非當地人且因趕往上課遭員警攔查）、尿急想找洗手間而東張西望、路況不熟而迴轉、較無公德心而將吃完東西的包裝紙往車窗外扔、可能看看員警是否為舊識而一直盯著員警看等等，並不一定等於有犯罪之虞或得查證身分的理間由，但見警棄物（遭盤查時辯是垃圾竟是毒咖啡）或見警逃竄（通緝犯見警就跑謊報身分）即為範例表徵。

員警於攔查告知事由後並於詢問年藉各階段，都應有接受民眾依警職法第29條提出異議予充分說明及對員警盤查事由爭執一一釐清之準備，並非民眾異議過程口氣不佳或顯有輕蔑即屬妨害公務。有些民眾原本對警察臨檢存在抗拒不服、不滿的心態，遇警察臨檢即會有情緒性反應及過激言行，亦屬言論自由的表現，只要不違反刑事法律，警察宜正解法律要件內涵儘量採取容忍、降溫的態度面對，以維刑法最後手段性及警職法謙抑性原則。

表13-4　盤查發動爭議點分析

盤查發動	爭議點
以檢查方式執行刑訴法之搜索	檢查≠搜索
有毒品前科或慣犯	前科、慣犯≠有犯罪嫌疑或犯罪之虞
拿不出身分證明上銬	無法查證身分≠可以使用強制力或帶回駐地查證 臨檢盤查≠逮捕現行犯 帶回駐地查證≠可以管束
走在大街上的民眾都可以任意攔檢	公共場所或道路≠治安重點區域 穿著警察制服≠得免告知臨檢事由
詢問穿著清涼及隱私	盤查詢問內容≠警職法第7條第1項第3款的必要措施

（接下表）

盤查發動	爭議點
公共場所之外籍勞工	外籍勞工 ≠ 合理懷疑是逃逸外勞或犯罪之虞？
神色看起來緊張、慌張	神情緊張 ≠ 合理懷疑
真的很蠢或言語質疑臨檢方式	□氣不佳或不配合臨檢 ≠ 妨害公務 □氣不佳異議 ≠ 不配合臨檢
擔心你是失蹤人口	失蹤人口 ≠ 合理懷疑或犯罪之虞 臨檢盤查 ≠ 可以任意使用強制力（如大外割）
盤查使用大外割及上銬	合法使用強制力 ≠ 都符合比例原則

資料來源：作者自製。

　　警察必須對於受檢人有犯罪之嫌疑或犯罪之虞有合理之懷疑時，始得對受檢人進行身分查證，且此合理懷疑應不包括受檢人僅具「有犯罪前科資料」或曾經查獲刑案加以標籤化之情形，因犯罪前科係過去之犯罪及執行紀錄，與受檢人在臨檢當下所處的言行表現狀態及客觀存在顯現在外的狀況無涉，若以前科資料紀錄作為查證身分之依據，恐將使得警察得以憑「直覺」盤查「具有犯罪前科資料案」之人，不當擴大警察職權[33]，當非釋字第535號及警職法的規範目的，故警職法第6條第1項第1款所定「合理懷疑其有犯罪之嫌疑或有犯罪之虞者」，必須限於員警依照身分查證當時之客觀情狀，綜合推斷認定受檢人有犯罪之嫌疑或犯罪之虞，始得對其進行身分查證，否則執勤員警進一步採取的強制措施可能觸法或國家賠償[34]。

　　從本文探討的案例觀察，列為案例加強教育是警政署最常見的策進措施，從案例教材的累積而計，目前應該不可勝數、不勝枚舉，以外勤單位現行的勤務運作、勤休制度及勤前教育、傳閱規定，員警可能是馬

---

[33] 刑案資料為偵防犯罪資料所需，有刑案資料僅代表曾經觸犯法律，正接受法律追訴程序或已完成法律之裁處，不必然有犯罪之虞，不得以此理由盤查，參閱內政部警政署105年10月4日警署刑紀字第1050006532號函摘錄。

[34] 民眾遭致警察違法檢臨檢提告，北高行政法院判決確認被告（即執行員警）民國111年11月29日警察行使職權民眾異議紀錄表違法，被告應給付原告新臺幣1萬2,000元，參照臺北高等行政法院112年度訴字第151號行政判決。

耳東風無法記憶或未接觸知曉案例規定，尤其釋字第785號解釋公布後的輪休勤休規定，警力編排經常是單警服勤的狀況，如三重分局對移工上銬案及中壢分局對音樂老師逮捕案，都在沒有雙警服勤的情況出現不當的盤查措施。警政署（行政組主政）宜歸納分析建構「任誰看都覺得可疑」的正面表列盤查依據，以簡單具象化的詞語整理分析，由專責的實務教官（派出所所長、組長、副分局長或分局長等）在學科常訓、聯合勤教或專案勤務勤前教育施教，施教完畢立即抽問答對者給予獎勵，依法專業執法，就算挨告也能免予觸法[35]。

五、回歸執法教範、教育訓練、案例解析及管考

警職法施行十五年與十九年後仍舊發生本文探討的指標案例，在職警察不熟悉法令運用，衝擊人民對警察的信賴與執法威信，導致維護治安效能減低。從3案判決書內容以觀，員警甲們都有執行臨檢盤查時情緒及言行控制不當的問題。訓練有素的警察與民眾接觸必須「說法律規定的話，作法律許可的動作」（施俊堯，2017：1-8），警察以專業合宜對話技巧執行臨檢盤查，仍然可以達成警職法立法目的，維護社會治安。警察執勤過程中常見與人民因言語矛盾、不滿被攔停而產生衝突，通常民眾劍拔弩張的言行將導致妨害公務、公然侮辱嫌疑的情況發生，若警察不熟法律構成要件而使用強制力逮捕，通常警民雙方都有可能掛彩，警察受傷的結果態樣，受檢人很容易被警察認為有強暴、脅迫行為，殊不知這樣的現行犯逮捕前提是「合法的臨檢」。例如三重分局對移工上銬案及中壢音樂老師案；而警察的專業必須展現足夠的韌性態度，若情緒管控不佳、不諳法令，容易發生妨害自由、違法逮捕、盤查、檢查或搜索之情形，例如新店戰神案及中壢音樂老師案。因此，研擬「警察敘述能力與溝通—柔話術」即成警察機關重要的常年訓練課

---

[35] 帶17本存摺遭3警盤查，男大生告警違法搜索不起訴，律師：「被迫搜索」已提再議，參考ETtoday新聞雲（2018.12.10），大生「帶17本存摺」被3警盤查　律師：「被迫搜索」已提再議，https://www.ettoday.net/ amp/amp_news.php7?news_id=1327149&from=ampshare-line-fixed，閱覽日期：2024.4.6。

程，透過柔話術的訓練，不但減少錯誤不當的執法，亦可因妥適的柔性對話減少警察與民眾的言行衝突，讓人民更能耐心配合臨檢盤查。

三重分局員警對移工妨害自由案，因員警甲認罪成立故意犯，中壢分局員警盤查音樂老師案，法官一改新店戰神案的見解認為「員警甲誤認執法為法律容許而阻卻故意，成立為過失犯」，法官判斷都認定三案的員警甲們均已該當違法搜索與妨害自由法條的構成要件，只因法官認定新店戰神案的違法搜索不罰過失犯而讓員警逃過刑罰，但審理中壢音樂老師案的法官卻改以員警所為難認係合法執行職務之行為，無從阻卻其犯罪之故意及違法性，故以妨害自由等「故意犯」論罪，可能成為扭轉警察過去慣性的違法執法契機，也為警職法公布施行二十週年以來，成為法官對警察違法執行臨檢判刑的最新的經典案例。但學好法規和強制力就能上街頭執法？答案當然是否定的，若是如此，警專二年與特考班一年的養成教育應已足夠，但警察實務千變萬化，處理的案類包羅萬象，都是學校課程上沒有教授的事情。因此，警政機關對常年學科與術科的訓練方式有待整體策略性改變精進，各級主官（管）應先瞭解第一線員警需要什麼（如圖13-2所示），才能對症下藥用心規劃在職教育訓練。另外，員警師徒制或小組研習式的經驗傳承，才是解決精進警察實務與法律妥適運用的良藥，師徒制經驗傳承教導盤查臨檢實務，如同教學醫院教授級醫師帶著一群實習醫師的方式，逐次查訪病房累積個案臨床的經驗加以指導，才能增進警察專業技能及達成精緻執法的目標。

1966年，Skolnick發表「無需審判的正義」（Justice Without Trial），認為警察職責中包含著兩個關鍵性的變量──「危險」和「權威」，迫使警察往往很多疑，要求他人服從權威，而且憤世嫉俗而冷漠。這種工作環境導致警察文化很可能圍繞猜疑、對內團結與對外隔離、保守主義。「警察，作為其社會地位綜合特點的產物，傾向於形成他們自己獨特的看待世界方式，並通過這種認知透鏡來看待各種局面和事情」，Skolnick將此稱為警察的「工作人格」。工作人格概念的提出極大地挑戰了專業化時期關於警察遴選、培訓的基本假設；要改變不良的警察文化，重點不在於挑選適合這一職業的人，而是要轉變職業構建

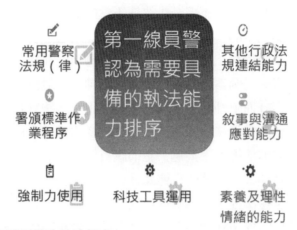

圖13-2 警察需具備之執法能力
資料來源：作者自製。

的「認知透鏡」，防止憤世嫉俗、冷漠等人格在工作中生成[36]。特別是員警對付街頭「混混」（asshole）的執法方式，常是以發洩對警工作日積月累的不滿；對警察來說，「混混」只是一個符號或代罪羔羊。由於「混混」代表的是一種對警察的質疑和控制的力量，這個力量卻可以鞏固警察的團結，使警察組織成為抵抗外在現象的城堡，許多警察次文化因而產生（章光明，2018：211）。施俊堯法官以其多年從事警察學科常訓講座的對答經驗指出，宜對在職警察加強對於法定「強制力」、警職法及警械使用條例的純熟度。警政署近年已配合時代需求，精進警察法規教育的學科訓練與盤查虛擬實境的動態訓練，讓員警能夠有勇有謀依法執法，近年來，各級警察主官（管）也在治安與交通維護之餘，積極投入員警的教育訓練，除了既有的學科訓練外，利用聯合勤教、專案勤教及週報時機從事個案執法基本功的教學（如圖13-3所示），也利用督勤時從事機會教育，就個案的問題與適當的解決之道現身指導。外勤警察機關以30歲的年輕員警居多，培養第一線員警法律專業實力及情緒

---

36 壹讀（2019.3.1），研究述評｜儲卉娟：社會學如何研究警察—美國警察與社會研究述評，https://read01.com/nEEBG2M.html，閱覽日期：2023.8.12。

控制素養能力極為重要，年輕警察除了前述基本能力外，乃是培養協調合作的能力、系統性理解問題及結構性學習警察資訊科技知識的運用，有層次、有步驟建構動態的精緻執法實務技能。

　　警察適當執法的改變必須靠外力協助，包括學術宣導、民意機構的監督甚至是司法制衡。特別是員警執法過程難免有情緒，但必須謹守法律界限，縱使實務與法律落差是必然的，但連結落差的根本方法仍是警政體系回歸執法教範、教育訓練、案例研析及管考，才能持續讓警察執法精緻化、合法化，贏得人民信賴。

圖13-3　警察執法基本功訓練
資料來源：作者自製。

伍、結語

　　1998年臺北市保大員警隨機攔停強行搜索案，促使大法官於2001年12月14日作成釋字第535號解釋，並也促成立法院於2003年6月5日三讀通過警職法，而於同年12月1日施行，以為規範警察依法行使職權，以保障人民權益，維持公共秩序。縱使警職法公布至今已逾二十年，然就以本文所分析新店戰神被控違法盤查搜索案、三重分局上銬移工案及中壢女老師拒盤查遭大外割等指標性案例而言，似乎又重演當初釋

字第535號解釋的案由，員警自認身處治安熱點，即具有隨機盤查路人之權。然而，自警職法公布施行以來，司法實務對警職法第6條第1項第1款所規定「查證身分」之「合理懷疑其有犯罪之嫌疑或有犯罪之虞者」，一直均主張「需有客觀之事實作為判斷基礎，而非警察主觀上單純之臆測或第六感，要以「具象化異常行為表徵」來說明，如「我觀察你剛剛見警轉身逃避，顯有異常」、「我剛才目睹你把身上包包快速交給旁人，顯有異常」；當事人有異議時，接受民眾非善意聲明異議權利，該停止就停止；唯一不同的是，以往遇到相類似案例之違法搜索或妨害自由案件，司法實務常以容許構成要件錯誤適之，即認為員警誤認已符合警職法所規定「合理懷疑」要件，核屬容許構成要件錯誤之情形，阻卻罪責故意，僅負過失之責任。如此，以往員警盤查民眾時涉妨害自由，若他在盤查時以為自己具備阻卻違法事由（例如對方形跡可疑、有犯罪跡象）、主觀上不認為自己違法，就不會涉及故意犯罪，但仍要負過失責任；不過由於妨害自由不罰過失犯，最後往往不會定罪。惟中壢女老師拒盤查遭大外割案，法院一改以往見解，以員警所為均難認係合法執行職務之行為，無從阻卻其犯罪之故意及違法性，故而以妨害自由等「故意」犯論罪，可能成為扭轉警察違法執法之契機，也為警職法施行以來，可能成為改變違法執法之經典案例。

警察職權行使法施行至今，確實已經對警察執法遵守正當法律程序帶來進步，但就以本文所舉員警執行盤查指標性案例而言，顯示執法仍有待精進。如同內政部前部長林右昌所言：「對於執法工作，在過去強調『快、狠、準』，未來更需提高執法品質的要求，警察不只是執法者的角色，更是民主法治的守護者，所以必須提升執法工作細膩度，以符合社會期待。」為提升執法工作細膩度，本文提出建立動態式執法步驟思維、警察接觸民眾時應對用語參考、依據警政署盤查人車SOP執行、累積實務經驗以具象化異常行為表徵及回歸執法教範、教育訓練、案例研析及管考等五大處置對策與策進作為，以作為落實警察職權行使法之立法目的。

參考文獻

一、中文部分

王兆鵬（2004）。美國刑事訴訟法。臺北：元照。

王子榮（2018.7.18）。波麗士大人的法盲症候群，蘋果日報。

林明鏘（2011）。警察法學研究。臺北：新學林。

施俊堯（2017）。警械使用條例解析案例研究。作者自印。

陳明傳等人（2017）。警察學。自版。

陳景發（2024）。論警察職權行使法之「場所」概念。載於鄭善印、許福生（主編），警察職權行使法20週年回顧與展望。臺北：五南。

陳瑞仁（2014）。執法所思：陳瑞仁檢察官的司改札記。臺北：商周出版。

章光明（2018）。警察政策。自版。

許福生（2022.4）。員警執行巡邏勤務中盤查人車及取締酒駕案例之評析。警大法學論集，第42期，頁73-133。

許福生（2023）。員警隨機盤查路人案例研析。警光雜誌，第805期，頁46-57。

許福生、蕭惠珠（2023）。警察情境實務案例研究。臺北：五南。

蔡庭榕（2021）。員警實施治安攔檢案例研析。載於許福生（主編），警察情境實務執法案例研析。臺北：五南。

二、網路資源

內政部警政署，員警盤查之正當法律程序探討講習簡報檔，1100521刑督字第1100050673號，2021年5月。

吳忻穎（2021.8.30），為了績效而歧視？三重分局上銬移工案：再談警察盤查實務問題，https://opinion.udn.com/opinion/story/12626/5708635，閱覽日期：2024.4.6。

儲卉娟（2019.3.1），社會學如何研究警察——美國警察與社會研究述評，社會學研究雜誌，https://read01.com/nEEBG2M.html，閱覽日期：2024.4.6。

第十四章

警察執勤追緝車輛案例研析[*]

許福生、蕭惠珠

壹、前言

　　從警察勤務運作以觀，巡邏與臨檢是警察勤務主軸，藉由執行巡邏或臨檢場所來盤查盤檢人車，以作為偵防與取締違規之利器。倘若員警於執行勤務時，發現犯罪嫌疑重大而駕車逃逸，基於維護治安，透過追蹤稽查加以查緝，為警察職責；然警車追逐於道路上，風險是很高的，員警及犯嫌都可能因而發生事故，甚至傷及第三人。

　　就以桃園保大陳姓小隊長而言，2009年12月開巡邏車追捕騎車逃逸的毒犯余姓男子和黃姓女子，余姓男子轉入產業道路，一路超速蛇行，後座的黃姓女子還朝警方丟毒品和安全帽，最後機車撞上路旁水泥護欄，黃姓女子彈飛後遭後方警備車撞上，不治身亡。桃園地方法院依業務過失致死罪，判處陳姓小隊長六個月有期徒刑，歷經八年餘的上訴及審理，直至2018年5月方經判決無罪定讞[1]。又以桃園市八德分局姜姓員警而言，2018年3月31日上午9點多追緝拒檢車輛時，不慎撞傷楊姓女騎士，楊女智力衰退、生活無法自理，姜員被依過失傷害致人重傷罪判刑五月確定，民事部分臺灣高等法院也判八德分局須賠償楊女一家3口781萬8,702元[2]。再以2019年8月28日17時許，被封為「酒駕殺手」的薛姓員警，騎車追捕酒駕犯嫌時，雙方一路從汐止追趕至基隆市明德二路、福三街口，雙方發生擦撞後，薛員撞上分隔島，頭部重創，經搶救

---

[*]　本文曾發表於中央警察大學警政論叢，第24期，2024年12月。

[1]　臺灣桃園地方法院103年度交易字第61號、臺灣高等法院105年度交上訴字第91號、最高法院107年度台上字第51號刑事判決。

[2]　聯合報（2024.3.12）飛車抓拒檢車輛卻把女騎士撞到智力退化　桃園市警八德分局得賠781萬，https://www.setn.com/News.aspx?NewsID=593842，閱覽日期：2024.4.6。

後仍宣告不治[3]。上開案例凸顯警車追逐的高度危險性，如何有效管理員警追緝執法行為，以保障員警與民眾生命財產安全，是警政機關深值重視課題。

本此理念，本文即以近年來執勤追緝車輛引起關注之指標性執法案例來進行分析檢討，最後並提出處置對策與策進作為，以作為本文之結論與建議。

貳、相關法令規範與作業程序規定

依警察職權行使法（以下簡稱警職法）第2條第2項規定及警察勤務條例第11條第2款、第3款規定，巡邏、臨檢、路檢、檢查、盤查、查證身分等為警察職權及基本勤務。又依據警職法第6條、第7條、第8條之規定，警察執行勤務，合理懷疑有犯罪嫌疑或犯罪之虞者，得採取查證身分、攔停交通工具等必要職權措施。另依刑事訴訟法第88條及第231條規定，執行交通稽查或臨檢路檢盤查勤務，發現現行犯，員警應即開始調查，依法運用適當方式追緝逮捕，當然追車亦為其考量方式之一，但應符合比例原則，並視情形通報勤指中心，實施攔截圍捕（許福生、蕭惠珠，2022：454）。

次按道路交通管理處罰條例（以下簡稱處罰條例）第7條第1項規定：「道路交通管理之稽查，違規紀錄，由交通勤務警察，或依法令執行交通稽查任務人員執行之。」第7條之2第4款規定：「汽車駕駛人之行為有下列情形之一，當場不能或不宜攔截製單舉發者，得逕行舉發：不服指揮稽查而逃逸，或聞消防車、救護車、警備車、工程救險車、毒性化學物質災害事故應變車之警號不立即避讓。」

又根據資料統計，因不服取締拒檢逃逸之案件，其數據始終居高不

3　三立新聞網（2019.8.29），汐止勇警追嫌犯撞車殉職　追車全因毒蟲「違規紅燈左轉」！https://www.setn.com/News.aspx?NewsID=593842，閱覽日期：2024.4.6。

下，基層員警遇加速逃逸駕駛者須追車之危險事件層出不窮，讓警察執勤時曝露於高風險狀態中並加重其精神壓力，為保障執行員警之人身安全，降低追緝拒測逃逸之駕駛而衍生傷亡事件，有效遏止不當行為屢次發生，造成危及員警之生命安全，更傷及一般民眾，以達成「維護交通秩序，確保交通安全」之目的，2019年5月23日乃修正公布處罰條例第60條第1項規定：「汽車駕駛人駕駛汽車有違反本條例之行為，經交通勤務警察或依法令執行交通稽查任務人員制止時，不聽制止或拒絕停車接受稽查而逃逸者，除按各該條規定處罰外，處新臺幣一萬元以上三萬元以下罰鍰，並吊扣其駕駛執照六個月；汽車駕駛人於五年內違反本項規定二次以上者，處新臺幣三萬元罰鍰，並吊扣其駕駛執照一年。」再者，同條例就不服從稽查或不依指示停車接受稽查者尚有第29條之2第4項：「汽車裝載貨物行經設有地磅處所五公里內路段，未依標誌、標線、號誌指示或不服從交通勤務警察或依法令執行交通稽查任務人員之指揮過磅者，處汽車駕駛人新臺幣九萬元罰鍰，並得強制其過磅。其應歸責於汽車所有人時，處汽車所有人罰鍰及記該汽車違規紀錄一次。」第35條第4項：「汽機車駕駛人有下列各款情形之一者，處新臺幣十八萬元罰鍰，並當場移置保管該汽機車、吊銷其駕駛執照；如肇事致人重傷或死亡者，吊銷其駕駛執照，並不得再考領：一、駕駛汽機車行經警察機關設有告示執行第一項測試檢定之處所，不依指示停車接受稽查。」規定，又依違反道路交通管理事件統一裁罰基準及處理細則（以下簡稱裁罰細則）第10條規定：「交通勤務警察或依法令執行交通稽查任務人員，對於違反道路交通管理事件之稽查，應認真執行；其有不服稽查而逃逸之人、車，得追蹤稽查之。」上開法規業就高度危害道路秩序及員警執勤安全的拒檢或不服稽查課予相當責任，有待員警就執勤細節及步驟審酌比例原則因應之。

依據警政署2017年5月24日警署交字第1060096402號函「員警執勤追緝車輛相關規定」，員警執勤追緝車輛狀況示意圖如圖14-1所示：

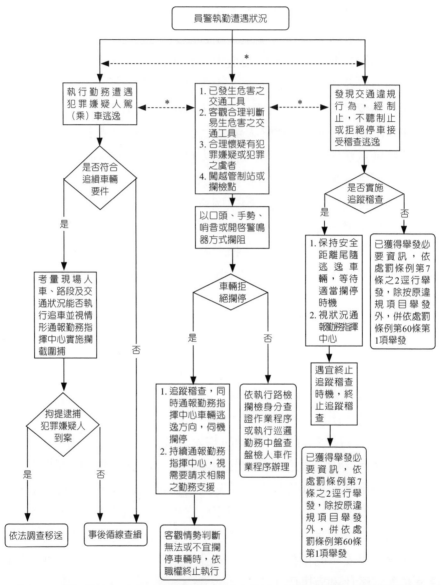

* 執勤之過程，如發現逃逸之人車另涉其他程序者（如交通違規逃逸人車另涉刑事罪嫌、或有其他警察職權行使法所定得予攔停查證之事由；客觀合理判斷易生危害之交通工具另涉交通違規或刑事罪嫌；犯罪嫌疑人駕（乘）車逃逸另涉交通違規等），併依各該相關程序辦理。

圖14-1 員警執勤追緝車輛狀況示意圖

資料來源：內政部警政署。

一、執行勤務遭遇犯罪嫌疑人駕（乘）車逃逸：

　　（一）符合追緝車輛要件：考量現場人車、路段及交通狀況能否執
　　　　　行追車並視情形通報勤務指揮中心實施攔截圍捕，拘提逮捕
　　　　　犯罪嫌疑人到案，依法調查移送。

　　（二）不符合追緝車輛要件：事後調查移送。

二、已發生危害之交通工具、客觀合理判斷易生危害之交通工具、合理
　　懷疑有犯罪嫌疑或犯罪之虞者、闖越管制站或攔檢點：以口頭、手
　　勢、哨音或開啟警鳴器方式攔阻，車輛拒絕攔停時：

　　（一）追蹤稽查，同時通報勤務指揮中心車輛逃逸方向，伺機攔
　　　　　停。

　　（二）持續通報勤務指揮中心，視需要請求相關之勤務支援。

　　（三）客觀情勢判斷無法或不宜攔停車輛時，依職權終止執行。車
　　　　　輛未拒絕攔停時：依「執行路檢攔查身分查證作業程序或巡
　　　　　邏勤務中盤查盤檢人車作業程序」辦理。

三、發現交通違規行為，經制止而不聽制止或拒絕停車接受稽查逃逸，
　　依警政署106年5月25日警署交字第1060097038號函「交通違規不
　　服稽查取締執法作業程序」辦理。

四、執勤之過程，如發現逃逸之人車另涉其他程序者（如交通違規逃
　　逸人車另涉刑事罪嫌、或有其他警察職權行使法所定得予攔停查證
　　之事由；客觀合理判斷易生危害之交通工具另涉交通違規或刑事罪
　　嫌；犯罪嫌疑人駕（乘）車逃逸另涉交通違規等），併依各該相關
　　程序辦理。

　　另外，警政署亦訂定「交通違規不服稽查取締執法作業程序」、
「執行路檢攔檢追緝車輛作業程序」、「執行追緝刑案車輛作業程序」
等規範，以提升執法品質，並維護員警執勤安全。

參、警察執勤追緝車輛指標案例分析

一、桃警開車追緝毒犯出人命案

（一）案例事實與爭點

員警甲、乙、丙、丁執行巡邏勤務，由甲駕駛巡邏車，發現民眾A騎乘普通重機車並搭載B，有超越紅綠燈停止線之交通違規情形，遂鳴放警笛示意A接受盤查，詎A竟搭載B闖紅燈逃逸，員警甲見狀隨即駕巡邏車在後追躡，在逃逸過程中B先拋甩白色不明物，又脫下安全帽往背後砸巡邏車，A在產業道路蛇行自撞路旁水泥墩護攔，後車尾又緊接遭巡邏車之左前車門擦撞而倒地，導致B傷重死亡，A骨折及頭部受傷。

本案爭點，第一，員警追蹤稽查之適法性為何？第二，員警追緝車輛正當性之界限為何？

（二）本案之判決

本案臺灣桃園地方法院103年度交易字第61號判決認為員警甲於巡邏過程中，遇有交通違規而不服稽查逕自逃逸之人，縱合理懷疑有犯罪之嫌疑，為追蹤稽查欲攔停車輛時，仍應遵守比例原則，注意當時路況、車況，採取危險最小之追蹤方式為之，然經勘驗此產業道路後，其寬度本不足供警車從旁輕易超越而至前方攔停逃逸之人車，且員警臆測A最後會自動停下來，沒有通報勤務指揮中心請求支援，才貼近雙方車輛距離，導致車禍發生，縱使A亦有過失，然員警本身未注意採取必要安全措施之追捕行為也有過失，才導致併合發生危害，兩者過失行為導致傷亡結果具有相當因果關係，最後依業務過失致人於死罪判處員警甲有罪。

但本案經員警甲上訴後，臺灣高等法院105年度交上訴字第91號判決無罪，判決認定結果與一審不同，雖經檢察官不服上訴，最高法院107年度台上字第51號判決上訴駁回維持無罪定讞。本文針對臺灣高等法院二審判決之重點說明如下。

1. 初始因交通違規而啓動追蹤稽查並無違法不當之處

本案A騎乘機車後載B，初始有停等紅燈超越紅綠燈停止線之違規，經甲及車上員警示意停車受檢稽查，A不服指揮稽查而闖紅燈逃逸，A上開交通違規行爲，既須以有「固定式科學儀器」採證取得證據資料證明行爲違規，始能逕行舉發，不能以「非固定式科學儀器」例如設立稽查點架設攝影機之採證方式逕行舉發，然甲及警備車上員警既未能採取逕行舉發之方式取締A違規，則渠等採取攔停當場製單舉發之方式取締A違規，核無違法及不當之處。

2. 個案交通違規是否當街追蹤須依比例原則考量

依警政署函示，警察對於刑事案犯應依職權追緝，惟仍須衡酌個案當時狀況，評估手段、程度是否符合比例原則及有無其他合宜執勤作爲等，避免傷及無辜民眾。可見單純交通違規攔檢不停之車輛，若有乘載重要案犯、顯有犯罪嫌疑或爲贓車者等刑事案件情形，應依職權追緝，惟應符合比例原則。甲本於刑事犯罪之偵查追緝、現行犯之逮捕，駕駛警備車在A機車後方跟追，A可自主決定是停車受檢亦或繼續逃逸，A選擇繼續逃逸並故意選擇產業道路行進以便甩掉警察跟追，甲駕駛警備車採取以40至50公里車速在後跟追，與A機車保持3至4公尺之車距，並鳴放警笛、多次叫A停車，並無故意碰撞機車、超越機車或把機車逼向路旁之撞車、超車、逼車等妨害A安全駕駛之動作。A以上開方騎乘機車自行招致危險，終致機車失控前車頭自行撞擊水泥墩護欄，造成B、A隨即往前被拋甩出去而死亡、受傷，並非甲駕駛警備車撞擊機車所致，甲之追緝行爲及過程並未違反比例原則。

3. 本案已從初始交通違規追蹤稽查轉換提升至刑事犯罪偵查

甲駕駛警備車在A機車後方跟追，初始雖係基於A騎乘機車超越紅綠燈停止線、不服指揮稽查逃逸及闖紅燈等事由，所爲之交通違規追蹤稽查。惟嗣因B丟棄一包海洛因，涉有違反毒品危害防制條例之犯罪嫌疑，及因B朝甲駕駛之警備車丟擲全罩式安全帽，涉有妨害公務之犯罪嫌疑，甲及車上員警本於刑事犯罪偵查而在後追緝，是於產業道路發生

本案車禍時，甲駕駛警備車在後跟追，已從初始之交通違規追蹤稽查，轉換提升至刑事犯罪之偵查追緝、現行犯之逮捕而為。是以，依刑事訴訟法第88條第1項及警察職權行使法第6條、第7條規定，警察本於偵查刑事犯罪、維護治安之職責，自得對該人加以追緝、攔停、查證。

依員警等豐富執勤經驗及專業敏銳度，單純的交通違規不會因為警察的攔檢而逃逸，認A、B可能並非只有一般交通違規，為持有毒品及妨害公務之現行犯，且事後驗證A、B確有施用及持有第一級毒品海洛因，足證員警當時之合理懷疑及判斷並無錯誤，從而渠等本諸前揭法律規定，繼續在後跟追，核無違法及不當之處。

4. A、B死傷結果與員警駕駛警備車發生擦撞行為並無因果關係

依經驗法則，綜合車禍當時所存在之一切事實，為客觀之事後審查，認為在一般情形下，A於轉彎處過失超速蛇行撞擊水泥墩護欄，均會發生B、A被往前拋甩出去之同一結果，則A騎乘機車過失撞擊水泥墩護欄即為發生B死亡、A受傷結果之相當條件，A之過失行為與B死亡、A受傷結果間具有相當因果關係無訛。又按僅被害人之過失為發生危害之獨立原因者，則行為人縱有過失，與該項危害發生之因果關係，已失其聯絡，自難令負刑法上過失之責，核與嗣後甲駕駛警備車與機車發生擦撞並無因果關係。

（三）本案之評析

1. 本案符合追緝車輛要件

員警執行交通稽查巡邏勤務，目的在於維護交通秩序，確保交通安全，達成行政目的，對於交通違規者攔查不停而逃逸者，僅能依法律授予權力達成行政任務，追蹤稽查僅授予警察尾隨得知違規者的車籍資料，並未授予使用強制力的手段追車，因此對於交通違規者，警察不能追車，如因追車造成傷亡有因果關係時，仍應負過失責任（方文宗，2020：178）。

本案初始雖係基於A騎乘機車超越紅綠燈停止線、不服指揮稽查逃

逸及闖紅燈等事由,所為之交通違規追蹤稽查,惟嗣因B丟棄疑似違禁物及以全罩式安全帽攻擊員警犯罪嫌疑,已從初始交通違規追蹤稽查轉換提升至刑事犯罪嫌犯之偵查追緝,依刑事訴訟法第88條及第231條規定,認定2人已係持有毒品及妨害公務之現行犯,基於偵查犯罪、逮捕現行犯、維護治安之警察職責,繼續在後跟追,不管後續結果是否涉有不法,員警當下判斷決定追車,並無違法不當之處。只是在追捕過程中,不得逾必要程度與範圍,仍應遵守比例原則,況且應考量現場人車、路段及交通狀況等專業判斷能否執行追車,並視情形通報勤務指揮中心,實施攔截圍捕。

2. 本案追緝車輛符合比例原則

個案是否符合比例原則,在判斷上往往由法官事後依情節綜合各項證據審理後認定,就以本案而言,一、二審看法便不同。然就本案而言,甲駕駛警備車採取以40至50公里車速在後跟追,與民眾之A機車保持3至4公尺之車距,並鳴放警笛、多次叫A停車,並無故意碰撞機車、超越機車或把機車逼向路旁之撞車、超車、逼車等妨害A安全駕駛之動作。最後,A騎乘機車自行招致危險,終致機車失控,前車頭自行撞擊水泥墩護欄,造成B、A隨即往前被拋甩出去而死亡、受傷,並非甲駕駛警備車撞擊機車所致,甲之追緝行為及過程並未違反比例原則。

二、八德警闖紅燈追車撞殘25歲女案

(一)案例事實與爭點

員警甲某日上午8時至10時許間,負責駕駛警備車搭載警員乙執行巡邏勤務,於同日9時40分許沿鶯歌方向行駛,行經某巷口附近時,見丙駕駛之自用小客車違停於道路上,且經以警用電腦查詢該車車主丙係竊盜治安顧慮人口,復形跡可疑,遂經二次迴轉並橫停在本案自用小客車前旁欲對之攔查,詎丙見狀即駕車沿鶯歌方向逃逸,過程中並與本案警備車有所擦撞,員警甲主觀上認丙為妨害公務之現行犯,遂啟用警示燈及警鳴器沿同方向駕駛欲逮捕丙,嗣於同日9時43分許行經鶯桃路

658巷路口時,其當時行向交通號誌為紅燈,而與自鶯桃路658巷路口騎乘機車駛出之被害人A女發生碰撞,被害人A女因而人車倒地,導致無法自理等身體難治之重傷害。

本案爭點:第一,員警駕駛警備車執行緊急任務時有優先通行權,但是否仍應負交通之注意義務?第二,員警行經此主要交通幹道路口,未採取如減速之安全措施導致發生碰撞,是否有過失?第三,本案過失行為與被害人重傷結果,有否相當因果關係?

(二)本案之判決

本案原先檢察官以根據監視器畫面可清楚聽到警笛,現場也有2名路人作證,加上警車從闖紅燈到撞上機車只有短短2秒,屬「猝不及防」的突發狀況;考量員警甲勤時有啟用警示燈鳴笛,依法享有交通優先權,且車禍鑑定也認為A女沒讓警車,因而認為員警甲沒肇因而不起訴[4]。後因被害人家屬不服而聲請再議,經檢察官提起公訴(108年度偵續一字第25號),臺灣新北地方法院110年度交易字第73號刑事判決,判處員警甲犯業務過失傷害致人重傷罪,處有期徒刑五月,如易科罰金,以新臺幣1,000元折算一日。後臺灣新北地方檢察署檢察官不服第一審判決而提起上訴,臺灣高等法院110年度交上易字第334號刑事判決駁回上訴,全案定讞,本文在此以第一審判決分析重點如下。

1. A女確實是由員警甲駕駛警備車碰撞而受重傷害

本案根據相關事證,顯見A女確實是由員警甲駕駛警備車碰撞,而受有嚴重減損語能、肢體機能,以及意識障礙等之其他於身體難治之重傷害。

2. 員警甲主觀上信該車駕駛人為涉嫌妨害公務現行犯並進而追緝並無不當

縱使本案車主丙經臺灣桃園地方檢察署檢察官,以其無妨害公務犯

---

4 警闖紅燈追車「撞殘25歲女」不起訴 家屬聲請再議,https://www.ettoday.net/news/20190421/1427012.htm,閱覽日期:2024.4.6。

意而認罪嫌不足爲由，爲不起訴處分確定；然員警甲當時正處於執行勤務之狀態，對於正在其眼前逃離之可疑車輛，其僅能依其當下所接收到之資訊及情勢合理判斷其應採取之應對措施，自不能以事後處於完整資訊之認定結果，即認其當下主觀上信該車駕駛人爲涉嫌妨害公務之現行犯並進而追緝之行爲有何不當，故員警甲辯稱其係因認本案自用小客車之駕駛人爲妨害公務之現行犯，因而駕車追緝等情，即非無據。

3. 員警執行緊急任務雖有優先通行權但仍應負交通注意義務

警察人員駕車安全考核實施要點第2點第1項第2款爲緝捕現行犯而執行緊急任務之情，是依道路交通安全規則第93條第2項規定，得不受行車速度、標誌、標線及號誌指示之限制。然從該條文用語文義及排列體系可知，其僅係規範特定車輛在執行任務或緊急任務時，得不受行車速度或標誌、標線及號誌指示之限制，而有優先通行權，但並未因此排除駕駛特定車輛執行任務之駕駛人，得因此降低或免於一般用路人仍應負擔之交通注意義務，且於爲高於一般行車速度限制或未依標誌、標線及號誌之反於常態之高危險性駕駛行爲時，更應當負有注意車前狀況，並隨時採取必要之安全措施之注意義務，以兼顧及行人及其他車輛安全。

4. 員警甲行經該路段未採取積極防免手段致發生碰撞自有過失

員警甲當時駕駛警備車執行緊急任務雖不受行車時速不得超越50公里及其行向爲紅燈號誌之限制，但在其欲通過鶯桃路658巷路口時，既知鶯桃路658巷路口行向爲綠燈，當可預見該路段恐有人、車交會，自應減速小心駕駛以採取必要之安全措施，然被告卻未爲採取此一積極防免手段即貿然直行欲通過鶯桃路658巷路口，因而與被害人人車發生碰撞，自有過失。

5. 員警甲過失行爲與被害人重傷害結果有相當因果關係

員警甲於駕駛警備車執行緊急任務時，雖已開啓警示器及警鳴器等警號，但其既知鶯桃路658巷路口行向爲綠燈，當可預見該路段恐有

人、車交會，仍應減速小心駕駛以採取必要之安全措施，然其卻未爲採取此一積極防免手段即貿然直行，因而與未避讓警備車之被害人車發生碰撞，仍有過失，致被害人受有上述重傷害，是以員警甲之過失行爲與被害人重傷害結果，仍有相當因果關係。

（三）本案之評析

1. 本案符合追緝車輛要件

　　本案員警甲主觀上信該車駕駛人丙爲涉嫌妨害公務現行犯，並進而追緝並無不當。員警執行緝捕現行犯或逃犯之緊急任務時，警察人員駕車考核實施要點有明定得啓用警示燈及警鳴器，又道路交通安全規則第93條第2項規定警備車於開啓警示燈及警鳴器「執行緊急任務」時，得不受標誌、標線及號誌指示之限制，故員警實施追蹤稽查過程具高度危險性，隨時有可能從單純交通違規轉換爲刑事犯罪追捕，自屬執行緊急任務所需。

2. 雖有優先通行權但應負交通注意義務

　　車輛之行駛方式甚爲危險，故在行車技術上仍應特別顧及行人及其他車輛之安全，內政部警政署70年1月18日交路（70）字第26173號函即有規定；倘若徒以員警甲於執行職務已開啓警示燈及警鳴器，即謂無肇事責任，自非可取，況且「道安優先權」不等同於「刑事免責權」，若「執行緊急任務」途中發生事故，仍需依相關法令釐清責任歸屬。

　　就以本案而言，警員雖因執行追緝勤務而開啓警示燈及警鳴器而取得路權，非謂即得不盡道安規則所規定之注意義務，仍需顧及車前一切綠燈通行車輛之安全，縱使本事件A女未依規定避讓致生車禍而有過失，但與員警甲是否違反注意義務無關，今員警甲卻疏未充分注意車前狀況，隨時採取必要之安全措施，終致2車發生碰撞，堪認員警甲及被害人A女就本案車禍事故之發生，均應負過失之責，且員警甲過失行爲與被害人重傷害結果有相當因果關係。

肆、處置對策與策進作為

一、警車追逐過程風險評估

　　警車追逐過程的風險評估，可分啓動階段、行動階段、處置階段等三種情況（如圖14-2）所示。啓動階段可從逃逸者違法態樣判斷是否有立即逮捕的需要、警察攔截到案的能力以及執法安全性，加以評估值不值得追。行動追逐過程中，一方面要通報追車訊息、一方面要控制自己的駕車行為，避免有逼車、妨害駕駛或衝撞行為，同時也必須不斷地反問是否有必要繼續追車，若已經越轄、對道路狀況陌生、無線電難以聯繫、逃逸者的瘋狂程度已帶來更大風險、路段進入人潮擁擠與交通流量大的道路等，就應該選擇停止追逐。若警車追逐發生事故，其處置應即停下來以救護傷患為先（張宗揚等人，2016：15-20）。

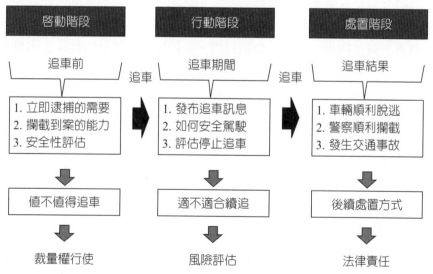

圖14-2　警車追逐過程的警察行為

資料來源：張宗揚等人（2016：15）。

二、警車追逐管理政策模式

當前國際文獻上，就警車追逐管理政策模式可歸納為判斷模式（Judgmental）、限制模式（Restrictive）、禁止或不鼓勵模式（Discouragement）等三種模式（張宗揚等人，2016：11-12；黃苗捷，2021：147-149）。

（一）判斷的模式

對於警車追逐的發動、策略的運用和停止的時機，給予警察最大的裁量。此模式運作的警察部門僅提供員警原則性指示，包括告知警察人員在發動警車追逐前應衡量各種情境因素，考慮自身及其他用路人安全，並在追逐的危險性增大時應中止警車追逐行為。

（二）限制的模式

對於警察實施警車追逐行為判斷和決定，做了某些限制。此種模式運作的警察部門，會制定一些規制，盡可能除去某些需要警察個人辨識的機會，藉以約制員警個人裁量行為，降低警車追逐危害性，如限制員警追逐青少年、交通違規者等；並對警車實施追逐中的速度、距離及追逐時間加以規範，甚至限制某種類型的駕駛行為，如駛進單行道、闖進私有土地範圍、攔檢緝捕到案的可能性已明顯降低或肇事危險增加時，應立即停止警車追逐行為。

（三）禁止或不鼓勵模式

此模式嚴格的限制警車追逐行為，員警除了在非常特殊的狀況下，才允許警車追逐。採取此種模式的警察部門，對員警警車追逐行為採取非常嚴格的限制，幾乎不允許員警有自己判斷的空間，除了在某些明定的情況下（如確知嫌犯有謀殺或強暴等重大犯罪），才允許員警實施警車追逐行為。

至於我國員警執勤追緝車輛管理模式其變遷，依據張宗揚等人之研究，1999年精省以前是採「判斷模式」，2000年至2009年是採「限制

模式」，2010年至2013年是採「禁止模式」，2013年9月後係採「不反對但應儘量避免態度」（張宗揚等人，2016：12-14）。

此次，依據黃苗捷氏研究指出，從我國警車追逐管理政策模式沿革以及法律賦予警車追逐的權限可知，我國警車追逐政策應歸屬限制型模式，亦即對於員警實施警車追逐行為判斷和決定做了某些限制，藉以除去某些需要依賴警察個人辨識的機會，除約制個人裁量行為，同時降低事故率；惟近年來內政部警政署有鑒於屢有警察人員警車追逐發生交通事故傷亡事件，爰多次以函文規定，除了在某些特定的情況下（乘載重要案犯、顯有犯罪嫌疑或為贓車）才允許員警實施警車追逐行為，政策有朝向禁止模式趨勢（黃苗捷，2021：157）。

由於員警執勤追緝車輛風險是很高的，員警及犯嫌都可能因而發生事故，甚至傷及第三人，因而衡諸我國警車追逐政策變遷與法律規定等因素，以採取「限制模式」為宜。況且，依據內政部警政署109年9月24日警署行字第1090136318號函所顯示之「追緝車輛執行原則」如下之說明，確實也較傾向「限制模式」。

1. 交通違規：交通違規攔查不停，屬一般行政罰，原則不追車，採事後舉發方式查辦。
2. 一般盤查：(1)無異狀，不追車；(2)發現可疑或受挑釁，但無犯罪事實或違禁品，無立即危險，原則不追車；(3)發現犯罪事實、違禁品，或發現危害情況、民眾呼救情形，即可發動追車。
3. 刑案追緝：(1)經攔停後發現有犯罪事實，而駕駛人駕車逃逸時，即可發動追車，惟須注意追車技巧及安全距離，不得逾越必要之程度；(2)所犯顯係為最重本刑一年以下有期徒刑之罪，此時以選擇不追車為宜；(3)發現通緝犯、現行犯或脫逃人犯，以及接獲通報攔截圍捕，如有駕車逃逸之情形，依刑事訴訟法，即可發動追車。
4. 警備車開啟警示燈及警鳴器執行緊急任務，雖可主張道路優先權，但非絕對路權，仍應注意周遭環境交通狀況，以免發生危害。

三、追蹤稽查執法步驟思維

警察兼具行政及司法警察身分，員警分別有來自刑事訴訟法之發現犯罪嫌疑調查、警職法合理懷疑犯罪之虞、已生危害或客觀易生危害交通工具之攔檢，以及交通法規之交通稽查，其執法步驟思維歸納如下。

（一）判斷是否發動

警政署訂定之相關作業程序，已納入員警執勤追緝車輛相關法令規定，各警察機關應透過在職學科訓練或各項勤教讓員警熟悉，實際執勤時再彼此經驗傳承相互依當下的狀況判斷，符合追蹤稽查要件再行發動，並由勤務分配表律定之「該管公務員」或勤務番號在前帶班員警下令發動，未明確律定帶班者，則由駕駛或資深員警判斷是否發動。

（二）告知喊話命令停車

員警發動追蹤稽查常遇有駕駛人抗辯路上車輛很多或在車內聽音樂且車窗隔音效果好，只聽到警號聲音在後，根本不知道是什麼車，也不知道警察是否要攔車。況且依道路交通安全規則第101條第3項：「汽車聞有消防車、救護車、警備車、工程救險車、毒性化學物質災害事故應變車等執行緊急任務車輛之警號時，應依下列規定避讓行駛……。」規定，駕駛人聞警號依法係有「避讓行使」義務，惟並無「停車受檢」義務，再參酌臺灣高等法院100年度交抗字第167號交通事件裁定略以：「道路交通管理處罰條例第60條第1項規定，駕駛汽車有違反本條例之行為，經交通勤務警察或依法令執行交通稽查任務人員制止時，拒絕停車接受稽查而逃逸，解釋上應包括停車受檢後，消極不配合出示證件，或不提供可查知行為人確實身分之文件或資料而離去現場，以符合避免衍生大於用路人本身違規事項之交通危險，並避免徒增無謂成本等立法意旨。」員警於追蹤稽查過程中除開啟警示燈、警報器外，以口頭、手勢或哨音「命令駕駛人停車或制止其繼續逃逸」使駕駛人知悉，方符明確性原則。

關於「不服從稽查取締」之構成要件，依據內政部警政署70年7

月13日警署交字第19418號函釋：「對交通違規不服稽查取締之事實認定，須經攔停稽查而有下列情事之一者：一、拒絕查驗駕照、行照或其他足資稽查之文件者。二、拒絕停靠路邊接受稽查者。三、以消極行為不服從稽查。四、經以警報器、喊話器呼叫靠邊停車而不靠邊停車接受稽查取締或逃逸者。」上開函釋係交通主管機關為執行職務所為之解釋，性質上屬行政規則，且其內容係闡明法規之原意，與道交條例第60條第1項規定意旨相符（參照臺中高等行政法院地方庭112年度交字第705號、臺北高等行政法院地方庭112年度交字第359號行政判決），依上開函釋且目前多為司法判決實務採用，故判斷實施追蹤稽查後，使用巡邏車上擴音器喊話命令停車為要件之一，另個化攔查車輛特徵：如車號、顏色、車型，或駕駛人穿著衣服或所戴安全帽顏色、背包或鞋子種類等，提醒其他車輛避讓、減慢速度靠兩側行駛，此舉亦能凸顯警方追蹤尾隨車輛未減速且反而加速逃逸事證；另使用擴音器一邊命令停車、一邊將目睹違規過程完整記錄，後續逕行舉發將更便捷明確。實務上員警提出質疑，尾隨過程距離過遠或警用機車並無喊話器或擴音器，如何確保駕駛人能聽聞「命令停車」內容？按追蹤稽查過程員警如依規定開啟警示燈及警報器，前方及周邊駕駛人自有「減速避讓」義務，當多數車輛避讓路邊自可判斷不服稽查而逃逸的車輛直驅揚長而去，從行車紀錄器及員警微型錄影設備連續影像中，均可目睹多數車輛聽聞警報器聲音而靠兩側減速避讓過程，足證員警既已開啟警報器，則沿途駕駛人均可具體聽聞警車在後執行公務而依法避讓，該不服稽查逃逸車輛將被個化加速逃逸過程，其主張未聽聞警號自不可採，而員警喊出不服稽查車輛車號亦能讓周邊車輛明確警方正在追蹤尾隨某一車輛，因而減速靠邊確保員警執勤更加安全。

又如能在追蹤尾隨過程中個化特徵命令停車外，加入「行政指導」用詞，例如「前方白色ABC-1234號駕駛人請靠邊停車接受稽查並請注意安全」，將員警指導駕駛人應行配合事項及提醒注意安全完整告知及蒐錄，將能周延執法細節，若駕駛人執意不服稽查而逃逸致生危害，亦能降低員警責任。

（三）確保多重蒐證

「證據」是訴訟的必要條件，不管是攔停查獲或事後調查、逕行舉發交通違規，端賴執勤過程中連續完整行車紀錄器及員警微型錄影設備蒐證，行車紀錄器常會於跳動路面中脫落致證據力不完整，員警配發之微型錄影設備於稽查過程中電力耗盡或存檔空間不足，需輔以公私設監視器及過往車輛行車紀錄器，減少蒐證瑕疵，故執行追蹤稽查、追車勤務，應確保多重蒐證始能還原事件真相，未來遭遇訴訟時舉證之證據力更加完整，員警供述呈現真實一致。

（四）通報請求支援

追蹤稽查過程中，駕駛人常會心虛躲避或高速行駛，為利員警查緝並避免單獨執勤，應以無線電通報同時段線上警力就近攔截圍捕，或於可能行經路口適時調整交通號誌迫其陷入車陣而減速停車，亦係多種方法選擇適當方法之展現。此外，既決定追蹤稽查或追車，執勤風險即已提升，切忌單警實施或分開包抄，以自身安全為優先考量，又單純之交通違規稽查，依違反道路交通管理事件統一裁罰基準及處理細則第10條第1項：「交通勤務警察或依法令執行交通稽查任務人員，對於違反道路交通管理事件之稽查，應認真執行；其有不服稽查而逃逸之人、車，得追蹤稽查之。」規定，並未賦予對交通違規不服稽查之人施以強制力，例如撞擊而攔查、高速尾隨過程中側撞夾擊或由前切入以車擋車，或由後方追撞都極可能導致駕駛人或員警自身不可逆的傷害。

（五）踐行比例原則

警察行使職權使用警械或交通稽查、犯罪追緝之追車，往往與人民生命財產相關，必須使用達成交通稽查及刑案追緝目的侵害最小之方式為之，因此警察行使職權考量依當時情形，認為目的無法達成時，「應」依職權謙抑終止追車之執行，並注意下列事項：

1. 稽查保持適當煞停距離及車速，避免駕駛人惡意突然煞車或緊張自撞，造成員警由後追撞或翻車，衍生更大危害，2023年3月5日新北

市二重疏洪道發生機車騎士闖過警方管制點，員警鳴笛尾隨，其中一名騎士失控撞及人行道路緣自摔，蘆洲分局員警因閃避不及亦撞及人行道路緣進而輾過騎士，員警雖依法執法，仍造成騎士重大傷害，令人遺憾（聯合報A12版，飆車自摔警車輾過，騎士未脫險，2023年3月6日）。

2. 不由後方或側邊碰撞駕駛人，以免駕駛人失控衝到對向車道或翻車，甚至駕駛人緊張由側邊側撞員警導致事故。

3. 追蹤過程中邊觀察沿途人車多寡情形，以不致造成路人或駕駛人失控撞及第三人、自撞或更大危害為原則。因此，單純交通違規若已採證足夠逕行舉發事證，則依職權追蹤稽查，採取事後舉發方式亦可以法止戰。

4. 對「移動行駛中車輛」開槍射擊車輛葉子板（輪弧）、水箱、引擎蓋、後行李廂蓋、前擋玻璃、後擋玻璃車窗等車輛各部位，都無法消滅「汽車的動能」，讓車輛立即停止移動，一如輪胎突然爆胎或插入尖物也不會立刻停下來，所以開槍迫使欲稽查車輛停車恐難達成目的，而且即使擊中車輛駕駛人，無論受傷或死亡，也不能保證車輛會立即停止移動，但稽查手段已然過當。

（六）無法達成依職權停止

判斷稽查目的無法達成依法停止職權行使，本於過去執勤經驗與專業判斷及當時現場狀況決定是否持續追蹤尾隨，例如當天天候狀況不佳或天色昏暗、追蹤至他轄路況不熟或道路條件不佳、道路有缺陷或障礙物、遇車潮繁忙路段或人潮較多街道、自身駕駛能力不足沒有自信、所配掛的微型錄影設備電力或空間不足無法繼續蒐證、通報後線上沒有其他支援警力加入圍捕、追緝對象已距離過遠或繼續追緝恐衍生其他危害等主客觀因素，無法達成稽查目的時，依職權停止尾隨。

（七）取得可辨明資料逕行舉發

員警於追蹤過程中能清楚喊話個化駕駛人車號車型等特徵，並能於

目睹違規態樣時即口述記錄於密錄器內，將能於返回勤務駐地後依處罰條例第7條之2逕行舉發且對多項違規事實分別舉發，以事後制裁方式促使駕駛人遵行法規，並對日後員警稽查時配合停車受檢。

是類逕行舉發案件因處罰金額高或附帶吊扣、吊銷駕照處分，駕駛人申訴或提起行政訴訟甚常見，為免爭訟過程冗長，還原當時記憶不易，得參照裁罰細則第11條第2項後段意旨，於舉發通知單空白處或另以空白文件記明稽查過程情節及救濟程序附於舉發通知書寄送車主，因案發與接獲通知書時間尚短，能敘明相關稽查過程將能降低違規人申訴救濟，減少訴訟繁瑣答辯之累。相關稽查補充意見附記於工作紀錄簿，以利日後行為人提救濟程序時，快速還原過程並提供裁決參考。有關類以不服稽查取締而逃逸案件補充理由書試列如下，以供實務應用：

1. 查道路交通管理處罰條例第7條之2第1項第4款之規定：「汽車駕駛人之行為有下列情形之一，當場不能或不宜攔截製單舉發者，得逕行舉發：四、不服指揮稽查而逃逸」、同條第5項「第一項逕行舉發，應記明車輛牌照號碼、車型等可辨明之資料，以汽車所有人或其指定之主要駕駛人為被通知人製單舉發」、第60條第1項「汽車駕駛人，駕駛汽車有違反本條例之行為，經交通勤務警察或依法令執行交通稽查任務人員制止時，不聽制止或拒絕停車接受稽查而逃逸者，除按各該條規定處罰外，……」規定，先予敘明（執法依據）。

2. 員警於○○年○○月○日○時○分，行經○○路與○○路口，目睹旨揭重機車號123-ABC由○○路二段左轉○○路方向往○○路方向紅燈左轉，顯已生危害，員警依警察職權行使法第8條之規定尾隨欲攔停稽查，惟該機車加速逃逸（發動依據）。

3. 員警見狀開啟警示燈、鳴警笛並大聲命令該車停車受檢，惟該車不予理會續行經○○路，右轉○○街，右轉○○路繼續逃逸，並有闖紅燈、機車行駛禁行機車道、未依兩段式左轉等違規（詳如舉發單），過程均經密錄器記錄在案（違規動態過程記錄）。

4. 員警尾隨記明車號後立即以使用警用M-Police掌上型行動電腦查詢

車籍系統，比對該逃逸車輛、顏色、車型皆與車籍資料顯示相符，另查當日天氣良好，現場光線足夠，視距良好，員警目睹該車駕駛人戴白色安全帽，著紅色短袖上衣及白色球鞋，警車與該機車適當距離執法，已充分辨明車號及相關特徵且複查資料確認在案（複查確認該車輛特徵與車籍資料相符，並記錄當時現場環境及駕駛人衣著，佐證員警執法明確，觀察細微）。

5. 倘本車主認不服稽查取締而逃逸違規應歸責他人，請依道路交通管理處罰條例第85條規定檢附相關證據及應歸責人相關證明文件，向處罰機關告知應歸責人等規定辦理（逕行舉發車主，若車主非駕駛人，告知依歸責規定續處）。

6. 不服本案舉發，請依同條例第9條規定向處罰機關陳述意見，以維權益（告知救濟規定）。

（八）稽查過程配套措施

員警常以交通違規或發現易生客觀危害交通工具發動追蹤稽查，惟部分駕駛人持有毒品或其他違禁品擔心遭查獲，甚至於逃逸過程邊丟棄違禁品或以障礙物製造往來公共危險，或於警車接近欲攔查時假意配合減速卻又高速竄逃，致撞及他車、路人或警車急煞翻車等事故，故員警於稽查過程遇駕駛人由單純不服交通稽查轉換為過失傷害、肇事逃逸、公共危險或妨害公務等刑事現行犯時，要能即時描述所見情狀記錄於行車紀錄器或密錄器內。另為避免發生意外，轉換以適當方式追緝犯嫌，例如多輛警備車前後包抄但不高速追撞，惟如衡量現場客觀環境仍無法達成拘捕目的，亦宜依職權停止追蹤並即刻調閱沿途監視器、訪查現場證人、找尋駕駛人沿途丟棄違禁品或危險物品，事後依法偵查，併依處罰條例逕行舉發違規。

（九）無法看清違規車號之應處

員警實施追蹤稽查過程中需兼顧保持安全距離避免駕駛人急煞而追撞，且動態尾隨過程中，員警要清楚辨識尾隨車輛車號仍有不易，故

除喊話車型顏色等特徵命令靠邊停車外，亦會調閱路口監視器查明車號及佐證違規過程，有關調閱監視器佐證並逕行舉發不服稽查取締而逃逸案件是否適法，違規人常會以路口監視器設置係以治安為目的申訴撤銷罰單，惟按警察職權行使法第10條：「警察對於經常發生或經合理判斷可能發生犯罪案件之公共場所或公眾得出入之場所，為維護治安之必要時，得協調相關機關（構）裝設監視器，……。依前項規定蒐集之資料，除因調查犯罪嫌疑或其他違法行為，有保存之必要者外，至遲應於資料製作完成時起一年內銷毀之。」又按，個人資料保護法第16條規定：「公務機關對個人資料之利用，……應於執行法定職務必要範圍內為之，並與蒐集之特定目的相符。但有下列情形之一者，得為特定目的外之利用：一、法律明文規定。……」道路交通管理處罰條例第7條之2：「汽車駕駛人之行為有下列情形之一，當場不能或不宜攔截製單舉發者，得逕行舉發：四、不服指揮稽查而逃逸……。」逕行舉發因未當場對駕駛攔停確認身分與違章情節，除警車上的行車紀錄器及員警配備之隨身密錄影像外，確會因尾隨過程環境因素而無法攝錄明確車號，路口監視器之目的雖係以維護治安為主，但於此目的外，如依個人資料保護法暨道管條例規定，非不可為其他目的之利用，而道管條例既然遇不服指揮稽查而逃逸時允許逕行舉發，則依整體法秩序之價值判斷，自亦允許利用路口監視器作為辨明、確認違規行為人之手段，以達維護交通秩序之目的，而違規人駕駛車輛於公共道路上，隱私權保障程度較低，相較於維護交通秩序之公益，利用路口監視器作為取締方法之一，尚無違比例原則（參照臺中高等行政法院111年度交上字第130號行政判決）。故員警於追蹤尾隨過程基於自身執勤安全並遵行道路交通安全規則與追蹤對象保持適當安全距離致未能清楚辨明車號，得輔以調閱路口監視器佐證車號及違規過程，已為司法實務判決所肯認，將能更降低員警於高危險性的動態執法過程危害。

（十）其他注意事項

1. 警車追蹤稽查多採高速行駛，會產生「坑道視覺效應」，當車速越

快時，周邊視界角度會越來越小，例如車輛時速約30公里時，視野角度約爲100-110度；時速60公里時，視野角度約爲70-80度，車速高達100公里時，視野角度則僅35-40度，當周邊視野角度小於40度時，稱爲「坑道視覺」，前方已幾乎什麼都看不到，容易擦（追）撞，此時宜依職權終止追車。

2. 員警追蹤稽查負有注意義務，高速行駛易波及本身、駕駛人及第三人安全或其他車輛，發生死傷案件，亦將遭受調查，面臨刑事、民事或國家賠償之訴訟問題。因此，警察機關必須反覆訓練，讓員警瞭解上開相關追蹤稽查及追車相關法令，以利臨場判斷應變。

3. 員警不能用平時開車的感覺在設想追蹤稽查，因爲心理壓力完全不一樣，將會影響駕駛習慣。

4. 國內外道路設計不盡相同，國外攔停方式（如雞爪釘、攔截網、前擋布幕、直升機等）案例僅能作爲參考，國情不同自需因地制宜採取適當作法。

伍、結語

　　員警執勤追緝車輛風險是很高的，員警及犯嫌都可能因而發生事故，甚至傷及第三人；但基於警察職責，倘若案情已從初始交通違規追蹤稽查、合理懷疑犯罪之人或已生易生危害交通工具轉換提升至刑事犯罪偵查，該積極追緝時還是會追緝的，畢竟有責任感的警察，仍會把正義放在第一順位。不過，一旦決定要追蹤稽查時，便不能忘了安全觀念、程序規定及比例原則的適用，通報請求支援、保持適當距離、喝令停車、鳴笛，不斷評估情勢等待最佳時機，而非緊追在後強行攔查。以2009年桃園保安警察大隊陳小隊長追蹤稽查案因發動攔查有據且保持車距，並無意碰撞稽查車輛或其他超車逼車等妨害A安全駕駛之動作，又多次鳴放警笛、多次叫A停車，縱使機車駕駛人及其友人在逃逸中自撞導致一死一傷情況，最終法院認爲員警之追緝行爲及過程並未違反比例

原則。然而,另案2018年3月桃園姜姓員警追蹤一名闖紅燈毒品人口,雖有開啓警示燈與警報器,惟於路口闖紅燈致撞及女騎士致癱瘓,員警坦承路口並未減速且並無行車紀錄器影像爲由,姜員經高等法院判決業務過失傷害致人重傷罪,處有期徒刑五月,得易科罰金並續國賠賠償。

因此,警察決定要追車的刹那間,安全觀念、程序合法暨踐行比例原則便爲最高指導原則,需知執行緊急任務雖有優先通行權,但仍應負交通注意義務,呼籲第一線員警以精緻執法思維面對街頭實務細節,尤其是高風險的追蹤稽查任務,遵行道路交通安全規則外,依據內政部警政署109年9月24日警署行字第1090136318號函所示「限制模式」之「追緝車輛執行原則」暨相關司法判決見解持續精進執法技巧,建立安全觀念、確認程序合法、踐行比例原則,兼顧法治與執勤三安,畢竟安全是回家唯一的路。

參考文獻

方文宗(2020)。警察追車正當性界限之探討。高大法學論叢,第15卷第2期,頁135-178。

許福生、蕭惠珠(2023)。警察情境實務案例研究。臺北:五南。

黃苗捷(2021)。警車追逐之司法實務與管理政策之研究。中央警察大學法律學系研究所碩士論文。

張宗揚、吳麗珍、蔡宗昌、江建忠(2016)。警察追車攔檢之法實例研究。內政部警政署秘書室研究報告。

第十五章
警察執勤使用警械案例研析

洪文玲

壹、前言

　　警察職司社會秩序維持、公共危害排除與犯嫌之追緝逮捕等任務，當遭遇匪徒拒捕、脫逃、醉漢或瘋狂者自殘、暴行或其他擾亂秩序行為時，常需立即以強制力制服匪徒、醉漢或抓狂之人（以以下簡稱相對人[1]），以保障自身及民眾之安全。而警械，尤其是警槍，已是各國警察通用之執勤裝備[2]，乃警察執勤時實施強制力之輔助工具，用以輔助警察立即有效制止或排除危及自己或他人生命之急迫侵害。

　　由於使用警槍此種致命武器之結果，常會造成相對人或其他民眾生命身體財產之重大損害，是否有非致命武器例如電擊槍、塑膠子彈、麻醉藥劑子彈等取代火藥子彈之可能，不乏倡議與實踐之例，然而考量成本與使用效益上，尤其在服行恐怖攻擊、劫持人質、攻堅等較危險勤務時，仍無法完全取代警槍。社會治安之維護、執法人員與善良民眾之生命安全保障，與相對人生命身體權、接受司法審判權利，形成多重法益之衝突，如何衡平？強化用槍之事前訓練、限定使用要件、提高事後保障等，乃研訂警械使用法制之努力方向。

---

[1] 本文稱之相對人，而不稱犯嫌，乃因其可能是醉漢或瘋狂之人，不一定是犯罪嫌疑人。

[2] 英國是世界上槍枝管制法案最嚴屬的國家之一，因此英國發生的犯罪案件中，罪犯較少持槍，而警察也通常能透過談判來說服罪犯就範。在2016年，英國的授權佩槍警察（authorised firearms officer）僅占全部警力的4.4%，普通警察在日常執勤時，只會攜帶警棍、手銬，偶爾會攜帶電擊槍。而在倫敦，超過90%的警察在執勤時不佩槍。同樣在歐洲，法國的佩槍警察占全部警力的70%，然在德國和西班牙，每名警察都配有手槍。https://theinitium.com/article/20170326-international-uk-parliament-attack，閱覽日期：2024.12.1。

　　民國3年北京政府時期公布施行「警械使用條例」，第2條規定警械之種類爲棍與刀，至於槍枝，必須具備特殊職務或一定官銜者，始得佩帶使用（陳孟樵，2000）。政府來臺後，繼續施行國民政府於民國22年制定公布的「警械使用條例」，另在民國42年公布之警察法，明定「使用警械」爲警察職權之一。而後警械使用條例歷經民國57、74、91、111年數度修法，擴大警械之範圍，警械種類更加多元彈性；使用時機與要件更加明確、符合比例原則；使用責任之認定更加客觀；賠補償機制，對使用員警與被害人之保障更加周到[3]。

　　然而抽象之法條文字，適用於現實具體個案時，使用警械人員、被使用之民衆、機關長官、檢察機關與歷審法院，對法事實的判斷、法要件的理解，與法效果手段選擇的評價，不見得一致。此種不確定性，對於用槍員警最爲不利。長期的訴訟壓力，民事賠償與刑事責任的心理負擔，造成第一線執勤員警的焦慮與顧忌，導致其遭遇攻擊時猶豫不決，錯過最佳反應時機，甚至危及其本人或他人之生命安全。因此，有不少研究警械使用之論文，蒐集與整理法院裁判進行分析探討，試圖歸納法院對用槍要件之判斷標準（黃朝義，2015；鄭善印，2011、2012；陳文貴，2022；劉耀明2023）[4]，鑒於該等文獻研究背景多係於警械使用條例修法前之舊法時期，實有必要補充該條例111年修正後，法院對於警察同仁執行巡邏臨檢等勤務，遇有民人拒檢或其他危及員警或他人生命等緊急情況，警察用槍之時機與應變策略選擇之適法性判斷爭議之法院等相關見解。

　　本文乃以警械使用條例第4條作爲關鍵字，檢索全國法院裁判書系統，獲致各地方法院、高等法院與最高法院於113年作成之裁判共6筆，112年作成之裁判共4筆。此外，內政部依據條例新修正之第10條之1遴聘相關機關（構）代表及專家學者組成之警械使用調查小組，完成之調

3　歷次修正介紹，請參閱劉嘉發（2022）。
4　其中專門著作，首推施俊堯前法官於2017年出版之案例研究，該書援引檢察書類與判決書共447件，從司法實務通説解析警械使用條例，並分析使用警械常見實務問題與提供改善方法，極具參考價值。

查報告2筆。其中屬相同事件者合併，共歸納爲四個案例，作爲本文對於警察人員用槍適法性分析之基礎，憑以分析目前司法實務趨勢，提供警察執勤用槍之參考。

貳、現行用槍規範

一、111年警械使用條例新修正之規定

民國111年10月19日修正公布「警械使用條例」。共修正3條、增訂3條、刪除1條。修正重點爲：

（一）修正第1條

「警察人員執行職務時得依本條例使用警械；使用時應著制服或出示足資識別之警徽或執行職務之證明文件，但情況急迫時，不在此限。

前項警械，包含警棍、警刀、槍械及其他器械；其種類，由內政部定之。」

分析：該條授予警察使用警械之權力，亦是對警察使用警械之限制與程序要求。警械屬於警察行使強制力之輔助工具，警察人員執行職務時不一定需要使用警械，如需使用警械，則應受本條例之約束，本條例規定各種警械之使用時機、應遵守之程序與實體要件，及使用後個人、機關與國家責任。

使用警械前表明身分之程序義務，因爲警察便衣執勤，他人無從辨識，極易被誤爲暴徒而錯殺，彰顯代表國家執行公權力之法律地位，相對人有配合與忍受義務，尤其重要。至於但書所稱情況急迫不在此限，應係指「出示警徽或證件」而言，故即便現場情況危急，仍應大聲表明警察身分，同時使用警械防衛。另第2項刪除警械規格，乃因警械規格本應配合各種警察勤業務需求之特性，及工業製造技術改良而與時俱進更新。並改由內政部訂定種類，內政部職掌警政事項具有相關專業，且本條例第14條第2項有關警械定製、售賣或持有等許可係授權由內政部

另定辦法管理之，爲使事權一致，故改由內政部規定警械種類。據此，內政部於2024年7月8日台內警字第11308725692公告「警察機關配備警械種類」，分爲3欄：「一，警械名稱有警棍、警刀、槍械、其他器械。二，種類，乃將舊法種類規格合併，內容不變。三，備考。」

（二）增訂第4條第3項：增列擬制警械之規定

「發生第一項第四款、第五款之情形，警察人員執行職務，無法有效使用警械時，得使用其他足以達成目的之物品，該物品於使用時視爲警械。」

分析：警察人員執行職務面臨之情境不一，隨時可能遭遇危險、急迫，且無法事先預料之突發狀況，或未攜帶適當警械；或雖有攜帶，卻發生警棍斷裂、槍枝卡彈、機械故障、狀況過於危急或有事實足認使用現有之警械無法達成目的等未能有效使用或認以不使用爲適當等情形。警察人員基於警察職權行使法、社會秩序維護法、行政罰法[5]、行政執行法、槍砲彈藥刀械管制條例[6]等規定得行使行政上之強制力，另依刑事訴訟法規定得行使刑事上之強制力，復按刑法第22條（業務正當行爲）、第23條（正當防衛）及第24條（緊急避難）規定之法理等，本得就地取材，使用現場足以達成目的之適當物品作爲行使強制力之輔助工具，內政部於草擬警械條例修正草案時，原增訂於第1條第2項，可惜

---

[5] 行政罰法第34條：「行政機關對現行違反行政法上義務之行爲人，得爲下列之處置：……三、爲保全證據之措施。遇有抗拒保全證據之行爲且情況急迫者，得使用強制力排除其抗拒。四、確認其身分。其拒絕或規避身分之查證，經勸導無效，致確實無法辨認其身分且情況急迫者，得令其隨同到指定處所查證身分；其不隨同到指定處所接受身分查證者，得會同警察人員強制爲之。前項強制，不得逾越保全證據或確認身分目的之必要程度。」第37條：「對於應扣留物之所有人、持有人或保管人，得要求其提出或交付；無正當理由拒絕提出、交付或抗拒扣留者，得用強制力扣留之。」

[6] 槍砲彈藥刀械管制條例第20條之3（民國113年1月3日修正）：「警察機關爲查察槍砲、彈藥、公告查禁之模擬槍及其主要組成零件，得派員進入槍砲、彈藥及模擬槍製造、儲存或販賣場所，就其零組件、成品、半成品、各種簿冊及其他必要之物件實施檢查，並得詢問關係人及令其提供必要之資料。前項檢查，必要時得會同目的事業主管機關執行之。檢查人員於執行第一項規定之檢查任務時，應主動出示執行職務之證明文件，並不得妨礙該場所正常業務之進行。規避、妨礙或拒絕第一項之檢查、詢問或提供資料者，處新臺幣二十萬元以上五十萬元以下罰鍰，並得按次處罰及強制執行檢查。第一項檢查之人員、檢查處所、對象、檢查物品範圍、實施程序及其他應遵行事項之辦法，由中央主管機關定之。」

未獲立法支持，改移至該條例第4條第3項且限定須於發生同條第1項第4款、第5款之情形，方准許警察就地取材，擬制爲警械。該物品視爲警械，相對人或第三人若因此受有損害，則得依本條例相關規定提出賠償或補償之請求。於使用擬制警械之際，使用人仍應受本條例使用要件與責任規定之拘束。擬制警械非屬第1條第2項警械範圍，故不適用第14條第1項之管制規定。

（三）增訂第4條第4項：明定逕行射擊時機

「第一項情形，警察人員執行職務時，認犯罪嫌疑人或行爲人有下列各款情形之一，將危及警察人員或他人生命或身體時，得使用槍械逕行射擊：一、以致命性武器、危險物品或交通工具等攻擊、傷害、挾持、脅迫警察人員或他人時。二、有事實足認持有致命性武器或危險物品意圖攻擊警察人員或他人時。三、意圖奪取警察人員配槍或其他可能致人傷亡之裝備機具時。四、其他危害警察人員或他人生命或身體，情況急迫時。」

分析：參酌「聯合國執法人員使用強制力和槍械的基本原則」之特別條款，於條例第4條第4項明定警察人員執行職務時，主觀上認爲犯罪嫌疑人或行爲人有四款特定行爲或情狀，不即時制止將危及警察人員或他人生命或身體安全時，得不經鳴槍警告，使用槍械逕行射擊。

增訂本項規定，係將內政部警政署於105年8月4日頒布之行政規則「警察人員使用槍械規範」第6點規定，提升至法律位階，讓員警執勤遇有該四種情境之一，依本條例即得逕行射擊，以維護自身或民眾之人身安全，更可兼顧人權保障。該規定並非創設或增加對人射擊之時機要件，而係參考過去警察用槍，經法院判斷符合第6條合理性、急迫性與必要性等要件之案例，歸納而成。可謂係將第4條第1項與第5條規定各種得用槍時機，結合第6條急迫性、合理性與必要性等要件，進一步明確化規範。易言之，該當第4項所列四種情境之一，且將危及警察人員或他人生命或身體安全時，即得逕行射擊。期使社會大眾明瞭警察之用槍決策，得以預見警察之用槍行爲；更有助於警察於緊急情狀下更迅速

作判斷及反應，之後於司法偵審階段，亦可縮短司法機關與執法人員之認知差距。

（四）增訂第10條之1：設立專業且公正之調查組織調查爭議案件

「內政部遴聘相關機關（構）代表及專家學者組成調查小組，得依職權或依司法警察機關之申請，就所屬人員使用警械致人死亡或重傷爭議事件之使用時機、過程與相關行政責任進行調查及提供意見。……組織及運作方式，由內政部定之。」

分析：該組織係由內政部成立。依據112年4月19日發布之警械使用調查小組組織及運作辦法第3條規定，其成員13-17人，其中一人為召集人，由內政部次長兼任，一人為副召集人，由內政部警政署副署長兼任；其餘委員，由內政部就下列人員聘（派）兼之：

一、本部警政署督察室及教育組代表。

二、鑑識、彈道、法律、警政、心理、精神醫學或其他相關專門領域之專家學者。

三、律師公會、關注警察權益或人權之團體代表。

四、警佐人員。

其中學者專家委員及律師人權團體委員，不得少於委員總數二分之一，確保其專業性。且任一性別委員，不得少於委員總數三分之一，確保其衡平性。

（五）增訂第10條之2：警察通報救護義務

「警察人員使用警械，致現場人員傷亡時，應迅速通報救護或送醫，並作必要之保護或戒護。」

分析：依本條例第10條之規定，警察執行職務使用警械，除了用警棍指揮不必報告外，其餘使用警械均需報告。例如使用警銬逮捕人犯、警棍制止脫逃，亦需報告直屬長官。而第10條之2是因使用警械，致現場人員傷亡時的通報義務，應迅速通報110、119救護或送醫，並於現場作必要之保護或戒護。

（六）增訂第10條之3

「前條人員所屬機關接獲通報後，應進行調查並提供警察人員涉訟輔助及諮商輔導。」

分析：行為警察所屬機關勤指中心於接獲行為警察依第10條之2所為之通報後，應立即派員到現場進行職權調查，調閱影像、詢問目擊者、行為員警、傷者、記錄過程、繪製現場圖（標記散落彈殼、血跡、死傷者位置等）、保全證據。此調查報告非常重要，應力求詳盡，此常係日後認定法律責任之基礎事實證據。與第10條之1之調查不同者有五，實施機關、調查成員、發動原因、調查範圍、調查項目。

	第10條之1	第10條之3
實施機關	內政部（調查小組）	行為警察所屬機關
調查成員	內外多元專業	內部人
發動原因	依職權或依司法警察機關之申請	依職權
調查範圍	致人死亡或重傷爭議事件	現場人員傷亡
調查項目	使用時機、過程與相關行政責任	使用過程

（七）修正第11條：國家責任

「警察人員執行職務違反本條例規定使用警械，致侵害人民自由或權利時，依國家賠償法規定辦理。

前項情形，為警察人員出於故意之行為所致者，賠償義務機關得向其求償。

警察人員依本條例規定使用警械，致第三人生命、身體或財產遭受損失時，第三人得請求補償。但有可歸責該第三人之事由時，得減輕或免除其金額。

前項補償項目、基準、程序及其他相關事項之辦法，由內政部定之。」

分析：警察人員違反本條例規定使用警械，除機關求償要件限於故

意者外，餘依國家賠償法規定辦理。而依本條例規定使用警械，致第三人生命、身體或財產遭受損失時，第三人得依內政部另定之補償辦法請求補償。

值得注意者，警察職權行使法第30條、第31條亦有國家賠償與損失補償之規定，本條例第11條規定屬於特別法優先適用。

（八）刪除第12條：依法令之行為

分析：原條文規定：「警察人員依本條例使用警械之行為，為依法令之行為。」其立法理由，係以此作為警察行為阻卻違法之事由。惟從邏輯上言，依規定使用警械，本為合法，行為人無民刑事法律責任；未依規定，即為違法，應擔負民刑事責任，該規定顯為贅述。不過，實際上確曾有主張以正當防衛、緊急避難作為警察使用警械阻卻違法事由之例[7]。

二、法定用槍要件

依警械使用條例規定而使用槍械，必須具備下列要件。

（一）用槍時機，須符合警械使用條例第4條、第5條所規定之情形

第4條：「警察人員執行職務時，遇有下列各款情形之一者，得使用警刀或槍械：一、為避免非常變故，維持社會治安時。二、騷動行為足以擾亂社會治安時。三、依法應逮捕、拘禁之人拒捕、脫逃，或他人

---

[7] 臺灣高等法院90年度上更（二）字第1142號刑事判決：「……故依法逮捕犯罪嫌疑人之公務員，遇有抵抗時，雖得以武力排除之，但其程度以能達到逮捕之目的為限，如超過其程度，即非法之所許，不得認為依法令之行為。……檢察官循告訴人丁○○之請求而上訴，仍指被告於極近距離內射擊被害人，應具有殺人之不確定故意。又被告迄未和解賠償，原判決量刑過輕。被告上訴主張緊急避難、併正當防衛。雙方上訴之理由，固均不足採……。」臺灣桃園地方法院103年度矚訴字第19號刑事判決：「本案被告葉驥雖有使用槍械射擊被害人羅文昌，而使之受傷之認識與意欲，惟依其前開辯解，可知其乃誤認被害人之倒車拒捕行為已危及其安全，且誤認開槍射擊被害人之腿部合乎上述警械使用條例之規定而為法律所容許，始基於防衛自身及制止被害人脫逃之意思對被害人開槍，是被告於行為時，係誤信有上開阻卻違法事由之存在，揆諸首揭判決意旨，其傷害行為因欠缺違法性認識，阻卻犯罪之故意；惟被告對上開阻卻違法事由之前提事實是否存在，有一定之注意義務，倘被告違反該注意義務致造成被害人法益侵害之結果，則應負過失責任。」

助其拒捕、脫逃時。四、警察人員所防衛之土地、建築物、工作物、車、船、航空器或他人之生命、身體、自由、財產遭受危害或脅迫時。五、警察人員之生命、身體、自由、裝備遭受強暴或脅迫，或有事實足認有受危害之虞時。六、持有兇器有滋事之虞者，已受警察人員告誡拋棄，仍不聽從時。七、有前條第一款、第二款之情形[8]，非使用警刀、槍械不足以制止時。……第一項情形，警察人員執行職務時，認犯罪嫌疑人或行為人有下列各款情形之一，將危及警察人員或他人生命或身體時，得使用槍械逕行射擊：一、以致命性武器、危險物品或交通工具等攻擊、傷害、挾持、脅迫警察人員或他人時。二、有事實足認持有致命性武器或危險物品意圖攻擊警察人員或他人時。三、意圖奪取警察人員配槍或其他可能致人傷亡之裝備機具時。四、其他危害警察人員或他人生命或身體，情況急迫時。」

第5條：「警察人員依法令執行取締、盤查等勤務時，如有必要得命其停止舉動或高舉雙手，並檢查是否持有兇器。如遭抗拒，而有受到突擊之虞時，得依本條例規定使用警械。」

（二）使用警械須合乎同條例第6條所規定之急迫性、合理性與必要性原則

第6條規定：「警察人員應基於急迫需要，合理使用槍械，不得逾越必要程度。」

（三）須符合同條例第7條至第9條所規定之應注意事項

第7條規定：「警察人員使用警械之原因已消滅者，應立即停止使用。」

第8條規定：「警察人員使用警械時，應注意勿傷及其他之人。」

第9條規定：「警察人員使用警械時，如非情況急迫，應注意勿傷及其人致命之部位。」

---

[8] 第3條第1款、第2款：「一、協助偵查犯罪，或搜索、扣押、拘提、羈押及逮捕等須以強制力執行時。二、依法令執行職務，遭受脅迫時。」

由於執勤現場情況瞬息萬變，遠非訓練場所可比擬，其情境實非在場員警可加控制，更非檢察官、法官或一般民眾以冷靜理性的事後諸葛心態所能合理衡量，故111年修法，特別於第10條之1第2項明定：「前項調查小組對於警械使用妥適性之判斷得考量使用人員當時之合理認知。」乃立法機關提醒調查者，對於警械使用妥適性之判斷，宜考量使用人員當時之合理認知。如於一般常人感知危險急迫之情形下，行為警察已盡注意之義務，則即便因情境無法控制而發生傷及其他之人或其人致命結果之部分，使用行為仍得受合法之評價。

三、行政規則

內政部警政署於105年8月4日訂頒行政規則「警察人員使用槍械規範」，參考美國警察用槍規範，補充原有條例規範不明與不周之處，提供執勤人員判斷現場情勢之項目，與採行漸進式用槍策略，分設持槍警戒、鳴槍制止及持槍射擊等三等級之時機要求，更提醒警察應就現場所認知之全盤情況，審酌使用其他非致命性武器或攔截圍捕等替代方式之可行性。

此外，內政部警政署訂定「執行巡邏勤務中盤查盤檢人車作業程序」：「……（七）遇攔停車輛駕駛人拒絕停車受檢時，經員警以口頭、手勢、哨音或開啓警鳴器方式攔阻，仍未停車者，得以追蹤稽查方式，俟機攔停；必要時，通報勤務指揮中心請求支援，避免強行攔檢，以確保自身安全。（八）客觀情況判斷無法攔停車輛時，依警察職權行使法第三條第二項終止執行。（九）檢查證件時，檢查人員應以眼睛餘光監控受檢查人。發現受檢人係通緝犯或現行犯，應依刑事訴訟法規定拘提或逮捕之。（十）遇有衝突或危險情況升高時，應手護槍套；必要時，拔出槍枝，開保險，槍口向下警戒，使用槍械應符合警械使用條例、警察人員使用槍械規範之規定及用槍比例原則。」

參、案例分析

案例一：彰化北斗機車拒檢

一、案例事實

112年5月13日彰化縣警察局北斗分局（以下簡稱爲北斗分局）海豐派出所，由所長（以下簡稱爲黃員）及警員（以下簡稱爲蔡員、被告）駕駛巡邏車執行22時至24時巡邏勤務，於23時31分見一後座乘載乘客之普通重型機車（騎士以下簡稱爲楊嫌；後座乘客以下簡稱爲張男），未依規定使用方向燈，遂予以攔查，惟該車拒檢逃逸，經員警一路開啓警示燈、警鳴器，並使用車裝擴音器呼喊停車受檢，該車仍拒絕停車受檢。23時32分41秒楊嫌騎車進入巷弄內土地公廟前ㄇ字型廣場迴轉，而巡邏車因受限地形緣故無法前行迴轉，蔡員遂下車奔向該車並以手勢大聲喝斥楊嫌停車，惟23時32分45秒楊嫌未減速且朝蔡員方向駛來，蔡員爲避免自身遭撞，於23時32分46秒閃身拔槍拉滑套朝機車前輪射擊1槍，惟機車車速過快，子彈擊中楊嫌左後腰部，楊嫌仍騎車逃離現場。直到翌日0時18分溪湖分局勤務指揮中心接獲119轉報有民眾受槍擊創傷，並送往衛生福利部彰化醫院就醫，遂通報北斗分局至醫院查看，獲悉楊嫌於蔡員射擊後逃逸途中，於23時36分因體力不支改更換張男騎乘機車，復於23時50分許致電友人楊男1、楊男2，並於途中休息，友人楊男1、楊男2到場後才電告119求救。119到場時將楊嫌送醫，張男逕自騎機車返回田尾；楊嫌於翌日1時58分經醫院宣告急救無效後死亡。

二、裁判結果與理由

本件民人甲（死者楊嫌之兄）提告員警過失致死，臺灣彰化地方檢察署作成112年度偵字第21509號不起訴處分、臺灣高等檢察署臺中分署檢察長113年度上聲議字第1941號駁回再議處分，民人甲不服聲請准許提起自訴，臺灣彰化地方法院113年度聲自字第23號刑事裁定（113.11.15）主文：聲請駁回。

法院裁定理由簡述如下：

（一）被害人是否有衝撞警員之舉動及意圖

參酌密錄器影片及勘驗筆錄、截圖及證人張男之證述，足認被害人為逃避入監服刑，於被告攔查時拒不停車，後經被告駕駛警車在後追逐鳴笛，被害人仍未停駛，嗣經警下車大聲喝斥停車，被害人亦未理會，反騎車朝被告所在方向加速疾駛。除拒絕停車接受攔查外，更朝被告當時所站之位置加速行駛，案發廣場為ㄇ字形，出口狹長，無法會車，被告站在該出口處喝斥被害人停車，被害人機車通過該出口時距離被告極近，被告於影片中亦有閃身躲避之行為，益見被害人騎車幾近要撞上被告，故被害人上開朝被告方向加速疾駛之舉，當屬衝撞警員之行為無疑，且其有衝撞之意圖無誤。

（二）使用槍械是否違反注意義務、符合比例原則

1. 按刑法上之過失，係指對於構成犯罪之事實，按其情節，應注意並能注意而不注意而言，且其過失行為與結果間，在客觀上有相當因果關係始得成立，是本件所應探究者為被告上開行為，是否客觀上有違反注意義務，及主觀上是否能注意而未注意。
2. 查被害人於案發當時拒絕停車受檢，並加速前行，顯有拒捕、脫逃之行為。被告見狀一路跟追被害人機車並鳴笛，在案發廣場出口路旁停車，下車欲逮捕被害人之際，見有一機車自廣場之一端急速向被告騎行，被告望向來車時，該處昏暗，被害人騎乘機車之車燈在暗處發出極亮之光線，被告當時視線受到眩光影響，無法看清楚被害人機車之精準動態，被告僅能判斷被害人騎乘機車朝其方向加速衝過來，因而感覺有危及自身生命、身體安全之急迫需要，遂立即使用槍械制止被害人，此有**內政部警械使用調查小組調查報告**在卷；衡以被告於偵查中供稱：「楊嫌沒有打方向燈左轉，我就在後面就鳴笛，一路追到土地公廟。當時我下車，站在我射擊的位置，先用手示意要被害人停下，嘴巴也有說要他停下來，結果機車還是

往我的方向騎過來，車速太快，我發現有危險就拔槍，開槍時是瞄準機車前車車頭下方，這樣就可以制止對方等語。」而依當時情形，被告於23時32分44秒已大聲喝斥停車，於23時32分45秒拔槍欲射擊，於23時32分46秒瞬間朝該機車左側車頭下方輪胎開1槍，過程中，因被害人車速過快，不斷逼近被告，被告又受到被害人機車之車頭燈影響，造成被告眼睛眩光，影響其視力，其感受到自身生命、身體安全遭遇急迫危險，現場亦無從使用其他方法、方式或警械，足以有效立即制止被害人，被告更無足夠時間先對空鳴槍警告，身為警員之被告自得依警械使用條例第4條第1項第3款、第5款、第4條第4項第4款之規定，採取使用警槍射擊被害人機車前輪胎之方式，以制止其駕車脫逃之行為並維護自身之生命、身體安全。

3. 依前開法務部法醫研究所（112）醫鑑字第1121101347號解剖報告書暨鑑定報告書所示，被告所射擊之子彈，固然由被害人之左後背射入，惟由報告內容可知，子彈進入被害人體內後，其路徑方向與角度：「由左向右，與中線夾角約32.95度；由上往下，與水平線夾角約43.85度，由後往前」，故被告於擊發子彈時，係由上向下之角度射擊，足認被告之射擊目標係上開機車之前輪胎，以使其喪失動力，是被告衡酌當時情況之急迫性，為保護自身生命、身體之安全，而朝被害人機車前輪方向開1槍，並未逾越必要程度。被告已盡量朝下往輪胎處射擊，以期避開駕駛及乘客，應認其已善盡注意義務。

4. 聲請意旨雖主張被告於開槍射擊時，乃站在被害人機車車身之左側，被告並未因被害人騎乘重型機車強光照射，產生眩光、刺眼之反應，可準確判斷其與被害人間之距離。然眼睛受到強光照射時，因光線明暗落差大，眼睛瞳孔瞬間無法適應光線，即會產生「眩光效應」，看不清楚前方，且依一般人生活經驗，眼睛遇到強光時，至少得花上2-5秒才能適應，而本件被告於23時32分44秒下車追被害人，到被害人衝撞被告，被告於23時32分46秒開槍射擊，其經過時間不超過3秒，被告並無足夠時間適應被害人車頭燈強光，其視力亦

因眩光而受到影響，乃屬當然；參以被害人當時騎車車速太快，行進中之機車，相較於靜態射擊目標，瞄準難度當然顯著提高。

5. 聲請意旨固稱被告係於被害人所騎乘機車已穿過被告面前，再對被害人後背開槍，然經法院觀看上開密錄器影片並參酌卷內勘驗筆錄及影像截圖，可知被害人先朝被告方向急速行駛，行至被告前時機車車頭突朝左偏駛，被告未有充足時間瞄準行進中之機車，左手尚不及輔助持槍即開槍，而導致子彈偏誤射入被害人之左腰後背，並非如聲請意旨所載，被害人所騎乘機車已穿過被告面前，被告猶在被害人背後開槍。何況，**本案起因於被害人拒絕停車受檢，猶加速逃逸，後朝被告所站位置急速行駛，致生危害於警察之生命或身體，警員自得依法開槍保護自身，此開槍之風險，理應由被害人自行承擔，而非由執法警員承擔此項注意義務。**是以，法院認被告所為已符合警械使用條例第6條及第9條，亦有合於法令之阻卻違法事由。

6. 末本案被害人於23時32分46秒中彈後，並未立即就醫或呼叫救護車送醫，其唯恐就醫被逮，而是被害人透過證人張男行動電話電話告知其友楊1，請該人派車來福德土地公廟載送被害人就醫，楊1於到場後叫救護車，是被害人於中槍後經數十分後才送醫救治，終仍發生如上無法救治而過世之憾事。故其死亡之原因，非全然是被告之槍擊單一原因所致。聲請人2人痛失至親，哀慟逾恆，然被告開槍行為尚無聲請意旨所指過失，已如前述，是本件無從對被告以過失致死罪相繩。

（三）本文分析

　　本件法院認原不起訴處分、原駁回再議處分所憑據之理由，並未有違背經驗法則、論理法則或其他證據法則之情，最終作成駁回聲請之裁定。其引用警械使用條例第4條第1項第3款、第5款、第4條第4項第4款之規定，認定開槍員警行為符合警械使用條例第6條及第9條，具有合於法令之阻卻違法事由。而法院審酌之多項關鍵證據中，已納入內政部警

械使用調查小組之調查報告[9]，顯示其公正專業調查結果，已受司法部門之信賴，值得持續精進。

案例二：桃園八德民人因酒駕逃避稽查，又衝撞警車，警察開槍誤擊後座乘客致死，民事裁判認定用槍違法；但刑事裁判認定用槍合法

一、案例事實

民國109年3月27日23時46分許，桃園市政府警察局八德分局八德派出所副所長（以下簡稱曾警），駕駛警用巡邏車擔服巡邏勤務。發現民人吳（以下簡稱吳民）車輛違規停放巷口，吳民因酒後駕車畏警稽查，竟駕車逃離，曾警見狀便透過車內廣播示意吳民停車受檢，惟吳民加速逃逸，進入巷弄（該處屬T字路口），因車速過快不及轉彎而在路底緊急煞車，曾警自後趕到並喝令「停車、再不停車就開槍」等語，巡邏車緊貼停在吳民所駕系爭車輛後方欲使其不能逃離，吳民仍駕車倒退衝撞系爭巡邏車，再駕車向前並將車頭朝右行駛後逃離該處。曾警見吳民衝撞巡邏車後未停車且將駛離現場，乃下車連續朝吳民車輛後方射擊5槍，其中擊發之2槍自車牌處射入並擊中貫穿乘坐在車內副駕駛座後方之楊女左大腿及左小腿處，另一則自後行李廂蓋射入並擊中楊女左後背處，經送醫急救，仍因左後背處遭槍擊而受有盲管性槍創引發胸腹部臟器損傷出血死亡。

二、民事請求國家賠償裁判結果及理由

經113年2月22日臺灣桃園地方法院110年度重國字第4號國家賠償民事判決，認為警察開槍違法，而判被告桃園市政府與桃園市政府警察局八德分局應共同賠償被害人家屬合計新臺幣998萬1,249元。被告不服，上訴臺灣高等法院，刻正審理中（案號：113年度重上國字第6號）。
理由：

9　內政部警械使用調查小組調查報告專區：彰化縣警察局北斗分局員警使用槍械致死爭議事件調查報告，https://www.moi.gov.tw/cl.aspx?n=20304，閱覽日期：113.12.1。

（一）警察使用槍械是否符合規範

1. 按警察人員執行職務時，遇有下列各款情形之一者，得使用警刀或槍械：警察人員之生命、身體、自由、裝備遭受強暴或脅迫，或有事實足認為有受危害之虞時；警察人員依法令執行取締、盤查等勤務時，如有必要得命其停止舉動或高舉雙手，並檢查是否持有兇器。如遭抗拒，而有受到突擊之虞時，得依警械使用條例規定使用警械；警察人員應基於急迫需要，合理使用槍械，不得逾越必要程度；警察人員使用警械時，應注意勿傷及其他之人；警察人員使用警械時，如非情況急迫，應注意勿傷及其人致命之部位，修正前警械使用條例第4條第1項第5款、第5條、第6條、第8條及第9條定有明文。觀其內涵即為「比例原則」之展現，包括：(1)「適合性原則」，即使用槍械必須基於急迫需要，且能有效達成行政目的；(2)「必要性原則」，即依當時情況，必須沒有其他侵害法益較小之方式時，始得使用槍械。準此，警察人員執行職務遇有前開修正前警械條例第4條、第5條規定所列之情形，且有合理急迫需要者，始得在必要之範圍內使用警械，且縱有使用之需要，仍應選擇侵害人民法益最小之方式為之，亦即須斟酌「利益相當原則」，即所欲達成之行政目的，必須與不得不侵害之法益輕重相當，否則該行為難認屬依法執行職務之行為。

2. 經查現場初步勘查報告及巡邏車之行車紀錄器光碟可知曾警之槍擊行為與楊女之死亡結果間，具有相當因果關係甚明。

3. 審酌系爭事故過程，吳民經巡邏車自後方盤查攔停而拒絕停車，後於巷弄T字路口時倒車撞擊系爭巡邏車後拒捕之舉動，固已經對於警員執法構成抗拒並為突擊，曾警依法得使用警械，**然吳民以倒車方式撞擊系爭巡邏車後騰出空間旋右轉駛離該處，顯然當時急欲離開現場，客觀上已無對曾警有直接衝撞或攻擊之急迫情形，曾警之生命、身體即無受到任何立即之危害**，是以曾警此時下車欲執行逮

捕，更應斟酌使用槍械是否能達成逮捕目的並注意勿傷及其他之人之誡命。衡以當時客觀情形，吳民駕駛系爭車輛處於加速逃逸駛離狀態，車輛不僅移動中，距離更不斷拉長、目標漸小，且射擊為一瞬間反應之行為，些許角度變化均極易影響射擊結果，堪信曾警應可預見若朝行進中加速逃逸駛離之系爭車輛連續射擊，不論是否為瞄準車輪開槍，均有造成車上其他人員傷亡之可能；況系爭事故現場係處於市區住宅巷弄內，有現場照片在卷可參，一般路過民眾亦有可能因路過而遭受波及。此外，曾警使用槍械之目的應在排除吳民脫逃以遂行逮捕，連續朝系爭車輛射擊5發子彈，經擊發後分別射入系爭車輛之左後保險桿、後行李廂蓋、後車牌、後擋風玻璃左後下緣、車頂等5處，可見當時客觀情狀實已無法以射擊輪胎方式以達逮捕目的。是以本件曾警朝已經加速逃逸駛離之系爭車輛連續射擊，無從防止系爭車輛逃離現場，反而產生傷及他人生命法益之高度風險。

4. 綜上，曾警積極執行職務攔停逮捕吳民，其出發點固無不當，然其未考量系爭事故現場及系爭車輛已經加速駛離狀態，使用槍械連續擊發已難達成逮捕目的，仍對系爭車輛連續擊發5槍，又未注意勿傷及他人致命部位，顯非侵害最小之方式，逾越必要程度，致使乘坐於車內副駕駛座之楊女因而喪命，所欲達成之逮捕目的與侵害法益有所失衡，未合於比例原則，已違反警械使用條例第6條、第9條之規定。

（二）死者是否有過失相抵，足以減少賠償的情形

1. 按損害之發生或擴大，被害人與有過失者，法院得減輕賠償金額或免除之，民法第217條第1項固有明文。惟所謂被害人與有過失，係指被害人苟能盡其善良管理人之注意，即得避免其損害之發生或擴大，竟不注意之意。被害人若無識別能力（即責任能力）雖不發生過失相抵問題，如被害人有法定代理人或使用人而與有過失者，則應類推適用民法第224條規定，依同法第217條規定減免債務人之賠

償金額（最高法院83年度台上字第1701號民事判決參照）。然該條所指之使用人，必以債務人對該輔助債務履行之第三人行為得加以監督或指揮者為限，若被選任為履行債務之人，於履行債務時有其獨立性或專業性，非債務人所得干預者，自無上開過失相抵法則之適用（最高法院90年度台上字第978號、94年度台上字第1909號民事判決）。

2. 經查，系爭事故係因吳民拒絕停車受檢，且意圖拒捕逃逸而衝撞曾警所駕駛之系爭巡邏車，而曾警為達逮捕之目的，使用槍械致發生楊女死亡之結果，故曾警與吳民對於系爭事故之發生，應有行為關聯共同。又楊女搭乘吳民所駕駛之系爭車輛，固可認吳民係楊女之使用人。惟吳民自陳，車上成員有制止其駕車逃逸之行為，但是其不聽他們勸阻執意為之，足認吳民駕駛行為之獨立性，顯非楊女所得干預或指揮監督，楊女自無過失相抵法則之適用。

三、刑事裁判結果與理由

曾警因過失致死案件，經檢察官提起公訴（109年度偵字第10919、17443號），113年11月1日臺灣桃園地方法院110年度交訴字第46號刑事判決，認為開槍合法，曾警無罪。理由：

按刑法上之過失，係指對於構成犯罪之事實，按其情節，應注意並能注意而不注意而言，且其過失行為與結果間，在客觀上有相當因果關係始得成立，是本件所應探究者為被告上開行為，是否客觀上有違反注意義務，及主觀上是否能注意而未注意。次依警械使用條例規定而使用槍械，必須具備下列要件：1.使用槍械之時機，須符合警械使用條例第4條所規定之情形；2.使用警械須合乎同條例第6條所規定之比例原則；3.須符合同條例第7條至第9條所規定之應注意事項。其中警械使用條例第4條第1項第3款、第4款規定「警察人員執行職務時，遇有下列各款情形之一者，得使用警刀或槍械：……三、依法應逮捕、拘禁之人拒捕、脫逃，或他人助其拒捕、脫逃時。四、警察人員所防衛之土地、建築物、工作物、車、船、航空器或他人之生命、身體、自由、財產遭受危

害或脅迫時」，同條例第4條第4項第4款「第一項情形，警察人員執行職務時，認犯罪嫌疑人或行為人有下列各款情形之一，將危及警察人員或他人生命或身體時，得使用槍械逕行射擊：……其他危害警察人員或他人生命或身體，情況急迫時」，同條例第6條規定「警察人員應基於急迫需要，合理使用槍械，不得逾越必要程度（91年修正時已刪除應事先警告【對空鳴槍】之規定）」，同條例第9條則規定「警察人員使用警械時，如非情況急迫，應注意勿傷及其人致命之部位」。

法院認為，當時吳民拒絕停車受檢，且不斷加速在狹窄巷中逃逸，顯然會對現場往來車輛及用路人之生命、身體造成重大危害。況其已受到5次鳴笛廣播停止駕駛行為受檢，更受有拒不受檢員警可能開槍制止之警告，卻仍繼續其危險駕駛之行為，可徵其拒捕脫逃之意志甚堅，並承受極大之精神壓力，自不能以正常駕駛行為評估，不能排除其在情急之下，會突然用力踩踏油門急速往前或往後衝刺，甚至不惜衝撞任何前方用路人或者後方員警車輛或下車之員警，以擺脫警方追捕之可能性，則在其所可能造成之危害甚鉅，不可控制之風險甚高時，身為警員之被告自得依警械使用條例第4條第1項第3款、第4款、第4條第4項第4款之規定，採取使用警槍射擊吳民所駕系爭車輛等方式，以制止其駕車脫逃之行為並維護其他用路人之生命、身體安全。

而依前開彈孔位置及彈道重建報告所示，被告所射擊之子彈，固然均未在系爭車輛之輪胎處，然由報告內容可知，均係向下之角度射擊，足徵被告之射擊目標並非於位於水平線附近之駕駛或乘客，而係在系爭車輛之輪胎，使其喪失動力，而不致再往前衝撞，危及用路人之生命、身體安全，是被告衡酌當時情況之急迫性，所可能造成危害之嚴重性等情後，法院認曾警自系爭車輛後方以向下角度開槍射擊，**並未逾越必要程度**。雖因系爭車輛行進中難以瞄準，而有致彈頭擊中車輛其他部分之風險，但究竟是否會因此擊中被害人，並非被告於上述急迫情形下所能防免，且被告復係於車輛行進中持槍射擊，被告已盡量朝下往輪胎處射擊，以期避開駕駛或乘客，**應認其已善盡注意義務**，尚不能僅因抽象地有上述風險，即認身為警察之被告絕不能朝向前方並向下射擊，據而推

論被告有過失。

況此一風險之產生，乃係因吳民拒絕遵從執法警員命令停車受檢，猶一路高速疾駛欲逃避追緝致危害用路人車安全所致，理應自行承擔，而非由為保護民眾生命、身體安全而開槍制止之執法警員承擔此項注意義務，方屬事理之平。否則若吳民於駕車逃離途中，撞傷或輾壓來往路人或車輛，因此造成他人傷亡，社會大眾衡情亦會指責人在現場之執法員警即被告，持有警械卻未使用以即時制止吳民之危險駕駛行為，顯非公允。換言之，不能以吳民之駕車行為未造成他人傷亡之事後觀點，忽略事前駕車逃逸且猶衝撞員警之巡邏車之舉所可能造成之嚴重危害。

四、本文分析

本案民刑庭對於用槍適法性看法迥異。刑事庭採納內政部警械調查小組調查報告之分析，認本案案發當時曾警確有使用警用槍械制止吳民駕駛系爭車輛脅迫危害用路人之生命、身體安全之急迫需要，而民事庭判決有截然不同之認定。

刑庭特別提出，吳民拒捕脫逃之意志甚堅，並承受極大之精神壓力，不能以正常駕駛行為評估，不能排除其在情急之下，會突然用力踩踏油門急速往前或往後衝刺，甚至不惜衝撞任何前方用路人或者後方員警車輛或下車之員警，以擺脫警方追捕之可能性，則在其所可能造成之危害甚鉅，不可控制之風險甚高時，身為警員之被告自得依警械使用條例第4條第1項第3款、第4款、第4條第4項第4款之規定，採取使用警槍射擊吳民所駕系爭車輛等方式，以制止其駕車脫逃之行為並維護其他用路人之生命、身體安全。否則，若吳民於駕車逃離途中，撞傷或輾壓來往路人或車輛，因此造成他人傷亡，社會大眾衡情亦會指責人在現場之執法員警，持有警械卻未使用以即時制止吳民之危險駕駛行為，故民庭以曾警朝已經加速逃逸駛離之系爭車輛連續射擊，無從防止系爭車輛逃離現場，反而產生傷及他人生命法益之高度風險，從而認定開槍違法，顯非公允。

案例三：新北毒駕拒檢，警開槍擊斃前座乘客國賠案

一、案例事實

民人林（以下簡稱林民）駕車搭載死者林女坐於前座副駕駛，於110年4月25日22時54分許，行經新北市新莊區中港東路與中港三橋路口由新莊分局設置之酒測臨檢點，經員警攔停確認未飲酒後即予放行，嗣員警潘孝承（以下簡稱潘警）發現系爭車輛車主（以下簡稱柯民）遭另案通緝，即至系爭車輛駕駛車窗旁敲打車窗示意停車受檢，惟林民反而驅車直行欲駛離現場，潘警見狀緊追在後，因前方適有白色小貨車停等紅燈，林民撞擊該車後，即倒車欲改向離去，惟倒車時又撞擊停放在路旁之自用小客車而停下，潘警自前方緊追而回，站立於林民車輛左前方、喝令林民下車。因林民並無停車跡象，再度起步前行欲駛離之際，潘警乃滑步至車前，以肉身阻擋，瞬間人車接觸，潘警趴向林民車輛前車蓋之際，朝前方擊發第1槍，子彈貫穿前擋風玻璃，潘警隨即自車蓋上滑落站立於系爭車輛左側輪胎旁，並於系爭車輛繼續向前方直行，駕駛林民在眼前經過時，潘警再度舉槍、朝面前經過之左前車窗內駕駛位置方向擊發第2槍（以下簡稱系爭第2槍），因而擊中位於副駕駛座之林女致其死亡。

二、法院判決結果及理由

判決結果：臺灣新北地方法院112年度原重國字第1號民事判決（113.9.6）。

主文：原告之訴及假執行之聲請均駁回。訴訟費用由原告負擔。

理由：

（一）潘警擊發系爭第2槍是否違反警械使用條例可得使用警械之規定？潘警擊發系爭第2槍時，係站立於系爭車輛左側，並無遭衝撞之危險，是否無立即使用槍械對人身射擊之必要？且其阻攔之方式，係近距離舉槍、朝左前車窗內、駕駛座方向擊發，並非朝左前輪胎或引擎部位擊發子彈，形同對人體胸口高度射擊，能否

預見其射擊將致林女死亡？

新北地檢署檢察官前指揮新北市政府警察局調查結果：1.經彈道模擬重建，第1槍彈頭由該車左前方，約略與左側車身夾70度角、與水平呈6度俯角射入，貫穿前擋風玻璃，擊中儀表板上方，碎裂之彈頭包衣遺留於右後座地墊上，未造成人員傷亡；第2槍彈頭由該車左前方，約略與左側車身夾65度角、與水平呈15度俯角射入，貫穿左前車窗，擊中右前座被害人林女，彈頭掉落於右前座椅上；2.經以監視器之影片畫格數及影片音軌之波形變化，推算出較精準之2槍時間間隔約1.08秒；3.潘警因情況急迫，對急駛行進中之車輛，以間隔約1.08秒、快速、連續射擊兩槍，第1槍參酌被告職務報告及監視器畫面，不排除以引擎室為射擊目標，惟因潘警被車輛衝撞，因身軀位移且槍枝射擊後座力等因素，導致彈道上揚，擊中前擋風玻璃左側（距地面距離約130公分），造成約1.08秒後第2槍射穿左前車窗玻璃（距地面距離約134.5公分，與第1槍高度相仿），始擊中林女。

1. 潘警要求駕駛林民停車，林民卻駕車往前直行逃逸，且先衝撞前方停等紅燈之白色小貨車，再倒車衝撞停放路旁之自用小貨車，甚至於潘警取出警用配槍喝令「下車」時，竟駕車往前衝撞潘警，致潘警因此受有左腳踝挫傷、左小腿瘀青挫傷等傷害，並使潘警遭撞趴在系爭車輛引擎蓋上，至此林民之行為，業已涉犯刑法第135條第1項「對於公務員依法執行職務時，施強暴」之妨害公務罪嫌、刑法第185條之妨害公眾往來安全罪嫌，屬現行犯，依刑事訴訟法第88條第1項規定，本即可當場逕行逮捕，然現行犯林民卻駕駛系爭車輛四處衝撞以拒捕、逃脫，是當時情況已符合於91年6月26日修正公布之警械使用條例第4條第1項第3款、第4款、第5款規定之下列情形：「警察人員執行職務時，遇有下列各款情形之一者，得使用槍械：三、依法應逮捕之人（現行犯林民）拒捕、脫逃時。四、他人（先遭撞擊之停等紅燈之系爭白色小貨車）之生命、身體、財產（系爭車輛倒車時遭撞擊之路旁車輛）遭受危害時。五、警察人員（潘警）之生命、身體遭受強暴（遭系爭車輛撞擊受傷），且有事

實足認為有受危害之虞時。」第5條「警察人員依法令執行取締、盤查等勤務時，如有必要得命其停止舉動（命林民停車、下車）。如遭抗拒，而有受到突擊之虞時（遭林民以開車衝撞之方式抗拒、突擊），得依本條例規定使用警械」，是潘警業已符合上開規定得使用槍械之要件，且由當時林民連續衝撞周遭車輛及潘警身體之整體情況以觀，足認林民當時係不計代價拒捕、脫逃之意志甚堅，具高度危險性，若不立時加以制止，極可能對潘警自身及附近人、車造成更大且無法控制之危害，自已合於警械使用條例第6條「警察人員應基於急迫需要，合理使用槍械，不得逾越必要程度」之要件，且依法於此緊急情況毋庸先對空鳴槍。從而，潘警遭系爭車輛撞擊而趴在系爭車輛引擎蓋上並擊發第1槍時，雖未擊中任何人，然依當時急迫危險情狀，其用槍自當合法且未逾越必要程度。

2. 關於潘警擊發系爭第2槍時，系爭車輛（代號D）之左側有甫站立之潘警（代號3）、左前方有警備隊巡邏車（代號E）、正前方由近至稍遠有警備隊長（代號2）及先前遭撞之停等紅燈白色小貨車（代號A）、右前方有副分局長（代號1），是以林民不計代價四處衝撞、完全失序之行為模式，若不立即開槍將之阻擋，極可能對附近之上開人、車造成高度危害；佐以現場路口監視畫面截圖可知，潘警擊發系爭第2槍後，林民確實向前衝撞系爭白色小貨車，始成功駕車逃離現場而往中港東路方向逃逸，可見前述開槍前預想之高度危害確經林民付諸實行而致生實害結果，益徵當時確有開槍阻擋系爭車輛衝撞以降低危害發生之必要；從而可認潘警於偵訊時供稱：「開第1槍後，因系爭車輛仍往前移動時，前方有多位同仁，且系爭車輛是不顧一切前進後退尋找可以繞出去的機會，我當下判斷是他有可能衝撞到我們的員警，我擔心同仁受撞擊才開槍」等語，核與上開證據所示客觀情狀相符，堪以採認。是經權衡當下除開槍以外別無他法得以阻止林民駕車衝撞可能造成之高度危害，及開槍亦可能造成系爭車輛人車損害之風險後，堪認擊發系爭第2槍不僅符合「急迫需要」之用槍要件，且開槍手段之採擇並未逾越必要程度。則原告主

張潘警當時已無遭撞擊之危險而不具開槍之急迫需要等語，顯然不當切割林民之整體拒捕行為造成之危害，且將「急迫需要」之定義錯誤限縮於潘警之個人生命身體安全，而罔顧附近人車之生命、身體、財產之安全，當無可採。

再者，潘警於偵訊時供稱：「我想射擊左輪胎或左側引擎，並沒有想要打到人，但因當時系爭車輛在移動中，且我當時被撞擊完，重心不穩，無法精確瞄準，才導致結果發生，而我甫遭嫌犯開車撞擊，我是比較緊張的情況」等語，其所述現場客觀狀況與法院勘驗影像結果相符，潘警開完第1槍甫以凌亂踉蹌之腳步後退而站立於系爭車輛左側，堪認其供稱當時剛被撞擊完，重心不穩，無法精確瞄準等語，當屬可採；又依系爭勘查報告所載，調查結果亦認被衝撞後的潘警因身軀位移且槍枝射擊後座力等因素，造成約1.08秒後第2槍射穿左前車窗玻璃（距地面距離約134.5公分，與第1槍高度相仿），彈頭因車輛快速向前移動造成彈道偏移，始擊中右前座被害人林女等情，綜上堪認潘警係以系爭車輛之左輪胎或左側引擎室為射擊目標，實已儘量注意勿傷及致命之部位，然因前述各種因素導致潘警無法精確瞄準左輪胎或左側引擎，致系爭第2槍不幸偏離，略與左側車身夾65度角、與水平呈15度俯角射入，貫穿左前車窗，擊中右前座之林女並致其死亡，是依當時情況急迫及前述各種因素影響之整體情狀觀之，此等偏誤顯非潘警擊發系爭第2槍時之注意義務所能及，亦即縱然潘警有意射擊左前輪或左側引擎，客觀上亦難以執行，自不得認其違反「應注意勿傷及其人致命之部位」之注意義務，亦難認其有何過失可言。

（二）位於副駕駛座之林女，是否為無辜之第三人？

　　警械使用條例第11條於111年10月19日修正公布，而本件行為時間發生於110年4月25日，故應適用91年6月26日修正公布之規定。

　　依91年6月26日修正公布之警械使用條例第11條第1項規定「警察人員依本條例規定使用警械，因而致第三人受傷、死亡或財產損失者，應由各該級政府支付醫療費、慰撫金、補償金或喪葬費」，又上開第1項

規定之「第三人」，依內政部100年5月18日台內警字第1000890243號函釋：「須為警察人員合法使用警械對象以外之人，亦即無辜之善意第三人。如路過之民眾、遭歹徒挾持之人等；又，同車之人，如係單純之駕駛與乘客關係，即雙方並無意思聯絡，則駕駛人衝撞員警，導致員警開槍，並致所搭載之乘客受有槍傷，該乘客仍可謂之無辜善意第三人，惟如駕駛人與乘客為共犯關係，具有拒捕、脫逃之犯意聯絡，甚至乘客教唆駕駛人衝撞員警等情，則難謂該乘客為本條所稱之第三人。」上開函釋之解釋，合於事理之公平，蓋駕駛與乘客若有拒捕逃脫之犯意聯絡，其2人即應承受相同之風險，於法律上亦應為相同之評價，即警察於符合要件時本即可使用槍械，此時僅有警察違法使用槍械始有賠償之問題，當非依本條項主張合法使用槍械時亦可請求補償之餘地，故上開函釋當屬可採。

依據林民第1次警詢筆錄時供稱：「【問：你是否知悉警方開幾槍？你當時為何見警方盤查欲駕車逃逸？且警方開第1槍時，你為何未立即停車接受警方盤查？】答：警方開2槍，因為我跟林佩茹身上有毒品殘渣袋，又因為我沒有駕照，所以害怕被抓被驗尿，所以林佩茹就叫我趕快開車逃逸，又因為警方開第1槍時，我很慌張，想趕快逃走，才會又往前要逃逸。」「【問：警方共查扣毒品海洛因2包（總毛重0.75公克）、毒品安非他命1包（總毛重0.32公克）、毒品殘渣袋7個、咖啡色手提包1個、黑色小包1個、灰色英文字小包1個，是否屬實？又上開咖啡色包包及渠毒品係何人所有？】答：查扣之毒品情形屬實，毒品是我跟林佩茹共有的。」復於偵訊供稱：「【問：為何當時要衝撞警察？】答：因為我沒有駕照，且我們怕被驗尿。」「【問：林佩茹有無施用毒品？】答：有。」「【問：為何林佩茹跟你說要趕快開車逃逸？】答：我不知道，可能是因為我們有攜帶毒品在後面，但我不知道後面包包有毒品，我是看到毒品才知道那是我之前跟他一起使用的毒品。」

林女之解剖鑑定報告記載略以「七、死亡經過研判（二）毒物化學檢查結果，血液和胃內容物檢出第二級毒品甲基安非他命及其代謝產物

安非他命，而血液中甲基安非他命的濃度為2.846ug/mL（血中平均中毒濃度範圍為0.6~5.0ug/mL）。」「八、鑑定結果：……死者生前有使用多量第二級毒品甲基安非他命。」堪認系爭車輛遭潘警攔停時，乘客林女係已吸食甲基安非他命，且與林民共同持有扣案毒品而涉嫌違反毒品危害防制條例案件，認林女確有與林民共同拒捕、脫逃之動機，與91年6月26日修正公布之警械使用條例第11條第1項規定之「第三人」要件不符。

三、本文分析

　　法院於此案中仔細審酌現場動態情境，分析駕駛人林民不顧一切試圖逃脫緝捕之心理狀態，與警察肉身擋車，奮身開槍試圖制止系爭車輛繼續衝撞脫逃危害他人之急迫處境。法院駁斥原告所主張潘警當時已無遭撞擊之危險而不具開槍之急迫需要等語，法院認為原告係顯然不當切割林民之整體拒捕行為造成之危害，且將「急迫需要」之定義錯誤限縮於潘警之個人生命身體安全，而罔顧附近人車之生命、身體、財產之安全。原告此見解實係受過去部分判決見解影響，乃立於一般個人維護己身安全為已足之狹隘觀點，認為警察當時若已無遭撞擊之生命危險則不具開槍之急迫需要[10]，忽略警械使用條例第4條第1項尚有第1款到第4款等賦予警察維護治安，保護國家設施及公眾安全的任務與用槍時機，該判決對現場整體情勢與所生危害之範圍進行更高度與廣度觀察，摒棄往昔法院所持見解之拘束，值得肯定。

---

[10] 臺灣桃園地方法院103年度矚訴字第19號刑事判決（104.2.11）：「被告於案發當時對被害人倒車之目的，究竟係試圖對其衝撞，抑或僅單純逃離，自應加以注意，不能一見被害人有駕車拒捕之舉動，即對其開槍射擊。而依本案當時之情況，雖事屬緊急，但被告並非不能注意上情，然其卻不注意，誤認被害人之倒車拒捕行為已危及其安全，且誤認開槍射擊被害人之腿部合乎法律規定，乃貿然朝被害人腿部連續射擊3槍，致被害人因傷重不治死亡，其具有過失甚明。」桃園葉驥案歷審判決：臺灣高等法院104年度上訴字第787號（104.6.25）、最高法院104年度台上字第3901號（104.12.24）、最高法院105年度台非字第88號刑事判決（105.5.26）。

案例四：新北中和追緝偽造車牌車輛擊斃後座乘客

一、案例事實

　　新北市政府警察局中和分局中原派出所張警員（以下簡稱被告），於民國111年3月10日晚間輪值10時至12時巡邏勤務，駕駛警用巡邏車10時50分許行經新北市中和區中正路與錦和路口時，發現A所駕駛搭載乘客B、C及D（以下簡稱被害人）之小客車懸掛偽造車號，旋即使用警報器向前欲攔檢該車輛，詎A未停車受檢，反加速逃離現場，在新北市中和區巷道間以時數100公里竄逃、數次闖越紅燈、跨越雙黃線、行經行人超越道亦未停止，行人見狀紛紛閃避，期間頻頻鳴按喇叭，迫使人車讓道（A所涉偽造文書及公共危險犯行，另經臺灣新北地方檢察署檢察官提起公訴），被告見A雖短暫受困於車陣中，然前方即係新北市中和區寬達六線道之大馬路，如突破車陣往前勢難緝捕，乃持警用配槍朝系爭車輛下方左側後方輪胎射擊3槍，不料誤擊後座乘客D之頭部，造成被害人當場受有頭部盲創性槍傷、顱枕骨骨折、顱內出血等傷害，經緊急送往衛生福利部雙和醫院進行急救，仍不治死亡。

二、法院判決結果

　　臺灣新北地方檢察署因認被告涉犯刑法第276條之過失致死罪嫌起訴；臺灣新北地方法院112年度訴字第415號刑事判決（112.7.25）無罪檢察官不服提起上訴，臺灣高等法院112年度上訴字第3831號刑事判決（113.5.29）第二審駁回；臺灣高等檢察署檢察官提起上訴，最高法院113年度台上字第3393號刑事判決（113.9.11）上訴駁回。

三、裁判理由

（一）開槍時機適法性

　　系爭車輛固暫時受困於車陣中，然仍持續疾駛，嘗試從兩車道中間縫隙處穿過，且不斷鳴按喇叭，逼迫前方車輛讓道，系爭車輛後方脫落之保險桿已擦撞到車道上之白色特斯拉，而系爭車輛前方即係六線道寬

的○○路，故A此時往前疾駛逃離，顯然會對現場往來車輛及用路人之生命、身體造成重大危害。況A自新北市○○區○○路與○○路口開始逃避警方追捕至案發地點之新北市○○區○○路○○○號前，沿路並有上開所述之危險駕駛行為，可徵其拒捕脫逃之意志甚堅，並承受極大之精神壓力，自不能以正常駕駛行為評估A，不能排除A在情急之下，會突然用力踩踏油門急速往前衝甚至不惜衝撞前方用路人以擺脫警方追捕之可能性，則在A所可能造成之危害甚鉅，不可控制之風險甚高時，身為警員之被告自得依警械使用條例第4條第1項第3款、第4款之規定，採取使用警槍射擊A所駕自小客車等方式，以制止其駕車脫逃之行為並維護其他用路人之生命、身體安全。

（二）射擊行為是否符合急迫性、合理性與必要性

經勘驗現場錄影影像，被告係在系爭車輛困在車陣中時，下車開第1槍及第2槍，在系爭車輛急速右轉○○路方向，開第3槍。被告用右手拿出手槍，一邊跑動一邊拉滑套上膛，該自小客車開始穿越計程車與白色小客車中間之車縫往前疾駛，被告也繼續跑動追逐，在跑動中右手持槍對該自小客車連續開2槍，第1槍擊中該自小客車後側擋風玻璃（貼近左邊車柱），第2槍擊中該自小客車左後側車窗之三角窗，該自小客車跨越停止線闖紅燈且未打方向燈右轉，被告在跑動中右手持槍再次朝該自小客車後方開第3槍，擊中該自小客車後側擋風玻璃，該自小客車右轉疾駛離去，隨即有數輛警用摩托車由後追逐。顯見被告於急迫之情況，出於保護往來行人及制止A危險駕駛之目的，不得不在A車行進中，以邊跑邊開槍之方式射擊，目標應係該自小客車之輪胎，此射擊方式較其所受教育訓練射擊測驗之型態更加困難，係被告在衡酌當時情況之急迫性、所可能造成危害之嚴重性後而不得不為，自未能據此認定已逾越警械使用條例第6條所定之必要程度。

（三）是否已盡警械使用條例第8條所定之注意義務

從彈道重建結果，被告射擊三槍均係向前、向下的角度（2處射擊

處為向下10度，1處為向下8度）射擊，可證被告於跑動過程中盡量朝下往輪胎處射擊，以避開車內之駕駛或乘客，已善盡警械使用條例第8條所定之注意義務。針對開槍行為究竟是否會因此擊中被害人，並非被告開槍時所能預見，即無預見可能性，且亦不能事後以A之危險駕駛行為未造成他人傷亡之結果，忽略事前A拒捕並一路高速危險駕駛之舉所可能造成之嚴重危害，而推論被告所為逾越必要程度或未盡其注意義務。

四、本文分析

　　法院於此案中分析駕駛人A之危險駕駛行為，認為不能以正常駕駛行為評估A，A所可能造成之危害甚鉅，不可控制之風險甚高時，身為警員之被告自得依警械使用條例第4條第1項第3款、第4款之規定，採取使用警槍射擊A所駕自小客車等方式，以制止其駕車脫逃之行為並維護其他用路人之生命、身體安全。其乃正確理解使用警械以控制危害風險之目的。

肆、結語

　　槍械乃致命性武器，警械使用條例授予警察人員使用槍械，旨在控制非常變故、騷動，維持社會治安；制止犯罪人拒捕脫逃，以實現國家刑罰權；排除國家設施、警察本身與他人之危害，從使用前之表明執行職務身分，到使用時機、使用要件、使用應注意事項，有非常嚴格之要求，乃至於使用後之報告、致人死傷等通報救護、責任調查與賠償補償等規定，也對相對人提供最周全之保障與救濟。

　　本文分析113年的警察用槍裁判案件，湊巧四個案例（五個裁判）都是攔車拒檢逃逸途中衝撞警車與其他車輛，警察下車開槍射擊，在雙方都處於行進動態間，子彈恰巧擊中嫌犯或乘客，最終不治死亡的案

件。除了案例二之民事庭法官[11]認為警察開槍違法外,其餘案例法院均作成警察開槍合法之認定。

113年臺灣桃園地方法院民事庭認為警察開槍違法,所屬機關應賠償之理由,與104年桃園葉驥案歷審法院看法類似。「……**然吳民以倒車方式撞擊系爭巡邏車後騰出空間旋右轉駛離該處,顯然當時急欲離開現場,客觀上已無對曾警有直接衝撞或攻擊之急迫情形,曾警之生命、身體即無受到任何立即之危害,是以曾警此時下車欲執行逮捕**,更應斟酌使用槍械是否能達成逮捕目的並注意勿傷及其他之人之誡命。衡以當時客觀情形,吳民駕駛系爭車輛處於加速逃逸駛離狀態,車輛不僅移動中,距離更不斷拉長、目標漸小,且射擊為一瞬間反應之行為,些許角度變化均極易影響射擊結果,堪信曾警應可預見若朝行進中加速逃逸駛離之系爭車輛連續射擊,不論是否為瞄準車輪開槍,均有造成車上其他人員傷亡之可能;況系爭事故現場係處於市區住宅巷弄內,有現場照片在卷可參,一般路過民眾亦有可能因路過而遭受波及。此外,曾警使用槍械之目的應在排除吳民脫逃以遂行逮捕,連續朝系爭車輛射擊5發子彈,經擊發後分別射入系爭車輛之左後保險桿、後行李廂蓋、後車牌、後擋風玻璃左後下緣、車頂等5處,可見當時客觀情狀實已無法以射擊輪胎方式以達逮捕目的。是以本件曾警朝已經加速逃逸駛離之系爭車輛連續射擊,無從防止系爭車輛逃離現場,反而產生傷及他人生命法益之高度風險。……」

案例四不斷上訴的檢察官亦認為:「……本件A駕駛車輛懸掛偽造車牌僅構成刑法第216條、第212條行使偽造特種文書之行為,最重法定刑為1年有期徒刑,對於警察而言,僅有對於監理機關交通管理正確性之極輕微法益侵害,警察卻沿路長途追捕,進而導致犯嫌A危險駕駛。……」似乎犯嫌A的危險,是被警察的認真追出來的。

檢察官的邏輯是:如果警察不追,嫌犯不會逃逸,就不會危及警察或其他用路人,警察就不需要用槍,也就不會有人中彈死亡。所以警察

---

11 臺灣桃園地方法院110年度重國字第4號國家賠償民事判決。

要為死亡結果負民刑責任。

其次，嫌犯拒捕目的是為脫逃，而非攻擊警察，所犯如非重罪，則開槍制止脫逃，有致命風險，即不符比例，故警察對脫逃者無開槍制止之必要，開槍制止脫逃致人死傷，警察有罪，104年桃園葉驥案歷審法院就是類似看法。

問題是，若嫌犯不犯法，警察當然不必追；而嫌犯犯法（觸犯刑事犯罪，非單純交通違規），警察可以不追嗎？社會允許警察看到現行犯，只有無線電通報，不積極追緝？民眾看到警察如此怠惰，不會舉報失職？檢察官職司偵查犯罪，立場容許警察只舉發通報警網攔阻，不追緝？追緝過程遭拒捕衝撞，因為有誤擊風險，不能開槍？警察乾脆繳械，任由犯罪橫行？

法律要求警察忠心執行職務，警械使用條例第4條第1項第3款也明定「依法應逮捕之人拒捕脫逃，得使用槍械」，是以追緝是法定義務，不追緝是失職，需要講究的是追緝的技巧與安全性。所以執勤技巧的教育訓練需要加強，制止拒捕衝撞的武器裝備需要研發精進。

若因追緝拒捕脫逃過程中的用槍風險而禁止追緝或用槍，乃因噎而廢食，如同變相鼓勵嫌犯如法炮製，鼓勵嫌犯拒捕、鼓勵衝撞阻礙物以脫逃等行為，反而增加警察執法的危險，造成社會治安的惡化。

刑法的功能不僅是應報，更在嚇阻、教育。法官自應正確理解而妥當適用法律。分析113年裁判案例，欣見大多數法院均正確引用警械使用條例第4條第1項第3款、第4款賦予警察維護治安，保護國家設施及公眾安全的任務與用槍時機，立於現場警察的感知，分析現場整體情況，與可能發生危害之範圍進行更高度與廣度的觀察，妥適詮釋警械使用條例第6條之急迫性、合理性與必要性，值得肯定。

參考文獻

陳文貴（2022.4）。警察執行職務使用槍械之法律關係—以最高法院105年台非字第88號刑事判決為例。東吳法律學報，第33卷第4期，頁143-184。

陳孟樵（2000）。「警械使用條例」法制史之研究—晚清末年迄民國五十七年之變遷。警學叢刊，第30卷第6期。

黃朝義（2015.10）。警察用槍規範與審查機制—兼論其他警械使用。警大法學論集，第29期，頁1-81。

劉嘉發（2022）。新修正警械使用條例之評析。警政論叢，第22期，頁30-33。

劉耀明（2023.4）。警察用槍合理性之審查要素——簡評警械使用條例2022年修正案。警大法學論集，第44期，頁53-132。

鄭善印（2011.3）。警械使用條例與警察用槍之研究——以警光雜誌、司法實務及日本法制為素材。警學叢刊，第41卷第5期，頁1-29。

鄭善印（2012.11）。使用警槍致人傷亡之司法判決研究。警察法學，第11期，頁49-78。

第二篇

智慧警政

第十六章
智慧警政與警察勤務策略

王俊元

壹、前言

　　科技的創新與發展帶給人類全面性的改變，例如電腦運算能力不斷的升級，大數據（big data）的分析與應用在各領域均掀起浪潮。此外，近代物聯網（Internet of Things, IoT）[1]迅速串聯虛擬和實體的資訊，也已經對生活產生根本性及劇烈性的變化。近來最熱門的機器學習（machine learning）與人工智慧（artificial intelligence, AI），其對執法機關與人員的影響，甚至讓人覺得1987年美國電影《機器戰警》（*Robocop*），或2002年由Tom Cruise所主演電影《關鍵報告》（*Minority Report*）中描繪的「先知」能偵察出人的犯罪企圖，進而在犯罪之前被犯罪預防的警察逮捕，似乎都已不再是遙不可及的科幻電影。以我國警政為例，臺北市警察局所建置的AI智慧巡邏系統以及高雄市警察局建置的「3D治安巡檢預警系統」，均是將AI導入智慧警政的重要實例（中央社訊息平台，2022；臺北智慧城市專案辦公室）。

　　如同德國學者Beck（1992）所提醒的風險社會（risk society），其認為科學發展有助於解決人類社會的問題，然而科技也帶來新的風險。例如以治安為例，隨著區塊鏈（blockchain）技術的發展，諸如比特幣

---

[1] 所謂物聯網的定義為：資訊社會的全球基礎設施，透過基於現有和不斷發展的可互通資訊互連（實體和虛擬）事物來實現高級服務和通訊技術（define as a global infrastructure for the information society, enabling advanced services by interconnecting (physical and virtual) things based on existing and evolving interoperable information and communication technologies.）。ITU網址，https://www.itu.int/en/ITU-T/gsi/iot/Pages/default.aspx，閱覽日期：2024.4.2。

（Bitcone）、乙太幣（Ether, ETH）等去中心化的虛擬貨幣爲當代貨幣交易帶來新的樣貌，然而卻也被犯罪分子要求作爲勒索的贖金以防止金流追蹤。更遑論近年在世界各國的民眾都深受詐騙之苦，而深僞（deepfake）人工智慧圖像的合成，更是提高了民眾與執法人員打詐、識假的困難度。換言之，科技帶給警政的不僅是犯罪預防及破案的機會，伴隨而來的也有新興風險的挑戰。

隨著大數據時代（big data or mega data）的來臨，我國內政部警政署亦曾在2016年以大數據時代的警政策略爲主題舉辦研討會，並以「科技建警」作爲近年警政發展重要策略。行政警察爲警政核心主軸之一，其基礎在於警察勤務的運作，其範圍包含了組織、方式、時間、規劃等內容。本文主要的目的在於探討新興科技發展下智慧警政的意涵與重點，以及其對警察勤務所帶來的影響、機會與挑戰爲何。本文也將析探我國臺北市政府之案例，期望從中瞭解有助於精進智慧警政下警察勤務作爲之具體作法。

貳、智慧警政的發展與意涵

一、智慧警政的發展背景

1980年代公共行政學界的新公共管理（New Public Management, NPM）浪潮促使許多國家政府重視電子化政府（e-government）的趨勢，歐美等先進國家自1990年代開始便相繼推動「國家資訊基礎建設」（National Information Infrastructure, NII）[2]，並積極運用資訊科技來打造「電子化政府」，以提高國際競爭優勢。由於這波全球性的電子化政府運動，實際上已成爲各國勵行政府再造、提升行政機關的服務效

---

[2] 國家資訊基礎建設爲美國柯林頓政府於1993年率先提出，整合美國各種電腦及通訊設備，將全國的學校、實驗室、圖書館等資訊系統結合，以健全的資訊網路來提升國家競爭力，增進人民福祉，而後各國競相推動（徐恩普，1998）。

能，以及改善決策品質的重要策略動力。經過二十餘年的發展，數位治理（digital governance）新模式也早已成為當代公共行政的顯學。

然而2008年和2009年，美國各級政府甚至包含許多執法機構都因全球金融風暴所導致的「大衰退」帶來的預算削減而在施政上倍感壓力。以美國為例，許多政府機關停止招聘並取消許多公務員的職位，部分重要設備和技術也都延後採購。不少機構停止回應非緊急電話，制定替代報告方法（電話、線上），並從專門職能中撤出人員，在許多情況下，社區治安和解決問題的活動由於缺乏資源而停止。簡而言之，日益困窘的預算環境迫使許多政府機關關注回應民眾服務需求要有更大的創新（Coldren Jr, Huntoon, & Medaris, 2013: 276）。這新一波人工智慧科技的範疇，官政哲（2024：36）指出，其基本運作概念涉及以下的概念：機器學習、深度學習（deep learning）、模型識別（pattern recognition）、自然語言處理（natural language processing, NLP）、演算推理於決策（algorithms reference & decision making）。

於是，當代這種源於使用智慧技術追求公共部門創新的趨勢更加普遍，基於人工智慧、大數據分析和感測器系統等創新的公共部門措施也被稱為「智慧政府」（smart government）。Anthopoulos（2017）強調了智慧政府三個基本組成部分，包含了：資料（大數據和開放資料）、新興技術（例如感測器、區塊鏈）和創新。同一時間，全球各國政府越來越多地面臨致力於利用新興技術潛力的舉措，主要是在為公民提供政府服務的意義上（Lember et al., 2018），例如，許多政府採用所謂的聊天機器人作為虛擬助理來回答公民的問題。智慧政府被描述為「公共部門新興技術和創新的創造性組合」[3]（Gil-Garcia et al., 2014: 11）。Schedler等人（2019: 5）則將智慧政府描述為「公共部門資訊技術應用的新一代概念，可蒐集、連接和分析大量和各種數據」[4]。如同Gil-

---

[3] 原文為："creative mix of emergent technologies and innovation in the public sector" (Gil-Garcia et al., 2014: 11)。

[4] 原文為："new generation of concepts for the application of information technologies in the public sector that collect, connect, and analyze huge volumes and variety of data." (Schedler, Guenduez, & Frischknecht, 2019)。

Garcia等人（2014: 11-12）所提醒的，從純粹的定義來看，智慧有很多同義詞，包括感知（percipient）、敏銳（astute）、精明（shrewd）和迅速（quick），而智慧政府需要在治理活動中採用前瞻性的方法來使用和整合資訊、技術和創新。警政係爲政府行政的一環，自然也在這樣的趨勢下逐漸發展出智慧警政（smart policing）的概念。

2009年，美國司法部司法援助局（Bureau of Justice Assistance, BJA）啓動一項新的執法資助計畫並稱之爲「智慧警政計畫」（Smart Policing Initiative, SPI），智慧警政之概念正式出現在司法領域。它與許多不同的國家和國際司法改革努力和組織聯繫在一起。在刑事司法領域使用「智慧」一詞傳達了在規劃和實踐方面具有創新性和更具戰略性的東西。智慧警政代表了美國警政中的新興典範（paradigm），其強調減少犯罪並促進改善警政證據基礎。智慧警政強調有效利用數據和分析，改善分析、績效衡量和評估研究、提高效率並鼓勵創新（Coldren Jr, Huntoon, & Medaris, 2013: 276-277）。

當然，科技的進展不僅出現在21世紀，在不同的時代背景中，它對公部門，甚至是警政部門都扮演重要及關鍵的角色。例如，警察機關長期以來即在使用統計技術並加以分析用在犯罪防治領域。從1970年代警政紀錄開始數位化，至1990年代初大多數美國警察部門在開始使用電腦和資料庫進行業務分配和策略決策。數據驅動（data-driven）的警政管理里程碑出現也出現在1990年代，像是「資訊統計管理警政」（CompStat）除了是一種課責工具（accountability tool），也是透過以問題爲導向的警政進行營運管理的初步方法，提倡使用數據來識別犯罪熱點（hot spot）。另一方面，2000年代初期，以熱點警政形式進行的犯罪分析在整個西方民主國家傳播開來，其與大數據、分析和新資料來源相關的全套技術已被引入警政領域。自2001年美國發生911事件後，警察當局一直在建立監視和監控技術方面的專業知識，例如監視錄影系統（closed-circuit television, CCTV）、智慧型手機、自動車牌辨識、儀表板攝影機和隨身密錄器等。這些即時感測器可以連續蒐集城市環境中的大量數據，包括人員流動、交通流量、違規行爲以及熱、聲音或汙染

等環境指標變化（Afzal & Panagiotopoulos, 2020: 59-60），這些創新的科的都有助於智慧警政日益發展。

二、智慧警政的意涵

早期關於智慧警政的研究遵循美國司法部（US DOJ）等國家機構設定的界線來限制其定義，其措施被定義爲針對凶殺、暴力犯罪、幫派、槍枝暴力、毒品、家庭暴力、財產犯罪、重複犯罪和社區秩序混亂的相關措施。美國司法部司法援助局將其智慧警政計畫（又稱警政創新策略，Smart Policing Initiative, SPI）重點關注基於犯罪者或基於地點的槍枝相關犯罪和暴力犯罪。換言之，上述智慧警政的狹義定義聚焦在嚴重的犯罪議題上，但忽略了與警察的大多數互動。因此，越來越多的研究對智慧警政採取更爲廣泛的觀點，除了根據警政活動部署的技術來定義，例如包括CCTV、無人機、GPS、機器人設備、和行動裝置等越來越多與大數據分析相結合。具體而言，智慧警政是利用數據、分析和創新來減少犯罪，其重點也包含在涉及警民互動的犯罪行爲。如前文所述，2008年開始的全球金融風暴重創各國政府的財政，然而美國政府並不會取消對警察的撥款，寧願「重新構想警政」（reimagine policing）。亦即重新構想的警政應包括對智慧警政的投資。例如，使用「機械警察」可以降低犯罪嫌疑人受傷的風險，並使拘留、逮捕和搜查更加安全。機器人技術的使用還可以使警察遠離潛在的暴力局勢並提高他們的安全性，這些公共安全和警政是對科技和創新管理領域非常重要的社會議題（Maliphol & Hamilton, 2022）。

檢視BJA指出SPI，其主要宗旨在支持執法機構建立有效、高效且經濟的基於證據、數據驅動的執法策略和策略。智慧警政代表了一種策略方法，透過利用分析、技術和實證實踐的創新應用，爲警察行動帶來更多「科學」觀點。SPI的目標是提高警政績效和效率，同時控制成本，這是當今財政環境下的一個重要考慮因素。BJA爲SPI站點（執行SPI的警察局）提供了與同事和同行、BJA領導層以及CNA（爲BJA提供訓練與技術協助的非營利研究組織）主題專家（subject matter experts, SME）骨幹人員聚集的大量機會，以便就項目目標進行協力、分享最佳實踐、審查智慧警政的重要組成部分並瞭解有前景的技術和創新的警察作法。這包括國家和地區會議、同儕現場訪問和網路研討會等活動。此外，SPI定期與每個站點進行協商，以提供建議和有針對性的技術援助。每個機構與其研究夥伴合作，識別犯罪問題，設計實施流程和研究方法，蒐集數據，評估解決問題的策略方法並評估結果。所有技術援助和課程均著重於智慧警政的五個關鍵組成部分：（一）績效衡量和研究夥伴關係；（二）外展與協作；（三）管理組織變革；（四）策略目標；（五）更好地利用情報和其他資源（BJA）。

林建隆（2023）曾強調科技發展及智慧警政是必然的趨勢，其表示我國自2022年推動「數位警政智慧策略」可分為下面幾個重點：

（一）S（Security）：強化資訊安全管理，從法規面及實體面來強化相關安全。

（二）M（Mobility）：警政行動服務升級，例如員警勤務電子化、智慧勤務輔助系統。

（三）A（AI）：情資再造AI辦案，利用AI來進行情報整合及分析。

（四）R（Resilience）：擴增科技偵查韌性，例如建置金融資料調閱平臺、情資虛實整合、充實科技偵查設備。

（五）T（Training）：厚植數位警政訓練，建構分級分階科技偵查教育訓練藍圖，開設各種課程及建置「數位情資科技偵查教育訓練平臺」。

從學界的觀點來看，Afzal和Panagiotopoulos（2020）系統性的檢視了112篇相關學術論文對智慧警政的內涵進行檢閱，探討其在智慧警政中數據的關鍵和影響。其認為智慧警政指的是警方機構採用數據驅動方法的實踐，儘管此概念並非新穎，但警政領域中數據源的廣泛可用性需要對相關文獻進行批判性和綜合性的回顧，文章指出資料數據在智慧警政中的重要性，並強調了不同分析方法的應用。其二人提供了智慧警政的基本概念架構圖，如圖16-1所示。

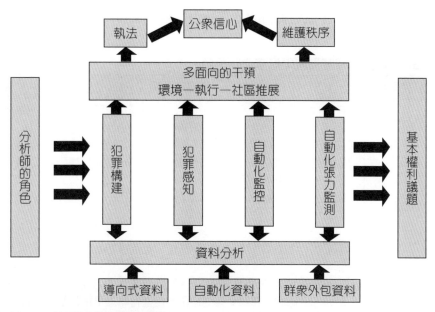

圖16-1　智慧警政概念架構圖

資料來源：Afzal和Panagiotopoulos（2020: 62-63）。

　　Afzal和Panagiotopoulos （2020: 62-63）指出上圖智慧警政的架構是從警政的三種資料數據類型進行資料：（一）導向式資料（directed data）是由警察或其他公共和私營組織基於某種原因提供的數據，例如天氣模式、社會人口統計、照明、基礎設施狀況、學校時間表、交通模式、緊急呼叫等；（二）自動化資料（automated data）是由警察或公眾使用的設備或系統固有地蒐集的，例如智慧CCTV、警用密錄器、車載攝影、自動識別車牌讀取器（automatic number plate readers, ANPR）等。對這些數據進行信息提取的各種分析方法包括犯罪構建、犯罪感知、自動監視和自動緊張監測；（三）群眾外包資料（crowdsourced data）是透過公開情資設備（open source devices）、平臺或系統創建的，其中產生量最大的是Facebook、Twitter和Instagram等社交網站來獲得。這些新興的「智慧角色」正在改變執法和維持秩序的警政功能，可能對公眾信心同時產生積極的或負面的影響。Afzal和Panagiotopoulos

（2020: 64）進一步說明資料的智慧角色內涵如表16-1。

表16-1　數據在智慧警政中扮演之新角色

智慧角色	途徑與示例
犯罪構建	• 探索性犯罪地圖：利用歷史犯罪資料繪製犯罪率高於平均水準的區域（熱點），以採取多維干預措施預防犯罪並提高集體效能。 • 探索性剖析：使用傷害計分評估，根據犯罪嚴重性、判決嚴重程度和時間衰減函數產生槍枝暴力慢性犯罪者的傷害評分，以進行執法干預以預防犯罪。 • 網路分析：根據幫派相關數據計算網路資本，以針對逮捕最有幫助的犯罪者。 • 預測犯罪製圖：將機器學習工具（接近重複和風險地形分析）應用於定向數據，以預測犯罪模式，從而進行定向巡邏以預防犯罪。 • 預測剖析：將機器學習技術應用於風險因素（例如社會人口統計），以預測犯罪或受害的機率，以進行執法干預以產生威懾。
犯罪感知	• 犯罪和動亂燈號標示：利用從「鄰里崗哨」或社交媒體資料蒐集有關犯罪和動亂的地理編碼資料來產生區域燈號配置文件，用於執法干預，以減少犯罪、社會危害和公眾不信任。
自動化監控	• 感測器警報：使用閾值邏輯規則、光學字元辨識和聲學相關性，從閉路電視、環境感測器的數據中提出警報，以縮短預防犯罪的反應時間。 • 自動模式識別：從ANPR數據中產生時空和路線模式，以幫助預測可疑車輛的位置，追蹤和逮捕通緝犯。 • 無線電細胞訊號分析：採用資料探勘技術對犯罪和社會動盪編碼的網格單元連接資料進行聚類和模式識別，以檢測犯罪調查的嫌疑人。 • 社交地圖：包括用於犯罪調查的社群媒體資料的時間測繪、臉部測繪、關係測繪和情緒分析。
自動化張力監測	• 張力監控分析：將自然語言處理、深度學習和網路分析技術結合應用於社交媒體數據，以對社會凝聚力進行等級評估，並識別緊張局勢峰值和有影響力的行為者以維持公共秩序。

資料來源：Afzal和Panagiotopoulos（2020: 64）。

三、智慧警政的機會與挑戰

在科技發展及網路突破時空的限制下，傳統意義上的空間警政不再由實體邊界來定義，也無法由任何單一的法律管轄區或一項法治來控制（Manning & Agnew, 2020）。許多犯罪本質上是動態的，例如銀行／ATM搶劫、綁架等，再加上新興的犯罪手法，傳統的預防犯罪方法已是不夠的。智慧警政的興起，帶來能夠有效的因應新興的犯罪型態及警民互動模式之各種機會外，也存在一些挑戰。例如，傳統的警察巡邏是一種有效預防犯罪工具，可增強民眾對城市安全的信心，而警察巡邏許多的核心議題出現在路線設計、資源分配和轄區規劃。路線設計問題最受關注，其次是資源分配問題，因為它們都依賴犯罪數據；而地區規劃純粹是策略決策，不會長期改變。隨著智慧警政預測模型的研究激增，使得警察巡邏可以透過更科學的方式來執行，其中更關鍵的議題還取決於在正確的時間提供正確的數據（Samanta, Sen, & Ghosh, 2022）。

Bland（2020）的研究指出由於家庭暴力已成為英格蘭和威爾斯執法部門的更優先事項，資源部署的需求和強度也隨之增加。由於許多警察正在努力滿足需求，一些警察正在探索演算法（algorithms）作為更好地預測嚴重傷害風險的手段，以便更好地定位他們的資源。在其研究中說明了演算法在家庭暴力策略中發揮作用的案例，以及它們在警政領域更廣泛增長的背景下，所提供定位演算法如何運作的範例，並探討了一系列問題和潛在的陷阱，本章的中心論點是促進警政演算法監管的事業。這個新興領域前景廣闊，但如果不適當考慮，將隨之而來許多潛在問題。這些議題包含了：專業知識（expertise）、透明度（transparency）、課責（accountability）、評估（evaluation）、歧視（discrimination）、基層人員裁量權（street-level discretion）（Afzal & Panagiotopoulos, 2022; Bland, 2020; Bennett & Chan, 2016）。

綜合言之，不同於過去科技或大數據發展之影響，智慧警政至少包含新興科技、資料數據，以及跨界整合等核心焦點，於此同時公部門管理者在面對和應用數位治理新工具的適應過程中，亦會出現新行為模

式。這些新行爲模式或許有助於更有效地解決問題或預防犯罪，然而同時也會因爲過去缺乏相對應的經驗或規範而產生不同於以往的挑戰。

參、智慧警政下的警察勤務策略

一、警察勤務策略之意涵與發展

警察勤務通常被認爲是達成警察業務之手段或策略（李湧清，2015），具體而言則是警察將「依法維持公共秩序、保護社會安全、防止一切危害、促進人民福利」等四大任務具體實踐，展現警察執法和服務等功能的作爲（孫義雄，2008）。Dempsey與Forst（2012）將警察勤務聚焦在巡邏（patrol）、調查（investigation）及社區（community）等範圍。警察勤務內涵之相關原理包含以下幾點（李湧清，2015）：

二、勤務組織原理

包含散在原理與授權原理，分別具有空間與時間之意義。前者係指警察組織分布的空間，但同時也在政治及社會上具備雙重意義，除了象徵國家主權之外，也隨著民眾的需要而存在，並且具有社會控制的功能。後者則是以時間爲切入點，考量警察工作事務之緊急性、地方性與不可預期性，因此必須充分授權。

三、勤務運作原理

（一）迅速原理：發展TAP理論（警察到達時間理論，Time of arrival of Police）指警察反應的時間越短，不僅可以減少民眾的不滿，也較能保全現場、逮捕人犯。

（二）機動原理：強調警察勤務應爲主動先發式（proactive）的發現問題，是有目的的行動而非漫無目的地巡視。

（三）彈性原理：指警察勤務運作方式應視時空條件及其他狀況變化而調整安排。

（四）顯見原理：指警察人員執行勤務時，包含其服裝、裝備或巡邏車等，都必須顯為民眾所見，也就是所謂的見警率（police visibility）。

依照我國警察勤務條例的規定，警察勤務包含機構、方式、時間、規劃與教育。其中勤務方式包含了勤區查察、巡邏、臨檢、守望、值班與備勤。執行警察勤務的機構有警察分局及派出所，其中分局主要執行重點性勤務，並負責規劃、指揮、管制、督導及考核轄區各勤務執行機構之實施。派出所則為完成勤務執行之機構，並負責規劃及督導警勤區勤務之執行。雖然分局及派出所都是警察勤務執行機構，但在人員編組、器具、裝備、時間及方式都不太相同，所適用的警政策略也有所不同。一般而言警察勤務策略包含三種不同類型，包含：傳統報案反應類型（執法或打擊犯罪取向之模式）、社區取向類型（服務取向之模式），以及整合類型（品質取向模式）（孫義雄，2008）。

學者陳明傳（2020：12-13）整理了20世紀五種經典的警政模式之演進及相關意涵，包含：源起於20世紀早期的傳統警政（traditional policing）、源自1980年代的社區警政（community policing）、同樣發展於1980年代的問題導向警政（problem-oriented policing, POP）、起源於1990年代的零容忍警政（zero-tolerance policing），及2001年911事件之後的國土安全警政（homeland security for policing）。此外，近來美國警政也發展出以情資為主軸的四種不同策略（陳明傳，2020：17-25）：

（一）預警式的警政管理（proactive police management）：主張警察勤務、人事、組織管理等均要有根據時空因素之變化而預先分析與計畫之概念，而非僅以傳統之規則或經驗來推展工作

（二）資訊統計管理之警政（CompStat & CitiStat）：警察社群邀請利害關係人參與會議，藉由資訊統計管理分析系統決策參與及分層授權與責任，進而達到改善政府機關執行績效之目標。

（三）知識經濟管理之警政（knowledge based economy）：基於知識經濟之多元化運用、個人化之服務導向，及全球同步化之發展取

向，研發出各種創新之警察作為。

（四）國土安全警政時期之情資導向警政（intelligence-led policing, ILP）：建立各種溝通、聯繫的平臺，將資訊及資料發展為更有用之情報資訊，以便能制敵機先並建立預警之治安策略。

四、智慧警政下警察勤務之策略思維

（一）科技與大數據發展對警察勤務策略之影響

隨著科技的發展，大數據的概念在生活周遭已是隨處可見，巨量資料的擷取、蒐集、管理、分析，甚至是在決策上的運用，對警政策略也造成相當的影響（陳明傳，2020：29-34）。學者Davies（2020）臚列了大數據發展對各種警察勤務策略之影響，包含有回應性警政（reactive policing）、問題導向警政、社區導向警政（community-oriented policing, COP）、情資導向警政、以及循證警政（evidence based policing, EBP）。綜合來說，AI對警務治安上的運作可包含幾個重要面向，例如協力警務治安治理、增強犯罪偵查能力、落實智慧警政之建設、優化勤務部署與應急管理、強化情報管理運用，以及提升教育訓練成效（官政哲，2024：38-43）。

Davies（2020: 29-33）則指出：首先，大數據的分析有助於巡邏人員、巡邏資源的部署、犯罪「熱點」的分析，讓勤務策略可從反應性警政轉向預測性警政提供顯著的優勢。此外，犯罪數據和犯罪行為模式的分析為瞭解特定犯罪的潛在催化劑提供了機會，POP策略的核心是瞭解可能表現為犯罪活動的根本問題，而物聯網在社區內的健康、教育和犯罪熱點之間提供的潛在連結可能有助於制定社區未來安全健康的警政策略。再者，警察在社區內建立以社區服務和福利為重點的組織，是與社區建立關係的寶貴途徑。物聯網在推動社區導向的警政方面發揮作用，例如建立智慧警政資訊看板，向公眾開放的安全可靠電子儀表板。第四，情資導向警政將數據分析和犯罪情報納入策略中，運用降低威脅的風險管理策略，並重點關注嚴重的慣犯。具體而言，治安監視是ILP的關鍵要素，各種資料、資訊與情資則是關鍵中的關鍵。最後，循證警

政是利用現有關於警察工作成果的最佳研究，來實施指導方針並評估機構、單位和警官。以研究、分析、評估證據和經驗資訊為基礎，正是為了實現循證警政的核心目標，其中大數據分析扮演越來越重要的角色。在資料蒐集、研究、分析、評估和經驗資訊等各個階段，人工智慧（機器學習）和物聯網（包括感測器、執法記錄器、無人機、臉部辨識和其他技術應用）都扮演越來越重要的角色。

（二）邁向預測性警政（predictive policing）

2002年由Tom Cruise所主演的好萊塢科幻電影《關鍵報告》描述在2050年代，3位因化學汙染而有預知未來能力的新生兒，被警方用來偵察出人們的犯罪企圖，並利用科技讀取企圖犯罪者的腦波畫面。在罪犯犯罪之前，就已經被犯罪預防組織的警察逮捕並獲刑。此部電影上映後引起許多討論，其中包含僅有企圖而尚未犯罪者可以被逮捕嗎？此預測系統沒有缺陷嗎？當然，約略與電影熱潮同時引起學界及實務界關注的，則是我們正邁向預測性警政嗎？

2010年Pearsall在《美國國家司法研究院期刊》（*National Institute of Justice Journal*）以〈預測性警政：執法的未來？〉（Predictive Policing: The Future of Law Enforcement?）為題發表文章，其指出所謂的預測性警政旨在利用資訊、地理空間技術和實證干預模式來減少犯罪並改善公共安全。這種方法的關鍵特徵是透過應用高級分析方法來詢問資料集，以識別與犯罪相關的模式。其特點是能夠適當部署人力、財務和物質資源來應對潛在的犯罪。此外，這種方法補充了其他警政策略的應用，例如問題導向警政、社區警政、情資導向警政和熱點警政。Pearsall討論了Richmond（美國維吉尼亞州）地區隨機槍擊例子，透過分析Richmond幾年來犯罪發生的時間和地點模式，隨機槍擊事件減少47%，並查獲246件武器。

Meijer和Wessels（2019）認為預測性警政第一個優點在於可以更準確地在地點和時間部署資源。在識別風險增加的區域方面，使用了依賴歷史犯罪數據和更廣泛數據的預測警政技術。這些不同類型的數據還可

以透過時空分析來確定犯罪活動最有可能發生的時間，並預測特定地理區域犯罪活動最高的時間，這些時間和空間的分析構成了資源部署的基礎。預測性警政的第二個優點則是有助於識別可能參與犯罪行為的個人，抑或受害者。預測演算法可用於識別犯罪集團的成員，這些犯罪集團的成員之間爆發暴力事件（例如幫派槍擊）的風險較高。此外，還可以透過歸納分析識別未來可能成為犯罪者的個人。藉由這些技術，也可示警表現出較高機會犯罪行為相關屬性的個人已經正受到監視。

然而如同Hardyns與Rummens（2018）所提醒的，預測性警政在一些領域證明了其價值，但由於它是相對較新的發展，因此有關預測性警政有效性的客觀資訊仍然有限。儘管如此，Egber和Krasmann（2019）則認為雖然還沒完全達到預測性警政，但在此發展下，未來警察部署還是有機會很快就能達到先發制人（predictive policing: not yet, but soon preemptive）。

五、臺北市AI智慧巡邏系統概述

過去的實務發現員警在日常巡邏勤務中，必須手持查詢設備透過人工登錄方式查詢車牌，從早期俗稱的「小電腦」發展到近年的iPhone，儘管查詢系統與功能不斷擴充與優化，實際仍需耗費一定的時間與人力。隨著近年智慧警政觀念的推廣，警察機關開始在各項勤業務中陸續導入科技創新技術，提升執勤效率及落實科技執法，以因應劇烈變化的外在環境。員警在執行巡邏勤務時，面對的是充滿不確定性且高風險的情境，必須觀察當下四周是否有異常的人、事、物，隨時保持警戒，一旦發現異狀，透過員警自身經驗與工作所受的訓練，判斷是否發動警察權、如何發動警察權、執行盤查時應注意哪些事項、對於受盤查對象的猜測、是否具有危險性或其他風險、同時段是否有足夠的支援警力，以及是否需要請求支援等。以上問題都是執勤員警必須在極短時間內通盤考慮與評估，進而做出決策，影響員警所執行的下一步行為。

由上可知，員警在執行巡邏勤務時，經常性的必須面臨在危機情境下短時間做出決策，隨時可能陷入危險。這使得警察工作相較於一般

公務人員所承受的工作壓力與風險高出許多。尤記得前幾年臺南殺警案，便是在盤查過程中所遇的突發狀況，2名年輕的員警因此殉職，造成社會譁然。如何透過科技改善上述問題，成為警察機關迫切的任務。臺北市政府警察局與民間科技公司合作，針對上述問題開發了車載式巡邏系統及穿戴式即時影像設備，透過前者的車牌自動辨識輔助功能，不須進行額外的人工操作，若發現異常即會馬上發出提醒，巡邏員警即可判斷是否進行盤查，盤查的同時並可結合動態座標分享功能，當巡邏員警發現可疑車輛，即可使用通報APP將當前座標、移動軌跡、目標資訊等傳送至指揮中心。另外配合穿戴式裝備，其功能包含SOS緊急按鈕，可讓感知危險或正遭遇人身安全危險的員警即時與指揮中心聯繫，調派鄰近的警力前往支援，俾降低員警傷亡的機率[5]（臺北智慧城市專案辦公室）。簡言之，AI智慧巡邏系統藉由人工智慧、影像識別、大數據分析、物聯網等資料的連結、分析警政資料庫及戶役政系統等跨部門資料，可以即時反映治安情況、提升警務效率、增強民眾安全感，並期望落實預測性警政策略來降低犯罪之發生。

肆、結論

Parsons、Nolan、Crispino（2021）3人在〈警政改革的年代〉（Policing in an Age of Reform）一文中指出，在檢視英國、美國及法國近年的警政改革作為後，對於不同的學者和警政實踐者，其主要觀點多圍繞著中心原則凝聚在一起，亦即堅信民主和民主警政的重要性，因為這種模式中有不可或缺的制衡和課責機制。然而，儘管西方民主國家基於多元文化主義、性別平等、言論自由等警政改革，不見得完全獲得主張民族國家、民族認同、共同的歷史、文化、習俗和信仰等學者的認

5　臺北智慧城市專案辦公室官網，https://smartcity.taipei/News_Content.aspx?n=6986545C4A2C217F&sms=A5A97EC540EAA0BA&s=500637D087320952，閱覽日期：2024.4.30。

同。其3人所編的書多數的作者皆一致認為，警政使命具有內在的高貴性和本質的善良。

　　儘管科技在近代已為警察機關的組織結構、功能、目標和任務帶來重大變化，有效提升整體工作效率，卻可能忽視了公平性和合法性問題。隨著公民留下越來越廣泛的數位足跡，警察機關所蒐集之數據只會與日俱增，例如攝影機、臉部、車牌辨識軟體等，新的資訊系統可能導致對公民個人及社區的過度監管，隱私權問題也隨之出現。此外，警方在建立預測警政模型的資料的過程中，也可能產生有關種族、社會地位和性別的社會偏見偏差問題。上述問題若置之不理，將導致公眾對警察行動的合法性與信任受到嚴重損害。換言之，警察需要公眾的支持與合作，才能有效地發揮維持秩序的作用。因此，未來民主警政下尋求的科技變革應注意透明、課責與公民參與等要素，對於建置之數據資料庫取得使用之數據，應明確訂定公開的規則管理之，使民眾理解與相信該系統是準確可靠的，並且在發生侵害個人隱私問題時，有管道可追究相關人員責任；最後，公民的參與可在警方與民眾間建立有效的溝通橋梁，讓民眾更能欣然接受數據驅動的警政，同時對警方具備信心。

參考文獻

一、中文部分

李湧清（2015）。警察勤務。載於梅可望、陳明傳、李湧清、朱金池、章光明、洪文玲，警察學（頁247-294）。桃園：中央警察大學。

官政哲（2024）。AI浪潮對警務治安之挑戰。警光雜誌，第818期，頁34-44。

徐恩普（1998）。我國國家資訊基礎建設（NII）之探討。理論與政策，第12卷，頁89-100。

孫義雄（2008）。警察勤務執行機構之警政策略探討。中央警察大學警察行政管理學報，第4期，頁41-51。

陳明傳（2020）。警察勤務與策略。臺北：五南。

二、英文部分

Afzal, M., & Panagiotopoulos, P. (2020). Smart policing: A critical review of the literature. In *Electronic Government: 19th IFIP WG 8.5 International Conference, EGOV 2020, Linköping, Sweden, August 31–September 2, 2020, Proceedings 19* (pp. 59-70). Switzerland: Springer International Publishing.

Afzal, M., & Panagiotopoulos, P. (2022.8). Coping with the Opportunities and Challenges of Smart Policing: A Research Model. In M. Janssen, C. Csaki, I. Lindgren, E. Loukis, U. Melin, G. Viale Pereira, M. P. R. Bolivar, & E. Tambouris (Eds.), *International Conference on Electronic Government* (pp. 469-478). Switzerland: Springer International Publishing.

Anthopoulos LG. (2017). Smart government: A new adjective to government transformation or a trick? In Anthopoulos LG (Ed.), *Understanding Smart Cities: A Tool for Smart Government or an Industrial Trick?* (pp. 263-293). Cham: Springer.

Bennett Moses, L., & Chan, J. (2018). Algorithmic prediction in policing: assumptions, evaluation, and accountability. *Policing and Society*, 28(7), 806-822.

Bland, M. (2020). Algorithms can predict domestic abuse, but should we let them? In H. Jahankhani, B. Akhgar, P. Cochrane, & M. Dastbaz (Eds.), *Policing in the Era of AI and Smart Societies* (pp. 139-155). Switzerland: Springer International Publishing.

Bureau of Justice Assistance (BJA). (2024). *Smart Policing Initiative*, retrieved from https://bja.ojp.gov/sites/g/files/xyckuh186/files/Publications/SmartPolicingFS.pdf. (Accessed 14/Apr/2024).

Coldren Jr, J. R., Huntoon, A., & Medaris, M. (2013). Introducing smart policing: Foundations, principles, and practice. *Police Quarterly*, 16(3), 275-286.

Davies, A. (2020). IOT, smart technologies, smart policing: The impact for rural communities. In Srikanta Patnaik, Siddhartha Sen Magdi S., & Mahmoud (Eds.), *Smart Village Technology: Concepts and Developments* (pp. 25-37). Switzerland: Springer International Publishing.

Dempsey, J., & L. Forst. (2012). *An Introduction to Policing* (6th ed.). NY: Delmar.

Gil-Garcia JR, Helbig N, & Ojo A. (2014). Being smart: Emerging technologies and innovation in the public sector. *Government Information Quarterly*, 31(1), I1-I8.

Hardyns, W., & Rummens, A. (2018). Predictive policing as a new tool for law enforcement? Recent developments and challenges. *European Journal on Criminal Policy and Research*, 24, 201-218.

Lember V, Kattel R, & Tõnurist P. (2018). Technological capacity in the public sector: The case of Estonia. *International Review of Administrative Sciences*, 84(2), 214-230.

Maliphol, S., & Hamilton, C. (2022). Smart Policing: Ethical Issues & Technology Management of Robocops. In *2022 Portland International Conference on Management of Engineering and Technology (PICMET)* (pp. 1-15). IEEE.

Manning, M., & Agnew, S. (2020). Policing in the era of AI and smart societies: austerity; legitimacy and blurring the line of consent. In H. Jahankhani, B. Akhgar, P. Cochrane, & M. Dastbaz (Eds.), *Policing in the Era of AI and Smart Societies* (pp. 59-82). Switzerland: Springer International Publishing.

Meijer, A., & Wessels, M. (2019). Predictive policing: Review of benefits and drawbacks. *International Journal of Public Administration*, 42(12), 1031-1039.

Parsons, T., Nolan, J. J., & Crispino, F. (2021). Introduction to Policing in an Age of Reform. In J. J. Nolan, F. Crispino, & T. Parsons (Eds.), *Policing in an age of Reform: An Agenda for Research and Practice* (pp. 1-15). Switzerland: Palgrave Macmillan.

Pearsall, B. (2010). Predictive policing: The future of law enforcement. *National Institute of Justice Journal*, 266(1), 16-19.

Samanta, S., Sen, G., & Ghosh, S. K. (2022). A literature review on police patrolling problems. *Annals of Operations Research*, 316(2), 1063-1106.

Schedler K, Guenduez AA, & Frischknecht R. (2019). How smart can government be? Exploring barriers to the adoption of smart government. *Information Polity*, 24(2), 3-20.

三、網路資源

中央社訊息平台（2022），高市府、遠傳攻智慧警政，中央社訊息平台，https://www.cna.com.tw/postwrite/chi/319884，閱覽日期：2024.9.15。

林建隆（2023），智慧警政S.M.A.R.T向前行，內政部活動訊息，https://www.moi.gov.tw/News_Content.aspx?n=10&s=311443，閱覽日期：2024.4.24。

第十七章
AI警政之發展與運用

莊明雄

壹、前言

　　人工智慧（artificial intelligence, AI）一詞早在當時被稱為電腦之父的英國科學家圖靈（Alan Turing）於1950年所發表一篇〈計算機與智慧〉論文，提出「機器能思考嗎？」（Can machines think?）的問題，並據此對機器模仿人類智慧進行深度思考及邏輯系統計算形成著名的「圖靈測試」就已發跡（Turing, 2009）。

　　然而AI時代來臨，隨著人類生活與科技不斷演進，已逐漸應用於物聯網、區塊鏈、電子商務、工業自動化、智慧製造、機器人、自動駕駛、金融科技、智慧電網、遠距醫療、農業、文藝創作、智慧城市、資通訊、軍事、災害防治等產業，因此AI也可能從立法、組織、政策、風險規範、隱私與安全管理、大數據資料庫、演算法、智慧財產權、生物辨識等方面帶來挑戰，另外日益嚴峻的警務工作及新興資通訊工具帶來的身分隱匿挑戰，所面臨的犯罪事件無法透過單一轄區警察機關、資料庫建構、影像辨識或形式及數位鑑識能量所能掌握，加以未來警方掌握的龐大數據，仿造其他國家先進作法，如要達到精準分析、行動快速及達到縮小犯罪發生與緝捕犯罪者之間的時效，有效運用資訊系統整合及AI技術，達到社區警政、第三方警政及公私協力合作方向，執法單位必須評估AI帶來的風險及法律適用問題，才能在引入AI警政後對於我國犯罪偵查等領域提升一定打擊犯罪能量，讓警力運用能事半功倍。

貳、AI發展歷程

一、近期科技發展與犯罪趨勢

國際機構勤業眾信（Deloitte）曾提出近代ABCD等四大核心技術概念——A（artificial intelligence，人工智慧）、B（block chain，區塊鏈）、C（cloud computing，雲端計算），以及D（big data，大數據）（如圖17-1），雖新技術出現可帶來生活便利與人類進步，但可能對各種產業帶來衝擊（Ratcliffe, 2016），尤其對於司法警政來講，四種核心技術的出現將帶來治安新挑戰。

如果從演進先後來看，D早在多年前就已發展，電子商務業者為營造良好服務，無不集中資料進行大量整合運用，如企業常採用ERP（Enterprise Resource Planning）系統將企業力資源、製造、供應鏈、財務、會計等進行整合，讓企業內各部門、企業外上游廠商及下游客戶每個環節所需的資源彼此串聯，以數位化整合來達到掌握消費者習慣，以達到營利目的，但是這些資料庫也可能遭到不肖駭客覬覦竊取，然後進行詐騙或轉販售牟取利益。接下來的C，雖讓資料分享無遠弗屆，但也營造讓犯罪證據藏匿於雲端，導致執法者難以掌握的窘境。B的去中心化優勢，讓使用者可以保有機密及不可否認性的公開帳本，對於進行金融科技（financial technology, FinTech）或其他產業運用（例如學歷證明、農產品履歷追蹤等）帶來契機，也催生加密貨幣（cryptocurrency）的洗錢問題，造成犯罪洗錢追查障礙。最後，近來討論度最高的AI，其中尤其是最被關注「生成式（Generative）AI」，在美商OpenAI公司2022年12月推出ChatGPT之後，如同雨後春筍般，在各大AI廠商發展之下各種技術百家爭鳴，然而卻衍生出新的AI犯罪問題，諸如DeepFake深度偽造技術，讓犯罪者可以輕易錄取他人一段影音，透過機器學習來假造他人影像、圖片、聲音內容，進而變成犯罪集團詐騙工具。

圖17-1　ABCD的美麗與哀愁（本研究製作）

二、AI演進與核心技術

　　AI人工智慧發展歷經三個階段，其中第一階段（1950-1960）是電腦剛出現的時代，為「符號邏輯階段」，大量的程式碼出現讓人類得以與電腦溝通處理數據邏輯，並由領域專家寫下決策的邏輯（例如If~Then~Else等運算元的架構出現），但是人類卻還沒辦法清楚理解自己的思考過程，以及如何告訴電腦，於是AI推動失敗。到了第二階段（1980-1990）為「專家系統」時期，由領域專家寫下經驗規則，然後使用者可以透過一個介面輸入，透過內部由專家建構的資料庫來回應，例如醫生所使用的專家系統像是一個熟讀各種醫學的老師，可以告訴其他經驗較少的醫生如何處置臨床上問題，但早期專家系統的基礎是建構在大量事先輸入的知識庫與設定好的推理規則，程式根據預設的邏輯規則處理特定範圍且內容單純的問題，程式編程與修改較為容易，但專家系統的建立極度依賴人為所輸入的知識庫與設定的規則，本身不具備有自我學習的能力，有極大的侷限性，而因為太多無法寫下的規則或無法以程式碼呈現者，阻礙了專家系統發展。到了第三階段（2010迄今）為

「機器學習」階段，則是把人看見的資訊放入電腦，由電腦自行歸納規則，然後自行產出結果，所以不同的資料輸入進行大量機器學習，會產生出不同結果，這與第二階段最大差異在於，前者透過既定的輸入會有明確的結果，而後者機器學習則取決於輸入的資料樣態[1]。

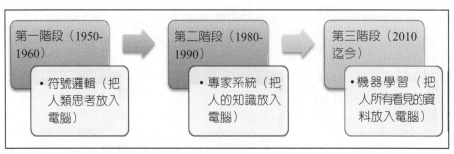

圖17-2 AI人工智慧的發展階段（本研究製作）

三、各種機器學習方法介紹

目前AI機器學習大致上分為：監督式學習（supervised learning）、非監督式學習（unsupervised learning）、半監督式學習（semi-supervised learning）和增強式學習（reinforcement learning）等四類（Berry, Mohamed, & Yap, 2019）。「監督式學習」是工作導向（task-driven approach）的演算方法，指根據標籤化訓練資料的輸入和蒐集訓練資料例子去學習產生能顯示投入和產出關係函數，也就是將資料給予「有標籤」的資料，例如將1,000張標示為蘋果和橘子的照片，詢問學習過的機器下次照片為何？雖然回答問題比較準確，但缺點是標籤的過程太浪費資源且費時。

「非監督式學習」是屬於資料導向（data-driven approach）方法，

---

1 拉爾夫，深度學習學習筆記：人工智慧簡介，medium.com，https://medium.com/@ralph-tech/%E6%B7%B1%E5%BA%A6%E5%AD%B8%E7%BF%92%E5%AD%B8%E7%BF%92%E7%AD%86%E8%A8%98-%E4%BA%BA%E5%B7%A5%E6%99%BA%E6%85%A7%E7%B0%A1%E4%BB%8B-b0e8f5259e2，閱覽日期：2024.9.21。

指不經人爲干擾、使用無標籤資料進行模型訓練的演算法，與監督式學習差異之處，在資源不足、無法取得足夠有標籤化資料下，還是能產生有用的分析結果。簡單來說，給予「無標籤」的資料，機器會依據資料的分布，自動找出潛在規則，例如找出買月餅的人，也會買烤肉架之類的關聯。

「半監督式學習」算是監督式學習和非監督式學習之混合體，言下之意，少部分資料有標籤，而大部分資料沒有標籤，先使用有標籤的資料切出一條分界線，然後將剩下無標籤的資料進行整體亂數分布，調整出兩大類別的新分界，不僅降低標籤的成本，也會有自動化學習效果，且半監督式學習可提供預測能力比單獨只使用監督式學習所產生者更高之模型，常見半監督式學習會出現在機器翻譯、欺詐識別和文字分類等領域。

「增強式學習」屬於環境導向（environment-driven approach）之方法，即透過觀察環境而行動，並隨時修正，例如以機器人投籃，針對反饋的好壞（有無投籃進？）給予機器自行逐步修正，最終得到結果。常見在複雜環境如製造業、物品供應物流業、機器人技術業等領域，可幫助人工智慧模型增加作業效率之自動化和最適化[2]。

「深度學習」是機器學習所拓展的另一個子領域，加了「深度」（deep）二字表示多個隱藏層，也就是將多種的機器學習分層進行資訊處理，像是可被程式化的神經網絡，讓機器更接近人類一樣的學習與判斷，例如：要判別圖片，可以將形狀、顏色、角度或對比等分層判斷，最後決定所看到的照片是貓還是人，由於深度學習強調其結構之複雜性，仿效人工神經網絡需要很多層神經元（而且層層堆疊）才能運作，故學習的效果也比上述四種機器學習演算法好，讓近年來AI運算能更突飛猛進且系統更聰明，如果執法單位引入運用分析犯罪資料庫，透過

2　Lynn，人工智慧的黃金年代：機器學習，股感知識庫，https://www.stockfeel.com.tw/%E4%BA%BA%E5%B7%A5%E6%99%BA%E6%85%A7%E7%9A%84%E9%BB%83%E9%87%91%E5%B9%B4%E4%BB%A3%EF%BC%9A%E6%A9%9F%E5%99%A8%E5%AD%B8%E7%BF%92/，閱覽日期：2024.9.25。

機器模仿警方調查經驗，可快速縮小找尋資料範圍並找出更多線索。

針對結構化資料（例如表格型、時序型），要進行統計資料分析或預測性分析，認為機器學習的效果比較好，倘對於非結構化資料（例如影像或文字類型），透過影像辨識、自然語言處理（natural language）則需要深度學習來強化，以上即為兩大類型資料運用機器學習之分野。

四、判別式AI與生成式AI差異

判別式（Discriminative）AI其實發展已久，主要針對資料做有效性標籤及判別，這類AI方案目前已經大量應用於人臉、車牌辨識、辨識與分類、人體病徵（如癌症）辨識等，亞馬遜電商、Netflix也用來針對精準投放客戶或推薦商品內容，對於執法單位來講，透過大數據的輔助結合AI，也能針對CCTV結合犯罪者影像來縮小掌握動向，提升治安管理作法。

反觀，生成式AI的快速發展，來自於2022年11月由OpenAI發行的ChatGPT，開啓了「人工智慧」新視野，由於GPT模型是以Transformer為基礎，需要大量的機器運算透過預訓練（pre-training）和微調（fine-tuning）的方式，學習大量的語言知識和語言模型（如表17-1）。這使得模型能夠理解單詞之間的語義關係、句子結構以及上下文之間的依賴關係，也就是近期熱門的大語言模型（Large Language Model, LLM）[3]。

---

3 丁磊，判別式AI和生成式AI存在哪些差異？分別可以應用在哪些領域？ChatGPT屬於哪一類？，生成式人工智慧：AIGC的邏輯與應用，https://tw.news.yahoo.com/%E5%88%A4%E5%88%A5%E5%BC%8Fai%E5%92%8C%E7%94%9F%E6%88%90%E5%BC%8Fai%E5%AD%98%E5%9C%A8%E5%93%AA%E4%BA%9B%E5%B7%AE%E7%95%B0-%E5%88%86%E5%88%A5%E5%8F%AF%E4%BB%A5%E6%87%89%E7%94%A8%E5%9C%A8%E5%93%AA%E4%BA%9B%E9%A0%98%E5%9F%9F-chatgpt-%E5%B1%AC%E6%96%BC%E5%93%AA-%E9%A1%9E-050600772.html，閱覽日期：2024.9.1。

表17-1　判別式AI與生成式AI比較表

類別	判別式AI	生成式AI
代表性AI	亞馬遜、Netflix、自動駕駛	ChatGPT、Copilot、Gemini
技術	將資料分別貼上標籤，進而區分不同類別資料	透過大量資料學習訓練，分析已有的資料，產生新資料
AI模型	超過1,000萬筆以上參數	超過10億筆以上參數
用途	對人類決策過程進行模仿	聚焦在創作新內容上
應用	人臉辨識、推薦系統、圖像分類、語音辨識、感情分析、價格預測	文字、圖像、影像、音樂及程式碼生成

　　生成式AI近期比較聚焦在文字、圖像、影像、音樂及程式碼生成，也發現許多犯罪者利用從事假訊息、詐騙等Deepfake深度偽造影音生成，例如https://runwayml.com網站即可透過文字自動生成影片或語音，也將造成未來網路犯罪隱憂（如圖17-3）；然而生成式AI也發現可從作為民眾報案受理或為民服務等領域，透過AI接線生或網路機器人來處理大量報案資料，進行後續偵辦刑案運用，例如取代165反詐騙諮詢專線第一線客服受理人員，提供民眾更好互動；另外，透過生成式AI也可以將大量的警察筆錄資料學習後自動生成，提供第一線員警使用，讓筆錄製作品質提升。

圖17-3　使用Runway工具可以將兩個對立的政治人物製作成握手影片

參、近期國內外警政AI運用

　　2002年由湯姆・克魯斯主演的電影《關鍵報告》，其中劇情以透過感知能力偵察出人的犯罪企圖，並利用科技讀取某些先知腦波而可預知即將犯罪畫面，讓執法單位提早預防，並快速逮捕犯罪者。直到現在，各國執法單位無不希望透過科技發展具備這種犯罪感知的功能，這幾年來快速發展的AI技術帶來契機，更被賦予高度期望，從國內外執法單位所建置大量數據的資訊系統及引入之AI技術，無不締造對於整個智慧城市發展邁出重要一步，更能讓受惠的城市走向全世界治安數一數二的安全排名，本文整理目前的發展三大方向為：「一、預防犯罪偵測；二、偵查犯罪上使用；及三、科技輔助警務工作等三大面向，並臚列如下。

一、預防犯罪偵測

（一）CCTV與車輛監控

　　美國自2001年9月11日發生911恐怖攻擊後，警政策略已逐漸演變成情資導向的新警政策略（Intelligence-Led Policing），除導入新的警政決策模式，認為未來在國土安全警衛防制策略上，仍須繼續建置全面性CCTV監控系統，更結合科技發展與資通訊匯流技術、影音上傳平臺、APP資通軟體、社群網站媒介及遠端監控技術等方式，形成情資整合中心或監控平臺，方能因應未來詭譎多變的國際局勢[4]。

　　而美國近幾年來警政運用資訊技術，尤其大量導入大數據及AI工具，其發展歷程：第一階段，經歷2001年911恐怖攻擊事件和2013年的馬拉松爆炸案，認為導引大數據資料庫及人臉影像辨識可減少人力耗損，並快速掌握犯罪者動向為主；第二階段，自從2016年發布National AI R&D Strategic Plan，透過人工智慧加速警務工作科技提升，幫助消

4　R. Magazine，4大核心科技　重新定義ABC，Recruit Magazine，https://www.recruit.com.hk/Resources/ArticleDetail.aspx?articleId=37831，閱覽日期：2024.9.20。

弭犯罪發生，提高人民安全幸福度；第三階段，導因於美國警察對非裔美國人的歧視，社會對警察的不信任，從而大幅刪減警察的預算，因此透過AI提高警政工作效率，取代大量警察人力成本（Benbouzid, 2019）。

911恐怖攻擊事件之後，美國率先成立「聯邦情資整合中心協會」（National Fusion Center Association），這個概念不僅從各政府單位蒐集情資，也從私營部門透過共享機制跨部門提供情資，就是要透過整合各地區多個執法機構的資源和專業知識，來處理跨司法管轄區的犯罪問題，以促進美國全國各執法機構共享國土安全和犯罪相關的資訊和情資；之後2012年到2014年期間，紐約市警察局與微軟公司合作建置了「區域警覺系統」（Domain Awareness System, DAS），連接了超過9,000個以上的都會區之監視器，近期並結合網路與AI科技，透過網路加入數位警報系統，透過電腦系統自動判斷可疑行為（例如在街上丟下行李），並自動進行車牌辨識及記錄進入該區域的每輛汽車，另外，透過資訊系統整合可追蹤嫌疑人的方向、位置和行動，甚至可以透過描述來搜尋，找到相匹配人的照片，並標記位置；洛杉磯郡警察局勤務指揮系統、英國倫敦西敏市CCTV中心、日內瓦警察局巨量資料分析技術（Ferguson, 2017）、首爾市智慧城市管制中心等單位均是類似概念陸續成立之戰情中心（江守寰，2015），主要仍以匯集CCTV並分析人流軌跡、人臉車牌識別、eTag感應器和執法資料庫比對，希望能快速掌握犯罪發生及快速反應。

警政署於2011年2月成立「警政雲端運算發展計畫」，當時即整合刑事警察局、各縣市及港口、機場等之既有關鍵路口監視攝影機及eTag設備，除標示路口監視攝影機所在及拍攝範圍，強化縣市間協同辦案能力，對於預防與打擊犯罪非常有助益（陳宏和，2014）。新北市政府警察局於2011年8月成立「情資整合中心」，並整合110報案系統、GPS衛星定位、GIS地理資訊等八大系統，其主要功能包括：快速定位、網路E化巡邏、影像快速檢索、強化犯罪蒐證等7項功能。2013年1月新北市警察局也整合刑事警察大隊、交通警察大隊、資訊室及保安民防科成

立「情資整合中心」，並提供「資料查詢作業」、「犯罪資料分析」、「應用系統諮詢」、「影像分析」、「即時影像傳輸」及「網路情資蒐集」等六大服務項目；2015年臺中市政府警察局創建「科技偵防情資整合分析平臺」，結合各類犯罪偵查情資來源組成龐大資料倉儲，輔以地緣、關聯、軌跡及統計分析等，並提供相關數據圖像結果以供決策，並大幅提升犯罪偵查效能；2022年高雄市建置「3D治安巡檢預警系統」，透過AI影像分析技術，能偵測現場群眾聚集與車牌辨識，在聚眾場域還能藉由聲音感測辨識，偵測周圍異常音量，一旦被判定疑似街頭暴力案件潛在發生的可能性，即會主動提出預警通報，讓員警在事件升溫前，可以迅速到場處理。透過智慧科技執法與強化偵防作為，協助針對突發犯罪事件進行反應，積極穩定治安（盧恒隆，2015）。從上述我國從中央到地方均成立類似CCTV監控之情資整合中心，確實已經將大量的資料收容、保存並建立連通調閱管道，可以快速掌握各地即時影像，但下一步則是如何有效運用「判別式AI」來強化人別、車別或案件別機器或深度學習，透過電腦主動掌握犯罪動態，先發制人；以近期

圖17-4　CCTV行車軌跡在案件偵查上運用

桃園與臺中利用AI涉案車輛軌跡查緝技術查詢國內氾濫之AB車為例，警察局資訊單位透過先期掌握之權利車、贓車懸掛假車牌號碼，輸入放在警車上偵測載具來第一時間進行巡邏間車牌辨識，以利快速鎖定涉案對象，就是踏出AI整合資料庫的第一步。

近期執法單位也結合智慧城市概念，開始導入AI來協助維護治安，以美國俄亥俄州都柏林市警方建置「警察地理犯罪預測系統」為例，透過司法和警察機構獲取1萬個來源進行資料分析，並將犯罪數據和消費者的地點數據結合，配合當地氣候、交通以及相關活動資訊資料，建立一個預測AI模型，所有資訊採取去識別化，每年還會舉辦「市民警察學院」，讓民眾參觀相關警察部門，對一切保持透明[5]，相信未來我國的情資整合中心可從舊有「專家系統」快速趕上AI浪潮，透過CCTV體系與大數據訓練預測模型，可擺脫高勞力密集人眼分析，朝向提升更精準與自動化之偵測能力。

（二）生物辨識與人別分析

生物辨識以人臉辨識為主流，近期各國為因應反恐及出入境人口篩選，陸續利用人臉辨識技術建置相關驗證系統，舉凡2012年桃園機場、2017年倫敦希斯洛機場、2020日本東京羽田機場（適逢東京奧運期間）等，而中國大陸更大量在境內60座機場完成人臉辨識安全通道，堪稱全面性監控之代表，此外，大陸廣東省深圳市推動智慧行人闖紅燈取證系統，捕捉闖紅燈人臉，經由辨識後會比對出人名，直接出現在違規地點旁螢幕，藉此威嚇違規民眾（蘇亞凡等人，2018），這些生物辨識技術如結合AI，雖能快速掌握人口流動趨勢，但更可能引發侵權的疑慮。

M-Police結合警政署「警政相片比對系統」自2011年開放，透過人臉辨識協助破獲多起重大刑案、通緝、詐欺等案件，主要使用警用行動載具進行即時相片擷取及查詢程式「即時相片比對系統」，並將相片

---

5 王筱慈，美國都柏林市用人工智慧預防犯罪！AI如何成城市治理新顯學，城市學，https://city.gvm.com.tw/article/114080，閱覽日期：2024.9.21。

畫面上傳與「國民身分證相片資料庫」進行人臉特徵值比對，並可彈性設定依年齡、戶籍地、身分類型（失蹤人口、通緝犯、治安顧慮人口及中輟生等）條件進行逐案查詢，縮小過濾清查範圍，有效縮短查證民眾身分之時間（盧恒隆，2015）。如果人臉要進行AI辨識，這類型「判別式AI」的應用，其實使用的技術比上述CCTV車牌辨識來得複雜，必須先針對圖像採集、人臉定位、人臉識別預處理，再透過大數據建構的人臉資料庫進行身分確認以及身分查找。此時人臉辨識系統之演算法可大致分為兩種類型，即直接將幾何特徵與外觀特徵進行比較的方法，以及統計量化圖像並將其數值與模板進行比較的方法。由於生物辨識涉及取用個人資料，雖帶給執法者便利，但也衝擊執法單位使用個資的適法性。

二、偵查犯罪上使用

（一）偵蒐與勤業務工作上運用

2024年8月美國奧克拉荷馬市警官利用隨身密錄器上的麥克風收錄了所有聲音和無線電通話內容，透過AI工具在8秒內解析內容，並記錄所有對話或背景音，甚至從旁人對話中分析出嫌犯逃跑的車輛顏色，近期新北市警察局也透過物聯網與AI科技，陸續成立「警用無人機隊」及「智慧戰警頭盔」擴大3D空間偵查領域，以智慧戰警頭盔來講，可透過戴上頭盔的巡邏員警目光所及的車牌，即時辨識是否為遺失、贓車或涉案車輛。2023年8月臺灣執法單位及地檢署也擴大利用生成式AI（例如ChatGPT）撰寫程式分析家虛擬貨幣之金流方向，並成功破獲假幣商真詐財案件[6]。

---

6 民視新聞網，詐團扮幣商洗錢　檢警靠ChatGPT輔助寫程式逮人，民視新聞網，https://tw.news.yahoo.com/%E8%A9%90%E5%9C%98%E6%89%AE%E5%B9%A3
%E5%95%86%E6%B4%97%E9%8C%A2-%E6%AA%A2%E8%AD%A6%E9%9D
%A0chatgpt%E8%BC%94%E5%8A%A9%E5%AF%AB%E7%A8%8B%E5%BC%-
8F%E9%80%AE%E4%BA%BA-044603812.html?guccounter=1&guce_referrer=aHR0cHM
6Ly93d3cuZ29vZ2xlLmNvbS8&guce_referrer_sig=AQAAAJ3AqVOU7rdZQQnE6h_rgX-_
WlcOavRBA8qjacrfFcDx6PaMmc6BEPs8bQq2zMMPiuX2hfw9PMkDRWcH-Dx4ZV4Ge1r
q6ZhKC5N6xo8r9bNAtALDlGkmKGR5hB5PPUMvSNtXTcETqeJp8LgqixooJTwkXzW-z_
ub2vPLlad70VPt，閱覽日期：2024.9.22。

（二）警政大數據運用與情報分析

目前警政機關建置系統多以專家系統結合資料探勘（data mining）等技術來達到提供第一線人員使用，而資料探勘本身是以顯著的結構化（規律且有結構的表格、資料庫），先行定義欄位內的數值或是參數，依照需求者所需的資訊，利用相關語法或是事先定義的規則，可以查詢相關結果，例如常見刑案紀錄、同囚會客、幫派、戶籍、臨檢紀錄等，但多需要專業電腦操作技術或具備經驗人員才能有效找出關鍵資訊，面臨日益龐大資料，要撈取重點資訊，可能曠日廢時。

因此美國華盛頓特區及德拉瓦州警察局均利用「AI調查分析平臺功能」，彙整歷年犯罪類型屬性、幫派組織、車禍碰撞調查、交通罰單等資訊（類似警政署建置的智慧決策分析平臺），再結合圖資與AI智慧分群分析結果，成為一套視覺化犯罪熱區分析平臺，即時呈現犯罪高風險熱點區域和犯罪類型，供警政即早對高風險區域採取行動[7]，他山之石可以攻錯。

圖17-5　未來警政資料庫運用AI示意圖（由Bing AI Copilot製作）

---

[7] SAS專欄，AI警探：科技如何成為打擊詐欺的新利器？，https://futurecity.cw.com.tw/article/3511，閱覽日期：2024.9.29。

（三）科技犯罪打擊與數位鑑識

有關科技打擊部分，網路犯罪成為越來越嚴重且不容忽視之問題，尤其以詐欺、恐嚇、賭博、色情及兒少性剝削罪為主，目前也成為執法單位想盡各種方法研究AI來協助進行偵防的重要方向，日本警視廳委託「網絡巡邏中心」（CPC）協助引入AI系統，利用自然語言處理技術，根據AI分析網路貼文並篩選涉及犯罪的有害資訊。透過自動化監控X（前稱Twitter）以及YouTube中的影片簡介區和評論區，可以馬上通報「網路熱線中心」（IHC）（類似臺灣iWIN），若認為網路文章有違法或有害，就會聯絡網站發布者進行自主性下架或刪除。這套AI系統可使其網路巡邏不必花費太多人力，且透過主動過濾能夠即早發現有害資訊並預防犯罪[8]。

另外，詐騙集團透過臉書、Google等AI廣告推播，利用這些社群媒體大量獲取民眾的喜好進行詐騙滲透，目前除從電信面、網路面及金融面進行公私協力聯防外，並開發反詐騙軟體來進行AI反擊，例如國內業者Gogolook開發的Whoscall透過民眾安裝在手機端反詐騙來電顯示軟體，學習可能詐騙電話演變型態，當民眾接聽到陌生來電時第一時間顯示號碼來源，此外，諸如MyGoPen、美玉姨、Cofacts、趨勢安全達人及臺灣事實查核中心等能共同運用技術來抗禦假訊息與詐騙。另外，由近期台北富邦銀行聯合國內35家銀行成立的「鷹眼識詐聯盟」，透過各銀行分析詐騙集團非法金流特徵，創立AI鷹眼識詐模組〔例如交易資料每日平均總轉出金額、夜間於ATM（23-1時）轉出總次數、ATM轉出交易中與前一筆交易的最短時間差〕，提供聯盟銀行第一時間辨識詐騙，來協助進行攔阻詐騙金流，避免更多人財產損失，均是利用AI技術打擊犯罪的案例。

---

8 Hknet，日本警方應用AI監測網上犯罪帖文，香港經濟日報，https://inews.hket.com/artic le/3624106/%E3%80%90AI%E6%87%89%E7%94%A8%E3%80%91%E6%97%A5%E6%9 C%AC%E8%AD%A6%E6%96%B9%E6%87%89%E7%94%A8AI%E3%80%80%E7%9B% A3%E6%B8%AC%E7%B6%B2%E4%B8%8A%E7%8A%AF%E7%BD%AA%E5%B8%96 %E6%96%87，閱覽日期：2024.9.5。

有關數位鑑識部分，近期我國出現Deepfake影音犯罪型態越來越多元，常見偽造名人從事妨害名譽、詐欺或恐嚇勒索（例如散布假造偷拍之猥褻影片）行為，另外在選舉期間更出現許多影響選舉候選人的假訊息事件，意圖致他人不當選。2022年7月5日法務部最高檢察署檢察總長召開「有關利用Deepfake技術進行犯罪行為之鑑定相關事項協調會議」，統一律定警政署刑事警察局與法務部調查局等二機關為主要鑑識單位，目前該二機關已購置Sensity（荷蘭）及Reality Defender（美國）等兩套軟體，以進行「判別式AI」深偽影像鑑識，當各警察機關處理深度偽造技術之數位證物時，除沿用數位鑑識程序辦理外，另如適逢選舉期間，選舉候選人（符合公職人員選舉罷免法第51條之3第1項、總統副總統選舉罷免法第47條之3第1項規定之四類身分）當發現被深度偽造影音時，亦可依據「擬參選人候選人被罷免人或罷免案提議人之領銜人申請鑑識深度偽造聲音影像辦法」，得由本人親自或委任代理人填具申請書向警政署刑事警察局申請鑑識，並要求社群立即於2天內下架內容，否則由中選會處以罰鍰。由於AI技術可以快速分析細微資訊，舉凡影片中人體特徵細微角度、光影、膚色、移動軌跡等不尋常樣態，然後判斷是否遭到生成式AI假造之可能，因此也只有AI才能破解AI的犯罪。

三、科技輔助警務工作

（一）AI交通科技執法

交通問題一直以來都是治安之外，執法人員的痛點，對於事前管理交通車流避免事後交通事故，應該是非常重要的預防對策，美國佛州、亞利桑那州、德州與加州等地，使用以色列公司開發之NoTraffic系統，將感測器安裝在重要十字路口並透過AI控制路上交通動向，透過AI偵測十字路口的任何移動，包括小客車、公車、行人、單車、機車等，當AI運算出一定模式，會自動引導交通流量，藉此大幅減少車主塞車的時間，事後發現可將中型城市塞車時間減少高達50%以上，相當於每年

減少約2萬6,000噸的二氧化碳排放，約等於5,700輛汽車造成的汙染[9]。

另外，事後交通事故處理也必須要達到快速與精準，最常見國內運用的AI科技，就是利用錄影監視系統結合AI自動化判別之科技執法，以臺北市警察局為例，透過違規停車自動偵測、特定路段大型車行駛內側車道及車輛跨越槽化線偵測，以及未禮讓行人偵測系統來確保交通事故發生，高雄市政府警察局則開發「AI辨速系統」，透過影像分析技術，能在短短5分鐘內精準計算車速，相較以往大幅提升效率與準確性，並為交通事故肇事原因的分析提供了高度的準確數據。

（二）犯罪宣導AI化

2024年5月臺中市警察局宣布導入「生成式AI-ChatGPT平臺」作為撰寫新聞稿工具，維持各單位發布新聞內容品質一致性，也減輕警員人力成本，提升為民服務[10]。另外，近年來詐騙犯罪日益猖獗，考量對於識詐工作面臨挑戰，除透過規劃預算製播各式反詐騙宣傳影片及強化公私協力等工作（例如與銀行簽署合作備忘錄）外，2024年8月起為在內政部警政署刑事警察局165全民防騙網成立「打詐儀錶板」，除公布每日發生數及財損外，也公開資訊發布各縣市受理案件情形與查扣不法財產金額；另外，為避免公務機構宣傳文案太過僵化，更將該「打詐儀錶板」成立專屬網站165dashboard.tw，擴大將民眾受騙過程轉化為每日案例，該案例係透過165專線或各縣市警察局受理之被害紀錄當作腳本，並經由生成式AI來自動學習後生成文案，讓民眾更容易閱讀入心，也開放民眾可以查詢關鍵字或擴大運用作為宣傳教材（例如「Youtuber Anti-F天使」的AI虛擬主播，搜尋@5566angel），以提升宣導效果。

---

9 聯合新聞網，用AI控制車流　美國路口少塞車又減碳，聯合報，https://udn.com/news/story/6813/8275660，閱覽日期：2024.10.7。

10 陳金龍，台中市警局首創引入ChatGPT平台　快速回應警政資訊需求，中華日報，https://today.line.me/tw/v2/article/2DWvm7O，閱覽日期：2024.9.15。

都知道警察"不會"電話辦案，但熟女真的接到了~卻不知所揹被騙了(AI主播現身說法)

如果不配合將會面臨拘役

結束全螢幕 (f)

圖17-6　透過反詐騙文宣每日案例以AI製作出「虛擬主播」讓宣導更生活化

肆、發展AI警政可能面臨問題

　　臺灣人工智慧法由國科會於2024年7月公告，該人工智慧基本法（草案）為基本法性質，並非作用法，目的為訂定具有指標與引導功能之基本原則，建構人工智慧技術與應用之良善環境，並作為引導我國各機關發展與促進人工智慧應用之原則，因此未來警政單位發展AI應必須有自己的法治規範，才能做好做穩，但發展上仍然可能面臨下列三種問題。

一、技術效能與隱私挑戰

　　AI帶來許多在技術上的提升，然而也伴隨著許多的隱憂，包含：（一）隱私侵犯的疑慮：AI應用雖然有助於警方掌握更多的資訊，然而，監視系統與人臉辨識技術等應用，洩漏個人的行蹤，無形中侵犯

個人的隱私權，而引發對政府監控過度的質疑（Maxwell & Tomlinson, 2020）；（二）偏見與誤判的疑慮：透過單純數據分析，可能產生某些偏差性研究或數據判定，也呈現出隱含「非意圖歧視」，存有種族和性別偏見，而影響到決策的結果，可能造成判定錯誤，倘無配套措施可能成為嚴重執法疏忽；（三）隱私界線不明：大量數據的參照運用，沒有進行限縮的結果，將導致範圍不清、責任界定模糊，過於擴大的AI應用，恐侵害到公民權益的保障（Prince & Schwarcz, 2020）。

以歐盟為例，對於人工智慧發展採取較強硬規範方式，透過立法限制、設立人工智慧監理沙盒理解可能的風險，作為發布最佳實踐與指引參考，另外將AI的風險分為「最低風險」、「有限風險」、「高風險」及「不可接受風險」等四類，其中將用於執法的即時遠端生物識別系統劃入不可接受風險，除非法律保留，否則將限制執法單位運用AI。美國與英國則採取保留態度，美國傾向聆聽企業意見，並發布人工應用管制指引，英國也是支持企業發展，並發布政策白皮書，所設立的人工沙盒透過評估後，會推向市場機制，政府不會介入。

對於執法單位運用AI可能必須面臨如何將大量個人資料提供AI學習，又避免不會造成個資外洩風險，於是近期出現的AI-PC及運用邊緣運算技術，將人工智慧演算法和模型直接部署在邊緣運算設備上，例如感測器、無線電閘道器、工業電腦和嵌入式電腦，並依賴集中式雲端伺服器進行資料處理和分析，這些AI-PC處理邊緣運算人工智慧效能較傳統電腦佳，使運算能力通常比較多資源在本地端進行處理，也可避免個資外洩可能，為日後發展警政AI營造契機。

二、法制上問題

（一）法律保留與配套措施

警政署M-Police因運用國民身分證資料庫，引發國發會對於個資法適用上疑慮，遂於2021年10月21日函文警政署必須符合警察職權行使法第6條及第7條之法定目的，並須修訂「內政部警政署使用國民身分證相片影像資料管理要點」以明確規範蒐集、處理及利用該等資料，才能

動用AI技術蒐集，因此需要法律保留及相關配套措施。移民署於2021年起啟動自動查驗通關系統（以下簡稱e-Gate）擷取通關旅客之臉部影像，並將（外來人口）護照晶片內存相片或（國人）註冊e-Gate時留存之影像轉換成數據資料進行相似度比對，以確認通關者與護照所有人是否同一，並修改：1.入出國及移民法第48條第2項、第91條；2.個人生物特徵識別資料蒐集管理及運用辦法；3.申請及使用入出國自動查驗通關系統作業要點；4.訂定入出國航班及乘員資料通報利用管理辦法，以依法適度進行個資蒐集，兼顧AI發展與法治保護。

（二）因應技術發展應持續修法

對於新技術的發展，由於執法單位運用大量民眾個人資料，應該對於各種資料運用進行盤點，並釐清AI運用後可能造成的隱私風險，配合訂定相關配套法令或命令，在避免侵害人權與國家發展上取得平衡。

三、擬定警政AI政策與擴充組織預算

（一）拓展AI的近程與遠程

以往資料庫系統屬專家系統或傳統式資料庫介面，AI時代來臨勢必面臨重新盤點與技術革新，畢竟各種資料AI建模可能會有一段磨合期，為避免產生AI垃圾災難（garbage in, garbage out, GIGO），即不但沒有產生AI效果反而花更多力量處理AI帶來的錯誤，應規劃近程可快速機器學習的資料庫，遠程部分則是如何建構AI運算中心，畢竟AI的運算需要大量算力，整體機房的架構與設備機房規劃勢必重整，如此才能強化整體警政AI發展實力。

（二）開放程度與研發預算規劃

AI的效能與資料庫開放程度有關，誠如前面所述，結構化資料庫機器學習容易，且能達到一定效益，反觀非結構化資料庫（影像辨識、文字探勘）則需要不斷透過AI學習來強化模組，並隨時評估是否錯誤，舉近期財稅中心引用AI技術進行查稅為例，AI的角色在這幾年來

多半為助手，無法自動化找出有問題逃漏稅者，反觀僅是幫忙從大量的稅務資料，讓AI學會查稅經驗，然後挑選出小範圍對象，再由人工進行過濾較為精準，可知短期間AI的技術要全面運用且不發生錯誤的情況，並沒有那麼快應用到現有公務領域。

另外，在整體AI軟硬體產業逐漸完備的情形下，應有長期性規劃研發AI預算，以近期警政署編列各種計畫預算裡面，其中「政府科技發展中程個案計畫書（科技發展類前瞻基礎建設計畫）」，內政部警政署提出2021年至2023年「5G智慧警察行動服務計畫」，建置5G行動專網及安全傳輸技術作為M-Police行動影音系統，導入雲端智慧影像分析服務，架構5G行動勤務指揮整合服務及勤務輔助AI智慧化建置交通事故繪製系統；另外，2022年起啟動「精進警察科技偵查設備及人才培訓計畫」及「邁向新框架厚植科技偵查能量計畫」兩項計畫，針對提升刑案偵辦軟硬體設備與人才培訓進行規劃，均需要中、長程預算編列，才能讓整體警政AI建設永續經營。

伍、結語

隨著人工智慧技術在全球警務系統中的應用日益普及，AI已經成為增強公共安全、提高執法效率以及預防犯罪的重要工具。透過AI發展，警察機關能更迅速地分析海量數據並預測犯罪行為。然而AI的引入不僅限於技術本身，還需要強大的基礎建設支持，以及適當的人才和法律框架配合。未來如何平衡AI應用的效益與隱私保護、資料庫運用，以及避免技術濫用將成為關鍵挑戰，提出下列幾點作為日後策進。

一、應儘速跟上潮流納入AI科技引用

站在科技時代巨人的肩膀上，執法者應具備強化犯罪數據分析能力，更應利用AI進行數據分析工具幫助識別犯罪模式和掌握趨勢，簡單來說就是透過分析歷史犯罪數據及運用AI算法，能預測未來可能發

生的犯罪地點，從而使資源配置更加合理，提升預防犯罪的能力。此外，在人臉辨識技術與網路科技運用上，透過建置大數據資料結合快速AI識別，尤其在特殊場景與嫌疑人等參數的出現（例如放置爆裂物），能第一時間爲執法者提供處理公安事件中的即時警報，來增強警察的反應能力。另外，應引進多種整合性科技工具（例如結構或非結構化資料分析、視覺化分析等），並結合無人機、影像監控系統和各種AI載具巡防系統（例如強化巡邏車自動偵測能力）等物聯網（IoT）運用（舉例來說「無人機可以用於大型活動的安全監控，並提供即時影像回傳，幫助指揮中心快速做出反應」），以提升執法的全面性和靈活性。對於AI的技術開發及系統建置，必須跟上時代，且刻不容緩，不僅只是想法概念問題，而是要儘速與其他國家交流具體可行作法，才能提升警政工作效率。

二、人才培育與證照制度

AI技術的有效運用，依賴於專業技術人才的支持。因此，應制定專門的AI警務人才培育計畫，確保執法機構具備相應的技能與知識。具體措施可包括：

（一）建立AI專業培訓課程：爲警察人員設計專門的AI技術培訓課程，涵蓋數據分析、機器學習、AI倫理等領域，讓警務人員能夠掌握AI應用技能。

（二）推動AI相關證照制度：設立專業證照制度，認證具備AI警務技術的專家，並鼓勵警察人員參與考試與進修，以確保警政AI應用的技術標準與專業性。

（三）與學術機構及企業合作：與大學、研究機構和技術公司合作，共同開發AI課程和實作機會，並支持警務人員參與國際研討會與技術論壇，以掌握前沿技術和最佳實踐。

三、AI建設與預算編列

AI技術在警務中的應用需要大規模的基礎設施建設和持續的資

金支持。政府應設立專門預算，分階段推進AI技術的導入與維護：
（一）制定長期AI基礎設施規劃，建立AI基礎建設的長期發展藍圖，
確保AI技術在警務系統中得以有效整合；（二）分階段預算編列：考
量AI技術的複雜性與持續更新需求，政府應分階段編列預算，支持警
察機關在不同時期導入最新的AI技術與設備，並保障未來的技術升級
與維護經費。

三、未來法制化規劃

　　AI技術的應用涉及隱私保護、數據安全、決策透明性等多重議
題，這需有相應的法律制度加以規範。針對AI警務的法制化應作為未
來的重點發展方向，確保技術的合法、合規與負責任應用。建立AI應
用倫理準則，確保技術在執法過程中的公平性與透明性，避免算法偏見
和技術濫用，並保障公民的基本權利。推動AI應用的法制框架，政府
應逐步建立與AI技術相關的法律框架，規範數據蒐集、存儲與使用的
合法性，同時確保公眾對技術的信任與支持，特別是針對AI進行犯罪
預測、人臉識別等敏感領域，需設立嚴格的法律標準與審查機制。

參考文獻

一、中文部分

江守寰（2015）。「情資整合平臺」在犯罪預防之運用──以臺中市「電子城
　　牆」為例。犯罪學期刊，第18卷第1期，頁61-87。
陳宏和（2014）。警政雲端運算發展計畫執行現況。政府機關資訊通報，第317
　　期，頁32-38。
盧恒隆（2015）。以巨量資料分析觀點推展治安治理資訊服務。政府機關資訊通
　　報，第328期，頁16-21。
蘇亞凡、柳恆崧、吳玉善、周逸凡、鄭玉欣、邱彥霖、胡家豪。人臉辨識技術及
　　應用。電工通訊季刊，第4季，頁1-9。

二、英文部分

Prince, A. E. R., & Schwarcz D. (2020). Proxy Discrimination in the Age of Artificial Intelligence and Big Data. *Iowa Law Review*, 105(3), 1257.

Ferguson, A. G. (2017). *The Rise of Big Data Policing: Surveillance, Race, and the Future of Law Enforcement*. NY: New York University Press.

Turing, A. M. (2009). *Computing Machinery and Intelligence*. Springer.

Benbouzid, B. (2019). To Predict and to Manage. Predictive Policing in the United States. *Big Data & Society*, 6(1), 1-13. doi:10.1177/2053951719861703.

Ratcliffe, J. H. (2016). *Intelligence-led Policing*. Routledge.

Maxwell, J., & Tomlinson, J. (2020). Proving Algorithmic Discrimination in Government Decision-Making. *Oxford University Commonwealth Law Journal*, 20, 352-360.

Berry, M. W., Mohamed, A., & Yap, B. W. (2019). *Supervised and Unsupervised Learning for Data Science*. Springer.

|第十八章|
智慧科技在警政工作之運用

廖有祿

壹、前言

　　密西根大學複雜性研究中心主任Scott E. Page（2018: 7-8）透過「智慧層次結構」（wisdom hierarchy），來說明資料、資訊、知識、智慧之間的差異。資料（data）是指那些原始、沒有經過處理的事件或現象；資訊（information）則是經過處理的資料；知識（knowledge）是對資訊進行組織，並以模型的形式呈現；智慧（wisdom）則是一種識別與應用相關知識的能力。智慧科技是現階段用來輔助人類對於事物判斷和即時決策的科技，警力有限，科技無窮，在智慧科技的潮流下，警察也不能自絕於外，應用人工智慧、大數據分析、資料探勘、雲端運算、社群媒體、行動科技等技術，輔以整合系統建置，才能幫助內外勤人員進行快速分析和決策，透過智慧科技加持，讓警察的行動策略更加科學化、合理化，達到維護治安、保障人民之目標。而警政工作包羅萬象，舉凡人民的食、衣、住、行、育、樂等生活層面有涉及糾紛或違法皆為警察的工作範圍，主要負責治安與交通（梅可望，1995：279），其中治安概分為犯罪預防與偵查（李震山，1993：14），因此警政工作內容主要包括交通、偵查和預防，本文就分別從這三個面向來介紹智慧警政的應用實例。無論如何，與警察工作相關的科技範圍與層面相對廣泛多元，如何運用智慧科技輔助警政工作治理，便成為極具挑戰的議題，作者亦將提出運用智慧科技輔助警政工作的效益、隱憂及挑戰，並提出未來努力方向，期能作為推展警政應用之參考。

貳、預測警政在警察工作之應用

隨著科技的進步，強化了大數據時代的犯罪預防工作，蒐集、儲存和分析資料的能力使犯罪預防變得更容易。世界各地的執法機構都採用了這些技術輔助警政工作，因而產生了預測警政（predictive policing）一詞，預測警政主要可分為以下四個程序（Perry et al., 2013: 1）：

一、蒐集資料：所有的預測警政皆依賴資料，資料的數量與品質將決定預測警政的成敗，故必須盡力確保資料的完整和正確。

二、分析資料：綜合運用各種分析方法可以發揮一加一大於二的效果，運用挖掘資料的技術探勘現有資料庫，可以提供深入瞭解某區域的獨特犯罪模式。

三、警政作為：即使是最好的分析，倘若無警察的積極作為，將無助於降低犯罪率，認定為犯罪熱點的地區就需要強化巡邏或其他適當的作為。

四、成果評估：一旦警方發動作為，一些不法分子可能會被逮捕，並從街頭消失。其他人可能選擇停止作案，改變他們的犯罪地點，或者改變他們的犯罪習性以回應警方的作為。所以，必須重新依循蒐集資料、分析資料、警政作為、成果評估等程序，開始一個新的循環。

美國有越來越多城市，開始採用預測警政的措施，利用大數據分析，來選擇應該注意哪條街道、哪些團體和個人，原因只是某個演算法（algorithm）指出他們更容易犯罪，並使用統計歷史減少犯罪（Criminal Reduction Utilizing Statistical History, CRUSH）程式，能夠針對特定時間（星期幾的幾點鐘）和地點（哪幾個街廓），告訴警方該特別注意哪些地方，使警察能集中有限的資源，降低財產和暴力犯罪（林俊宏譯，2014：40-41）。

最早將資料分析運用在公共安全管理上的紐約市警察局，藉由分析犯罪的時空分布型態，進而預測犯罪機率最高的時間與地點，配合警察巡邏的路線調整，讓重大犯罪事件降低30%，更讓紐約從罪惡之城變

成全美最安全的城市之一，CompStat系統也因此成爲全世界警察爭相
仿效的對象。此外2004年Larry Godwin就任曼菲斯警察局局長時，面臨
犯罪率不斷攀升，預算卻在縮減的窘境，爲了有效降低犯罪率，大膽採
用藍色粉碎計畫（Blue CRUSH），利用資料分析系統，比對歷史資料
和最新的街頭監視器畫面，並深入瞭解當地不同犯罪類型的趨勢、發生
的時間地點等，調整現有的警力資源，使警察辦案更有效率，計畫實施
五年後，犯罪率降低30%以上，暴力犯罪降低15%，重案組的結案率更
從16%大幅提高到70%（胡世忠，2013：146-147）。曼菲斯警察局利
用IBM的分析預測工具，分析大量的犯罪資料，靠著這些資訊的分析，
警察局可以用更有效的人力調度方式，將警員安置在更有利的戰略位置
（楊漢鵬，2016a：88）。

　　「Predpol」犯罪預測雲端服務網由PredPol公司所提出，最早與美
國Santa Cruz以及Los Angeles警察局合作進行試驗計畫，導入包括美
國、英國、烏拉圭等國近60個警局。Predpol犯罪預測在作法上主要將
犯罪類型、地點、時間等犯罪歷史透過資料預測運算法，建構犯罪行爲
模型（crime behavior pattern），在地圖上即時指出500×500呎內最有
可能發生犯罪的時間與地點，並於每次警察巡邏輪班前提供預測資訊，
以加強該區域巡邏降低犯罪率，所預測的犯罪類型涵蓋財產犯罪、毒品
案件、幫派活動、槍擊案、交通事故等。例如，2010年華盛頓特區發生
狙擊手連續幾小時內在街頭槍擊的事件，專家針對槍擊地點進行研究，
研究事發地點的社經情況和人口統計資料，以及槍擊地點與高速公路之
間的距離等因素，推測出兩個未來最有可能發生槍擊事件的地點，而其
中之一就是逮捕本案隨機殺人槍手的地點（王朝煌，2015：57）。

　　迄今警察機關最常使用大數據的例子就是預測犯罪熱點：透過電腦
計算歷史的犯罪資料來預測未來的犯罪活動。當警察試圖從犯罪活動的
規律，尋找犯罪的源頭時，預測警政則讓警察利用大量資料來預測犯罪
最有可能發生的地點。例如，紐約市警察局導入CompStat進行分析，
電腦自動產生的地圖，會列出目前全市發生犯罪的地方。藉由高科技之
「斑點圖法」，警方可以快速地找到犯罪率高的地區，然後策略性地分

派資源打擊犯罪。

　　另一種類型的預測技術，則著重於從社交媒體辨識可能的犯罪者。透過社交網路分析軟體，可以幫助警察釐清每個人在社交網路的連結度。例如，英國Accenture公司所研發的犯罪預測軟體，利用警方資料庫，再加上臉書（Facebook）、推特（X）與各大相關網站與論壇的言論、貼文作為比對，找出可能具有高度反社會化、激進思想和暴力行為的潛在犯罪者（楊漢鵬，2016a：89-91）。

　　夏洛特市警察局則已透過資料分析，整理出易產生犯罪的高風險區域（Joh, 2014: 35-68）。另外，聖塔克魯茲市警察局更透過電腦預測哪裡有可能發生住宅竊盜，而大幅度降低住宅竊案。美國國土安全部則是運用電腦分析推特上出現的管式炸彈、李斯特菌等字眼。凡此，皆為運用智慧科技的例子（楊漢鵬，2016a：86）。

參、智慧科技在國內警政之應用

　　以下簡要介紹智慧科技在國內警政的應用實例，並分別說明其在交通管理、犯罪偵查及預防的各種應用，當然這些實例不會只應用在單一面向，此種分類只是為了讓讀者容易區辨，因此未達到分類學（typology）上互斥（mutually exclusive）和全包（all inclusive）的要求。例如，車牌辨識系統會應用在交通管理也會運用在犯罪偵查，而公開來源情報會運用在犯罪偵查也可應用在犯罪預防，此類例子比比皆是，在此先予說明。另外科技發展迅速，而且新興智慧科技正快速應用在警政工作上，早期的技術均需加值運用，導入智慧科技才能符合時代要求，例如傳統的監視錄影系統需轉型為智慧影像監控，單純的資料庫系統則需提升至知識庫甚至導入人工智慧，方能處理現今社會之大量、多樣、變化的數據。而所有的智慧科技大多是從基礎的資訊系統，逐步開發成進階應用，因此本文也會將早期的應用實例，如何發展成新興的智慧科技，依照其演進脈絡加以舉例說明。

一、交通管理

（一）區間測速

區間測速重點特色在於可減少車輛間行駛速度的差異，達到控制車行速度趨於穩定的效果，預期將會更有助減少事故發生，適用於封閉或半封閉路段，且以常違規或易肇事的路段為主（臺北市政府警察局交通警察大隊，2022）。

（二）車牌辨識攝影機

高雄市警察局使用攝影機取締車輛違反交通法規行為（例如機車違規左轉、闖紅燈、違規停車等），在路口偵測違規左轉機車並辨識車牌，將違規車輛車牌顯示在路側的大型LED面板上警示違規者，亦可將影像使用無線網路傳回執法單位自動開罰（陳曉開，2019）。

（三）高解析度攝影機

國道公路警察局使用高解析度攝影機，取締駛離高速公路主線插入連貫車陣中及跨越槽化線變換車道之車輛（國道高速公路局，2017）。

（四）科技執法

國道一號林口交流道平時車流量大且常有車輛未保持路口淨空，導致時常有車流回堵情形，鑒此，新北市警察局於路口建置4組智慧攝影機及2支固定式闖紅燈照相取締設備，透過影像偵測技術記錄車輛行駛軌跡，辨識「未保持路口淨空」、「未依標誌標線行駛」及「闖紅燈」之違規車輛並錄影拍照取締（新北市政府警察局交通警察大隊，2019）。

（五）車流監控系統

新竹市警察局以AI魚眼攝影機與影像平臺整合，完成車流監控、高速車牌辨識、車行軌跡追蹤，能擔負車牌辨識與車行軌跡追蹤的科技執法任務，也可以蒐集動態的車流影像，除了可管理車流量，也可以解決目前警力不足的困境。人工智慧攝影機24小時偵測，大幅降低違規案

件發生率（陳曉開，2019）。

（六）車牌辨識系統

車牌辨識目前已經普遍應用於停車場、一般道路及高速公路等環境。一般車牌辨識系統可分成三個步驟：車牌定位、字元切割、字元辨識（如圖18-1）。「車牌定位」係對輸入影像做垂直的邊緣偵測，再用一個小的矩形框搜尋圖中邊緣較密集的位置，若邊緣密集度大於預設閾值時就保留下來，隨之將接鄰之矩形框合併並判斷長寬比，近似車牌比例之區域即被保留。「字元切割」為一關鍵步驟，係先將定位之車牌影像區域作水平投影，用以保留車牌號碼之數值部分，隨之再以垂直投影並依照投影的峰值去判斷每個字元的所在位置。最後步驟為針對字元切割影像進行「字元辨識」，於辨識前蒐集大量可辨字元之影像並集成數個字元分類器（classifier），輸入欲辨識的字元影像後可依序判定為特定數字或英文。實際系統會統計連續影像之辨識結果再予輸出，以獲得較穩健之辨識結果。車牌辨識系統依警用勤務之操作方式，可分為固定式、機動式與行動式，「固定式」即為一般路口監視器架設於門架，「機動式」係依勤務需求於路側架設車辨機，「行動式」則透過手機APP或車載設備進行車辨（張俊揚，2016：12-13）。例如，臺南市刑大導入車載式車牌辨識系統，協助執勤員警於巡邏車上利用攝影機取得的車牌影像進行雲端資料庫即時比對，已成功偵破多起失車案件，可見創新科技除可協助交通管理，也為犯罪偵查帶來具體效益。

二、犯罪偵查

（一）刑事資訊系統

刑事警察局自1979年起逐步將各類犯罪資料電腦化，並於1999年將專屬資訊系統轉置成開放式系統架構，建置為「刑事資訊系統」，且逐年引用資訊技術開發各項功能，惟隨犯罪資料快速成長，資訊系統迅速擴展、連結異質性資料庫、使用多元作業平臺、應用作業關聯繁雜，為協助外勤偵查工作，整合分散在不同廠牌、不同版本之資料庫，建置

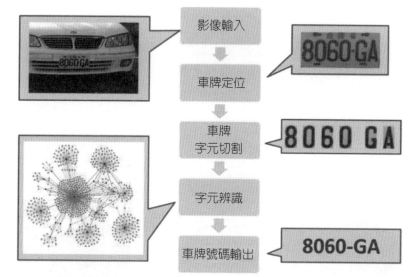

圖18-1　車牌辨識流程

支援叢集架構、提供叢集資料庫負載平衡機制,及透通式主機容錯移轉之單一資料庫管理系統,並重新整建網路基礎架構,建置新一代網路管理系統,以符合未來之網路需求,重新構建硬體設備,以提供更安全、快速、穩定、大量及即時之資料查詢應用環境,達到分析大量資料,提升資訊科技支援科學辦案能力之目標(羅世傑,2012:4-9)。

(二)關聯式分析平臺

警政工作常會運用各式治安資料庫,以前各系統獨立運作,資訊未經整合,員警必須依據個人經驗分別搜尋不同系統資訊,再自行綜合研判。有鑒於此,刑事警察局於2008年建置「關聯式分析平臺」,挑選11個重要治安資料庫,運用資料關聯、親等網脈、資料探勘(data mining)等資訊分析技術,推出一套人、車、物、案整合式的治安資訊情資系統。無論由人、車、物、案中任一構面線索出發,都可取得關聯比對後的整合性資訊,提供員警快速篩選辦案線索。系統功能示意圖如圖18-2所示(廖美鈴,2015:29-30):

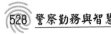
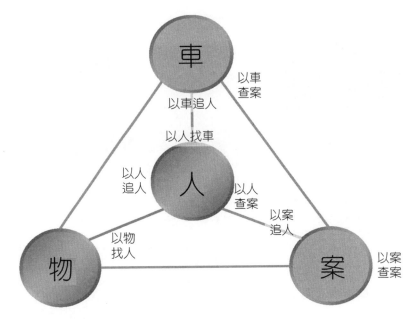

圖18-2　關聯式分析平臺功能概念圖

（三）刑案知識庫

　　刑事警察局智慧型「刑案知識庫」係整合各司法機關之刑案紀錄、移送、通緝、偵查、判決及執行等刑案資料，並加入相關之前科相片、同囚會客、幫派、出入境、車籍、證物鑑驗等資訊（如圖18-3），在刑案發生後，能以所掌握之部分線索，利用資料探勘、全文檢索及跨部門資訊整合等先進科技，立即分析過去發生的刑案資料，迅速將相關案件、可疑人犯、相片及其共犯結構，於第一時間內提供給偵辦刑案員警參考，協助逐步縮小範圍，提供偵查過程所需之關鍵資訊，期能全盤掌握相關訊息，加速偵辦腳步，進而提高破案率（楊凱勝、陳俊呈，2012：4-7）。

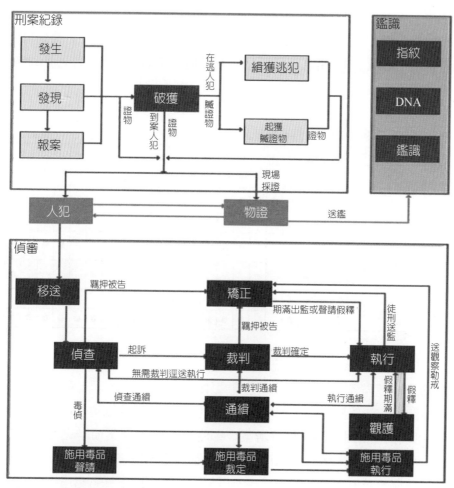

圖18-3　刑案知識庫架構圖

（四）雲端影像調閱系統

　　路口影像監視系統為刑案偵查與交通肇責釐清之利器，各縣市監視器設置係由分局、派出所依據治安、交通需求專業考量，於各治安要點、交通要道等建立。全臺22個縣市路口影像監視系統歷經不同時期建置，影像儲存方式計16個縣市採網路影像錄影機（Network Video Recorder, NVR）、11個縣市採數位影像錄影機（Digital Video Recorder,

DVR），其中有5個縣市同時採用DVR與NVR。就儲存地點分析，採前端儲存架構（路口、派出所）者共計15個縣市，採後端儲存於警局自有資訊機房者共計8個縣市，採後端儲存於電信業者IDC機房者共計6個縣市（如表18-1）。

表18-1　全臺各縣市監視錄影系統架構表

分類	項目		基隆市	臺北市	新北市	桃園市	新竹市	新竹縣	苗栗縣	臺中市	彰化縣	南投縣	雲林縣	嘉義市	嘉義縣	臺南市	高雄市	屏東縣	宜蘭縣	花蓮縣	臺東縣	澎湖縣	金門縣	連江縣
儲存地點	前端	路口				●	●	●	●	●				●	●	●		●						
		派出所	●	●			●												●	●	●			●
	後端	警察局資訊機房		●	●						●	●	●								●	●	●	
		電信業者IDC機房				●									●	●	●	●						●
儲存方式		DVR	●			●		●	●					●	●	●								
		NVR		●	●	●	●			●	●	●	●		●	●	●	●	●	●	●	●	●	●

鑒於路口影像監視系統功能日益重要，警政署自2013年起於警政雲端運算建置案建立跨縣市「雲端影像調閱系統」，逐年整合各縣市所屬路口監視錄影系統，俾使路口監視影像之調閱範圍更加擴大，使用者能跨轄區調閱，提高員警辦案之即時性，掌握刑案偵辦之契機。在整合架構設計上，考量各縣市之溝通控制協定、視訊壓縮格式、即時畫面傳輸協定及歷史影片檔案格式不盡相同，且網路多採各自虛擬私人網路（Virtual Private Network, VPN）方式建置，故採如圖18-4之跨縣市整合架構（張俊揚，2016：2），此架構於縣市端建置調閱介接伺服器（Proxy），將其路口監視系統轉為共通協定，提供員警使用既有電腦調閱即時影像及歷史影片。中央視訊交換伺服器整合Google Map，提供圖臺功能。跨縣市調閱採用VS-VPN（Video Surveillance VPN）網路服務介接，配置防火牆隔離網路攻擊，並與警用網路實體隔離以提高安全性。

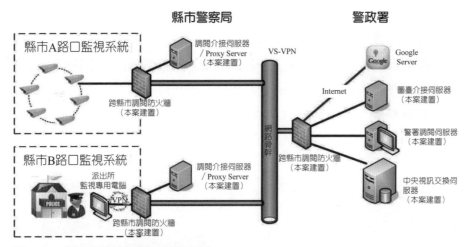

圖18-4　雲端影像跨縣市調閱系統

　　雲端錄影架構則提供大量資料集中儲存之環境，輔以如Hadoop之分散式運算平臺，將以往難以消化之資料進行分析，使得智慧影像分析技術逐漸發展。目前成熟之智慧分析產品如移動偵測、警戒線偵測、車牌辨識及人臉辨識等，均逐漸由可控之室內環境逐步應用至開放式路口監視環境中。

（五）遠端監控

　　毒品販賣、組織犯罪等具隱密性之犯罪模式，發生犯罪時間較無周期性，需長期監控可能犯罪地點，此時就會架設攝影機在犯嫌不易發現之地點進行拍攝，常偽裝成電箱、緊急照明設備、花盆等物品，並在該監視器APP內設定偵測移動區域，即時錄下影像，以利過濾犯罪嫌疑人及犯罪時間。

（六）涉案車輛軌跡查詢系統

　　車輛常是歹徒偷竊變賣對象或作為犯罪交通工具，其動態資訊與治安事件之關聯性甚高。隨著車牌辨識技術成熟及應用日漸普及，車輛動態資料蒐集來源更加多元及廣泛。例如，縣市自建車牌辨識系統、

M-Police之M化服務查詢紀錄、路邊臨檢箱、即時車牌辨識APP、高速公路電子收費ETC、縣市收費停車場等，每日資料量逾數千萬筆。刑事局「涉案車輛軌跡查詢系統」（如圖18-5）匯集各縣市之車牌相關資料並轉換為共通格式，並提供圖臺及車號查詢功能，以呈現視覺化車輛行進軌跡或熱點，輔助員警分析涉案車輛之逃逸路線及地緣關係（張俊揚，2016：21）。

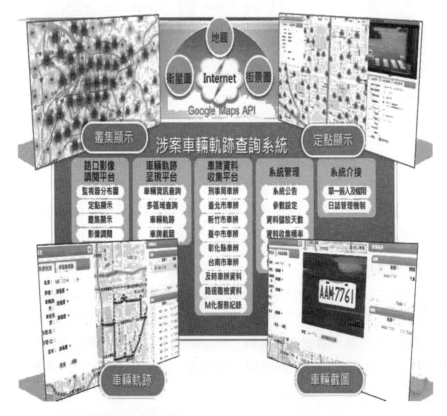

圖18-5　涉案車輛軌跡查詢系統

（七）智慧影像監控

智慧影像監控（Intelligence Video Surveillance, IVS）是透過監控畫

面，設定警報的發生條件，利用演算法偵測景物的變動，符合設定條件（如遺失／遺留物偵測、場景變化偵測、虛擬圍籬偵測、安全區域偵測、火燄偵測、煙霧偵測、徘徊偵測及人、車流計數），系統即刻發出警報通知管理人員注意並處理，以排除可能發生的狀況，使得設備從被動式錄影提升為主動式即時偵測，輔佐管理者有效管理環境狀況，提升監控環境安全，另可有效降低管理人力及成本。在犯罪偵查上，可將符合設定條件加註標籤（tag），即能大幅縮短監視影像調閱時間。但在實際應用上，IVS尚需克服以下問題（張英偉，2011）：

1. 使用者對IVS認識不夠導致期望過高：就目前而言，IVS還不是萬能的。例如，想要在一個湧進萬人的體育場中找出恐怖分子、在大馬路上計算某輛車內有多少人，IVS目前還做不到。

2. 技術發展空間仍大：IVS目前大多為2D技術，對於強光、颱風、樹林等複雜環境，往往無法準確偵測及分析，需靠新一代3D技術實施量測功能，以克服複雜環境並提高偵測準確率。

以上問題隨著科技發展及軟體運算速度增快已有相當程度改善，但仍不能排除誤判可能，仍需依賴人工介入以提高其正確性。

（八）GPS全球定位系統

偵查機關使用GPS全球定位系統追蹤器放置於目標車上，接收來自衛星之各種衛星訊號，並利用各種不同訊號特性，求得衛星與地面接收儀間之距離及地面各接收儀間之基線向量，再配合幾何原理求出接收儀所在地位置，將相關資訊傳至特定雲端平臺，結合地理資訊系統對於個人所在位置進行比對分析，使用者能自電腦及手機中取得相關資料，取得目標對象所在位置、停留時間等相關資訊。例如，手機APP上可顯示目前狀態（移動中或休眠）及所在地，並能查看歷史移動軌跡及停留時間。

（九）M化車

該設備係利用行動電話通訊原理，行動電話開機後向鄰近訊號最

佳基地臺註冊,使鄰近手機誤認該設備爲最佳訊號基地臺,進而向其
註冊、傳送訊息,設備接收訊號後蒐集行動電話序號(IMEI或IMSI識
別碼),以筆記型電腦分析電子訊號,並依照訊號強度蒐集方位資訊,
再透過設備持續變更位置,蒐集不同位置手機方位及訊號強度,以三
角測量方法準確鎖定行動電話位置(如圖18-6)(刑事警察局,2019:
2-7)。

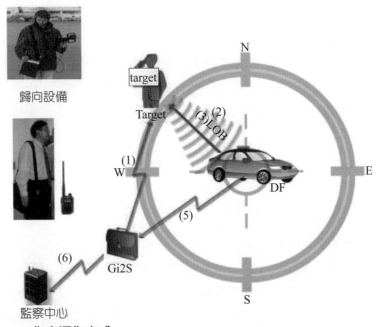

圖18-6　M化車運作方式

(十)行動通訊監察系統

刑事警察局建置行動通訊監察系統,針對國內行動通訊業者的手機
門號、手機序號及SIM卡序號等,實施通訊監察,並透過行動門號即時
定位系統,針對國內行動通訊業者的手機門號進行定位。

（十一）衛星電話通訊監察

　　毒品走私集團在漁船走私途中，常利用衛星電話作爲聯繫之用，衛星電話信號沒有落地，無法配合法律要求提供通訊監察的功能，使用者可不必透過我國電信業者代理商取得門號，造成執法單位無法掌握衛星電話使用者的資料，需使用被動式通訊監察設備（如圖18-7）來攔截衛星電話通訊訊號，彌補現有偵蒐能量不足之處（廖有祿等人，2020：51-52）。

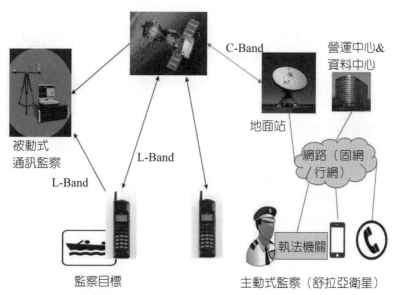

圖18-7　衛星電話通訊監察

（十二）公開來源情報

　　公開來源情報（Open-source Intelligence, OSINT）一詞的定義爲公開資訊經過蒐集、利用，並即時傳播給某個有特定主題情報需求的使用者，簡言之，即從公開資訊中取得特定主題的情報。幾乎所有的社群網站服務，都會提供給使用者填寫一些基本資料的頁面（主頁），而這些頁面中含有一些基本的資訊，例如在臉書中，通常可以找到使用者目前

的感情狀況、學歷、工作經歷、聯絡資料、家庭成員等；同時也可從其加入的社群得知其交友狀況、人際網絡；而從其貼文或按「讚」，可間接瞭解其政治傾向、宗教信仰；更能從其「打卡」獲知其所在位置與曾造訪的地點，這些都能用來確認其身分、曾從事的行業及曾接觸的人，對特定案件偵查提供參考資料（林豐裕、李鎮宇、張佩嫈，2015：22-27），而從網路上取得的大量公開內容，也可蒐集應用於執法（如反恐、犯罪偵查）的相關情資。

（十三）社群網站分析

新興的智慧型犯罪，利用社群媒體作為活動場所，進行組織、召集、聯絡，甚至進行非法交易，造成了嚴重的社會成本，並對社會安定產生巨大影響。對於網路社群單純依靠事後的法律制裁，根本無法有效打擊和預防犯罪活動，也不符合廣大人民的利益，必須要從源頭上進行遏止和管控。為此，警政署規劃了社群網站留言與人脈網絡蒐集與分析應用，蒐集特定範圍內社群網站公開之信息、網友公開活動、網路人際脈絡等。匯流至大數據分析平臺，使人、事、組織、線索、情景、地緣、時間之間形成關聯，進行各類犯罪徵兆之掌握與追蹤，進而協助偵查與預防犯罪。網路的人際脈絡掌握，對於組織型的犯罪，掌握力尤其強大，對治安的提升幫助更大（廖美鈴，2015：43）。

（十四）視覺化犯罪資料分析

犯罪活動可以大概區分為靜態及動態資料，包含人、事、時、地、物等各種資料。而多數動態資料分散存置於公務與非公務機關之中，比如提款紀錄、車輛違規、就醫紀錄、結（離）婚登記、住址遷徙、上網紀錄、電話通聯及入出境紀錄等資料，需持續透過與其他機關建立查詢管道，方能補足分析所需資料。而獲得多方面的資料來源，有助於偵查人員在情資分析時擴充各式資料關聯，進而以不同的角度，大膽分析解讀出犯罪活動的各種可能方向，嗣後拼湊出符合實際狀況、最接近事實、完整的情資關聯圖（如幫派組織架構），再透過視覺化分析

工具（如i2），使檢察官及法官易於瞭解，進而有助於後續的犯罪偵查工作（陳銘憲，2012：36-39）。

三、犯罪預防

（一）警政巨量資料平臺

近年來警政署陸續協調教育部、交通部、法務部、勞動部、移民署及戶政司等機關提供治安相關資料，終獲各機關同意將最新資料提供警政署，建置跨機關水平整合之「警政巨量資料平臺」，2017年更持續擴大整合衛福部、海巡署、財政部關務署等機關之犯罪資料，加強毒品、走私案件偵防，以提高資料完整性及多元性（蘇清偉、黃家揚，2018：2）。

（二）政府資料開放平臺

刑事警察局為配合「政府資料開放」政策，業於2015年起於「內政資料開放平臺OpenData」（http://data.moi.gov.tw/），每週公布毒品、強盜、搶奪、住宅竊盜、汽車竊盜、機車竊盜、性侵害等7項統計數據，每三個月公布前述七大案類之發生日期、地點（僅到鄉、鎮、市、區）等欄位之刑案發生明細，供民眾檢視或學術單位下載使用，讓民眾充分瞭解治安狀況，達到政府資訊公開之目標。未來在汽、機車竊盜案件，亦能運用地理資訊系統（GIS）技術，將汽、機車失竊（尋獲）時間、地點、廠牌、年份等資訊，整合地理資訊系統，以地理位置、圖像等方式呈現，結合傳統以數字、表格等方式呈現治安數據，更能凸顯失竊熱區（易遭竊時段、路段及次數等），並且利用標註派出所及監視器設置地址之方式，適當配置警力，結合當地社區守望、巡守人員，強化相關防竊措施；一旦發生竊案時，偵查人員能夠迅速掌握沿途監視器畫面，研判犯罪嫌疑人使用之交通工具及逃逸方向（張家維，2015：12-14）。

（三）警用行動電腦

　　警政署針對警察同仁之勤務需要，運用市場上智慧型手機，開發 M-Police警用行動電腦，作為第一線員警執勤時傳遞或取得雲端治安資訊之終端設備，M-Police整合單一查詢介面，員警只要輸入身分證號或車號即可即時查詢逃犯、失竊車輛等17項治安資料。除此之外，M-Police警用行動電腦尚有現場影音傳送、即時相片比對等功能，現已配發全國各縣市警察局第一線執勤員警執行勤務時使用（蘇清偉、黃家揚，2018：3）。

（四）行動影音監控系統

　　M-Police警用行動載具除提供第一線執勤員警即時警政資訊整合查詢外，亦可進行勤務現場影音即時傳送功能，系統架構如圖18-8所示。現場影音傳送係利用M-Police行動影音監控系統，於各種場合進行監控拍攝勤務，由於具有快速架設、便利性、隱匿性及機動性等特點，可完全彌補路口固定式攝影監控系統之死角與不足。M-Police行動影音監控因應不同勤務需求，可搭配各種智慧載具與鏡頭進行現場影音偵蒐，

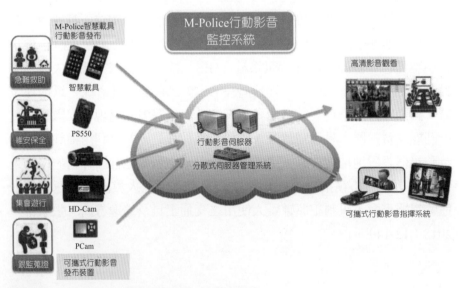

圖18-8　M-Police行動影音監控系統架構圖

例如遠端可於高樓架設高倍率望遠鏡頭，透過可攜式行動影音發布裝置進行制高點拍攝；人群周邊可採隨身攜帶之M-Police警用行動載具如Android或iPhone等手持裝置；近端貼身維安勤務則可利用隱匿式攝影鏡頭，如鈕扣式、頭戴式、筆型鏡頭等，搭配可攜式行動發布裝置，立即進行現場影音畫面之傳送（張俊揚，2016：6）。

（五）即時相片比對系統

警政署所建置之即時相片擷取及查詢程式即「即時相片比對系統」，可使用警用行動載具將相片畫面上傳，與「身分證相片資料庫」進行人臉特徵值比對，並可彈性設定依年齡、戶籍地、身分類型（失蹤人口、通緝犯、治安顧慮人口及中輟生等）條件進行逐案查詢，縮小過濾清查範圍，有效縮短查證民眾身分之時間。鑑於失智人口迅速增長，且多數迷途或失智老人身上未攜帶任何證件，其言語表達亦不清楚，造成員警身分查證困難，可運用本系統迅速查出其身分，通知家屬帶回照顧。員警持行動載具執勤時，遇到可疑嫌犯或是昏迷、失智民眾，可啓動該系統，並使用載具拍下民眾相片，立即與相片資料庫進行比對，系統可於30秒內完成辨識身分，並至資料庫中將該民眾之基本資料傳給員警，以提高執勤的效率及為民服務之品質（陳宏和，2014：1-8）。

（六）E化勤務指管系統

警政署於2007年1月10日所建置「E化勤務指管系統」係結合GIS、警車衛星定位（GPS）、來話顯示號碼（ANI）、來話顯示地址（ALI）及治安斑點圖等，當110受理民眾報案後，勤務指揮中心執勤員警藉由本系統，於受理臺螢幕上即時顯示出案件編號、來電電話號碼、發話地址，若以行動電話報案可依各電信業者之基地臺識別碼與位置對應表，將報案者所在之參考位置即時顯示於電子地圖，參酌附近警力狀態，得以直接派遣最近警力前往處理。未來110系統即以「E化勤務指管系統」為基礎，透過相關系統整合，並朝路口影像監控、車牌辨識、M-Police警用行動電腦、智慧型監視報警整合服務（金融、超

商、銀樓防搶）等系統整合於同一平臺為目標（如圖18-9）（吳思陸，2011：1-23）。

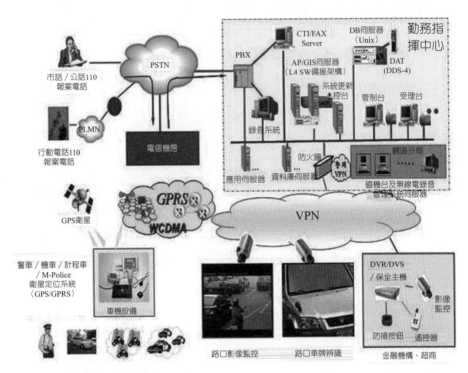

圖18-9　勤務指管系統整合架構圖

（七）整合民間監視錄影系統

　　整合運用民間監視錄影系統的架構與概念，是將民間的監視錄影系統，選擇重點納入CCTV整合管理系統，以形成第二道民間電子城牆，並將其規劃在情資整合平臺的架構（如圖18-10）中，做最有效的整合運用，以發揮情資運用的極大效益，其概念說明如下（江守寰，2015：61-87）：

1. 建置情資關聯分析系統：整合公設與民間CCTV所錄存之各類偵查犯罪所需情資，藉由資料分析技術挖掘各類情資間的關聯性，藉以提升辦案效率。

2. 建置地圖分析系統：內建各類公設與民間CCTV所錄存之犯罪熱點基圖，輔以各項分析方法，期以分析目標移動路線、活動範圍及行為模式等，協助偵查人員快速縮小偵查範圍。

3. 建置視覺化決策管理系統：將公設與民間CCTV所錄存之犯罪熱點基圖，提供作「治安儀表板」關聯性分析之用，並定期發布關鍵指標的統計結果與未來趨勢，協助決策管理階層制定偵防犯罪之策略方針。

4. 建置特定情資追蹤系統：針對偵辦案件須鎖定的特定目標，將公設與民間CCTV所錄存之檔案，設定動態追蹤條件，當有發現即由系統立刻通知偵查人員，以提升情資追蹤效能。

5. 建置海量資料蒐集系統：於勤務車輛設置行動電話基地臺資訊蒐集系統及車載式車牌辨識系統，機動式蒐集轄內基地臺資訊及車行紀錄；並將公設與民間CCTV所錄存之犯罪檔案資料，彙整歸納成為CCTV視覺化管理海量資料庫，以為治安聯防之基礎。

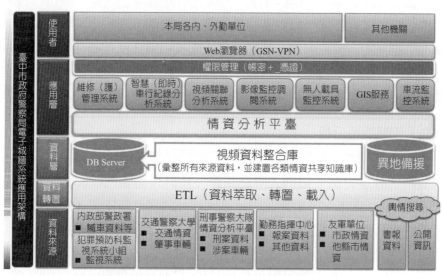

圖18-10　臺中市警察局「情資整合平臺」系統架構圖

（八）情資整合中心

新北市警察局於2011年率先成立「情資整合中心」，整合110報案系統、GPS衛星定位及GIS地理資訊等八大系統，並對內提供資料查詢作業、犯罪資料分析、應用系統諮詢、影像分析、即時影像傳輸及網路情資蒐集等六大服務項目，更整合了2,400萬筆的資料，將原本零星片斷的資訊，作有效的整合管理，讓打擊犯罪更快速（林子翔，2013：6-11）。情資整合中心原仿效美國紐約市警察局之「即時打擊犯罪中心」，透過資訊科技建立一套情資整合系統，蒐集各項犯罪資料，包括員警勤務中蒐集之各類情資，並將各種片斷零散的資料整合運用，以減輕員警整理調閱分析資料與查詢未經整合之資料的困難與負荷，可專注於街頭進行其擅長之追緝與逮捕犯嫌的工作。情資整合中心將32項異質資料庫收納於資料倉儲中，目前資料倉儲內之海量資料已達2億1,000多萬餘筆，可供分析犯罪模式、萃取可疑情資，協助治安治理工作，如高風險家庭、毒品高再犯人口等，將分析結果提交相關業務單位作為後續工作推展（陳松春，2014：1-5）。臺北市警察局也成立「數位科技戰情中心」，統合市警局錄影監視系統等科技設備，搭配刑案情資協作機制，以提升犯罪偵防成效，特別是聚焦於具組織性及連續性的幫派、毒品、詐欺、街頭暴力等犯罪，運用大數據進行犯罪趨勢分析，輔助治安決策，可精準有效打擊犯罪（中央社，2023）。

（九）網路輿情分析

近年隨著資訊科技的快速發展，民眾已逐漸習慣利用社群媒體搜尋資料、分享資訊、拓展人際關係等。社群媒體如Facebook、Line、YouTube、Google＋、網路論壇、各家報社的網路新聞等，隨時提供使用者搜尋瀏覽、發表言論，提供即時的觀感評價，形成網路輿情，是以網路輿情的探勘，已成為快速瞭解當今社會脈動的利器。社群媒體提供平臺，讓所有人皆可隨時隨地抒發己見，只要幾秒即可公開在網路上，並且即時與其他人互動溝通，因無言論過濾的機制，所以充斥了虛虛實實的資訊，這些言論所形成的大量網路輿情，具備了大數據的特性，也

就是數量大、傳遞速度快、內容的多樣性以及有待探究的眞實性。尤其因爲網路匿名化的緣故，網友意見的表達特別直接與辛辣，但也可藉此瞭解民眾對公共事務的眞實看法。而且由於網路具有互聯互通、快速即時、匿名隱身、跨地跨國等特點，任何人都可以不受限制發表意見和觀點，給民眾提供了一個便捷的資訊交流平臺，讓網路輿情具有短時間內迅速發酵的爆發性，因此其影響力已經超越電視與雜誌（楊漢鵬，2016b：1-20）。警察機關已大量使用社群媒體作資料蒐集、擷取及運用，並針對特定的新聞議題進行分析，掌握輿情資訊並主動回應與澄清。例如，警政署爲瞭解員警與民眾對警政的施政意見，在臉書成立粉絲團「NPA署長室」，各縣市警察局也不落人後紛紛成立粉絲團，例如「新北警好讚」等，也有由非官方機構成立的「告白警察」，或是嗆聲團體成立的「靠北警察」等。藉由粉絲團的意見回饋（如按讚數、留言、分享、正負評）可以瞭解到員警及民眾目前最關心的議題，即時調整施政方向，也可進行行銷導正及政策宣導，消弭民眾對警政措施的對立感（廖美鈴，2015：41-42）。

（十）犯罪行爲分析

隨著分散式運算與分散式儲存技術的突破，大數據的處理成本得以大幅降低並提高速度至實用的程度。如何深入分析已累積之大量警政資料以及外部相關資料，成爲刻不容緩的議題，因此應進行應用系統間橫向資料的整合，結合其他單位及網路社群相關資料，提供犯罪偵查及犯罪預防相關服務，並建立各類型犯罪案件多層次關聯網絡，以發掘其犯罪行爲模式。由於員警承辦案件時，得到的線索大多片片斷斷、似是而非，爲快速提供員警與承辦案件的蛛絲馬跡及相關線索，警政單位應提供專屬搜尋引擎，讓員警自由輸入承辦案件相關資訊，系統再自動智慧比對過濾出最相近之可疑嫌犯、歷史案件及可疑車輛，協助員警縮小偵查範圍（廖美鈴，2015：36-37）。例如爲防範毒品犯罪，刑事警察局於2014年建置毒品資料庫，除原有刑案資料匯集而成外，另外整合毒品原料及來源等相關資料，提供毒品案件個案分析、集團性分析、外國人

販毒等相關資訊，透過圖形視覺化分析、全文檢索等方式，掌握相關毒品人口情資，提升偵查人員辦案能量（董家宏，2015：4-7）。

（十一）開發警政服務App

隨著智慧型手機、行動上網及APP軟體之普及，各縣市警察局都普遍開發各式為民服務APP，提供民眾隨手可得之警政服務與互動平臺。線上服務可避免民眾往返奔波，提供最便利、高效率與零距離的警政服務，讓民眾感受到警察隨時在身邊守護。而且使用手機APP軟體報案，即可透過整合之電子地圖GIS系統及警車衛星定位GPS系統掌握報案者之即時位置，立即於線上呼叫離報案人最近之警力前往現場，縮短民眾等候時間，並提供反詐騙諮詢、婦幼安全諮詢、即時路況報導、防制酒駕呼叫計程車、受理案件處理進度查詢等服務（盧恒隆，2015：4-5），作為地方警政通訊聯絡、即時傳遞社群訊息及雲端大數據之運用（黃建智，2016：71-75）。

（十二）警用無人機

無人機在大型活動掌握車流、人流的效果很好，也能派至深山探查製毒工廠，不易打草驚蛇，現在開始有部分縣市成立無人機隊（iThome, 2022）。但各自情況不一，預算也不同，地方政府應先確認使用次數是否很低，若一年用不到幾次，其實可與民營無人機玩家合作，真的有需要時再請他們協助，避免資源浪費；已有無人機隊的警局，也要把訓練做到最好，避免交接、訓練不足等問題摔壞無人機，造成重大損失。

（十三）智慧頭盔

警用安全帽裝上鏡頭、耳麥及系統主機後，就成為智慧戰警頭盔，員警騎車巡邏時，鏡頭捕捉的影像會透過AI人工智慧連接大數據系統，自動辨別贓車及資料庫內的可疑車輛，並以語音方式通知員警，不必像現在必須停車後使用掌上型小電腦手動查詢，移動中即可讓前方10公尺內的贓車、高風險車牌無所遁形（新北市政府警察局資訊服務網，2021）。

（十四）智慧機器人

　　智慧機器人主要功能為提供民眾申辦各項警政業務，如報案、申辦良民證、申請交通事故資料、拾得遺失物查詢，民眾除可透過機器人胸前螢幕操作，也可用語音方式直接跟機器人問答（新北市政府警察局資訊服務網，2017）。不過，不少民眾使用後表示，一開始看到派出所裡有機器人很新鮮，會想去點個兩下，或是與機器人互動，但若真的要報案，還是習慣找「真人」，比較心安及親切。

肆、結語

　　隨著資訊科技及行動通訊裝置的廣為應用，人、物及其時間、空間的軌跡資訊，將即時、廣泛地被蒐集儲存在數位世界中。如何自動化分析這些如海量般巨大的資料，探勘知識以輔助或取代決策工作，已成為科技時代極重要的課題。本文蒐集及整理國內智慧科技的警政應用實例，藉以說明智慧警政的工作方向。最後綜合說明智慧科技的效益、隱憂和挑戰，並提出具體建議。

一、智慧科技的效益

　　綜合歸納警察運用智慧科技的效益如下（王朝煌，2015：58）：

（一）提升執法效率：運用大數據分析後，以往需要幾天、幾週甚至幾個月的資料分析工作，可在數小時內完成，大幅提升執法的效率。

（二）降低犯罪率：透過犯罪預測軟體，預測罪犯假釋或緩刑期間再犯的可能性、準確地進行犯罪模式的分析、發現犯罪熱點地區等，提前因應或調配警力預防犯罪發生，有效減少案發率。

（三）導入情報導向警政（intelligence-led policing）：經由資料探勘技術挖掘知識，分析預測犯罪的趨勢或可能發生犯罪的地區與型

態，因時、因地及依犯罪特性，派遣適當警力加強巡邏，有效壓制犯罪，確保社會安全。

二、智慧科技的隱憂

智慧科技雖能在預防及偵查犯罪上提供極大貢獻，但也帶來以下隱憂（楊漢鵬，2016a：96-97）：

（一）無助改變犯罪根源：加強執法機構的鎮壓能力，無助於解決犯罪的複雜社經根源，例如在熱點增派警察可嚇阻違法行為，但可能會鼓勵其他罪犯轉移到較不可能發生的地區。

（二）放大偏見：濫用和過度使用大數據可能會放大偏見，例如「熱門名單」大多是鎖定少數民族，只因為刑事司法體系平時就特別關注這些族群。

（三）侵害個人資料：利用和分析大量資料可以簡化警察的工作，提升預防和偵查犯罪的效率，卻不能據此合理化濫權蒐集和處理資料。

（四）推翻無罪推定原則：蒐集資料以判斷誰有可能犯罪，將導致無辜的民眾被懷疑，而不論其是否牽涉其中。

三、智慧科技的未來展望與挑戰

近來由於智慧科技處理與分析資料的效率大幅提升，已對警政工作帶來新的契機與挑戰（許華孚、吳吉裕，2015：366-371）：

（一）犯罪資料庫的整合：由於目前犯罪人個資，均分散於各執行機構的電腦系統，無法加以統整連結，在個人資訊無法充分掌握下，往往讓第一線執法人員無法有效掌握個案狀況，因而失去許多處理先機，尚有待各單位協商解決。

（二）隱私權侵害的疑慮：當社會安全的訴求不斷被強化，一張「綿密監控網」正以鋪天蓋地之勢蔓延擴張，在這場活生生上演的「全民公敵」劇本裡，民眾無可避免的被全天候監控，隱私權所受侵犯空前未有。政府應審慎看待監控科技帶來的負面效應，如慎選

設置地點、調閱權限管制等，讓犯罪預防與個人隱私兩相兼顧。

（三）科技人才的培育：發展智慧科技必須仰賴一群有技術、懂管理、有實務應用經驗的專業團隊，欠缺人才的環境將阻礙技術發展，因此相關基礎教育仍有很大努力空間。

（四）資訊安全的維護：網上數據越多，將引發更多的駭客入侵、一些知名網站密碼洩漏、系統漏洞導致使用者資料被盜等，個人敏感資訊洩漏事件一再再發出警訊，應加強資料庫的安全防護。另外，隨著大數據的不斷增加，對資料儲存的安全性要求會越來越高，從而對資料的異地備援與容災機制也應提高。

四、未來努力方向

智慧科技確實能作為警察機關預防、偵查犯罪之有效工具，並有助於促進公共利益。但亦帶來一連串諸如侵犯個人隱私、違反公民權利及法律上之不平等對待等隱憂。未來努力的方向可分為資料蒐集、制度建立及實務應用三個方面。

（一）各種警用資料蒐集

1. 內部作業資料的蒐集：除了仍需深化電子化作業之外，在資料的儲存、擷取與分析方面，仍需持續完備，以便與其他的資料整合做準備。

2. 為民服務資料的蒐集：警察在第一時間與民眾接觸時（如臨檢盤查），應即逐漸輔以電子化方式，將相關資料數位化，以減少後續的人工輸入工作，有助於與其他資料進行整合與分析。

3. 開放空間資料的蒐集：運用勤務作為蒐集大數據，例如於重要路口建置eTag讀取器及CCTV蒐集車輛識別及影像資料，運用巡邏車（類似於Google的街景車）蒐集治安相關資料。

4. 大處著眼、小處著手：有多少資料就蒐集多少資料，但資料要盡量精準，再由現有資料擴大到分析周邊資料（王朝煌，2015：58-59）。

（二）應用制度建立

1. 培養人才：警察機關除了可協調廠商合作進行相關技術研究及科技開發之外，尚須培養資料分析的技術人員，使其具備跨知識領域的能力，並兼具管理決策及換位思考的才能。

2. 成立專責單位：警察業務相關大數據往往涉及人民隱私，如將資料委託給數據分析服務業者，必須考量資訊安全的維護問題，因此大數據的蒐集與分析以成立內部的專責單位爲宜。

3. 持續深化資料分析：舉凡警察機關內部的差勤管理及支援員警勤務，以及在第一時間與人民接觸，皆應朝全面電子化作業進行，亦可透過勤務作爲及群眾外包（crowdsourcing）的方式蒐集開放空間的大數據。

4. 建立資料蒐集體系：以新北市警察局成立「情資整合中心」及臺北市警察局成立「數位科技戰情中心」爲例，設立大數據分析研究單位，以研究及整合民間能量，善用資料分析技術發揮大數據的資訊功能（王朝煌，2015：59-61）。

5. 落實資安管理，確保資料安全：爲避免影像外流，導致個資洩漏的疑慮，警政署已訂定各項系統作業規定，各縣市政府也自行訂定相關的監視系統調閱自治條例或管理規範，員警必須依據警察職權行使法、個人資料保護法等相關法規，遇個案依法使用各項系統，嚴禁員警不當調閱侵犯民眾隱私，並符合相關法令的規定（張俊揚，2016：25）。

（三）擴大警察實務應用層面

1. 多方參酌外國利用智慧科技辦案的系統建置與使用經驗，作爲應用系統設計的參考。

2. 警察機關內許多資深辦案專家的經驗極爲珍貴，也非常適用於本地的環境，應透過深入訪談，將其經驗融入應用系統中，讓系統更加智慧。

3. 持續蒐集與辦案相關的資料庫，例如金融、保險、交通、網路交易

等,期更充分掌握嫌犯的相關跡證。

4. 密切關注科技發展的趨勢,運用更新更好的科技,例如人工智慧、大數據處理、資料探勘、深度學習、虛擬貨幣、深偽技術與延展實境(XR)等技術,將資訊的運用發揮到極致。

5. 由於監視錄影系統的布建歷史久遠,部分攝影機的解析度與影像品質不佳,宜陸續汰換,以發揮預期效益。

6. 透過錄影影片辦案,在事件發生時,往往需要過濾大量的影像檔。如何運用影像分析技術,快速篩選影片,辨識可疑事件,都是亟待克服的議題(廖美鈴,2015:44-45)。

　　其中要特別強調的是,談智慧科技往往會陷入資訊科技迷思,而忽略了領域知識(domain knowledge);亦即只談資訊科技,而忘了要解決什麼問題,所以引進智慧科技首重領域知識,需有領域專家參與。智慧科技在警政治理之應用,除了犯罪偵查以外,其他在交通執法、犯罪預防、警察行政等各領域面向,皆可持續研究規劃運用,尚需由業務領域與資訊科技的專家一起共同努力。

　　由於警政工作涵蓋人民生活的各個層面,各種資訊系統成長擴展迅速,且連結多種異質性資料庫,使用多元作業平臺,應用作業關聯繁雜,更須以先進系統整合分析技術,從現有各種不同資料庫萃取犯罪行為模式等資料,再加入民眾提供影音資訊、社群媒體討論內容及員警查訪所得資料,進行結構化、半結構化及非結構化資料交叉比對,輔以資料分析技術,找出潛在的犯罪關聯性,以協助偵查人員主動獲得有效線索與情資(廖美鈴,2014:1-17)。有鑒於科技未來勢必改變現有的警政治理模式,因此學者綜合提供以下建議(楊漢鵬,2016a:97-98):

(一)現有資料數位化並建立資料庫:首要之務係將現有資料數位化,並力求以結構化資料呈現,以利分析。

(二)與民間企業或團體合作:例如從Facebook、X、PTT等掌握最新之社會動態,結合各平臺屬性交叉運用,過濾出精準資訊。

(三)招募專責分析人員:藉由招募、訓練分析人員,負責分析資料並

做出判斷，甚至成立專責單位，更可提升分析之準確度，進而加速辦案效率及支援決策。

（四）強化跨部門合作：警察機關可與政府各部門合作，甚至與各縣市政府進行交流，建立資料庫或共享平臺，以充實可資分析之犯罪資料庫。

（五）善用車牌辨識系統：除了固定式車牌辨識系統外，再搭配移動式車牌辨識系統的警車，累積車輛資料庫，有效率地進行人、事、時、地、物等交叉分析比對。

（六）科技無法取代警察：即使科技再強大，也應僅視爲輔助辦案之工具，仍須倚賴警察的專業判斷，警察的豐富經驗與敏銳度，才是維護社會安全的核心，警察的專業與智慧科技相輔相成，方能發揮最大效益。

雖然警察工作包羅萬象，舉凡人民生活的各個層面有涉及糾紛或違法行爲皆爲警察的工作範圍，運用智慧科技輔助警政工作治理更是極具挑戰的工作。然而化繁爲簡、分而治之（divide and conquer），亦是人類智慧的結晶，這與「大處著眼、小處著手」的說法不謀而合。在摸索智慧科技警政運用的道路，要學習專業知識、關注科技發展、掌握社會脈動和結合實務需求，找到具體且可建立自循環的應用，循序漸進應爲導入智慧科技到警政應用較佳的策略與方向。

參考文獻

一、中文部分

Viktor Mayer-Schönberger, & Kenneth Cukier著，林俊宏譯（2014）。大數據。遠見天下文化。

內政部警政署刑事警察局（2019）。Gi2S–LTE & UMTS & GSM行動電話搜尋定位系統教育訓練資料，頁1-7。

王朝煌（2015）。運用大數據輔助警政工作治理──大數據警政應用之探討。

2015年警政治安策略研討會論文集，頁47-62。

江守寰（2015）。「情資整合平臺」在犯罪預防之運用——以臺中市「電子城牆」為例。犯罪學期刊，第18卷第1期，頁61-87。

吳思陸（2011）。110勤務指揮系統派遣之現況與發展。2011年警政治安策略研討會，頁1-23。

李震山（1993）。警察任務法論。高雄：登文書局。

林子翔（2013）。啓動新北智慧城打擊犯罪接軌國際—新北市政府與IBM「智慧城市大挑戰」專案啓動。警光雜誌，第681期，頁6-11。

林豐裕、李鎭宇、張佩嬡（2015）。如何應用社群網路媒體於法醫死亡案件調查。刑事雙月刊，第69期，頁22-27。

胡世忠（2013）。雲端時代的殺手級應用——海量資料分析。天下雜誌。

張俊揚（2016）。雲端影像系統協助犯罪偵查之應用。2016年警政治安策略研討會，頁1-27。

張家維（2015）。淺談應用大數據分析於竊盜犯罪。刑事雙月刊，第69期，頁12-14。

梅可望（1995）。警察學原理。桃園：中央警察大學。

許華孚、吳吉裕（2015）。大數據發展趨勢以及在犯罪防治領域之應用。刑事政策與犯罪研究論文集（18），頁341-375。

陳宏和（2014）。警政雲端運算發展計畫執行現況。政府機關資訊通報，第317期，頁1-8。

陳松春（2014）。以智慧警政打造新北科技防衛城。警光雜誌，第693期，頁1-5。

陳銘憲（2012）。視覺化犯罪資料分析範例分享。刑事雙月刊，第51期，頁36-39。

黃建智（2016）。雲端大數據與勤指通報聯絡行動化。警光雜誌，第714期，頁71-75。

楊凱勝、陳俊呈（2012）。刑事資訊系統再造整合分析犯罪情資。刑事雙月刊，第47期，頁4-9。

楊漢鵬（2016a）。運用巨量資料輔助警政工作。警學叢刊，第46卷第4期，頁85-100。

楊漢鵬（2016b）。運用網路輿情輔助警政工作治理。2016年警政治安策略研討會，頁1-21。

董家宏（2015）。以大數據再造科技刑警。刑事雙月刊，第65期，頁4-7。

廖有祿、唐紹明、楊承諭、陳明源、盧耿志（2020）。衛星電話用於漁船走私毒品之通訊監察現況與策進。內政部警政署刑事警察局委託研究。

廖有祿、葉怡妙（2014）。網路犯罪新挑戰─雲端與社群。2014年警政治安策略研討會，頁215-239。

廖美鈴（2015）。巨量資料於警政治理之應用。2015年警政治安策略研討會，頁19-45。

盧恒隆（2015）。以巨量資料分析觀點推展治安治理資訊服務。政府機關資訊通報，第328期，頁1-6。

羅世傑（2012）。建置「犯罪資料分析平臺」優化偵查資訊力。刑事雙月刊，第51期，頁4-9。

蘇清偉、黃家揚（2018）。內政部警政署「前瞻警政、科技警察」智慧聯網專案。政府機關資訊通報，第352期，頁1-9。

二、英文部分

Hobbs, A. (2014). Big data, crime and security. POSTnotes, retrieved from http://research-briefings.parliament.uk/ResearchBriefing/Summary/POST-PN-470.

Joh, E. E. (2014). Policing by numbers: Big data and the fourth amendment. *Washington Law Review*, 89(35), 35-68.

Page, S. E. (2018). *The Model Thinker: What You Need to Know to Make Data Work for You*. NY: Basic Books.

Perry, W. L., McInnis, B., Price, C. C., Smith, S. C., & Hollywood, J. S. (2013). *Predictive Policing: The Role of Crime Forecasting in Law Enforcement Operations*. RAND.

三、網路資源

iThome（2022）。臺北市警用無人機隊正式成軍。GovTech月報，第11期，https://www.ithome.com.tw/news/153469。

中央社（2023），北市警成立數位科技戰情中心　提升偵查效能，https://www.cna.com.tw/news/asoc/202303090335.aspx。

國道高速公路局（2017），高速公路5處交流道設有違規插隊取締設備，https://www.freeway.gov.tw/Publish.aspx?cnid=193&p=8627。

張英偉（2011）。IVS概說及市場應用。電信月刊，第141期，https://www.tteia.org.tw/archive/files/2010_141_5.doc。

陳曉開（2019）。智慧城市關鍵報告：科技執法大進擊。財訊，第589期，https://www.wealth.com.tw/articles/6da4bb35-1a37-4ab8-a648-7566edceeb28。

新北市政府警察局交通警察大隊（2019），科技執法—林口交流道科技執法，https://www.traffic.police.ntpc.gov.tw/cp-2877-64600-27.html。

新北市政府警察局資訊服務網（2017），結合智慧科技產業　新北警政機器人WCIT登展，https://www.police.ntpc.gov.tw/cp-3344-37046-1.html。

新北市政府警察局資訊服務網（2021），新北警科技新利器——智慧戰警頭盔，警蜂1.0，https://www.police.ntpc.gov.tw/cp-3344-80375-1.html。

臺北市政府警察局交通警察大隊（2022），區間平均速率科技執法專區，https://td.police.gov.taipei/News_Content.aspx?n=2993B18A948FB038&sms=B58AA5B3CA177FEE&s=B94DC90D014083C0。

第十九章

警政資料庫查詢與情資整合系統

廖訓誠

　　近年來，資訊科技已普遍運用在警政工作上，內政部警政署「警政知識聯網」、刑事警察局「知識管理平臺」的查詢功能更是推陳出新，希望讓執行維護治安第一線執法者能在權限範圍，透過資料庫查詢，就能找出犯罪的關聯性，正確、迅速緝捕犯罪者。

　　為了符合第一線執勤同仁即時查詢的需求，警察機關也研發了行動載具（M-Police）的資料庫查詢工具，對於警察執勤之便利性與即時處理案件都有極大幫助。除了中央警政機關開發便利、功能性強大的資料庫查詢系統外，許多地方警政單位也因應地區治安的需求，研發在地化的情資整合資料庫。然而，無論是中央或是地方警政機關建制的資料庫查詢系統，均須受到個人資料保護法、防止個人不當運用之限制，律定使用權限及用途。

　　本章第一節先就國內警政資料庫查詢及刑案知識庫的歷史沿革略作說明；第二節介紹當前第一線員警普遍使用的M-Police行動載具及「警政知識聯網」的功能；第三節說明大數據分析在警政工作之運用，並以新北市政府警察局建置「情資整合中心」說明大數據時代情資整合系統的重要性；第四節則是闡述AI趨勢與警政智慧查詢的未來可能發展。

壹、警政資料庫查詢的歷史沿革

警政資料庫的查詢與運用最早可追溯到1966年警政署刑事警察局的刑案紀錄表系統資料庫查詢，當時的犯罪資料查詢臺僅提供外勤員警查詢通緝、前科及失竊車輛等資料。隨著警政偵查工作的實務需要，將車籍及犯罪嫌疑人資料陸續介接或建檔，讓第一線員警於執行臨檢盤查或犯罪偵防時，能掌握更充分的資訊；2002年刑事警察局建立「刑案知識庫」，則是為現代警政資料庫的查詢與運用揭開新的篇章。

一、犯罪資料查詢系統歷史沿革

1979年警政署刑事警察局開始運用電腦技術，規劃建置資訊系統提供查詢服務，引進大型電腦及縮影設備，將移送書、判決書、通緝書等犯罪資料逐一建檔，以便進行犯罪資訊統計分析與提供查詢服務工作（梁玉嬌等人，2005）。隨著資訊科技的精進與應用發展，刑事資訊系統以刑案紀錄表為資料庫來源，透過案件相關之人、地、時、事、物、犯罪原因、犯罪方法及破獲情形等欄位內容，形成「刑案紀錄處理系統」。為了進一步支援刑事偵查工作，刑事警察局並於1999年開始建置「刑案知識庫」，運用刑案資料探勘與偵查知識管理技術，完成綜合刑案資料之整合資訊系統，目的供全國刑事偵查人員使用，協助偵查及預防犯罪之查詢（林肖荷、駱業華，2010）。

二、刑案知識庫建置過程

（一）第一代刑案知識庫（建置之初）

有鑒於傳統警政資料庫需個別單一查詢，面對犯罪型態的快速發展，整合個別資料庫使用功能性查詢已為趨勢；刑事警察局於2000年完成建置「刑事犯罪資料網站查詢系統」，為「刑案知識庫」之前身（如圖19-1）。「刑事犯罪資料網站查詢系統」主要整合司法機關4億餘筆犯罪相關資訊，包含在監在所、同囚會客、刑案前科、通緝、典當、國人入出境、車籍、嫌疑人犯相片、流氓、幫派及刑案紀錄等（林肖荷，2001）。

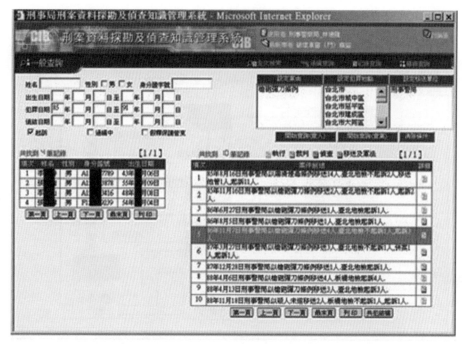

圖19-1　第一代刑案知識庫

　　「刑案知識庫」為一互動式查詢資訊系統，除了逐次整合刑事犯罪偵查資料及司法機關通緝、偵查、裁判及矯治等文書，呈現完整刑案歷程紀錄（如圖19-2）。為突破傳統資料庫查詢窠臼，刑案知識庫運用「資料探勘」技術，發展建構多元化查詢模式，並提供使用者以創意思考的方式查詢所需資料，除了在鎖定對象時提供完整刑案資料，更可在案件未明時，提供相關案件之嫌疑人及共犯結構，協助員警逐步縮小範圍，提供偵查過程所需之關鍵資訊。這套查詢系統讓偵查案件員警即使僅掌握部分線索，如時間、地緣關係、犯罪手法等，系統也能即時比對過去發生過的數百萬件刑案資料，詳細列出相關案件歷程、可疑人犯及其共犯結構等，以全盤掌握可疑對象相關訊息，加速偵辦腳步及提高破案率（陳銘憲，2018）。

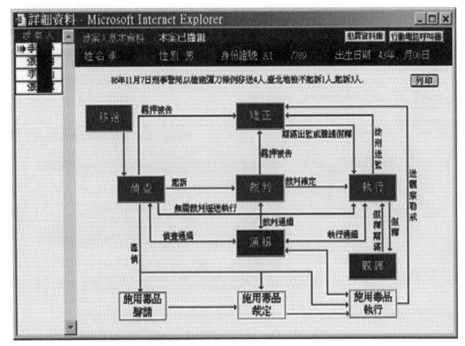

圖19-2 刑案知識庫之刑案歷程紀錄

（二）第二代刑案知識庫

2002年規劃建置「刑案知識庫第二代」系統改版，進一步整合司法院及檢察署之刑事司法文書等刑案歷程紀錄，包含3類七種總計約4,000多萬筆非結構化資料（陳銘憲，2018）。系統提供以人查案、以案追人、同案共犯、共犯結構、刑案流程圖、人際網絡及親屬地圖等查詢功能，以提供偵查過程所需之關鍵資訊，協助刑事偵查人員釐清相關案件之嫌疑人及共犯結構；另整合同囚會客交叉查詢及整合犯罪資料庫等功能。其主軸仍是「以人查案」、「以案追人」的人案關係。

「以人查案」係鎖定嫌疑對象後，提供該嫌疑人曾經犯過之所有案件資料，並以同顏色區分案件所處偵審階段（藍色表示移送、紅色表示偵察、綠色表示裁判、黃色表示執行），清晰呈現刑案流程並提供案件摘要描述，使用者可一覽無遺，而嫌疑人之案件列表可進一步提供相

關案件之嫌疑人（同案共犯），藉由分析其他共犯資料，有助於瞭解整體共犯結構；「以案追人」則是針對於未知犯罪嫌疑人時，以案件類型（如案由、嫌疑人年齡、綽號等），由系統列出符合案件之所有刑案紀錄及嫌疑人資料，提供使用者在偵查過程中分析有效資訊，從而找出可疑嫌犯（如圖19-3）。

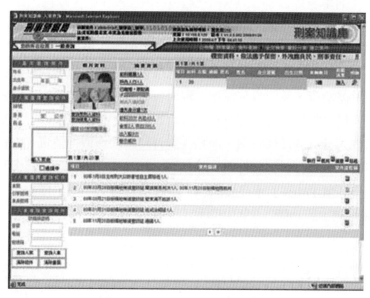

圖19-3　第三代刑案知識庫

（三）第三代刑案知識庫

　　為了優化刑案知識庫使用及視覺上的便利性，2008年刑案知識庫進行第三代改版，跳脫了六年來的系統框架，除整合2007年開發的人車整合系統及新版同囚會客系統外，並提升既有的共犯結構、批次查詢與全文檢索功能，更有利於查詢者勾勒出犯罪網絡。

（四）第四代刑案知識庫

　　隨著科技的進步，使用行動載具查詢資料漸成日常，警察偵辦案件在外奔波，如果事事仰賴回到辦公室使用電腦查詢資料，自然不便。

因此，刑事警察局於2015年籌備建置犯罪偵查行動平臺，查詢功能包括：追緝令追追追、自行車辨識碼查詢系統、少年犯罪防制系統、刑案關聯圖、刑案紀錄處理系統、刑事文書作業系統、毒品犯罪資料資訊系統、司法文書影像處理系統、鑑識作業平臺等（廖訓誠、陳芳振、顏宥安，2018）。並研議建置「刑案知識庫第四代」、「刑事即時通訊軟體」及「刑事多媒體檔案傳輸平臺」WEB及APP版，除擴大原刑案知識庫功能外，並研擬新增行動版功能，運用4G頻寬優勢，結合國內業者合作開發行動載具之專屬APP，解決刑事偵查人員受限僅能於警察機關駐地查詢「刑案知識庫」情形，讓刑事偵查人員可以透過行動載具快速查詢所需情資，及同步掌握辦案現場各項影音與人物狀況。此外，刑事偵查人員可將刑案現場資料（如照片、影像、檔案）上傳、分享，讓刑事偵查人員可於任何時間、地點查詢資料，快速取得情資，強化犯罪偵查時效，有效打擊犯罪行為（陳銘憲，2016）。惟後續因經費及與警政署開發「M-Police」重疊性問題，犯罪偵查行動平臺仍僅擴大「刑案知識庫」WEB版功能（如圖19-4）。

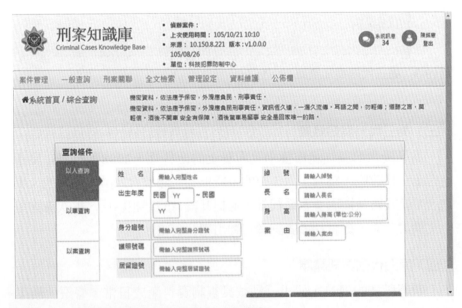

圖19-4　第四代刑案知識庫系統WEB版畫面

（五）第五代刑案知識庫

為因應各項新興科技犯罪趨勢與資安法規要求，刑事警察局於2023年將新建置之個人化偵查工具整合成偵查協作系統，將刑案知識庫系統，以既有主要功能與資料查詢為基礎，重新改寫系統架構、功能設計及版面呈現，並新增雲端治安管制系統及社維法等資料，再度優化資料查詢、彙整歸戶，擴大整合分析之效能，強化科技偵查能量。

貳、行動載具M-Police及警政知識聯網

內政部警政署自1988年起導入警用行動電腦，2000年警政署開發掌上型警用行動電腦（小神捕），能於駐地內下載更新人、車紀錄，供員警在外執勤時使用，但受限於通訊技術及設備容量，只能簡易查詢是否為通緝、治安顧慮人口或是否有前科素行（張致國，2022）；但由於需要定時於駐地內下在更新資料，使用上仍有所不便。隨著網際網路技術之發展，內政部警政署於2007年起規劃「M-Police行動警察建置案」，開發M-Police警用行動電腦，提供警察執勤時，可透過無線網路即時查詢、通報，利用資料整合平臺迅速掌握相關資訊，不僅可以查詢基礎人車資訊，亦可查詢各項警政應用系統資料，大幅提升員警執勤及為民服務之能量及效率。而為了整合警政業務各項查詢系統，內政部警政署開發「警政知識聯網」連結與犯罪偵防有關之各項資料庫，為目前國內警察機關外勤單位最常使用之查詢系統。

一、行動載具M-Police

「M-Police行動警察建置案」係行政院愛臺十二建設「智慧臺灣（i-Taiwan）」子計畫之一，自2007年至2011年為期五年執行，目的為擴展警政資訊行動化之應用，建構M-Police平臺及開發新型載具。M-Police行動載具結合了3G網路以及彩色LCD觸控螢幕，能結合後端資料庫提供第一線執勤員警更多資訊，截至目前為止，M-Police可提供查

詢之項目（會因網路連線狀態略有不同），於具連線狀態下有查捕逃犯等20餘項資料庫查詢功能，而透過「全國廣播即時訊息及人車協尋」功能，M-Police載具可向全國使用者發布即時性訊息，如全國性重要治安、交通資訊或通報涉案人、車之資訊，以集合各警察機關團隊力量投入犯罪查緝工作，有效提升治安維護效能。

為律定各級警察機關警用行動電腦之使用及管理權責，確保人民資訊隱私權及維護機關資訊安全，警政署亦訂定「警用行動電腦使用管理要點」，各設備使用單位必須律定專責保管人，保管、註冊、並保存查詢紀錄電子檔，在使用管制部分，限於警察機關所屬人員執行勤務或維護治安之目的，不得作目的以外之運用。

M-Police警用行動載具尚有「現場影音傳送」等功能，協助第一線員警執勤時，更迅速傳送現場畫面，提高行動靈敏性與正確性。「M-Police警用行動載具」目前已配發全國22個縣市政府警察局及11個所屬警察機關，約估至少4萬2,000名第一線執勤員警執行勤務時使用（蘇清偉、黃家揚，2018）。

二、警政知識（智慧）聯網

內政部警政署「警政知識聯網」係整合警政業務各項查詢系統，同時連結與犯罪偵防有關之資料庫，為警察機關外勤單位最常使用之查詢系統，查詢功能包括：受理報案E化平臺系統（如圖19-5）、刑案資訊系統、查贓資訊處理系統、警政婦幼通報系統、關聯式分析平臺、協尋未入學及中途輟學學生資訊系統、拾得遺失物管理系統、國民身分證相片影像資料系統、車籍資訊網、公路監理電子閘門、道路交通事故資訊E化系統、停車數位多元化查詢系統等（廖訓誠、陳芳振、顏宥安，2018）。

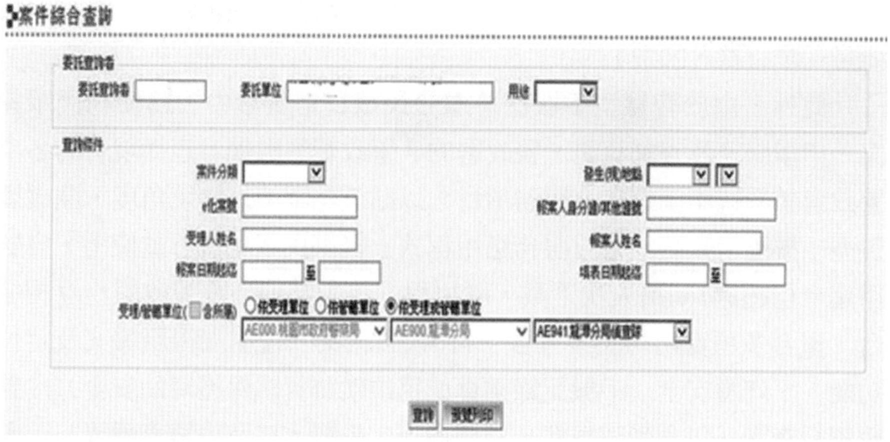

圖19-5　受理報案E化平臺系統

　　隨著行動通訊網路及智慧型手機普及，警政署除建置「M-Police警用行動電腦」協助第一線員警的執法工作外，並開發「警政服務應用程式」將警政服務的客層由員警延伸至一般民眾，以資通訊結合物聯網的概念，讓後端的警政巨量資料與前端的M-Police及警政服務應用程式相互連結，「警政智慧聯網」於焉產生。「警政智慧聯網」可說是整合跨機關資料的警政資訊資料平臺，係以創造資源共享概念協助員警能更便利使用資料庫查詢功能。「警政智慧聯網」也進一步整合全國監視器影像，完成本島19個縣市、7萬5,000支路口監視器整合，建置跨縣市「雲端影像調閱平臺」，結合電子地圖顯示監視器經緯度、行政區域等資訊，提供員警犯罪偵查需要，打破以往監視器無法跨縣市調閱之藩籬，使各縣市彼此之間可以互通互連，達成影像交換無障礙，提升偵辦刑案之效率（蘇清偉、黃家揚，2018）。

　　為了使員警在執法時有效率的使用整合資訊，警政署以原有警政知識系統資料庫為基礎，陸續擴大整合教育部、交通部、法務部、勞動部、移民署及戶政司等機關提供治安相關資料，提高資料完整性及多元性，形成「警政巨量資料平臺」（蘇清偉、黃家揚，2018），2017年更持續擴大整合衛福部、海巡署、財政部關務署等機關之犯罪資料，加

強毒品、走私案件偵防，以提高資料完整性及多元性，強化打擊犯罪的能量（廖有祿，2022）。

此外，由於智慧型手機已普遍於民眾日常生活中，為便利民眾報案、申辦服務及查詢資訊，警政署的「警政智慧聯網」也從現有的各項警政資訊系統中篩選整合服務項目，以貼近民眾使用情境角度，開發智慧型手機應用軟體「警政服務應用程式」提供民眾免費下載使用，自啓用迄今已超過160萬人次下載，應用程式將犯罪偵防及警政服務互相結合，整合多項實用功能，包含：110視訊報案（含雲端視訊報案及定位功能）、守護安全（手機記錄乘車或定位軌跡資訊保護婦幼安全）、警政資料查詢（包含受理案件、查捕逃犯、失蹤人口及失竊車輛等）、警廣便民服務（包含路況、遺失物協尋、廣播失蹤人口及失竊車輛等）、違規拖吊、測速執法點查詢、警察服務據點、酒駕防制、入山申請、臉書專區、推播訊息、警察刑事紀錄證明書（良民證）申請、交通事故資料申請及入山案件申請等，透過便捷的雲端科技提供即時、貼心的警政服務，讓民眾不僅可以享受科技的便利，並同時獲得安心的生活保障（蘇清偉、黃家揚，2018）。

為了強化民眾報案的服務功能，警政署更與科技公司進行產官合作，開發機器人程式「Zenbo」，在手機出廠時即內建警政署警政服務應用程式「視訊報案」功能，透過「Zenbo」撥打110視訊報案電話求救，除把握黃金救援時刻，亦可減少員警花費時間確認事發地點；民眾從自己的手機內建功能，就能立即感受貼心的警政服務，為政府與企業在「安全」概念上合作，藉由手機共同守護民眾的安全。

綜上，警政署運用「行動服務」資通訊技術之進步，將「雲端科技」與「巨量資料」等科技，整合推動「前瞻警政、科技警察」的警政智慧聯網。藉由行動服務及雲端科技將M-Police、警政服務應用程式串聯警政巨量資料平臺，實現「資通匯流」的運用，提供全國各警察機關具整合且高度價值的治安資訊，有效提升案件偵防能力（蘇清偉、黃家揚，2018）。

參、大數據與情資整合系統

長期以來，使用數據分析（data analysis）一直是解決問題、制定決策的依據。但是面對越來越多的巨量資料（big data），遠遠超過人力分析或一般電腦公式演算所能負擔，因此大數據分析（big data analysis）開始崛起而廣被運用；簡言之，大數據分析就是匯流各種來源的資料數據，透過特定設計的目的及電腦高速運算能力，在巨量動靜態資料中，尋找其中關聯性，進而成為決策分析的依據。

大數據的時代來臨，人們以數據結果來作決策，已經擴及到各種領域，從商業運用、選舉預測、政治聲量到廣泛社群媒體資訊，幾乎所有領域都可使用大數據分析。美國在大數據發展與應用算是較早的，從政府部門、社會機構、商業企業、科研院校都在結合各自實務需求，推進大數據應用，以大數據應用支撐商務或政務活動開展。政府運用大數據推動管理方式變革和管理能力也大幅提升，越來越多的政府部門依賴數據及數據分析進行決策，用於公共政策、輿情監控、犯罪預測、反恐等活動。警政單位也搭上大數據分析的潮流，例如聖克魯斯警察局透過分析城市數據源和社交網絡數據，發現犯罪趨勢和犯罪模式，對重點區域的犯罪概率等進行預測，成為美國警界最早的大數據預測分析試點單位（劉瓊，2013）。

1990年代的紐約市警察局曾面臨警力不足、治安亮紅燈的窘境，謀殺、攔路打劫、黑幫火拼、槍枝氾濫等治安事件時有所聞，紐約市民人人自危。加上紐約市警察的警力預算遭凍結，無法進用更多警力執行勤務。然而，1994年2月新任的紐約市警察局局長比爾布萊登從「藍海策略」出發，大量運用資訊科技擬定其治安治理策略，在沒有增加預算的情況下，將警察勤務活動結合學術理論，在不到二年時間，把紐約市變身為全美最安全的城市之一（盧恒隆，2015）。綜整分析國外警方緣於巨量資料的分析及情資整合的應用所發展出來的策略例舉如下：

一、區域警覺系統（Domain Awareness System, DAS）：紐約市警察局
　　匯集並分析從攝影機、車牌識別器、感應器和執法資料庫取得資

訊，讓調查人員可以迅速調閱逮捕紀錄、和嫌犯有關的報案電話，以及特定地區發生的相關犯罪事件等資訊。這套系統也允許調查人員繪製犯罪地圖以顯示作案模式，並追蹤嫌犯有關車輛現在和過去的所在位置（劉瓊，2013）。

二、即時打擊犯罪中心（Real Time Crime Center, RTCC）：紐約市警察局在2001年的時候，減少了5,000名員警，但犯罪率並未因此增加，警察局局長Raymond的打擊犯罪方法，成效顯著，讓搶劫、謀殺、性侵害等七大犯罪指標都大幅下降，其中主要關鍵為科技與犯罪情資的整合運用奏效。紐約市警察局於2005年7月以1,100萬美元經費，創立「即時打擊犯罪中心」，採購IBM設計的情資整合系統，蒐集整合、分析和運用各類犯罪資料庫，該大數據資料庫包含500萬筆紐約州的罪犯紀錄、3,100萬筆全國犯罪紀錄及350億筆公民資料，並與311、911報案系統、紐約市緊急應變系統等整合；該資料庫可查閱1億2,000萬份紐約市「刑事訴訟、逮捕」資料與十年來911的「報案紀錄」、紐約州維護建置的「假釋資料」及透過巡邏員警，在勤務中所蒐集之最新情資等各類資訊。IBM的情資整合系統，將上述片段、零散的犯罪資料整合運用，目前整個資料庫的數量仍在持續增加中，例如僅2005年就協助員警成功破獲74%的紐約凶殺案。「即時打擊犯罪中心」具有「線上即時查詢」和「情資分析」作業支援兩大功能，並可同時支援115個偵查小隊之查詢和分析工作。紐約市警察局透過該中心的高效率的服務，減輕員警對調閱和分析資料的困難與負荷，讓員警能專注進行其擅長之追緝與逮捕嫌犯的工作（李承龍、謝昌宏、方圓，2018）。

三、勤務指揮系統：洛杉磯郡警察局的緊急應變中心內的勤務指揮系統，可以透過螢幕顯示掌握所有線上執勤員警的狀態，藉由洛杉磯郡警察局所有員警均配發的無線發射器，緊急應變局指揮中心可瞭解所有現場值勤員警的位置，以及其所擔服勤務，以及該員警基本資料及工作時間；此外，該系統並可與鄰近警消單位分享資訊，包括洛杉磯市警局、洛杉磯市消防局、洛杉磯郡消防局、長灘警察

局、消防局、聖塔莫妮卡警察局等加州境內重要警消單位等。這些單位行動勤務車上配備都相同，因此各個單位可以立即地知道彼此目前各自發生什麼事，以互相支援協調。員警也可透過手機直接與系統連線。因此，即使在勤餘時間所發現的各個狀況，都可以透過手機傳遞最新的訊息，有效地提升警察處理事故的機動性，也徹底發揮科技的實用性（黃智喧等人，2012）。

四、顏面辨識技術：倫敦西敏市的CCTV中心，是英國在2001年才新成立的單位，該中心與大倫敦市都會警察局合作，號稱「英國頭號CCTV中心」，利用顏面辨識技術建立資料庫，將所有的CCTV系統連線，使攝影機獲得的數位影像能直接輸入中央資料庫，與通緝犯罪者暨恐怖分子涉嫌名單進行比對，使CCTV系統更具積極打擊及預防犯罪之功能；此外，裝設於倫敦重要路口閘道之CCTV鏡頭連結擴音喇叭，監視中心的人員可以利用啟動路口廣播系統，即時對路口車輛作出改道建議或違規事項的立即警告，於群眾運動時亦能發揮疏導及安撫群眾之功能（廖訓誠、陳芳振、顏宥安，2018）。

五、巨量資料分析技術：日內瓦州警察局利用資料分析技術加上製圖工具，將空間資料和非空間資料的分析結果整合在一個平臺中，警方每日可以收到一份不斷更新資訊的犯罪報告，分析當前的犯罪活動、犯罪模式，並有助於預測未來可能會發生的罪行；而透過互動地圖和系統裝置的儀表板，指揮官可以隨時查看各地區發生的案件，如搶劫或意外事故等，知道哪裡應該加強部署人力，或是在哪些地區加強巡邏（胡世忠，2013）。

　　綜言之，警政大數據分析的基本概念，是將各種由數位匯流而大量生成、性質複雜、速度飛快的資料，經過搜尋、儲存與分析，引導出治安治理的政策或行動參考。國內警政署出現大數據分析應用，是2012年的「治安治理決策資訊服務系統」，該系統將各領域警政資料整合成海量資料庫；並以電子地圖技術、視覺化犯罪分析等為輔，建立情資

整合中心，成爲大數據分析用於全國性警務工作的先行者（汪子錫，2017）。

　　而在此之前，臺北縣（現改制爲新北市）警察局在2011年開始就有科技蒐集、資料分析的作爲。當時新北市政府警察局仿效美國約紐市警察局之「即時打擊犯罪中心」（Real Time Crime Center, RTCC），於2011年8月24日成立國內首創的「情資整合中心」（Information Integrated Center, IIC），設置監視器管理相關系統及大型電視牆等硬體設備，主要作爲監錄系統之監控中心。2013年1月17日成立任務編組單位，分別自資訊、刑事、交通、監視器等專業領域專責人員進駐，以任務編組型態執行相關工作。後於2019年納入警察局正式編制，於資訊室設置情資整合股，持續推動情資整合中心各項業務工作，對內提供「資料查詢作業」、「犯罪資料分析」、「應用系統諮詢」、「影像分析」、「即時影像傳輸」及「網路情資蒐集」等六大服務項目。

　　新北市政府警察局情資整合中心並引進資訊業界建構「資料倉儲」的概念，花費三年時間結合「治安治理決策資訊服務系統」，整合各單位之業務系統及刑事偵查相關資料、內政部警政署與刑事警察局權屬本轄資料，如刑案資料、受理報案E化系統、110報案系統、道路交通事故E化系統等；加上市府相關局處的資料，如交通局的停車資料等，建置專屬警察局具區域特性之「警政資料倉儲」，並定期與前揭各項資料來源的資料庫，以ETL程式方式定期將相關資料轉置至警察局資料倉儲中，藉以作爲前端各項系統功能建置之基礎平臺，而在前端系統建置方面，則以虛擬化技術建構相關系統，有效運用系統硬體資源及保留效能擴充彈性（如圖19-6）。

　　新北市情資整合中心運用「警政資料倉儲」的資料，建立各項犯罪資料分析模式，包含：M-Police同行人車、毒品案件、聚眾鬥毆溯源、危險駕車、易被害婦幼地點、高風險家庭、通緝犯追查、外籍人士110報案案件等，並結合全文檢索的功能，可於龐大資料庫中，快速查詢相關資料及線索，以進行關聯分析；當案件發生時，運用警政大數據資料庫及公開來源情資技術，協助外勤單位情資查詢與案件分析，並以案件

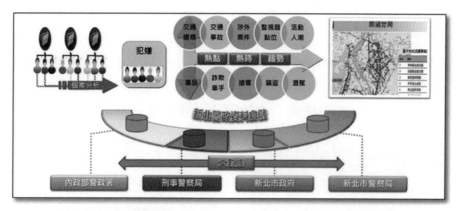

圖19-6　新北警政資料倉儲

相關人事物等關聯網脈資訊，以利專案小組擴大追查是否有其他共犯，持續以「向上溯源、向下刨根」拔根斷源完整抓捕犯罪集團。

　　新北市情資整合中心自2013年陸續擴充整合資料倉儲的30項資料源，至2014年搭配電子地圖技術，將各種不同資料型態與地理位置關聯分析，提供治安斑點圖或犯罪熱點等情資，以作為犯罪偵防及勤務規劃之依據。經過持續依需求精進擴充警政資料倉儲內容，並適時汰除不合時宜資料源，目前已有38項資料源，資料倉儲總筆數統計至2024年已有約600億餘筆資料，其中以車牌辨識資料為大宗。綜上，情資整合中心利用「治安治理決策資訊服務系統」，分析犯罪模式、萃取情資，協助治安治理工作，並將美國RTCC角色從刑案偵查，擴展至治安與交通面向（盧恒隆，2015）。2014年新北市以治安治理為主題的「科技防衛城」更獲選全球尖端七大智慧城市美譽。臺灣其他城市也或快或慢、或狹或廣的在地方警務工作中，展開相關的科技警政（胡世忠，2013）。2024年情資整合中心再以「轄區治理」概念為主軸，運用警政資料倉儲的「治安」、「交通」及「110報案資料」等案類大數據，持續精進「視覺化分析決策平臺」、「E化簿冊管理資訊系統」、「電子E化巡簽管理平臺」、「警勤儀表板」等系統，提供轄內治安與交通相關情資及統計分析數據，作為主管數據決策之參考，並完成各分駐、

派出所主管教育訓練，供主管運用。簡言之，新北市情資整合中心主要是以「為警服務」的精神，為各內外勤單位員警提供服務，建立整合性情資分析流程，提供跨區（分局）偵辦案件資料。主要工作項目分為「資料分析」、「網路情蒐」、「資料查詢服務」、「全方位3D科技維安網」等4項，完整建構「科技防衛城」的概念（如圖19-7）。

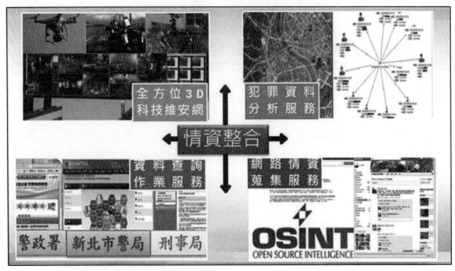

圖19-7　情整合中心主要工作項目

肆、AI趨勢與警政智慧查詢的未來發展

　　自2005年大數據蓬勃發展後，十年來大數據分析成為資訊科技最被看好的技術，這股大趨勢不僅影響資訊科技的走向，更成為商業熱烈討論的議題。隨著網際網路、雲端運算、智慧行動裝置的普及，使得Google、Facebook、X等大型網路公司的用戶數量，呈現爆炸性成長，為了應付全球用戶的規模，這些知名網路技術公司紛紛投入大數據技術，使得大數據成為頂尖技術的指標（廖訓誠、陳芳振、顏宥安，2018）。

　　然而，自2016年接下來的第二個十年，人工智慧（artificial intelligence, AI）已然取代大數據成為科技發展新潮流；不論是Google、Microsoft，或是百度、阿里巴巴、螞蟻金服、小米等中國網路大公司，談的都是機器學習（machine learning, ML）、深度學習（deep learning, DL）等AI議題。顯然人工智慧、機器學習與深度學習將是大數據分析的下一步，也是科技技術發展第二個十年的兵家必爭之地（廖訓誠、陳芳振、顏宥安，2018）。

　　而警政科技的運用也搭上AI的科技趨勢，除了強化大數據分析結果，並結合M-Police警用行動載具，新增AI應用功能，例如新北市及桃園市警察局的「AI巡防系統」，運用邊緣運算（edge computing）的概念，以M-Police行動載具安裝「AI巡防系統APP」，搭配員警於汽機車巡邏勤務時，即可利用手機鏡頭拍攝沿路影像、即時車牌辨識並與資料庫內之車牌黑名單比對，比中時立即發出告警聲音，提醒同仁留意該車輛，適時進行攔查作為；同時也可廣泛且快速蒐集車輛動態大數據，以利犯罪偵查。此外，「E化巡簽」系統也加入AI的元素，如「新北E化巡簽APP」熱點情資隨行功能，於第一線員警巡簽時，可自動推播巡邏點位周邊100公尺內，警政資料倉儲中統計之近期發生各類案件熱點情資，以強化外勤員警巡邏執勤效能。

　　依據大數據及AI的發展趨勢，未來在警政科技的整合應用，可預期在犯罪偵查技術將受到更多的運用，例如將智慧型手機定位系統、高速公路E-tag及道路監視器車牌辨識系統，透過AI之整合，能辨別哪支電話門號的持有者所使用之交通工具的車牌號碼，快速鎖定涉案嫌犯（廖訓誠、陳芳振、顏宥安，2018）。

　　此外，AI科技在交通上之應用，也有具體展現，透過AI科技智慧執法設備，針對易肇事或嚴重違規路段（口）進行自動偵測，判讀用路人（車輛）違規行為樣態並辨識車牌，據以告發，可有效改善交通違規降低事故發生及減輕員警負擔。除偵測違規行為外，運用AI整合跨機關資料庫，可進行多功能科技執法應用，例如結合公路局逾檢註銷資料

庫，即時通報相關單位就逾檢註銷、偽變造車牌等違規車輛，進行攔查取締，達到立即執法效果。

　　警察工作在維護人權的基礎下，隨著科技進步，相信將會有更多的精進發展，無論是受理報案、偵辦刑案或是取締違規車輛及處理交通事故等；累積過去許多實際操作的大數據，運用人工智慧、機器學習與深度學習，期待未來警政部門可研發出警察智慧機器人，只要是警察例行性及有標準作業程序（SOP）的工作，如派出所受理民眾報案、110報案系統、製作筆錄、法律諮詢服務等，都可由智慧機器人負責處理；甚至在接獲民眾報案後，需警力趕赴現場處理者，機器人也能主動、快速查詢線上距離最近之警力（警車、M-Police等具GPS功能）前往處理，不僅解決目前警力吃緊、勤務繁重的問題，也可克服員警語言障礙、服務態度不佳等困擾，或許是AI結合警政智慧查詢未來可能的發展趨勢。

參考文獻

李承龍、謝昌宏、方圓（2018）。科技偵查情資整合運用在犯罪現場調查。臺灣警察專科學校警專學報，第6卷第8期，頁13-34。

汪子錫（2017）。警務工作大數據分析的運用經驗與未來發展探析。臺灣警察專科學校警專學報，第6卷第6期，頁1-18。

林肖荷（2001）。由刑事犯罪資訊應用邁入知識管理。警光雜誌，第538期，頁29-34。

林肖荷、駱業華（2010）。由組織改造中蛻變發展穿越過去邁向未來。刑事雙月刊，第39期，頁36-38。

胡世忠（2013）。雲端時代的殺手級應用：Big Data海量資料分析。臺北：天下雜誌。

張致國（2022）。M-Police查詢紀錄之應用──犯罪者社會網絡之研究。國立臺灣大學社會科學院國家發展研究所碩士論文。

梁玉嬌、林國偉、盧慶隨、朱梅萍、顏素薰、劉明珠、蔡淑雯、陳梅桂

（2005）。刑案紀錄處理系統，頁100-102。2005年第九屆資訊管理學術暨警政資訊實務研討會。桃園：中央警察大學。

陳銘憲（2016）。「犯罪偵查行動平臺」系統介紹與展望。刑事雙月刊，第76期，頁12-15。

陳銘憲（2018.7）。刑案知識庫查詢推薦技術之研究。中央警察大學資訊管理研究所碩士論文。

黃智喧等（2012）。美加地區警察單位考察報告。新北市政府警察局。

廖有祿（2022）。警政與警察法相關圓桌論壇：智慧警政應用實例與思維。中華警政研究學會。

廖訓誠、陳芳振、顏宥安（2018）。犯罪偵查技術，再版。自行出版。

劉瓊（2013）。大數據時代的美國經驗與啟示。北京：人民網／人民論壇。

盧恒隆（2015）。以巨量資料分析觀點推展治安治理資訊服務。政府機關資訊通報，第328期，頁16-21。

蘇清偉、黃家揚（2018.4）。「前瞻警政、科技警察」智慧聯網專案。政府機關資訊通報，第352期，頁17-24。

|第二十章|
電信網路詐欺與警政治理[*]

林書立

壹、前言

隨著科技的演進，詐騙集團開始走向商業化、規模化與標準化的集團運作，利用生成式AI產生詐欺文案、利用區塊鏈技術躲避追查、利用跨國通訊媒體製造國際追查斷點，更利用社群媒體機器人等新技術過濾高收益潛在客戶，最後結合大量網路假帳號與庫存銀行人頭帳號，成為源源不決、難以根除的詐欺產業鏈。詐騙正系統性地產業化，鑽營電信流、資訊流以及數位金流的漏洞腐蝕社會，美國聯邦調查局公布2022年遭網路詐騙財損新高達103億美元，2023年最新數據財損高達211億美元，面對網路社群媒體上充斥各種詐騙訊息，美國證券交易委員會及消費者保護協會特別呼籲投資者與消費者保持懷疑態度，切勿過度相信網路上的社群媒體平臺或應用程式做出投資決策。

臺灣的詐欺現況也跟全球其他各先進國家一樣面臨電信與網路詐欺的問題，2022年詐欺財損高達73億新臺幣，2023年再創新高達88.87億新臺幣，113年8月30日內政部更推出打詐儀表板，採用廣泛的詐欺統計計算方式，新的詐欺統計方式將整合警政部門所有能涵蓋的最大統計數字，公布第一天財損金額即高達4億元，估計一年財損超過千億新臺幣，此一極度貼近真實數據的計算模式，讓政府公開給所有民眾一起參與面對最嚴苛的統計標準，但聚焦的效果也成為我國推動公民參與治安的新里程碑，因為公開這個最逼近真實數據的資料，除了造成打詐相關

---

[*] 本文部分內容曾發表於中央警察大學2024年博士論文。

部會必須一起面對外，也提供所有公民可以一起真正參與面對日益嚴峻的詐欺，也讓我國刑事司法必須正視人民滿意度的壓力。

賴總統出席「2024全面阻絕詐騙論壇」期勉各界將打詐視同作戰的決心，內政部警政署面對打詐作戰，首要全面提升民眾防詐武裝意識，但是面對挾數位浪潮而來的跨國電信與數位詐欺，警方恐難以單獨面對，因為這一波全球性的詐欺，已經可以看出跨國詐欺戰場有三個移轉，首先是從實體移轉到網路，其次是從境內移轉到境外，最後是從有效的監理移轉到去中心化的虛擬世界，因此警察勤務的規劃與執行也必需要能跟上未來犯罪的潮流。

詐騙是古老的犯罪，從有語言開始，詐欺就發生，詐欺幾乎與人類文明發展同步。確實如此，在COVID-19疫情前，我國的詐欺從傳統的金光黨詐欺走到電信詐欺，疫情加速網路科技的運用，後COVID-19時代，迎來的是電信結合網路的詐欺時代，詐欺集團高度運用社群媒體的匿名性與網路跨國性，攻破各國的疆界，使得原本可以受到有效控制的詐欺犯罪，在面臨電信技術與網路技術發展優勢下，成為難以追蹤、追查或預防的跨國組織犯罪，電信網路的詐欺治理顯然已經失靈。

國際社會對於新型態詐欺的議題亦有高度關注，紐約州檢察長在113年8月29日發布投資詐欺警告，指出詐欺集團使用AI技術冒用名人影音，於開放式社群媒體散播假投資詐欺，再引入封閉型社群媒體，每年將增加數十億美元的損失，網路詐欺如野火般蔓延，除了與要求社會大眾謹記防詐五不，以避免被害外，更呼籲大眾要即刻撥打OAG（檢察總長）專線報案，將詐欺細節提供出來。法國執法當局更於113年8月24日，以拒絕司法合作為由將過境巴黎的Telegram創辦人，以共謀詐欺與網路犯罪等名義逮捕，在全球不但激起「網路平臺是否要為使用者的言論負責」的討論，另外法國與新加坡執法當局也都表明，考慮要求社群平臺派員進駐政府的打擊詐欺犯罪中心。

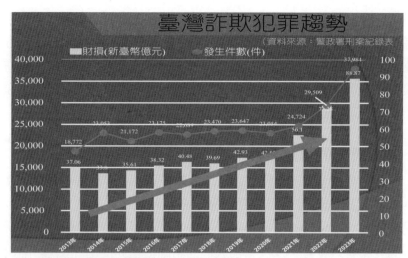

圖20-1　臺灣詐欺犯罪趨勢

圖20-2　打詐儀表板公布最接近真實數據

　　隨著電信網路詐欺犯罪的氾濫，詐欺集團已經不愁騙不到錢，唯一讓詐欺集團焦慮的是，騙到的錢如何不要被警方攔阻或追回，並且不讓警方循著領錢管道，循線逮捕到自己。於是，詐欺集團大量蒐購人頭帳戶，經由金融科技，可以快速在網路上層層轉帳，利用警方調取帳戶資料與阻斷現金提領行政命令的繁瑣書面程序正號，詐欺集團可以不斷的

利用第一層人頭帳戶，轉帳到沒有被害人直接匯款進入的第二層、第三層甚至第四層帳戶，再轉出到數位貨幣，把詐騙所得的金錢，早在檢警行政命令抵達前，大量快速提走，僅留第一層人頭帳戶與第二層人頭收款帳戶面對司法訴訟，造成警方大力取締電信網路詐欺後，銀行人頭戶大幅上升，黑市銀行人頭帳戶買受價格也大幅飆升[1]。

二、虛擬世界的犯罪偵防

　　虛擬世界的犯罪就這麼乘著這一波電信網路詐欺提前來臨，如果說1990年代紐約市警察局局長威廉・布拉頓和市長魯迪・朱利安尼推廣的破窗效應（broken windows theory）是犯罪心理學運用於警政治安治理的具體有效實踐，那麼當前我們面對虛擬世界的治理法規可謂千瘡百孔，從越來越多人使用社群媒體到數位貨幣，過去我國缺乏對於社群媒體或數位貨幣的監理主管機關與監理法規，有關這方面的犯罪，仍只能回到刑法與刑事訴訟法來處理，在相關法規無法與時俱進的情況下，治理失靈的情況仍逐漸在擴大，因此警政署針對打詐所缺乏的治理弱點，於112年陸續增修「打詐五法」，包括「中華民國刑法」、「人口販運防制法」、「個人資料保護法」、「洗錢防制法」、「證券投資信託及顧問法」修正案，113年再次推動「打詐新四法」，計有「詐欺犯罪危害防制條例」、「通訊保障及監察法」、「洗錢防制法」修正條文，同時「刑事訴訟法」也增訂「特殊強制處分」專章，期能有足夠的法律規定，授權各目的事業主管機關能完善源頭的行政監理，最後在刑法與刑事訴訟法上，再增加有關詐欺罪的懲罰與強制處分等措施，期能彌補治理失靈的缺口，讓警察機關能在法律授權與支撐下，要求國際社群媒體公司配合打擊詐欺，否則過去犯罪偵查的至理格言「犯罪現場為破案的知識寶庫」，在面對電信網路詐欺犯罪，因為沒有犯罪現場，或是應該說犯罪現場都在網路上，在缺乏監理機關與監理法規的網路，警

---

[1] 請參閱自由時報（2024.1.10），無所不詐／人頭帳戶1本喊到60萬分文未得　賣簿子還觸法，https://news.ltn.com.tw/news/society/paper/1625199。

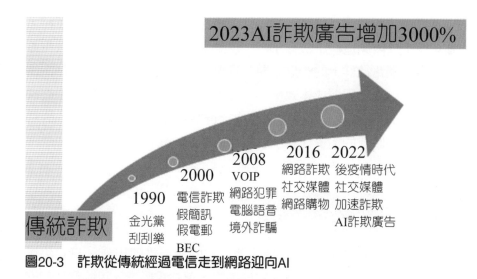

圖20-3　詐欺從傳統經過電信走到網路迎向AI

圖20-4　人頭警示帳戶變化趨勢圖

察機關就必須自己與網路國際社群媒體巨擘打交道。然而，無論是面對Meta、IG、Google、YouTube或是LINE這些跨國公司，沒有足夠的法令要求，警方往往只能以媒體社會責任，企業道德與倫理，呼籲這些跨國公司協助封鎖或下架假廣告、假訊息，另外依據我國刑法、刑事訴訟

法，透過司法互助或是協議默契提供這些躲在鍵盤後方的使用者資料，而難以要求或限制這些不法分子，一再濫用社群媒體帳號重複投放犯罪訊息，導致網路社群上的詐欺犯罪，日復一日重複發生，甚至在高額獲利難以被法辦的低犯罪成本效應下，變本加厲的發生，導致網路上充滿假購物與假投資詐欺，多利用網路或社群媒體難以追蹤真實身分的特性，網路虛擬時代的治安任務，成為考驗各國治安治理的修羅場。

貳、電信網路詐欺現況

詐騙犯罪活動近年來不斷地隨著科技的發展推陳出新，日益猖獗的詐騙集團不僅給社會帶來巨大經濟損失，還嚴重影響人民的信任和安全。詐欺早已不是當年金光黨模式的實體詐欺，這種利用電信網路科技，使被害人在未與犯罪者真正見面情況下，透過電話或其他方式使受害人產生信任，騙取大量不特定人員現金等，然後將金錢轉入指定存款的犯罪行為，在日本特別歸納稱之為特殊型態詐欺。電信與網路科技使詐欺犯罪朝跨境化、組織分工化、身分隱匿化及金流虛擬化，已經嚴重影響各國治安，成為最棘手的問題，其中又以網路投資詐欺造成民眾最大財產損害，2023年警方受理被詐欺損害金額高達87.8億元，其中投資詐欺金額占比高達六成。

由於這類詐騙行為的被害人經常需要前往金融機構匯款，在警方多年來宣導後，2023年開始加強公私協力合作，聯合金融機構一起肩負防範詐騙於未然的重責大任，2023年金融機構、超商、物流士與警方合作成功阻止民眾被詐騙，擋下來的金額也高達89.9億元。

一、投資詐騙危害最高

由於假投資廣告不斷投放於臉書以及YouTube等社群媒體，刑事警察局也分別與社群媒體簽訂快速下架合作通道，半年內通知網路平臺下架近5萬則涉及假投資廣告，但仍發現通知下架的廣告內容持續出現，

因此呼籲平臺業者負起社會責任，落實源頭管理[2]。

民眾陳情投資詐騙的四大主要類型，分別是：（一）冒名金融業者；（二）電話、簡訊及LINE群組勸誘買股；（三）金融商品交易平臺（APP）；（四）虛擬通貨交易平臺。[3]其中，「冒名金融業者」是假冒合法證券業者或金融機構發送簡訊招攬加入LINE群組；或假冒財經名人成立群組鼓吹投資特定商品或下載特定APP，如行政院院長陳建仁，台積電創辦人張忠謀、張淑芬夫婦、NVIDIA執行長黃仁勳、財信傳媒董事長謝金河等名人，全都成為投資詐騙的冒名對象。

「電話、簡訊及LINE群組勸誘買股」則以LINE群組假稱提供高獲利飆股資訊勸誘民眾投資港股或台股；或以電話推薦飆股方式或以簡訊提供網路連結方式勸誘民眾點選連結及加入網路群組。

「金融商品交易平臺（APP）」的投資詐騙手法是推薦民眾安裝假投資平臺APP，宣稱該APP可插隊搶漲停股票並保證獲利，投資人先於該平臺操作買到漲停股票並有小額獲利，接著便被要求持續加碼匯款，直到投資人發現並無法將獲利提領出來，才知受騙。「虛擬通貨交易平臺」則以虛擬貨幣交易可獲高收益，或先以提供飆股方式逐步勸誘民眾投資虛擬貨幣。

二、打擊詐欺犯罪修法簡介

（一）源頭管理的必要性

為從源頭抑制電信網路犯罪，特別是造成最大財損的投資假廣告，我國政府於112年通過打詐五法，113年再通過打詐四法，期能發揮打擊詐騙效果，特別是在嚇阻假網路廣告方面，增加許多措施，重點摘要說明如下。

112年我國立法院通過打詐五法，包括人口販運防制法修正案、洗錢防制法修正案、個人資料保護法及刑法修正案等打詐五法，而6月28

---

[2] 聯合報（2024.2.18），https://udn.com/news/story/7320/7776169。

[3] 投資詐騙四大手法曝光，https://udn.com/news/story/7239/7467370，閱覽日期：2023.12.8。

日公布的「證券投資信託及顧問法」增訂第70條之1及第113條之1條文修正案,更明定網際網路平臺提供者等網路傳播媒體業者與委託刊播者、出資者若造成投資人損失,負連帶損害賠償責任。

此為我國首次對平臺業者有所規範,重點在要求網際網路平臺提供者及網路傳播媒體業者刊登或播送廣告應「實名制」,需要載明委託刊播者及出資者相關資訊,且不得刊登或播送違反規定之廣告,如於刊播後始知該廣告有違規情事,應主動或於司法警察機關通知期限內移除廣告、限制瀏覽、停止播送或為其他必要之處置。網際網路平臺業者若未於通知期限內移除、限制瀏覽、停止播送或為其他必要的處置者,下架詐騙廣告,可由通知廣告下架的司法警察機關處以罰鍰,並責令限期改善。

但證期局並非社群媒體的主管機關,因此裁罰部分將由司法檢調機關依投信投顧法開罰,若通報臉書、谷歌詐騙廣告後,規定期限內不下架的話,可依法罰12萬至60萬元、可連續罰到改善為止,並可加重罰款上限2至5倍,罰至下架為止。修正案通過後,預期使網際網路平臺提供者等網路傳播媒體業者落實廣告審查職責,期能阻絕網路投資詐騙,以提供國人更安全之投資環境,然而實施一年後,社群平臺業者多僅配合警方下架涉及詐欺之假廣告,似未能主動下架涉及詐欺廣告。

(二)打詐四法重點介紹

由於112年的修法仍未能阻擋詐欺的攀升,於是我國再於113年推動打詐四法,從賦予執法機關使用科技偵查手段法律基礎之必要,且須完備相關法制面,以精準打擊詐欺犯罪,陸續通過「詐欺犯罪危害防制條例」、「通訊保障及監察法」、「刑事訴訟法特殊強制處分專章」(科技偵查法制化)及「洗錢防制法」等修正案,提供執法人員重要執法利器,回應社會對於科技打詐之殷切期待;並從實體面加重罪責、強化規範密度。經由跨部會、跨領域、跨機關之橫向聯繫,以徹底打擊詐欺犯罪,瓦解詐欺犯罪組織,以下就打詐四法修正重點摘要如下。

1. 詐欺犯罪危害防制條例

(1) 高額詐欺最重可處十二年有期徒刑，併科新臺幣（下同）3億元以下罰金

　　對於高額詐欺犯罪行為造成民眾嚴重財產損害，為符完整評價行為惡性，故提高法定刑，明定詐欺獲取之財物或財產上利益達500萬元以上，最重處十年有期徒刑，得併科3,000萬元以下罰金；若達1億元以上，最重可處十二年有期徒刑，得併科3億元以下罰金。

(2) 3人以上複合不同詐欺手段，加重刑責二分之一；首腦主犯最重可處十二年有期徒刑，併科3億元以下罰金

　　明定複合式詐欺犯罪，依刑法第339條之4法定刑加重二分之一；對於發起、主持、操縱或指揮犯罪組織之首腦主犯，更提高刑責為五年以上十二年以下有期徒刑，得併科3億元以下罰金。

(3) 鼓勵詐欺犯罪成員窩裡反，自首或自白協助溯源追查，得減輕或免除其刑

　　增訂窩裡反條款，以有效協助追查上游詐欺犯罪核心共犯或查扣全部犯罪所得，徹底瓦解詐欺犯罪組織及查扣全數犯罪所得。

(4) 犯罪所用之物一律沒收，其他違法利得一併沒收，徹底斷絕犯罪誘因

　　詐欺犯罪具有低成本高獲利之特性，明定對於供詐欺犯罪所用之物，不問是否屬於犯罪行為人所有，一律沒收。對於查獲時無法證明與本次詐欺犯罪有關，若能證明為其他違法行為利得，一併沒收。

(5) 提高假釋門檻，有期徒刑提高為三分之二，累犯提高為四分之三，三犯一律不得假釋

　　因詐欺犯罪具有常習性，因而有必要提高詐欺犯罪假釋門檻，有期徒刑提高為服刑超過三分之二；累犯提高為服刑超過四分之三，三犯詐欺犯罪一律不得假釋，矯正詐欺惡習。

(6) 完善被害人保護措施

　　強化現行「165反詐騙諮詢專線」之功能，提供詐欺被害人諮詢轉介服務、加強法律協助、放寬民事訴訟選定當事人限制，並減輕相關民

事訴訟費用負擔、明定偵查或審判中運用調和解程序，促使被告向被害人賠償，積極填補被害人損害。

2. 通訊保障及監察法源頭管理的必要性

(1) 增訂網路流量紀錄調取規定，溯源追查詐欺及資安犯罪

近年來詐欺案件氾濫，且資安攻擊事件或網路恐嚇信件頻仍，均為利用網路匿蹤之案件。修正通過之通訊保障及監察法，增訂調取網路流量紀錄之法定程序，比照通信紀錄，由執法機關聲請法院核發調取票後調取。

(2) 授權檢警職權調取通訊使用者資料，擴大通信紀錄調取罪名範圍，即時掌握詐欺相關犯罪資料

通訊使用者資料在修法前必須向法院聲請調取，本次修正後檢察官、司法警察官將可依職權調取，即時追查詐欺犯罪相關共犯。本次修正同時擴大通信紀錄調取罪名範圍，刪除調取通信紀錄須偵查「最重本刑三年以上有期徒刑之罪」之限制。

3. 刑事訴訟法特殊強制處分專章（科技偵查法制化）

(1) 運用GPS定位追蹤，即時追查車手位置及去向

現行詐欺集團車手為躲避檢警機關查緝，多使用通訊軟體進行聯繫，為能即時掌握取款車手位置及去向，運用GPS定位追蹤有其必要性，為強化程序保障，檢警實施逾連續24小時或逾累計2日，即採法官保留。

(2) 利用M化車定位，鎖定詐欺電話機房搜索查緝

依照傳統跟蒐或通訊監察往往無法掌握精確機房位，因而有必要利用M化車進行發話定位，進一步聲請搜索查緝，明文規範調查發動程序採法官保留。

(3) 使用熱顯像儀，調查被害人遭囚位置即時救援

因本方法係對隱私及具秘密合理期待之場所調查，故規定僅得從室外對室內採非實體侵入性調查，且不得錄音，並限於調查最重本刑五年以上之罪，採法官保留原則。

4. 洗錢防制法

(1) 刑責納管提供虛擬資產服務之「事業」或「人員」，嚴杜藉由虛擬資產形式洗錢

　　提供虛擬資產服務之「事業」或「人員」，倘未完成洗錢防制登記，或境外設立者未辦理公司或分公司設立登記及洗錢防制登記，卻提供服務，將科刑責強化納管，並於特殊洗錢罪增訂利用虛擬資產帳號犯洗錢罪之刑事處罰。又非「同質化代幣」（Non-Fungible Token, NFT）運用於金融投資或支付用途時，亦屬前述虛擬資產範疇而同受規範，以全面防杜詐騙及洗錢犯行。

(2) 刑責納管提供第三方支付服務之「事業」或「人員」，嚴防淪為洗錢工具

　　對於提供第三方支付服務之事業或人員就未完成服務能量登錄而提供服務者，或境外設立而未辦理公司或分公司設立登記及服務能量登錄，卻提供服務者，明定以刑責納管，另於特殊洗錢罪增訂利用第三方支付帳號犯洗錢罪之刑事處罰。

(3) 層級化一般洗錢罪之罰則，落實法人有責任始有處罰原則，溯源追查洗錢共犯，沒收範圍擴大

　　使洗錢犯罪刑度與前置犯罪脫鉤，並以洗錢規模是否達新臺幣1億元區分不同刑度，以嚴懲其危害金融秩序之不法行為。另加重法人責任，惟對有責任始有處罰之憲法原則併予落實，復將沒收範圍擴大為洗錢之財物或財產上利益，不問屬於何人均沒收，擴大利得沒收亦不限於以集團性或常習性犯之，強化嚇阻洗錢犯罪力道。

(4) 提高指定非金融事業或人員違反洗錢防制法之罰鍰上限，並增訂「得按次處罰」

　　就未落實內控與稽核制度、確認客戶身分、留存必要交易紀錄、大額通貨交易申報、可疑交易申報之指定非金融事業或人員所為罰鍰上限提高，使罰鍰具比例性或勸阻性，並新增「得按次處罰」規定，以加強監理機關與執法機關協力，促進透明金流、防制洗錢之力道。

　　打詐四法順利完成立法，在當前被認為可為打詐立下重要里程

碑，因為經由源頭的監理強化，可溯源追查詐欺共犯，落實打詐行動綱領，加強打詐執法力道，惟成效尚待相關子法發布後始能評估。

參、詐欺趨勢與案例分析

　　網路時代，資訊流通快速，社群通訊軟體發達，加以新興投資標的出現，假投資訊息能以極快的速度大範圍傳播，結合假冒名人等詐欺手法，導致投資詐欺日益猖獗。2023年行政院於112年上半年推動修正「打詐五法」，7月核定修正「新世代打擊詐欺策略行動綱領1.5版」，從「識詐、堵詐、阻詐、懲詐」四大面向，整合各部會力量，強化攔截圍堵技術與健全法律制度，以減少詐騙受害案件。警方持續透過媒體通路，分齡分眾進行防詐宣導，並聯合金融機構針對投資族群精準投放宣導資訊，強化全民識詐知能。112年詐欺案件概況簡析如下：

一、112年詐欺案件概況

（一）詐欺案件發破數均較上年增加逾二成五。

（二）112年（以下簡稱本年）詐欺案件發生數3萬7,823件，較111年（以下簡稱上年）增加8,314件（+28.17%）；本年詐欺案件破獲數3萬5,982件，較上年增加7,264件（+25.29%）。

（三）詐欺犯罪發生數以「投資詐欺」較上年增加5,233件（+79.99%）最多：本年詐欺案件發生數按犯罪方法分，以「投資詐欺」1萬1,775件（占31.13%）最多，「解除分期付款詐欺（ATM）」7,351件（占19.44%）次之，「假網路拍賣（購物）」4,667件（占12.34%）再次之；與上年比較，以「投資詐欺」增加5,233件（+79.99%）最多，而以「佯稱代辦貸款」減少150件（-13.43%）最多[4]。

4　警政署2024年4月3日發布警政統計通報（2024年第14週）。

表20-1　2023年詐欺案件發生數及破獲數概況

犯罪方法	發生數				破獲數		
			與上年比較			與上年比較	
	件數	結構比（%）	增減數（件）	增減率（%）	件數	增減數（件）	增減率（%）
總　計	37,823	100.00	8,314	28.17	35,982	7,264	25.29
投資詐欺	11,775	31.13	5,233	79.99	1,212	4,808	75.08
解除分斯付款詐欺（ATM）	7,351	19.44	2,267	44.59	7,307	2,229	43.90
假網路拍賣（購物）	4,667	12.34	1,372	41.64	4,516	1,335	41.97
一般購物詐欺（偽稱買賣）	3,579	9.46	83	2.37	3,401	31	0.92
假愛情交友	1,368	3.62	-74	-5.13	1,230	-151	,10.93
猜猜我是誰	1,216	3.21	-29	-2.33	1,192	-60	-4.79
借錢不還含票據詐欺（空頭）	988	2.61	-15	-1.50	953	-34	-3.44
假冒機構（公務員）	985	2.60	-119	-10.78	979	-117	-10.68
遊戲點數（含虛擬實物）詐欺	984	2.60	-131	-11.75	929	-135	-12.69
佯稱代辦貸款	967	2.56	-150	-13.43	903	-176	-16.31
其他	3,943	10.42	-123	-3.03	3,360	-466	-12.18

資料來源：本署刑事警察局。
說明：破獲數含破積案。

　　詐欺集團往往假冒金控或是投顧公司專家，於社群媒體濫發網路廣告或是詐欺簡訊，誘使民眾加LINE好友，再鼓吹加入LINE投資群組，群組內犯嫌扮演成投顧老師及成員，以投資話術詐騙被害人，因臉書假紛絲及投資詐騙簡訊為詐欺案件前置行為。

二、重要詐欺案例分析

　　以下依據警政署重要破獲案例，列舉已破獲且向上追朔，拆解利用社群媒體工具之假投資詐欺之重要案例進行分析，藉由其詐騙流程、組織、手法及影響所及之被害金額、被害人數等進行分析犯罪流程。

（一）尊爵詐騙案

　　高雄市40歲黃男、28歲蘇男受境外上游詐騙集團共犯「尊爵」指使，首先在臺灣成立全面向（假）投顧公司，再向電信業者申辦大量

（約150）組門號，並辦理「企業大量簡訊服務」，對民眾發送投資詐騙簡訊，簡訊夾帶社群媒體LINE群組，黃男為加速擴大效應，另斥資2,700萬向知名公司購買「搜客人工智慧語音互動系統機器人」以AI語音機器人協助邀請加為LINE即時通訊好友，進行初階詐欺聊天服務，藉此方便篩選對投資有興趣的民眾，提高命中率。

如民眾受騙後再指導其下載專用APP，匯5,000元成為會員，體驗7天5萬元的投資額度，再以投資獲利為誘餌，詐欺集團後續以投資成果良好誘騙被害民眾持續加碼、匯款。鼓吹民眾加碼投資，當被害人要求匯回投資本金與獲利時，詐欺集團即以各種藉口拒絕給付，導致被害人損失慘重後始得知遭詐欺。

經追查簡訊服務上線紀錄，係自某公司之IP，研判可能為詐欺集團之機房。案經申請搜索犯嫌居所及相關公司，查扣全面向管理投顧企業社大小章、簡訊發送紀錄、推銷電話AI機器人服務合約及自動對話設計表等證物，並拘提犯嫌黃、蘇到案。

清查本案被害人共87人，本案除逮捕警示帳戶提領車手，查扣現金57萬元外，另查扣簡訊儲值餘額950萬6,667元，合計查扣資金上千萬元，另清查該假投顧公司於電信公司之儲值簡訊費用竟高達1億元，初步估計已發送簡訊量達6,000萬則，平均每月超過600萬則[5]。

二、萬國詐騙案

盧姓男子等人組成「萬國」假投資平臺，涉嫌透過LINE通訊軟體，以年輕女子頭貼隨機與被害人交友，再佯稱有投資飆股資訊，誘騙被害人匯款，刑事局中部打擊犯罪中心循線逮捕盧男等26人，訊後送辦。警方分析165詐欺資料庫，發現網路上有以「萬國」名義邀約的投資平臺，用假投資詐欺手法詐騙民眾財物，蒐證後鎖定以25歲盧男為首的詐騙集團偵辦。

該集團首先於臉書等社群媒體刊登廣告，誘使有興趣的民眾加入盧

---

[5] https://tw.news.yahoo.com/首見-詐團結合ai語音機器人撥詐騙電話-婦慘虧2300萬-084856992.html，閱覽日期：2023.12.8。

男等人使用之LINE通訊軟體，並以年輕女子頭貼充當助理，主動加入不特定民眾爲友人，透過頻繁對被害人早晚問安及噓寒問暖，再伴稱有投資飆股資訊，取信被害人匯款至詐騙集團指定帳戶。

專案小組清查，涉案的假投資平臺被害人逾15人，財損金額逾新臺幣9,000萬元，其中有4人損失金額更超過1,000萬元。警方全案訊問後，將盧男等26人依詐欺、洗錢及組織犯罪等罪嫌，移送高雄地檢署偵辦[6]。

三、虛擬幣詐騙案

臺中市政府警察局刑大偵四隊破獲一個假投資詐騙機房的轉帳水房，該集團透過臉書或LINE尋找被害人，再利用「LINE群組樁腳分享獲利經驗」、「公益講堂」、「抽中股票」、「匯款指導」等話術吸引被害人投資。警方共逮捕主嫌吳姓男子等20名嫌犯，其中10人被收押，清查總共有264人被騙，洗錢金額高達5.6億元。

一名竹科工程師1個月內損失800多萬，退休女公務員則是匯款10次共1,300多萬元，警方分析個案發現被害人都是透過通訊軟體LINE加入名叫「COINPAYEX」的假投資平臺，群組內投資老師宣稱投資虛擬貨幣可短時間內有5倍獲利。該集團利用通訊軟體LINE成立投資群組，表示可幫忙操作虛擬貨幣獲利，並由投資老師推薦加入假投資平臺「COINPAYEX」，要求被害人將現金匯入指定戶頭，爲避免銀行起疑還要被害人以「繳房貸」、「室內裝潢費」等理由當作說詞瞞過，得手後由南部車手集團提領給水房洗錢，另一部分則經過層轉帳戶在進入虛擬貨幣交易所購買泰達幣。專案小組進行追查，先於3月在嘉義拘提張姓車手頭及車手等7人到案，5月在高雄地區拘提許姓收簿手、車手及人頭帳戶持有人等9人到案，經向上溯源循線追查鎖定該洗錢集團主嫌爲蔡姓男子（32歲），將被害人匯款金流層轉數次企圖規避查緝[7]（假投資詐欺作案手法及流程如圖20-2及圖20-3）。

---

6 假妙齡女交友真詐財警破獲詐團投資平臺逮26人，https://udn.com/news/story/7320/7601946，閱覽日期：2023.12.8。

7 台中警搗破詐欺轉帳水房詐團4大手法報你知，https://www.chinatimes.com/realtimenews/20231015002915-260402?chdtv，閱覽日期：2023.12.8。

假投資詐欺簡訊案犯罪示意圖

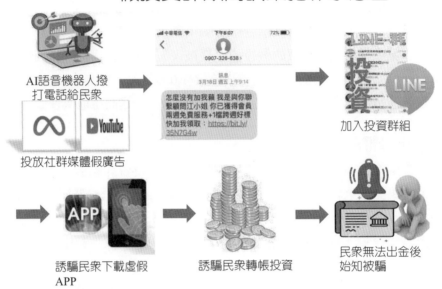

圖20-5 假投資詐欺簡訊案犯罪流程1

來源：刑事警察局。

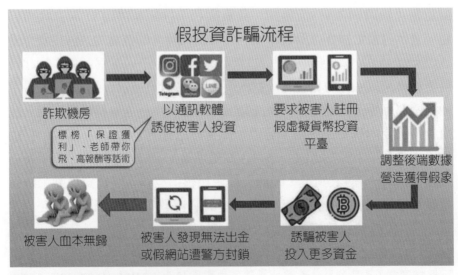

圖20-6 假投資詐欺簡訊案犯罪流程2

來源：刑事警察局。

四、投資群組案例

陳姓被害人於2022年底在網路上「胡睿涵投資群組」，加入學習股票投資技術分析之「胡睿涵LINE群組」通訊軟體群組，遭自稱是投顧助理的楊姓女子主動要求加LINE，並向被害人詭稱可以找到飆股迅速獲利。被害人因於投資初期測試出金狀況正常，陸續依照詐騙集團指示，匯款與面交資金達新臺幣上千萬，直到無法出金時始發現遭詐騙。經分析匯款帳戶金流並調閱監視器交叉比對，於詐騙集團要求再次交付資金時，當場查獲周姓主嫌、詹姓及陳姓接應共犯等合計共3人，並查扣偽造投顧公司收據、公司印章、工作證、手機等證物一批。

該詐騙集團犯罪手法係假冒元大投顧財金頻道「理財最前線」主持人胡睿涵名義，以其財金專業形象取信被害人，在網路上分享投資心法並邀請被害人加入社團；俟被害人加入社團後，另佯稱投資顧問名義要求互加通訊軟體私訊，遊說誘騙被害人漸進式加碼投注資金。詐騙集團為避免被害人鉅額匯款被警方與金融機構合力攔阻，在被害人加注資金過程中，甚至要求被害人至ATM提領數萬元的小額現金，並於累積至百萬後再面交給詐騙車手。

「理財最前線」主持人胡睿涵另亦於其臉書粉絲專頁貼文公告澄清，只有「藍勾勾」才是胡睿涵本人臉書，而且「睿涵『絕對不會』帶大家投資」。

胡睿涵本人表示深受其害，她赴臺北市刑警大隊報案才發現，連刑警都曾誤信詐騙集團而加入以她為名的投資群組，此外包括她的親姐姐、醫生朋友也曾受害，讓她非常憤怒，「詐騙集團不僅偽造我的LINE帳號，還花錢買臉書廣告推廣，甚至附上我在元大投顧招牌前的照片吸引民眾加入、推薦股票，很可怕」。她嚴正表示，她未使用LINE社群、LINE群組、Telegram等經營個人粉絲專頁，只有加上「藍勾勾」的臉書粉絲專頁才是正牌的，其他都是假冒的[8]。

---

[8] https://tw.news.yahoo.com/假投顧詐財千萬食髓知味-南警設計逮車手三人-023013783.html，閱覽日期：2023.12.8。

肆、詐騙集團分工與角色

一、任務分工

（一）團主與金主

顧名思義，指的是整個詐騙集團的領導者，負責詐騙工作的策劃及分工。由於首腦通常隱身幕後，因此往往也是最難抓到的詐騙集團成員。而金主則是提供資金供團主去籌建詐欺集團的幕後出資者。

（二）電腦（廣告投放）手

是實際負責利用通訊設備軟硬體，去（海外）投放假廣告，或是以貓池（MODEM）簡訊、LINE、IMESSAGE去接觸被害人的關鍵技術人員，方式可能包含電話、簡訊、通訊軟體等，現今由於投資詐欺興盛，電腦手甚至必須要會操作假APP或假投資網頁。

（三）海外機房話務手（暗樁或一到三線）

詐欺機房的組織架構，過去通常是以30人為基礎，「一線」扮演「公安」，與被害人接觸；「二線」以「書記官或銀行行員」身分假意協助，加深被害人信任；三線「檢察官」，現已轉型為投資型詐欺，改由LINE私密通訊軟體聯繫，無須再一直依靠語音，改以文字與圖卡大幅精簡人力，主要由過去打電話的「一線」、「二線」、「三線」組成。在轉型投資詐欺後，改為假名人、假秘書與假理專分別擔任一至三線話務手，當民眾看到假臉書或假YT廣告後，初階對談的就是「一線」話務手，在投資詐欺方面通常就是假名人，只負責加LINE過濾有興趣的被害人。經過初步對談之後，依據被害人之財力、股票知識，準備拉進不同投資族群，然後改扮演群組中的暗樁，利用使用LINE或QQ等將被害人就轉到二線「助理」聯繫，此時二線「助理」上場，聲稱幫忙老師處理秘書事務，投資理財族群之助理，理財經驗豐富，持續教導與關懷後，若有意願投入現金，才會繼續鋪陳，要求加入APP。加入APP後緊接著「三線客服」上場，「三線客服」扮演協助重要入金的角

色，要求你上傳證件審核，完成認證後，改以「理財專員」收款，或是「假幣商」協助轉為穩定數位貨幣，迅速將被害人的錢挪到「APP安全帳戶」。

（四）車手（檢包車手、把風車手、收水車手）

車手團，有時會預防被埋伏警方查獲，而區分成檢包車手、把風車手與收水車手。負責將贓款提領出來的人，通常是背著很多張提款卡包包在超商前等候提款的稱檢包車手；其次是協助把風的把風車手以防領取贓款遭警方埋伏緝捕；最後是負責將提出款項匯整的收水車手或稱車手頭。

近期由於打詐四法修正後，車手刑責略微提高，開始出現外籍車手來臺觀光旅遊兼職擔任車手提領詐欺贓款，遭逮捕之外籍車手分別來自香港、新加坡、馬來西亞等國。

（五）照水

詐欺集團依據香港說法將「水」視為代表金錢，很多人以為照水就是過去的把風，但其實有別，把風是為了防備警方查緝而掩護犯嫌，照水則是因為車手黑吃黑問題嚴重，為了避免車手黑吃黑，所以安排另一名「照水」監控提款車手，向上回報是否順理取錢成功，以及有無將錢繳給車手頭或收水。事實上車手遭到黑吃黑，甚至搶劫狀況新聞常有報導，若是大筆金額損失仍然會緊急報警處理，但往往最後遭警方識破金流來源，才發現是詐欺黑吃黑，因此車手通常不會單獨行動，旁邊會有照水，以及車手頭或收水等候。

（六）人頭戶

將自己銀行帳戶與密碼出售牟利的人，這類人頭戶通常只要遇到被害人報案，通常會很快成為警示帳戶。以往人頭帳戶採現金購買，由於警方強力取締，導致一本人頭帳戶從原本3,000元，上漲到數十萬元，近來民眾逐漸知悉人頭帳戶風險，導致人頭戶的犯罪態樣，逐漸轉向騙取帳戶，常見手法是利用兼職代工廣告，告知需提供帳戶以利登記，或

是添購代工材料等，取得帳戶密碼。這些詐欺職缺訊息的招募釣魚管道一般也都以社群媒體為主，不透過合法人力仲介或傳統媒體刊登，以躲避警方干擾或追查，近年人頭戶更逐漸走向即將離境的移工，給付相當金額，購買移工之帳戶與密碼。

（七）收簿手

收簿手、領簿手、包裏手，詐騙集團喜愛吸收初入社會、工作經驗不足之年輕人從事此行為。取簿手意指接獲詐騙集團指令後至便利商店或指定取貨無人商店，領取被害人所寄送之存摺、提款卡，領取後再依詐騙集團給予之指示交寄至指定地點，供其他集團犯罪成員用於收受不法款項，藉此獲取報酬。

（八）假幣商

目前由於銀行與警方合作良好，民眾要提款給詐欺集團不容易，因此詐欺集團結合假虛擬貨幣集團，跟隱身中國或海外的「假投資」詐騙集團合作，誘騙被害人先購買穩定數位貨幣如泰達幣，匯入假投資平臺，以控制投資與取款的平臺。

（九）窩點、交通與保母

詐欺集團躲藏的話務機房，通常藏身海外，通稱為窩點，窩點內負責生活起區以及日常購物與進出接送的稱為交通，看護這些人的稱為保母。

（十）系統商

當前的投資型詐欺，每一個詐欺集團背後一定會有電子商務網站，他們背後都有一個IT系統商協助，這個IT系統商實際上就是他們的OA平臺，幾乎所有臺灣在海外建點的詐騙集團使用類似的主流平臺，這個平臺由專人開發完成後，賣給電信詐騙集團，就可以進行個人化的設定和改造。

電子商務平臺，涉及被害人個人檔案可以累計聊天紀錄。主要包括

被害人個人財務狀況。包括房地產、存款、理財產品，股票市值、個人社交圈、家人等。

（十一）外包分析商

在「拉入」階段，詐騙集團除了透過電話、簡訊、網路社群、通訊軟體或交友軟體主動認識被害人外，並加入真實的股票或數位貨幣投資群組，將投顧群組的訊息在假投資群組中，立即分享給被害人，假借股票、虛擬通貨、期貨、外匯及基金等名義，使加入LINE假投資群的民眾，信任「低門檻高獲利」、「飆股明牌」等廣告訊息（例如投資股票、基金、期貨、外匯、虛擬貨幣），以保證獲利、註冊儲值、報明牌等方式使人陷於錯誤。

（十二）水房

水房的最高指揮為金主，也就是一開始出資提供集團運作周轉資金者，通常不出面，且嚴禁一般幹部或團夥直接聯繫，下設大水房、中水房、小水房，由收水手將被害人匯入人頭帳戶之贓款金額集中後，逐層往上陳送，嚴禁跨層級遞送金額，最後透過地下匯兌、賭場或是數位貨幣將贓款洗出。

詐騙集團內部有嚴格的作息時間、保密要求、培訓制度和考核制度。在詐騙窩點內，每天定時定點吃飯、睡覺，還有每天的晨會和晚間績效檢討會，例如股票投資社群，每日上午8點半定時發布早安盤前資訊，股市開盤中禁止通話，不斷提供即時資訊，收盤後要求背後人提出收益或損失報告。下午1點半後貼文享用點心與下午茶生活畫面，鼓勵投資人繳出獲利分紅，若投資失敗則稱投資人因飆股時間差導致失敗，鼓勵交出資金由操盤手代操。晚上7點半開始分析今日投資訊息，假日則營造聚餐或旅遊心情。實際上詐欺集團的成員，個人手機均集中保管，每週只允許打一次電話，不許向家人透露具體工作內容，電腦中有一鍵刪除軟體。建立窩點的前3天進行集中培訓，透過專門的教材（詐騙話術本），熟悉詐騙流程，詐騙模擬考與排名、背誦與抄寫的處罰

等，晨會和晚會上也會總結詐騙成功經驗和失敗教訓，以提高詐騙話術技巧。每天、每週、每月都有業績排行榜，根據「業績」決定升降級，業績太差的話務手必須罰抄寫，將詐欺劇本內化至心中，以避免遭到受害人質疑時，無法對答而露出破綻。

負責收受車手提領出來的贓款，再把錢交給上手或透過各式管道，輾轉將錢交回給集團的人。水手的功能在於透過輾轉交付金錢的過程，增加金流上的斷點、造成警方查緝困難。

由於車手、水手的工作內容需要在外拋頭露面，因而也是整個詐騙集團中最容易遭查獲、取代性也最高的成員[9]。

伍、警政與社群媒體治理發展簡介

當前電信網路詐欺的發展高度利用社群媒體治理漏洞，其實社群媒體治理的議題，最早吸引全球注意的，並非詐欺犯罪問題，而是「假訊息」議題。例如，2016年美國總統選舉時，當時川普在數以百計推特發文中指稱網路上充斥著「FAKE NEWS!」，而且隨著社群媒體興起而越來越泛濫，從此「假訊息」被全球廣泛關注與討論。而社群媒體上的詐欺犯罪，可追溯到2018年，當時因為數位貨幣投資風潮，導致許多科技界名人遭到冒用，鼓吹民眾購入各種數位貨幣，引發蘋果公司共同創辦人之一史蒂夫・沃茲尼克（Steve Wozniak）跟其他17名受害者，共同提起集體訴訟向YouTube和其母公司Google提起告訴，指控社群媒體公司沒有積極刪除那些盜用名人肖像的假投資詐欺影片，然而無論是假訊息或是詐欺犯罪，從一開始進入美國司法程序後，皆因美國憲法第一修正案禁止剝奪言論自由或侵犯新聞自由而受到保護，難以勝訴。

但2019年6月曾任職Google的工程師Tristan Harris公開於美國國會

9 詐騙集團精密分工大曝光，https://www.businesstoday.com.tw/article/category/80392/post/201604280021/，閱覽日期：2023.12.8。

聽證會，提及演算法的推薦內容並不是偶然產生，而是刻意設計。說明科技巨擘所打造的演算法讓社會變得越來越極端。因為使用者在網路上留下的足跡，通通都會被記錄下來，作為分析行為模式的數據原料。準確預測使用者的行為，再將該行為預測模型賣給商人。這樣的商業模式後來被史丹佛大學教授Shoshana Zuboff（2019）稱為「監控資本主義」（Surveillance Capitalism）。

隨著監控資本主義的理論提出，各國發現社群媒體更多的治理議題，已經產生不同角度的看法，過去社群媒體被認為完全屬於自由發言平臺，應受言論自由保障，已在各個領域於不同國家遭遇到各種不同的挑戰，特別是在演算法協助下的言論傳播，並非自然地散播，也容易造成同溫層效應。因此，社群媒體原本自詡屬於單純的平臺角色開始受到嚴重挑戰，各國也開始要求社群媒體應註冊落地規管、進行透明度報告、訂立社群媒體專法，甚至要求金融業一起加入金融科技的管控，為的就是在網路社群出現騙人的虛假言論或廣告造成治安危害時，能夠予以制止、警告與移除甚至進行偵辦。

一、歐盟一般資料保護規範（GDPR）

2018年歐盟制定之「一般資料保護規範」，便是結合歐洲法律及市場力量，達到全球影響力的最佳案例。GDPR法規於2018年5月25日生效，成為當前最嚴格的隱私權和安全法。儘管它是由歐盟（EU）起草和通過的，只蒐集歐盟境內人員相關的數據，但無論是任何地方的組織皆受到規範。

GDPR的推動主要來自越來越多個人資料委託雲端進行服務，導致資料外洩事件每天都在發生，歐洲透過GDPR表明了其在資料隱私和安全方面的堅定立場。該法規本身規模龐大、影響深遠，GDPR成為一個令業界畏懼的法令。

此外，Kleinwächter等人也呼籲歐洲應重申並加強倡議網路治理中安全、人權及永續發展的目標，將網路治理列為未來政策的重點項目。最重要的是，在強調法治精神、制衡原則的同時，應在各階段積極與多

方利害關係人對話，在政策制定及實施上落實多方模式。上述主張與馬克宏的網際網路治理論壇（Internet Govemance Forum, IGF）演講互相呼應，皆強調保護民主、法治精神的重要。

雖然，以德國治理學者Kleinwächter為首的德國派系認可多方模式與多邊模式共存的可能，但仍將多方模式奉為圭臬，主張網路治理應根基於多方利害關係人的交流與共識，他大力倡導的「法治精神」無可避免地必須仰賴政府力量，認為以網路空間的廣度，足以容納多方利害關係人與政府多邊治理模式共存。他強調，無論是多方模式或多邊模式，最重要的是「法治」（rule of law）的建立以及遵守常規，他認為多方模式與多邊模式之爭已過時。

二、歐盟數位服務法（Digital Service Act, DSA）

另外歐盟在2020年提出「數位服務法」與「數位市場法」（Digital Market Act, DMA）草案，歷經近兩年協商及立法程序之後，DSA與DMA均於2022年11月生效。

DSA允許使用者要求平臺業者刪除特定內容，透過所在國之爭議解決機制處理紛爭，並且建立簡易的非法內容舉報管道。此外，平臺業者應提供公開透明的服務條款以及履行盡職調查，而超大型線上平臺面對嚴重危害發生時，也必須負擔更嚴格的義務。

DSA除實施新的未成年人保護措施，以及禁止針對未成年人或利用敏感性資料投放目標式廣告，也針對公共衛生與安全危機制定快速應變機制以及其他風險管理措施。超大線上平臺業者有義務評估並解決其服務對使用者權利可能帶來之風險，尤其是當嚴重限制權利以及存在病毒式傳播非法或有害內容之重大風險時。

三、歐盟DMA數位市場法

為促使企業用戶為消費者提供更多的創新服務選擇，同時增進替代性服務與守門人（gatekeeper）平臺服務之間的互通性，DMA嚴禁不公平的實務競爭，在消費者權益方面，不僅可依據個人意願輕鬆轉換平

臺，也更有機會獲得優質服務與親民價格。

DMA允許企業存取平臺持有的若干資料，得自由選擇不同平臺提供商品或服務，以及視需要轉換與組合各項服務。同時，DMA也禁止守門人以不公平排名方式排擠其他企業在同一平臺提供的類似商品與服務。

整體而言，在新遊戲規則之下，企業將更輕易觸及消費者而不受平臺守門人阻礙，小型企業及新進入者則擁有更多擴張空間與競爭潛力，以藉此促進企業與消費者雙贏的數位市場發展。

陸、警察勤務如何因應網路電信詐欺

面對全球數位詐欺的浪潮，我國警政部門鐵腕配合端出「最接近真實數據的儀表板」，更呼籲公民一起參與監督，來共同面對不斷移轉的詐欺，以防阻更多人被害，接下來還需要具備技術監理的數發部、NCC，以及金融監理的金管會和懲詐的法務部一起動員，改變提出新治理作為，才能將打擊詐欺從實體到虛擬，形成陸海空到水下全面包圍的打擊詐欺作戰團隊，警察勤務的規劃也要開始運用來自大數據的環境分析，特別著重於網路犯罪轉換到實體的關鍵節點，針對這些關鍵節點來編排警察勤務。

一、勤務規劃與編排

當前警察勤務機構的勤務安排多由派出所所長，依據警察勤務基準表進行編排，然而過去的勤務基準表已行之多年，未能與時俱進，跟上最新的網路犯罪反制趨勢，例如車手提款時間受到金融政策每日提款上限影響，喜歡在子夜前後抵達超商、車站等ATM機器，進行跨日的每日最高額提取。若警察勤務編排時間，未能參考此一普遍現象，那麼車手在23:45-00:15的重要熱時提款期間，基層執法人員不是在返所路上，就是在剛出發的途中。因此，基層警察勤務的規劃，首先要考量的

是熱點時間的勤務連續安排，在勤務的分配上要注意非整點起班的勤務安排，或是連續4小時的勤務安排，不要讓執勤同仁在關鍵犯罪熱點時刻，卻必須返所簽到退，改換不同勤務。以下針對六大勤務如何因應網路詐欺犯罪，規劃進行因時、因地制宜的勤務。

二、配合偵防網路犯罪調整勤務項目

（一）巡邏：尖峰時刻與犯罪熱點

警察勤務應針對網路詐欺犯罪型態的熱時與熱點，進行有效的反制編排，例如針對網路詐欺犯罪的特性，首先要先分析轄區「車手」提款的熱時與熱點，ATM車手通常喜好選擇跨子夜時刻的關鍵時間，分別在跨子夜的前一日提款當日最高額，後一日再提取當日裡最高額；而「車手頭」則在彙整收取金額後，選擇能受理無摺存款的ATM，避開銀行行員的關注，存入每日每帳戶至多50萬元的最高額，製造現金流斷點，利用機器把現金轉到安全的上層詐欺帳戶。因此，在詐欺犯罪熱點或提款熱點的勤務規劃上，要先經過整體分析，並考慮到巡邏或守望勤務抵達指定現場的時間。

（二）守望：分析網路與實體犯罪節點

守望勤務應先分析有關網路詐欺犯罪轉為轄區實體犯罪的關鍵節點，例如轄區車手提款的熱點，因為ATM車手通常為未成年，這些車手為了怕被人認出，通常會選擇交通便利的ATM處所，遠離熟悉自己的場域去進行提款，甚至搭乘高鐵或捷運到他轄去提款，以避免重複進行ATM提款時遭到認出。因此，轄內ATM提款若處於大眾交通便利的處所，或是高度金融機構提款機密集的處所，以及依據過去轄區詐欺案件高發的場域，審酌犯罪發生的可能性與密度，應列入守望要點。至於偏鄉地區的轄區提款機，因欠缺其他可提款處所替代，亦可能成為高風險網路詐欺提取節點，若警力不足，可以運用科技，例如設置監視器，進行遠端監控，以彌補人力之不足，以科技監控代替守望勤務。

（三）臨檢：科技警政加強熱點

由於網路電信詐欺的影響，近年來刑事警察局開始與金融業進行合作，利用AI分析可疑警示帳戶，提出鷹眼計畫，讓國內35家銀行加入該AI預警計畫。基於這些模型與AI分析，部分銀行已開始開發軟體與轄區警方合作，例如於ATM偵測到可疑警示帳戶提款時，不僅不接受提款，還會立刻以系統自動撥號通報警方，由警方立刻派遣線上警力，前往現場加強臨檢盤查，達到以智慧科技方式撙節警力，鎖定可疑提款卡出現於ATM提款時加強通報警方前往臨檢盤查，惟此種模式有賴於警力的迅速抵達與專業盤查。

（四）值班：165諮詢專線協助受理

警察勤務中值班主要的重責大任是駐地安全維護，以及接聽電話受理報案，在網路詐欺案件成為警方受理刑案，以及檢警偵辦刑案最主要的案件類型後，為了加強詐欺案件的報案管控與分析，內政部警政署刑事警察局已成立165反詐騙專線。除了接受民眾的諮詢外，若發現民眾遭詐，會要求民眾立即提供轉帳帳戶進行48小時的圈存，以凍結該筆資金外，還會給予165報案案號，指派民眾到就近派出所進行正式報案。在值班員警依據165提供標準格式輸入重要的欄位後，由165反詐騙中心進行大數據分析。因此值班同仁在受理詐欺案件時，除了要注意個化的差異外，還要注意依據165提供的筆錄指南，登入詐欺分析的重要關鍵，彙整後上傳網路，成為未來詐欺案件分析的重要來源。

（五）備勤：聯繫與尋找潛在被害人

為了加強攔阻被害人匯款，刑事警察局已於113年成立潛在被害人分析小組，分析各項詐欺案件，經由報案人提供的匯款金額帳戶流向，找出收到被害贓款的帳戶，再向金融機構反向調取該帳號近期收到的匯款來源進行研判，若發現可能已經轉帳至涉詐金流收款帳戶卻還沒有報案的民眾，則通報各地派出所警勤區，由警勤區同仁利用備勤時，先聯繫轄區民眾，利用備勤或勤區查察勤務，前往潛在被害人戶籍地，拜訪

並告知可能已遭詐欺，勿再匯款。因此，備勤勤務亦成為當前防制詐欺犯罪的整備與聯繫重點工作。

（六）勤區查察：彙整資訊流加強分析過濾

勤區查察是我國警察最具特色的警察勤務項目，近年已經將過去勤區查察必須由警勤區員警手工抄錄後登門核對、過錄資料與比對方式，進展到以勤區查察處理系統進行系統化處理。因此，當前戶役政建立的資料會經過警勤區所轄鄉里項目篩檢，基於警勤區的轄區劃分，在不可「割鄰跨里」的原則下，自動過錄到警勤區員警的個人系統帳號內，自動依據門牌號碼編列家戶訪查簿的戶長目錄，再建立戶內人口戶卡片，同時將個人資料與刑案系統比對，轉錄刑案資料列入記事卡內容。

警勤區員警僅需以個人帳號登入勤區查察處理系統後，針對轄區人口刑案資料過濾有無符合治安顧慮人口標準，若符合則保留該筆資料建立記事簿，依照戶籍以及法務部提供資料，讓警勤區可以初步瞭解自己轄區有哪些人口？人口有無治安顧慮？過去曾有何刑案紀錄？以幫助警勤區瞭解自己轄區人口特性。此外，對於新遷入或遷出等戶籍異動人口，亦會自動移入或移出，警勤區員警可特別關注轄區人口有無可疑動向。

因此，警勤區員警應每日登入自己的勤區查察處理系統，查看系統有無過濾重要資料須立即確認者，適時提請主管編排勤區查察勤務，讓員警可以前往自己轄區進行查察與關心住戶。

（七）小結：勤務時間的彈性安排

雖然快速攀升的網路詐欺案件，主要來自網路治理的失控，但部分網路犯罪，仍須結合到實體世界的到府收款、ATM提款、ATM存款，甚至虛擬貨幣也有必須從實體世界號稱為BTM（Bitcoin ATM）的提款機進行操作的時候。因此地方警察的勤務規劃上，必須考慮到新時代網路犯罪轉換到實體現場的熱時與熱點，除了六大勤務項目，必須以時俱進，結合網路犯罪的特性予以加強預防外，警察勤務的安排也格外重要。

柒、未來犯罪偵防與永續經營治理

一、網路詐欺犯罪的理性選擇

　　古典犯罪學關於犯罪的原因，認為犯罪是個人自由意志及理性選擇的結果，基本假設認為不受懲罰恐懼制衡下，每個人均有犯罪的可能性與潛能，因而強調以威嚇主義作為一種犯罪預防理念。而「理性選擇理論」（rational choice theory）（Becker, 1968）常被用以分析犯罪何以發生，主因在於人類「有限度之理性」下進行自己的「理性選擇」。理性選擇理論提出了犯罪者其實與正常人無異，並非是有著特別的性格，或被社會化一些犯罪信仰或要求犯罪的文化體系（Cornish & Clarke, 1986; Kubrin et al., 2009）。在犯罪行為中，犯罪者會感受到高強度的情緒，因而會有超現實感（hyper-reality），有著比日常生活更真實的體驗，並感到自己與身邊環境或物件合而為一。

　　若從理性選擇的角度來看網路詐欺犯罪的選擇過程，在良心與惡魔的交戰與思考後，最後為何做網路犯罪的理性選擇，重點就是成本與效益的計算（cost-benefit calculation）。網路犯罪者首先考慮網路犯罪因為躲在鍵盤後，辦案遭遇蒐證瓶頸，藏身幕後的大咖首腦或金主不易遭查獲，若是跨國犯罪則更難追查。再者，若僅是金融犯罪一般刑罰不高，但獲利可觀。以刑事警察局公布111年假投資詐騙6,800件，財損金額35億元計算，每件獲利約新臺幣50萬；另外依據法務部統計資料顯示，2017年到2021年全國有罪定讞的詐欺犯共約7萬人，有43%的被告被輕判六個月以下徒刑或拘役，僅355人判刑三年以上、占比僅約0.5%。因此，考量網路投資詐欺帶來的好處，加上行為背後的危機風險管理與犯罪成本後，網路詐欺犯罪顯然符合古典犯罪的「理性選擇」論。

　　此外，犯罪者也講求「天時地利人和」，而網路與社群媒體，更可創造詐欺犯罪最佳天時地利，因為在時空上網路巡邏難以發現網路釣魚，加上跨國透過網路社群或交友軟體就可以去接觸到被害人，也難以

在地理條件上遭一國警方單獨查獲。再以假的網頁、APP取信於人，整個過程對方都不認識犯罪者，所以網路假投資詐欺在古典的理性選擇理論與犯罪成本下，會吸引許多人加入。

　　投資詐欺的犯罪成本已如上述，高暴利低風險，不易被查獲，唯一的問題就是難以把錢順利拿到手。因此，如何取得人頭帳戶，成為首先要做的工作，設下這個斷點，就算取款車手被逮捕，人頭戶曝光，也不會讓自己曝光。若多找幾層帳戶，禁止被害人得知第二層帳戶，且贓款不是直接匯款到第二層帳戶，那麼金融機構就難以在法律上有強勢要求，至於躲在第三、第四層帳戶則就更安全了。再加上當前數位貨幣盛行，轉換為數位貨幣或是地下匯兌，更是難以追查。於是在理性選擇犯罪成本考量下，網路詐欺成為未來網路犯罪最佳首選！長遠而言，犯罪者還可躲到海外，逃避跨國合作追查，於是網路詐欺已成為理性犯罪選擇下的必然趨勢。

　　若再以犯罪行為科學中有名的破窗理論（Wilson & Kelling, 1982）來針對網路詐欺犯罪進行分析。原本的破窗理論強調犯罪的環境監控，指出社區內的房子如果有一扇窗戶被打破，而沒有人去處理，附近的窗戶也很快會被打破，甚至會出現更多不同的罪行，例如偷竊，搶劫等。因為一個環境的秩序若無法維持而受到破壞，且沒有被立即妥善修復，犯罪者發現無人管理，就會誘發更多更嚴重的罪行，令該環境的社會秩序變得更差。當前網路社群媒體上的犯罪，因為從未能有效妥善處理，使得問題一再循環並擴大，目前網路社群媒體已成為網路犯罪的一個惡劣犯罪溫床。

二、網路犯罪治理缺口分析

　　網路社交媒體上假名人詐騙投資廣告橫行，早已積累諸多民怨。金管會邀集相關機關與Google、Meta等跨國業者開會協商，除宣示將建立官民聯繫管道外，並決定若由政府舉報不實的投資廣告，Meta臉書最快會在8-24小時內下架，Google也承諾儘快下架。這個遲來的一步，可望稍微舒緩社群平臺投資詐騙亂象，但治理盲點如通報責任歸屬問

題，以及投資詐騙以外的廣告，如何治理仍待審思。

從以上的問題中，可以發現傳統政府管理的角色限定為主管機關，但在網路媒體中出現了新的跨國在地機構，這一新的機構扮演著海外獨立或準獨立性的角色，落實到國家境內經營時產生治理上的缺口。Brunhl與Riggberger認為，由於國際治理出現的侷限性，因而產生兩種類型的治理缺口，即「產出正當性的缺口」（output legitimacy gap）與「投入正當性的缺口」（input legitimacy gap）。所謂產出正當性的缺口，係分別指「管轄權的缺口」（jurisdiction gap）、「功能性的缺口」（operational gap）及「誘因性的缺口」（incentive gap）；而投入正當性的缺口係指「參與性的缺口」。

（一）管轄權的缺口

對於社群媒體的治理，仍停留在以國家為焦點與範疇來支配掌控的領域內，例如LINE公司是由韓國企業在日本註冊，臺灣若要調閱相關資料，就被要求必須在日本法制下進行，又因為臺灣的法制也有一定的限制，以致產生複雜的管轄權缺口。此外，國際治理之間也有管轄權的缺口，尤其是目前國際治理係以國家疆界為政策之焦點，對於身處某些軍政府管轄的地區，難以有人權與法治的保障與保護，使得網路治理的投機者得以遊走於各國管轄權之間的缺口。被害人與收款轉帳在一個國家，但加害人在另一個或兩個以上不同國家，反覆實施跨國犯罪，此亦為全球面臨跨國犯罪事件不斷增長的困境之一。

（二）功能性的缺口

拜科技技術的蓬勃發展所賜，社群媒體的變化日新月異，日益複雜，在各部門對於目前新興的網路社群媒體還沒有頭緒時，已經因為另一個更急迫的跨域治理問題而受到衝擊。而政府部門更常為了誰才應該是這個部門的主管機關而爭論不休，尤其是社群媒體的功能橫跨許多領域，這些領域幾乎都與科學有關，特別是電信與網路的糾纏。今日的電信已非純粹的電信，而是可以透過網路來控制電信；而網路的路由則必

須經由電信路由，因此政府的電信網路監理機構究竟是誰？可若待釐清監理機構後，電信網路詐欺早已又日行千里走向AI。此外，實體金融與虛擬資產的糾結，也成為詐欺集團遊走於虛實之間，頻繁「上車」、「下車」，甚至「出境」、「偷渡」，沒有任何一個部門能單獨處理。因此，在處理詐欺過程上必須經科學的分析，超越過去功能的限制，建立跨領域的治理平臺，才能面對跨功能治理的挑戰。

（三）誘因性的缺口

社群媒體有許多是主導國際輿論的網路巨擎，各國對於管制或治理網路社群媒體所將造成的利益難以評估，對於社群媒體的管制仍處於萌芽階段，效果難以預計，貿然提出對自己是否有益，恐萌生難以想像的後果。因此，在誘因性缺口考量下，很難有效達成治理目標，如果國際治理缺少一個國家參與治理行動的誘因，則治理的成效是有限的。

而面對誘因缺口，詐欺更是個一本萬利的殺頭生意，刑事警察局曾經查獲一個為詐欺集團投放網路廣告的集團，經清查可疑的廣告代理發現，該集團一年半內即投入2.5億的廣告資金，有近百件假投資詐欺案件的被害人遭詐款項，經人頭公司帳戶多層轉換後流向韓國廣告公司「德博」在臺分公司，涉嫌勾結詐騙集團協助投放假投資詐騙廣告。面對當前網路詐欺嚴重的Meta、Google、LINE等跨國公司而言，緊踩住言論自由保護傘，既省事又可以確保利益。因此，對於執法機關要求提供的涉詐廣告資金提供者、雲端後面投放廣告的使用者，以及廣告金流的流向，跨國公司仍多以保護用戶個人隱私等緣由，認為必須同時符合我國與網路註冊國的最嚴格法律解釋與要件，耗時數月才能提供不完整的斷鏈資料。雖然警方不斷調用支援警力擴充165打詐人力，但是誘因性缺口的差距過大，難以誘導社群媒體業者配合辦理。

（四）參與性的缺口

對於社群媒體的管制或治理要獲得人民的忠誠支持，唯有在政治決策過程中保留人民參與的權力才能達成。有關社群媒體治理問題若僅只

於政府間的協同合作，缺少投入的正當性（私部門、第三部門及人民的參與），便會產生參與性的缺口，對於社群媒體的全球治理而言，極具挑戰。

過去國際治理在面對全球問題時產生以上四大缺口，對於社群媒體來說更加困難，因此面對全球網路社群媒體治理議題，各國片面性與侷限性的政策產出變成了不可能。於是目前美國、德國與澳洲對於社群媒體的態度，成為各國靜觀其變的重要議題，如何融合各國治理優勢，以迎向社群媒體全球化治理的挑戰，已成為全球重要議題。

三、永續經營與網路犯罪

近年許多詐欺事件多與各大公民營單位之資安防護與個資保護有關，假投資詐欺更是經常利用網路與社群平臺仿冒公司或財經名人，使得企業永續經營除了資安防護，也必須經常主動進行企業與業主的「網路巡邏及通報」。當擁有大量個人資料的廠商（如金融業）受害，受影響的可不只少數企業，更有數以萬計的消費大眾，迫使政府不得不加強督導動作，如金管會召集數十家業者，規定往後發生資安事件須在30分鐘內通報，並提供情資給「金融資安資訊分享與分析中心」（F-ISAC），避免連鎖反應，同時要求將防詐宣導與因應作為納入永續經營項目。

面對來勢洶洶、從虛擬世界入侵到實體公司的各種網路犯罪攻擊，公民營單位都必須合作提高備戰能力。企業界近來除了大量招聘資安高手，導入ISO 27001資安管理、ISO 22301營運持續等認證外，越來越多民營企業希望能與刑事警察局簽署「合作備忘錄」，期能提早發現自家公司的系統漏洞或是被仿冒資訊下架，面對電信網路的風險，如何把網路犯罪與資安風險轉嫁，成為當前重要課題。

四、未來犯罪偵防與警察勤務趨勢

電信與網路技術的發展提供了犯罪分子擴大觸及被害者的捷徑，以及提供助長逃避追查的誘因，從經濟犯罪到跨國武器、毒品走私到人

口販運，無一不與社交媒體的通訊溝通與數位貨幣洗錢有關。而數位貨幣的洗錢隱匿追蹤，更造成金流追蹤的新困境，警察機關面對的實務問題，特別顯現在網路詐欺犯罪上。由於各國過去的刑罰多偏重對於生命、身體之犯罪，對於財產性的犯罪罰則通常較低，但是網路詐欺造成被害人廣泛性的傷害，甚至詐欺金額已造成驚人財損，由於鉅大的財產損害，還會造成當事人難以承受的永久毀滅性傷害，甚至傷害到國家重要政治經濟環境，因此社群媒體治理已成為全球主要國家亟思解決的新議題。特別是新型態的電信網路詐欺已持續發展成為專業化、跨國化與科技化的新興犯罪產業，網路詐欺周邊產業服務的犯罪鏈已出現，例如可擴充的為詐欺提供服務（Fraud as a Service, FaaS）產品。詐欺科技技術提供雲端環境中可執行程式碼，完全不需要伺服器或主機來管理。犯罪用的勒索軟體、作弊式網路演唱會購票程式、洗錢服務程式、釣魚工具軟體等均可逐一提供，而且還有出售帳戶憑證、刷卡資訊等模式的犯罪素材方案訂閱，資訊科技協助犯罪集團創造出可預測與擴大投資的大範圍流刺網誘捕被害人。這種專業分工的詐騙，以及難以追朔的跨國障礙，誘惑越來越多不法分子投入網路詐騙產業領域，刑事警察局在追查不法金流時，更發現利用虛擬資產及第三方支付洗錢已成2024年新趨勢，從2024年前三季的統計已查獲4,900餘件洗錢案件，金額高達549億餘元。這些集團利用虛偽交易取得大量虛擬帳號，隱匿犯罪所得，然虛擬資產與第三方支付制定迄今仍無法有效監理，執法人員必須先充實洗錢防制知識，以提升追查不法金流之專業職能，充實國際反洗錢規範取得證照，才能斬斷犯罪金流。

全球網路犯罪產業方興未艾，嚴重凸顯出過去的警學知識已不足以應付未來犯罪，治安議題更不能僅依靠警政或執法部門進行取締，需藉由跨部會整合、跨主管機關合作強化交流、督促，甚至祭出裁罰手段的有效監理，並經由公私協力一起投入資源，方能有效。警察勤務工作更要從過去的犯罪預防走向犯罪偵測（prevention to prediction）找出高風險被害人，才能協力合作守護民眾並確保企業客戶的金融安全。在永續經營發展下，目前我國警政單位不但肩負積極整合各部會資源的角色，

更在公私協力方面不斷推動與金融、科技、壽險、證券、第三方支付、電信、物流、超商等各行各業之跨界合作服務，警察勤務必須考量犯罪趨勢已從實體世界延展到虛擬世界，警察勤務的編排與執行也必須從分析預防走向預測與主動反制。

參考文獻

一、中文部分

江宜樺（2013.3）。強化優質公共治理，促進國家永續發展。公共治理季刊，第1卷第1期。

江義平、江孟璇、楊婉伶（2019）。社群媒體使用行為之構形探究。電子商務研究，第17卷第4期，頁247-275。

吳宗翰（2021.9）。英國脫歐與歐盟GDPR適用議題——從網路主權角度分析。展望與探索，第19卷第9期，頁28-29。

林春元（2022）。假訊息與臺灣司法之回應——評析我國法院2007年至2020年7月社維法第63條第1項第5款適用情形。中研院法學期刊，第31期，頁255-329。

林書立、吳志勇（2021）。網路假訊息之刑事不法研究。軍法專刊，第67卷第6期，頁111-137。

洪政緯（2020）。數位時代下科技巨頭的馴服術——談德國數位市場競爭法制與政策發展。科技法學論叢，第16期，頁75-101。

洪文玲（2007）。國際反恐法制之研究。中央警察大學學報，第44期，頁233-256。

郎平（2017）。從全球治理視角解讀互聯網治理「多利益相關方」框架。現代國際關係，第4期，頁47-53。

黃銘輝（2019）。假新聞、社群媒體與網路時代的言論自由。月旦法學雜誌，第292期，頁5-28。

黃建實（2020.3）。協力治理如何使得公部門創新？公共行政學報，第58期，頁149-156。

翁逸泓（2022）。社群媒體不實訊息之治理——以個資保護模式爲選項。中研院法學期刊，第30期，頁171-230。

章光明（2007）。警察政策評估方法之演進。中央警察大學行政警察學系警政論叢（頁15-37）。桃園：中央警察大學。

曹俊漢（2009）。全球化與全球治理：理論發展的建構爲詮釋。新北：韋伯文化。

陳憶寧（2021）。社群平台的治理：從Meta成立監察委員會兼談如何處理虛假資訊。中華傳播學刊，第39期，頁129-143。

劉靜怡、羅秉成、林福岳、劉定基、黃銘輝、蘇慧婕、徐彪豪（2019）。假訊息之規範途徑及其爭議。月旦法學雜誌，第292期，頁60-91。

楊智傑（2019）。歐盟與德法網路平台假訊息責任立法比較與表意自由之保護——借鏡歐洲法院網路平台誹謗責任之判決。憲政時代，第45卷第1期，頁43-106。

許龍田（2022.10）。數位平臺經濟監理研析。臺灣經濟研究月刊，第45卷第10期。

郭戎晉（2021）。網路言論傳播中介者責任與其免責規範之研究——以美國通訊端正法實務發展爲中心。科技法律透析，第23期第4卷。

羅世宏（2022.3）。社群媒體／數位平臺需要受到法律與公眾監督。法務部調查局清流雙月刊，第38期。

戴皖文（2003.10.15）。我們要的是什麼樣的數位自主權。傳播研究簡訊，第35期。

二、英文部分

Barberá, Pablo et al. (2015.10.26). Tweeting from left to right: Is online political communication more than an echo chamber? Psychological.

Haridakis, P., & Hanson, G. (2009). Social interaction and co-viewing with YouTube: Blending mass communication reception and social connection. *Journal of Broadcasting & Electronic Media Media*, 53 (2).

Hogan, B., & Quan-Haase, A. (2010). Persistence and Change in Social Media. Bulletin of Science. *Technology & Society*, 30 (5), 309-315.

Kaplan, A. M., & Haenlein, M. (2010). Users of the World, Unite! The challenges and opportunities of social media. *Business Horizons*, 53(1), 59-68

Papacharissi, Z., & Mendelson, A. (2011). 12 Toward a new (er) sociability: Uses,gratifications and social capital on Meta. In S. Papathanassopoulos (Ed.), *Media Perspectives for the 21st Century* (pp. 212-230).

Susanne, Fengler et al. (2015). How effective is media self-regulation? Results from a comparative survey of European journalists. *European Journal of Communication*, 30 (3), 249-266

Tips to Spot False News | Meta Help Center | Meta. www.Meta.com. International Fact-Checking Network fact-checkers' code of principles. Poynter.

Volker Rittberger, & Helmut Breitmeier. (2000). Environmental NGOs in an Emerging Global Civil Society. In Pamela Chase (Ed.), G*lobal Environment in the Twenty-First Century: Prospects for International Cooperation.* Tokyo United Nations University Press,

國家圖書館出版品預行編目資料

警察勤務與智慧警政 ／ 章光明，張淵菘，林
耿徽，劉嘉發，鄭善印，溫翎佑，黃翠紋，陳
信良，翁萃芳，陳明傳，李謀旺，朱金池，許
福生，蕭惠珠，洪文玲，王俊元，莊明雄，廖
有祿，廖訓誠，林書立著；鄭善印，許福生
主編. -- 初版. -- 臺北市：五南圖書出版
股份有限公司, 2025.02
　　面；　公分
　ISBN 978-626-423-199-2(平裝)
　1.CST：警察勤務制度　2.CST：資訊科技
　3.CST：文集
575.8607　　　　　　　　　114001399

1RE6

警察勤務與智慧警政

著作主編 ── 鄭善印、許福生（234.8）

作　　者 ── 章光明、張淵菘、林耿徽、劉嘉發、鄭善印
　　　　　　溫翎佑、黃翠紋、陳信良、翁萃芳、陳明傳
　　　　　　李謀旺、朱金池、許福生、蕭惠珠、洪文玲
　　　　　　王俊元、莊明雄、廖有祿、廖訓誠、林書立

編輯主編 ── 劉靜芬

責任編輯 ── 林佳瑩

封面設計 ── 姚孝慈

出 版 者 ── 五南圖書出版股份有限公司

發 行 人 ── 楊榮川

總 經 理 ── 楊士清

總 編 輯 ── 楊秀麗

地　　址：106臺北市大安區和平東路二段339號4樓

電　　話：(02)2705-5066

網　　址：https://www.wunan.com.tw

電子郵件：wunan@wunan.com.tw

劃撥帳號：01068953

戶　　名：五南圖書出版股份有限公司

法律顧問　林勝安律師

出版日期　2025年2月初版一刷

定　　價　新臺幣680元

經典永恆・名著常在

五十週年的獻禮——經典名著文庫

五南，五十年了，半個世紀，人生旅程的一大半，走過來了。

思索著，邁向百年的未來歷程，能為知識界、文化學術界作些什麼？

在速食文化的生態下，有什麼值得讓人雋永品味的？

歷代經典・當今名著，經過時間的洗禮，千錘百鍊，流傳至今，光芒耀人；

不僅使我們能領悟前人的智慧，同時也增深加廣我們思考的深度與視野。

我們決心投入巨資，有計畫的系統梳選，成立「經典名著文庫」，

希望收入古今中外思想性的、充滿睿智與獨見的經典、名著。

這是一項理想性的、永續性的巨大出版工程。

不在意讀者的眾寡，只考慮它的學術價值，力求完整展現先哲思想的軌跡；

為知識界開啟一片智慧之窗，營造一座百花綻放的世界文明公園，

任君遨遊、取菁吸蜜、嘉惠學子！